Lebensbilder

ZUM BUCH:

Die Zeit der Stalinschen Diktatur, die Intrigen und Listen, die Prozesse, die Tätigkeit der Geheimpolizei, die Verbannungen, die Morde – dieses Buch deckt auf, was durch Quellen plausibel belegt werden kann. Antonow-Owssejenko rekonstruiert in seiner packenden, dramatischen Darstellung die Stalinherrschaft, um die unmittelbare Vergangenheit dem Vergessen zu entreißen. Dabei macht er Gebrauch von umfangreichen Auszügen aus den offiziellen Untersuchungen über Stalins Verbrechen und verwendet Material, das von der kommunistischen Partei der Sowjetunion lange geheimgehalten worden ist.

ZUM AUTOR:

»1920 wurde ich als Sohn des Berufsrevolutionärs Wladimir Antonow-Owssejenko in Moskau geboren. 1939 absolvierte ich die historische Fakultät des Pädagogischen Instituts der Stadt Moskau. Im Oktober 1937 wurde mein Vater verhaftet, 1938 in Moskau liquidiert.
Noch früher, 1929, war meine Mutter verhaftet worden, 1936 nahm sie sich im Gefängnis das Leben. Zum ersten Mal wurde ich 1940 verhaftet, jedoch bald wieder freigelassen; einen Tag nach Kriegsbeginn wurde ich wieder verhaftet, kam ins Lager in Turkmenien, später bei Ssarátow. Kehrte nach Moskau zurück. 1948 wieder verhaftet und ohne Gerichtsverfahren verurteilt. Verbüßte meine Strafe in mehreren Lagern, wurde 1957 rehabilitiert, kehrte nach Moskau jedoch erst 1960 zurück. War offiziell, in Amtsstellungen, nirgendwo tätig. Gehörte der Partei nicht an.«

Anton Antonow-Owssejenko

Anton Antonow-Owssejenko

Stalin

* 21.12.1879 + 5.3.1953

Porträt einer Tyrannei

Mit 40 Abbildungen

Josef DSCHUGASCHWILI

1980

Lebensbilder

Lebensbilder
Ullstein Buch Nr. 27541
im Verlag Ullstein GmbH,
Frankfurt/M – Berlin
Russischer Originaltitel:
»Portret Tirana«
Übersetzt von Diether Wilmersdoerfer

Ungekürzte Ausgabe

Umschlagentwurf:
Atelier Noth & Hauer
Unter Verwendung eines Fotos
vom Ullstein Bilderdienst

Printed in Germany 1986
Druck und Verarbeitung:
Clausen & Bosse, Leck
ISBN 3 548 27541 9

Juli 1986

CIP-Kurztitelaufnahme
der Deutschen Bibliothek

Antonow-Owssejenko, Anton:
Stalin: Portr. e. Tyrannei /
Anton Antonow-Owssejenko.
[Übers. von Diether Wilmersdoerfer]. –
Ungekürzte Ausg. – Frankfurt/M;
Berlin: Ullstein, 1986.
(Ullstein-Buch; Nr. 27541:
Lebensbilder)
Einheitssacht.: Portret tirana ⟨dt.⟩
ISBN 3-548-27541-9

NE: GT

Inhalt

Vorwort

Den Namen »Wladimir Antonow-Owssejenko« hörten wir schon als kleine Kinder: Nach dem Sturm des Winterpalastes, der Oktoberrevolution 1917, verhaftete er im Auftrag Lenins die Provisorische Regierung und setzte damit den Schlußpunkt unter die vorsowjetische Geschichte Rußlands. Es ist fürwahr symbolträchtig, daß sein Sohn dieses Buch geschrieben hat.

Sein Thema ist der sich im Schicksal der Familie Antonow-Owssejenko widerspiegelnde blutige Weg Rußlands von der Revolution zur Konterrevolution. Stalin interessiert den Autor nur als Verkörperung dieses Prozesses.

Antonow-Owssejenko haßt Stalin. Ist sein Buch dadurch unobjektiv? Es ist emotionsgeladen, ab und zu pathetisch. Aber die Stärke des Buches liegt in seinem Material. Denn in vielen Fällen wird dieses Material zum ersten Mal veröffentlicht. Antonow-Owssejenko gehörte seit seinen Kinderjahren zur bolschewistischen Elite, und er war imstande, mündliche Überlieferungen, persönliche Erinnerungen und Gerüchte zu sammeln, die noch nie dem Lesepublikum zugänglich waren. Wie es immer mit solchem Stoff der Fall ist, kann es Fehler in Details geben, vielleicht stimmt das eine oder andere nicht ganz. Aber dieses Material aus nicht geschriebenen Memoiren verschiedener Mitglieder der Leninschen Garde der Berufsrevolutionäre würde mit ihrem Tod verschwinden und bleibt in Antonow-Owssejenkos Buch festgehalten. Somit ist dieses Werk eine historische Quelle von bleibendem Wert.

Deshalb kann man dem westlichen Leser das vorliegende Buch empfehlen. Er wird hier die ihm unbekannte Atmosphäre des Stalinschen und nach-Stalinschen Rußlands einatmen. Besonders empfehlenswert ist das Werk für die jugendlichen Leser, damit sie begreifen, was ein tatsächlicher – und nicht eingebildeter – Polizeistaat ist und was eine wirkliche – und nicht eingeredete – Reaktion darstellt.

Im Januar 1983 Michael S. Voslensky

Einleitung

Der Überlebende als Historiker

Es wäre besser gewesen, alles aufzudecken.
Mord kommt immer ans Licht.
Chruschtschow

Der Leser nimmt ein Buch über schreckliche historische Verbrechen zur Hand. Stil und Inhalt sind nicht Produkt akademischer Distanz, sondern persönlicher Erfahrung, verbotener Forschung und Wut darüber, daß diese Verbrechen noch immer von der Sowjetregierung kaschiert werden. Dieses Buch wurde geschrieben – wie der Autor uns mitteilt – aus Pflichtgefühl gegenüber jenen, die starben . . . jenen, die überlebten . . . jenen, die nach uns kommen werden.

Anton Antonow-Owssejenko hat den Stalin-Terror – oder die Stalin-Ära – überlebt. Er ist heute sechzig Jahre alt. Einige Sowjetbürger betrachten die Stalin-Jahre lediglich als eine Zeit ungeheurer nationaler Leistungen, andere sehen in ihr einen Sumpf des Verbrechens. Über den ersten Aspekt läßt sich streiten, der zweite kann nicht geleugnet werden.

Mit seinen politischen Plänen entfesselte Stalin einen sowjetischen Holocaust, vom »Kollektivierungs«-Pogrom gegen die Bauernschaft 1929–33 bis hin zum unerbittlichen Massenterror, der bis zu seinem Tod, im März 1953, andauerte. Millionen unschuldiger Männer, Frauen und Kinder wurden willkürlich verhaftet, gefoltert, hingerichtet, brutal deportiert oder in einem mörderischen System von Gefängnissen und Straflagern eingesperrt. Bisher hat niemand exakte Angaben über die Zahl der Toten machen können. Jene, die es versuchten, kommen auf eine vorsichtige Schätzung von zwanzig Millionen, davon ausgenommen sind die zwanzig bis dreißig Millionen, die im Zweiten Weltkrieg starben.

Nach Stalins Tod schien es eine kurze Zeit lang, als würde die Sowjetregierung diese Verbrechen – wenn auch episodisch – zugeben und verwerfen. Offizielle Enthüllungen über die jüngste Vergangenheit oder die Entstalinisierung begannen mit Chruschtschows Angriff auf den Stalin-Kult auf dem XX. Parteitag 1956 und erreichten einen Höhepunkt mit seinen öffentlichen Enthüllungen auf dem XXII. Parteitag 1961. Nach Chruschtschows Sturz 1964 endeten sie abrupt. Die Breschnjew-Führung hat Stalins Ruhm als großer nationaler Führer erneuert und über die Verbrechen seiner Herrschaft wieder amtliches Schweigen verhängt.

Die Wahrheit über die Vergangenheit aufzudecken und sie publik zu machen obliegt daher einer kleinen, doch stetig wachsenden Zahl sowjetischer Dissidenten-Schriftsteller. Die meisten von ihnen arbeiten allein und oft im Verborgenen. Ihre Schriften können nur im »Samisdat« – in abgegriffenen Typoskripten – von Leser zu Leser kursieren oder im Ausland veröffentlicht werden. Unzensierte sowjetische Schriften über den Stalinismus sind seit den sechziger Jahren zu einer wertvollen Sammlung von Memoiren, Monographien und schöngeistiger Literatur angewachsen. Doch bis vor kurzem waren nur zwei bedeutende historische Bücher über die gesamte Stalin-Ära erschienen: Roy Medwedjews »Die Wahrheit ist unsere Stärke« und Aleksandr Ssolshenizyns »Der Archipel Gulag«. Nun gibt es ein drittes: Antonow-Owssejenkos »Stalin, Porträt einer Tyrannei«.

Nahezu alle Dissidenten-Chronisten der Stalinschen Vergangenheit, die bis heute bekanntgeworden sind, sind selbst Überlebende des Terrors oder Verwandte von Opfern.* Gleich den Überlebenden des jüdischen Holocaust sind sie fest entschlossen, über das Geschehene zu berichten. Antonow-Owssejenko ist keine Ausnahme. »Stalin ermordete meinen Vater... Meine Mutter beging in einem von Stalins Gefängnissen Selbstmord. Ich verbrachte meine Jugend in seinen Gefängnissen und Lagern.«
Millionen teilten das Schicksal Antonow-Owssejenkos, aber in einem Punkt unterscheidet er sich von ihnen. Er ist der einzige, der, Kind eines verfolgten Mitbegründers der Sowjetunion, als Zeuge und Historiker des Stalinismus in Erscheinung tritt.[1] Der Autor ist der Sohn von Wladimir Antonow-Owssejenko, des berühmten bolschewistischen Revolutionärs, der den Sturm auf den Winterpalast im Oktober 1917 anführte, in der ersten Sowjetregierung ein Amt bekleidete und als Kommandeur der Roten Armee im Bürgerkrieg und als politischer Leiter der Roten Armee 1922 bis 1924 zu noch größerer Bedeutung aufstieg. Die politische Karriere des Vaters in Moskau endete 1925. Als Mitglied der geschlagenen trotzkistischen Opposition wurde er in den diplomatischen Dienst abgeschoben. In den folgenden zwölf Jahren vertrat er sein Land in der Tschechoslowakei, in Litauen und Polen, 1936–37 war er Generalkonsul in der Spanischen Republik.[2]

* Um einige zu nennen: Roy und Shores Medwedjew, Ssolshenizyn, Pjotr Jakir, Jewgenij Gnedin, Michail Bajtalskij, Nadjeshda Mandelstam, Ewgenija Ginzburg, Lew Kopelew, Ssuren Gasarjan, Michail Jakubowitsch, Dmitrij Witkowskij, Lidija Tschukowskaja, Warlam Schalamow.

Der Leser wird im folgenden mehr über Wladimir Antonow-Owssejenko erfahren, wenn der Sohn in einigen Abschnitten versucht, Verdienst und Beteiligung seines Vaters an der politischen Geschichte der Sowjetunion zu beurteilen. Ungeachtet dieser Bilanz hat des Vaters Schicksal das Leben des Sohnes verändert. Wladimir Antonow-Owssejenko war im August 1937 aus Spanien zurückbeordert worden, als Stalins Säuberungen die Altbolschewisten vernichteten. Nach einer Zusammenkunft mit dem Generalsekretär wurde er zum Volkskommissar für Justiz der RSFSR ernannt. Ein paar Wochen später, im Oktober 1937, wurde er verhaftet und – wie die meisten Altbolschewisten – fälschlich der gemeinsten Verbrechen gegen den Sowjetstaat bezichtigt.
Im Butyrka-Gefängnis (in dem später auch sein Sohn eingesperrt werden sollte), wo seine Gesundheit zerstört werden konnte, aber sein Geist ungebrochen blieb, weigerte sich Wladimir Antonow-Owssejenko, ein Geständnis zu unterschreiben. Am 8. Februar 1938 verurteilte ihn Stalins Terrorjustiz zu zehn Jahren Haft. In Wirklichkeit – wie es mit so vielen anderen geschah – wurde er Ende des Jahres hingerichtet oder zu Tode gefoltert.[3] Sein Name blieb für die nächsten zwanzig Jahre in der Sowjetunion geächtet, bis Anastas Mikojan, ein Politbüromitglied und Chruschtschows Gesinnungsgenosse, ihn auf dem XX. Parteitag öffentlich rehabilitierte.
Unausweichlich wurden Kinder die nächsten Opfer von Stalins Terror. Das persönliche Schicksal des Autors durchzieht fragmentarisch das vorliegende Buch; ausführlicher berichtet er darüber in seinem autobiographischen Vorwort zu der russischen Ausgabe, die in New York veröffentlicht wurde.[4] 1937 war er, siebzehnjährig, Student der Geschichte an einem Moskauer Institut und Mitglied des Komsomol. Anton Antonow-Owssejenko wurde 1938 aus beiden Institutionen ausgeschlossen, weil er sich weigerte, seinen Vater als »Volksfeind« zu diffamieren, wurde aber dann, aufgrund einer Revision, wieder zum Studium zugelassen, lang genug, um 1939 seinen Abschluß zu erlangen. Selbst zu diesem späten Zeitpunkt, ein Jahr nach der Hinrichtung seines Vaters, glaubte er noch, »Stalins Name sei heilig«, der Führer an dem Unrecht des Terrors unschuldig.
Die Gnadenfrist für den Sohn und sein Glaube fanden bald ein Ende. 1940 wurde Anton Antonow-Owssejenko verhaftet, wieder auf freien Fuß gesetzt und am 23. Juni 1941 – einen Tag nach der Invasion der Deutschen – neuerlich verhaftet. Mit Ausnahme einer kurzen Zeit im Jahr 1943 verbrachte er die folgenden zwölf Jahre als hoffnungsloser Gefangener in verschiedenen der höllischen Gulag-Enklaven, über die er in diesem Buch berichtet – in der Lubjanka, dem Butyrka- und dem

Lefortowo-Gefängnis sowie in den arktischen Zwangsarbeitslagern von Workuta. Die gegen ihn erhobenen Beschuldigungen des »Terrorismus« und der »antisowjetischen Agitation« waren keineswegs ungewöhnlich für die Stalin-Zeit und natürlich völlig aus der Luft gegriffen; das einzige wirkliche Vergehen war das Schicksal seines Vaters.

Nach Stalins Tod, 1953, kehrten Gulag-Überlebende zunächst vereinzelt in die Gesellschaft zurück; dann, 1956, strömten in einem Massenexodus etwa sieben bis acht Millionen Menschen aus den Lagern. Nach seiner Entlassung aus den arktischen Lagern im Herbst 1953 ließ sich Anton Antonow-Owssejenko in den wärmeren Gegenden Georgiens und der Krim nieder. Vermutlich suchte er die Zurückgezogenheit, um dort in lokalen Fremdenverkehrs- und Kultureinrichtungen in Ruhe zu arbeiten.

Die postume Rehabilitierung seines Vaters im Jahre 1956 – Wladimir Antonow-Owssejenko gehörte zu den ersten prominenten Stalin-Opfern, die unter Chruschtschow offiziell rehabilitiert wurden – und Antons eigene gerichtliche Rehabilitierung 1957 brachten gewisse praktische Vorteile. Gesetzlich als Blinder anerkannt, erhielt Antonow-Owssejenko eine Invalidenrente, und 1960 wurde ihm gestattet, nach Moskau zurückzukehren. Dort begann er historische Analysen über die Revolution zu veröffentlichen, Material für eine Biographie seines Vaters zusammenzutragen und den Namen seines Vaters gegen Neostalinisten zu verteidigen, die Stalins Opfer »nicht rehabilitiert« sehen wollten.[5]

Abgesehen von seiner Unterschrift unter eine Petition, die 1967 von den Kindern von Parteimitgliedern, die dem Terror zum Opfer gefallen waren, in Umlauf gebracht wurde und in der sie gegen Stalins Ehrenrettung protestierten[6], scheint Antonow-Owssejenko sich klar vom politischen Kurs der Dissidenten der späten sechziger und der siebziger Jahre ferngehalten zu haben. Statt dessen schrieb er an diesem Buch, dem Werk eines historisch Andersdenkenden, das in seinem Land nicht veröffentlicht wurde und aus politischen Gründen auch unveröffentlicht bleiben wird.

»Stalin, Porträt einer Tyrannei« ist ein Buch der geschichtlichen Enthüllungen (Teil II und III sind die Kernstücke, Teil I beinhaltet vor allem eine Einführung in Stalins Machtmechanismen). Der Autor stützt sich auf eine Fülle von veröffentlichtem Material; seine Hauptquellen sind vielfältige persönliche Zeugnisse aus unveröffentlichten Memoiren und mündlichen Erzählungen von Menschen, die die Stalin-Ära überlebten – Opfern und Mittätern, hohen Funktionären und unbekannten Bürgern. Obwohl Medwedjew und Ssolshenizyn gleichfalls viele private Quellen benutzten, erschloß Antonow-Owssejenkos familiäres Betroffensein ihm offensichtlich das Vertrauen von gewichtigen Zeugen, die zuvor geschwiegen oder zumindest nicht alles gesagt hatten und deren Identität er noch nicht preisgeben kann. So scheint es klar, daß der Autor Verbindung zu Menschen hatte, die Chruschtschows offizielle Untersuchung des Kirow-Mordes und seines terroristischen Nachspiels leiteten – ihr umfangreicher Bericht wurde später unter Verschluß genommen –, und zum alten Mikojan.

Das Ergebnis ist ein grauenvolles Panorama von Stalins 25 Jahre währender Schreckensherrschaft, voll neuer Informationen über wichtige politische Ereignisse, in Vergessenheit geratene Menschen und über den Despoten selbst. Vor allem wird uns, in lebendigen Details, der Routinebetrieb des Stalinschen Polizeiterrors, das Schicksal zahlloser Opfer und die Komplizenschaft so vieler anderer vorgeführt. Der Autor macht erstaunliche Angaben – angeblich aus Polizeiquellen – über die Zahl der Inhaftierten allein in den Jahren 1935 bis 1940. Bestimmte Seiten des Terrors werden von Antonow-Owssejenko ausführlicher dargestellt als von irgendeinem anderen Chronisten. Zum Beispiel läßt ihn die erschütternde Lage der Kinder nicht los. Kein Leser wird wohl die Ankunft der »ersten Mama«, der Witwe Marschall Blüchers, in einem Waisenhaus für Kinder von »Volksfeinden« wieder vergessen. Mit großen und kleinen Helfershelfern des Terrors, mit Polizeifunktionären – jene, die selbst umkamen, nicht ausgenommen –, mit kleinen Gefolgsleuten, die überlebten, um »Henker in Pension« zu werden, und selbst mit Mikojan verfährt er schonungslos.

Westliche Leser werden vielleicht von der wütenden, oft höhnischen Sprache des Autors, die der Ssolshenizyns nicht unähnlich ist, überrascht sein. Doch beim Lesen von Antonow-Owssejenkos Darstellung des mordlüsternen Despoten, der zu Lebzeiten bereits vergöttlicht wurde und den sowjetische Führer und eine Vielzahl einfacher Bürger noch immer preisen, werden sie die Ursache seines Zornes und den Zweck seines Hohnes verstehen. Mancher Leser mag auch von den gelegentlich ausgefallenen Interpretationen des Autors irritiert sein. War die Stalinsche Katastrophe die einzig mögliche Auswirkung des Leninschen Systems, wie Antonow-Owssejenko an einigen Stellen behauptet? Oder war der Stalinismus so monströs und so eng mit Stalins eigenem Wesen verknüpft, daß es eine sowjetische Alternative hätte geben müssen, wie er an anderer Stelle andeutet? Die Widersprüchlichkeit oder Mehrdeutigkeit seiner Interpretationen rührt wahrscheinlich aus seiner eigenen Familiengeschichte und aus der Komplexität der Fragen her.

Doch Antonow-Owssejenko ist da ohne jede Doppeldeutigkeit, wo es

um die große historische Frage nach dem Charakter von Stalins langer Herrschaft geht – eine Frage, die nach wie vor die Sowjetbevölkerung tief spaltet. Thema seines Buches ist der »verbrecherische Kern« Stalins und der Stalinismus. (Deshalb seine eingeschalteten Analogien zur Tyrannei hartgesottener Verbrecher gegenüber politischen Häftlingen in den Lagern.) Er verachtet jene Sowjetbürger und Führer, die weiterhin den Stalin-Kult pflegen: »Die Tatsachen sind jedem bekannt, der sich einen Funken Menschlichkeit und den Wunsch zu wissen bewahrt hat.« Jenen gegenüber, die beides berücksichtigen, das Gute und das Verwerfliche der Stalin-Herrschaft, äußert er sich eindeutig: »In den drei Jahrzehnten vollbrachte der Generalsekretär ... nicht eine gute Tat.« Und jenen, die behaupten, Stalin sei nicht verantwortlich für die Verbrechen, antwortet Antonow-Owssejenko: »Er wußte Bescheid ... Er heckte es aus. Er gab die Befehle.«
Es ist die Stimme des Überlebenden, eines Zeugen, eines Historikers, der seinem Volk und uns allen versichert, daß es für solche Verbrechen keine Verjährung gibt.

Stephen F. Cohen
Professor für sowjetische Politik an der Princeton University
New York, Oktober 1980

Anmerkungen

1 Pjotr Jakir, Sohn des Armeekommandeurs Jakir, veröffentlichte einen kleinen autobiographischen Bericht über seine Gefangenschaft: »A Childhood in Prison«, New York 1972, deutsch: »Kindheit in Gefangenschaft«, Frankfurt 1974.

2 Große Sowjetische Enzyklopädie, Bd. 2, New York 1973, S. 183; Georges Haupt und Jean-Jacques Marie: »Makers of the Russian Revolution: Biographies of Bolshevik Leaders«, Ithaka, N.Y., 1974, SS. 325–30.

3 Einige sowjetische Enzyklopädien behaupten, Antonow-Owssejenko sei 1939 gestorben. Genaue Auskunft gibt sein Sohn im Vorwort der russischen Ausgabe seines Buches: »Portret tirana«, Khronika Press, New York 1980, S. 1. Zu einem Augenzeugenbericht über Antonow-Owssejenko im Butyrka-Gefängnis im Februar 1938 vgl. »Novy Mir«, Nr. 11 (November) 1964, S. 212.

4 Vgl. »Avtor o sebe«, in »Portret tirana«, SS. 1–2. Mein Bericht über sein Leben stützt sich auf dieses Vorwort und die autobiographischen Passagen seines Buches.

5 Vgl. z. B. A.V. Antonov-Ovseenko: »Memuary V. A. Antonov-Ovseenko kak istochnik po istorii revolutsionnykh sobytii 1917 goda«, in: »Trudy moskovskogo gosudarstvennogo istoriko-arkhivnogo instituta«, Bd. 24, Moskau 1966, SS. 203–19, deutsch: »Im Jahre Siebzehn. Erinnerungen an die Oktoberrevolution«, Dietz, Berlin 1958.

6 Vgl. George Saunders (Hg): »Samizdat: Voices of the Soviet Opposition«, New York 1974, SS. 248–50.

Vorwort des Autors

Über Stalin sind viele Bücher geschrieben worden, sie könnten eine ganze Bibliothek füllen. Das Interesse an ihm und seinen Taten erlahmt jedoch nicht. Das ist verständlich: Die Menschen wollen bis auf den Boden jenes Abgrundes sehen, in den sie hatten gestoßen werden sollen.

Der eine studiert die Geschichte der Weltkriege, ein anderer nutzt für seine Tätigkeit die Erfahrung der Revolution. Mir erscheint es wichtiger, die Geschichte der Konterrevolution zu studieren. Es ist lehrreicher, sich mit der Konterrevolution, wie sie von Stalin praktiziert wurde, zu beschäftigen.

Die Stalin-Herrschaft ist eine ganze Epoche (man sollte nicht von Stalinismus sprechen, sondern von der Stalin-Herrschaft). Eine Epoche, während der das scheußlichste, blutigste Verbrechen auf Erden begangen wurde. Stalin-Herrschaft – das ist an die Macht gelangtes politisches Banditentum.

Aus ethischer Sicht bewegt sie sich außerhalb jeglicher menschlicher Werte. Wie soll man sich diesem Phänomen gegenüber verhalten – soll man es verurteilen oder totschweigen? Oder vielleicht akzeptieren und verteidigen? Hier ist die Wasserscheide zwischen Gut und Böse.

Die Stalin-Herrschaft mit ihrem Völkermord und der Zersetzung der Persönlichkeit, mit ihrer Theorie und Praxis der Gewalt war in ihren Folgen mörderischer als die Weltkriege.

Unser Zeitalter erlangte traurige Berühmtheit mit seinen wiederkehrenden »Jahrhundertverbrechen« – Attentaten, Entführungen und Banküberfällen. Aber all diese Verbrechen lassen sich in keiner Weise mit den Verbrechen Stalins vergleichen. Er verstand es, binnen kurzer Zeit den Bauern das Land, den Arbeitern die Fabriken zu nehmen, den Intellektuellen das Recht auf selbständiges, freies Schaffen, und er beraubte alle Völker der Sowjetunion jeglicher Rechte, selbst des Rechts auf Freizügigkeit. Im Lauf der Zeit vernichtete er Millionen Menschen. Wahrhaftig ein Jahrhundertverbrechen!

Stalin regierte mehr als ein Vierteljahrhundert lang einen Vielmillionenstaat und brachte es fertig, nicht ein einziges Mal mit dem unfreien Volk in einen Dialog zu treten. Nicht einmal die Möglichkeit eines solchen Dialogs zog er in Betracht. Dem *Monolog* des unanfechtbaren Herr-

schers durfte nicht widersprochen werden. Ein Monolog, den man nicht nur anhören mußte – man mußte auch danach handeln, ihn buchstabengetreu befolgen.
Niemand hat derart schamlos für das Paradies der Werktätigen Reklame gemacht wie Stalin. Niemand außer ihm hat so viel getan, um den Kommunismus zu diskreditieren. Er brachte der kommunistischen Weltbewegung einen genau berechneten, vernichtenden Schlag bei, von dem sie sich niemals erholt hat.
Stalin selbst, sein politisches Porträt, ist ein Dauerthema. Denn wenn man ihn, das Wesen seiner Herrschaft nicht kennt, kann man sich kaum die Tragödie und die Schande des sowjetischen Volkes vorstellen. Einigen mit dem Privileg der alleinigen Wahrheitsverkündung ausgestatteten Politikern gefällt es, von der »Zeit des Personenkults« zu sprechen. Stalin, so sagen sie, ließ die Verletzung der innerparteilichen Demokratie zu, wir sind sogar bereit zuzugeben, daß er, der Vater der Völker, zeitweise recht streng war. Aber welcher liebende Vater straft nicht seine unfolgsamen Kinder, wenn es ihm zu deren eigenem Besten notwendig erscheint?
Für die offiziellen Ideologen blieb Stalin der Große Führer, der Sieger über Hitler und der Erbauer des »Sozialismus«.
»Die Menschheit besteht aus den Lebenden und den Toten«, bemerkte Auguste Comte. Herrscher lesen aber die Philosophen nicht, sie »liquidieren« sie oder bringen sie auf andere Weise zum Schweigen. Denn Tote sind manchmal gefährlicher als Lebende.
In unserer Zeit kann mit Hilfe der Chemie künstlich der Gedächtnisverlust eines Menschen bewirkt werden. Die Machthaber brachten es durch andere Mittel so weit, ganze Völker mit dieser Krankheit zu infizieren: durch tagtäglich dröhnende Propaganda, durch Geschichtsfälschung, durch Repressionen. Und schon sagt sich die Gesellschaft los von ihren Vorfahren, von ihrer Vergangenheit. Innerhalb einer Generation kommt es im Gedächtnis der Gesellschaft zu ernst zu nehmenden, häufig unumkehrbaren Verlagerungen: Wichtige Ereignisse, Tatsachen, Namen, ganze historische Schichten fallen aus. Die folgende Generation wächst mit einem dauerhaften, künstlich erzeugten, künstlich erhaltenen Erinnerungsverlust heran.
George Orwell gab die lebendige Beschreibung einer solchen staatlichen Fälschungsmaschine. Mancherorts fürchtet man sein Buch »1984«, die Lektüre wird mit Gefängnis bestraft. Eine ehrenvolle Anerkennung. Sie ist mehr wert als der höchste Literaturpreis.
In einigen Ländern wachsen die jungen Generationen ohne Kenntnis der antiken Mythologie auf. Sie werden aufgezogen mit den Mythen der

Neuzeit, die die Macht und Unbesiegbarkeit *ihres* Volkes und die göttliche Herkunft *ihres* Führers preisen. Auf diese Weise entsteht Großmachtchauvinismus, extremer Nationalismus, wird Götzendienst wiedergeboren. Auf so präpariertem Boden wächst keine Generation freier Bürger, sondern der nächste Schub Kanonenfutter heran.

Aber noch lebt die Generation der Opfer Stalins und der Exekutoren seiner Befehle. Sie muß die Namen der Henker, der Zuträger, der Mordbuben entlarven und anprangern. Unverzüglich. Sie muß aus dem erzwungenen Vergessen alle hervorholen – die berüchtigten »Führer«, sie vor allen anderen, und die »bloßen Vollstrecker«.
Auch der Bericht über die Vernichteten darf nicht auf ein »Später« verschoben werden. Die Kinder und Enkel haben kein Recht, sich von der Wahrheit abzuwenden, denn das Schicksal der Untergegangenen ist ihr eigenes Schicksal. Sie sind *verpflichtet* zu wissen, wer schuld ist. Verpflichtet, es *heute* zu wissen.
Als Nikita Chruschtschow nahegelegt wurde, eine umfangreiche Untersuchung der Verbrechen der Stalinschen Unterdrückungsmaschinerie durchzuführen, die am Tode von -zig Millionen Landsleuten Schuldigen festzustellen (wenigstens dies!), antwortete er: »Nein, das können wir nicht machen: sonst wiederholt sich das Jahr 1937. Denn *alle* haben damals *alle* denunziert.«
Alle waren also schuldig. Die Schuld Stalins und seiner Helfershelfer wurde auf das ganze Volk verteilt – auf Lebende und Tote. Es ist ein Körnchen Wahrheit daran, aber nur ein Körnchen.
Wer sollte die Generalabrechnung halten? Der Führer war in Ehren gestorben und hat nun wieder einen Platz im Pantheon. Und der XX. und XXII. Parteitag – haben sie überhaupt stattgefunden?
Vieles wurde vernichtet: Dokumente, Erinnerungen, Fotografien, Gedichte... Viele wurden vernichtet: Revolutionäre ebenso wie ihre Mörder, höchste Würdenträger der Partei und kleine Funktionäre. Unter jenen, die die allergnädigste Bewilligung hatten, im eigenen Bett zu sterben – ein wahrhaft kaiserlicher Luxus in jenen Zeiten –, waren *wissende* Zeugen und Beteiligte. Aber sie schwiegen bis zur letzten Stunde – die Mitkämpfer Lenins ebenso wie die Helfershelfer Stalins. Ihre tödliche Angst vererbten sie ihren Kindern und Enkeln.
Historiker haben versucht, das Stalinsche Erbe zu sichten. Aber es gehört nicht nur der Geschichte. Es lebt weiter in Taten, Gewohnheiten, Gedanken. Unkenntnis und Schweigen gehören auch zu dieser Hinterlassenschaft. Die weiter schwärende Wunde ist durch Schweigen nicht zu heilen. Man muß die Vergangenheit erforschen und öffentlich verurtei-

len. Die Entlarvung Stalins ist ein Akt der Gerechtigkeit. Und sie muß zuallererst im Lande Stalins ihren Lauf nehmen.
Die im Westen erschienene Literatur über Stalin ist für sowjetische Historiker im allgemeinen nicht erreichbar. Ich hatte das Glück, einige grundlegende Arbeiten und auch Teile der Memoiren-Literatur kennenzulernen. Mein Grundanliegen ist jedoch, den Lesern bisher unbekannte Tatsachen oder solche mitzuteilen, die nur einem begrenzten Kreise bekannt waren. Vieles wurde nicht in Dokumenten festgehalten und ist daher nicht überprüfbar: Zahlreiche öffentliche Archive sind verschlossen, und viel Beweismaterial ist vernichtet oder verloren. Längst nicht alle Namen von Zeugen und Beteiligten der Ereignisse, von Autoren handschriftlicher Erinnerungen und mündlicher Berichte sind bekannt – aus durchaus verständlichen Gründen.
Ich habe mich um Wahrheit bemüht – nicht nur gemäß der Pflicht des Historikers. Mein Buch enthält nichts Erfundenes. Wozu auch? Die Wahrheit selber ist schrecklich genug.
In dem Porträt Stalins habe ich versucht, seinen verbrecherischen Charakter aufzudecken, den Banditen und Schurken zu zeigen, wie er war. Man kann mich danach der Verleumdung zeihen. Aber – ist eine »Verleumdung« Stalins, der Stalin-Zeit überhaupt möglich?
Vielleicht ist mein Buch überfrachtet mit blutigen Szenen dieser schlimmen Zeit. Möglicherweise hat es der Autor nicht vermocht, seine Gefühle zu zügeln, die Gefühle eines Menschen, der die Schrecken des Terrors überlebt hat. Solche Vorwürfe habe ich von Freunden gehört. Aber es ist schwer, sich kurz zu fassen, wenn man das Bild eines solchen Verbrechertums wiedererstehen lassen will.
Mein Vater hat gegen den Zarismus gekämpft, er nahm am bewaffneten Oktoberaufstand teil, und er war im Bürgerkrieg Kommandeur verschiedener Fronten. Er tat dies keineswegs, damit sich im Kreml ein schmutziger Krimineller festsetzen könne. Stalin ermordete Wladimir Antonow-Owssejenko wie Tausende anderer Revolutionäre. Meine Mutter nahm sich im Gefängnis das Leben. Ich verbrachte meine Jugend in Gefängnissen und Straflagern.
Spät, sträflich spät, erkannte ich Stalins wirklichen Platz in der Geschichte, in unserem Leben. Als ich dies erkannte, spürte ich die Notwendigkeit, darüber zu reden. Die Wahrheit über Stalin zu schreiben ist die Pflicht jedes anständigen Menschen. Pflicht gegenüber jenen, die von Stalins Hand ums Leben kamen; gegenüber jenen, die die Finsternis überlebt haben; gegenüber jenen, die nach uns kommen.
Ich habe begriffen, daß Schweigen heute Verrat wäre. Und ich beschloß, meine Pflicht als Mensch zu erfüllen.

Erster Teil

Wie gelang ihm die Usurpation?

Erste Probe

Der Fall Martow

Am 31. März 1918 veröffentlichte der Führer der Menschewiki, Julij Martow, in seiner Zeitung »Wperjod« (»Vorwärts«) einen streitlustigen Artikel gegen die Bolschewiki. Er enthielt einen bemerkenswerten Passus:

»Daß sich die Bolschewiki von alters her zu allerlei verwegenen Unternehmen expropriatorischer Art hingezogen fühlen, ist zumindest eben jenem Gen. Stalin bekannt, der seinerzeit wegen Verwicklung in Expropriationen aus der Parteiorganisation ausgeschlossen worden war.«

Eine schwere Anschuldigung. Schon 1906 nahm der IV. Parteitag der SDAPR(B) [Sozialdemokratische Arbeiterpartei Rußlands (Bolschewiki)] eine Resolution an, in der »die Wegnahme von Geld im Namen oder unter der Devise der Sozialdemokratischen Partei« verurteilt wurde. Der Parteitag rief die Parteimitglieder zum Kampf gegen die Expropriateure auf.

Und wie reagierte Stalin? Vielleicht wäre Schweigen das beste gewesen. Jeder Tag brachte so viel Neues, daß Martows Angriff in dieser turbulenten Zeit bald vergessen gewesen wäre. Nein, das Mitglied des Zentralkomitees, der Volkskommissar für Nationalitätenfragen, schlug sofort zurück: Er brachte Martow vor das Revolutionstribunal für Presseangelegenheiten. Ohne Formalitäten, unter Umgehung des Volksgerichts. Stalin sprach sich direkt mit dem Vorsitzenden des Tribunals ab.

Der Führer der Menschewiki versuchte zu protestieren. Der Protest wurde zurückgewiesen. Daraufhin beantragte Martow die Ladung folgender Zeugen:

1. Issidor Ramischwili, Sozialdemokrat und bekannter Politiker. Als Vorsitzender eines Revolutionsgerichts hatte er dargelegt, daß Stalin an der Expropriation des Dampfers *Nikolaj I.* im Jahre 1908 beteiligt gewesen war.
2. I. E. Gukowskij, Bolschewik, Volkskommissar für Finanzen. Er hatte in jenem Jahr wegen des Attentats auf den Arbeiter Sharinow ermittelt, der Stalin als Beteiligten an einer Expropriation entlarvt hatte.[1]
3. Stepan Schaumjan, einer der Leiter des transkaukasischen Gebietskomitees der bolschewistischen Partei.

4. Noj Shordanija, Regierungschef von Georgien, einer der menschewistischen Führer Transkaukasiens.

Diese Männer kannten Dshugaschwili-Koba-Stalin seit langem. Er war ihnen nicht nur als Expropriateur bekannt, sondern auch, weil er einen Parteibeschluß übertreten hatte. Sie wußten darüber hinaus noch manches aus der verwickelten Biographie des Volkskommissars für Nationalitätenfragen.

Martow benannte noch andere Zeugen aus den Reihen der Bolschewiki: Woroschilow, Ssamojlow, Jeshow, Mirow, Panischow, Frolow, Dshibladse.

Die Namen der Zeugen erschienen am 6. April in den Zeitungen »Wperjod«, »Istwestija« und »Prawda«. An Dokumenten konnte Martow nichts vorweisen. Der Beschluß des Untergrund-Bezirkskomitees der SDAPR(B) von Transkaukasien über den Ausschluß Stalins war nicht erhalten geblieben: In jenen Jahren bemühte man sich, ohne alles Schriftliche auszukommen.

Jetzt war Stalin am Zug. Die Sache roch nach Skandal. Man mußte die Situation retten. Martow hatte Zeugen. Stalin den Staatsapparat. Wer war stärker?

Auf der Sitzung des Tribunals nennt Stalin Martow einen widerlichen Verleumder. »Um ihn unschädlich zu machen« – sagt der Volkskommissar für Nationalitätenfragen –, »muß Martow verurteilt werden. Der Fall muß *unverzüglich* behandelt werden, er darf nicht bis zur Ladung von Zeugen verschleppt werden.«

Der Sinn des Spiels ist nicht so primitiv, wie es auf den ersten Blick scheinen mag. Stalin fürchtet die Zeugen – das ist klar, aber etwas viel Wichtigeres verbirgt sich hinter dem Wort »unverzüglich«. In ihm schwingt bereits die Anweisung an den Staatsapparat mit, über Martow ein Strafgericht abzuhalten. Aber wie soll das geschehen, unter welchem Vorwand? Die Ausgangslage ist folgende: Martow ist ein »widerlicher Verleumder«. Und er verleumdet durchaus nicht Stalin persönlich – nicht darüber ist der Volkskommissar empört, beileibe nicht! Martow verleumdet die Partei! Das ist es, was Stalin empört, das ist es, weshalb er die Verurteilung Martows verlangt. Der Führer der Menschewiki hatte lediglich über *Stalins* Parteiausschluß geschrieben; der Volkskommissar Stalin dagegen behauptete in der »Prawda«, Martow habe über den Ausschluß des *ganzen Komitees von Baku* berichtet.

Seit dem 31. März waren nur wenige Tage vergangen. Jeder konnte den »Wperjod« nachlesen und Stalin, gelinde gesagt, der Übertreibung überführen. Warum ließ er sich auf eine derart offensichtliche Verdrehung öffentlich zugänglicher Fakten ein? Stalin rechnete – und das nicht

ohne Grund – auf die Unterstützung der Regierung. Und als Gegenleistung erwartete die Regierung wenigstens den Anschein einer Widerlegung des »Verleumders«.
In der Sitzung des Tribunals trat als Ankläger im Namen des »Opfers« L. S. Ssosnowskij auf. Martow wurde von Aleksandrow und Lapinskij verteidigt. Es wurde erbittert gestritten. Die Debatten der Parteien zogen sich hin. Stalin verlangte erneut, den »Verleumder« zu verurteilen und auf keinen Fall Zeugen zu laden. Martow war jedoch nicht umsonst ein glänzender Polemiker. Er erinnerte das Tribunal an den Fall des Provokateurs Malinowskij.
Bereits 1914, in der Schweiz, hatte Martow Malinowskij öffentlich als mutmaßlichen Agenten der zaristischen Geheimpolizei verdächtigt. Martow kam vor Gericht, konnte aber keine Zeugen beibringen. Daraufhin bezichtigten ihn die Bolschewiki der Verleumdung. Es vergingen mehrere Jahre, und das Mitglied der bolschewistischen Partei Malinowskij wurde als Provokateur entlarvt.
Im Jahre 1918 war Martow weit entfernt von einer ähnlichen Parallele, er wußte vieles nicht, ihm kam es darauf an, das Gericht zu überzeugen. Als Schlußwort sagte er:
»Wenn es nicht möglich ist, die Zeugen zu befragen, so ist das mein Unglück, aber wenn sie deshalb nicht befragt werden, weil Stalin das nicht will – so ist das Stalins Unglück . . .«
Und das Gericht gab nach: Die Verhandlung wurde zur Ladung der Zeugen um eine Woche vertagt.
Ein Sieg Martows? Offenbar! Aber Stalin war jetzt wieder am Zug. Genauer: Die Regierung macht diesen unerwarteten Zug für ihn – das Revolutionstribunal für Presseangelegenheiten wird aufgelöst.
Und noch ein nicht unwichtiger Zug zwischendurch: Die Zeitung »Iswestija« bringt am 10. April einen Artikel von M. Kachiani unter dem Titel »Man muß mit dem Gegner ehrlich kämpfen!«
Einfach? Ja.
Raffiniert? Ziemlich.
Dazu ist anzumerken: Die Historiker sprechen noch immer zaghaft leise über Stalin als Clown. Nur wenn man auch diese wichtige Seite seines Charakters, seiner Persönlichkeit begriffen und ihrer Bedeutung entsprechend gewürdigt hat, kann man über Stalin einigermaßen ernsthaft reden. Wem wäre es schon in den Kopf gekommen, gleich nach der nebulosen Auflösung des Tribunals in der bedeutenden Zeitung des Landes einen Artikel unter dem vielversprechenden Titel »Man muß mit dem Gegner ehrlich kämpfen!« zu veröffentlichen? Unser Schalksnarr war es, der darauf verfiel. Hinter dem Großformat der »Iswestija« lugt

die grinsende Fratze des Hanswursts hervor. Er streckt den im Zirkuszelt Versammelten die Zunge heraus...
Es folgt eine zweite Serie ähnlicher Züge. Mögen die Kommentatoren und Historiker sie später als unfair bezeichnen – für Stalin zählt nur das Endresultat. In der Wahl der Mittel war er niemals kleinlich.
Die Ladung der Zeugen wurde zurückgenommen. Martow erhielt eine Ladung vor das Revolutionstribunal der Stadt Moskau zum Verhör durch einen Untersuchungsbeamten. Stalin hatte ihn angezeigt. Immerhin hatte Martow noch seine Zeitung. Er veröffentlichte im »Wperjod« einen Protest: »Das Revolutionstribunal hat die Aufgabe, so lautet das von den Bolschewiki erlassene Dekret, Verbrechen gegen das Volk abzuurteilen. Wieso kann eine Stalin zugefügte Kränkung als Verbrechen gegen das Volk gelten? Nur wenn man annimmt, Stalin sei eben das Volk.«[2]
Stalin sorgte dafür, daß die Zeugen nicht zur Sitzung des Tribunals erschienen. Für das neue Spektakel bereitete er eine neue Rolle vor – die des Opfers im Kampf der Parteien. Es erweist sich, daß Martow nicht Stalin persönlich verleumdet.
»Gibt es nicht genug Expropriateure auf der Welt? Aber allein Martow fühlt sich von ihnen bemüht. Die Verleumdung hatte eine ganz bestimmte Absicht – kurz vor den Wahlen mich als Mitglied des Zentralexekutivkomitees, mich als Bolschewik zu verleumden und den Wählern zuzurufen: ›Seht her, so sind sie also, Eure Bolschewiki!‹« So stand es in der »Prawda« vom 17. April 1918, einen Tag nach der Sitzung des Moskauer Revolutionstribunals. Im sechsten Monat der Sowjetherrschaft.
Und noch ein Artikel. Die »Iswestija des Sowjets von Smolensk« meldete am Tage *vor* der Sitzung: Martow sei wegen Verleumdung zu sieben Tagen Arrest verurteilt worden.
Koba war unerschöpflich in derlei Erfindungen.
Beim Gerichtstermin am 16. April forderte Martow, den Fall einem Volksgericht zu übergeben. Die Mitglieder des Tribunals berieten mehr als drei Stunden. Das Tribunal wagte nicht, die prozessualen Normen zu überschreiten, und beschloß, die Beschwerde des Bürgers Stalin, erhoben als Privatklage, abzuweisen, da der Fall Martow nicht in die Kompetenz des Revolutionstribunals falle. Stalin gelang es nicht, dem Moskauer Tribunal seinen Willen aufzuzwingen.
Leider war Martow zu impulsiv. In seinem Artikel vom 31. März hatte er sich zu hitzig gegen die Regierung gewandt. Die Zeitungsattacke wurde als Verbrechen eingestuft. Das Revolutionstribunal befand Martow der Untergrabung der Autorität der Regierung für schuldig und erteilte ihm eine öffentliche Rüge.

Ein Sieg Stalins? Ein *solcher* Sieg befriedigte Stalin nicht: Martow muß vernichtet werden!
Vorsitzender des Revolutionstribunals war im Frühjahr 1918 Nikolaj Krylenko. Als entschiedener Bolschewik, aktiver Bürgerkriegsteilnehmer, verhielt er sich den Menschewiki gegenüber feindselig. Darauf baute Stalin. Unter seinem nicht nachlassenden Druck erklärte Krylenko auf der Sitzung des Zentralexekutivkomitees am 25. April, in der Sache Stalin gegen Martow sei eine Fehlentscheidung ergangen; gegen diese Entscheidung müsse eine Aufhebungsklage erhoben werden.
Martow erhielt keine Erlaubnis etwas zu entgegnen: Man entzog ihm das Wort und entfernte ihn aus dem Saal. Zwei Tage später verlor er sein letztes Verteidigungsmittel – die Zeitung »Wperjod« wurde verboten.
Stalin hatte alles Mögliche und auch Unmögliche getan, aber dennoch nicht den vollen Sieg errungen – jenen Sieg, der den Gegner am Boden zerstört zurückläßt. Martows Anschuldigungen hatte er nicht widerlegt, den Flecken von seiner Weste nicht abgewaschen. Der kompromittierte Stalin hielt es für richtig, sich eine Zeitlang aus Moskau zu entfernen. Es war Bürgerkrieg, viele ZK-Mitglieder weilten an den Fronten und in entfernten Gouvernements. Ende April reiste Stalin nach Kursk, zu Verhandlungen mit der ukrainischen *Rada* [antibolschewistische provisorische Regierung]. In den offiziellen Biographien des Führers wird diese Phase – Frühjahr 1918 – nicht zufällig übergangen.
Im Sommer 1918 arbeitet Stalin – und das heißt, er stört andere soviel wie möglich – in Zarizyn. Als im November der ukrainische Sowjet der Sonder-Heeresgruppe im Abschnitt Kursk unter Leitung von Wladimir Antonow-Owssejenko gegründet wurde, gehörte Stalin zu den Mitgliedern des Revolutionsrates. Später wurde er zusammen mit Feliks Dzierżyński nach Perm entsandt – um die Lage im Nordabschnitt der Ostfront zu erkunden. Ein weiterer drittrangiger Auftrag Lenins. Von dem Martowschen Makel konnte Stalin nicht so schnell freikommen.
1920 veröffentlichte Noj Shordanija in einer Pariser Zeitung einen Artikel über den seinerzeitigen Ausschluß Stalins aus der SDAPR(B) Partei wegen verdächtiger Verbindungen zu Kriminellen und wegen eigenmächtiger Expropriationen. In Rußland fand sich jedoch niemand, der die Stimme des Emigranten Shordanija hören wollte.
Weshalb hatte Lenin im Frühjahr 1918 geschwiegen, warum unterstützte er die legalen Forderungen Martows nicht? Beide Männer verband die gemeinsame Parteiarbeit Ende des vergangenen Jahrhunderts. Sie hatten 1895 zusammen den Petersburger »Kampfbund zur Befreiung der Arbeiterklasse« geschaffen. Lenin hatte einmal zu Maksim Gorkij gesagt: »Schade, daß Martow nicht mit uns ist, sehr schade! Was für ein

wunderbarer Genosse, was für ein sauberer Mensch... Was für ein Kopf! Ach.« Martow war eine Zeitlang eng mit Lenin befreundet. Warum ließ Lenin die Auflösung des Tribunals für Presseangelegenheiten und die Schließung der Zeitung »Wperjod« zu, warum beendete er nicht die Hetzkampagne in den Zeitungen?
Der große Demokrat Lenin, der ungestüme Kritiker des kapitalistischen Systems, wurde intolerant in den Jahren der Errichtung der Diktatur des Proletariats – intolerant gegenüber Kritikern des neuen Systems. Schon in den allerersten Tagen der Sowjetmacht wurde eine strenge Zensur des gedruckten Wortes eingeführt.
Lenin handelte danach, was ihm als das höchste Interesse der Partei erschien. »Das Ziel rechtfertigt die Mittel.« Im Falle Martow blieb er untätig. Doch als Lenin Stalin als den Vertreter der Bolschewiki gewähren ließ, beging er einen nicht wiedergutzumachenden Fehler: Er ließ zu, daß Stalin die Parteiführung gründlich kompromittierte. 1921 beschloß Martow, der alle Hoffnungen verloren hatte, das Vaterland zu verlassen. Lenin behinderte seine Ausreise nicht.
Aus den Erinnerungen Aleksandra Rjasanowas geht hervor, daß Lenin sich auch weiterhin für Martow interessierte. Er hatte sie eindringlich nach dessen Leben in der Emigration befragt: »Braucht er irgendwelche Hilfe? Ist er gesund?«
Kurz bevor Lenin die Stimme verlor, sagte er zu seiner Frau: »Siehst du, es heißt, daß auch Martow bald sterben wird.« Nadjeshda Krupskaja erinnerte sich an den Tonfall: »Es schwang etwas Weiches in seinen Worten mit.«[3] Opfer der eigenen Dogmen, wie inkonsequent war Wladimir Lenin doch!
Dafür zeichnete seinen Nachfolger eiserne Konsequenz aus. Nach und nach wird er fast alle Zeugen seiner Verbrechen in Baku vernichten, auch die unvorsichtigen Verteidiger Martows im Jahre 1918 – Ssosnowskij, Kachiani, Krylenko. Einzig Martow starb zu früh. Welche Ungerechtigkeit! Aus dem »Fall Martow« zog Stalin nicht wenig Nutzen. Er hatte Lenins schwache Seiten als Führer entdeckt, und für sich geeignete Wege im Partei- und Staatsapparat ausgespäht. Stalin hatte seine Fähigkeiten in der Manipulation der öffentlichen Meinung, der Kontrolle der Presse und im Ausüben von Druck auf staatliche Institutionen erprobt. Natürlich war es nicht ohne Pannen abgegangen: Es war schließlich die erste Probe.

Zweite Probe

In Zarizyn

Am 8. Mai 1918 unterschrieb Lenin die Ernennung des Generalstäblers A. J. Ssnessarjow zum militärischen Leiter des Wehrkreises Nordkaukasus. Ssnessarjow fuhr nach Zarizyn. Partisanenwesen, das Fehlen einer einheitlichen Führung, mangelnde Verbindungen zwischen den einzelnen Truppenverbänden, Chaos in der Versorgung – auf all das traf er in der Wolgastadt. Der frühere zaristische General packte energisch an, organisierte die Verteidigung, ging daran, eine reguläre Armee zu schaffen. Nach einem Monat konnte er die feindlichen Angriffe aufhalten.
Am 31. Mai unterschrieb Lenin den Beschluß des Rates der Volkskommissare über die Ernennung Stalins zum Leiter des Versorgungswesens in Südrußland.[4] Stalin reiste, eskortiert von lettischen Schützen, in einem Sonderzug nach Zarizyn. Er erschien im Stab in Abwesenheit des Kommandeurs und okkupierte dessen Dienstraum. Als Ssnessarjow kam und sich dem Bevollmächtigten vorstellte, *befahl* Stalin ihm, eine Operationskarte der Front zu bringen. Ssnessarjow ging hinaus, kam mit einer Karte zurück, rollte sie aus und bemerkte: »Ich hoffe, daß Ihnen nie wieder der Gedanke kommt, Sie hätten es mit einem Laufburschen zu tun. Früher habe ich das 9. Armeekorps befehligt, jetzt hat die Regierung mir eine Front anvertraut.«

Ein Lager weit weg an der Petschora. Ein Frauenlager, eingezäunt mit Stacheldraht. Die Älteste der Kriminellen fordert in gebieterisch verächtlichem Ton eine andere Diebin auf, ihr Wasser zu bringen. Nicht, daß sie durstig wäre – als sie das Wasser bekommt, nimmt sie den Metallbecher kaum an die Lippen. Sie hatte nur allen Weibern und dem in die Baracke eingetretenen Vorarbeiter gezeigt, wer das Sagen hat.

»Nachdem er mit eiserner Hand die Stadt von den weißgardistischen Verschwörern gesäubert, erbarmungslos den Widerstand der konterrevolutionären Spezialisten gebrochen hatte, die von Trotzkij geschickt und unterstützt worden waren, reorganisierte Stalin mit schnellen und entschiedenen Maßnahmen die verstreuten Einheiten ...«[5] So heißt es in der »Kurzen Biographie« Stalins.

Und wie war es wirklich? Stalin zerstört alles, was Ssnessarjow mit so viel Mühe geschaffen hat, zerbricht auch ihn selber. »Der militärische ›Spezialist‹ Ssnessarjow sabotiert meiner Meinung nach sehr geschickt: Er will keinen Krieg gegen die Konterrevolution führen«, telegrafierte er an Lenin und forderte, den Saboteur abzulösen. Der Bevollmächtigte für die Lebensmittelversorgung, Stalin, beschuldigt den General Ssnessarjow des »bürgerlichen Verteidigertums«; und den von ihm ausgearbeiteten Plan zur Verteidigung der Stadt bezeichnet er als »schädlich«.[6]
Dem Wort folgt die Tat. Mitte Juli verhaftet Stalin den gesamten Stab des Wehrkreises, treibt die Kommandeure auf einen Flußkahn und ertränkt die »Verräter« in der Wolga. Anschließend verhaftet er Ssnessarjow. Stalin ist schon nicht mehr zufrieden mit dem Status eines Außerordentlichen Bevollmächtigten des Rates der Volkskommissare. Er usurpiert die Rechte des Befehlshabers und ordnet an, mit dem Angriff im Süden von Zarizyn zu beginnen. Militärische Taktik jedoch ist etwas anderes als der Gewaltakt auf dem Flußkahn. Das wurde am 4. August deutlich, drei Tage nach Beginn des »Angriffs« an der Front. Die Kooperation der Einheiten und der Abschnitte war gestört, die Verbindungen rissen ab, es drohte die Einschließung der Stadt.
Und wie stand es hinsichtlich der Lebensmittelversorgung, deretwegen Stalin eigentlich hergesandt worden war? Dieses Problem löste der erfahrene Expropriateur mit gewohnten Methoden. Nachdem er die Wolga-Dampfschiffahrt unter sein Kommando gestellt hatte, requirierte er sämtliche mit Fisch beladenen Schiffe – zwei Millionen Pud (32 760 Tonnen). In kurzer Zeit hatte er riesige Mengen von Versorgungsgütern aufgehäuft, mit dem Abtransport nach Norden beeilte er sich jedoch nicht. Aus Moskau wurde eine Sonderkommission unter Leitung des Mitglieds des Revolutionären Kriegsrates der Republik, A. I. Okulow, nach Zarizyn gesandt. Als erstes befreite Okulow den General Ssnessarjow. Später, im Jahr 1937, nahm Stalin dafür volle Rache: er vernichtete beide – den alten General Ssnessarjow und den Altbolschewiken Okulow. 1918 jedoch sammelte Okulow in Zarizyn interessante Zahlen, die er den Delegierten des VIII. Parteitags (Februar 1919) in nichtöffentlicher Sitzung vorlegte:

	10. Armee	Weiße Armee
Soldaten	76 000	26 000
Geschütze	256	70
Maschinengewehre	1000	100

Auf Kosten des hungernden Volks fütterte Stalin in Zarizyn 150 000 Tagediebe. Allein eine Division mit einem Mannschaftsbestand von 6400 Mann erhielt die Rationen für 20 000.

Unter den ihre Strafe verbüßenden Kriminellen gilt es als Großtat, wenn es gelingt, eine zusätzliche Schüssel Wassersuppe oder eine Portion Brot mehr zu erhalten. Im Lager heißt das »mähen«.

Im Sommer 1918 geriet die Herrschaft der Bolschewiki in Baku ins Wanken. Der Stadt drohte eine türkische Intervention; die menschewistische Führung verhielt sich gegenüber den Bolschewiki illoyal. Der Leiter des Rates der Volkskommissare von Baku, Lenins Kampfgenosse Stepan Schaumjan, schickte Alarmmeldungen nach Moskau, bat um Hilfe. Von der Zentrale abgeschnitten, nahmen die Bolschewiki in Baku mit Moskau Verbindung über Astrachan oder auf dem Umweg Kuschka-Taschkent auf. Baku ist die Zitadelle des Bolschewismus im Transkaukasus, Baku bedeutet Erdöl, auf das Türken, Engländer, Deutsche versessen sind. Die deutsche Regierung verspricht, den türkischen Angriff aufzuhalten, wenn die Sowjets das Erdöl mit ihr teilen.
Lenin verfolgt die Entwicklung gespannt. Am 29. Juni schickt er Grüße an den »teuren Genossen Schaumjan«, berichtet von Stalins Ankunft in Zarizyn, und bittet, über ihn die Briefe nach Moskau zu senden. Im Juli, als die politische Krise in Baku ihren Gipfel erreichte, fordert Lenin von Stalin, mit Schaumjan ständig Verbindung zu halten.[7]
Hätte Lenin von Kobas Vergangenheit in Baku gewußt... Der Leiter des Sowjets von Baku erbittet Hilfe. Lenin ist in Schwierigkeiten. Schließlich gibt der Revolutionäre Kriegsrat der Republik (RKRR) der Südfront die Anweisung, unverzüglich Hilfe nach Baku zu entsenden. Als er dies erfuhr, sagte Schaumjan zu ihm nahestehenden Genossen: »Ihr werdet sehen, daß Stalin diese Anweisung nicht ausführt. Er wird mir niemals helfen, auch nicht, wenn er alles im Überfluß hätte.«
Stepan Schaumjan kannte Koba aus der gemeinsamen Untergrundarbeit in Baku und Tiflis. Aber seien wir objektiv: Konnte Stalin denn von seinem Frontabschnitt Leute und Waffen abziehen, wenn er lediglich die dreifache Übermacht über die »Banden« des Generals Krassnow hatte? Ebenso stand es mit der Verpflegung. Da er davon mehr als genug hatte, wollte er vielleicht einen Vorrat für mehrere Jahre anlegen. Wahrscheinlich konfiszierte Stalin deshalb einen großen Getreidetransport, der vom Nordkaukasus in das hungernde Baku unterwegs war.
Doch offen die Anweisung Lenins zu sabotieren erlaubte Stalin sich nicht. Er schickte eine kleine Einheit nach Baku. Diese »Hilfe« traf gegen Ende August ein, als die Sowjetmacht in Baku bereits gestürzt war. Auf Einladung der neuen Regierung, der Zentralkaspischen Diktatur, kam eine britische Armee-Einheit nach Baku. Schaumjan und

seine Genossen waren im Gefängnis. Mitte September marschierten türkische Verbände in die Stadt ein. Die Bolschewiki hatte man noch rechtzeitig aus dem Gefängnis befreien können, sie sollten sich auf dem Seewege nach Astrachan retten. Aber die Schiffsoffiziere steuerten Krassnowodsk an und übergaben die Bolschewiki den Engländern.
Über den Tod der sechsundzwanzig Kommissare von Baku wird gemeinsam mit Lenin auch das Mitglied des Revolutionären Kriegsrates (RKR) der Südfront, Jossif Stalin, trauern.
Dieser RKR der Südfront wurde am 17. Oktober geschaffen. Zu ihm gehörten neben Stalin der Vorsitzende des Sowjets von Zarizyn, S. K. Minin; der stellvertretende Kommandeur, K. J. Woroschilow; und der Befehlshaber der Front, P. P. Ssytin.
Stalin ließ jedoch nicht zu, daß Ssytin Befehle erteilte. Er rief sich zum Vorsitzenden des RKR aus und verlegte eigenmächtig, zum Schaden der Sache, den Frontstab und den RKR nach Zarizyn. Stalin verfügt über Truppen, Munition, Waffen, militärische Kader. Und intrigiert, intrigiert – im Süden und in Moskau, auf höchstem Parteiniveau. Schon zehn Tage nach der Bildung der neuen Front schreibt er in einem Bericht an den Revolutionären Kriegsrat der Republik:
a) Ssytin interessiert sich »seltsamerweise« nicht für die Lage der Front im ganzen;
b) wir haben ohne ihn einen breitangelegten Angriff gegen die Weißen beschlossen.
c) Schickt angesichts dieses Vorhabens unverzüglich Gewehre, Geschütze, Munition, Uniformen – je mehr, desto besser!
d) Andernfalls ... »sind wir gezwungen, die militärischen Aktionen einzustellen«[8].
Beachten wir den Ton des Stalinschen Berichts. Offenbar hatte die Geschichte ihn dazu berufen, die »Vendée am Don zu liquidieren« ...
Bei der Erfüllung dieser historischen Mission schonte Stalin den »Personalbestand« nicht. Er befahl, eine eilig aufgestellte, aus unausgebildeten Rekruten bestehende Division in den Kampf zu werfen. Die ganze Division wurde vom Gegner gefangengenommen. Als es dann B. M. Dumenko gelang, die Rotarmisten wieder herauszuhauen, befahl Stalin, die »Verräter« zu erschießen.
Um ein einheitliches Kommando herzustellen und den südlichen Diktator zu zügeln, schickte die Zentrale das RKR-Mitglied K. A. Mechonoschin. Gemeinsam mit P. J. Lasimir kam er zum RKR der Front. Aber die spezielle Anweisung des Revolutionären Kriegsrats der Republik wirkte nicht. Gestützt auf Woroschilow und Minin, deren Kompetenz in Sachen Oberbefehl über die Front außerordentliche Zweifel weckte,

organisierte Stalin eine Hetze gegen Ssytin und Mechonoschin. »Ich werde mit eigener Hand die Armeekommandeure und Kommissare hinwegfegen«, versicherte er Lenin. »Unsere Hand zittert nicht.«[9]
Der neue Hader beunruhigte die Zentrale. Sswerdlow mahnte Stalin telegrafisch, daß die Unterordnung unter den Revolutionären Kriegsrat der Republik die Pflicht aller sei, einschließlich der ZK-Mitglieder.[10]
Bei seiner Anfang Oktober im Zentralkomitee geführten Diskussion über die unbedingte Erfüllung der Beschlüsse zentraler Organe durch die Parteifunktionäre hatte das ZK vor allem Stalin im Auge, der die Südfront in die Katastrophe führte. Die offen feindselige Haltung gegenüber den Berufsmilitärs, die grundlosen Repressionen, die Prügeldisziplin in den Divisionen der Roten Armee, das Partisanentum an der Front und die Eigenmächtigkeiten in der Etappe, die Intrigen gegen den Befehlshaber der Front und den Revolutionären Kriegsrat der Republik – all das führte zu ungeheuren Verlusten. 60 000 Mann zahlten für Stalins Abenteurertum mit ihrem Leben.
Da sie in Zarizyn einen so nützlichen Mann hatte, entwickelte die Weiße Armee mit ihren nur 26 000 Soldaten eine erfolgreiche Offensive, schloß die Stadt von drei Seiten ein und näherte sich ihren Mauern. Die Panzerzüge und -spähwagen kamen tagelang nicht aus dem Gefecht. Der Artilleriekommandeur der 10. Armee, Kulik, stellte am Stadtrand und auf den Straßen etwa 300 Geschütze auf, doch die Munition ging zu Ende. Der entscheidende Kampf begann frühmorgens am 22. Oktober. Auf dem Balkon des Gebäudes, in dem der Stab der 10. Armee untergebracht war, standen K. J. Woroschilow, S. K. Minin, G. I. Kulik, J. A. Schtschadenko, A. I. Sseljawkin. Nur Stalin fehlte.
Das Fernglas holte das Schlachtfeld heran – es schien, als ob die Regimenter von Drosdow, Kornilow, Markow in den nächsten Minuten nach Zarizyn eindringen würden. Die Kosaken und Offiziere bedrängten die Verteidiger der Stadt hart. Plötzlich nahten von hinten und auf den Flanken Reiterabteilungen in schwarzen Umhängen gleich Gewitterwolken. Drohend blitzte die Sonne auf Tausenden von Lanzen und Säbeln. Die Stabsoffiziere auf dem Balkon erstarrten. Gleich würden diese Wolken sich über die Rote Reiterei wälzen, und alles wäre zu Ende. Die Reiter in den schwarzen Umhängen fielen jedoch über die Weißen her. Hunderte von Toten zurücklassend, zogen sie sich von den Mauern Zarizyns zurück.
Dem Stab der 10. Armee war bekannt, daß vom Nordkaukasus her die Stählerne Division von Dmitrij Shloba zu Hilfe eilte. Die Verbindungen waren jedoch unterbrochen, niemand hatte heute Unterstützung erwartet. Doch Shloba hatte es geschafft.

Die Umzingelung Zarizyns wurde aufgebrochen, der Gegner auf 120 Kilometer hinter den Don zurückgeworfen.
Fünf Tage ruhten Shlobas Leute aus. Am sechsten marschierten sie auf den Hauptplatz, stellten sich im Karree auf. Auf einer hölzernen Tribüne standen die Mitglieder des Revolutionären Kriegsrats der Armee. Diesmal ist auch Stalin zugegen. Wo war er aber am Tage des letzten Kampfes? Jenseits der Wolga, in seinem Sonderzug, in der Obhut der lettischen Schützen. Unter dem gleichen verläßlichen Schutz, verstärkt durch einen von seinem Einsatzort abgezogenen Panzerzug, hatte Stalin einmal Truppenstellungen besichtigt. So stand es mit jenem einmaligen historischen Besuch an der Front. Er zog es vor, sich auf das linke Wolgaufer zu verkriechen und nur zu den Sitzungen des RKR zu erscheinen. In der letzten Woche hatte sich Stalin überhaupt nicht blicken lassen: Die Evakuierung der Stadt hatte begonnen, nach Siegeslorbeer roch es nicht. Am Tage der letzten Schlacht eilte er zum Flußhafen, um eine höchst dringliche Frage zu entscheiden: Wohin sollte er fliehen, flußaufwärts oder -abwärts?
Jetzt war alles anders! Er konnte sich ans Rednerpult begeben und in seiner Eigenschaft als Führer des revolutionären Südrußland die Helden belobigen.
– Teurer Genosse Shloba! Unsere Partei und die Sowjetmacht werden deine Heldentat niemals vergessen – die Rettung Zarizyns. Niemals! –
Mit diesen Worten überreichte Stalin Shloba ein riesiges goldenes Zigarrenetui mit einer feierlichen Aufschrift. Orden gab es zu jener Zeit noch nicht, und die Kommandeure wogen auf ihren Handflächen neugierig das schwere Gold. Jetzt wollen wir sehen, wie diese Ereignisse in der »Kurzen Biographie« Stalins oder besser, der Autobiographie dargestellt sind: denn der Chef persönlich hat jede Zeile des Buches überprüft.
»Der eiserne Wille und der geniale Scharfblick Stalins hielten Zarizyn und ließen die Weißen nicht nach Moskau durchbrechen.«[11]
Der Vorsitzende des RKR der Republik, Lew Trotzkij, hatte mehrfach gefordert, Stalin und Woroschilow zu entfernen, diese händelsüchtigen schädlichen Leute, die die Sache zugrunde richten würden.[12]
In Gesprächen mit Lenin wird Stalin alles ableugnen und Woroschilow als einen überaus wertvollen und unersetzlichen Mitarbeiter verteidigen.
Klim Woroschilow bleibt nichts schuldig – er wird später die »Heldentaten« seines Gönners, des »Schöpfers« der Roten Armee und des allerhöchsten Organisators ihrer Siege in einem Buch herausstreichen.[13]
Intrigantentum ist stets mit Liebedienerei gekoppelt. Daran muß man

unwillkürlich denken, wenn man den Schriftverkehr der Bürgerkriegszeit durchsieht. Am 21. August 1918 sandte Stalin aus Zarizyn einen Brief an den »teuren Genossen Lenin« und bat, man solle ihm eiligst einige Torpedo- und Tauchboote schicken. Bezeichnend die Schlußworte des Briefes: »Drücke meinem teuren und geliebten Iljitsch die Hand. Ihr Stalin.«[14]

In Moskau versucht Stalin, nachdem er sich im Süden zur Genüge kompromittiert hatte, ins Zentrum der militärischen Macht vorzudringen. Wie jedoch kann er Trotzkij umgehen? Lew Trotzkij erfreut sich des vollen Vertrauens von Lenin, jetzt ist er nicht zu stürzen. Wie aber, wenn man in den Revolutionären Kriegsrat der Republik eindringt und es von innen her versucht?

Stalin versichert Lenin, daß von nun an der RKR der Südfront ein Musterbeispiel militärischer Disziplin sein werde – keinerlei Konflikte mehr mit dem Oberbefehlshaber und dem RKR der Republik. Es sei ihm gelungen, Minin und Woroschilow von der unbedingten Subordination unter die Befehle der Zentrale zu überzeugen. Er, Stalin, bestehe nicht mehr auf der Entfernung Ssytins und Mechonoschins, sei sogar bereit, mit ihnen im Rat der Südfront zusammenzuarbeiten. Aus dem Frontrat abberufen, träumte Stalin, als Mitglied des Revolutionären Kriegsrats der Republik dorthin zurückzukehren. Der Status eines ZK-Mitglieds und eines Mitglieds des RKRR würde ihm dazu verhelfen, eine Position *über* dem Frontrat einzunehmen.

In Südrußland hatte Stalin ein großes Spiel arrangiert. Er hatte sich in der Rolle des Diktators gefallen. Hatte Blut geschmeckt. Wer könnte schon nachzählen, wieviel tausend Offiziere, Soldaten, Rotarmisten auf seinen Befehl erschossen wurden?

In Stalins Leben ist Zarizyn ein frühes Übungsgelände.

Der scharfsichtige Lenin bemerkte an Stalin im Jahre 1918 lediglich Unverträglichkeit und Schroffheit, die sich leicht mit »kaukasischem Temperament« erklären ließen. Lenin bat Trotzkij, »alle Anstrengungen zu unternehmen, um die gemeinsame Arbeit mit Stalin in Gang zu bringen«[15].

Trotzkij aber hatte schon 1917 erkannt: Mit Stalin ist keinerlei fruchtbringende Zusammenarbeit möglich. Und er wies die Empfehlung des Führers zurück. Er wollte nicht seine Schöpfung, den Revolutionären Kriegsrat der Republik, aufs Spiel setzen.

Es dauert nur ein Jahr, bis Stalin eine überzeugende Revanche gelingt. Auf der Leiter der Parteihierarchie hat er die gleiche Stufe wie Trotzkij erklommen. Selbst wenn man die Fügsamkeit der »Prawda«-Redaktion einbezieht, die im Bericht von der Zusammensetzung des Präsidiums des

IX. Parteitags (März 1920) Stalins Namen als vierten – schon als *vierten* – nach Lenin, Trotzkij, Bucharin nannte, ist das Faktum, so prominente Parteiführer wie Kamenew, Rykow und Tomskij im dritten Jahr der Revolution überholt zu haben, als großer Erfolg des künftigen Generalsekretärs anzusehen.

Gegen Lenin

Warum hatte Lenin geschwiegen, als Stalin 1918 eine regelrechte Hetzjagd gegen Martow entfesselte? Wirklich nur aus Sorge, die Autorität des ZK-Mitglieds Stalin gehe verloren? Oder etwa aus Gründen des Parteiprestiges?
Verschiedene Zeugenberichte lassen den Schluß zu, daß die Beziehungen zwischen Lenin und Stalin schon 1920 gespannt waren, daß Lenin Stalin mißtraute, über seine Tätigkeit beunruhigt war und ihn sogar fürchtete.
Margarita Fofanowa stand Lenin in der damaligen Zeit sehr nahe; in ihrer Wohnung hatte sich Lenin im September-Oktober 1917 verborgen gehalten. Auch mit Nadjeshda Krupskaja war sie befreundet. 1973 erzählte mir die Fofanowa kurz vor ihrem Tod, sie sei 1920 einmal zu Lenin in dessen Büro im Kreml gekommen, um ihn in einer persönlichen Angelegenheit um Rat zu fragen: Ob sie im Rabkrin [der Arbeiter- und Bauerninspektion], an deren Spitze Stalin stand, eine Stelle annehmen solle. Lenin sagte zu ihr:
»Margarita Wassiljewna, ich habe viel über Ihre Sache nachgedacht. Ich habe mich auch mit Nadjenka beraten [Lenins Frau war in diesen Tagen krank]. Wir sind übereingekommen, daß Sie nicht mit Stalin arbeiten sollten. Sie kennen diesen Mann nicht. Er erträgt es nicht, wenn er an Widerspruch gerät. Und Sie sind ein selbständiger Arbeiter, es würde Konflikte geben.«
Lenin lief sorgenvoll im Büro hin und her und setzte hinzu: »Und wissen Sie, was noch? Stalin ist ein rachsüchtiger Mensch, wer weiß, bis zum wievielten Glied er sich rächen würde. Und Sie haben Kinder.«

Die letzten drei Lebensjahre Lenins sind erfüllt von scharfen politischen Zusammenstößen, in deren Mittelpunkt immer wieder Stalin steht.

1921. Stalin greift in die Diskussion über die Nationalitätenfrage mit seiner ganzen Oberflächlichkeit und großmäuligen Überheblichkeit ein. Ohne sich die geringste Mühe zu geben, die Verteidiger der Leninschen Position wissenschaftlich zu widerlegen, läßt er das Gauner-Vokabular eines hitzigen Demagogen vom Stapel: vulgäre Übertreibungen, politische Abstempelungen und sogar Drohungen.

Georgij Ssafarow, der gewagt hatte, Stalins Thesen zu kritisieren, bezeichnete der Generalsekretär als Bund-Angehörigen. Der »Bund« hatte sich schon 1903 für national-kulturelle Autonomie ausgesprochen, Ssafarow jedoch erst jetzt, auf dem Parteitag. Es paßt alles. Wirklich alles? Zwei Epochen miteinander vermischend, die Zustände des zaristischen Rußland mit den Bedingungen der sowjetischen Föderation gleichsetzend, beeilte sich Stalin, dem frechen Kritiker ein Etikett anzuheften.

Nach dem Parteitag setzte der Generalsekretär *seine* Linie fort. Die Ausfälle gegen Ssafarow wandelten sich in eine regelrechte Hetzjagd. Lenin unterstützte zwar auf jede Weise den »Dissidenten« Ssafarow, sandte ihm A. A. Joffe zur Hilfe nach Turkestan. Am 22. Dezember 1921 schreibt Lenin an G. Ja. Ssokolnikow, den Vorsitzenden des turkestanischen Büros des Zentralkomitees der KPR(B) [Kommunistische Partei Rußlands (Bolschewiki)]: »Ich schreibe Ihnen *geheim*. Ich glaube, daß Gen. Ssafarow (zumindest teilweise) recht hat. Ich bitte Sie sehr, objektiv zu prüfen, damit nicht Klatsch, Zank und Rache die Arbeit in Turkestan zunichte machen.«[16]

Weshalb »geheim«? Vor wem versteckt sich Lenin? Die Antwort dürfte klar sein. (Dieser Brief blieb wie Hunderte andere Dokumente, die das wirkliche Gesicht Stalins enthüllen, mehr als dreißig Jahre unbekannt.)

1921 malträtiert Stalin, mit Hilfe des folgsamen Apparats, den Gründer der Partei. Als der Altkommunist G. L. Schklowskij um Verwendung im Ausland bat, schlug ihm Lenin, der sich an die gemeinsame Arbeit in den Jahren der Emigration erinnerte, eine Stelle bei der Staatsbank im Außenhandel vor. Aber das Orgbüro* widersetzte sich der Empfehlung Lenins. Stalin beschuldigte – durch andere Mitglieder des Büros – Lenin des Protektionismus. In seiner Antwort auf die Bitte Schklowskijs schreibt Lenin am 4. Juni 1921:

»Sie haben vollkommen recht, daß es der Gipfel von Unsinn und Niedertracht ist, mich in diesem Fall des ›Protektionismus‹ zu bezichti-

* Orgbüro: Organisationsbüro des ZK der bolschewistischen Partei, das 1921 schon von Stalin beherrscht wurde. (Anm. d. Red.)

gen. Ich wiederhole, daß hier eine komplizierte Intrige im Gange ist. Man nutzt es aus, daß Sswerdlow, Sagorskij und andere tot sind. Es hilft nichts, Sie müssen den ›Dienstweg‹ gehen. Gegen mich bestehen in dieser Frage Vorurteile, hartnäckige Opposition und *extremes Mißtrauen*. Das kränkt mich tief, aber es ist eine Tatsache... ›Neue‹ sind gekommen, die die Alten nicht kennen, man empfiehlt, die Neuen trauen nicht, man wiederholt seine Empfehlung – das Mißtrauen vertieft sich, Starrköpfigkeit kommt auf: ›Wir wollen eben nicht!‹!!!
Es bleibt nichts anders übrig: Von Grund auf muß die neue Jugend im Kampf für unsere Seite erobert werden.«
(Bis heute ist dieser Brief nicht veröffentlicht. Ich zitiere nach einer handschriftlichen Kopie.[17])
Allgemein bekannt ist der Konflikt zwischen Lenin und Stalin in der Nationalitätenfrage anläßlich der Lage in Georgien 1922–23. Im Januar 1923 schrieb Lenin einen Brief, in dem er Stalin und Dzierżyński wegen ihrer »wahrhaft großrussischen, nationalistischen Kampagne« verurteilte und zu dem Schluß kam, dabei hätten »Stalins Eilfertigkeit und Hang zum Bürokratismus eine verhängnisvolle Rolle gespielt, ebenso sein erbittertes Vorgehen gegen den berüchtigten ›Sozial-Nationalismus‹«. Lenins Brief war an den XII. Parteitag gerichtet, der im April 1923 stattfand. Zu Stalins Glück erlitt Lenin im März 1923 einen schweren Schlaganfall, von dem er sich nie mehr erholte. Und Lenins Anhänger kämpften auf dem XII. Parteitag nicht mit allen Kräften, um Stalin aus all seinen führenden Positionen zu entfernen.
Trotzdem verlief der XII. Parteitag für Stalin nicht glatt. Zwar gelang es ihm, sich mit großer Mühe und viel List herauszuwinden, manchmal aber geriet der Generalsekretär unmittelbar an den Rand des Abgrunds, war gezwungen hineinzublicken. Er saß im Präsidium, das innere Zittern verdeckt von der Maske munterer Unerschütterlichkeit – was aber, wenn seine Männer vor Ort plötzlich zurückweichen?
Den Generalsekretär packte die Wut. Er beschloß, Rache zu nehmen und den Gang der Diskussion zu unterbrechen – der Resolution des Parteitags über den Kampf gegen den Großmachtchauvinismus zum Trotz.
Aber die Resolution des Parteitags zu revidieren, offen gegen Lenin aufzutreten – das ist nicht Stalins Sache; er ging anders vor. Im Kollegium des Volkskommissariats für Nationalitätenfragen arbeitete der energische M. G. Ssultan-Galijew. Er beschloß, für die Resolutionen des XII. Parteitages in der nationalen Frage und für Lenins »Brief an den Parteitag« Propaganda zu machen. Der Genosse war unvorsichtig. Stalin schlug unerwartet zu. Auf seine Anweisung hin nahm die

GPU* Ssultan-Galijew unter besondere Beobachtung – durch Agenten und durch Post- sowie Telefonüberwachung. Das Regierungsmitglied geriet in die Fänge der Untersuchungs- und Straforgane.

Seit den ersten Jahren der Sowjetmacht befanden sich diese [Sicherheits]Organe unter der Kontrolle der Partei. Nachdem er Generalsekretär geworden war, begann Stalin – lange vor dem Großen Terror – die OGPU-Zentrale Lubjanka seiner persönlichen Kontrolle zu unterstellen.

Drei Monate nach dem XII. Parteitag berief das ZK eine erweiterte Sitzung unter Teilnahme des Aktivs der nationalen Republiken ein. Die Sitzung dauerte vier Tage, vom 9. bis 12. Juni, und während dieser vier Tage befaßten sich die Sitzungsteilnehmer permanent mit Ssultan-Galijew, kritisierten Ssultan-Galijew, verdammten Ssultan-Galijew. Erwidern konnte er nicht: Vor der Einberufung der Sitzung war er verhaftet worden wegen – konterrevolutionärer Tätigkeit.

Es dauerte mehr als ein halbes Jahrhundert, bis die Materialien dieser Sitzung bekannt wurden. Was eigentlich geschah auf dieser Geheimsitzung? Zunächst gab es ein Referat der Zentralen Kontrollkommission über die »partei- und staatsfeindliche Tätigkeit Ssultan-Galijews«, gehalten von Walerijan Kujbyschew. Dagegen gab es kein Referat im Namen des Politbüros oder des ZK über die Durchführung der Beschlüsse des Parteitages zur Nationalitätenfrage, sondern einen groben Rüffel von der Kontrollkommission.

Als er sich diesen administrativen Trick ausdachte, sah Stalin mögliche Einwendungen der ZK-Mitglieder voraus. Deshalb vergaßen weder Kujbyschew, noch der Tagungsvorsitzende Kamenew, noch der Vertreter der tatarischen Bolschewiki, Ibragimow, die revolutionären Verdienste des Beschuldigten zu erwähnen, die Autorität hervorzuheben, derer er sich in der Tatarischen Republik erfreute. Wieso ihn denn gleich an die Wand stellen? Vorerst genügte es, den Genossen Ssultan-Galijew zu verleumden, das Etikett »Ssultan-Galijewschtschina« in Umlauf zu bringen, von einer »in Verrat übergehenden nationalistischen Abwei-

* GPU: die (politische) Polizei der Sowjetunion erfuhr mehrfache Namensänderungen. 1922 aus der Tscheka (allruss. außerordentliche Kommission zur Bekämpfung der Gegenrevolution und Sabotage) hervorgegangen, wurde sie 1923 in OGPU (Vereinigte politische Staatsverwaltung) umbenannt; 1934 in das Volkskommissariat für Innere Angelegenheiten (NKWD) eingegliedert. 1941 wurde die politische Geheimpolizei aus dem NKWD herausgelöst und erhielt die Bezeichnung NKGB (Volkskommissariat für Staatssicherheit); 1946 dem Innenministerium (MWD) unterstellt, ist sie seit 1954 in KGB (Ausschuß für Staatssicherheit) umbenannt. (Anm. d. Red.)

chung« zu reden und beispielsweise an den Ausschluß von dreihundert »Abweichlern« aus der Partei zu erinnern – das reichte nach außen, um widerspenstige Angehörige nationaler Minderheiten einzuschüchtern. Und noch eine Aufgabe stellte sich Stalin – Lenin und seinen Brief zu diskreditieren. Vollzugsgehilfen fanden sich. Der erste ist Dmitrij Manuilskij, ein vollkommen willenloser Mensch und außerdem in der Partei hinreichend prominent. Manuilskij übernahm es, die Delegierten der nationalen Minderheiten zu belehren – schließlich muß aus dem »Fall Ssultan-Galijew« eine Lehre gezogen werden: Über den Großmachtchauvinismus braucht man sich nicht den Kopf zu zerbrechen, statt dessen gilt es, lokale nationalistische Abweichungen aktiv zu bekämpfen – genau entsprechend dem anti-Leninschen Kurs des Generalsekretärs. Nein, Manuilskij ist nicht gegen die Resolutionen des XII. Parteitages, er ist sogar bereit, sie zu begrüßen. Es ist nur schade, daß eben diese Resolutionen mancherorts »nationale Spontaneitäten« ausgelöst haben. Es geht doch nicht, Genossen, die Parteitagsbeschlüsse können nicht in irgendeine »Freiheits-Charta« für nationale Minderheiten verwandelt werden!

Der Altbolschewik Dmitrij Manuilskij erfüllte gewissenhaft seinen Solopart in Stalins Orchester. Zur eindrucksvollen Ergänzung hatte der Generalsekretär die Rede Sseïd-Galijews ausersehen, eines Landsmannes des verhafteten »Abweichlers«. So ergab sich ein fröhliches administratives Spektakel auf asiatische Art.

In der Resolution der Zentralen Kontrollkommission heißt es, der Großmachtchauvinismus wecke in den nationalen Gebieten eine unerwünschte Reaktion.

Sseïd-Galijew erklärt: »Wenn es peinlich wäre, diese Passage herauszunehmen, dann muß man eben unterstreichen, daß es sich hier nicht um eine Reaktion handelt, sondern um das Resultat des *natürlichen* Nationalismus.«

Was den Brief Lenins an den Parteitag betrifft, so ist dieser, nach Meinung des Redners, Gegenstand von Gerüchten, von »ungenauen Auslegungen« geworden, inhaltlich jedoch »enthält er nichts Schreckliches«. (Gelächter im Saal.)

Wozu ließ Stalin diesen Lästerer auf die Bühne? Aus Agentenberichten wußte er: Sseïd-Galijew lechzt danach, eine persönliche Rechnung mit Ssultan-Galijew zu begleichen. Während der Getreidekonfiszierungskampagne in den Bürgerkriegsjahren hatte Sseïd-Galijew in der Tatarischen Republik schreiende Ungerechtigkeiten zugelassen; er begünstigte bei den Ablieferungsquoten die Russen gegenüber den Tataren. Und als Unzufriedene meuterten, erklärte Seïd-Galijew das für einen konterrevolutionären Aufstand. Auf Drängen Ssultan-Galijews wurde der unfähige Administrator aus der Tatarischen Republik abberufen. Jetzt, auf der Sitzung, konnte sich der Beleidigte ungehindert zu Lasten Ssultan-Galijews aus der Affäre ziehen.

Ein charakteristischer Zug: Bei der Vorbereitung der Resolution der Zentralen Kontrollkommission kümmerte sich das Stalinsche Kommando nicht um die Analyse der Gründe, die zur Entstehung der »Ssultan-Galijewschtschina« geführt hatten. Die lokalen Umstände, die Persönlichkeit des »Abweichlers« – all dies blieb in der Resolution unberücksichtigt. Dafür aber vergaß der Generalsekretär nicht, gegen den verhafteten Kommunisten dessen persönlichen Feind einzusetzen.

Wie sorgfältig Stalin das Spektakel dieser Sitzung auch vorbereitet hatte, kritische Einwände konnte er nicht verhindern. Akmal Ikramow warf dem ZK vor, es habe keine echte ideologisch-erzieherische Arbeit in den nationalen Randgebieten geleistet, sei lediglich per Rundschreiben tätig gewesen. Michail Frunse entlarvte das Manöver mit dem ZK-Referat, das es erlaubte, den Akzent auf das »Formaljuristische« zu verlagern. Er wandte die Aufmerksamkeit auf das Bestreben, den »Fall Ssultan-Galijew« aufzublähen zum Schaden der Hauptsache – des Kampfes gegen den Großmachtchauvinismus. Frunse rief die Partei auf, die Initiative zu ergreifen bei der Förderung der nationalen Wiedergeburt der zurückgebliebenen Völkerschaften.

Kompromißlos sagte Nikolaj Skrypnik den Stalinisten den Kampf an. Er erklärte geradeheraus, einige Delegierte versuchten, den »Fall Ssultan-Galijew« zur Revision der Politik der Partei zu benutzen, entgegen der vom XII. Parteitag festgelegten Linie.

»Sehr richtig!« sekundierte Trotzkij. Er beschränkte sich auf diese Replik und hätte es doch vermocht, sowohl auf dem Parteitag als auch bei der Sondersitzung mit anderen Lenin-Anhängern Koba den Wind aus den Segeln zu nehmen.

Nach Skrypnik sprach der Delegierte aus Turkestan, Turar Ryskulow. Dabei kam folgendes zutage: Ssultan-Galijew erfuhr kurz vor seiner Verhaftung, daß die GPU etwas gegen ihn im Schilde führte. Er hatte keinerlei Geheimorganisation geplant, er wollte nichts weiter, als zusammen mit anderen Genossen auf dem Sowjetkongreß für eine vernünftige Politik in den nationalen Randgebieten eintreten. Das hatte er Ryskulow brieflich mitgeteilt, und dieser trug den Inhalt des Briefes den Delegierten der Tagung vor. Doch Ryskulows Stimme ging im Chor der Rachedurstigen unter.

Ibragimow schlug vor, jeden »Ssultan-Galijew-Mann« persönlich darüber zu befragen, »wie er sich bekreuzigt«. Und all jene, »die nicht

erklären, daß Ssultan-Galijew ein Konterrevolutionär ist, muß man am Kragen packen und aus der Partei jagen«.
Schamigulow forderte, alle am »Fall Ssultan-Galijew« Beteiligten zur Verantwortung (zu welcher?) zu ziehen. Im Saal roch es wie auf einem Polizeirevier.
Die wohl bedeutsamste Rede hielt A. Ikramow. Er berichtete, daß sich in der Provinz eine Menge Fragen im Zusammenhang mit der Nationalitätenpolitik der Partei angehäuft habe. Aber nicht ein Funktionär traue sich, Stalin oder Kamenew um Erläuterung anzugehen, denn: »... er fürchtet sich; er glaubt, er würde womöglich verhaftet und erschossen«.
Ich sehe hinter dem berühmten Schnauzbart ein verkniffenes Grinsen: Stalin konnte vollauf zufrieden sein – man fürchtete ihn, nicht nur in Moskau.
Die Junitagung verhalf Stalin dazu, die Machtverteilung zu präzisieren. Ausgezeichnet bewältigten Kujbyschew und Manuilskij ihre Rollen. Später, zum Großen Führer geworden, erlaubt ihnen Stalin gnädig, zu Hause, im eigenen Bett zu sterben. Über das Schicksal der Kritiker entscheidet er anders. Das erste Opfer wird Frunse. Er stirbt im Oktober 1925. Acht Jahre später erschießt sich, von Stalin erbarmungslos verfolgt, Nikolaj Skrypnik. Mit Ikramow rechnet er 1937 ab.
Der »Fall Ssultan-Galijew« ist eine politische Provokation, die Stalin mit dem Geschick eines Profis durchführt, mit Unterstützung der GPU, unter dem massiven ideologischen Schutz Kamenews und Sinowjews, unter demonstrativer Neutralität Trotzkijs.
Die Materialien der Junitagung des ZK von 1923 wurden unverzüglich für geheim erklärt, in beschränkter Anzahl nur führenden Funktionären zur Verfügung gestellt.
Auf dieser Tagung hatte Nikolaj Skrypnik die scharfsinnige Bemerkung fallenlassen: »Ich befürchte, der Umstand, daß der Fall Ssultan-Galijew auf dieser Sitzung zur Debatte steht, kann zu einer Wendung in unserer Linie führen.« Die Wendung hatte aber bereits stattgefunden. Nicht nur in der »Linie«. Schon damals wurden gewisse Eigenheiten des Parteilebens sichtbar: Unehrlichkeit und Politikastertum – darüber sprach Skrypnik offen auf der Tagung. Im Frühjahr 1923 hätte die Lage noch gerettet werden können. Ein Jahr darauf war es zu spät.
Lenin war zwar bereits ein Licht aufgegangen, doch er vermochte nicht hinter der Maske des »Genossen Koba« den Totengräber der Oktoberrevolution zu erkennen. Er schrieb besorgt über die Bürokratisierung des Staats- und Parteiapparates. Dieser Prozeß begann zu *Lebzeiten* Lenins.

Lenin erkannte die akuten Nöte, spürte konkrete Gefahren. Doch die volle Wahrheit erschloß sich ihm nicht. Nur in Episoden wie den geheimen Gesprächen mit M. Fofanowa oder mit den Sekretären in Gorkij erscheint die Figur Stalins als unheildrohend.
Geneigt, seine Mitstreiter zu idealisieren, konnte Lenin sich nicht vorstellen, daß bösartige Rachsucht und Intoleranz nur einige Einzelzüge der reichen Natur Stalins sein könnten.
Fast das ganze Jahr 1922 über befaßte sich Lenin mit dem Rabkrin, schließlich beschloß er, den Volkskommissar Stalin durch Zjurupa zu ersetzen. Und schlug zugleich den für die Reorganisation des Rabkrin verantwortlichen Funktionären vor, sich mit – Stalin zu beraten.
Eine erstaunliche Inkonsequenz! Lenin, der gründliche Denker, der scharfe Polemiker, der energische Organisator zuckte zurück vor Stalins Unverschämtheit und begriff nicht, daß Stalin die ganze Sache zuschanden machen würde.
Welche Entschlossenheit, welchen Willen, welchen Mut hatte Lenin in den Jahren der Revolution und des Bürgerkriegs bewiesen! Und plötzlich – diese unverzeihliche Nachsicht mit einem Usurpator. Obwohl Lenin klar die Anzeichen von Degeneration im Partei- und Staatsapparat erkannte, obwohl er um die Zukunft und den endgültigen Ausgang des Kampfes in Sorge war, konnte er nicht sehen, daß Stalin allein gefährlicher war als Kerenskij, Koltschak, Denikin und Wrangel zusammengenommen.
In den Jahren 1921 und 1922 dachte Lenin immer öfter über Verbesserungen der Arbeit des Zentralapparates der Partei nach, über die Vertiefung der Verbindungen zu den Massen. Ebenso beunruhigte ihn der Zustand der höchsten staatlichen Institutionen. Er suchte neue, wirksamere Formen zur Kontrolle der Tätigkeit der leitenden Organe und beschloß, seine Gedanken in Form von Vorschlägen an den XII. Parteitag darzulegen. Zum 13. Januar 1923 beendete er den Artikel »Wie können wir Rabkrin reorganisieren?« und reichte ihn bei der »Prawda« ein. Die Tage vergingen, der Artikel erschien nicht.
Auf einer Sitzung des Politbüros der »Prawda«, teilte der damalige Chefredakteur der Zeitung, Nikolaj Bucharin, mit, Lenin verstehe nicht, warum die Veröffentlichung sich verzögere. Die Politbüromitglieder erfuhren von Nadjeshda Krupskaja, daß Lenin »sehr gereizt« sei. Unerwartet brachte Walerijan Kujbyschew den Vorschlag ein, die »Prawda« mit dem Lenin-Artikel zu drucken ... in einem einzigen Exemplar, um so den kranken Führer und Lehrer zu beruhigen.[18] Der ZK-Sekretär Kujbyschew hätte kaum gewagt, diesen Vorschlag auf eigene Faust zu machen. Wer hatte ihn zu dieser Niedertracht angestiftet?

Die Mehrheit der Politbüromitglieder besaß genug Takt, und der Artikel Lenins wurde in der »Prawda« vom 25. Januar veröffentlicht. Indes verschickte das Sekretariat des ZK am gleichen Tage in alle Gouvernementsstädte die Anweisung, diesem Artikel keine praktische Bedeutung beizumessen. Schließlich ist der Führer krank und weiß selbst nicht, was er tut.[19]

Lenin wußte jedoch sehr wohl, was er geschrieben hatte und warum. Er schlug vor, eine Sitzung des Politbüros im Beisein »einer bestimmten Zahl von Mitgliedern der Zentralen Kontrollkommission« abzuhalten und empfahl, ». . . darauf zu achten, daß niemandes Autorität, weder die des *Generalsekretärs* noch die irgendeines anderen ZK-Mitglieds, die Mitglieder daran hindern könne, Anfragen einzubringen, Dokumente zu überprüfen und allgemein vollständige Information und strikteste Korrektheit in allen Angelegenheiten durchzusetzen«.[20]

Das also war es, was Stalin nervös machte. Passenderweise ist jener Absatz, in dem Lenin die »Autorität des Generalsekretärs« erwähnt, bei der Veröffentlichung des Artikels verschwunden. Es ist nicht schwer zu erraten, wer sich persönlich darum bemüht hat.

Mit der Direktive an die Gouvernementskomitees, Lenins Artikel zu ignorieren, hat der Generalsekretär eine deutliche Spur hinterlassen: Diese Direktive ist von ihm selber unterzeichnet.

Zehn Jahre später, wenn der Artikel Lenins »genial« genannt werden wird, wenn Stalin den Sessel des Generalsekretärs mit dem Thron des Alleinherrschers vertauscht haben wird, wird er anordnen, den Brief mit seiner Direktive aus allen Archiven zu entfernen. Zwei Exemplare jedoch blieben erhalten. Und einige alte Parteimitglieder, frühere Gouvernementssekretäre, die zufällig überlebt hatten, bestätigten in der kurzen Zeit des Tauwetters* den Empfang jenes Schreibens.

Lenin starb im Januar 1924. Am 22. Mai 1924, am Vorabend der Eröffnung des XIII. Parteitages, trat im Wladimirsaal des Kreml das Plenum des ZK zusammen. Über eine Reihe organisatorischer Fragen war zu entscheiden: die Zusammensetzung des Parteipräsidiums, der Kommissionen und anderes.

Als erste ergriff Nadjeshda Krupskaja das Wort. Sie brachte den Brief mit, der in die Geschichte als Lenins Testament eingegangen ist. Lenin

* Tauwetter: Die kurze Phase unter Chruschtschow, etwa 1956–1964, als Stalin offiziell verurteilt wurde und zahlreiche öffentliche Enthüllungen über Fehler und Verbrechen seiner Herrschaft zugelassen waren. (Anm. d. Red.)

hatte noch zu Lebzeiten gebeten, den Brief auf dem XII. Parteitag (1923) zu verlesen. Das war nicht geschehen. Die Krupskaja empfahl, den Willen des verstorbenen Führers tags darauf, am ersten Tage des Kongresses, zu erfüllen. Nikolaj Krylenko brachte einen anderen Vorschlag ein – das Testament unverzüglich zu veröffentlichen. Dagegen sprachen sich Sinowjew, Kamenew und Stalin aus.

Das Plenum billigte den Vorschlag von Nadjeshda Krupskaja, allerdings wünschten die ZK-Mitglieder, den Text zuvor kennenzulernen.

Frau Krupskaja begann zu lesen. Ihre Stimme war leise, sie las undeutlich, war erregt.

Jemand schlug vor, Jewdokimow solle lesen.

Der Repräsentant des Leningrader Komitees, ZK-Mitglied Grigorij Jewdokimow, besaß eine kräftige, sonore Stimme und hatte eine klare Aussprache. Er verlas das Vermächtnis bis zum Schluß. Lenin hatte von den möglichen Nachfolgern – Trotzkij, Sinowjew, Bucharin – kurze Chrakteristika gegeben und die Partei besonders in bezug auf Stalin gewarnt. Alle diese Männer saßen am Präsidiumstisch.

Die aktuellen Fragen mußten eilig abgeschlossen werden. Das Papier erwies sich als so wichtig, daß jeder die Notwendigkeit empfand, es selber zu lesen. Das Plenum beauftragte das Präsidium, den Text für die Mitglieder des ZK zu vervielfältigen und inzwischen eine Pause einzulegen. Nach einigen Stunden wurde die Sitzung wiederaufgenommen, alle erhielten den Text des Leninschen Briefes. Jemand brachte den Antrag ein, das Vermächtnis vor Eröffnung des Parteitages in den einzelnen Delegationen in Gegenwart von Vertretern des ZK zu verlesen.

Zugleich wurde die Liste der verantwortlichen ZK-Mitglieder bestätigt.

Das ZK mißachtete den Willen Lenins nicht zum ersten Mal. Was sich auf dem Plenum vor dem Parteitag abspielte, glich einem politischen Impromptu. Das Plenum ging schnell alle Punkte der Tagesordnung des Parteitags durch, die Teilnehmer fuhren nach Hause, und die Auswärtigen begaben sich in ihre Hotels. Es war schon spät, alle brauchten Ruhe.

Einem aber war nicht nach Schlaf zumute. Der Lärm der Autos durchschnitt die Stille der Moskauer Nacht. OGPU-Agenten fuhren die Wohnungen der ZK-Mitglieder und die Hotelquartiere der Delegierten ab. Sie gaben sich als Kuriere des ZK aus, sammelten die Blätter mit dem gefährlichen Vermächtnis ein und baten, auf einer besonderen Liste zu quittieren.

Ob der Generalsekretär sich eigenmächtig so beeilt oder ob er seine Aktion mit anderen Politbüromitgliedern abgesprochen hatte, ist nicht

mehr feststellbar. Es gab ja die »Arbeitsordnung«, die es erlaubte, die Politbüromitglieder einzeln zu befragen. (Was für eine unendlich nützliche Form ist sie doch, die Umfrage!) Wie die Sache auch abgelaufen sein mag, jeder hatte in der nächtlichen Aktion eine harte Hand gespürt.
Lenins Vermächtnis hätte Stalin fast aus dem Sattel geworfen. Mit Verdammungen wäre er nicht weitergekommen. Der Generalsekretär, der Lenins Brief ja zu dessen Lebzeiten schon kannte, hatte Zeit gehabt, dieses Dokument zu unterminieren. Im April 1923 hatte Stalin hinter den Kulissen des XII. Parteitages das Gerücht ausgestreut, der Zusatz zu dem Testament, in dem Lenin, das Verhältnis Trotzkij–Stalin vor Augen, von der Gefahr einer Spaltung der Partei sprach, sei *nach* dem Zwischenfall mit der Krupskaja hinzugefügt worden. Stalin wollte auf einen kranken, und folglich aufgeregten Mann einen Schatten werfen.
In Wirklichkeit aber hatte Lenin – nach dem Zeugnis Maria Joffes, der Witwe des Diplomaten Adolf Joffe – öfter Genossen gegenüber die Grobheit und Illoyalität Stalins beklagt (»er ist zu grob«, schreibt er in seinem Vermächtnis) und geraten, über einen Modus »nachzudenken«, um Stalin aus dem Amt des Generalsekretärs zu entfernen.

Stalin hatte lange auf Lenins Tod gewartet. Jetzt konnte er sich einige »Freiheiten« erlauben. Auf der Delegiertenversammlung der Moskauer Parteiorganisationen, auf der das Testament verlesen wurde, rief Stalin zornig dazwischen: »Er hat nicht als ehrlicher Führer sterben können!« (Dieser Ausspruch wurde durch G. Ja. Ssokolnikow bezeugt und von seiner Frau, G. I. Sserebrjakowa, mitgeteilt.)
Jetzt aber ging der XIII. Parteitag, der erste Parteitag ohne Lenin, zu Ende. Was für einen Trick hatte der Generalsekretär vorbereitet? Auf der Sitzung des Plenums erhob sich Stalin, der vorsichtshalber ringsum seine ZK-Claque verteilt hatte, mit der Miene des unschuldig Beleidigten:
»Wenn die Genossen das Vermächtnis als ein Dokument erachten, das mich jeglichen politischen Vertrauens beraubt, trete ich vom Amt des Generalsekretärs zurück.«
Mit einem Fuß schwankte Koba schon über dem Abgrund, ihn rettete Sinowjew. Dieser überzeugte alle, Stalin sehe seine Fehler ein und begreife Lenins Kritik, er habe faktisch seine Bereitschaft bewiesen, den eines Genossen würdigen Umgang in den Parteibeziehungen zu beachten.
Und die Genossen rieten ihm ab zurückzutreten. Sie, die Ideologen der Partei, wollten nicht das Joch der Verwaltungsarbeit auf sich nehmen.

Stalin besaß schon grundlegende Erfahrungen im Organisieren wie im Erteilen von Befehlen, und zum Führer und Diktator würde er niemals emporsteigen: Dafür fehlten ihm alle Voraussetzungen. Vierzehn Jahre später zahlte es Koba großzügig seinen Rettern zurück – jenen, die Worte zu seiner Unterstützung nicht gescheut, und jenen, die einvernehmlich geschwiegen hatten. Lenins Vermächtnis-Brief wurde also, gegen den Willen Lenins, auf dem XIII. Parteitag nicht verlesen und auch nicht veröffentlicht. Stalin blieb Generalsekretär, ihm wurde auf dem Parteitag und vor dem ZK-Plenum das Vertrauen ausgesprochen. Menschen, denen die Partei hohe Machtbefugnisse anvertraut hatte, Revolutionäre, die Untergrund, Gefängnis und Tod überlebt hatten – sie gerieten in Lenins Todesjahr in Verwirrung, in Unsicherheit. Stalin erschien ihnen als neuer Führer, als Mann, der keine Zweifel kennt.
Ihren Irrtum werden sie nicht so bald bemerken, einige erst in den Folterkammern der Lubjanka. Dort wird mancher von ihnen mit »Volksfeinden« zusammentreffen, die Kopien des aufrührerischen »Testaments« aufbewahrt hatten. Allein für die Erwähnung des Leninschen Vermächtnisses wurde man in den dreißiger Jahren nach Paragraph 58 Absatz 10 und 11 wegen *antisowjetischer* Agitation verurteilt. Zu zehn Jahren Lager. Oder auch zum Tode durch Erschießen.
Todesstrafe für Lenins Brief – was noch?
(Erst im Jahre 1956, 32 Jahre nach Lenins Tod, wird sein Testament in der Sowjetunion erstmals veröffentlicht.)

Opponenten

Nach den verheerenden, schweren Jahren von Revolution und Bürgerkrieg dürstete es den russischen Spießbürger nach Ordnung. Eine eiserne Macht erschien ihm wie ein Allheilmittel gegen Hunger, Zerstörung, Anarchie. Ein Diktator war notwendig – nicht unbedingt ein weiser, und vollends nicht ein guter.
Nötig war ein *Diktator*.

In Rußland werden geehrt:
Der Zar, die Knute, das Schwert.

So war es nicht nur zur Zeit Poleshajews, des Dichters. Solange Lenin lebte, hielten sich die masochistischen Instinkte der Menge irgendwie in

Schranken. Als der Führer nicht mehr da war, begann das Volk, sich ein neues Väterchen Zar zurechtzumachen.
Stalins Weg zur Macht – Zufall oder Notwendigkeit? Die Geschichte hat diese Frage schon beantwortet. Stalin war der Mann der Stunde. Er erschien am richtigen Ort, zur richtigen Zeit. Im Jahre 1922 schrieb eine Pariser Zeitung: »Lenin ist todkrank. Wenn er stirbt, kommt dieser behaarte Ingusche an die Macht und richtet ein allgemeines Blutbad an.«
Eine erstaunliche Voraussicht. Aber die »Boulevardblättchen« des »weißen Emigrantenpacks« wurden weder von Trotzkij noch von Sinowjew gelesen. Viel weniger noch von dem kranken Lenin. Und selbst wenn Trotzkij und Sinowjew derlei gelesen hätten . . . Ein Mörder unter der Maske des energischen Generalsekretärs? Unsinn.
Trotzkij mit seiner Selbstüberschätzung unterschätzte Stalins Durchschlagskraft. Er hielt seine eigene Überlegenheit über den »grauen Tintenklecks« – so äußerte er sich später über Stalin – für derart augenfällig, daß er es sich erlaubte, die politischen Bubenstreiche des Generalsekretärs mit Herablassung zu betrachten. Trotzkij hätte ganz offiziell der zweite Mann im Staat nach Lenin werden können, aber er wies hartnäckig das Amt des Stellvertretenden Vorsitzenden des Rats der Volkskommissare zurück.
Als er sich endlich zusammen mit anderen Oppositionellen entschloß, an die »Parteimassen« zu appellieren, war es längst zu spät. Stalin hatte die Fehleinschätzung seines Hauptkonkurrenten gründlichst ausgenutzt.
Sinowjew und Kamenew wollten sich die Hände nicht mit Administrationsangelegenheiten schmutzig machen. Soll sich doch, so dachten sie, Koba damit befassen. Er ist zwar ungebildet und grob, hat aber eine feste Hand. Mit unserem eigenwilligen Bolschewistenhaufen geht es nun mal nicht anders. Soll Koba ein bißchen Generalsekretär spielen, wir können uns derweil mit der Theorie beschäftigen.
Sie alle – Trotzkij, Sinowjew, Kamenew, Bucharin – blickten auf Stalin wie auf einen Provinzschauspieler, der auf einer Bühne in der Hauptstadt debütiert. Seine Ambitionen auf eine Hauptrolle erschienen ihnen einfach lächerlich, hatte er doch weder eine solide Ausbildung noch Talent vorzuweisen. Generalsekretär? Ein Witz. Aber soll er den Spaß doch haben. Sie nahmen Stalin nicht ernst. Und als sie begriffen, daß dieser Schauspieler die Bühne für immer besetzt hatte, war es zu spät.
Kamenew hatte eine besondere Schwäche für Stalin. Das Schicksal hatte sie in den Jahren der Verbannung in Turuchansk zusammengeführt. Es blieb eine Gruppenaufnahme erhalten, auf der Koba und Kamenew Arm in Arm zu sehen sind.

Im Frühjahr 1915 spricht Grigorij Iwanowitsch Petrowskij auf einer Versammlung verbannter Bolschewiki über den Prozeß gegen die Mitglieder der Duma-Fraktion der Sozialdemokratischen Partei Rußlands. Stalin weigerte sich als einziges ZK-Mitglied, das Verhalten Kamenews vor Gericht zu kritisieren. Die Versammlung beauftragte ihn, zusammen mit Sswerdlow eine Resolution zu verfassen, doch Genosse Koba fährt unerwartet nach Hause.[21]
Frühjahr 1917. Kamenew und Stalin herrschen eigenmächtig über die »Prawda«-Redaktion und treten in den wichtigsten politischen Fragen gemeinsam gegen die Bolschewiki auf.
Anfang Oktober 1917. Lenin ist im Untergrund, er schmäht seine Opponenten Sinowjew und Kamenew als Streikbrecher. Stalin tritt für Kamenew ein.
Lange Jahre war Stalin Kamenews Schüler, und dieser zweifelte keine Minute daran, daß es immer so bleiben würde, schließlich ist er, der prominente Parteiarbeiter, dem Georgier an Erfahrung, in der Führungsarbeit, an Wissen und Kultur weit überlegen. Mit Stalins Beistand gedenkt Kamenew seine Position im Politbüro zu stärken. Ihm scheint die Zeit reif, sich einen eigenen Generalsekretär zuzulegen, der seinen, Kamenews, Willen erfüllt.
2. April 1922, letzter Tag des XI. Parteitags. Die Delegierten gehen zu den Urnen und werfen die Zettel mit den Namen ihrer Kandidaten für die Mitgliedschaft im Zentralkomitee ein. Die Abstimmung ist beendet, die Angehörigen der Wahlkommission öffnen die Urnen und sehen sich verständnislos an: Auf vielen Stimmzetteln steht der Zusatz »Stalin – Generalsekretär, Molotow und Kujbyschew – Sekretäre«.
Nikolaj Skrypnik, der Kommissionsvorsitzende, grübelte nicht erst lange über dieses Phänomen; er schlug vor, alle Stimmzettel, in denen gegen die Parteistatuten verstoßen worden war, als ungültig zu bezeichnen: Ein Parteitag ist nicht befugt, den Generalsekretär zu wählen.
Skrypnik zweifelte nicht, daß der Versuch, die Abstimmungsergebnisse des bevorstehenden Plenums des Zentralkomitees im voraus zu entscheiden, von Kamenew ausgegangen war, und wandte sich an das Präsidium des Parteitags. Lenin aber empfahl, die Stimmzettel als gültig anzuerkennen. Er sagte: »Wir werden Kamenew zwingen, vor dem Parteitag und auf der Organisationssitzung des ZK-Plenums über diese Methoden Rechenschaft abzulegen.«
Kamenew mußte den Delegierten die Motive seines Vorgehens darlegen. Der Text seiner Rede wurde in den Parteitagsbulletins gedruckt, die Bulletins sind jedoch nicht erhalten; bei der Drucklegung der Parteitagsprotokolle ging dieser Text »verloren«.

Bei der Eröffnung der Organisationssitzung des ZK-Plenums am 3. April mußte sich Kamenew noch einmal rechtfertigen: »Die Zusätze auf den Stimmzetteln binden das Plenum keineswegs«, erklärte er. Danach nahm das Plenum eine Ausnahmeentschließung an: »Die Erklärung des Gen. Kamenew zur Kenntnis zu nehmen, er habe während der Wahlen, bei vollständiger Billigung des Parteitags erklärt, daß die auf einigen Stimmzetteln angebrachte Empfehlung für das Amt der Sekretäre das Plenum des Zentralkomitees nicht in seiner Wahl einengen dürfe und lediglich den Wunsch eines gewissen Teils der Delegierten ausdrücke.«

Kamenew leistete Stalin noch mehrmals wertvolle Dienste. Desgleichen Sinowjew. Das wichtigste war beiden, nicht den grandseigneuralen Trotzkij an die Macht zu lassen. Dann schon lieber den plumpen, aber harten Koba.

So wurde also Stalin, zusammen mit Walerijan Kujbyschew und Wjatscheslaw Molotow, zu einem der drei verantwortlichen ZK-Sekretäre. In diesem Trio des Jahres 1922 dominierte Stalin: Seinem Willensdruck, seiner Machtgier konnten weder Molotow noch Kujbyschew etwas entgegenstellen. Stalin beherrschte schon damals den Wahlmechanismus; in der Technik der Leitung des zentralen Apparates gab es für ihn keine Geheimnisse. Seine führende Stellung im Sekretariat stärkte er formell, indem er sich den Status eines Generalsekretärs aneignete. Der richtige Mann brachte im richtigen Augenblick auf einer ZK-Sitzung den entsprechenden Vorschlag ein, irgend jemand – Stalin wußte sehr gut, wer – unterstützte ihn, und schon stand die »Frage« zur Abstimmung...

Es wäre interessant festzustellen, wer von den Mitgliedern des Politbüros und des ZK Stalin auf die verschiedenen Posten befördert hat: als Sekretär, Generalsekretär, Volkskommissar für Nationalitätenfragen, für Arbeiter- und Bauerninspektion und schließlich als Verantwortlicher dafür, daß Lenin die Vorschriften der Ärzte einhielt. Zweifellos waren es Kamenew, Molotow, Woroschilow, Kujbyschew. Wer noch? Wer erhob Einspruch (wenn derlei überhaupt vorkam)?

Die Verfasser der fabulösen Biographie Stalins behaupten, er sei auf Vorschlag Lenins zum Generalsekretär gewählt worden (auf der Plenarsitzung des Zentralkomitees am 3. April 1922)[22]. Das Buch ist voll mit ähnlichen Erfindungen. Sie alle verdienen es nicht, widerlegt zu werden.

Am Amt des Generalsekretärs hielt Stalin mehr als dreißig Jahre lang, bis zum Tode, fest. (Von Oktober 1952 an wurde der Führer Sekretär des Zentralkomitees genannt.) Damals aber, Anfang der zwanziger Jahre, legte niemand aus der näheren Umgebung Lenins, nicht einmal Lenin selber, dieser Funktion ernsthafte Bedeutung bei. Das Zentralkomitee wurde vom Politbüro geleitet, dessen Vorsitzender 1922 Grigorij Sinowjew wurde, ihn löste ein Jahr später Lew Kamenew ab. Der Generalsekretär bestimmt den politischen Kurs der Partei nicht, kann ihn gar nicht bestimmen. So dachten die Parteiführer.

Als sie Koba den Schlüssel zum Sekretariat des ZK aushändigten, waren Kamenew, Kujbyschew, Sinowjew und Bucharin überzeugt, daß er nach ihrer Flöte tanzen werde. Bald erwies es sich, daß Stalin seine eigene Flöte besaß. Er verstand es, dem harmlosen, auf den ersten Blick kanzleimäßigen Wort »Generalsekretär« eine gewichtige Bedeutung beizulegen. Nach und nach erweiterte er die Funktionen des Generalsekretärs, verstärkte seinen Einfluß im zentralen Apparat und an der Peripherie. Die lokalen Führer – in den Gouvernements, den Kreisen, den Hauptstädten der nationalen Republiken – überzeugten sich allmählich von der persönlichen Macht des Genossen Stalin. Rundschreiben, Resolutionen, Beschlüsse, Briefe, die in den Gouvernements und Bezirken eintrafen, trugen seine Unterschrift. Die Reisepapiere der ZK-Mitglieder waren mit »J. Stalin« bestätigt. Und – dies war das wichtigste – er ernannte persönlich die örtlichen Funktionäre.

Die Verwendung der höchsten Parteikader oblag dem Organisationsbüro des ZK. Diese Instanz zwang Stalin unverzüglich unter seine Gewalt. 1921, schon Mitglied des Politbüros, betrat er das Orgbüro mit dem Recht des unbestrittenen Leiters und begann überall – im Apparat des ZK und im Rat der Volkskommissare, in den nationalen Republiken, den Kreis- und den Gouvernementskomitees – seine Leute einzusetzen. Boris Bashanow, zu dieser Zeit einer der Sekretäre Stalins, erzählte, daß der Generalsekretär die Angewohnheit besaß, seine Pfeife paffend im Arbeitszimmer auf und ab zu gehen. Dann – ein Klingelzeichen, der Sekretär wird gerufen und erhält eine kurze Anweisung: diesen Gouvernementskomitee-Sekretär absetzen, jenen auf dessen Platz schicken ... Später erledigte schon das Orgbüro, das gänzlich dem Generalsekretär hörig war, mit unbürokratischer Leichtigkeit die Absetzung und Ernennung eines Parteifunktionärs.

Mit dem Orgbüro debattierte niemand. Stalin war voll befriedigt. Wenn nicht das mächtige Politbüro gewesen wäre, hätte man das so erfolgreich begonnene Spiel für beendet halten können.

Es vergehen einige wenige Jahre, und die bisherigen Lehrmeister des Generalsekretärs lernen, nach seiner Pfeife zu tanzen, das Politbüro verwandelt sich in eine Gesindestube. Dennoch möchten in den frühen zwanziger Jahren die Mitglieder des höchsten Parteiorgans keinesfalls unter dem Schatten der Stalinschen Schirmmütze hervor auf die Welt schauen.

1923. Stalin bekleidet im zweiten Jahr das Amt des Generalsekretäs, bis zur vollen Macht über die Partei ist es jedoch noch ein sehr, sehr weiter Weg ... zur Macht über den *ganzen* ZK-Apparat, die ihm erlauben wird, an den entscheidenden Stellen seine Leute einzusetzen, treue, beflissene – und unbedingt! – Leute, die es nicht wagen, auf den Generalsekretär von oben herab zu sehen wie Trotzkij, Leute, die es nicht wagen, ihm, Stalin, in die Augen zu sehen, wie es Skrypnik oder Satonskij sich erdreisten, sondern solche, die von unten herauf schauen und jeden Befehl erhaschen, der unter dem Schnauzbart des Generalsekretärs hervorkommt.

Es gibt sie schon – Molotow, Kujbyschew, Woroschilow, Andrejew, Jaroslawskij. Aber es sind noch zu wenige. Und Stalin verstärkt beharrlich, methodisch seine rückwärtigen Linien – im Orgbüro, im Sekretariat, in den Abteilungen des ZK-Apparates, in der Redaktion der »Prawda« und im Rat der Volkskommissare.

Die Parteibürokratie hatte 1921 bis 1924 eben erst Gestalt angenommen, aber Stalin spürte schon, zu welch unüberwindlichem Machtinstrument der ZK-Apparat werden könnte.

Im Schoße des Apparats kann man jede beliebige Resolution des ZK begraben, sogar eine Parteitagsresolution. Wer den Apparat beherrschte, konnte die Anweisungen des Politbüros oder eines seiner Mitglieder blockieren. Und dieser Machthaber konnte seine eigenen Anweisungen, als Direktiven des ZK getarnt, durchführen lassen.

Unter Lenin konnte jedes ZK-Mitglied im Sekretariat, im Orgbüro oder im Politbüro beliebige Fragen stellen, seinen Standpunkt vertreten und sich, falls nötig, an das Plenum des Zentralkomitees wenden. Und selbst gegen einen Beschluß des Plenums, der für alle Kommunisten bindend ist, konnte ein ZK-Mitglied auf dem Parteitag Klage führen.

Diese Leninsche Tradition engte den Handlungsspielraum des Generalsekretärs ein, sie steckte ihm wie eine Gräte im Hals. Er »litt« bis zum Jahre 1925. Auf dem XIV. Parteitag (Dezember 1925) erlaubte es Stalin der Minderheit, ein letztes Mal aufzutreten. Danach erlosch die demokratische Tradition. Beim nächsten Parteitag stritt schon niemand mehr mit dem Generalsekretär: Nicht ein einziger »Freidenker« wurde auch nur zum Delegierten »gewählt«.

Unweigerlich kommt einem das Sprichwort »Der Fisch fängt beim Kopf zu stinken an« in den Sinn, wenn man versucht, sich die Geschichte der

Verwandlung der bolschewistischen Partei ins Gedächtnis zu rufen. Der Prozeß begann an der Spitze. Stalin übernahm die Rolle eines Katalysators. Unter ihm verdreifachte sich die Geschwindigkeit, in der sich die Parteiführung zersetzte.

Ganz oben sind die Bonzen – sie haben den ZK-Apparat in der Hand, der die Direktiven weiterleitet. Unten ist die stumme, an die totale Parteidisziplin gebundene und in ihr erstarrte Masse der einfachen Parteimitglieder.

So war das Schema der Beziehungen innerhalb der Partei, wie es sich 1923 gebildet hatte. Der sterbende Lenin war nicht mehr imstande, daran irgend etwas zu ändern.

Die Geschichte kennt einen weiteren Versuch, den Zentralapparat Stalins Klauen zu entreißen. Im August 1923 weilten Sinowjew, Bucharin, Jewdokimow, Woroschilow, Laschewitsch, Frunse und noch einige verantwortliche Parteifunktionäre zur Erholung in Kislowodsk. Bei einem Spaziergang in der Umgebung des Kurorts trafen sie einmal in einer Höhle zusammen und erörterten die im ZK-Apparat entstandene Lage. Es beunruhigte sie, daß das Orgbüro Funktionäre absetzte, ernannte und versetzte, ohne die Mitglieder des Politbüros zu Rate zu ziehen.

Im Namen dieser Gruppe wurde ein Brief an Stalin geschrieben. Der Generalsekretär reiste eilig nach Kislowodsk, »beruhigte« die Genossen: ihre Befürchtungen seien völlig unbegründet, niemand übergehe das Politbüro, niemand verletze die Parteistatuten. Es sei leicht, sich davon zu überzeugen – er lade die Politbüromitglieder ein, an den Sitzungen des Orgbüros teilzunehmen.[23] Also nicht an denen des Sekretariats, sondern des Orgbüros. Die Genossen nahmen zur Kenntnis, was Koba gesagt hatte. Aber zu den Sitzungen des Orgbüros erschien niemand außer Sinowjew. Und auch er tauchte irgendwie zufällig auf, für einen Augenblick.

Keiner von ihnen erkannte das volle Ausmaß der organisatorischen Vorbereitungen, die der Generalsekretär mit Hilfe des Apparats durchführte. Keiner wußte, daß Koba schon damals, zu Lebzeiten Lenins, jeden Schritt Lenins und seiner Mitkämpfer überwachte: kein Gespräch, keine Niederschrift, kein Blatt Kohlepapier des ZK-Sekretariats und der persönlichen Sekretäre der Politbüromitglieder konnten den gelben Augen Jossif Stalins entgehen.

Ein Jahr nach Lenins Tod vollendet der Generalsekretär das Überwachungssystem. Boris Bashanow, Stalins Sekretär, wunderte sich seit langem: Dokumente unterschreibt der Chef, ohne sie richtig zu lesen, in ernsthafte Probleme, die volle Aufmerksamkeit verlangen, vertieft er sich nicht. Was tut er eigentlich den lieben langen Tag? Als Bashanow einmal das Zimmer betrat, sah er Stalin am Schreibtisch mit einem Telefonhörer am Ohr. Was war das? Bei allen Telefonapparaten lagen die Hörer auf der Gabel. Der Sekretär bemerkte ein Kabel, das in eine Schreibtischschublade führte. Das bedeutete ... In diesem Augenblick hob Stalin den Kopf und sah den Sekretär an, ohne den Hörer vom Ohr zu nehmen. Bashanow wandte sich stumm zur Tür und verließ das Zimmer. Diese Episode erzählte er einem anderen treuen Mitarbeiter des Generalsekretärs, Lew Mechlis. Der bemerkte kurz, das gehe sie nichts an. Die Montage der Abhöranlage hatte ein tschechischer Fachmann besorgt. Die Rechnung mit ihm beglich der Hausherr natürlich in der Lubjanka: Dort wußte man mit unnötigen Zeugen richtig umzugehen.[24]

Niemand mehr erwartete Lenin zurück, die Mitkämpfer überlegten, wer ihn ersetzen solle. Auf der improvisierten Zusammenkunft in Kislowodsk erinnerten sie an die Grundsätze der kollektiven Führung der Partei, berieten, wie man Stalins Streben nach Alleinherrschaft vereiteln könne.

Insoweit das Sekretariat des ZK begann, die Bedeutung und Kraft eines Direktivorgans anzunehmen, gibt es gute Gründe dafür, daß, sagen wir einmal, drei Mitglieder des Politbüros – Trotzkij, Stalin, Sinowjew – dorthin entsendet würden. Die Dreiergruppe kann man auch mit Kamenew oder Bucharin anstelle Sinowjews bilden. Bucharin formulierte diesen Vorschlag und setzte zusammen mit Sinowjew einen Brief an Stalin auf. Woroschilow sprach sich dagegen aus, die anderen aber stimmten mit Bucharin. Den Brief brachte Ssergo Ordshonikidse dem Generalsekretär nach Moskau.

Eine Dreiergruppe von Politbüromitgliedern in *seinem* Sekretariat – das paßte Stalin überhaupt nicht. Einerlei, wer der Gruppe angehörte – neben Trotzkij, Sinowjew, Kamenew oder Bucharin würde er blaß wirken. Im Sekretariat, im Politbüro hat er bereits seine Leute, die Abstimmungsmaschine läuft verläßlich. Aber eine Dreiergruppe ...

Stalin fuhr eilig nach Kislowodsk und schreckte alsbald seine Gefährten mit seinem Rücktritt: »Wenn die Genossen darauf bestehen, bin ich bereit, meinen Platz ohne Lärm, ohne Diskussionen – offene oder geheime – zu räumen.«[25]

In dieser Theaterpose lag ein Hintersinn: Die im Herbst 1923 in der Höhle bei Kislowodsk Versammelten kannten Lenins Testament: »Ich empfehle den Genossen, einen Modus zu überdenken, um Stalin abzulösen ...«

Diese Empfehlung war ein Stachel im Fleisch des sich entfaltenden

Diktators, und er beschloß, mit seinem Rücktritt zu drohen. Die Kampfgenossen wurden verwirrt: Koba hatte sie nicht verstanden, das hatten sie nicht vorgeschlagen.
Dennoch beunruhigte die Kislowodsker Möglichkeit Stalin. Er erinnerte sich wieder daran auf dem XIV. Parteitag (1925), als er die »Höhlenmenschen« lächerlich machte, und ironisch die damaligen Verhandlungen erwähnte, wobei er seine Worte wiederholte, er wolle den »Platz räumen«.
Seit dem Tode Lenins waren fast zwei Jahre vergangen, die Lage des Generalsekretärs hatte sich so gefestigt, daß er auch scherzen konnte. Auf dem Parteitag spielte Stalin »fürs Publikum« und zielte zugleich auf die Autorität Sinowjews, als er den Kislowodsker Vorschlag eine »Plattform für die Vernichtung des Politbüros« nannte.
Der Meister der politischen Intrige begann, seine ehemaligen Förderer nach seiner Pfeife tanzen zu lassen.

Wie brachte er das fertig? Einer der Gründe für Stalins Erfolg war die beharrliche Weigerung seiner Opponenten, sich gegen ihn zu verbünden.
Sinowjew und Trotzkij konnten nicht zueinander finden, wollten es nicht – Ehrgeiz stand im Wege. Jeder beanspruchte die Rolle des führenden Ideologen.
1925 versuchte Nadjeshda Krupskaja, die einflußreichen Parteiführer zu einigen, um endlich Koba Zügel anzulegen. Sie glaubte, dies sei noch möglich. Lenins Witwe gelang es, Sinowjew, Kamenew und Ssokolnikow zu überzeugen, und sie hoffte, in die Opposition auch Grigorij Iwanowitsch Petrowskij einzubeziehen, den Vorsitzenden des ukrainischen Zentralexekutivkomitees. Sie fuhr zu ihm nach Kiew, aber Grigorij Iwanowitsch weigerte sich mitzumachen. Dreißig Jahre später, nach dem XX. Parteitag, drückte er den Freunden sein verspätetes Bedauern aus und setzte hinzu: »Aber in Anbetracht dessen, was wir damals, im Jahre fünfundzwanzig, wußten, kann ich mich nicht verurteilen.«
In Lenins nächster Umgebung war ein Mann, der wußte, daß Stalin Fleisch vom Fleisch der Unterwelt war. Dieser Mann, Jakow Sswerdlow, wich seit der Zeit der Verbannung nach Turuchansk Begegnungen mit Koba aus und boykottierte ihn das ganze Jahr 1917 über. Aber er starb früh – anderthalb Jahre nach dem Sieg der Revolution. Und hätte er länger gelebt: Hätte er genug Prinzipientreue und Tapferkeit gehabt, um die Türen zum Zentralkomitee und zur Regierung vor Stalin zu verschließen?

Kurz vor seinem Tode, im Frühjahr 1926, begann Feliks Dzierżyński Alarm zu schlagen, als er sich der Gefahr einer Spaltung der Partei bewußt wurde. Dzierżyński starb. Aber die Unruhe wuchs weiter. Immer mehr Parteimitglieder sahen, von wem die Hauptgefahr ausging.
Es war wie in der Gefängniszelle, wo die kleinen, die »Zivilhäftlinge«, die unter die Pritsche gejagt werden, sich flüsternd über ihr bitteres Schicksal beklagen, aber nicht den Mut haben, gegen den einen dreckigen Berufsverbrecher aufzustehen. »Was können wir schon ausrichten!« Und mancher ist bereit, sich dem starken Mann anzudienen.
Bucharin beispielsweise drängte im Sommer 1928 Kamenew: »Wenn wir uns nicht zusammentun, wird Koba uns allen die Gurgel durchschneiden.« Aber die »Rechten« vereinigten sich nicht mit Kamenew und Sinowjew. Man redete, redete, und ging wieder auseinander.
Bei einem Bankett zu Ehren der Tscheljuskin-Expedition im Jahre 1934 hatte der ansonsten Stalin sehr wohl durchschauende Bucharin einen Rückfall in die Blindheit. Er trat zu Stalin: »Koba, dafür, daß ich mich gegen dich gewandt habe, bin ich bereit, mir selbst auf den Kopf zu scheißen.« Bucharin versuchte den Führer abzuküssen, doch dieser wehrte ab. Die Zeit der Küsse war vorüber.[26]
Kamenew, Sinowjew, Trotzkij, Rykow, Tomskij, Frunse, Dzierżyński, Petrowskij, Skrypnik, Kossior.
Wenn sich die Parteiführer einig gewesen wären, hätten sie Stalin alle Wege zur Alleinherrschaft verlegen können. Aber gab es denn unter ihnen wirkliche Männer?
Es gab noch einen anderen Faktor, der Stalins Erfolg begünstigte. Zur Leiter, über die Stalin zum Thron des Diktators hinaufstieg, wurde die eiserne Parteidisziplin. Sie schmiedete den Willen seiner potentiellen kommunistischen Gegner zusammen, die weiterhin versuchten, das Parteischiff auf den Kurs der kollektiven Führung zu bringen.
Die Leiter jedoch hatte Stalin kein anderer hingestellt als Lenin. Schon 1903, bei den Beratungen über Punkt 1 der Parteistatuten auf dem II. Parteitag, hatte Lenin als Gegengewicht zu Martow – der damals für die Schaffung einer wirklichen *Massenpartei* kämpfte – vorgeschlagen: »Es ist besser, zehn Arbeiter nicht als Mitglieder zu bezeichnen, als einen Schwätzer so zu nennen.« Und weiter: »Ich wiederhole: Die Kraft und die Macht des Zentralkomitees, die Härte und Reinheit der Partei – das ist die Hauptsache.«[27]
Stalin begriff eben diese Hauptsache, er nutzte die Macht des Zentralkomitees bis zum Schluß gründlichst aus. Und er hielt unerbittlich an der Linie der »Reinheit der Partei« fest. Indem Stalin Lenins Formel des

demokratischen Zentralismus für seine Zwecke einsetzte, erfüllte er voll und ganz Lenins Hoffnung auf die Schaffung einer eisernen Diktatur.
Nach dem Tode Lenins hielt Stalin die Zeit für gekommen, um die Resolution des X. Parteitags (1921) »Über die Einheit der Partei« in breitem Umfang anzuwenden. Fraktions- und Gruppenbildung fielen unter strenges Verbot. Die Resolution erlaubte dem Zentralkomitee, jedes Parteimitglied wegen »Fraktionierens« oder wegen Verletzung der Parteidisziplin auszuschließen, selbst wenn es ZK-Mitglied war. In Stalins Händen verwandelte sich diese Entscheidung in ein zuverlässiges Instrument, die Partei zunächst dem Willen eines Häufleins von Führern und Politikastern, dann den Launen des alleinigen Chefs zu unterwerfen.
Es gab kaum einen Parteitag, auf dem Stalin nicht dazu aufrief, die Einheit der Partei strikt zu wahren. Wenn er über Opponierende herfiel, beschuldigte er sie jedesmal, sie beabsichtigten, die Geschlossenheit der Partei zu verletzen. Mit der Zeit verwandelte sich der berüchtigte Kampf um die Einheit in ein Mittel, die Stalinsche Alleinherrschaft zu stärken. Jeder Versuch der Kritik am Generalsekretär galt als Versuch, die Leninsche Partei zu spalten.
Und die Mitkämpfer Lenins warfen sich als erste in den Kampf um die Einheit, um die Parteidisziplin. Als Kossior auf dem XII. Parteitag (1923) vorschlug, das Verbot der Fraktions- und Gruppenbildung aufzuheben, dachte er überhaupt nicht daran, sich von der Einheit loszusagen. Schade, daß so ein kluger Kopf wie Bucharin versuchte, ihn lächerlich zu machen: Sinowjew, und nach ihm Bucharin, versicherten den Delegierten, daß die Partei jetzt gesünder sei als jemals, daß sie »die beste aller Parteien« sei.[28]
Einheit der Partei um jeden Preis! – forderte Dzierżyński auf dem XIV. Parteitag (1925). »Sie muß uns allen heilig sein . . .«[29] Zwei Wochen vor seinem Tode schrieb er an W. Kujbyschew: »Nur die Partei und ihre Einheit können die Aufgabe lösen.«[30] Dies wurde zum Leitmotiv der folgenden Parteitage. Der XVI. (1930) beauftragte das Zentralkomitee, »erbarmungslosen Widerstand allen Versuchen entgegenzusetzen, die stählerne Parteidisziplin und die Einheit der Leninschen Partei zu erschüttern und zu untergraben.«[31]
Mit Hilfe so starker Hebel wie die innerparteiliche Disziplin und die Diktatur des Proletariats (de facto die Diktatur der Partei) hoffte Stalin, dem Lauf der Geschichte die ihm persönlich notwendig scheinende Richtung zu geben.
Um seine Karriere aufzuhalten, um ihn von verantwortlichen Posten zu entfernen, war Stimmenmehrheit erforderlich. Und eben deshalb be-

setzte Stalin in so fieberhafter Eile alle Schlüsselpositionen mit seinen Leuten und neutralisierte die Willensstarken, Ehrlichen, das heißt – die Gefährlichen.
Die Mehrheit hat immer recht, die Minderheit soll sich der Mehrheit unterordnen. Dieses Vorurteil kam dem Stalinschen Hofe genau zupaß.

Schlägerei um einen Sessel

Im Herbst 1923 regt sich Unruhe im Land. Fünf Jahre Volksmacht, aber die wirtschaftliche Krise ist nicht überwunden: die Produktivität der Industrie liegt unter dem Niveau von 1913, die Landwirtschaft ist verkommen, vom Transportwesen blieb allein der Name übrig, von den Straßen ebenfalls. Akuter Mangel an den allerwichtigsten Gütern, an Nahrungsmitteln und Wohnungen, dazu Geldentwertung. Unzufriedene Arbeiter organisieren Streiks.
Das Triumvirat Kamenew, Sinowjew, Stalin wußte nicht, wie es die Schwierigkeiten überwinden sollte, doch statt dies einzugestehen und sich mit dem Aktiv zu beraten, verstärkte es den administrativen Druck.
Auf dem ZK-Plenum im September 1923 warnte Dzierżyński die Triumvirn davor, sich wie Diktatoren zu verhalten, sich von der Parteidemokratie loszusagen, den Grundsatz der Stellenbesetzung durch Wahl zu vergessen und gegenüber Kritik intolerant zu sein. Das Plenum nahm diese Erklärung ernst und bildete eine Sonderkommission mit Dzierżyński an der Spitze.
Im gleichen Sinne, jedoch erheblich schärfer, äußerte sich Trotzkij in seinem Brief an das Zentralkomitee vom 8. Oktober. Eine Woche darauf wandte sich eine Gruppe von Altkommunisten an das ZK. Dieses Dokument (in die Geschichte als »Brief der Sechsundvierzig« eingegangen), voller Besorgnis um das Schicksal der Revolution, enthält eine Analyse der Staatswirtschaft, der Finanzen und der Praxis der Parteiführung.
»Das Regime, das sich in der Partei herausgebildet hat, ist absolut unerträglich. Es tötet die freie Betätigung der Partei, da die Partei sich in einen Apparat passend ausgesuchter Beamter verwandelt ... Die jetzige Situation erklärt sich daraus, daß das objektiv seit dem X. Parteitag

entstandene Regime der Fraktionsdiktatur innerhalb der Partei sich selbst überlebt hat.«
Die Autoren des Briefes beschuldigten die Führer, die Verbindung mit der Partei verloren zu haben und eine Politik zu betreiben, die das Land ruiniere. Sie schlugen vor, unverzüglich eine erweiterte ZK-Sitzung einzuberufen.
Unter den Sechsundvierzig, die diese Erklärung unterzeichnet hatten, war Wladimir Antonow-Owssejenko, der Leiter der politischen Verwaltung des Revolutionären Kriegsrates der Republik (RKRR). Er machte zu dem Text einen wichtigen Zusatz:
»Die Notwendigkeit, unsere wunden Stellen direkt und offen anzugehen, ist soweit gediehen, daß ich voll und ganz den Vorschlag zur Einberufung der genannten Sitzung unterstütze; es müssen praktische Wege aufgezeigt werden, die aus den angelaufenen Schwierigkeiten herausführen.«
Höheren Orts empfand man den Brief der Sechsundvierzig als frechen Ausfall gegen die Partei. Der erschrockene Andrej Bubnow beeilte sich, seine Unterschrift wieder zurückzunehmen, doch es war zu spät: Einen für eine politische Provokation derart günstigen Vorwand lassen weder Stalin noch Sinowjew aus. Die objektive Beurteilung des Briefes, das offene, kameradschaftliche Gespräch – damit war Stalin und seinen Helfershelfern nicht gedient. Das eilig einberufene Plenum von ZK und Zentraler Kontrollkommision (ZKK) brandmarkte die Autoren des Briefes als Fraktionäre und beschuldigte sie, gemeinsam mit Trotzkij, spalterischer Aktivitäten. (Wieder und wieder – »Haltet den Dieb!«)
Ein für die »Führer« charakteristisches Detail: Die Resolution des Oktoberplenums wurde nicht veröffentlicht. Die drei Parteikonsuln ließen auch den Text des »aufrührerischen« Briefes nicht unters Volk gelangen. In den dreißiger Jahren, zum alleinigen Herrscher geworden, tötet Stalin alle, die den Brief unterschrieben hatten, einen nach dem anderen. Aber auch dann kommt der Brief nicht ans Licht. Und lange noch werden von allen Altarstufen der Partei Bannflüche auf die Häupter der von Stalin erfundenen »Trotzkisten« herabdonnern.
Dennoch wurden im Oktober 1923 der Inhalt des Briefes der Sechsundvierzig wie auch der Erklärung Trotzkijs vielen, zu vielen Parteimitgliedern bekannt. Das Triumvirat mußte Zugeständnisse machen.
Sinowjew räumt am 7. November öffentlich, in der »Prawda«, ein, der gegenwärtige Führungsstil enge die Parteidemokratie ein. Die »Prawda« ruft alle Parteimitglieder auf, sich aktiv an der Diskussion über Sinowjews Artikel »Die neuen Aufgaben der Partei« zu beteiligen.
Beginnend mit dem 13. November veröffentlicht die »Prawda« drei

Wochen lang Materialien der innerparteilichen Diskussion. Sie erwies sich als derart fruchtbar, daß das Politbüro und das Präsidium der ZKK schon am 5. Dezember auf einer gemeinsamen Sitzung einstimmig eine Resolution verabschieden konnten.
Dieses bemerkenswerte Dokument bestätigt die Grundsätze der kollektiven Leitung und der Freiheit der innerparteilichen Kritik. Die Resolution verlangt, »... daß die führenden Parteiorgane auf die Stimme der breiten Parteimassen hören sollen, daß sie nicht jegliche Kritik als Erscheinung von Fraktionstätigkeit auffassen dürfen und dadurch gutwillige und disziplinierte Genossen auf den Weg der Isolierung und der Fraktionsbildung stoßen«. Die Praxis, mit Berufung auf die »Parteidisziplin« die Erörterung von Fragen des Parteilebens abzuwürgen, wird als unrichtig eingestanden; derartige Erörterungen seien unabdingbar »Recht und Pflicht der Parteimitglieder«. Das ZK ruft zum Kampf gegen »bürokratische Auswüchse im Parteiapparat und in der Parteipraxis« auf.
Es ist nicht nötig, die Texte des Briefes der Sechsundvierzig und der ZK-Resolution vom 5. Dezember 1923 miteinander zu vergleichen: Nach Geist und Inhalt sind sie Zwillinge. Vielleicht wurde deshalb der Text der Resolution nur einmal, am 7. Dezember, in der »Prawda« veröffentlicht, und dann auf Jahrzehnte für geheim erklärt – zur Bequemlichkeit der höfischen Geschichtsfälscher.
Als erste verletzten die Mitglieder des Politbüros selber diese ZK-Resolution. Die Freiheit der Kritik zu verkünden, ist eine Sache, sie zu dulden – eine andere. Die neuen »Führer« betrogen grausam das Vertrauen ehrlicher Revolutionäre. Zu den ersten Opfern gehörte Antonow-Owssejenko.
Als Mitarbeiter Trotzkijs, des Vorsitzenden des Revolutionären Kriegsrats, war er offenbar verpflichtet, stets mit ihm am gleichen Strang zu ziehen. Doch auf der Versammlung der Mitarbeiter der Politischen Verwaltung des Revolutionären Kriegsrats arbeitet er eine Resolution zugunsten des ZK aus, und weist den Brief der Sechsundvierzig zurück.
Er fühlt sich durch die Parteidisziplin gebunden und beteiligt sich nicht an der innerparteilichen Diskussion. Als ihm von der Opposition vorgeschlagen wird, ein Referat auf einer Versammlung der Schule des Allunions-Zentralexekutivkomitees zu halten, empfiehlt Antonow, sich mit diesem Anliegen an Radek oder Preobrashenskij zu wenden. Nachdem er jedoch erfahren hat, Sinowjew werde sprechen, beschließt er, mit ihm zu diskutieren, und fährt mit seinem Mitarbeiter Dworshez zu der Versammlung.

In der Versammlung gab sich Sinowjew ganz als hoher Würdenträger, mißachtete die Rechte der Opponenten und forderte die bedingungslose Unterordnung unter die »Linie des ZK«.
Antonow versuchte, Dworshez zurückzuhalten, doch der ergriff dennoch das Wort und setzte dem Politbüromitglied Widerstand entgegen, noch dazu in scharfer Form. In der Pause setzte sich Sinowjew neben Dworshez: »Sie sind aufgetreten wie ein Fähnrich Kerenskijscher Prägung.«
Tatsächlich war Dworshez 1917, unter Kerenskij, Fähnrich geworden. Doch dann stieß er zur Revolution und wurde später unmittelbar durch die Zentrale Kontrollkommission in die Partei aufgenommen. Auf der Gehaltsliste der Partei wurde er in der Schule des Allunions-Zentralexekutivkomitees geführt.
Bald nach der denkwürdigen Versammlung wurde Dworshez in die Zentrale Kontrollkommission gerufen. Antonows Adjutant meldete es ihm und fügte hinzu, Dworshez befürchte verhaftet zu werden.
»Ja, ... Sinowjew ist grausam und rachsüchtig«, sagte Antonow, »bei ihm muß man mit allem rechnen.«
Sinowjew beschloß, den frechen Disputanten zu vernichten, der gewagt hatte, »rangwidrig« ein Politbüromitglied zu kritisieren. Dworshez wurde verhaftet und zu fünf Jahren Verbannung verurteilt. Im Jahre 1937 ereilte ihn das Schicksal all jener Millionen, die dem Hausherrn nicht paßten. Die Abrechnung mit Dworshez im Dezember 1923 war eines der frühesten Signale des bevorstehenden Terrors.
Am 21. Dezember übergibt Antonow-Owssejenko dem ZK eine Erklärung zu der Diskussionsversammlung in der Schule des Zentralexekutivkomitees. Aber der ZK-Apparat war schon geschickt genug, sich lästige Erklärungen vom Leibe zu halten.
Am 27. Dezember, als Dworshez schon zur Verantwortung gezogen war, wandte sich Antonow mit einem scharfen Brief an das ZK; darin verteidigte er seinen Untergebenen, einen Kommunisten, der lediglich das unlängst bestätigte »Recht und die Pflicht« wahrgenommen hatte, innerparteiliche Angelegenheiten zu erörtern.
Diesen Brief schrieb Antonow nachts, in Eile.
»Wir sind nicht die Schranzen von Hohenpriestern der Partei!«, schleuderte er der Stalinschen Führungsspitze entgegen. Zur Führung unfähig, grenze sie sich mit einer Mauer von der Partei ab und habe sogar das Vorurteil von der Parteidisziplin mobilisiert, um kritische Stimmen zu ersticken.
Beunruhigt schrieb Antonow, die nicht enden wollenden Fehden in den Führungskreisen und die Linie der ZK-Mehrheit seien »schädlich für die

Einheit der Partei« und untergraben »die moralische Geschlossenheit der Armee« ebenso wie die moralische Autorität der Kommunistischen Partei Rußlands (KPR/B) innerhalb der Komintern.*

»So kann es nicht weitergehen. Es bleibt nur eins – der Appell an die Bauernmassen, die den Rock der Roten Armee tragen, und die übermütig gewordenen Führer zur Ordnung zu rufen!«[32]

Antonow beschloß, den Brief unverzüglich abzusenden. Der Leiter der Presseabteilung der Politischen Verwaltung, Michail Poljak, dem Antonow-Owssejenko morgens den Brief vorlas, versuchte, ihn von seinem Schritt abzuhalten, aber Wladimir Aleksandrowitsch ging auf seine Art vor: »Ich habe gegenüber der Partei noch nie geheuchelt, ich war kein Fraktionist«, antwortete er.

Solche Leute räumten die Stalinisten als erste aus dem Wege. Allerdings war es nicht ratsam, Antonow gleich in ein Lager zu stecken. Man muß sich auf eine Provokation beschränken, die Sinowjew ausgedacht hat – man muß ihn beschuldigen, er habe versucht, die Politische Verwaltung in einen Generalstab des Fraktionskrieges gegen die Partei umzuwandeln.

Am 12. Januar 1924 wurde Antonow zu einer Sitzung des Orgbüros vorgeladen. Stalin beschuldigte ihn fraktionistischer Umtriebe. Der Generalsekretär war nicht mit leeren Händen zu der Sitzung gekommen: Helfershelfer hatten gegen Antonow eigens Material vorbereitet, das den Leiter der Politischen Verwaltung »entlarvte«, er habe versucht, autonom zu handeln – als ob er nicht dem ZK die Einberufung einer Konferenz der Parteizellen der Militärlehranstalten gemeldet und nicht das Rundschreiben Nr. 200 der Politischen Verwaltung mit dem ZK abgestimmt hätte.[33]

Die unsinnige Beschuldigung zu widerlegen, war nur möglich, indem man zuvor die Teufelsküche des ZK-Apparates entlarvte. Punkt eins der Resolution des Orgbüros wiederholte wortwörtlich deren Spezialrezept. Und das ist Punkt zwei:

»Der Brief des Gen. Antonow-Owssejenko an die Mitglieder des Präsidiums der ZKK und des Politbüros des ZK vom 27. Dezember 1923 mit der an das ZK gerichteten Drohung, ›die übermütig gewordenen Führer zur Ordnung zu rufen‹, ist ein unerhörter Ausfall, der die weitere Tätigkeit des Gen. Antonow-Owssejenko als Leiter der Politischen Verwaltung unmöglich macht.« Der Resolution des Orgbüros ging ein

* Komintern: Kommunistische Internationale. 1919 erfolgter Zusammenschluß aller kommunistischen Parteien (Dritte Internationale) unter Führung der russischen bzw. sowjetischen KP. 1943 aufgelöst.

Beschluß des Politbüros voraus, in dem ebenfalls die Stalinisten dominierten.

Unterdessen untersuchte eine Sonderkommission der ZKK (Schwernik – eine weitere standfeste Figur auf der Bühne des Kreml) die Arbeit der Politischen Verwaltung und findet nichts Kriminelles. Antonow-Owssejenko appelliert an das nächste Plenum des ZK. Auf der Sitzung vom 15. Januar analysiert er im einzelnen die Resolution des Orgbüros, die ihn der schriftlichen Bedrohung des ZK beschuldigt.

»Ich erachte es für das unbestreitbare Recht eines Parteimitglieds, die ZK-Mitglieder auf die eine oder andere Gefahr innerhalb der Partei hinzuweisen; ich bin der Meinung, daß ich mit meinem Brief meine *Pflicht* als Parteiangehöriger und Leiter der Politischen Verwaltung in Sorge über die Situation in der Armee und ihren Parteiorganisationen *erfüllt habe.* Mein Brief vom 27. Dezember enthält keinerlei Drohungen außer der, innerhalb der Parteiordnung (durch eine Konferenz oder einen Parteitag) auf die *fraktionistisch gesonnenen* Führer durch parteilich denkende Genossen einzwirken.«

Antonow-Owssejenko fordert auf dem Plenum elementare Gerechtigkeit:

»Ich bestehe auf völliger Klarheit in der Fragestellung über mich. Es ist davon die Rede, ein Parteimitglied von seinem Posten als Leiter der Politverwaltung zu entfernen, weil es gewagt hat, im Rahmen der Parteiordnung gegen eine Linie der ZK-Mehrheit aufzutreten, die der Einheit der Partei und der moralischen Geschlossenheit der Armee schädlich ist.

Alle Anschuldigungen, ich hätte die Politverwaltung in einen Fraktionsstab umgewandelt, weise ich mit Verachtung zurück – niemand hat dies bewiesen und niemand kann dies beweisen. Und solange dies nicht bewiesen ist, wird der Sinn meiner Entlassung allein der sein, noch vor dem Parteitag eine Gruppenabrechnung mit einem Genossen zu halten, der als Parteimitglied zu zurückhaltend und zu Fraktionsmanövern nicht fähig ist.«

»Ich befinde mich keineswegs im Irrtum mit der Ansicht«, erklärt Antonow den ZK-Mitgliedern, »daß niemand anderes als Genosse Stalin in dieser breitangelegten Kampagne den Ton angegeben hat.«

In dieser Hinsicht irrte sich Antonow wirklich nicht. Doch hatte er die Macht jener Leute unterschätzt, die in der Partei die Schlüsselpositionen innehatten. Für die Resolution des Orgbüros sprachen Molotow, Schwernik, Schkirjatow, Jaroslawskij. Hinter den servilen Rücken dieser Gerechten (sie werden ihrem Herrn noch manche blutige Dienste leisten) hätte der Regisseur schweigend sitzenbleiben können, aber

Stalin, beunruhigt von der stichhaltig argumentierenden Verteidigung Antonows, warf einige schwerwiegende Worte in die Waagschale. Er wiederholte die durch nichts bewiesene Behauptung, der Leiter der Politverwaltung habe sich geweigert, in Übereinstimmung mit dem ZK zu arbeiten.

Sekretariat des Generalsekretärs – Politbüro – Zentrale Kontrollkommission – Orgbüro – Plenum des ZK –: der Fall Antonow-Owssejenko wurde über das Fließband geschickt.

Und die Hohenpriester der Partei siegten.

Für den Leiter der Politverwaltung sprach allein Karl Radek: »In der Resolution über die innerparteiliche Demokratie ist ein Paragraph notwendig, der es den Mitarbeitern der Politverwaltung verbietet, an Diskussionen teilzunehmen. Es wäre etwas anderes, wenn Antonow-Owssejenko den Apparat der Politverwaltung zu Fraktionsarbeit benutzt hätte. Für den unzulässigen Ton des Briefes soll er gemäß der Parteiordnung gerügt werden, es geht aber nicht, drei Fragen auf einen Haufen zusammenzuwerfen. Solange die Untersuchung in der Politverwaltung nicht beendet ist, darf Antonow-Owssejenko nicht entlassen werden!«

Mit bösartigen »Entlarvungen« Antonows trat auf der Sitzung mehrfach M. Laschewitsch hervor. Bucharin, Tomskij, Dzierżyński und Petrowskij machten den Mund nicht auf. Woran dachten sie?

Antonow-Owssejenko warf sich Hals über Kopf in den Streit im Namen der Einheit der Partei. Stalin entfernte ihn von der aktiven Arbeit im Namen eben dieser Einheit. Aber das war »für das Publikum«. Tatsächlich konnte Stalin Antonow-Owssejenko seinen dreisten Brief mit der Ankündigung, die »übermütig gewordenen Führer zur Ordnung zu rufen«, nicht verzeihen. Diese Worte zitierte der Generalsekretär einige Monate später auf der 13. Parteikonferenz (Januar 1924) und griff erneut zu der grobgestrickten Verleumdung, die Maßnahmen der Politverwaltung seien mit dem ZK nicht koordiniert worden. Als er den Abgeordneten die Gründe für die Entfernung Antonows darlegte, erklärte Stalin, Antonow habe sich »systematisch geweigert, sachliche Kontakte zu seinem ZK herzustellen«[34].

Der verleumdete, erniedrigte Antonow wurde nach ein paar Monaten mit einem diplomatischen Auftrag nach China geschickt.

»Anton fährt nach Kanton«, erklärte Antonow mit bitterem Lächeln seinen alten Genossen, die ihn aus den Jahren des Untergrunds unter dem Namen »Anton« kannten.

Danach wurde er als politischer Repräsentant nach Prag, Kaunas und Warschau entsandt. In jener naiven Zeit wurden widerspenstige Kom-

munisten lediglich mit diplomatischer Verbannung bestraft. Dort, in den Mußestunden im Ausland, fand sich Zeit nachzudenken und herauszufinden, ob sich die Herrschaft der Fraktionsdiktatur »selber überlebt« habe oder nicht.
Der Konflikt Antonow-Owssejenkos mit der Führungsgruppe um Stalin und Sinowjew war ein Lehrstück der Vernichtungs- und Spalterstrategie des Generalsekretärs. Indem er Lenins Doktrin von der Einheit der Partei weiterspielt, zieht Stalin die Schrauben der Parteidisziplin immer fester an, erstickt jeden Versuch, das Triumvirat zu kritisieren. Der Konflikt war nach bewährtem Rezept »beigelegt« worden. Die Rezepte dieser Küche werden noch lange von so erstklassigen Köchen wie Molotow, Kaganowitsch, Schkirjatow, Schwernik, Jaroslawskij angewandt.
In den Tagen der heißen politischen Schlachten (Herbst 1923 und Frühjahr 1924) bat Olga Pilazkaja, die Witwe Wladimir Sagorskijs, der bei der Explosion einer Bombe im Gebäude des Moskauer Stadtkomitees ums Leben gekommen war, den Generalsekretär:
»Hör mal, Koba, erkläre mir, was hier vorgeht!«
»Willst du's wissen, ja? Siehst es nicht selbst? Die Schlägerei um den Sessel – das geht hier vor!«
An dieser Schlägerei wollten sich Leute wie Antonow-Owssejenko nicht beteiligen. Sie hatten nicht deswegen den tödlichen Nahkampf mit dem Zarismus und der bürgerlichen Provisorischen Regierung aufgenommen. Nicht für eine neue Monarchie hatten sie die Revolution vollendet. Als Antonow aber in Stalin und seinen beredten Kollegen gefährliche Usurpatoren erkannte, konnte er nicht passiv bleiben. Allerdings: Auch Trotzkij in der Rolle eines Diktators verhieß nichts Gutes.
In Sachen Diktatur, Selbstliebe und Glaube an die eigene Unfehlbarkeit konnten sie sich miteinander messen, Trotzkij und Stalin.

Aus der Distanz der vergangenen Jahrzehnte kann man mit Bestimmtheit nur eins sagen: Etwas Schrecklicheres als die Stalin-Herrschaft hat noch kein Mensch erdacht. Deshalb hätte Stalin auf jeden Fall von der Leitung entfernt werden müssen.
Im Mai 1934, zurückgreifend auf Ereignisse vergangener Jahrzehnte, schrieb Antonow-Owssejenko: »In der Opposition der Jahre 1923 bis 1927 war ich ein Vermittler, nicht aktiver Angehöriger einer Fraktion. Ich bemühte mich, Trotzkij mit Stalin zu versöhnen (sie zu ›überreden‹). Ich habe Trotzkij verteidigt, denn ich befürchtete die Spaltung der Partei (hier suchte ich Beistand im sogenannten ›Testament Lenins‹).«[35]
Warum haben Lenins Kampfgefährten sein Vermächtnis nicht erfüllt?

Taktik

Wie gelang ihm die Usurpation?
Viele Bücher sind zu diesem Thema schon geschrieben worden, und viele werden noch folgen. Meine bescheidenen Anmerkungen erheben in keiner Weise Anspruch auf Vollständigkeit. Man kann jedoch erste Schlüsse über die Taktik ziehen, die Stalin im Kampf um die Macht anwandte.
Im »Fall« Ssultan-Galijew, bei der Lösung der Nationalitätenfrage und bei der Erörterung der Organisationsstruktur des ZK arbeitete Stalin mit Einschüchterung (politisch diffamierende Etiketts, Parteiausschluß, Verhaftung), benutzte Vorwände, spielte persönliche Feindschaften aus, manipulierte marxistische Dogmen, verbreitete demagogischen Unsinn in pseudo-leninistischer Maskierung. Bei all dem verließ ihn seine freche Selbstsicherheit nicht für eine Minute.
Ein beneidenswerter Zug.
Noch ein weiteres Verfahren – die Gegenklage – wendete der Generalsekretär mit Erfolg in allen Etappen seiner politischen Karriere an.
Stalin beherrschte einzigartig die Fähigkeit, Streit zu entfachen, Diskussionen anzuheizen. Für Lenin und seine Umgebung war Disput ein Mittel, zur Wahrheit vorzudringen. Stalin interessierte die Wahrheit am allerwenigsten. Tatsächlich war sie für ihn überflüssig, eine Art Nebenprodukt. Bei Diskussionen interessierte ihn die Eskalationen, das, was man notieren und dann, mit dem jeweils passenden Etikett, als Knüppel benutzen konnte.
Der Generalsekretär bestrafte Oppositionelle der mittleren und niederen Ränge, er kritisierte sie, enthob sie ihres Amtes, verjagte und zerstreute sie. Indem er die »Führer« der Unterstützung »von unten« beraubte, isolierte er sie, rührte sie selber aber vorläufig nicht an. Schon gar nicht, wenn sie Wasser auf seine, Stalins, Mühlen gossen. Denn schließlich hatte sich Sinowjew auf dem XII. Parteitag auf folgende bequeme Direktive festgelegt: »Jegliche Kritik an der Parteilinie, selbst eine sogenannte ›linke‹, ist heute eine objektiv menschewistische Kritik.«[36]
Ein in höchstem Grade wertvoller Parteiführer! Mit solchen Männern begann Stalin zu spielen und in zeitweilige Bündnisse zu treten.
Vor allem aber bemühte er sich, unter den Führern Zwietracht zu

säen. Im April 1923, auf dem XII. Parteitag, bildete Stalin gemeinsam mit Kamenew und Sinowjew ein Triumvirat – gegen Trotzkij.
Teile und herrsche!
Wie niemand sonst konnte Stalin seine Konkurrenten mit den Köpfen gegeneinanderstoßen, dabei immer abseits bleiben und – über ihnen.
Manchmal, wenn es um einen sehr bedeutsamen Streit ging, trat der Generalsekretär für irgend jemanden ein, heuchelte Mitgefühl und – warb dadurch noch einen Anhänger für sich.
Auf gespielte Anteilnahme folgte das Spiel mit »seiner Prinzipientreue«. Jonglieren mit blumigen Zitaten wechselte mit Anfällen von russischem Patriotismus, mit einer lautstarken Kampagne für die Reinheit der Partei. Grobe Drohungen lösten fein ausgeklügelte Unterstellungen ab. Stalin verfügte über eine reiche taktische Palette, benutzte sie geschickt und mischte die Farben erfinderisch, je nach Anlaß.
Als er die Kampagne gegen seine Partner von gestern, Sinowjew und Kamenew, begann, versicherte Stalin sich zunächst der Unterstützung Rykows und Bucharins. Es ging um die Frage, wer Lenins Nachfolger als Vorsitzender des Rats der Volkskommissare werden sollte. Der Generalsekretär überzeugte die Politbüromitglieder davon, daß der russische Bauer an der Spitze des Staates keinen Juden dulden würde. Und Vorsitzender wurde der Russe Rykow.
Später, im Jahr 1924, unternahm Stalin einige vorsichtige Schachzüge gegen Sinowjew und Kamenew, indem er, nicht sehr geschickt, versuchte, sie als Theoretiker zu diskreditieren. Sie beschlossen, dem Generalsekretär Widerstand zu leisten. Unter Beteiligung der Mitglieder von Politbüro und Zentralkomitee fand eine außerordentliche Sitzung der verantwortlichen Parteifunktionäre statt. Stalins letzter Ausfall wurde verurteilt, worauf dieser nur wieder seinen Rücktritt als Generalsektär anbot. Auch diesmal wurde der Rücktritt nicht angenommen.
1925. Sinowjew ist in Leningrad, Kamenew kann ihm keine wirksame Hilfe mehr geben. Stalin gelingt es zu dieser Zeit, N. A. Uglanow, der das Moskauer Parteikomitee geleitet hatte, für sich zu gewinnen. Er versucht, die Stellung Sinowjews in Leningrad zu schwächen, er bearbeitet dessen Anhänger und provoziert sie zu voreiligen Zusammenstößen. Stalin bereitet das Auseinanderbrechen des Triumvirats vor, da er eine »revolutionäre Situation« gewittert – nein – hergestellt hat.
Teile und herrsche!
Und plötzlich – eine Wendung um 180 Grad. *Vor* dem XIV. Parteitag (Dezember 1925) schlägt Stalin Sinowjew und Kamenew einen Burgfrieden vor. Und *auf* dem Parteitag fällt er mit aller Macht über sie her.
Auf dem Parteitag wurde außerdem ein Plan zur Reorganisation des

Sekretariats erörtert, den eine Gruppe von Genossen vorgelegt hatte, die zur Erholung in Kislowodsk gewesen war. Der Initiator war, wie den Delegierten bekannt wurde, Nikolaj Bucharin. Doch zu diesem Zeitpunkt war Stalin bereits fest entschlossen, Sinowjew zu stürzen, das heißt, Bucharin gegen Sinowjew auszuspielen. Als zu den Führern der parteifeindlichen »Plattform« gehörig erwähnt Stalin immer wieder: Sinowjew, Kamenew, Laschewitsch, Ssokolnikow, nur Bucharin erwähnt er nicht. Ihn verteidigt er energisch gegen – Sinowjew.
Teile und herrsche!
Ein weiteres Beispiel für Stalins unerschöpfliche Virtuosität im taktischen Spiel des politischen Nahkampfes: Auf dem XV. Parteitag (Dezember 1927) hielt Molotow das Referat über die Landwirtschaft (was heißt, daß er es nicht eben fehlerfrei ablas). Für alle, auch für Molotow, unerwartet, erhob sich Stalin und kritisierte das Referat. Ein Schauspiel? Natürlich. Aber der Generalsekretär hatte Molotow nicht vorgewarnt, und der geriet in Verwirrung. Stalin indes erreichte sein Ziel: Er hatte erneut die Ergebenheit und Unterwürfigkeit Molotows erprobt und er trübte das Wasser in der Agrarpolitik der Partei, um neue Differenzen hervorzurufen.
Molotow kam mißmutig nach Hause und beklagte sich bei seiner Frau Polina Shemtschushina: »Stalin will sich nicht an unsere gemeinsamen Beschlüsse halten, ständig wirft er alles über den Haufen, und dann ist es schwer, wieder Ordnung zu schaffen. Wir hatten alles durchgesprochen und abgestimmt; dann muß er plötzlich auf mich losgehen.«
Eine Provokation inszenieren und selber in den Schatten verschwinden, die Schuld auf andere wälzen und sich als den »unbeugsamen Anhänger Lenins« ausgeben: das ist das Typenschema Stalins im ersten Jahrzehnt nach der Oktoberrevolution. An dieses Schema wird sich Stalin mit geringfügigen Variationen (sagen wir, »Schuldige« zu erschießen) bis zu seinem Tode halten.
Beim Blick auf die Geschichte des Kampfes um die höchste Macht in der Partei fällt zwangsläufig eine wertvolle Eigenschaft Stalins auf, die des politischen Strategen: Noch in den kritischsten Situationen hatte er Varianten für mehrere Züge im voraus parat, hatte auf weitere Sicht und genauer geplant als seine Gegenspieler.
Durch demagogische und organisatorische Schliche brachte Stalin den »Sumpf«, die träge Masse der Parteitagsdelegierten, auf seine Seite. Er meisterte die komplizierte Wissenschaft des Lavierens zwischen den Führern der Partei.
Sie bemerkten es nicht, daß der unbedacht-übereifrige Genosse Koba sich zu einem hinterlistig lauernden Wolf ausgewachsen hatte. Und als

der Altbolschewik Walerijan Ossinskij sich auf dem XII. Parteitag erlaubte, die Parteiführung zu kritisieren, zeigte der Wolf seine Fänge. Stalin drohte dem Parteifunktionär, dem Mitkämpfer Lenins – öffentlich, auf dem Parteitag der Kommunisten.
Das geschah im April 1923, noch zu Lebzeiten Lenins. Zwanzig Jahre später, bei der Vorbereitung des fünften Bandes seiner »Werke«, streicht Stalin die Wendung »Genosse Ossinskij sollte sich schonen«. Zu dieser Zeit war Ossinskij bereits nicht mehr am Leben; der Stalinsche Terror hatte ihn hinweggerafft.
Stalin drohte jedoch nicht nur. Bereits in den zwanziger Jahren beging er politische Morde. Beispielsweise, als er so merkwürdig darauf beharrte, Michail Frunse, der Volkskommissar für Heer und Marine, solle sich einer Operation unterziehen, obwohl diese gar nicht notwendig war. Frunses langjähriger Arzt, Pjotr Mandryka, suchte seinen Patienten zu retten und bat darum, bei der Operation *keine* Vollnarkose anzuwenden. Unter gar keinen Umständen.
Stalin entzog dem Arzt den Fall.
Am 31. Oktober 1925 starb Michail Frunse auf dem Operationstisch, Herzversagen. Er hatte die doppelte Dosis Chloroform erhalten. Die Autopsie ergab ein bereits vernarbtes Magengeschwür. Als Frunses Frau erkannte, daß ihr Mann ermordet worden war, beging sie Selbstmord.
Frunse wurde am 4. November auf dem Roten Platz beigesetzt. Stalin sprach von seiner »grenzenlosen Trauer«. »Vielleicht soll es gerade so sein, daß die alten Genossen so leicht und so einfach ins Grab gehen . . .«[37]
Fünf Jahre danach. Der Chirurg Ssergej Fjodorow, der ehemalige Leibarzt Nikolajs II., unterhält sich mit dem Stellvertretenden Leiter der Sanitätsverwaltung der Roten Armee, Jewgenij Iwanowskij. »Frunse hat man leichtfertig operiert. Ich hatte kategorisch protestiert: Eine Operation an dem Volkskommissar war kontraindiziert. Aber Rosanow [Stalins Zögling] hat es übernommen, und sie haben ihn – getötet.«
Ähnliche Zeugenaussagen gibt es viele. Auf jeden Fall genug, um zu einem völlig sicheren Schluß zu gelangen. Leute, die den Parteispitzen nahestanden, zweifelten nicht daran, daß der Tod Frunses eine politische Aktion war, um ihn aus dem Weg zu räumen. Es fand sich ein mutiger (tollkühner?) Schriftsteller, der die Geschichte vom Tode des Volkskommissars schrieb. In der Erzählung wird Frunse Armeechef genannt, während Stalin als »wichtigster der drei« Parteiführer auftritt. Der Armeechef geht auf Anweisung des »Wichtigsten« zur Operation und stirbt an einer Überdosis Chloroform.
Wer hatte Boris Pilnjak das Sujet seiner »Erzählung vom nicht erlosche-

nen Mond« eingegeben? Pilnjak war mit Jakow Agranow bekannt, einem Mitglied des Kollegiums der OGPU. 1938 vernichtet Stalin beide, den Schriftsteller und den Geheimdienstmann. Beim Verhör bekannte Pilnjak, den Bericht über den Mord an Frunse habe er von Agranow. Die Bestätigung dieser Version fand sich in der Akte Agranows. Was hatte man mit ihnen gemacht, wie sie gefoltert?
In Wirklichkeit hatte Pilnjak andere Quellen benutzt. Ein altes Parteimitglied, G. . .ow, den Pilnjaks Erzählung empörte, fragte den Schriftsteller: »Wie konntest du so eine verleumderische Sache schreiben?«
»Von Frunses Tod hat mir Aleksandr Woronskij erzählt. Die Einzelheiten, die Details hat mir Karl Radek mitgeteilt.«
Als er Radek traf, machte G. . .ow ihm Vorwürfe: »Karluscha, warum hast du das getan?«
»Weißt du, im Kampf sind alle Mittel recht.«
Später wird der medizinische Mord zu Stalins taktischer Lieblingswaffe. In den zwanziger Jahren benutzte er so wirksame Mittel im allgemeinen nicht.

Es gibt unterschiedliche Claques – für Konzerte, für Theater, für Opern. Stalin schuf die Parteiclaque. Er umgab sich mit ihr bereits Anfang der zwanziger Jahre. Die Claque bediente ihn auf den Plenarsitzungen des ZK, auf Parteikonferenzen, auf Parteitagen. Die Drushinniki* konnten die Rede jedes Parteifunktionärs unterbrechen, selbst die Trotzkijs. Und Trotzkij wußte das.
Im Dezember 1925 verkündete Stalin seine Theorie vom »Aufbau des Sozialismus in einem Lande«. Die Bekanntgabe fiel zusammen mit der Diskussion über die Neue Ökonomische Politik (NEP) und mit den Kontroversen über die organisatorischen Grundsätze des ZK auf dem XIV. Parteitag.
Nadjeshda Krupskaja ergriff das Wort. Sie wußte etwas über die Künste des Generalsekretärs zu sagen, sprach in höchster Sorge von der Lage in der Partei und streifte unter anderem die »Theorie«, daß die Mehrheit unbedingt recht habe. Die Stalinsche Claque hinderte die Witwe Lenins daran, in ihren Ausführungen fortzufahren. Jemand gratulierte Trotzkij boshaft zu seinem neuen Mitstreiter in Gestalt von Nadjeshda Konstantinowna Krupskaja. Sie geriet in Verwirrung.[38]
Kamenew erwies sich als widerstandsfähiger. »Laßt uns eine Übereinkunft schließen«, schlug er den Schreihälsen mit den wilden Augen vor,

* Freiwillige Helfer der Geheimpolizei (Anm. d. Übers.)

»wenn ihr den Auftrag habt, mich zu unterbrechen, dann sagt das auch so. Ihr werdet mich nicht zum Schweigen zwingen, wie laut der Haufen von Genossen auch schreit.«
Zum Abschluß wiederholte Kamenew, der sich schon gegen die Theorie des »Führers« ausgesprochen hatte, tapfer die Hauptsache: »Stalin kann nicht die Rolle des Einigers des bolschewistischen Stabes erfüllen, ... wir sind gegen die Theorie von der Herrschaft eines einzelnen, wir sind gegen die Ernennung eines alleinigen Führers!«[39]
Im Saal herrschte augenblicklich Totenstille. Das pflegt zu geschehen, bevor die von einem hervorragenden Monolog erschütterten Zuschauer in Ovationen ausbrechen.
Der Generalsekretär hatte seine Claque sorgfältig instruiert:
»Falsch! Unsinn!«
»Stalin! Stalin!«
»Es lebe die Russische Kommunistische Partei! Hurra! Hurra!«
»Die Partei steht höher als alles andere!«
»Es lebe der Genosse Stalin!«
Und die Claque brachte den Saal zum Aufstehen.
»Die Delegierten erheben sich und applaudieren dem Genossen Stalin«,[40] notierte die Stenographin.
Ist dies vielleicht kein Triumph der Kunst der Claque?
Noch ein Beispiel: Auf der gemeinsamen Plenarsitzung des Zentralkomitees und der Zentralen Kontrollkommission im Jahre 1927 (Juli-August) verspottet Stalin zunächst Kamenew, bringt anschließend unbegründete, polemische Argumente gegen den Artikel Sinowjews »Die Konturen des künftigen Krieges« vor. Der Generalsekretär scheut nicht die Pose des Clowns – die Claque lacht zur rechten Zeit. Und sie vergißt nicht, an der richtigen Stelle – wenn der Redner eine Pause macht – »Richtig!« oder »Eine Schande!« zu rufen.
Als Stalin Trotzkij mit Clemenceau vergleicht, spotten einzelne Solisten der Claque gehorsam über »diesen operettenhaften Clemenceau«.
Dann sagt der Generalsekretär, er müsse leider noch »einige Worte zu den Ausfällen Sinowjews gegen Stalin« sagen.
»Wir bitten darum!« wird im Saal gerufen.
Die Claque kennt ihre Arbeit.
Stalin geht so weit, zu behaupten, die Opposition betreibe eine Politik der offenen Spaltung der Komintern.
»Richtig!« erwidern die Solisten des Chors.
Der Generalsekretär zitiert den von Lenin geschriebenen Passus der Resolution des X. Parteitages, in dem es um Maßnahmen gegen Fraktionsbildung geht – bis hin zum Parteiausschluß.

»Das muß sofort verwirklicht werden!« ruft die Claque.
»Wartet noch, Genossen«, mäßigt Stalin, »übereilt nichts.«[41]
Ist das vielleicht kein Schauspiel?
Mit der Zeit wird ein hübsches System für die Claque ausgearbeitet: sie funktioniert in den Versammlungen der Parteibasis, der Büros, der Komitees, in den Konferenzen, den Plenarsitzungen und auf Parteiversammlungen aller Art. Eine Kandidatur vorschlagen oder ablehnen, irgend jemandes Projekt billigen oder blockieren, einen Funktionär in den Himmel heben oder ihn in den finsteren Orkus stoßen – die Claque kann alles. Natürlich mit Genehmigung der Oberen. Die Leitung der Claque wurde zur Kunst, zur Wissenschaft. Warum verschweigen die Hofhistoriker den Namen des Begründers dieser Wissenschaft?
Neben den bezahlten Schreihälsen hatte der Generalsekretär Redner vom Dienst zur Hand, um sie auf einem Kongreß gegen Konkurrenten auf der Leiter zur Macht auftreten zu lassen. Stalin fand immer Affen, die für ihn die Kastanien aus dem heißesten Feuer holten. Und in den Wandelgängen trieben sich während der Konferenzpausen die Gehilfen des ZK herum. Höflich, rücksichtsvoll führten sie ältere Delegierte ans Büfett oder sonstwohin und belauschten ihre Gespräche – sie waren unermüdlich auf Stalins Wacht. Das Zeitalter der Elektronik lag noch in der Zukunft.
Methodik und Verfahren für die Vorbereitung und Durchführung von Konferenzen, alle technischen und taktischen Tricks wurden über Jahre hinweg in den Parteikanzleien ausgearbeitet und danach im »Fronteinsatz« unter der allerhöchsten Aufsicht des Meisters vervollkommnet.
So sahen einige der Methoden aus, die ihm zur Usurpation der Macht verhalfen.

Die letzten Stufen

»Ich lasse keinerlei Umsturz zu!« erklärte Feliks Dzierżyński 1926 auf dem gemeinsamen Juliplenum des ZK und der Zentralen Kontrollkommission, als die Rede auf die innerparteilichen Zwistigkeiten kam. Einige Stunden nach seinem Auftreten starb Dzierżyński. Es konnte ihm niemand mehr sagen: »Ach, Genosse Feliks, Genosse Feliks! Dieser Umsturz ist doch schon erfolgt...«
In seiner Jugend hatte der künftige Vorsitzende der Tscheka sich

geschworen, gegen das Böse zu kämpfen. Aber wenige nur haben so viel für den Triumph des Bösen getan wie der eiserne Feliks.
Von 1926 an begann Stalin, den von ihm vollendeten Umsturz organistorisch zu sichern. Auf dem XV. Parteitag (Dezember 1927) entfernte der Generalsekretär aus den führenden Parteiorganen 75 aktive Oppositionelle, einige schloß er aus der Partei aus. Insgesamt wurden rund 2000 Mitglieder aus der Partei »weggesäubert«. Nach dem Ausschluß der Führer der sogenannten »Vereinigten Opposition« veranstaltete Stalin auf dem ZK-Plenum wieder einmal ein kleines Schauspiel.
»Ich glaube, daß bis in jüngste Zeit Bedingungen herrschten, die es für die Partei notwendig machten, mich auf diesem Posten zu haben: einen mehr oder minder strengen Mann, der ein gewisses Gegengift gegen die Opposition darstellt. Jetzt ist die Opposition nicht nur zerschlagen, sondern auch aus der Partei ausgeschlossen. Und zudem haben wir eine Anweisung Lenins, die meiner Meinung nach befolgt werden muß. Daher bitte ich das Plenum, mich vom Amt des Generalsekretärs zu entbinden. Ich versichere euch, Genossen, daß die Partei davon nur Vorteile haben wird.«[42]
Welch ein Schauspieler! Welch ein scharfer Verstand! Das Plenum wählte natürlich erneut einstimmig ihn zum Generalsekretär. Schließlich war man nicht lebensmüde.
Dieses Jahr brachte die Wende in der Karriere Stalins. Er ist so überzeugt, das ZK sorgfältig genug bearbeitet zu haben, daß er sich erlaubt, das Lenin-Vermächtnis zu erwähnen wie eine Art Anachronismus. Dieses Plenumsschauspiel, das nach dem Stalinschen Szenario unter Mitwirkung außerordentlich verläßlicher Darsteller, Statisten und Souffleure ablief, eröffnete dem Generalsekretär neue Horizonte.
Noch ist er nicht der Hausherr, aber doch schon der Führer. Er war inzwischen voll zum Parteidemagogen herangereift, der alle Kunstgriffe eines erfahrenen Schaumschlägers und Anreißers beherrschte. Schon konnte er auf eigene Weise die Massen zum Narren halten und erfolgreich Konkurrenten austricksen, konnte sich mit fähigen Rednern wie Trotzkij und Sinowjew messen. Ein beliebter rednerischer Trick Stalins, den er im Priesterseminar gelernt hat, ist das System der Fragen und Antworten. Auf eine fertige Frage erteilt er eine ebenso bereitliegende Antwort. Dieser Kunstgriff verfehlte nie seine Wirkung, weder bei der Verlesung »seiner« Reden noch bei Diskussionen, in denen er »aus dem Stegreif« kritische Angriffe von Opponenten parierte. Auf dem Gebiet der Parteidemagogie erwies sich Stalin als Meister der jähen Wendungen, der unerwarteten Manöver. Was er gestern noch ironisch verspottete, wird morgen zum Steckenpferd, zur Propagandaparole. Wie auch

seine Parole lautete, immer benutzte er sie wie eine Peitsche gegen seine Opponenten. Er setzte sie kunstvoll ein und vertrieb unter dem Gejohle seiner ausgezeichnet trainierten Claque die Mitstreiter von gestern aus den Palästen der Parteimacht.

Und noch etwas. Stalin lehrte die Partei, niemals beim einmal Erreichten stehenzubleiben. Gelang es ihm heute, einen Treffer anzubringen, bereitete er sofort den nächsten für morgen vor. So war es auch in den Jahren 1927-1928: Nachdem er auf dem XV. Parteitag und in den folgenden Monaten die notwendige moralische Atmosphäre in der Partei geschaffen hatte, wagte er Anfang 1928 eine offene administrativ-repressive Maßnahme gegen seine Hauptkonkurrenten. Trotzkij und seine Familie wurden (am 17. Januar) nach Alma-Ata ins Exil geschickt. Rund dreißig führende »Trotzkisten« wurden aus Moskau verbannt. Sinownew und Kamenew schickte Stalin nach Kaluga.

Diese in der Geschichte der Partei noch nicht dagewesenen Maßnahmen muß man in der historischen Perspektive als Vorübung der kommenden massiven Repressionen sehen. Stalin warf probehalber einen Stein ins Wasser und beobachtete vom Ufer aus die entstehenden Wellen. Die Wellen erreichten das Ufer und – nichts, absolut nichts geschah. Es war gelungen! Das bedeutete, man konnte seine Nebenbuhler ebenfalls auf diese Weise loswerden.

Im Sommer 1928 begriff Bucharin endlich, was Koba im Schilde führte, daß er die Partei in eine Sackgasse geführt hatte und daß er jetzt die Mitkämpfer Lenins vernichten würde, in erster Linie die ihm unbequemen Politbüromitglieder. Bucharin suchte und fand Verständnis bei Kamenew – dessen Leben war ebenfalls in Gefahr. Man mußte Bundesgenossen suchen, einen Feldzugsplan gegen den grausamen Usurpator entwerfen. Doch die Sache gedieh nie über Worte und gute Vorsätze hinaus; ein Bund kam nicht zustande, sie hatten nicht die erforderlichen Charaktere.

Die Gespräche Bucharins mit Kamenew waren derweil zu Stalins behaarten Ohren gelangt: Das Abhörsystem funktionierte schon seit einigen Jahren. In kritischen Augenblicken handelte Stalin, noch bevor er sprach. Als Angriffsobjekte suchte er sich das Moskauer Parteikomitee und die Komintern aus. Als der Vorsitzende des Exekutivkomitees der Komintern, Nikolaj Bucharin, auf dem VI. Kominternkongreß, im Juli 1928, seine Thesen vorlegte, fanden sich Akteure, die diese Thesen auf Anweisung Stalins »korrigierten«. Jemand verbreitete das Gerücht von der »Bucharinschen Abweichung«. Zunächst im Flüsterton, danach lauter.

Während Stalin Bucharin mit Arbeit in der Komintern belud, suspendierte er ihn als Chefredakteur der »Prawda« sowie der Zeitschrift »Bolschewik« und beraubte ihn so des Rückhalts bei seinen Lesern im ganzen Land. Jetzt konnte Stalin alle Mißerfolge der internationalen kommunistischen Bewegung dem »Buchartschik« zuschreiben und auf diese Weise dessen Autorität in der Partei vollständig zerstören. Nach dem VI. Kominternkongreß waren alle Parteikräfte zur »Aufdeckung des feindlichen Charakters der Bucharinschen pseudowissenschaftlichen Theorien« mobilisiert worden. So nannte sich die darauffolgende Hetzkampagne. Etwas Ähnliches hatte auch schon der ehemalige Leiter der Komintern, Grigorij Sinowjew, erlebt.

Aber Bucharin gewöhnte sich entweder an den Druck, oder es rettete ihn seine Liebe zum Leben – er fuhr fort, an theoretischen Fragen zu arbeiten. Am 30. September 1928 erschien sein Artikel »Bemerkungen eines Wirtschaftlers«, in dem er die große Bedeutung des Kleinbauerntums für die Wirtschaft des Landes hervorhob. Der Generalsekretär spann indessen weiter das Intrigennetz um Bucharin und seine Genossen.

Ein anderer Führer der »Rechten«, Michail Tomskij, war Vorsitzender des Zentralrats der Gewerkschaften. Die Kampagne gegen den Gewerkschaftschef führte Stalin mit allen Waffen der Parteimacht und mit im politischen Kampf erprobten Methoden. Einen nach dem anderen entfernte er einige zuverlässige Mitarbeiter Tomskijs, andere lockte er in seinen eigenen Apparat hinüber, wieder andere schickte er in die Provinz. Dann begann er, Tomskij »theoretisch zu unterminieren«. Für den Anfang beschuldigte er ihn »undemokratischer Verwaltungsmethoden« und anderer erfundener »Sünden«.

Die Entscheidungsschlacht lieferte ihm Stalin auf dem VIII. Allunions-Gewerkschaftskongreß. Die getreuen Lockenten des Generalsekretärs traten auch dieses Mal als ein wohleingestimmtes Orchester auf, und im Präsidium des Zentralrats der Gewerkschaften brachte er seine Leute unter. Auch Tomskij wurde wieder ins Präsidium gewählt, nicht jedoch in das Amt des Vorsitzenden.

Während Stalin mit Bucharin und Tomskij einzeln abrechnete, achtete er sorgfältig auf Tarnung: Bei niemandem sollte der Verdacht aufkommen, der Generalsekretär entferne seine Rivalen. Nein, er führt einen prinzipiellen Kampf mit den »Rechten« im Moskauer Parteistadtkomitee. Zunächst spornt er die Untergebenen des Ersten Sekretärs Uglanow an, gegen dessen »Diktatur« zu protestieren; sodann tritt er für die Kontrolle der Parteiführer von unten ein und für »Selbstkritik«. Nicht zum ersten Mal benutzt Stalin im großen politischen Spiel die Diebestaktik. Er schreit: »Haltet den Dieb!« und rennt mit der Beute davon. So

stahl Stalin die Macht. Und versteckte sie hinter dem breiten Rücken, den hundert stummen, gehorsamen Rücken des Zentralkomitees, das er »leninistisch« nannte.
Wer konnte damals, im Jahre 1928, den provokativen Charakter von Stalins lautstarker Kampagne gegen die »Rechten« erkennen? Das Etikett wurde Bucharin, Rykow, Tomskij endgültig angeheftet. So endgültig, daß Grigorij Petrowskij dreißig Jahre später die Genossen in Verlegenheit brachte: »Hört auf mit diesem Gerede über die ›rechte Opposition‹! Es hatten sich einfach junge Kerls gefunden, nicht solche wie wir alten Kerle, die begriffen hatten, daß sie es mit einem *Äthiopier* zu tun haben.«

Den Herbst 1928 widmete Stalin dem Kampf gegen Uglanow. Mitte Oktober, auf der Sitzung des Moskauer Parteistadtkomitees, erhielt Uglanow – erstmals – nicht die Billigung der Genossen. Am 19. Oktober setzte Stalin gegen die »Rechten« das demagogische Karussell im Plenum des Stadtkomitees in Bewegung. Einen Monat darauf brandmarkte er die »rechte Abweichung« auf der Plenarsitzung des ZK, billigt aber keine scharfen organisatorischen Maßnahmen gegen die Abweichler. Man muß gegen sie einen ideologischen Kampf entfachen. Im übrigen »haben die Rayonaktivs* das Recht, ihre Sekretäre abzusetzen«.[43] Worauf wollte der Generalsekretär hinaus?
Als die Kampagne gegen die »Rechten« ihren Höhepunkt erreichte, beschlossen Tomskij, Rykow und Bucharin zurückzutreten. Doch die Kunst, richtig zu manövrieren, rechtzeitig zurückzuweichen, den geeigneten Augenblick für einen Gegenschlag abzupassen – diese Kunst beherrschte Stalin längst. Es glückte dem Generalsekretär, die Führer der »Rechten« zu überreden, ihre Ämter nicht aufzugeben. In dieser seltenen Lage hätten sie ihre Kräfte vereinigen und gegen Stalin auftreten, ihn als Demagogen und den eigentlichen Fraktionsbildner anprangern können. Statt dessen unterschrieben die »Rechten« mit Stalin eine gemeinsame Erklärung über die Einheit des Politbüros. Nachdem sie einmal die Taktik der todgeweihten Kaninchen gewählt hatten, blieben Tomskij, Rykow und Bucharin ihr bis zum Ende treu, wobei sie der Welt ihre einzigartige Fähigkeit zu Kompromissen mit der Riesenschlange vorführten.
Stalin konnte Bilanz ziehen. Sie fiel sehr positiv aus: Bucharin und

* Rayon: die untere Verwaltungsstufe ist in Kreise (Rayons) und Gemeinden gegliedert, es gibt Land- und Stadtrayons. (Anm. d. Red.)

Tomskij waren »entlarvt«, ihre Autorität untergraben, die Anhänger der »Rechten« in Moskau waren »unschädlich« gemacht. Jetzt konnte er den »Verirrten« auch verzeihen.
Man kann Stalin alles mögliche vorwerfen, nur nicht, es habe ihm an Tücke gefehlt. Sein Intrigennetz ist überaus verzweigt und feinmaschig. Hätten nicht ein, zwei vollgewichtige, wohlgezielte Schläge genügt, um die gutgläubigen orthodoxen Leninisten zu vernichten? Statt dessen fügte ihnen Stalin Dutzende von Stichen im Wechsel mit »Versöhnungs«-akten zu. Über Jahre hinweg, langsam und mit Genuß ließ er seine Konkurrenten auf der Leiter der Macht hinabgleiten – einen nach dem anderen.
Im Jahre 1927 besuchte Stalin Leningrad. Nach der sogenannten »Vernichtung« der sogenannten »neuen Opposition« war in der Leningrader Führung ein Wechsel vor sich gegangen. Zum Leiter des Gouvernementskomitees wurde Ssergej Kirow berufen, der als Erster Sekretär des aserbaidschanischen ZK zum XIV. Parteitag gekommen war. Und nun, zwei Jahre später, inspiziert der Generalsekretär die Arbeit seines Statthalters. Das ganze Parteiaktiv ist versammelt. Der Moskauer Führer wird kalt empfangen, er war hier niemals populär gewesen.
Zu Abend aß man spät in der Wohnung Kirows. Dort war auch Pjotr Tschagin, ein alter Freund Kirows und früherer Redakteur der Zeitung »Der Bakuer Arbeiter«. Jetzt war er in Leningrad tätig. Man aß auf kaukasische Art. Stalin steckte Fischstücke auf Spießchen und briet im Kamin ein Fisch-Schaschlik. Dazu trank man trockenen Wein.
Nach dem Essen rauchte Stalin seine Pfeife. Man sprach über die Schwierigkeiten und über die Lage in der Partei. Man gedachte Lenins. »Der Tod Lenins ist ein schrecklicher Verlust für die Partei«, bemerkte Kirow voll Trauer. »Wir alle müssen enger zusammenstehen und uns bemühen, als Kollektiv Lenin zu ersetzen.«
Stalin ging wie gewöhnlich im Zimmer auf und ab und hörte schweigend zu.
»Ja, natürlich, das ZK, das Kollektiv – das alles ist sehr gut. Aber der russische Bauer ist Zarist: Er braucht einen einzelnen.« Bei diesen Worten hob er den Zeigefinger. Eine Pause trat ein. Seine Gesprächspartner waren verblüfft.[44]
»Kann ein einzelner überhaupt die Macht in einer Millionenpartei ergreifen, die so viele revolutionäre Traditionen besitzt?« – diese rhetorische Frage hatte Stalin auf der Sitzung des Kominternexekutivkomitees am 27. September 1927 gestellt, als er gegen Trotzkij polemisierte. Und selbst darauf geantwortet. Nicht mit Worten – mit Taten.
Allein er, Stalin, konnte die mühselige Mission übernehmen, den

»russischen Bauern« zufriedenzustellen. Rings um ihn gab es nur unfähige, rückgratlose Intelligenzler.
Nein, der Bauer hatte erwiesenermaßen Glück mit dem Genossen Stalin. Dieser Mann befolgte den Befehl der Zeit, usurpierte zunächst das Recht auf die Macht in der Partei und ergriff gegen Ende der zwanziger Jahre die Macht im ganzen Land. Mit erfinderischen Intrigen, der Hartnäckigkeit einer Bulldogge, mit unermüdlichen Erpressungen war er auf den Sessel des Generalsekretärs gelangt. Danach machte er mit denselben Mitteln diesen Sessel zum wichtigsten Amt im ZK. Blieb nur noch übrig, den Sessel in den Thron eines Autokraten zu verwandeln – um den Wunsch der Bauern zu erfüllen.
Der Mann, der in Rußland den Thermidor verwirklicht hatte, nannte die von Trotzkij erhobene Beschuldigung, die Partei sei thermidorial degeneriert, »eine dumme Agitation« – eben diese Worte gebrauchte der Generalsekretär im August 1927.[45]
Er selbst beschäftigte sich nicht mit dummer Agitation. Mit der Offenheit des Machthabers sprach er im November 1928 von der Verhaftung der »trotzkistischen Kader« wie von einer leicht und einfach durchzuführenden Maßnahme. Wie von einer Maßnahme, die auf der Tagesordnung steht.[46]
Der Thermidor hatte begonnen.

Überschaut man Stalins zehn Jahre währenden Weg zur Alleinherrschaft, kommt man zu der Überzeugung, daß an diesem Weg die Geschichte mitgearbeitet hat. Die Volksrevolutionen in Frankreich, Deutschland, England, Italien und Spanien waren alle im mächtigen Strom der Konterrevolution untergegangen. Ebenso geschah es mit der Russischen Revolution, wo auf dem Kamm einer trüben Welle Jossif Stalin ritt. Aber auch ein anderer hätte dort auftauchen können.
Lenins Doktrin von der Diktatur des Proletariats hatte am meisten dazu beigetragen, daß der Diktator die Macht usurpieren konnte. Auf dem XII. Parteitag hatte der Generalsekretär die Möglichkeit angedeutet, in der Diktatur des Proletariats könne ein Riß entstehen: Die Diktatur sei im Jahre 1917 mit einem organischen Fehler zur Welt gekommen. In den folgenden Jahren hatte Stalin nur diesen Spalt erweitert, bis er durch ihn hindurchschlüpfen und sich des heißersehnten Thrones bemächtigen konnte.
Lenins Umgebung erwies sich als fruchtbarer Boden für das Wachstum von Disteln. Unter den Rittern der Revolution fand sich kein einziger, der imstande gewesen wäre, über die parteilichen Vorurteile hinwegzu-

gehen und zuverlässige Genossen gegen den Usurpator zu vereinigen. Was die politisierenden Karrieristen betrifft, so paßte ihnen Stalin als Führer durchaus, und einige hofften, die komplizierter werdende Lage für ihre eigenen »zaristischen« Ambitionen zu nutzen. Sie alle – die »Reinen« und die nicht ganz »Reinen« – stellten getrennte Kräfte dar, und alle zogen sie entschiedenen Maßnahmen Ermahnungen, Diskussionen, Projekte vor.

Alles Worte, Worte, Worte . . .

Die gleiche Schwäche hatte Lenin. Er sah, daß sein Kind, die Partei, im karrieristischen Schaum erstickte, aber, überzeugt von der reinigenden Kraft der »Arbeiterschicht« und der Veteranen der Revolution, unternahm er nichts.

Allerdings, Malinowskij hatte er übersehen. Und jetzt – Stalin. Was ist das? Die Kurzsichtigkeit des Intelligenzlers oder was?

Er wich Stalin aus, fürchtete ihn, schickte tränenreiche Briefe an Grigorij Schklowskij (er könne nichts unternehmen), flüsterte mit vertrauten Genossen, wies in seinem Vermächtnis auf den rohen Charakter des Generalsekretärs hin.

Alles Worte, Worte, Worte . . .

Lenin, der Parteiführer, war oft genug in seiner Wahl der Mittel nicht zimperlich. Stalin gegenüber bewies er jedoch eine seltsame Rücksichtnahme und Duldsamkeit.

Die objektiven Ursachen, die die Stalin-Herrschaft erzeugten, lassen sich in einer logischen Reihe aufzählen.

Und die subjektiven?

Der Vogelfänger vom Kreml

Stalin wurde *Stalin* nicht nur aufgrund der historischen Umstände. Er war ein außergewöhnlicher Mensch. Kriegerisch, grob, von Natur antiintellektuell, mußte er scheinbar Trotzkij, Kamenew, Sinowjew, Bucharin und Hunderten von hervorragenden Funktionären den Vortritt lassen. Sie besaßen viele deutliche Vorzüge: Bildung, Rednergabe, Kultur. Er übertraf sie alle an Härte des Charakters und an Zielstrebigkeit. Stalin verfügte über einen einzigartigen Komplex höchst aggressiver Eigenschaften.

Da gab es die tierische Schläue und Verschlagenheit. Entwaffnende

Frechheit und Zynismus, absoluten Zynismus. Verachtung von Mensch und Menschheit. Raffinierte Grausamkeit.
Ohne diese Eigenschaften wäre es ihm nicht gelungen, der Hausherr zu werden.
Aber wir haben die reiche Natur Stalins noch immer nicht ausgeschöpft.

»Sieh in die erste Pfütze, und du wirst in ihr ein Gezücht finden, das in seiner Niederträchtigkeit alles andere Gewürm übertrifft und in den Schatten stellt.«* Diese Beobachtung des russischen Satirikers Ssaltykow-Schtschedrin fand eine unerwartete Fortsetzung in den Arbeiten des amerikanischen Biologen Rose. Er machte eine interessante Entdekkung: Wenn in einer Gruppe von Kaulquappen, die in einem Pfuhl leben, sich eine zu einem bestimmten Zeitpunkt als stärker erweist als die anderen, wird allein *sie* an Größe und Gewicht zunehmen, während alle anderen zu wachsen aufhören und zugrunde gehen. Der Naturforscher versuchte, täglich ein Drittel des Wassers im Pfuhl zu erneuern – das Bild änderte sich nicht. Das starke Tier unterdrückte deutlich die anderen durch irgendein von ihm ausgeschiedenes Sekret.
Überblickt man die Etappen von Stalins zehnjährigem Kampf um die Macht über die Partei, so bemerkt man, wie es diesem Gewürm mit Hilfe vulgärer Skrupellosigkeit gelang, zu Anfang alle anderen Kaulquappen in den Schatten zu stellen und sie später zu Boden zu drücken.

Die Verschickungsabteilung des Moskauer Butyrka-Gefängnisses befindet sich im Gebäude der Gefängniskirche. In unserer Zelle sind rund 150 Menschen, die auf den Abtransport in die Vernichtungslager warten, die Mehrzahl von ihnen »Spione«, »Schädlinge«, »Landesverräter«. Dazu ein Häufchen Krimineller; Wiederholungstäter. Im Gefängnis sind sie die Herren. Sie werden von der Gefängnisleitung bevorzugt. Alles, was sie brauchen, nehmen sie sich von den anderen Häftlingen.
Eines Nachts wurde zu uns aus der Todeszelle eine Gruppe von Banditen gebracht – Raub, Mord. Sie waren vom Obersten Sowjet begnadigt worden. (Die kann man begnadigen.)
Der Chef der Bande, obwohl noch jung, ist bereits eine starke Führerpersönlichkeit. Ein paar rasche Schritte, ein scharfer Blick aus zusammengekniffenen Augen – die nicht-kriminellen Häftlinge auf den Prit-

* Michail Ssaltykow-Schtschedrin: Geschichte einer Stadt, Vorwort.

schen hinten in der Ecke, unter dem Fenster machen Platz und ziehen um – auf den Fußboden.
Man schreibt das Jahr 1944, es ist Winter, aber ich habe ihn nicht gesehen. Hinter mir liegt die lange, erschöpfende Untersuchungshaft, das Lubjanka-Gefängnis, Einzelhaft im Lefortowo-Gefängnis. Bald geht es auf den Transport.
Mitten in der großen Zelle steht ein Tisch aus rohen Brettern, an der Wand sind durchgehende Pritschen; die meisten liegen, unterhalten sich halb flüsternd. Gleich wird es Mittagessen geben – eine Kelle grauer, warmer Flüssigkeit. Einigen Häftlingen ist nicht nach Liegen zumute. Auch ich gehe um den Tisch herum und rate, in welches Lager ich kommen werde. Vor mir mißt der Bandenchef seine Schritte, er dreht seine Kreise fast seit dem Morgen, den Kopf gesenkt, die Hände nervös auf dem Rücken ineinander verhakt. Plötzlich dreht er sich um und kommt auf mich zu. Es gelingt mir nicht mehr auszuweichen, er sieht mir gerade in die Augen und tritt mir auf die Füße. Der Kreis ist augenblicklich leer, der Bandit dreht jetzt in achtunggebietender Einsamkeit, aber in umgekehrter Richtung seine Runden.
Alles verlief ohne Worte.

Jossif Dshugaschwili hatte in der Heimat begonnen, in Transkaukasien, aber nirgends – nicht in Tiflis, nicht in Baku oder Batumi – konnte er sich eingewöhnen. Die örtlichen Bolschewiki hatten sehr bald den intriganten Karrieristen mit seinem Hang zur Kriminalität durchschaut. Und sie zogen sich zurück.
Koba setzte daraufhin auf Lenin.
»Der wunderbare Georgier«, wie Lenin ihn bald nannte, gefiel ihm. (Schaumjan, Bogdan Knunjanz, Orachelaschwili, Macharadse hatten Lenin nicht gewarnt. Ihr Feingefühl kam die Partei teuer zu stehen.)
Sie strebten verschiedene Ziele an: Lenin arbeitete für die Revolution, Koba – für sich selber. Für ihn war die Revolution ein Mittel, sich an der Gesellschaft zu rächen, in der er ein Paria war. Und ein Mittel, seinen Machthunger zu stillen.
Auch ihre Mittel waren verschieden: Stalin intrigierte, provozierte, beraubte und erpreßte jeden, der ihm auf dem Wege zur Macht in die Quere kam – Feinde ebenso wie eigene Leute.
Wie jener Bandit in der Butyrka.
Unter die Berufsrevolutionäre mischte sich ein Berufsverbrecher.

Die endlosen Wortgefechte, von denen das Parteileben der zwanziger Jahre erfüllt war, berührten den Generalsekretär nicht. Russische Sozialdemokraten und orthodoxe Bolschewiki waren leidenschaftliche Debattierer. Anfang der zwanziger Jahre dröhnten die Debatten auf allen Versammlungen, Konferenzen, Kongressen. Ebenso war es im ZK. Lenin war ein unermüdlicher Kampfhahn. Überhaupt kann man sich kaum eine »gesprächigere« Partei vorstellen. In dieser Hinsicht ließen die Bolschewiki selbst so große Liebhaber von Wortgefechten wie die Franzosen weit hinter sich zurück.

Vor diesem Hintergrund wirkte Stalins Fähigkeit zu schweigen geradezu phantastisch. Seine Jahrzehnte hindurch trainierte Schweigsamkeit verwandelte er in eine wirksame Waffe, mit deren Hilfe er mehr als einen politischen Kampf gewann.

Da war noch die – von uns schon bemerkte – Fähigkeit zu befehlen. Stalin erhob sie zu einer Kunst, in der er nicht seinesgleichen hatte.

Für Trotzkij war Stalin nichts weiter als das größte Rad in der bürokratischen Maschine. Das war eine einseitige, rein quantitative Beurteilung. Nur Stalin wußte nach Lenins Tod, was zu tun war und wie. Und er wußte dies wahrscheinlich schon lange vorher. Sein animalischer Instinkt sagte ihm, daß es im Kreml nach *Macht* roch.

Immerhin war das erstaunliche Ungeheuer unter Lenins schützenden Fittichen groß geworden – das Wundertier, das für die Machtergreifung programmiert war. Und Stalin folgte dem vorgegebenen Programm ohne Abweichung, indem er ihm seine ganze kolossale Energie und seine raffinierte Anpassungsfähigkeit widmete.

Stalin war ein Genie – wenn man dieses Wort auf politisches Brigantentum anwenden kann – ja, ein Genie des Manövrierens hinter den Kulissen, ein Mensch von satanischer Schläue. Kein »grauer Tintenklecks« (wie Trotzkij meinte), kein bornierter Esel hatte die Intrigen im Kreml gesponnen. Kein Paranoiker.

Ein Historiker bemerkte treffend, daß eine Revolution von ehrlichen Eiferern, an Ideale glaubenden Helden gemacht werde, die Früchte ihres Sieges aber dann von geschickten Leuten genutzt würden.

In Rußland erwies sich Stalin als der Geschickteste unter den Geschickten.

Niemand hat ihn aufgehalten, niemand hat es auch nur ernsthaft versucht. Wie die Nachtigallen schmetterten auf den Parteitagen und Versammlungen die wohlberedten Führer. Aber – zwei Nachtigallen singen nicht auf einem Zweig. Und wie viele waren hier zusammengekommen! Sie wissen nicht, daß jener, der ihre schmelzenden Triller unterbricht, ihnen später die Federn rupfen wird. Und daß er sie danach

in Käfige stecken und einzeln erwürgen wird. Er wird es tun, der Vogelfänger vom Kreml, unter dem Trommelwirbel eines gnadenlosen Geheimdienstes.
Und niemand wird mehr die naiven Triller hören.

Zweiter Teil

Jossif der Erbauer

Der Bauernbekämpfer

Der Dorfpogrom

Seit der Oktoberrevolution sind zehn Jahre vergangen, und Rußland liegt noch immer deutlich hinter den fortgeschrittenen kapitalistischen Ländern zurück. Auf die Zerstörungen nach dem Kriege zu verweisen, war inzwischen peinlich geworden. Es mußte etwas geschehen. Aber was und wie? – Die Neue Ökonomische Politik (NEP) hatte Rettung vor dem Hunger gebracht, hatte die Wirtschaft belebt. Lenin hatte mit der NEP die Entwicklung der Schwerindustrie und der sozialistischen Landwirtschaft beschleunigen wollen. Die volkswirtschaftlich-wissenschaftliche Seite des Problems interessierte Stalin nicht. Er sah, daß die wohlhabenden Bauern, seit kurzem Kulaken genannt, wirtschaftlich erstarkt und Hauptlieferanten landwirtschaftlicher Produkte waren. Ende 1927 kam es zu einem spürbaren Mangel an Korn: Die Bauern beeilten sich nicht, ihren Getreideüberschuß im Herbst zu verkaufen, da sie mit hohen Preisen im Frühjahr rechneten. Die sogenannten »Oppositionellen« hatten schon im Sommer vorgeschlagen, das Korn mit Gewalt zu requirieren. Aber das Politbüro stimmte einer solchen Maßnahme nicht zu. Selbst der Generalsekretär sprach sich auf dem XV. Parteitag im Dezember 1927 für eine gemäßigte Politik auf dem Lande aus.

Doch nun war der Parteitag vorüber, die Partei hatte sich von der »trotzkistisch-sinowjewistischen Opposition« gereinigt, und Stalin erläßt die Anordnung, in kürzester Frist und mit beliebigen Mitteln den Getreideablieferungsplan zu erfüllen. Die Empfehlungen der »Oppositionellen« erwiesen sich letzten Endes als nützlich. Die Stalinsche Direktive gab den örtlichen Parteifunktionären freie Hand. Um ihre eigenen Machtpositionen zu halten, konnten und mußten sie jetzt außerordentliche Maßnahmen ergreifen.

Als Stalin am 6. Januar 1928 diese Anordnung erließ, handelte er schon wie ein Führer, der über dem ZK steht, mächtig genug, allein das Ruder des Parteischiffs herumzuwerfen.

In diese Zeit fällt die historische Fahrt Stalins in die Provinz. Nein, nicht ein einziges Dorf hat er besucht, keinen einzigen Bauern hat er getroffen. Er war in Nowossibirsk, in Barnaul und Omsk, trieb die Parteisekretäre an, indem er für alle Fälle im voraus wissen ließ, mit dem Liberalismus abzurechnen, und damit reiste er wieder ab. Ein historischer Besuch, in der Tat: Ein zweites Mal, daß der Führer sich seinem Volk zeigte, kennt die Geschichte nicht.

Durch die Dörfer rollte eine Welle von Konfiskationen und Gewaltakten. Dennoch wurde sehr bald deutlich, daß durch Terror die Getreideablieferungen nicht zu erhöhen und das Vertrauen der Bauern nicht zu gewinnen waren. Damit konnte man nur die landwirtschaftliche Krise verschärfen. Und schon im Sommer bläst Stalin zum Rückzug: der administrative Druck, die »Verletzungen der revolutionären Gesetzlichkeit« (lies – die »Expropriation«), die Repressionen werden für unerwünscht und schädlich erklärt. Der Generalsekretär verspricht den Bauern, Industriewaren heranzuschaffen und die Ankaufpreise für Getreide zu erhöhen – in Hinblick auf die neue Ernte. Diesen Geist atmet auch die Resolution des ZK-Plenums, das im Juli stattfand.

Neuerliches Zickzack. Man begreift gar nicht schnell genug, in welcher Maske heute der Generalsekretär auftritt – als Gewalttäter oder als Krämer. Doch das hat es alles schon einmal, unter einem anderen Zaren gegeben. Damals nannte es sich Politik von »Zuckerbrot und Peitsche«.

Der nächste Winter kam, man überschlug die mageren Ablieferungsergebnisse und – kehrte zur Politik der Peitsche zurück. Das ZK erließ eine Serie drohender Direktiven. Zur gleichen Zeit verkauften viele Kulaken ihren Besitz, die übrigen verringerten ihre Anbauflächen, trotzdem erbrachte die zweite Expropriationswelle einiges. Dafür geriet die Sache im Frühjahr aus dem Gleis. Es gab kein Brot, keine Lebensmittel. In den Städten wurde das Kartensystem eingeführt, der Vorbote des Hungers.

Die Mißerfolge ernüchterten Stalin nicht. Er sucht und findet – wie ihm scheint – einen Ausweg in der unverzüglichen Kollektivierung der Landwirtschaft.

1927 hatte der XV. Parteitag empfohlen, die Kollektivierung nicht zu übereilen und mit allen Mitteln die bäuerliche Unter- und Mittelschicht zu unterstützen. Diese Linie bestätigten alle nachfolgenden Parteibeschlüsse bis hin zum Frühjahr 1929. Vollkommen klar hatte sich seinerzeit auch der Generalsekretär ausgesprochen. Am Vorabend der Feierlichkeiten zum zehnten Jahrestag der Revolution, am 5. November 1927, versicherte Stalin den ausländischen Arbeiterdelegationen, daß die Kollektivierung der Landwirtschaft stufenweise, nach Maßgabe der wirtschaftlichen, finanziellen und kulturell-politischen Gegebenheiten vollzogen werde.[47]

Nun aber hieß es: Die Peitsche her und eingeschlagen auf den widerspenstigen Gaul! Weggeworfen wie ein unnützer Zettel wird der Fünfjahres-

plan für die Kollektivierung, ein bescheidener und deshalb – realer Plan. Ohne einen Blick zurück, vorwärts, zur restlosen Kollektivierung!
Bei seiner Analyse der Finanz- und Wirtschaftslage des Landes berichtete der Stellvertretende Volkskommissar für Finanzen, Frumkin, auf der Sitzung des Politbüros, daß die Politik der totalen Kollektivierung und der gewaltsamen Requirierung von Getreide zur Einschränkung der Anbaufläche geführt habe: »Diese Politik arbeitet gegen uns, sie führt zur Liquidation der Neuen Ökonomischen Politik, die Lenin für eine lange Zeit vorausgeplant hatte.«
Stalin fuhr wütend auf Frumkin los: »Absetzen, diesen Jammerlappen!«
Als Zeichen ihres Protestes gegen Stalins administrative Eigenmächtigkeit verließen Rykow, Bucharin und Tomskij die Sitzung. Aber später unterschrieben sie doch die Erklärung über die Einheit des Politbüros. Stalin fuhr fort, seinen Kurs durchzusetzen.
Indem er den Wunsch für die Wirklichkeit ausgab, erklärte der Generalsekretär das Krisenjahr 1929 zum »Jahr des Großen Umbruchs«. Wenn man diesen bombastischen Worten die mageren Zahlen gegenüberstellt: 7,6 Prozent Kollektivwirtschaften auf 3,6 Prozent der Anbaufläche – bleibt von dem »Großen Umbruch« nichts als ein Fanfarenklang.
Und es begann der Wettlauf in die Kolchose. Wenn ein Gebiet sich verpflichtete, die Kollektivierung zum Herbst 1930 abgeschlossen zu haben, gelobte das Nachbargebiet dem Zentralkomitee, die Parteidirektive schon zum Sommer zu erfüllen. Viele Gebiets- und sogar Republikgewaltige erreichten die Zielgerade zum Frühjahr, worüber sie dem Genossen Stalin Bericht erstatteten.
Boris Norilskij, Verfasser der Erzählung »Schwarz und weiß«, hat (gestützt auf dokumentarische Unterlagen) eine Beschreibung des höchst simplen Verfahrens der totalen Kollektivierung gegeben. Der Stellvertreter des Vorsitzenden der örtlichen OGPU, Genosse Mjakischow, belehrt den Operationsbevollmächtigten Michail Ssedoj:
»Du führst die Kollektivierung durch, und ich – die Paßerfassung. Mit Bjeljajewka ist es so beschlossen: wer nicht auf deine Liste kommt, kommt auf meine, und weg ist der Paß. Überanstreng dich also nicht, du brauchst nur zu flüstern – ruckzuck – und meiner ist er. Hundert Prozent für dich, hundert Prozent für mich. Hundert und hundert macht zweihundert. Kapiert?«
Es war ein regelrechtes Abenteuer: ohne Technik, ohne Geldmittel, ohne Fachleute, ohne das Allernotwendigste Hunderttausende von Kollektivwirtschaften zu organisieren, konnte nur auf dem Papier gelingen.
Als entsetzliches Leid entpuppte sich der laut hinausposaunte »Sieg« der

Kolchoswirtschaft für die Bauern – ihnen brachte er Not, Erniedrigung, millionenfachen Tod. Es war eine der schärfsten politischen Wendungen: Allerorts war befohlen, nicht nur Kolchosen »anzupflanzen«, sondern auch Sowchosen und sogar Kommunen. Anpflanzen – so fordert Stalin wörtlich im Dezember 1929.[48]
Die Bauern begannen, das Korn zu verstecken, Vieh und Geflügel abzuschlachten.
Getreide aber gab es im Land immer weniger.
Es kam noch ein kriegsmäßiger Winter, und Stalin mußte erneut zurückweichen. Die neue, x-te Kehrtwendung nannte sich »Schwindlig vor Erfolgen«. In einem so überschriebenen Artikel der »Prawda« (März 1930) stellte der Generalsekretär fest, einige Genossen hätten die Anweisung des ZK nicht richtig verstanden, sie hätten das Tempo der Kollektivierung unnötig forciert, und dabei das Prinzip der Freiwilligkeit vergessen.
Stalins Auftritt erwies sich als leere theatralische Geste. »Schuld« an den »Ausschreitungen« trugen also die örtlichen Führer. Der Generalsekretär dachte nicht daran, irgend etwas an seiner menschenfresserischen Politik zu ändern. Zehn Jahre werden vergehen, und Stalin wird einen ähnlichen Raubzug gegen die waffenlosen Bauern des Baltikums, des westlichen Bjelorußlands, der Westukraine durchführen, die sich »freiwillig« seiner Krone unterstellt hatten. Unzufriedene – ab ins Polargebiet, ins Lager. Und diese Vernichtungsaktion nennt Stalin nach alter Gewohnheit »Kollektivierung«.
Und nach dem großen Krieg 1941 bis 1945, den Stalin entgegen seiner eigenen Erwartung gewinnt, fegt er mit dem eisernen Besen der allgemeinen Kollektivierung auch durch andere Länder. Und kehrt aus den angrenzenden Ländern die Überflußernten heraus. Ebenso ihre Freiheit.
Damals, 1930, ordnete Stalin an, um seinem Artikel »Schwindlig vor Erfolgen« Nachdruck und Überzeugungskraft zu verleihen, die örtlichen Funktionäre wegen »linksextremer Übergriffe« strafrechtlich zur Verantwortung zu ziehen.
Immer der gleiche Trick: »Haltet den Dieb!«
Viele hatten auf fremden Höfen herumgewühlt und sich an der Liquidation der Kulaken mit der Begeisterung von kleinen Jungen beteiligt, die zum ersten Mal im Leben Reithosen, eine Lederjacke und den heißersehnten Trommelrevolver bekommen haben. Denn der Revolver – das heißt Macht über Menschen. Über Menschen, die höher stehen, die besser sind als du.
Als er den Dorfpogrom organisierte, stützte sich Stalin auf die Armee

der Machthungrigen und Karrieristen – der sogenannten unteren Funktionäre.

Brot verdient man mit Schweiß,
aber auch mit dem Maul.

Dieses Sprichwort entstand in jenen Jahren auf dem Dorf. Ein langes Leben stand ihm bevor.

Folgendes geschah im Rayon Bolschekorowinsk in der Nähe von Moskau.

Der Sekretär des Rayonkomitees, nennen wir ihn Petuchow (Hahn), ruft im Bezirkskomitee der Partei an: »Bei mir ist ein Aufstand ausgebrochen! Ich bitte, Militär zu entsenden.« Der Sekretär des Bezirkskomitees, nennen wir ihn Mjassojed (Fleischfresser), antwortet, daß die Partei es niemandem erlaubt, Panik zu verursachen, und ordnet an: »Bleib in deinem Büro, ich komme gleich.«

Nach seiner Ankunft schlägt Genosse Mjassojed dem Sekretär des Rayonkomitees vor, gemeinsam in das widersetzliche Dorf, ins Zentrum des Aufstandes zu fahren.

Petuchow nimmt den Revolver, hängt sich die Revolvertasche an den Gürtel und ist bereit.

»Keine Waffe!« widerspricht der Ältere. Aber Petuchow weigert sich geradeheraus, ohne Revolver in das Dorf zu fahren. Sie streiten sich lange und einigen sich schließlich darauf, daß Petuchow seinen Revolver in der Tasche versteckt und die Waffe auf keinen Fall gebraucht.

Sie fahren in das Dorf und rufen die Kolchosbauern zusammen. In einem engen Haus versammeln sich rund hundert Leute. Der Artikel in der »Prawda« ist ihnen bekannt, und sie fordern einstimmig: »Lös' die Kolchose auf!«

»Warum die ganze Kolchose?« fragt der Sekretär des Bezirkskomitees. »Soll doch jeder, der will, sein Austrittsgesuch selbst abgeben.«

»Nein«, wird ihm aus der Menge geantwortet, »lös du erst einmal die Kolchose auf, und dann soll, wer will, eine neue gründen.«

Bis vier Uhr morgens schreien sie so herum. Im Tabaksqualm kann man die Gesichter schon nicht mehr erkennen. Die Leute haben die Sekretäre an die Wand gequetscht. Werden sie sie erdrücken oder zerreißen?

»Wir lassen euch nicht weg, solange ihr die Kolchose nicht auflöst!«

Petuchow greift nach dem Revolver, aber der Ältere fällt ihm in den Arm. Den Funktionären bleibt schließlich nichts anderes übrig, als die Auflösung der Kolchose zu verkünden. Und sogleich fordern die Bauern ihr eingebrachtes Saatgut zurück.

»Das steht nicht mehr in unserer Macht«, wehrt Genosse Mjassojed ab. »Über das Saatgut soll das Rayonvollzugskomitee entscheiden.«
Aber die Bauern beharren auf ihrer Forderung:
»Wir lassen Euch nicht 'raus, solange wir kein Saatgetreide bekommen.«
Freiwillige machen sich auf die Suche nach dem Lagerverwalter. Der aber hat sich rechtzeitig aus dem Staub gemacht. Es wird Morgen. Alle sind müde, selbst die Lautesten. Es wird dazu aufgerufen, sich für die neue Kolchose einzuschreiben. Etwa sieben Männer tragen sich ein, lauter Kleinbauern.
Schließlich läßt man die beiden Funktionäre frei.
Saatgut gibt das Rayonvollzugskomitee natürlich nicht her. Wie soll man auch pflügen und säen, wenn die Obrigkeit alle Feldraine überpflügt und die Pferde getötet hat?
Die Bauern stehen mit leeren Händen da.
Petuchow, der Sekretär des Rayonkomitees, aber erstattet eine Anzeige beim Moskauer Parteikomitee, in der er den Genossen Mjassojed beschuldigt, die Kolchose aufgelöst zu haben. Trotzdem wird er noch im selben Monat als »Volksfeind« verhaftet, was wiederum den Sekretär des Bezirkskomitees rettet.
Ein Schluß im Geist der Zeit.

Und noch eine Kehrtwendung – Die Resolution des ZK »Über den Kampf gegen die Verkrümmungen der Parteilinie in der Kolchosbewegung«. Wie kann man denn eine von vornherein krumme Linie verkrümmen? Stalin kam auf den genialen Einfall, die gewaltsam organisierten Kolchosen wieder aufzulösen, ausgerechnet im Frühjahr, als die Aussaat begann. Wer errechnet die neuen Verluste? Wer nennt die Zahl der Rayons, in denen von der vorausgegangenen Kollektivierung nichts übriggeblieben war als zugenagelte Hütten?
Ein würdiger Abschluß eines gigantischen politischen Slaloms.
Mancherorts empfanden Parteifunktionäre, die ein hinreichend sensibles Gespür besaßen, den Artikel des Führers als Propagandamanöver und erlaubten den Postämtern nicht, die »Prawda« mit diesem Artikel auszuliefern. Erst als alle Feldraine überpflügt waren, so daß die gewaltsam in die Kolchosen getriebenen Bauern die Grenzen ihrer Landparzellen nicht mehr wiederherstellen konnten, erlaubten die örtlichen Befehlshaber der Bevölkerung, sich mit dem »Schwindligwerden« bekanntzumachen.
So ging man im Gebiet von Ter im Nordkaukasus vor.

Einer der damaligen Rayonsekretäre geriet später ins Lager, saß 17 Jahre ab, prahlte aber bis ans Ende seiner Tage, wie glorreich er die Bauern 1929 angeführt hatte.

Es gab aber auch in den Rayonkomitees und im ZK Funktionäre, die das »Schwindligwerden« ernst nahmen und den Druck auf das Dorf milderten. Schlimm erging es den Einfaltspinseln! Sie wurden wegen »versöhnlerischer Politik«, wegen »Kompromißlertums« aus der Partei ausgeschlossen, tatsächlich aber, weil sie nicht die volle Größe des genialen Manövers des Führers erfaßt hatten. Ende der dreißiger Jahre schaffte man sie, mit dem Etikett »rechte Abweichler« versehen, in die Vernichtungslager.

Irgend etwas war aber vielleicht auch unter jenen monströsen Bedingungen zu retten. Im März 1930 fuhren viele ZK-Mitglieder und sogar Mitglieder des Politbüros in die Provinz, sie sollten die Verhältnisse prüfen und sich für die neu begradigte krumme Parteilinie einsetzen. Anfang April traf Ssergo Ordshonikidse in der Ukraine ein. Unter anderem besuchte er das Gebiet Sinowjewsk (Sinowjewsk – früher Jelisawetgrad. Nach der Ermordung Kirows umbenannt in Kirowograd): Ihn begleitete Stanislaw Kossior, der Erste Sekretär des ZK der ukrainischen Kommunistischen Partei. In diesem Gebiet war weniger gewütet worden, die Hauptmasse der Bauern war von Enteignung und gewaltsamer Kollektivierung verschont geblieben. Hier gab es auch sachkundige Parteiführer – gemäßigt lautstark und nicht allzu grausam. Mit einem Wort, die Bauern hatten Glück gehabt. Vielleicht waren deshalb die Kolchosen des Gebiets nicht gleich nach der im März verkündeten Amnestie zerfallen. Die Frühjahrsaussaat war gerade abgeschlossen. Das beeindruckte Ordshonikidse am meisten.

»Wieso habt ihr ohne Anweisungen, ohne Rückfragen mit der Aussaat begonnen?« fragte er einen örtlichen Funktionär. »Aber sagt die ganze Wahrheit«, warnte Ssergo.

»Ich versteh' es nicht anders. Bei euch in Moskau war am 25. März was für ein Wetter – Frost, wie? Aber bei uns in der Steppe dampfte schon die Erde. Und das heißt, sofort mit dem Säen anfangen.«

»Und wie steht es mit der Freiwilligkeit?« fragte Ssergo weiter, »wie ist das bei euch – ist niemand aus der Kolchose ausgetreten?«

»Viele wollten austreten, anderthalb tausend von insgesamt 200 000 Wirtschaften in dem Gebiet hatten einen Antrag eingereicht. Wir beschlossen, alle, die es wollten, gehen zu lassen, aber sie mußten schließlich mit Saatgut versorgt werden, sie brauchten Land. Schon gab's Streit, Schlägerei, fast Mord und Totschlag. Aber die Aussaat kann nicht warten. Wir haben alle Sekretäre der Rayonkomitees der Partei zusammengerufen, haben beraten und beschlossen, vor der Aussaat in sämtlichen Kolchosen allgemeine Versammlungen abzuhalten. Überall Kommissionen einzurichten, die sollten aufpassen, daß der Grundsatz der Freiwilligkeit beim Eintritt in die Kolchose beachtet wird, und außerdem den Zustand der Wintersaat und den Hufbeschlag der Pferde begutachten. Sechzehn Kommissionen insgesamt. Der Gebietskomiteesekretär hat persönlich an der Arbeit einer Kolchosversammlung teilgenommen, es wurde eine Instruktion für das ganze Gebiet ausgearbeitet.«

Ssergo hörte sehr interessiert zu und wiederholte dann seine Frage: »Wie seid ihr mit denen verfahren, die aus den Kolchosen austreten wollten?«

»Sehr einfach: Wir beschlossen, zunächst die Aussaat durchzuführen und dann wieder Versammlungen der Kolchosbauern mit Vorträgen der Kommissionen abzuhalten. Als die Aussaat in unserm Gebiet beendet war, und die Bauern ihre Arbeit getan und sich überzeugt hatten, daß sie wirklich niemand zwingen will, haben elfhundert Leute ihre Gesuche zurückgenommen. Die übrigen haben wir gehen lassen.«

»Ja...«, räusperte sich Ssergo, »wenn es nur überall so glatt gelaufen wäre.«

»Bei uns lief es auch nicht glatt ab. Wer hat euch das gesagt? Ein Dorf wollte überhaupt nicht säen, dort wohnten Altgläubige. Was sollten wir tun? Ich habe den Direktor der Maschinen- und Traktorenstation gerufen und angeordnet, früh morgens fünf Traktoren zu schicken und die Felder der Altgläubigen einzusäen. Und so haben sie es gemacht.«

Nach all dem begriff Ssergo, daß man die örtlichen Funktionäre nicht zu gedankenlosen Vollziehern irgendeines höheren Willens machen durfte, daß man in der Landwirtschaft, wie in jeder Wirtschaft, die Initiative und die Eigentätigkeit nicht beschneiden durfte, sondern anspornen mußte. Mit Ordshonikidse konnte man offen sprechen, in aller Klarheit. (Ssergo war einer von wenigen, aber wir werden auch ihn nicht idealisieren. Ordshonikidse hat zahlreiche Vergehen auf seinem Gewissen.)

Das wildeste Stück in der wilden Dorfpolitik der Stalinschen Clique ist die Liquidation der Kulaken als Klasse. Studiert man die diesbezüglichen Direktiven, ergibt sich, daß nicht nur Lenin gegen die Enteignung der Großbauern war, sondern auch sein Großer Nachfolger. »Den Kulaken muß man mit Wirtschaftsmaßnahmen erobern, auf der Grundlage der sowjetischen Legalität«, hatte Stalin im Dezember 1927 auf dem XV. Parteitag erklärt.[49]

So können eben nur wahre Marxisten vorgehen, das ist etwas anderes als diese Trotzkisten und Sinowjewisten, die zur Enteignung der Reichen auf dem Lande aufrufen. Doch plötzlich verkündet ebenderselbe Stalin

auf der Konferenz der marxistischen Landwirte am 27. Dezember 1929 die Parole, »Das Kulakentum als Klasse ist zu liquidieren!«
Man kann natürlich diese neue Kehrtwendung mit der Vergeßlichkeit des Generalsekretärs erklären. Da hat er eben einfach die Beschlüsse des Parteitags vergessen, hat vergessen, daß es ein Zentralkomitee und ein Politbüro gibt, daß spezielle Kommissionen geschaffen wurden – einfach vergessen hat er das... Gerade hat das ganze Land, ja »der ganze Planet« seinen fünfzigsten Geburtstag gefeiert. Wie er dabei gepriesen wurde! Das hat er sehr wohl im Gedächtnis behalten, und mit all seiner Macht, der Macht und Autorität eines Vaters der Völker, verfügte er nun, ein Werk zu beginnen, das seinem Herzen so nahestand.
Ein oder zwei Monate später wurde, auf Stalins Befehl, die Anordnung ins Land hinausgeschickt: Das ZK empfiehlt, nicht alle Kulaken der Reihe nach und auch nicht gleichzeitig zu enteignen und zu liquidieren. In der Instruktion wird vage von irgendwelchen Differenzierungen gesprochen. Armselige Versuche, den Terror zu bändigen.
Offiziellen Angaben zufolge gab es etwa eine Million großbäuerliche Höfe. Entsprechend der Instruktion hatte ein Fünftel von ihnen die Aussiedlung zu erwarten, noch schärfere Repressionen waren »lediglich« für sechzigtausend vorgesehen.
Was die echten Kulaken betrifft, so hatte die Hauptmasse von ihnen in den Reihen der Weißen Armee gekämpft, war gemeinsam mit ihr zurückgewichen und später emigriert. Wirkliche Großbauern warteten nicht, bis »Dorfarme« ihre Höfe ausraubten und sie selbst an die Wand stellten. Sie hatten längst Hab und Gut verkauft und waren mit ihren Söhnen unter die städtischen Proletarier gegangen. Und Töchter sind Töchter, sie heiraten. Manch eine heiratete sogar einen GPU-Mann, wurde zur Dame.
Der Hauptschlag der Expropriateure und der Strafexpeditionen richtete sich daher gegen die bäuerliche Mittelschicht, ihre Angehörigen bekamen nun das Zeichen »Kulak« eingebrannt.
Im Laufe eines einzigen Jahres wurden bis zu drei Millionen »Kulaken« mit ihren Familien in die wildesten Gegenden des Nordens verschickt, ein Teil wurde erschossen und weitere Hunderttausende zur Vernichtung in die Lager gesteckt. Ihnen folgten die sogenannten »Unterkulaken«. Zu dieser Kategorie zählte man jeden Bauern, der eine ordentliche Wirtschaft zusammengebracht hatte – mit seiner und seiner Söhne Arbeit. Und auch jeden Dorfarmen, wenn er versehentlich einem »Kulaken« zugestimmt oder sonstwie seine Unzufriedenheit mit der Stalinschen Politik ausgedrückt hatte. Und dann ganz allgemein jeden, vom Mittelbauern bis zum Knecht, auf den sein Nachbar einen »Pik

hatte«. Und weitere Millionen Landarbeiter zogen in die Gefängnisse und Lager, in die Verbannung.
In diesen Strudel gerieten auch viele »Erfüller des Parteiwillens«. Dort, hinter Stacheldraht, trafen sie sich – die Entkulakisierten und die Entkulakisierer. Und dort erhielten sie Land – jeweils zwei Quadratmeter gefrorener Erde für jeden Toten.
Ein Vernichtungskrieg wurde geführt. Es ging um die totale Ausraubung. Der von Stalin veranstaltete Pogrom entfernte die Mittelbauern aus den Kolchosen. Ohne sie jedoch gab es nur arme Kolchosen. Bald erging ein Regierungsbeschluß, wonach das Eigentum der Entkulakisierten den Kolchosen zu übergeben sei. Es begann das, um dessentwillen Stalin der Welt erschienen war.
Der Nachbar beraubte den Nachbarn.
Alles wurde weggeschleppt: Karren, Beile, Töpfe, Spiegel, Pelze, Stiefel, Schweine, Hühner, Gänse, Samoware, Decken, Tücher.
Der Nachbar beraubte den Nachbarn.
Stalin hetzte die Besitzlosen auf die Besitzenden und entfachte einen neuen Bürgerkrieg.
Teile und herrsche!
Wo ist die Grenze zwischen »Kulak« und »Mittelbauer«, zwischen »Mittelbauer« und »Dorfarmen« zu ziehen? Das wußte man nicht einmal im Kreml, erst recht nicht auf dem Dorf.
Und der Nachbar beraubte den Nachbarn. Zuerst die Reichen, dann die zu Besitz gekommenen Arbeitsamen, dann alle der Reihe nach. Aller Raub – schamhafte Historiker sprechen später von »Expropriierung« – kommt unmittelbar in die Stalinschen Silos und Speicher. Damit befassen sich Einheiten der Roten Armee und des Volkskommissariats für Innere Angelegenheiten (NKWD), mobilisierte Arbeiter, Komsomolzen und örtliche Beamte – eine ganze Armee.

Die Stunde des Räubers war gekommen.
Er war ein Räuber mit unersättlichem politischen Ehrgeiz. Nur seinem, Stalins, genialem Scharfblick war es gelungen, die feindliche Klasse der Kulaken rechtzeitig zu liquidieren. Den Dorfpogrom veranstaltete er unter dem Schutz der roten Fahne. In all diesen Jahren arbeiteten dienstfertige Ideologen ephemere Programme aus, worin es um »Vertrauen in die Dorfarmen, Bündnis mit den Mittelbauern und Liquidierung der Kulaken« ging – sie stritten über die Varianten jeder abstrakten Formel und zitierten wie toll, zitierten, zitierten Marx, Lenin, Stalin. Sie zitieren noch heute und streiten sich. Nur in einem sind sie sich einig, der

»welthistorische Sieg des Kolchossystems« wurde errungen unter der weisen Führung des großen Stalin.
Die lärmende Propagandakampagne zielte auf die Spaltung des Dorfes. Aber das erschien Stalin noch zu wenig. Er hetzte die Bauern dazu auf, gegeneinander zu kämpfen, daneben versuchte er auch die traditionell feste bäuerliche Familie zu spalten und für den Kampf gegen die »Kulaken« und »Unterkulaken« Jugendliche und Kinder zu mißbrauchen.
In einem entlegenen Dorf zeigte ein 14jähriger Junge seinen Vater, einen Kulaken, bei den Behörden an. Der Junge hieß Pawel Morosow.
Die »Heldentat« des Kindes wurde in Marmor verewigt. Der Sohn hatte den Vater verraten, ihm wurde ein Denkmal errichtet.
Der Sohn hatte den Vater verraten, und der junge Verräter wurde in Liedern gefeiert. Nach dem Beispiel des Pawel Morosow werden die neuen Generationen der Jungen Pioniere erzogen.
Den Kinder der verschickten oder erschossenen »Kulaken«« stand ein schreckliches Schicksal bevor. Mit dem Brandzeichen »Kulakensohn oder Kulakentochter« konnten sie von Schulbildung im Lande der allgemeinen Bildung nicht einmal träumen. Der bürgerlichen Rechte für verlustig erklärte Personen – wieder ein neues, von jener unmenschlichen Zeit geborenes Wort. Millionen »entkulakisierter« Bauern, Millionen Bauernkindern wurden alle Dinge aberkannt: die Heimat und das Brot, die Freiheit und die bürgerlichen Rechte.
Wenn ein Parteifunktionär oder ein Staatsangestellter bäuerlicher Herkunft seinen Lebenslauf abfassen muß, bemüht er sich, nachzuweisen, daß seine Eltern Dorfarme reinsten Wassers gewesen waren. In Fragebogen schrieb man stolz »Bauer ohne Pferd«. Das war ebenso verläßlich wie in alten Zeiten die adlige Abstammung.
Gab jemand zu, sein Vater sei Mittelbauer gewesen, bedeutete das unverzügliche Überprüfung. Kulakensprößlinge brauchten sich der Mühe, einen Fragebogen auszufüllen, gar nicht erst zu unterziehen.
Die jungen Leute, die zu Partei- oder Staatsorganen abkommandiert worden waren, in der Armee oder in den Staatssicherheitsorganen dienten, diesen jungen Burschen, Zeugen des Pogroms, den Stalin auf dem Dorf veranstaltet hatte, prägte sich eines fest ein: Von jetzt an ist alles erlaubt. Der Krieg gegen die Bauern hatte sie moralisch für den Großen Terror vorbereitet.
Ein Jahr enteignen die Behörden, ein anderes Jahr liquidieren sie, oder sie schlagen die Bauern einfach tot, siedeln sie aus und werfen sie ins Gefängnis, während die Getreideablieferungen immer kümmerlicher werden.

Im Nordkaukasus kam es zur Verschickung der Bewohner ganzer Dörfer und Kosakensiedlungen. Auch diese drakonischen Maßnahmen bewirkten nichts. Man konnte probehalber die Ankaufpreise für Getreide, Fleisch und Gemüse erhöhen – sie lagen dennoch um das -zigfache unter den Ladenpreisen. Aber was geht den Erbauer des Sozialismus die materielle Versorgung der Arbeiter und Bauern an? Stalin führte die Praxis absoluter Erfassung der Erzeugnisse ein, ohne Mißernten einzukalkulieren, ohne auf das Anlegen von Reserven einen Gedanken zu verschwenden. Viele Kolchosen besaßen keine Saatgutrücklagen, und die Bauernhäuser waren nach den Überprüfungen und Haussuchungen wie ausgefegt. Ein Trinkbecher ist vorhanden, ein Eimer, eine Tasse und für jeden ein Löffel.

Der Führer und Bauernbekämpfer (für dieses Wort mußte Ossip Mandelstam mit dem Leben bezahlen) stürzte sich mit seiner ganzen herrscherlichen Macht auf das Dorf, dem Bauern blieb nichts mehr zum Leben. Weglaufen? Aber wohin?! Was meinst du, wozu die Truppen da sind? Die weggenommenen Produkte später zu stehlen war ebenfalls unmöglich: Weißt du, was auf Entwendung von sozialistischem Eigentum steht?

Stalin sah nichts außer »Sabotage der Getreideablieferung«, wollte nichts sehen. Und gegen Sabotage gibt es nur ein Mittel – den Terror.

Die Dörfer verödeten, die am Leben gebliebenen Bauern versteckten sich, der Hunger begann. Er suchte die ganze Ukraine heim, das Kubangebiet, die Schwarzerdezone und Zentralasien – gut die Hälfte der Getreideanbaufläche des Landes. Zahlen, Zeugnisse gefällig? Sie sind allen bekannt, die sich Menschlichkeit und den Wunsch zu wissen erhalten haben. Ganze Dörfer starben aus – mitsamt den Kindern und den alten Leuten. Als erste starben die Bauern. Alle, die noch Kraft hatten zu gehen, strömten zu den Bahnstationen, in die Städte und pflasterten den Weg mit ihren Leichen. Und ringsum – Absperrtruppen wie im Krieg. Und keinerlei Hoffnung auf Rettung. Es schien, der Terror müsse sich am Hunger bald selbst totrennen.

Zehn Jahre zuvor hatte das Volk eine Hungersnot durchgestanden, die Folge von Krieg und Zerstörung. Siebzehn Gouvernements waren betroffen, zwanzig Millionen Bauern waren am Rande des Todes.

Der Hunger des Jahres 1932 war schrecklicher. Nicht nur in seinen Ausmaßen. Es war die einzige künstlich hervorgerufene Hungerkatastrophe in der Geschichte der Menschheit. Eine einzigartige Errungenschaft!

Im Jahre 1921 kam das ganze Land dem Wolgagebiet zu Hilfe. In die hungernden Dörfer wurden zwölf Millionen Pud (196 560 Tonnen)

Saatgut und mehr als dreißig Millionen Pud (über 491 400 Tonnen) Getreide aus den staatlichen Rücklagen geliefert.

Die sowjetische Regierung nahm gern die Hilfe ausländischer Arbeiter und bürgerlicher Regierungen an. An die Wolga kamen waggonweise Lebensmittel aus den USA – ein Geschenk der ARA, der amerikanischen administrativen Hilfe.

Im Jahre 1932 erhielten die vom Hunger betroffenen Gebiete vom Staat nicht ein Kilogramm Getreide. Nicht ein einziges vom Hunger errettetes Kind hatte sein Leben Stalin zu verdanken. Nicht ein einziges.

Es ist jedoch zu wenig, den Hunger zu organisieren, man muß die errungenen Erfolge auch sichern. Und Stalin *exportiert* Getreide ins Ausland:

1929 13 Millionen Doppelzentner

1930 48,3 Millionen Doppelzentner

1931 51, und, als der Hunger allgemein wurde, noch 28 Millionen Doppelzentner.

Die Ausfuhr ist nicht groß. Aber allein die Tatsache, daß ...[50]

Im Jahre 1928 schlugen einige Führer vor, im Ausland Getreide zu kaufen. Diese »Kapitulanten«, diese »Restauratoren des Kapitalismus« und »Agenten des Kulakentums in der Partei« bezichtigte Stalin der »rechten Abweichung«. Und der Großschieber im Kreml begann, nach Westeuropa jenes Getreide zu verkaufen, das den verhungernden Bauern fortgenommen worden war. Wie immer man ihn danach nennen mag – »linken Abweichler« oder »Linksextremist« – ein Menschenfresser bleibt ein Menschenfresser. Der Hungertod von Millionen ist sein Werk.

Die verschiedenen Quellen nennen unterschiedliche Zahlen – zwischen drei und sechs Millionen Tote. Insgesamt jedoch kosteten die gewaltsame Kollektivierungskampagne, die Vernichtung der »Kulaken« und die von Stalin organisierte Hungersnot 22 Millionen Menschenleben. Diese Zahl haben erfahrene Statistiker ermittelt. Wir danken den ehrlichen Fachleuten und setzen 22 Millionen dem Führer in Rechnung. Aber wir müssen noch den Schlußstrich ziehen.

Daß diese Zahl den wirklichen Gegebenheiten entspricht, belegt die im Jahre 1969 erschienene grundlegende Monographie von A. Gosulow und M. Grigorjan »Die Bevölkerung der UdSSR«. Die Autoren führen charakteristische Zahlen für die Ukraine an: die Bevölkerungszahl war von 31,2 Millionen im Jahre 1926 auf 28,1 im Jahre 1939 zurückgegangen. Drei Millionen waren verschwunden. Es gibt jedoch noch einen natürlichen Zuwachs. Setzen wir dafür zwei Prozent an (ein für den mittleren Bevölkerungszuwachs ziemlich niedriger Satz), das heißt

600 000 pro Jahr oder rund neun Millionen für 14 Jahre. Fügen wir der Ausgangszahl drei Millionen hinzu, so erhalten wir 12 Millionen. Wohin sind die 12 Millionen Ukrainer verschwunden? Überdies hatte die Hungersnot, der Gefährte der gewaltsamen Kollektivierung, die Bevölkerung des Nordkaukasus, des Wolgagebiets, Zentralasiens heimgesucht. Heute, da Historiker, Wirtschaftswissenschaftler und Demographen ihre Kräfte zur Rehabilitierung des Großen Kollektivierers vereinigen, erscheinen Publikationen, die mit Wissenschaft nichts mehr zu tun haben. So berichtete unlängst die Zeitschrift »Fragen der Geschichte der KPdSU« über die Liquidierung der Kulaken als Klasse, im Jahre 1930 seien 115 200 Kulakenfamilien ausgesiedelt worden, 1931 waren es 265 800. In zwei Jahren 381 000.[51]
Nimmt man eine durchschnittliche Familie mit fünf Personen an, ergibt dies etwa zwei Millionen Menschen. Lediglich zwei Millionen. In nur zwei Jahren. Die übrigen Jahre berücksichtigt die Statistik der Zeitschrift nicht. Sie berichtet nicht davon, wieviele »Kulaken« mit ihren Kindern und Alten starben, wieviele ins Gefängnis, in die Lager kamen. Und welche Qualen die Kinder und Enkel der Verschickten und Verhafteten durchmachten, Kinder und Enkel, die aller ihrer bürgerlichen Rechte für verlustig erklärt worden waren. Und sie erwähnt mit keinem Wort den Geheimbeschluß des Politbüros, fünf Millionen Menschen in entlegenen Gebieten »neu anzusiedeln«. Fünf Millionen!

Über die Opfer der Kollektivierung, über die Opfer der Hungersnot wagte zu Lebzeiten Stalins niemand zu sprechen. Es schwiegen die Zeitungen, es schwiegen die Redner. Hatte etwa Lenin im Jahre 1921 die Öffentlichkeit gefürchtet?
Über die damalige Hungersnot im Wolgagebiet hatten alle Zeitungen Rußlands geschrieben, auf den Sitzungen des Völkerbundes war von ihr die Rede. Hilfskomitees für die Hungernden wurden in vielen Gouvernements und beim Allunions-Zentralexekutivkomitee eingerichtet. Wladimir Antonow-Owssejenko, der die Hungerhilfe im Gouvernement Ssamara, dem Epizentrum der Hungersnot, leitete, veröffentlichte auf Bitten Lenins Bücher über den Kampf gegen den Hunger. Eines hieß »Eile den Verhungernden zu Hilfe«. Tagtäglich erschienen Zusammenfassungen in den Zeitungen. Und Artikel in allen Zeitschriften, Erzählungen und Novellen der Schriftsteller, die Reden auf dem IX. Allrussischen Sowjetkongreß beschäftigten sich mit der Hungersnot.
Nach einem Gespräch mit parteilosen Bauern, die dem Kongreß als Delegierte angehörten, lud Lenin Antonow-Owssejenko zu sich ein.

»Gut hat Ihr Bauer Burmatow aus Ssamara gesprochen. Aber er hat gesagt, Genosse Antonow, daß im Gebiet von Stawropol Menschenfleisch gegessen wird.«
»Das stimmt nicht ganz, Wladimir Iljitsch. Dort, und nicht nur dort, gibt es Fälle von Leichenfresserei.«
»Sie essen die Leichen?» fragte Lenin zurück. Er schrieb etwas in sein Notizbuch und sagte voll Schmerz und Zorn:
»Dafür werden sich die Interventen verantworten müssen.«[52]

Gewiß waren nicht nur die Interventionstruppen an dieser Notlage schuld. Aber das ist eine andere Frage. Wer trägt jedoch die Verantwortung für den Tod von Millionen Bauern in den Jahren der Kollektivierung?
Im Februar 1933 berief Stalin den ersten Allrussischen Kongreß der Kolchosaktivisten nach Moskau ein. Wovon sprach der Genosse Kollektivierer? Zuerst eine Verbeugung des Clowns: eigentlich wollte er gar nicht sprechen, »aber da ihr darauf dringt und ihr starke Hände habt, muß ich mich fügen«. Dann erzählt er den Versammelten ein paar Geschichten: von den zwanzig Millionen Dorfarmen, die nun zu fast wohlhabenden Bauern geworden seien, von dem glücklichen sozialistischen Leben, daß sie morgen erwarte und – das Gleichnis vom Nutzen der Geduld. Er erzählt, daß die Arbeiter in Moskau und Petrograd während des Bürgerkrieges jeder fünfzig Gramm Brot erhalten hätten, das noch zur Hälfte aus Ölkuchen bestand. Volle zwei Jahre hätten sie geduldet. Hätten geduldet, wären nicht verzweifelt. Dagegen sind »eure heutigen Schwierigkeiten, Genossen Kolchosniki, ein Kinderspiel«[53].
Der gute Zauberer erzählte, die braven Kinder hörten zu, spielten »Losungen ausgeben«, rühmten die hervorragenden Leistungen. Über alles mögliche sprach der Veranstalter dieses Schauspiels, sogar eine Frau erwähnte er, die auf einer öffentlichen Versammlung ihren Rock hochgehoben hatte – über alles mögliche sprach er, nur nicht über die Hungerqualen der Millionen Brüder eben dieser Kongreßdelegierten und Aktivisten.
Auf dieser operettenhaften Veranstaltung gab Stalin die neue Losung aus: »Die Kolchosen bolschewistisch machen und die Kolchosbauern wohlhabend.« Auch noch beleidigen wollte er seine Opfer.
Diesen Charakterzug müssen wir ebenfalls festhalten.
Die Hungersnot aber mähte den ganzen Winter über unermüdlich und grausam die Ernährer nieder, raffte sie zu Hunderttausenden dahin. Darüber fiel auf dem Kongreß der Aktivisten kein Wort.

Stalin nahm den Bauern das Land fort, und folglich waren sie nicht für ihn. Daraufhin nahm er ihnen das Leben, während er die minder Halsstarrigen gnädig an das Ende der Welt umsiedelte. Aber auch die Übriggebliebenen begriffen seine genialen Pläne nicht. Seither reicht in Rußland das Getreide nicht.
Wieviele Beschwörungsformeln auch die staatlichen Historiker über den Zahlen sprachen, wenn sie verschiedene Kombinationen und positive Rechnungsfaktoren ersannen – die schlichte Wahrheit war nicht zu umgehen: Das Jahr 1928 erwies sich als Grenzmarke der landwirtschaftlichen Produktion auf viele Jahre – bis hin zum Zweiten Weltkrieg.
Eine für die dreißiger Jahre typische Landschaft: Auf der Bahnstation ist neben den Gleisen ein riesiger Berg Weizen der neuen Ernte aufgeschüttet. Waggons sind nicht da, Lagerräume ebenfalls nicht, und das Getreide verdirbt unter freiem Himmel. Es wegzunehmen wagt niemand – oben auf dem Getreidehaufen steht ein Rotarmist mit einem Gewehr.
Schamanenhafte Beschwörungen des ZK über die »weitere Hebung der Landwirtschaft« halfen nichts. Stalin hatte das Herz des Bauern vom Land abgewandt. Und das Land wurde dem Bauern zum Fluch.
Stalin hat das Bündnis der Arbeiter und Bauern – einer der Hauptgrundsätze der Revolution, ein Eckpfeiler des sowjetischen Systems – auf Dauer gestört. Unter seiner weisen Führung wurde ein wichtiger Sieg der Konterrevolution im Kampf gegen das eigene Volk errungen. Die Kampferfolge der Anreger und Organisatoren des Dorfpogroms wurden 1930 mit dem Rot-Banner-Orden gewürdigt. Und der liebe, gefügige Vorsitzende des Zentralexekutivkomitees, Michail Kalinin, heftete den zweiten Kampforden an die Brust unseres Helden.
Natürlich: die geschichtliche Verantwortung hat Stalin. Das entläßt seine Mittäter, Molotow, Kaganowitsch und den listigen Anastas Mikojan, nicht aus der Schuld. Niemand hatte sich gegen den Tyrannen erhoben, alle hatten zum Untergang der Bauern beigetragen.
Vor der Kollektivierung hatten nur die Parteispitzen Stalin gefürchtet. Jetzt spürten die Massen die Furcht vor diesem Menschen. Diese Furcht wird sie bis zum Tode des Vaters der Völker nicht mehr verlassen.
Und wie schätzt die offizielle Historiographie diese Tragödie ein?
»... die Dorfarmen wurden zu ausreichend versorgten Menschen.« Es wurde ein »großartiger, welthistorischer Sieg der Arbeiterklasse und des Bauerntums« erzielt. »Der Sieg des Sozialismus in der Landwirtschaft ist errungen.« Und all dies »dank der mutigen, revolutionären und weisen Politik von Partei und Regierung«.
So der »Kurze Lehrgang«.[54]

Es kam eine Zeit – ein kurzer Lichtblick – da man in den Veröffentlichungen des ZK Körnchen von Wahrheit finden konnte. Das Lehrbuch der Geschichte der KPdSU (Ausgabe 1962) kritisiert die Fehler der Kollektivierung wie folgt:
»Stalins Unterschätzung der bäuerlichen Verbundenheit mit dem eigenen Hof... die Abneigung gegen die vernünftigen Vorschläge der örtlichen Funktionäre... erwiesen sich als Quelle vieler Fehler.... Obwohl der Druck zur Kollektivierung von Stalin ausging, hat er in seinem Artikel »Schwindlig vor Erfolgen« die ganze Schuld auf die örtlichen Funktionäre abgewälzt.«[55]
In den folgenden Ausgaben findet man diesen Passus schon nicht mehr. Statt dessen erscheinen dort lange Lenin-Zitate.
Einigen paßt es wieder, vom Sieg des Kolchossystems unter der allerweisesten Führung des Genossen Stalin zu posaunen. Anderen, den Gewissenhaften, gefällt es, den Dorfpogrom als »erfolgloses Experiment« zu bezeichnen. Stalin selbst hatte wohl kaum ein Experiment im Sinn, als er beschloß, die Bauern zu versklaven. Denn ein Experiment setzt eine Probe voraus, wobei der Erfolg durchaus nicht garantiert ist. Stalin aber wußte im voraus, daß er die Bauern zermalmen und erdrosseln würde. Was konnten sie der mächtigen Diktatur entgegenstellen, waffenlos wie sie waren?
Stalin interessierte das Getreide nicht, wohl aber der politische Effekt. Und der wurde ihm vollauf zuteil.
Die Awaren haben ein Sprichwort: »Er will wegen eines Fettschwanzschafes ein Mutterschaf opfern.« Das trifft auch auf ihn zu, den Wohltäter.
Jossif der Erbauer machte sich daran, eine neue Gesellschaft zu schaffen. Als erstes Opfer fiel das Dorf. Die Stadt mußte einen anderen Weg nach Golgatha antreten.

Der Industrialisator

Der zweite Sprung

Lange hatte der Generalsekretär Privatinitiativen ermuntert, er rechnete mit der bäuerlichen Wirtschaft, mit der neubelebten Energie der kaufmännischen Unternehmer unter der Neuen Ökonomischen Politik. Im April 1926 hatte Stalin den Weg zur Industrialisierung des Landes noch nicht eingeschlagen. Über das Projekt eines großen Staudammes sagte er damals: »Das ist dasselbe, wie wenn ein Bauer sein bißchen Geld, das er für die Reparatur seines Pfluges oder zum Viehkauf braucht, für den Kauf eines Grammophons hernimmt.«[56]

Noch hatten die Theoretiker nicht das Programm der wirtschaftlichen Entwicklung ausgearbeitet, noch erlaubten die Reserven – Rohstoffe, technische, menschliche und finanzielle Reserven – die Planung großer Sprünge nicht. Das sah sogar Stalin. Aber das Jahr 1927 brachte eine unerwartete Wendung: Stalin wurde zum Marktschreier einer raschen industriellen Revolution, er rüstete zum Aufbruch des gesamten Volkes in die sozialistische Industrialisierung und trieb ungeduldig den Propagandaapparat an.

Schon Ende 1927 meldete die Partei entscheidende Erfolge der Industrialisierung. Die mageren Zahlen der Industrieproduktion und der Landwirtschaft mit den Zahlen des Holzeinschlags und des Fischfangs zusammenrechnend, legten die Wirtschaftswissenschaftler einen siegestrunkenen Bericht auf den Tisch des Generalsekretärs: Zum zehnten Jahrestag der Sowjetmacht hatte das Land endlich die Zarenzeit eingeholt, das heißt das Niveau des Jahres 1913 erreicht. Der Bruttozuwachs der Produktion im Vergleich zu 1926 belief sich auf 18 Prozent!

Unverständlich ist nur, warum in diese statistischen Spiele nicht das Jahr 1920 einbezogen wurde. Verglichen damit hätte der Zuwachs 1800 Prozent ausgemacht!

In Wirklichkeit aber hat die Sowjetunion das Niveau des Jahres 1913 auf einem so entscheidenden Gebiet wie der Erzeugung von Gußeisen erst 1929 wieder erreicht.

Unfähig, die nationale und die internationale Lage objektiv zu analysieren und die wirtschaftlichen Möglichkeiten des Landes vor dem Großen Sprung einzuschätzen, konnte Stalin auch keine wissenschaftlich fundierte Zukunftsstrategie entwickeln. Ihm war es vorherbestimmt, sein ganzes Leben lang zu schwanken, von einem Ufer zum anderen zu drängen, ohne jemals den Lauf des Flusses zu sehen.

Anfangs hielt sich der Generalsekretär an die wirtschaftlichen Empfehlungen Bucharins, Rykows und Tomskijs, der künftigen »rechten« Oppositionellen. Im Jahre 1927 wendet er sich den schon lange zuvor gemachten Vorschlägen Trotzkijs und Sinowjews zu, beschließt endgültig den Primat der Industrie über die Landwirtschaft – mit einem Wort, er führt die Diktatur der Industrie ein, zu der Lew Trotzkij fünf Jahre vorher geraten hatte.

Aber die Anführer der sogenannten »neuen Opposition«, die Stalin 1926 erfand, hatten vorgeschlagen, bei der Industrialisierung des Landes in großem Umfang ausländisches Kapital zu nutzen. In Rußland fehlte es an der für die Schaffung einer modernen Industrie notwendigen Ausrüstung und Maschinerie, es gab weder genug Geld, noch waren genug Fachleute vorhanden. Transportwesen und Straßen waren vernachlässigt. Und all dies angesichts einer schweren, durch die gewaltsame Kollektivierung hervorgerufenen landwirtschaftlichen Krise. Unter diesen Umständen war es vernünftig, Ausländern die Konzession für einige Fabriken und Betriebe zu erteilen, und den Aufbau von Industrieunternehmen mit Hilfe der hochentwickelten westlichen Staaten zu beginnen. Auf jeden Fall war es bedenkenswert.

Doch Stalin bezeichnete die sachlichen Vorschläge als »kapitulationswillig« und nutzte sie bald als Vorwand, um mit den Oppositionsführern physisch abzurechnen. Was ging ihn denn überhaupt die Stärkung der Volkswirtschaft an?

Die Stärkung seiner Alleinherrschaft und des eigenen Apparats – darüber nachzudenken lohnte sich. Viel nachzudenken, ständig. Was die Volkswirtschaft betrifft, so kann – und muß! – man dort Gewalt anwenden, die hatte ihn noch nie im Stich gelassen.

Die staatliche Planungsbehörde hatte zwei Varianten des ersten Fünfjahresplans (Herbst 1928 bis Herbst 1933) vorgelegt – eine Ausgangsversion, das heißt eine mit Minimalzielen, und einen Optimalplan, in dem die Aufgaben um zwanzig Prozent höher geschraubt waren. Stalin, und nach ihm die Mehrheit des ZK, konzentrierte sich auf das zweite Modell (16. Parteikonferenz vom April 1929). Es wurde auch offiziell angenommen. Nein, das ist wohl zu harmlos gesagt. Stalin *zwang* das ZK, die willkürliche Erhöhung des Planes zu sanktionieren.

Um 1929 fühlte Stalin sich schon dermaßen sicher im Sessel des Generalsekretärs, daß er sich keine Zurückhaltung mehr auferlegte. Er brannte vor Ungeduld, die hochentwickelten kapitalistischen Länder »einzuholen und zu überholen«. Hinter seiner niedrigen Stirn nisteten Großmachtstreben und absolute Verachtung der »Massen« oder, wie sie auch gesehen wurden, der »Menschenreserven« in den Wattejacken der Häftlinge, in halbmilitärischen Feldblusen (Zivilistinnen auch noch mit roten Kopftüchern). Eine Million mehr, fünf Millionen weniger, das sind Einzelheiten, die man auf dem Weg zu einem großen Ziel vernachlässigen kann.

War es denn lange her, 1926, da der Generalsekretär in Leningrad den Projektierern vorgeworfen hatte: »Bei uns macht man zu gerne phantastische Industriepläne, ohne mit unseren Reserven zu rechnen.« Und ein Jahr darauf: »Wir sind hinter den hochentwickelten Ländern um fünfzig bis hundert Jahre zurück. Wir müssen diesen Abstand in zehn Jahren aufholen. Entweder schaffen wir es, oder wir werden überrollt.«[57]

Rußlands bester Fachmann für Basis und Überbau hatte seinen Papiertiger zusammengeklebt – den bürgerlichen Westen. Er hatte ihn gebastelt und auf Jahrzehnte hinaus die Furcht vor ihm eingeimpft. Der Propagandaapparat griff das Thema auf und schmetterte es hinaus.
Ist schon eine tolle Sache, so ein Grammophon.
Die Unhaltbarkeit des schnellgefaßten Beschlusses des Generalsekretärs wurde sofort spürbar. Die Weltwirtschaftskrise bewirkte einen gewaltigen Sturz der Rohstoffpreise. Aber was konnte Rußland seinen Handelspartnern außer Rohstoffen offerieren? Die sowjetischen Pläne für den Export von Industrierohstoffen und für die Einfuhr ausländischer Technologie gerieten durcheinander. Die Hoffnungen auf eine umfangreiche Finanzhilfe der führenden kapitalistischen Länder erfüllten sich nicht. Und noch ein Unglück, im Inneren: Die Krise auf dem Dorf führte zu einem spürbaren Rückgang der Agrarproduktion.
Schon das erste Jahr zeigte, daß auch nicht eine Planaufgabe in der vorgegebenen Zeit erfüllt werden konnte. Man mußte die Pläne schnellstens revidieren. Und Stalin revidierte. Er schlug der Regierung, dem Rat der Volkskommissare, vor, die bereits unsinnig überhöhten Zielgrößen des Fünfjahresplanes um das Zweifache anzuheben.
In der Provinz wurden entsprechende eigene Pläne angenommen, die jene verdoppelten und verdreifachten noch übertrafen. Der wilde Lärm des sozialistischen Wettbewerbs und der Stoßarbeiterbewegung erstickten den nüchternen Vorschlag, für den geplanten Sprung erst einmal die materielle Basis zu schaffen und technische Mittel vorzubereiten.
Während er eigenmächtig die Planziele erhöhte, vergaß Stalin zu guter Letzt nicht, auch das mager gewordene Dorfpferd anzutreiben.
Michail Iks leitete im Jahre 1932 das Gebietskomitee der Partei im westukrainischen Saporoshje. Nachdem er von oben den fälligen Auftrag über die Getreideablieferung erhalten hatte, meldete er dem Politbüro, daß dieser Plan deutlich überhöht und schlicht unausführbar sei. ZK-Sekretär Molotow brachte den Fall des widerspenstigen Funktionärs vor das Politbüro. Zu der Sitzung wurden zwei weitere ukrainische Funktionäre vorgeladen. Iks erschien fröhlich. Ein Freund fragte ihn erstaunt nach dem Grund seiner guten Laune. Iks antwortete: »Schließlich trete ich heute in der Rolle des Hahns auf: Ob ich krähe oder nicht – das Morgenrot kommt doch.«
Und man beschließt, den aufsässigen Kommunisten, Parteimitglied seit 1905, zu degradieren und in den Fernen Osten zu schicken – als Zweiten Sekretär (der Erste war damals der aus Georgien verbannte Lawrentij Kartwelischwili, der sich mit dem Stalinschen Favoriten Berija »nicht vertragen« hatte). Stalin hatte auf der Politbürositzung geschwiegen und

die Debatten mit gespielter Unbeteiligtheit verfolgt. Als alles beendet war, fragte der Generalsekretär nach dem Namen des Schuldigen. »Iks? Hör mal, kann man denn mit einem solchen Namen in den Fernen Osten fahren? Was werden sie in China sagen? Wie heißt du mit Vor- und Vatersnamen? Michail Ssamojlowitsch? Gut, du heißt jetzt Ssamojlow.«

Hatten nicht mit derselben Leichtigkeit die russischen Großgrundbesitzer im vergangenen Jahrhundert ihren Leibeigenen Namen gegeben? Ssamojlow, der frühere Genosse Iks, reiste nach Chabarowsk ab. Es ist hinzuzufügen, daß das fernöstliche Gebietskomitee vom Generalsekretär in eine Durchgangsstation auf dem Wege ins Jenseits verwandelt worden war. Von den Sekretären des fernen Gebietskomitees verschlang die Lubjanka einen nach dem anderen. Als die Reihe an Iks-Ssamojlow kam, schenkte er der Welt noch einen letzten Aphorismus: »Besser ein Ende mit Schrecken als ein Schrecken ohne Ende.«

Verantwortungsbewußte Funktionäre, die wie Iks versucht hatten, das Phantastische der neuen genialen Entwürfe aufzuzeigen, warf Stalin hinaus.

Nieder mit den Jammerlappen und Kleingläubigen!

Mit diesem fröhlichen Kampfruf stürmte die Jugend die Bastionen des Magnitnaja-Bergs und die Ufer des Dnjepr. Sie errichtete Traktorenfabriken an der Wolga, im Ural, am Don. Baute Straßen und Kanäle.

Der Weißmeer-Ostseekanal – ungefähr dreihunderttausend zu Tode gequälte Menschen und ein paar Hundert zufällig Überlebende. Der Kanal, nur bedingt als schiffbar zu bezeichnen, war ein Propagandabau, der zum riesigen brüderlichen Grab wurde. Eines der ersten Denkmäler der frühen Stalin-Ära.

Dieselben mörderischen Schubkarren und Spaten in den Händen der »freien« Frauen und Komsomolzen auf den Stoßarbeits-Baustellen (solche mit höchster Dringlichkeitsstufe) des ersten Fünfjahresplans. Baracken, Handarbeit, Mangel. Genau dasselbe wie am Weißmeer-Ostseekanal, nur ohne Stacheldraht, ohne Schäferhunde, ohne die bewaffneten Posten der »Selbstwehr«.

Zu Ende des Ersten Weltkrieges hatte der General Iwaschtschenko unweit von Ssamara Fabriken zur Herstellung von Artilleriemunition und Giftstoffen – Yprit, Lewisit und Chlor – errichtet. In der Sowjetzeit wurde aus der Siedlung Iwaschtschenko die Stadt Trozk, später wurde sie umbenannt in Tschapajewsk.

Alles ringsum war gelb von den Gasen – die nackte Erde ohne jegliche Vegetation, die Baracken, die Gesichter der Menschen. Die bescheidene Geranie am Fenster verdorrte.

Im ersten Fünfjahresplan wurde die Produktion der Fabrik ausgeweitet, die Zahl der Beschäftigten auf 20 000 erhöht. Der Lohn dort war gut, und die hungernden, ausgepowerten Bauern sowie Enthusiasten aus den Dörfern der Umgebung strömten herbei. Die Enthusiasten hatten einen Revers zu unterschreiben, daß sie gegenüber der Verwaltung keinerlei Schadenersatzforderungen wegen irgendwelcher Gesundheitsschäden stellen würden. In besonders gesundheitsgefährdenden Produktionssektoren wurden Gasmasken und gummierte Segeltuchanzüge ausgegeben. Sie schützten nicht vor Vergiftungen; während seiner vierstündigen Schicht bekam der Arbeiter genügend Gift mit, um unrettbar verloren zu sein. Nach drei Jahren derart ertragreichen Wirkens war er absolut arbeitsunfähig und starb bald darauf.

In den Werkhallen arbeiteten auch Frauen. Ihnen versicherte man, daß ihrer Gesundheit bei Beachtung der Sicherheitsvorschriften keine Gefahr drohe. Aber schon nach einem Jahr hörten die Frauen auf, Frauen zu sein. Und dann – Schluß.

Einmal kam einer der Moskauer Führer, empfahl, das Werkgelände mit Grün zu bepflanzen. Aber im Bezirk des gelben Todes wuchs nichts.

Spürbarer Mangel an Nahrungsmitteln, Kleidung, Wohnraum, Senkung des Reallohns (erst 1940 erreichte er wieder das Niveau von 1928). Und – ein strenges Paßsystem, Beschränkung der Freizügigkeit. Und – das Gesetz gegen Bummelanten. Und – die starren Normen für die Ausgabe von Lebensmitteln und Industriewaren. Gutscheine für Fleisch und Brot, für Hosen und Gummischuhe. Es begann das Leben im Zeichen des Gutscheins.

Jossif der Erbauer zog seine eigenen Schlüsse aus dem von ihm Bewerkstelligten. Und die Millionen erfuhren, daß in *seinem* Rußland Zwangsarbeit eine »Ehrensache«, eine Angelegenheit des »Ruhms, der Tapferkeit und des Heldentums« war.

Stalin hatte ein zuverlässiges, mit vielfachen Sicherheitsvorkehrungen geschütztes Staatssystem geschaffen. Beileibe nicht jeder konnte unter der demagogischen Vergoldung die Sklavenketten erkennen. Ja, wäre nicht der Enthusiasmus der Massen, vervielfacht um den Hunger auf dem Land und um die Arbeitslosigkeit, so hätte es auf den Baustellen keine Arbeiter gegeben.

Außerdem brauchte Stalin nicht einfache Fabriken, sondern Industriegiganten – »man soll uns sehen können!« Die Potjomkinschen Dörfer des ersten Fünfjahresplans beeindruckten wirklich durch ihre Ausmaße! Aber um welchen Preis waren sie geschaffen worden? Wenn der Leiter eines neuen Industriezweiges vorschlug, für den Anfang zwei Werke zu bauen, wobei er von den vorhandenen Mitteln, von Material und

Technik ausging, vergrößerte der Generalsekretär diese Zahl unverzüglich um das Zwei-, Drei-, ja sogar um das Fünffache. Das führte zur Verschleuderung der knappen Mittel, zum Einfrieren der Investitionen und zur Verschleppung der Bauzeiten.

All seine ungewöhnliche Energie verschwendete Jossif der Erbauer darauf, den Prozeß der Industrialisierung des Landes zum Scheitern zu bringen.

Die Stalinsche Führung schuf zusätzliche unglaubliche Schwierigkeiten, die die Arbeiter mit Heldenmut überwinden mußten. In der Befehlskette, in der zwischen dem Führer und den Massen Mittelsmänner wirtschafteten, gab es genügend selbständige Projektemacher, gewinnsüchtige Abenteurer.

Das im Bau befindliche Kombinat von Magnitogorsk brauchte viel Wasser. Das Institut »Wodokanalprojekt« (Wasserkanalplanung) entwarf einen Staudamm am Ural-Fluß. Die Frauen mit den roten Kopftüchern schütteten mit Spaten und Schubkarren einen riesigen Damm auf, aber als man diesen von Hand errichteten Stausee vollaufen ließ, umging das Wasser den Damm von zwei Seiten. Man mußte weiter flußabwärts einen neuen Damm bauen, geplant und unter der Leitung amerikanischer Fachleute. Der zweite Stausee leistet heute noch gute Dienste. Der erste aber, der vaterländische, wurde überschwemmt. Jammerschade! Solche Denkmäler der Industrialisierung sollte man erhalten – und den Nachkommen vorführen.

Was aber das sowjetische Volk dennoch während des ersten Fünfjahresplans zu schaffen vermochte, ist das ausschließliche Verdienst des Volkes. Das einzige, worin sich der positive Einfluß Stalins auf den Verlauf der Industrialisierung des Landes zeigte – wenn man die Peitsche als positiven Faktor nimmt – ist das unaufhörliche Antreiben des völlig erschöpften Arbeitspferdes.

Aber welch hinreißende Losungen erfand Jossif der Erbauer!

Fünf in vier! Den Fünfjahresplan in vier Jahren!

Die Technik während des Wiederaufbaus entscheidet alles!

Die Kader entscheiden alles!

Er stellte die berühmten *sechs Bedingungen* zur Verbesserung der Produktion auf – eine Sammlung von elementaren Arbeitsregeln, die jeder minderjährige Handwerksgeselle kennt.

Fünf in vier! Diese Superlosung wiederholten Tag und Nacht wie eine Gebetsformel alle Zeitungen, Plakate, der Rundfunk, das Kino. Sie wurde auf Versammlungen, Sitzungen und Konferenzen skandiert. Kinder riefen sie und Redner, Funktionäre aller Dienstgrade und Akteure jeden Ranges.

Fünf in vier! Wie eine Granate schlug die Losung im Bildungssystem ein, drang in die Hochschulen vor.
Die theoretische Grundlage dieses neuen Abenteuers war elegant und überzeugend wie der Dietrich eines Einbrechers:
»Die Lehre, die wir aus der Schachty-Affäre zu ziehen haben, besteht darin, daß wir das Tempo der Bildung beschleunigen müssen. Eine neue technische Intelligenz muß von der Arbeiterklasse hervorgebracht werden, Menschen, die der Sache des Sozialismus ergeben sind und fähig, unsere sozialistische Industrie technisch zu leiten.«[58]
So lehrte Stalin im Jahre 1928.
Fünf in vier!
Fünf in drei!
Fünf in zwei! Und schon strömte eine ganze Armee von Ingenieuren, Gelehrten, Agronomen, Ärzten und Philosophen, ausgebildet im proletarischen Schnellverfahren, in die Volkswirtschaft und in die Wissenschaft.
Als er beschloß, schleunigst eigene Kader von »Produktionskommandeuren« haben zu müssen, handelte Jossif der Erbauer wie bei einem Brand. Und die schnellgereiften »Ingenieure« der Jahrgänge 1930 bis 1932, von keiner Kenntnis belastet, jedoch überzeugt von ihrer klassenmäßigen Überlegenheit über die restliche Bevölkerung, machten sich an die Leitung und Verwaltung mit der unermüdlichen Energie der Jugend. Nur wenige wurden später wirkliche Ingenieure. Statt dessen wurde eine Armee aggressiver »Arbeiterspezialisten« geschaffen. Die Mehrzahl von ihnen teilte später das Schicksal der »bürgerlichen Spezialisten«. Viele der Überlebenden verwandelten sich in professionelle Bürokraten.
Die Hochschulen waren – Schnellküchen. Was hätte Stalin damals gehindert, diese sozialistische Erfindung patentieren zu lassen? Die angeborene Bescheidenheit vielleicht.
Und was die Losungen angeht, so wird er noch ein gutes Vierteljahrhundert lang sein Volk damit beschenken und fordern, daß es sie ernst nimmt.
Darüber, wie sich die in ihrem Bewußtsein ungefestigten Arbeiter gegenüber den »sechs Bedingungen« verhielten, kann man anhand jener Zeilen urteilen, die zur Melodie eines Volksliedes gedichtet wurden:

> Ach, ihr Alten und ihr Jungen –
> Stalins sechs Bedingungen
> und von Rykow noch 'mal vier
> und zwei von Zar Peter haben wir!

»Die Technik während des Wiederaufbaus entscheidet alles!« Dieser Losung gegenüber war Humor nicht angebracht, es konnte höchstens

ihre Ähnlichkeit mit der anderen Parole »Die Kader entscheiden alles!« störend wirken. Das etwas schwerfällige Volk begriff nicht ganz, was denn da »alles entschied«. Wahrscheinlich hatte Stalin deshalb keinen Erfolg, weder mit der Technik, noch mit den Kadern.
Die Zeit der ersten Bilanzen kam heran. Und Stalin führte der Welt ein Muster von bodenlosem Optimismus vor. Was machte es schon, daß nicht ein Zielwert des Fünfjahresplans erreicht war? Im Januar 1933 erklärte Stalin, die Industrie sei allein in den vergangenen drei Jahren um mehr als das Zweifache gewachsen und der Fünfjahresplan insgesamt sei in vier Jahren erfüllt worden.
Weiter als zur Arithmetik reichte die Vertrautheit des ehemaligen Seminaristen mit der Mathematik nicht. Dafür aber fühlte er sich auf diesem Gebiet ungestört. Wenn die Leute behaupteten, daß zwei mal zwei vier sei, so erklärte Stalin, indem er diesen Satz schöpferisch weiterentwickelte, zwei mal zwei ergebe – den Fünfjahresplan.
Aber legen wir noch eine Weihegabe vor Stalins Bescheidenheit nieder. Er hätte den Fünfjahresplan noch ein Jahr früher für erfüllt erklären können. Aber – er tat es nicht.
Stalin hatte eine industrielle Revolution durchgeführt und nahm jetzt in träger Herablassung die Glückwünsche entgegen. Anläßlich des »historischen Sieges« wurde dem Volk zu jubeln erlaubt. Und es jubelte, in völliger Unkenntnis der traurigen Wahrheit.
Aber ohne konkrete Beispiele kann man sich nur schwer die Maßstäbe des industriellen Schwindels vorstellen. Den Plan für die Erzeugung von Gußeisen im letzten Jahr des Fünfjahresplans – zehn Millionen Tonnen – hatte Stalin auf 17 Millionen erhöht. Die Gießereien lieferten jedoch nur etwas über sechs Millionen Tonnen. Den Plan für die Traktorenproduktion hatte Stalin entworfen und ihn auf 170 000 Stück festgesetzt. 1932 gelang es jedoch nur, 49 000 herzustellen, bei einer ersten Planvorgabe von 55 000.
Die Zimmerdecke im Büro des Generalsekretärs ist hoch. Die von dort hergeholten Zahlen wurden erst ein Vierteljahrhundert später Wirklichkeit. Aber wann hätten sich derart geniale Vorstellungen jemals an Aschenputtel – dem realen Leben – orientiert?
Die Siegesfanfaren brauchte Stalin im Jahre der Hungerkatastrophe auf dem Lande und der unaufhörlich zunehmenden Verelendung der Arbeiter. Bei einer heißen Sache darf man die Leute keinesfalls zur Ruhe und zu klarem Kopf kommen lassen. Stalin versetzte sein Volk in die Lage eines Sisyphos: Er zwang es, den schweren Karren des Fünfjahresplans bergauf zu schieben. Nun hatten die Leute das Ziel erreicht, der Fünfjahresplan war erfüllt. Und schon stand der nächste Karren bereit,

und das Volk wird wieder davorgespannt werden. Und wieder verspricht der Führer alles Heil.
Dennoch gelang es nicht, mit dem Schmettern des Grammophons alle Irrtümer zu überspielen. Man mußte auch die Unzufriedenheit der Hungernden und Verelendeten im Auge behalten. Stalin dachte nicht lange nach. Es war Zeit, Fachleute zu opfern – die Techniker. Sein persönliches Prestige, so meinte er, stehe dafür. Und Jossif der Erbauer beginnt die Verfolgungskampagne gegen die alten, »bürgerlichen« Fachleute gleich im ersten Jahr des Fünfjahresplans mit dem sogenannten »Schachty-Prozeß«.
Der erste Lügenprozeß. Die ersten Folterungen. Die ersten Hinrichtungen.
Die unvernünftige Planung, der administrative Druck und die Inkompetenz der Leiter, das Fehlen technischer Kader und qualifizierter Arbeiter – all dies geht auf das Konto »Schädlingsarbeit« feindlicher Elemente der noch nicht völlig zerschlagenen ehemals besitzenden Klassen.
Geneigt zu schnellen politischen Verallgemeinerungen (wenn sie seinen persönlichen, monarchischen Interessen entsprechen), richtet Stalin die Unzufriedenheit der Massen auf die Fachleute, die dem Volk ehrlich dienen. Nein, Stalin verkündete nicht etwa die Losung »Schlagt die Spezialisten, rettet Rußland!« Er gab einfach die Direktive aus – auf dem Aprilplenum des ZK im Jahre 1929 – »Schachty-Verbrecher« überall zu suchen, »in allen Branchen unserer Industrie«.
Vier Jahre lang wurde das Land von lauten Schädlingsentlarvungskampagnen erschüttert – in der Industrie (der Schachty-Prozeß, die Prozesse gegen die sogenannte Industriepartei und das Bundesbüro des ZK der menschewistischen Partei), in der Landwirtschaft (der Fall der Partei der Werktätigen Bauern), in der Versorgung (die angebliche Organisation des Professors A. W. Rjasanzew und des früheren Generals J. S. Karatygin). Die »Schachty-Leute« und die Mitglieder der nebulosen »Industriepartei« hatten angeblich Bergwerke und Fabriken gesprengt, hatten spioniert und gemeinsam mit den »Haien des Weltimperialismus« einen Überfall auf die Sowjetunion vorbereitet. Die Menschewiki hatten Pläne zur Entwicklung der Volkswirtschaft mit böswillig niedrigen Zielsetzungen aufgestellt. Die Partei der Werktätigen Bauern hatte auf dem Dorf Schädlingsarbeit betrieben, hatte Hunderttausende (!) von Konterrevolutionären vereinigt. Die Versorgungsfachleute hatten den Hunger im Land organisiert, die Lebensmittelpreise heraufgesetzt und die Bevölkerung mit Konserven vergiftet. Dafür wurden sie auch erschossen – alle 46, die wegen dieses windigen »Falles« verhaftet worden waren. Und – unvermeidlich der Zusatz, wie der aufdringliche Refrain eines abgedro-

schenen Schlagers: »Sie hatten sich an der Vorbereitung des bewaffneten Überfalls auf das Land der Oktoberrevolution beteiligt, sie wollten das Volk der Knechtschaft des Auslands ausliefern.«
Bei der Planung dieser politischen Provokationen erwies sich Stalin als ein Fachmann allererster Güte.
Es war nicht weiter schlimm, wenn es bei den Untersuchungsverfahren nicht mit rechten Dingen zuging, wenn die schweren Anschuldigungen nicht durch Tatsachen, objektive Zeugenaussagen und echte Dokumente bewiesen werden konnten. Statt dessen existierten die »ehrlichen Bekenntnisse« der Beschuldigten. Die junge und flinke Stalinsche Göttin der Gerechtigkeit ließ sich leicht zufriedenstellen.
Und das Ergebnis? Hunderttausende von Verbannten, Tausende von Erschossenen. Stalin mußte um jeden Preis, selbst um den Preis von Menschenleben, den Eindruck blendender Siege erwecken. Natürlich nicht um den Preis des eigenen Lebens.
Es vergehen einige wenige Jahre, und die Köpfe der Organisatoren der ersten Baustellen, die Köpfe der Führer der Industrieunternehmen werden rollen. Eine kleine Liste von Namen, dem ganzen Lande bekannt, im Glanz von Orden und Ehren, von wohlverdientem Ruhm. Sie alle fielen dem Stalinschen Terror zum Opfer.
Zur Zerschlagung der Leningrader Industrie schritt Stalin im Januar 1935. Damals wurden allein in den Putilow-Werken 140 Menschen verhaftet – wegen »Treue zum Zarenregime«. Danach wurden weitere 700 als Volksfeinde, Trotzkisten und Sinowjewisten erschossen. In den Jahren 1937–1938 traf die Putilow-Betriebe eine neue Welle von Repressionen. Die Direktoren, ihre Stellvertreter, die Sekretäre der Betriebsparteiorganisationen und alle Abteilungsleiter wurden verhaftet. Unter denen, die umkamen, waren der Fabrikdirektor Ter-Assaturow und der Leiter von Lenenergo (der Leningrader Elektrizitätswerke), P. F. Antjuchin. Die leistungsfähige Leningrader Industrie stand mit leeren Händen da. Der staatliche Produktionsplan war auf Dauer hintertrieben. Was gehen Stalin staatliche Pläne an? Er hat seinen eigenen Generalplan zur Unterwerfung Rußlands.
Da waren noch die örtlichen Betriebsleiter und Industrieorganisatoren, die Gebiets- und Bezirkskomiteesekretäre der Partei. Niemanden ließ Stalin am Leben. Und sie wiederum hatten ihre Anordnungen von so maßgeblichen Kommandeuren der Wirtschaftsfront erhalten wie Pjatakow, Ordshonikidse, Rudsutak, Kirow, Tschubarj, Kabakow, Dzierżyński, Kujbyschew.
Mord als »Baustoff«? Warum denn nicht? Schließlich weiß jeder, daß die »Kader alles entscheiden«.

Der Sieger

Der XVII. Parteitag und sein Umkreis

Nachdem Stalin sich davon überzeugt hatte, daß seine Erklärung von der vorzeitigen Erfüllung des ersten Fünfjahresplans ernst genommen worden war, wartete er zunächst das Jahresende 1933 ab und erlaubte dann seinen verschworenen Propagandisten, den »welthistorischen Sieg« der Generallinie der Partei auf der ganzen Front zu verkünden. Im gleichen Stil, wortwörtlich, besangen die Delegierten des XVII. Parteitages die ephemeren Errungenschaften der Stalinschen Wirtschaft.

Der »Parteitag der Sieger« trat im Januar 1934 zusammen. Stalin badete buchstäblich in den Strahlen seiner eigenen Sonne. Seit der Einberufung des XVI. Parteitages, den der Generalsekretär den »Parteitag des umfassenden Angriffs des Sozialismus auf der ganzen Front« getauft hatte, waren dreieinhalb Jahre vergangen. Stalin erklärte, in dieser Zeit habe sich die Sowjetunion von Grund auf verändert, habe ihr »Gewand von Rückständigkeit und Mittelalterlichkeit« abgeworfen. Der Referent schwatzte das Blaue vom Himmel herunter, die Delegierten klatschten brav Beifall, der oberste Schauspieler fuhr in seinem Monolog fort. In der »Berichtsperiode« habe sich das Land aus einem Agrarstaat in eine Industriemacht mit einer blühenden mechanisierten Landwirtschaft und mit einer aufstrebenden Kultur verwandelt. Er erwähnte, zitierte, wie gewöhnlich, aus passendem Anlaß Lenin – dieser Paravent war schon seit langem zum unerläßlichen Requisit des Kreml-Theaters geworden.

Das Schauspiel mit dem Titel »XVII. Parteitag« wurde nach den klassischen Regeln des Kampfes gegen das Böse aufgeführt. Die Sonne des Guten erstrahlte schon, es fehlte nur ein Partner und Antipode, irgendein möglichst schrecklicher Drache. Stalin beschloß, ihn aus den Überresten der »zerschlagenen antileninistischen Gruppen« und all jener zusammenzuleimen, die an den parteifeindlichen Abweichungen beteiligt gewesen waren. Es gelang ihm jedoch nur ein *scheinbar* bedrohlicher Drache. Geblendet von der Scheinwerfersonne der Siege, wagte er nicht, sein papiernes Haupt zu erheben. Die Anführer der Opposition – *Ex*-opposition – gaben der Reihe nach Reuebekenntnisse ab. Unter den ersten waren Bucharin und Tomskij.

Stalin zwang auch Rykow, Lenins Nachfolger als Vorsitzender des Rates der Volkskommissare, sich an dieser widerlichen Vorstellung zu beteiligen. Zart, von Natur aus gutartig, saß Aleksej Rykow in einer der letzten

Reihen des Saales und zitterte in Erwartung seines Auftritts. Seine Frau, eine Ärztin, die damals im ZK-Apparat arbeitete, war den ganzen Tag bei ihm und gab ihm Beruhigungsmittel.

In der Selbstgeißelungsszene wirkten auch Sinowjew und Kamenew mit, die später zusammen mit den »Bucharinisten« zu der »trotzkistischen Bande der Doppelzüngler« gezählt wurden. Die gut organisierte Stalinsche Claque brüllte und pries mit hochbezahltem Eifer den Führer. Einzelne zaghafte Stimmen, die versuchten, zu bolschewistischer Bescheidenheit aufzurufen, gingen in dem machtvollen Lärm des siegreichen Orchesters unter.

Als der Chef der usbekischen Kommunisten, Akmal Ikramow, das Wort erhielt, bemerkte er, es sei nicht nötig, sich der eigenen Siege zu rühmen, Lob tue nur in Maßen gut. Stalin unterbrach den »Jammerlappen« und »Kleingläubigen« grob. Es ist nicht verwunderlich, daß Ikramow sehr schnell ins Lager der »Volksfeinde« geriet. 1937 versuchte er, gegen die Ermordung ehrlicher Kommunisten zu protestieren; auf persönliche Anordnung Stalins wurde er verhaftet und liquidiert.[59]

Ohrenbetäubend von den unter seiner Leitung errungenen Siegen zu posaunen, war für Stalin nur eine Seite der Medaille. Er wollte das Volk in Erstaunen versetzen, nein, die ganze Welt wollte er verblüffen mit dem zweiten Fünfjahresplan. Zu diesem Zweck war in die Referate Molotows und Kujbyschews ein bewährter Trick eingebaut worden – als Berechnungsgrundlage galt das Jahr 1913. Und so würde im Vergleich mit dem Vorkriegsstand die Industrieproduktion zum Jahre 1937 um das Achtfache anwachsen!

Einigen Zuhörern verschlug es fast den Atem. Am anschaulichsten, in lebendigem Amtsjargon drückte der »flammende Tribun« Ssergej Kirow die allgemeine Stimmung aus: »Hol's der Teufel, schlicht menschlich gesagt, die Leute wollen doch nur leben und nichts weiter – im Grunde braucht ihr euch nur anzusehen, was erreicht worden ist. Ist doch Tatsache!«

Solche Redner waren damals gefragt. Intellektuellen ging man aus dem Wege, Denker wurden isoliert. Kirow aber imponierte allen mit seiner Offenheit, seinem begeisterten Anpacken der Wirklichkeit, seiner Energie.

Seit langem wurde davon gesprochen, daß Stalin vom Amt des Generalsekretärs auf einen Regierungsposten überwechseln sollte – ins Präsidium des Zentralexekutivkomitees oder in den Rat der Volkskommissare. Wenn man auch das Vermächtnis des toten Führers geheimhielt, allen führenden Parteimitgliedern war es bekannt. Auf dem XVII. Parteitag, nach der Blitzkollektivierung der Landwirtschaft und der Hungersnot, die Millionen von Menschenleben gefordert hatte, nach den erfolglosen Experimenten mit Planung und Bau von Industriegiganten – auch unter den Delegierten gab es nicht wenige gut informierte Genossen –, nach den höchst ungesetzlichen Prozessen gegen die »Schädlinge« und »Spione« wurde (natürlich hinter den Kulissen) folgende Variante hitzig debattiert: Kirow als neuer Generalsekretär, Stalin – in den Rat der Volkskommissare.

1936 erzählte Bucharin in Paris Boris Nikolajewskij, einige Bolschewiki hätten ihre Hoffnungen auf das Ende des grausamen Stalinschen Kurses mit dem Namen Kirow verknüpft. Vielen Funktionären der Zentrale und in der Provinz war Stalins diktatorische Herrschaft unerträglich geworden. Seine groben Regierungsmethoden, die Gewalttätigkeiten seiner Kreaturen im ZK lasteten schwer.

Wußte der Führer überhaupt von diesen ungesunden Stimmungen? Ganz sicher. Noch im Januar 1933 hatte auf seine Anweisung hin ein gemeinsames Plenum A. Ssmirnow, W.N. Tolmatschow und N. Ejsmont verurteilt. Das einzige »Verbrechen« der drei alten Bolschewiki hatte darin bestanden, daß sie im engsten Freundeskreis (und wozu sind Stalins Spitzel da?) von einer möglichen Ablösung Stalins im Amt des Generalsekretärs durch einen anderen führenden Politiker gesprochen hatten. Für diesen umstürzlerischen Wunsch bezahlten sie mit ihrem Leben.

Jossif Pinkerton-Stalin hatte auch herausgeschnüffelt, daß in der Wohnung Ssergo Ordshonikidses ein abendliches Gespräch stattgefunden hatte, am Vorabend der Wahlen zum Zentralkomitee. Die bei Ssergo Versammelten – Grigorij Petrowskij, Stanislaw Kossior, Boris Scheboldajew, Robert Ejche und Mamija Orachelaschwili – hatten Kirow von der Notwendigkeit zu überzeugen versucht, daß Stalin abtrete. Für das Amt des Generalsekretärs hatten sie ebenfalls Kirow vorgeschlagen. Aber der »beste Schüler des Führers« weigerte sich. Stalin ablösen? Wo denkt ihr hin? Kann das denn überhaupt ein gewöhnlicher Sterblicher?

Da steht er auf der Tribüne, der strahlend leuchtende, geniale Sekretär, und streckt den duldsamen Kampfgenossen die behaarte Hand entgegen. Die Delegierten eilen, sie zu drücken. Sie stellen sich in einer Reihe an. Unter den ersten ist Kirow. Diese Szene habe ich mir nur vorgestellt; aber sie hätte sich durchaus so ereignen können. Hatte denn Kirow nicht vorgeschlagen, den Rechenschaftsbericht Stalins als Resolution des Parteitages zu betrachten? War denn dieser Vorschlag nicht einstimmig und enthusiastisch angenommen worden?

Und es kam der letzte und wohl wichtigste Arbeitstag des Parteitags. Hier brauchen wir die Sorgfalt und Genauigkeit des Dokumentars. Für

die Durchführung der geheimen Wahlen zum Zentralkomitee war ein Wahlausschuß gebildet worden, dem 41 Delegierte angehörten. Sie wurden auf die dreizehn Urnen verteilt – drei an jede Urne. Nebenbei, auf dem vorausgegangenen Parteitag hatte man zwei Urnen verwendet und davor lediglich eine. Und jetzt – dreizehn. Und noch etwas war bemerkenswert – für eine bestimmte Wählerzahl war gemäß den Wahllisten jeweils eine Urne vorgesehen. Sagen wir, für die Delegiertenausweise von Nummer eins bis hundert. In diesem Fall enthüllten die Daten jeder einzelnen Urne die Abstimmungsergebnisse jeder Delegiertengruppe.
Kann man solche Wahlen als geheim bezeichnen?
Unter Lenin war gewöhnlich Nikolaj Skrypnik zum Vorsitzenden des Wahlausschusses gewählt worden, ein Revolutionär von ungewöhnlichem Mut. In Parteidingen konnte er ein Pedant sein, und in der Arbeit des Wahlausschusses wurde diese Eigenschaft besonders geschätzt. Unter Stalin wurde zum Vorsitzenden dieses Ausschusses unweigerlich Wladimir Satonskij berufen. Satonskijs Stellvertreter war Wassilij Werchowych, ein altes Parteimitglied, ein erfahrener Soldat.
Die eigentliche Prozedur der Abstimmung dauerte nicht mehr als zwei Stunden. Die drei Delegierten jeder Auszählgruppe öffneten die Urnen, zählten die Stimmzettel, verfaßten der Form halber ein Protokoll und teilten Satonskij und Werchowych die Ergebnisse mit. Wie? Gegen den Genossen Stalin sind 292 Stimmen abgegeben worden? Ein Viertel der Delegierten wünschte den Triumphator nicht mehr im leninistisch-stalinistischen ZK zu sehen?!!
Man beschloß, sich mit den Mitgliedern des Politbüros und mit den Sekretären des Zentralkomitees, Molotow und Kaganowitsch, zu beraten. Kaganowitsch begriff, daß das Ende von Stalins Karriere auch das Ende seiner eigenen Karriere bedeutete. Ein Mensch der Tat, ordnete er an, 289 der umstürzlerischen Stimmzettel zu verbrennen. Drei ließ er, um den Anschein zu wahren, zu. Entsprechend mußten alle dreizehn Protokolle und das Schlußprotokoll umgeschrieben werden. Den Delegierten wurde das Gesamtergebnis der Abstimmung mitgeteilt: Alle vorgeschlagenen Kandidaten sind ins ZK gewählt worden.

Einst, vor langer Zeit, hatte sich der Athener Staatsmann und Feldherr Aristides der Gerechte (540–467) dem Ostrazismus unterworfen. Über sein Schicksal wurde durch die Abgabe von Tonscherben entschieden. Um für die Vertreibung des Aristides zu stimmen, genügte es, seinen Namen auf die Scherbe zu ritzen. Als ein des Schreibens unkundiger

Bauer Aristides bat, seinen Namen auf die Scherbe zu schreiben, tat er dies, ohne nachzudenken.
Aber was soll hier der gerechte Aristides? Wir haben ja Lenins Beispiel vor Augen, der unweigerlich bei den Wahlen zum ZK gegen seine eigene Kandidatur gestimmt hatte. Als sein Kampfgefährte Trotzkij auf dem VIII. Parteitag fünfzig Gegenstimmen bei seiner Wahl ins ZK erhielt, machte niemand aus dieser Angelegenheit eine Affäre.
Andere Zeiten waren gekommen – ein anderer Parteicharakter. Jetzt entspricht die Zahl der Kandidaten genau der Zahl der Sitze im ZK. So daß die vorgeschlagenen Leute bei den »Wahlen« nicht durchfallen können.
Der Generalsekretär hatte in jenen Jahren bereits die Einmannherrschaft im Lande verwirklicht. In einer Tasche hielt er seinen »Präsidenten« Michail Kalinin, in der anderen – den »Premier« Wjatscheslaw Molotow. 292 Gegenstimmen – so etwas hatte es in der Partei noch nicht gegeben.
Die Geschichte der inneren und äußeren Politik Stalins ist ein Register ununterbrochener Niederlagen. Es ist zu Recht bemerkt worden, daß für jeden Politiker im Westen auch schon ein Bruchteil der katastrophalen Irrtümer Stalins genügt hätte, um für immer das Vertrauen von Regierung und Volk zu verlieren. Aber Stalin trat nicht ab. Er blieb nicht deswegen, weil die sowjetische Propagandamaschine jedes neue Desaster als den nächsten »historischen Sieg« ausgab, sondern kraft der Gewohnheit aller asiatischen Despoten, denen das Wort Rücktritt fremd ist. Einen Despoten beruft nur der Tod ab.
Lange Zeit wurden die Dokumente des Wahlausschusses des XVII. Parteitages im Zentralen Parteiarchiv unter strengster Sicherung aufbewahrt, und niemand, nicht einmal die Mitglieder des ZK, hatten Zutritt zu ihnen. Die Materialien zu überprüfen war erst nach dem XX. Parteitag, im Jahre 1957, möglich. In das Archiv kam eine Sonderkommission des Politbüros, der der persönliche Sekretär des Vorsitzenden der Kontrollkommission der Partei, Nikolaj Schwernik, angehörte. Die Stimmzettel und Protokolle waren in einem besonderen versiegelten Behälter aufbewahrt. Zuerst nahm man das Schlußprotokoll vor. In ihm hieß es, gegen Stalin und Kirow hätten je drei Delegierte gestimmt. Nach den Unterlagen der Mandatskommission waren auf dem Parteitag 1225 stimmberechtigte Delegierte anwesend. Im Schlußprotokoll des Wahlausschusses dagegen war die Zahl der abgegebenen Stimmen mit 936 angegeben. Die Zahl der Stimmzettel wurde überprüft, es waren genau 936. Das Defizit betrug 289 Stimmen.
Wie hat eine solche Disparität entstehen können? Die Wahl zum neuen

Zentralkomitee war auf der Abendsitzung, nach der Pause, durchgeführt worden. Waren etwa knapp dreihundert Personen eines plötzlichen Todes gestorben? Aber vielleicht gab es eine andere Lesart, eine wahrscheinlichere? Von ihr berichtete der Stellvertretende Vorsitzende des Wahlausschusses des Parteitages, Wassilij Werchowych.
Er wurde ins ZK geladen und gebeten, sich an jenen Januarabend des Jahres 1934 zu erinnern. Von den Untersuchungsergebnissen im Archiv sagte man ihm vorerst nichts. Und Werchowych berichtete der Kommission: Gegen Stalin waren 292 Stimmen abgegeben worden. Der Vorsitzende der Kommission, W. Satonskij, beriet sich daraufhin mit ZK-Sekretär Lasar Kaganowitsch. Dieser bat, ein paar Minuten zu warten, und verließ das Zimmer. Nach seiner Rückkehr fragte er, wieviele Stimmen Kirow verloren hätte.
»Drei«, antwortete Satonskij.
»Genausoviel Gegenstimmen laßt auch bei dem Genossen Stalin«, ordnete der ZK-Sekretär an. »Die übrigen Stimmzettel sind zu vernichten. Dieses Mißverständnis muß unverzüglich beseitigt werden.« Und so geschah es.
Mit wem hatte sich der durchtriebene Lasar beraten? Dem Generalsekretär ebensoviele Stimmen gegen seine Wahl zu geben, wie sie gegen Kirow abgegeben worden waren – das hatte einen bestimmten Sinn – für Stalin.
Die Kommission des Politbüros empfahl Werchowych, ein offizielles Gedächtnisprotokoll anzufertigen und es der Kontrollkommission der Partei zu übergeben. Am nächsten Tag reiste die Kommission nach Leningrad. Eine Woche darauf ein Anruf aus Moskau. Der Chef von Schwerniks Sekretariat, Pawel Bogojawlenskij (wir werden uns diesen Namen zu merken haben), teilt mit, Werchowych habe nichts übergeben.
»Dann erinnern Sie ihn daran.«
»Ich habe ihn zu Hause angerufen, aber *Ihr* Werchowych hat abgewinkt«, antwortete Bogojawlenskij nicht ohne Schadenfreude.
Später, als die Kommission nach Moskau zurückgekehrt war, händigte Werchowych seine Erinnerungen demjenigen aus, den er als dafür zuständig erachtete.
»Warum haben Sie diesen Bericht nicht Bogojawlenskij oder seinen Mitarbeitern übergeben?« wurde er gefragt.
»Ich traue ihnen einfach nicht. Sie sind alle Halunken.«
Noch ein Mitglied des Wahlausschusses des XVII. Parteitages war am Leben, hatte die Stalinschen Gefängnisse und Lager überlebt, Napoleon Andreassjan. Dieser benahm sich anders: »Ich weiß von nichts, ich

erinnere mich an nichts.« Zwei Stunden lang mühte man sich mit ihm ab, versuchte, ihn zu überzeugen, appellierte an seine Ehre, seine Zivilcourage, wies darauf hin, daß, wenn Stalins Name auf 292 Stimmzetteln ausgestrichen worden war, solche Stimmzettel in jeder der dreizehn Urnen hätten liegen müssen. Schließlich »erinnerte« sich Andreassjan daran, daß in seiner Urne tatsächlich zwei oder drei dieser Stimmzettel gewesen waren. Dann »entsann« er sich, daß es doppelt soviele gewesen waren. Als er endlich zur schriftlichen Bestätigung kam, sträubte sich Andreassjan erneut. Neuerliche mühsame Überredungsversuche und feiges Abstreiten. Dann aber nahm er den Federhalter und begann zu schreiben:

»Auf Verlangen der Vertreter der Kontrollkommission der Partei teile ich mit, daß bei der Auszählung der Stimmen, die auf dem XVII. Parteitag für die neuen ZK-Mitglieder abgegeben worden waren, sich in der von uns betreuten Urne vier Stimmzettel befanden, auf denen der Name Jossif Wissarionowitsch Stalins durchgestrichen war. Ich halte diese ganze Untersuchung für schädlich, sie untergräbt die Autorität des Genossen Stalin.«

Andreassjan war befreundet mit Anastas Mikojan, sie hatten dasselbe geistliche Seminar besucht. Als Mikojan vom Verhalten Andreassjans erfuhr, war er überrascht und versuchte sogar, ihm ins Gewissen zu reden. Doch Napoleon Andreassjan sah weiter als Anastas Mikojan. Acht Jahre vergingen, und Andreassjan traf ihn bei der Parteikontrollkommission:

»Da können Sie sehen, wie sich alles gewendet hat: Er sitzt wieder im Sattel.«

Jedesmal, wenn ich über die Entartung der Bolschewiki nachdenke, denke ich an den Parteiveteran Napoleon Andreassjan. Und an jene fast dreihundert Delegierten des »Parteitages der Sieger«, die gewagt hatten, geheim gegen den allgemeinen Abgott zu stimmen. Was für mutige Männer trotz allem!

Der Zeitgenosse Stalins, das Idol der italienischen Spießbürger, Mussolini, war unverzüglich verhaftet worden, nachdem der Große Faschistische Rat ihm am 25. Juli 1943 das Mißtrauen ausgesprochen hatte. Ein Jahr später wurde er hingerichtet. Eine logische Maßnahme, ein würdiges Ende.

Die Logik der Geschichte hat Stalin umgangen oder genauer, er hat sie beharrlich umgangen.

Der XVII. Parteitag traf Stalin wie ein erstes Alarmsignal. Wären nicht Kaganowitsch, Molotow und andere Handlanger gewesen, hätte dieser erste Alarmton auch der letzte seiner Karriere werden können. Zu Tode

erschrocken, stellt der Generalsekretär eine »Schwarze Liste« seiner Feinde auf. Aber wie soll er die Namen jener 292 erfahren, die gewagt hatten, diesen Emporkömmling Kirow ihm, dem Führer, vorzuziehen?
In den Pausen zwischen den Sitzungen des Parteitages promenierten die Agenten Stalins artig in den Wandelhallen, belauschten die Gespräche der Delegierten. Stalin wußte, wen man als erste aus dem Wege räumen mußte. Aber war es nicht besser, *alle* Delegierten zu liquidieren, und nur eine Hundertschaft verläßlicher Getreuer übrigzulassen? Prophylaxe ist eine große Sache. Sie wird er anwenden, natürlich nicht sofort. Die Fähigkeit abzuwarten war nicht sein schwächster Trumpf im Kampf um die Macht. Bis zum Jahr 1938 wird er sich ihrer aller entledigt haben. Fast alle Mitglieder des Wahlausschusses werden bestraft werden, einer der ersten ist Satonskij.
Februar 1938. Satonskij sitzt in einer Zelle des Butyrka-Gefängnisses und wartet, zur »Verhandlung« vor das Militärkollegium des Obersten Gerichts abgerufen zu werden. Obwohl die Sache längst entschieden ist, wird das Dreiminutenritual der Anhörung des »Falles« strikt eingehalten. Der Riegel an der Tür klirrte – sie holten ihn. Satonskij zog Jackett, Hosen und Schuhe aus und verteilte sie an seine Zellengenossen. Dann gab er ihnen auch seine Machorka und seinen Zwieback.
»Nehmt, nehmt, Genossen. Ich war Vorsitzender des Wahlausschusses auf dem XVII. Parteitag, ich weiß, was mich erwartet. Ich habe dem Untersuchungsbeamten nichts sagen können, aber dort werde ich alles sagen. Einen Ausweg gibt es nicht für mich. Mich werden sie einfach erschießen.«
Man sollte annehmen, daß Wladimir Satonskij, Held der Untergrundarbeit der Partei und des Bürgerkrieges, sich auch vor diesem Pseudogericht heldenmütig verhalten würde. Wem aber berichtete er von den gefälschten ZK-Wahlen beim XVII. Parteitag? Dem Scharfrichter Stalins, Wassilij Ulrich, dieser Kröte in Uniform mit den wässrigen Augen.
Nachdem Stalin erfolgreich die kritische Hürde des XVII. Parteitages genommen hatte, konnte er mit Genugtuung auf die zurückgelegten Etappen zurückschauen. Er hatte es geschafft, das ZK um eine ganze Ladung *seiner Leute* zu ergänzen: Genrich Jagoda, Nikita Chruschtschow, Nikolaj Jeshow, Dshafar Bagirow, Lawrentij Berija, Lew Mechlis, Wssewolod Galizkij, Aleksandr Poskrebyschew, Jefim Jewdokimow.
Welch ein Gestirn von Henkersmeistern! Zusammen mit Kaganowitsch, Molotow, Woroschilow, Shdanow, Andrejew, Mikojan und Schkirjatow

(später werden zu ihnen noch Andrej Wyschinskij und Georgij Malenkow stoßen) stellen sie den Kern von Stalins Schwarzer Hundertschaft dar, die das ganze Land in Blut ertränken wird.
Da war der Vorsitzende der Staatssicherheitspolizei (OGPU) W. R. Menshinskij, ein verdienstvoller Bolschewik, aus dem neuen ZK ausgeschlossen worden. Er hatte nichts getaugt. Statt dessen nahm Stalin unter die Kandidaten drei weitere Funktionäre des NKWD auf: Terentij Deribas, Iwan Pawlunowskij und Georgij Blagonrawow. Jetzt saß fast ein Dutzend Vertreter der Sicherheitsorgane im Zentralkomitee. Und die Kontrollkommission der Partei verstärkte der Generalsekretär durch *seine Leute,* Pjotr Pospelow und Matwej Schkirjatow. Sie werden ihm bis ans Ende dienen.
Viele alte Bolschewiki, Mitkämpfer Lenins, standen plötzlich außerhalb des ZK, mit dem Brandzeichen »Oppositioneller« auf der Stirn. Bucharin, Tomskij und Rykow degradierte der Sieger aus ZK-Mitgliedern zu Kandidaten.
Der Generalsekretär bereitete sich auf den dritten Akt vor.
Auf dem Roten Platz versammelten sich die Moskauer Proletarier, um die Delegierten des Parteitages der Sieger zu bejubeln. Eine geschickt organisierte »spontane« Arbeiterkundgebung. Wer sollte zu den Massen sprechen?
»Kirow«, rief der Saal ermattet und einstimmig.
»Hols der Teufel, schlicht menschlich gesagt, die Leute wollen doch nur leben und nichts weiter – im Grunde braucht ihr euch nur anzusehen, was erreicht worden ist. Ist doch Tatsache!«

Kirows Mörder

Nach dem Parteitag rief Stalin Kirow in sein Büro. Der Generalsekretär wußte schon alles, sowohl wer Kirow hatte überreden wollen, das höchste Parteiamt zu übernehmen, als auch dessen Antwort. Er hatte gesagt: »Wenn sie mich zum Generalsekretär berufen, wird die Politik der Partei fragwürdig – die Kollektivierung, die Industrialisierung, die Nationalitätenpolitik, der Aufbau des Sozialismus insgesamt. Nein, das übernehme ich nicht. Man kann die Pferde nicht in der Furt wechseln.«
Stalin wollte dies unbedingt von dem Rivalen selbst hören. Der Schock, den er auf dem Parteitag erlitten hatte, war noch nicht vorüber. Mit

Der Vater der Völker

Die Masken des Tyrannen

Der Bauernbekämpfer

Stalin zwischen Woroschilow (links), Molotow und Kaganowitsch mit Delegierten des XVI. Parteitags, 1930, während der Kollektivierungsphase (oben)

Der Erbauer

Woroschilow, Molotow, Stalin und Jeshow, 1937, am Moskau-Wolga-Kanal, an dem viele Gefangene bauten und starben

Auftritte

Jenukidse, Kirow, Bakajew, Woroschilow und Stalin im Kreml, um 1933

Bei der Begrüßung des Leiters der Tscheljuskin-Nordpolexpedition, Otto Schmidt, 1934

Mikojan, Molotow, Kalinin, Stalin, Woroschilow und Ordshonikidse auf einem Empfang für tadschikische und turkmenische Delegierte, 1935

Auftritte

Mit Woroschilow, 1935

Mit Molotow, Kaganowitsch, Ordshonikidse und Andrejew als Leichenträger bei Gorkijs Beerdigung, Juni 1936

Mit Woroschilow beim Begräbnis Ordshonikidses, Februar 1937

Einige der Opfer

Wladimir Antonow-Owssejenko, 1917 (links oben). Marschall Blücher, 1937; ein Jahr vor seinem Tod (rechts oben). Postyschew mit Stalin, wahrscheinlich 1933 (unten).

Einige der Opfer

Ordshonikidse mit Stalin bei einem Empfang im Kreml, März 1936; ein knappes Jahr vor Ordshonikidses Tod (links oben). Jenukidse, Stalin und Gorkij auf den Stufen des Lenin-Mausoleums, 1932 (rechts oben).

Ossip Mandelstam im Exil 1937, dem Jahr vor seinem Tod

Generalmajor Wassilij Stalin (links), Stalins ältester Sohn, bekommt von Schwernik eine Auszeichnung überreicht, 1948

Wassilij Stalin, Shdanow, Sswetlana und Stalin in den dreißiger Jahren

Kirow mit Stalin und dessen Tochter Sswetlana in Ssotschi, August 1934; drei Monate vor Kirows Ermordung

innerer Erregung, unter der Maske majestätischer Ruhe, schaute der Generalsekretär in das offene Gesicht des »Lieblings der Partei«. Kirow stritt nichts ab. Er hatte den Vorschlag der Genossen zurückgewiesen, da Stalin der wahre Führer sei, dem die Partei vertraue. Ihm folge das ganze sowjetische Volk.
»Aber du bist selber schuld an dem, was passiert ist. Wir haben es dir schließlich gesagt – so radikal geht es nicht.«
Sie duzten sich, der Leningrader Sekretär und der Generalsekretär. Stalin führte bei jedem Anlaß seine Freundschaft mit Kirow vor. Sein Buch »Fragen des Leninismus« hatte er Kirow geschenkt mit der eindrucksvollen Widmung »Dem Bruder und Freund«.
Eine der biographischen Erzählungen über Kirow trägt den symbolischen Titel »Der Junge aus Urshum«. Kirow war in der Politik ein Knabe geblieben – sowohl in der großen als auch in der kleinen, der höfischen.
Nicht er allein litt an politischem Infantilismus. Nicht er allein.

Das neugewählte Zentralkomitee trat zu einer organisatorischen Plenarsitzung zusammen. Stalin schlug Kirow als Kandidaten für das ZK-Sekretariat vor, aber der sträubte sich. Ordshonikidse unterstützte ihn: »Hier in Moskau haben wir genug Leute, aber in Leningrad gibt es solche wie Kirow nicht.«
Aber Stalin gab seine Pläne nicht so leicht auf. »Ich denke«, begann der Generalsekretär, »man kann beide Ämter bekleiden. Soll Ssergej Mironowitsch doch Sekretär des Leningrader Gebietskomitees bleiben und außerdem ZK-Sekretär werden.«
Kirow wurde gewählt, doch sein Moskauer Büro stand das ganze Jahr über leer, er hat es nicht ein einziges Mal betreten.
Als er am Abend jenes denkwürdigen Tages das Gebäude des Zentralkomitees verließ, begriff Kirow, daß ihm unausweichlich das Schafott bevorstand. Beim Abendessen in seiner Moskauer Wohnung in der Ssadowo-Kudrinskaja-Straße erzählte er Filipp Demjanowitsch Medwedj davon, dem Leiter des Leningrader Büros des NKWD. Medwedj arbeitete schon vier Jahre in Leningrad. Zuvor hatte er nacheinander die Tscheka in Tula und Moskau geleitet, war von 1926 bis 1930 im Fernen Osten tätig gewesen.
Im Zentralapparat des NKWD war die oben entstandene Lage sofort klar. Kirows Schicksal war bereits besiegelt – so urteilten durchreisende Funktionäre ungeniert im Restaurant des NKWD an der Sretenka (»Sselekt«). Es gab tatsächlich keinen Ausweg für Kirow. Stalin stürzen

konnte er nicht: Dem standen seine strenge Parteigläubigkeit und seine tiefe Infantilität entgegen. Ihm blieb nichts übrig, als passiv das eigene Ende abzuwarten.

Kaum nach Leningrad zurückgekehrt, fuhr Kirow zur Erholung nach Ssestrorezk. Er lud einen alten Freund, den Arbeiter Aleksej »Aljoscha« Ssewostjanow zu sich ein, den er während seiner Amtszeit als Erster ZK-Sekretär der aserbaidshanischen KP auf der Baustelle der Wasserversorgungslinie von Schallar kennengelernt hatte. Damals waren sie in den Wäldern bei Baku gemeinsam auf die Jagd gegangen. In Ssestrorezk sagte Kirow beiläufig zu dem Freund:

»Aljoscha, mein Kopf liegt schon auf dem Block. Sie werden mich umbringen.«

Im Jahre 1956 arbeitete Ssewostjanow im Ministerium für Eisenmetallurgie. Auf Bitten Chruschtschows berichtete er kurz von seinem Gespräch mit Kirow im denkwürdigen Frühjahr 1934 in Ssestrorezk und versprach, ihre Begegnungen in allen Einzelheiten aufzuschreiben.

Ssewostjanow kam nach Hause, drückte auf die Klingel und fiel, als seine Frau die Tür öffnete, auf der Schwelle tot um. Er war ein massiver, schwerer Mann gewesen. Bei Leuten wie ihm war ein Herzschlag keine Seltenheit.

Ssewostjanow war nicht der einzige Zeuge, der durch ein Wunder die Stalin-Zeit überlebt hatte. Kirow hatte die Befürchtungen um sein Leben auch im Beisein des Sekretärs des Leningrader Komsomol-Gebietskomitees, S. M. Ssobolew, und seiner Frau ausgesprochen.

Im Jahre 1911, wenige Monate vor seinen gewaltsamen Ende, hatte der Chef der zaristischen Regierung, Pjotr Stolypin, dem Finanzminister Kokowzew vertraulich gesagt: »Mich wird mein eigener Geheimdienst ermorden.«

Kirow wurde ebenfalls nicht von Vorahnungen gequält, er war *überzeugt* von seinem baldigen Tode, er wartete auf die Hinrichtung.

Ssofija Lwowna, die ältere Schwester von Kirows Frau, Marija Lwowna, Parteimitglied seit 1911, galt als Patin Ssergej Kirows in Sachen der Partei. Zweiundzwanzig Jahre nach dem Mord berichtete sie, daß Kirow von Februar 1934 an in ständiger Erwartung seines Todes gelebt hatte. Jeden Morgen begleitete Marija Lwownas ängstlicher Blick ihren Mann zum Auto. Und so ging es all die zehn Monate, bis zum 1. Dezember. Die ständige Angst um sein Leben und dann sein Tod zerrütteten ihren Geist. Während des Krieges brachte Ssofija Lwowna ihre kranke Schwester aus dem belagerten Leningrad fort.

Ssofija Lwowna starb unerwartet, in ihrem Bett, während sie gerade im Radio eine Reportage vom XXII. Parteitag hörte. (Noch ein – nicht das

letzte! – Echo auf die Ermordung Kirows.) Sie hatte handschriftliche Erinnerungen verfaßt, sie enthalten Zeilen, die das Verhältnis Kirows zu Stalin betreffen.
Ungefähr einen Monat nach Beendigung des XVII. Parteitages begann Stalin, Kirow wiederholt nach Moskau zu zitieren. Der Generalsekretär hatte auch früher schon Kirow wegen aller möglichen Unterlassungssünden kritisiert, jetzt aber hielt er regelrechte Strafpredigten. Auf den Sitzungen des Politbüros demonstrierte Stalin seine Macht. Wenn irgend jemand versuchte, ihm zu widersprechen, verließ der Hausherr das Zimmer. Kaganowitsch oder Kirow wurden dann hinterhergeschickt, man mußte lange auf seine Rückkehr warten.
Gewöhnlich stritt sich Stalin mit Kirow und wies alle dessen Vorschläge zurück. Er verlangte von Kirow, die »Volksfeinde« zu entlarven und zu vernichten, die in Leningrad dank der »Schlafmützigkeit« des Gebietskomitees zu Tausenden groß geworden seien. Kirow weigerte sich geradeheraus, an der Zerschlagung der Parteikader teilzunehmen, drohte aber stimmgewaltig von den Parteitribünen herab den Anhängern Sinowjews. Doch Stalin war unermüdlich in seinen Vorwürfen: »Du nutzt den Kampf mit der Opposition nur aus, um deine persönliche Macht zu stärken.«
Nach den turnusmäßigen Sitzungen des Politbüros reiste Kirow bedrückt nach Leningrad zurück und konnte sich lange nicht beruhigen. Einmal legte Kaganowitsch unterwürfig und wie immer in »verhaltener innerer Bewegtheit« auf einer Politbürositzung dar, daß die Moskauer Parteiorganisation den Genossen Stalin zu schätzen wisse und seinem Genius Tribut zolle. Von den Leningrader Genossen lasse sich das jedoch nicht sagen. Kirow mußte alle Sekretäre der Leningrader Rayonkomitees einberufen und ihnen empfehlen, die Arbeit umzustellen. »Es ist unbedingt notwendig, die Autorität des Generalsekretärs bei den Massen zu heben«, ordnete Kirow an. Im Politbüro repräsentierte Kirow den gemäßigten Flügel des ZK. Im Jahre 1932 gehörte er zu jenen, die sich gegen die Hinrichtung Rjutins (vgl. nächstes Kapitel) ausgesprochen hatten. Er hatte sich auch für eine gemäßigtere Politik gegenüber der hungernden Landbevölkerung ausgesprochen. Er plädierte dafür, den Schriftstellern und Künstlern nicht den Willen der Partei zu diktieren, sondern eine Atmosphäre des Vertrauens zwischen der schöpferischen Intelligenz und der Macht zu schaffen. Zwischen Kirow und Stalin gab es überdies Meinungsverschiedenheiten in Fragen der internationalen kommunistischen Bewegung.
Wir werden allerdings diese Meinungsverschiedenheiten nicht überbewerten. Wie alle anderen Stalinisten, rief Kirow zum unerbittlichen

Kampf gegen die Opportunisten aller Schattierungen auf. Er beteiligte sich an der Hetze gegen Uglanow. Gemeinsam mit Ssergo entlarvte und brandmarkte er auf dem XVI. Parteitag die »rechten Abweichler«. Und pries Stalin.

»Unsere Partei ist einig wie nie zuvor, sie steht monolithisch, fest und geeint um ihr Zentralkomitee und den Führer, Genosse Stalin«, hatte Ssergej Kirow auf dem XVI. Parteitag erklärt.[60]

Ergebenheit ist immer gut. Aber Koba ermordete auch weniger Ergebene.

Wenn man die Gesichter von Mördern wie Lee H. Oswald und Sirhan Sirhan ansieht, über ihr Verhalten und ihre Verbrechen nachdenkt, tritt ein ihnen allen gemeinsamer Zug hervor. Es sind verbitterte Neurastheniker, defekte Menschen, geistig und physisch nicht vollwertig.

Ein solcher Mensch war auch Leonid Nikolajew.

Es gehen verschiedene Legenden über den Mann um, der das »Verbrechen des Jahrhunderts« begangen hat.

Sohn eines verkommenen Alkoholikers, war Leonid Nikolajew mißgestaltet zur Welt gekommen und lernte erst mit 14 Jahren gehen. Krumme Beine, niedriger Wuchs und ein ungeheurer Zorn auf die Menschheit – so sieht das Bild des 16jährigen Jugendlichen aus, der 1920 in die Partei der Bolschewiki eintrat. Er nahm an den »Lebensmittelbeschaffungskampagnen« genannten Überfällen auf die Dörfer teil, später erlernte er den Beruf eines Bohrers, aber die Arbeit in der Fabrik erwies sich als zu schwer für ihn. Vom Schicksal vernachlässigt, ständig unzufrieden, beneidete er die Parteifunktionäre und strebte danach, eine wenn auch kleine, aber leitende Stelle einzunehmen.

Im Jahr 1930 verschaffte er sich einen Posten in der Preisabteilung der Leningrader Arbeiter- und Bauerninspektion. Seine zehnjährige Parteimitgliedschaft half ihm dabei. Für den ersten Schritt nicht schlecht. Er eröffnete ihm weitere Chancen. Um seine Stellung zu festigen, besuchte Nikolajew die Abendschule der Partei. Und schloß den Kurs ab. Doch da ihm jede fachliche Qualifikation fehlte, wurde er aus dieser wichtigen Institution bald wieder entlassen. Dies geschah im Januar 1932, während der Massensäuberung der Partei. Die Säuberung überstand Nikolajew ungeschoren, und er erhielt mit Mühe und Not eine zweitrangige Arbeit im Archiv des Rayonkomitees der Partei.

Ein weiterer Nadelstich für die kranke Eigenliebe.

Als dann in seiner neuen Arbeitsstelle die Parteisäuberung durchgeführt wurde, fühlte sich Nikolajew als König. Stets nahm er im Konferenzsaal in der ersten Reihe Platz und stellte den Kommunisten heimtückische Fragen. Das machte Spaß – vor sich auf der Bühne einen leitenden

Parteifunktionär zu sehen, der den Glanz seiner Führerrolle eingebüßt hat und sich furchtsam nach allen Seiten umschaut.
Als in Leningrad die Mobilisierung der Kommunisten zum Einsatz im Eisenbahnwesen ausgerufen wurde, kam Nikolajew als einer der ersten auf die Liste. Das Ende der Karriere?! Nikolajew beschwerte sich beim Rayonkomitee, danach beim Stadtkomitee der Partei. Es half nichts. Er schrieb an Kirow persönlich. Aus dem Vorzimmer des Ersten Sekretärs kam ein Bescheid – der gut geölte bürokratische Apparat arbeitete reibungslos –, der ihn an das Rayonkomitee zurückverwies! Zum Äußersten getrieben, weigerte sich Nikolajew strikt, an die Arbeitsfront zu fahren. Wofür er selbstverständlich aus der Partei ausgeschlossen wurde.
Es blieb nur eins: zurück in die Fabrik, an die Werkbank, wieder bei Null anfangen, nein, schlimmer – denn jetzt war er ja ein *ehemaliges* Parteimitglied. Und er wird den Sieg der Wahrheit doch erringen! Seine »Wahrheit« ist, eine verantwortliche Parteiarbeit ergattern, die Möglichkeit zu führen und alle damit verbundenen Privilegien. Man hatte ihn weder im Rayon- noch im Stadtkomitee »verstanden«, man hätte ihm empfohlen, in den Schoß der Klasse zurückzukehren, die in der Sowjetgesellschaft die Vorherrschaft besaß – das heißt in die Fabrik, an die Bohrmaschine.
Glücklicherweise dachte Nikolajew immer daran, daß in Moskau, im Kreml ein Mann wohnt, der alles weiß, alles versteht, alles kann. Der läßt nicht zu, daß ein aufrichtiger Kommunist verhöhnt wird.
Nikolajew schreibt Stalin einen Brief. Er erzählt dem Führer von seinen Anstrengungen und Enttäuschungen, entlarvt die halsstarrigen Bürokraten und beklagt sich über Kirow, der den verdienten Kommunisten nicht einmal einer Antwort gewürdigt habe.
»Teurer Jossif Wissarionowitsch! Durch ungerechte Verfolgungen hat man mich zur Verzweiflung getrieben. Ich bin jetzt zu allem fähig.«
O, große, nie gebührend anerkannte Sippe der Sekretäre! Findet sich wohl irgendwann auch für dich ein Shakespeare? Es heißt, Rassehunde hätten eine ungewöhnliche Witterung. Welche Skala kann den Spürsinn eines Sekretärs messen? Es gibt keine. Und kann auch keine geben, denn das unübertreffliche Sekretärsgespür kennt keine Grenzen.
Wer ist er, jener Unersetzliche, Perfekte und Zurückhaltende, der aus den Hunderten von Briefen, die tagtäglich für den Generalsekretär eintreffen, das mit Gehässigkeit gespickte gewöhnliche Schreiben heraussuchte und dem Herrn auf den Tisch legte?
Nikolajew wartete auf Antwort. Er litt Not, aber in die Fabrik ging er nicht. Der frühere NKWD-Mitarbeiter Orlow meldet, gegen den durch die Unbill erbitterten Nikolajew sei Anzeige erstattet worden und die

Leningrader Geheime Politische Abteilung habe begonnen, sich den potentiellen Terroristen genauer anzusehen.[61]
Nikolajew schreibt neuerliche Anträge, einen schärfer als den anderen. Schließlich, auf Anordnung der Zentrale, wird Nikolajew wieder in die Partei aufgenommen, erhält jedoch zur Abschreckung eine strenge Rüge wegen Verletzung der Partcidisziplin.
In Nikolajew sah der Hausherr ein Werkzeug für seinen Plan. Stalin besaß eine feine Nase für Verbrecher.
Es ergab sich, daß zu dieser Zeit in einem der Leningrader Gefängnisse die Brüder Orlow saßen, die sich mit nassen Sachen, das heißt mit Mord, auskannten. Sie erwartete das Todesurteil. Durch Mittelsmänner schlägt man ihnen vor: Ihr inszeniert einen Überfall auf Kirow, und im Erfolgsfalle wird euch das Leben geschenkt.
Spät in der Nacht bringt man die Orlows zum Hause Kirows. Die äußeren Posten waren vorsichtshalber abgezogen worden, und die Brüder stiegen ungehindert über die Hintertreppe hinauf. Kirow war noch nicht zu Bett gegangen, er hatte Gäste. Die Banditen machten sich daran, die verschlossene Tür aufzubrechen. Ssofija Lwowna bekam Angst, die Türe würde den kräftigen Hieben nicht standhalten. Als die Orlows von innen Männerstimmen hörten, verschwanden sie.
Kurz darauf wurden sie hingerichtet. Und wenn sie »Erfolg gehabt« hätten, wären sie dann begnadigt worden? Natürlich nicht. Die Gesetze der Unterwelt sind überall gleich – ob in der Gefängniszelle oder im Büro des Generalsekretärs: »Heute bist du dran, morgen ich.«
Die nach dem XX. Parteitag eingeleitete Untersuchung ergab, daß das NKWD (als Anstifter) und die Brüder Orlow (als Ausführende) an dem nächtlichen Überfall auf die Wohnung Kirows beteiligt gewesen waren.
Der nächste Versuch wurde im Sommer 1934 in Kasachstan gemacht, wohin Kirow als Bevollmächtigter des Zentralkomitees für die Getreidebeschaffung gefahren war. Ein geschickt arrangierter Unfall – und das Auto mit dem Politbüromitglied fliegt die Böschung hinunter. Glücklicherweise blieben alle unverletzt.
Nun hat sich eine neue Gelegenheit ergeben. Sie darf nicht verpaßt werden! Aber wem soll man den »zu allem bereiten« Leonid Nikolajew anvertrauen? Medwedj ist für diese Rolle nicht geeignet. Nicht der richtige Charakter. Ist mit Kirow befreundet und ihm ergeben. Die Ablösung des Leiters der Leningrader NKWD-Verwaltung würde Verdacht aufkommen lassen. Das beste ist, einen eigenen Mann zum Ersten Stellvertreter von Medwedj zu machen. Diese Variante wählte Stalin aus.

Zunächst mußte Karpow fort, mit dem Medwedj seit langem arbeitete. Karpow wurde nach Woronesh, in die NKWD-Transportabteilung versetzt.
Medwedj bemühte sich um einen Salonwagen für den alten Kameraden, fuhr selber auf den Moskauer Bahnhof mit zwei Kisten Apfelsinen – als Reiseverpflegung. Karpow jedoch, der glaubte, die Versetzung habe er seinem ehemaligen Chef zu verdanken, wunderte sich: Wozu diese Maskerade?
»Glaube mir«, versicherte ihm Medwedj, »ich weiß es nicht, wer die Versetzung veranlaßt hat. Wir haben doch zusammen gearbeitet, haben gute Kontakte zueinander. Bitte glaube nicht, daß das von mir ausgeht.«
Warum hatte Stalin Iwan Saporoshez ausgesucht?
Saporoshez, ursprünglich linker Sozialrevolutionär, hatte sich nach 1917 den Bolschewiki angeschlossen. Seinen Dienst hatte er bei der Tscheka begonnen und war 1920 in den Stab von Nestor Machno* geschickt worden. Im NKWD war er Stellvertretender Leiter der Informationsabteilung.
Groß, breitschultrig, ein »auffallender Mann«, Spaßvogel und Possenreißer. Maître de plaisir bei Picknicks und Ausflügen, liebte Wein, Weib und Gesang.
Er war ein lebensfroher Mensch, der es verstand und liebte, geschmackvoll zu leben – und geschmackvoll zu töten.
Filipp Medwedj kannte Saporoshez nicht. Das wenige, was er von ihm wußte, flößte ihm nicht gerade Vertrauen ein. Medwedj bat Kirow, ihn von dem ungebetenen Stellvertreter zu befreien. Kirow rief den Hausherren an. Stalin geriet in Wut:
»Was denkt ihr euch? Die Ernennung ist erfolgt, Saporoshez ist vom Zentralkomitee empfohlen worden. Der ZK-Beschluß ist für alle verbindlich. Und dein Medwedj soll der Partei nicht ihre Kaderpolitik vorschreiben!«
Saporoshez richtete sich in Leningrad gemütlich ein, holte seine Familie nach. Seine Frau, Proskurowskaja, wurde Instruktorin im Gebietskomitee der Partei.
Saporoshez nahm sich alsbald Nikolajew vor, übergab ihn der Obhut eines bevollmächtigten Mitarbeiters der Geheimen Politischen Abteilung. Einige Male wohnte Saporoshez, in Zivil, in der Rolle eines

* Nestor Machno war während des Bürgerkrieges, 1918–1920, Führer einer Bauernarmee, die die Rote und die Weiße Armee gleichermaßen bekämpfte. Sie nannten sich selbst »die Grünen«. (Anm. d. Red.)

Mitarbeiters und Gastes den Unterhaltungen mit Nikolajew in einem fremden Büro bei.
Dies war schon bei der zaristischen Geheimpolizei so üblich.
Dem glücklosen Parteidiener Nikolajew konnte man unschwer einreden, daß so sture Karrieristen wie Kirow die Partei von innen aushöhlten. Der ohnehin verbitterte Nikolajew begann Kirow zu hassen, auf ihn konzentrierte sich sein Rachedurst. Als man ihm vorschlug, die »Partei zu retten«, sie von dem gefährlichen Feind zu befreien, stimmte er ohne Zögern zu.
Dem Vollstrecker des »Parteiwillens« wurde ein Revolver ausgehändigt und eine schwarze lederne Aktentasche mit einem besonderen, nach oben hin offenen Fach auf der Rückseite. Bei passender Gelegenheit konnte er die Waffe ungestört hervorholen, ohne die Aktentasche zu öffnen. Nikolajew erhielt Schießunterricht, man brachte ihn zu einem geheimen Schießplatz. Innerlich war er schon zu allem bereit. Wenn er auch selber umkommen sollte, sein Name wird unsterblich sein.
Nikolajew schreibt in sein Tagebuch: »Ich kam auf diese Welt als ein neuer Sheljabow*. Ich werde die Befreiungstat begehen und Rußland retten.«
Auf einer der Tagebuchseiten hatte Nikolajew die Routen von Kirows Spaziergängen eingetragen. Er wohnte auf dem Kamennoostrow-Prospekt, ging häufig zu Fuß ins Smolny-Institut (Sitz des Parteikometees). Seine Leibwache ging breitgefächert hinter ihm, schloß ihn von den Seiten ein. Im Oktober hängte sich Nikolajew an diesen Sicherheitsfächer an. Er bewegte sich gewöhnlich in großem Abstand hinter ihm, blieb jedoch nicht unbemerkt.
Zweimal wurde der verdächtige Mann mit der Aktentasche angehalten, in der sich eine Waffe und Papiere befanden. Zweimal wurde er auf Anordnung von Saporoshez wieder freigelassen.
Kirows Leibwächter Borissow und die anderen Mitarbeiter waren empört und wollten sich an Medwedj wenden. Aber Saporoshez rief sie zu sich, nahm ihnen ihre Parteibücher ab und verschloß sie in seinem Stahlschrank.
»Dieser Mann wird nicht angerührt!« befahl er barsch.
Inzwischen sind alle Möglichkeiten der Aktion sorgfältig einstudiert. Nikolajew ist bereit, der Tag bestimmt, und Saporoshez reist auf Urlaub in den Süden. Ein weitentfernter Kurort ist ein sicheres Alibi.
Am 1. Dezember war eine Versammlung des Parteiaktivs des Leningra-

* Sheljabow war der Führer einer anarchistischen Aktionsgruppe, »Volkswille«, deren Bombenanschlag Zar Aleksandr II. 1881 zum Opfer fiel. (Anm. d. Red.)

der Gebiets ins Taurische Palais einberufen worden. Kirow war zu Hause und arbeitete die Thesen seines Referats aus. Als er bemerkte, daß einige für den Vortrag notwendige Zahlenunterlagen in seinem Büro liegengeblieben waren, forderte er aus der Garage ein Auto an und kündigte seine Fahrt ins Smolny-Institut an. Es war etwa vier Uhr nachmittags.

Nikolajew hatte einen Einlaßschein für das Taurische Palais erhalten. Er wartete auf die Ankunft Kirows. Plötzlich wurde ihm mitgeteilt, der Führer werde zuerst ins Smolny fahren. Dort ist es *günstiger*. Und man braucht keinen Einlaßschein, das Parteibuch genügt. Nikolajew wurde eilig zum Gebäude des Gebietskomitees gebracht. Er betrat das Smolny-Institut mit seiner unvermeidlichen schwarzen Aktentasche, ging in den dritten Stock und begab sich in die Toilette: Hier war vom Fenster aus der Haupteingang zu sehen.

Im Gebäude des Smolny orientierte sich Nikolajew mit Leichtigkeit. Die Preisabteilung der Arbeiter- und Bauerninspektion, in der er früher gearbeitet hatte, war in der ersten Etage untergebracht. Er wußte, daß der Korridor im dritten Stock einen scharfen Knick nach links zum Büro des Ersten Sekretärs machte.

Da ist auch schon Kirows Auto. Ssergej Mironowitsch betritt das Gebäude, geht die Treppe hinauf. Die sonst an jedem Treppenabsatz postierten Wachen sind diesmal nicht da. Auf den einzelnen Etagen ist kein einziger Diensthabender. Gemäß der Instruktion muß Borissow Kirow überallhin begleiten. Außerhalb von Kirows Büro war er ständig im Dienst, und er war für die Wachen innerhalb des Gebäudes verantwortlich. Borissow war es gelungen, Kirow vor Nikolajew zu warnen und ihm von dem seltsamen Wohlwollen, das Medwedjs Stellvertreter ihm bezeugte, zu berichten.

An diesem Tag war Borissow nicht da. Er war in der Verwaltung festgehalten worden. Nikolajew öffnete die Tür ein wenig, erblickte durch den Spalt Kirow. Er ging allein den Korridor entlang, der Leibwächter war zurückgeblieben. Nikolajew verließ die Toilette, näherte sich Kirow auf zwei Meter, schoß ihm ins Genick. Danach schoß er auf sich und fiel neben dem ermordeten Führer nieder.

Im Büro des Zweiten Sekretärs des Gebietskomitees, Michail Tschudow, arbeitete die Redaktionskommission, sie bereitete eine Resolution des Parteiaktivs vor. Ein Mitglied der Kommission, der Leiter der Handelsabteilung beim Gebietsexekutivkomitee, Tichonow, hörte die Schüsse, lief aus dem Büro und rief die anderen. Zuerst nahm man an, der Mörder sei ebenfalls tot, er war jedoch unverletzt, die Kugel war in die Decke gegangen. Tschudow legte sein Jackett unter Kirows Kopf und sagte: »Kommt nicht näher, wir dürfen nichts anrühren – das kann die Untersuchung behindern.«

Tschudow ging zurück in sein Büro und rief Stalin an.

Der Generalsekretär traf unverzüglich Anordnungen: »Das Parteiaktiv absagen. Das Smolny mit NKWD-Einheiten umstellen. Weitere Anweisungen abwarten.«

Gegen sechs Uhr abends rief Aleksandr Poskrebyschew an und gab den Text der offiziellen Erklärung des ZK durch:

»Am 1. Dezember starb in Leningrad von der verräterischen Hand eines Feindes der Arbeiterklasse der bedeutende Vertreter unserer Partei«, ... und so weiter.

Die Erklärung wurde gekrönt von einem Aufruf an das Volk: »Kämpft für die endgültige Ausrottung aller Feinde der Arbeiterklasse!«

Noch hatte die Untersuchung nicht begonnen. Noch war die Leiche des Ermordeten nicht erkaltet, aber schon wußte das ZK alles: Wer gemordet hatte, wo, warum. Und wie man auf den Angriff des Klassenfeindes antworten mußte.

Der Sonderzug traf in Leningrad früh am nächsten Morgen ein. Zusammen mit Stalin kamen Molotow, Woroschilow, Shdanow, Wyschinskij, Jeshow. Der letztere als verantwortlicher Mitarbeiter des ZK, der ständige Verbindung zum NKWD, zur Staatsanwaltschaft und zu den Gerichtsorganen zu halten hatte. Stalin nahm ihn nach Leningrad probehalber mit. So wie eine säugende Wölfin ihre Jungen an einem halbtoten Hasen üben läßt.

Vielleicht bereitete der Herr schon die Ablösung Jagodas als Leiter des NKWD vor? Noch geht er, atmet, erteilt Befehle, aber für Stalin ist er schon eine Leiche mit vier Rhomben als Rangabzeichen. Jagoda ist dem Tode verfallen, denn er weiß zu viel. Dann kommt die Reihe an Jeshow. Vorläufig beauftragt ihn Stalin mit der Untersuchung.

Aus Moskau folgte ein zweiter Eisenbahnzug – mit einer Strafabteilung. Unter den Neueingetroffenen war auch der Untersuchungsbeamte Ljuschkow. Später wird er im Ausland seine Memoiren veröffentlichen, die Stalin als Geschichtsfälscher im Falle des Kirow-Mordes entlarven. Von Ljuschkow selbst wird später noch die Rede sein.

Die Politbüromitglieder breiten sich im Smolny-Institut aus.

Stalin wußte, wen er nach Leningrad mitnehmen mußte. Molotow, Woroschilow und Shdanow (damals noch Kandidat für das Politbüro) waren absolut seinem Willen ergeben und, was nicht minder wichtig war, zu jeglichem Verbrechen fähig. Er hatte sie bereits erprobt.

Stalin beschloß, Nikolajew persönlich zu verhören. Er hoffte, der Fanatiker werde es in seiner Gegenwart nicht wagen, die wirklichen

Mörder zu nennen, und werde im Vorgefühl ewigen »Ruhms« alles auf sich nehmen. Der Festgenommene wurde ins Smolny gebracht. Stalin fragte:
»Haben Sie Kirow ermordet?«
»Ja, ich...«, antwortete Nikolajew und fiel auf die Knie.
»Warum haben Sie das getan?«
Nikolajew zeigte auf die hinter Stalin in NKWD-Uniform Stehenden:
»*Die* haben mich dazu gezwungen! Vier Monate haben sie mir Schießunterricht gegeben. Sie haben gesagt, daß...«
Zwei Männer mit Rhomben an den Kragenspiegeln lösten sich aus Stalins Suite und schlugen mit den Griffen ihrer Revolver auf den Kopf des Schwätzers ein. Nikolajew sackte vornüber, aber Stalin warf ihn mit einem Stiefeltritt auf den Rücken.
Hätte Nikolajew gesagt, er habe die Anweisung Sinowjews oder Bucharins ausgeführt – nehmen wir einen solchen Idealfall einmal an – hätte Stalin die Schergen mit den Rhomben dann zurückgehalten? Er brauchte über derlei nicht nachzudenken: Im Geheimdienst waren sehr scharfsichtige Männer tätig.
Die blutige Szene, die sich am 2. Dezember im Smolny abspielte, ist so wichtig, daß alle Zeugen benannt werden müssen. Einige haben später ihre Erinnerungen der Geschichte anvertraut. Außer den aus Moskau Gekommenen waren anwesend Tschudow, Medwedj und der Gebietsstaatsanwalt Palgow. Tschudow meinte, man habe Nikolajew noch an diesem Morgen erschlagen, und vor »Gericht« einen Doppelgänger vernommen. Diese Ansicht teilte er einem Genossen mit. Medwedj hat die Szene von Nikolajews Verhör, mit den gleichen Einzelheiten, seinen Freunden im Lager geschildert. Medwedjs Bericht blieb im Gedächtnis der Leute haften. So erinnerten sie sich an den Aufschrei Nikolajews: »*Die* haben mich vier Monate lang gequält, sie haben mir gesagt, daß das für die Partei nötig ist!«
Palgow hat einem Freund Einzelheiten von der Vorbereitung des Attentats mitgeteilt. Später beging er Selbstmord. Auch unter seinesgleichen gab es anständige Menschen.
Stalin ist entschlossen, aus der Ermordung Kirows ein Maximum an politischem Nutzen zu ziehen. Keine Stunde versäumend, gibt er telefonisch nach Moskau die Anweisung, den Erlaß des Präsidiums des Zentralexekutivkomitees der UdSSR über den Kampf gegen den Terror zu veröffentlichen. Den Spezialorganen wird zur Pflicht gemacht, die Untersuchung von Terrorfällen beschleunigt durchzuführen, und die Urteile unverzüglich zu vollstrecken, da das Zentralexekutivkomitee keine Gnadengesuche annehmen werde.[62]

Der Erlaß wurde am 1. Dezember unterzeichnet. Das bedeutet, daß Stalin die Resolution des Zentralkomitees im voraus vorbereitet hatte. Der Hausherr belastete sich nicht damit, die Anstandsregeln einzuhalten: Schließlich und endlich waren sowohl im Politbüro als auch im Zentralkomitee nur Leute, die *seinen* Willen erfüllten. Nicht ganz zwei Jahre vor der Ermordung Kirows hatte ein anderer Mann den Reichstagsbrand inszeniert und diese politische Provokation als Signal zum Massenterror benutzt.

Diese beiden Männer, die da in Deutschland und in Rußland am Werk waren – oder vielmehr dem Volk dienten –, waren, ohne es selbst je zu ahnen, echte Zwillinge.

Am 3. Dezember fährt ein offener Lastkraftwagen durch die Wojnow-Straße zum Smolny. Auf der Ladefläche befinden sich der Leibwächter Kirows, Borissow, und zwei Geheimdienstleute. Als der Wagen an der langen, fensterlosen Mauer eines Depots entlangfährt, greift der Beifahrer ins Steuer, aber der Fahrer kann den Wagen noch abfangen. Der NKWD-Agent wiederholt seinen Versuch und lenkt den Lkw über den Bürgersteig gegen die Mauer. Ein Stoß, der Wagen steht. Offenbar ist niemandem etwas passiert. Doch auf der Ladefläche war mit Windeseile die zweite Phase der geplanten Operation abgelaufen: Ein Geheimdienstmann hat Borissow mit einer eisernen Brechstange den Schädel eingeschlagen. Sicherheitshalber schlägt er noch einmal zu.

Weder Fahrer noch Beifahrer hatten bei diesem »Unfall« auch nur einen Kratzer abbekommen, bloß der rechte Scheinwerfer des Lkw hatte gelitten. Der Fahrer wendete und fuhr zurück in die Garage.

Borissow, ein gerader, unbestechlicher, Kirow ehrlich ergebener Mann, hätte das zweite Verhör verderben können, wie es schon am Vortage durch Nikolajew geschehen war. Wie sich später herausstellte, hatten Angehörige der persönlichen Garde des Generalsekretärs Borissow aus dem Wege geräumt. Hatten *seinen* Willen erfüllt.

Im medizinischen Untersuchungsbericht heißt es, Borissow sei bei einem schweren Autounfall ums Leben gekommen. 1956 gaben die am Leben gebliebenen Ärzte an, der Tod sei durch Schläge mit einem runden metallenen Gegenstand auf den Schädel eingetreten.

Als nächste wurde Borissows Frau erledigt. In einem solchen Fall sind sämtliche Zeugen überflüssig. Vielleicht wußte sie etwas aus Bemerkungen ihres Mannes. Für alle Fälle wurde sie in eine Nervenklinik gesteckt. Und dort vergiftet.[63]

Die Frau des Zweiten Partei-Gebietskomiteessekretärs, Tschudow, Ljudmila Kusminitschna Schaposchnikowa, ein langjähriges Parteimitglied, wurde als Familienangehörige eines Landesverräters für acht

Jahre ins Lager geschickt. Sie saß in einer Sonderzone für Ehefrauen von Volksfeinden beim Gefängnis von Tomsk. 1938 wurde sie zum Abtransport nach Moskau aufgerufen. Beim Abschied von den Freundinnen sagte sie: »Offenbar ist Lager für mich noch zu wenig. Wir werden uns nicht wiedersehen.«

Nach ihrem Mann wurde auch sie getötet.

Nur dem Fahrer des Lastwagens, der Borissow ins Smolny gefahren hatte, gelang es, Stalin zu überleben – ein höchst seltener Fall, wenn man bedenkt, daß er in ein Vernichtungslager gesteckt worden war. (Die Mörder Borissows wurden verständlicherweise nach ein paar Wochen liquidiert.) Nach dem XX. Parteitag hat der Fahrer dem mit der Untersuchung des Mordes beauftragten Politbüroausschuß Bericht erstattet.[64]

Zu Beginn des XXII. Parteitages (1961) verfügte das Politbüro über ein glaubhaftes Bild von dem Verbrechen im Smolny-Institut und von der Beseitigung der Zeugen. Hätte Chruschtschow gewollt, so hätte er den Hauptorganisator des Mordes an Kirow vollständig entlarven können.

Im Gefängniskrankenhaus brachte man Nikolajew bald wieder zu sich. Sobald er sich erholt hatte, machten sich erfahrene Knochenbrecher über ihn her. Schläge, Erschöpfung und ein wenig Chemie – das ist alles, was man braucht. Für so einen hätten allein Drohungen genügt.

Nikolajew war zerbrochen und bereit zu »gestehen«, er habe zum konterrevolutionären trotzkistisch-sinowjewistischen Terroristenzentrum gehört und habe auf Anweisung dieses Zentrums gehandelt.

Von Zweifeln gequält, versuchte er einmal, sich den Schädel an der Zellenwand einzuschlagen. Man mußte ihm einen NKWD-Mann beigeben. Nikolajews Zellengenosse wurde Kazafa, ein erfahrener Genosse aus den unteren Kommandeursrängen. Kazafa trug Uniform, und vielleicht erleichterte dieser seltene Vorgang, daß die Gefängnisleitung mit einem Häftling offene Karten spielte, die Aufgabe Kazafas.

Bald schon vertraute sich Nikolajew ihm an und fragte ihn um Rat: Sollte er das konterrevolutionäre Zentrum »entlarven« oder nicht? Der Untersuchungsbeamte hatte ihm für diesen Fall versprochen, sein Leben zu schonen. Er erzählte – und der Leiter der Untersuchungsabteilung hat es bestätigt –, man werde ihm irgendeine Strafe aufbrummen, drei Jahre vielleicht, ihn dann schnell und mit allem Komfort ins Lager schicken und ihn dort in der Kultur- und Erziehungsabteilung unterbringen.

Nikolajew schwankte: Und wenn sie mich doch betrügen? Dann faßt er einen Entschluß.

Stalin und seine Helfershelfer kehrten am 4. Dezember nach Moskau

zurück. Er rief die Mitarbeiter des NKWD zu sich, die in der Zentralkartei beschäftigt waren, und verlangte die Karten aller in der Vergangenheit aktiven Oppositionellen.
Die in der Kartei Beschäftigten waren damals einfache Mitarbeiter. Zur Zeit des XX. Parteitages, jetzt mit den Schulterklappen von Obersten, erzählten sie, wie sie die Anweisung des Generalsekretärs durchgeführt hatten.
Stalin nahm ein Blatt Papier und teilte es durch einen senkrechten Strich. Die linke Seite bekam die Überschrift »Leningrader Terroristenzentrum«, die rechte – »Moskauer Terroristenzentrum«. Dann nahm der Hausherr einige Dutzend Karten heraus und füllte schnell die Rubriken mit Namen.
Sinowjew und Kamenew setzte er zuerst nebeneinander in die linke Spalte, strich dann den Namen Sinowjews durch und übertrug ihn auf die rechte Hälfte des Blattes.
Dieses Blatt hat sich im persönlichen Archiv des dahingegangenen Führers erhalten. Eine graphologische Expertise, die nach dem XX. Parteitag durchgeführt wurde, bestätigt es: Das Dokument stammt von Stalins Hand.
Wenden wir uns wieder dem Jahre 1934 zu. Es geht schon zu Ende.
Die Untersuchung des Kirow-Mordes leitet also Jeshow. Zu der Jeshowschen Arbeitsgruppe gehört auch der Untersuchungsbeamte für besonders wichtige Fälle der Generalstaatsanwaltschaft der UdSSR, Lew Schejnin, den Wyschinskij aus Moskau mitgebracht hatte. Interessante Dinge hat der inzwischen verstorbene Schejnin berichtet.
Zwei Tage nach der Ermordung Kirows trifft in Leningrad der ehemalige Volkskommissar des Inneren von Bjelorußland, L. M. Sakowskij, ein. Stalin beorderte ihn an die Stelle Medwedjs, der sich etwas hatte »zuschulden kommen lassen«. Sakowskij war zuvor in Winniza, Odessa und Minsk tätig gewesen. Stalin hatte besonders der Stil seiner Arbeit imponiert. Im Jahre 1934 hatte er sich mit Erfolg die »neuesten« Methoden angeeignet und wendete sie an – die Erfindung von Strafsachen, ausgesuchte Folterungen im Wechsel mit großzügigen Versprechungen und grausamen Bestrafungen.
»Wenn mir Karl Marx persönlich in die Hände käme, er würde gestehen, daß er für Bismarck spioniert hat«, prahlte Sakowskij. Das war leider nicht leere Eigenreklame.
In den vier Jahren seiner Tätigkeit in Leningrad brachte Sakowskij mehr als eine blutige Ernte ein, dann ließ ihn Stalin als »englischen Spion« umbringen. Das geschah schon unter dem neuen Volkskommissar Berija.

Einige Tage nach dem Kirow-Mord beginnen die Verhaftungen unter den Leitern des Leningrader Komsomol. Auf der Liste des »Leningrader Terroristenzentrums« war als einer der ersten I.I. Kotolynow aufgeführt. In den zwanziger Jahren hatte sich der Sekretär des Wiborger Rayonkomitees und ZK-Mitglied des Komsomol, Iwan Kotolynow, gegen die Gewaltakte der Stalin-Anhänger im Kommunistischen Jugendverband ausgesprochen, und 1934 hatte er an Plänen zu Publikationen über die Geschichte des Leninschen Komsomol mitgewirkt. Die Untersuchungsbeamten machten daraus heimliche Massenversammlungen von Terroristen unter Teilnahme von Nikolajew.
Da die »konterrevolutionäre« Tätigkeit Kotolynows »und anderer« in den zwanziger Jahren begonnen hatte, als Sinowjew Leiter des Gebietskomitees Leningrad war, fiel es Stalin nicht schwer, dem Untersuchungsverfahren die notwendige Richtung und Bedeutung zu geben. Und zugleich den verbannten Trotzkij in die Sache zu verwickeln, der angeblich die »Gesamtleitung« der Verschwörer durch Vermittlung irgendeines ausländischen Konsuls in Händen hatte. Von diesem legendären Diplomaten sollte Nikolajew Geld erhalten haben. So hieß es zumindest in der Anklageschrift, die am 27. Dezember mit den Unterschriften Wyschinskijs und Schejnins erschien.
Als einer der ersten wurde der frühere ZK-Sekretär G.J. Jewdokimow verhaftet. Danach wurde Bakajew festgenommen – er hatte unter Sinowjew die Leningrader GPU geleitet. Am 15. Dezember wurde Sinowjew selber verhaftet und nach ihm Kamenew.
Stalin bereitete die Partei geschickt auf diese Polizeiaktionen vor und versetzte das ganze Volk mit Hilfe von Presse, Rundfunk und Versammlungen in eine Massenhysterie. Auf seine Anweisung wurden in den ersten Dezembertagen, unter genauer Befolgung des neuen »Gesetzes«, in Leningrad, Moskau und Kiew Zehntausende von »Weißgardisten«, »Trotzkisten« und anderen »Terroristen« erschossen. Ihre Namen hatte man aus den Protokollen früherer Parteitage und Versammlungen herausgesucht, sie den blutleeren Lippen der gequälten »Untersuchungs«opfer entlockt. Die »Prawda« rief dazu auf, das »Leben der Führer wie die Fahne auf dem Schlachtfeld zu bewachen«.[65]
Auf dem Schlachtfeld wird bekanntlich geschossen. Vor diesem Hintergrund verlief die Verhaftung der Mitkämpfer Lenins, Sinowjew und Kamenew, die so viele Jahre lang mit Stalin die Macht in der Partei geteilt hatten, glatt.
Und es wurde geschossen, geschossen, geschossen.
Der Kessel begann zu brodeln.
Stalin befiehlt, Holz nachzulegen.

Schon am 22. Dezember wurde dem Volk erlaubt, in der »Prawda« das Stalinsche Gebräu zu kosten: Das »Leningrader trotzkistisch-sinowjewistische Zentrum« hatte Nikolajews Revolver auf das Herz der Partei gerichtet. Es war für Stalin sehr wichtig, in diesem Fall auch die Führer des »Moskauer Zentrums«, Sinowjew und Kamenew, hineinzuziehen – in der Rolle der Inspiratoren des Terrors. Die Leser der »Prawda« schluckten es, zusammen mit der Meldung über die Verhaftung der früheren Politbüromitglieder und ihrer »Helfershelfer«.
Zusammen mit Gerüchten, die, wie man annehmen muß, nicht in den dörflichen Spinnstuben entstanden waren. Zuerst wurde das Gerücht verbreitet, Nikolajew sei auf dem Wege ins Gefängnis von einer empörten Masse zerrissen worden. Auch »Augenzeugen« fanden sich. Dann – Nikolajew hätte Kirow aus Eifersucht getötet.
Werden nicht bald (1938) aus den gleichen Zeitungsspalten die Gerüchte über Jagoda kriechen, der angeblich seine Flucht ins Ausland vorbereitet hatte und auf dem Flugplatz mit einem Koffer voll Gold gefaßt worden war?
Es ist schwierig festzustellen, wann in Rußland die »Gendarmenfolklore« aufkam, daß aber Stalin diesem Genre zur vollen Blüte verholfen hat, steht außer Zweifel.
Stalin lag sehr viel daran, ein öffentliches Gerichtsverfahren zu veranstalten. Aber es ist eine Sache, gute Kommunisten zwei verschiedenen »Terroristenzentren« zuzuordnen, und eine andere, aus ihnen »ehrliche Geständnisse« herauszuprügeln. Dafür braucht es Zeit, und das sowjetische Volk ist ungeduldig. Hören Sie doch nur, was die Arbeiter auf spontanen Versammlungen sagen:
»Teurer Jossif Wissarionowitsch! Wir wissen, daß du in der Person Kirows nicht nur deinen treuen Schüler und Kampfgefährten verloren hast, du hast auch deinen engen Freund und Verwandten verloren.«
So stand es in der Erklärung von 200 000 Arbeitern des Kirow-Rayons an Stalin. Sie versprechen ihm, »noch aufmerksamer zu wachen, die revolutionäre Wachsamkeit zu erhöhen, noch besser für die endgültige Ausrottung der letzten Reste der Klassenfeinde zu kämpfen«.
»Es lebe der weise Führer und Lehrer des Weltproletariats – unser Stalin!«[66]
Weise? Ein plump verübter Mord, eine ungeschickt durchgeführte Untersuchung. In der Anklageschrift hieß es, von einem gewissen ausländischen Konsul habe Nikolajew 5000 Rubel erhalten, von denen er wiederum 4500 an Kotolynow weitergegeben habe. Ohne Arbeit seit März 1934, hätte Nikolajew auskömmlich in einer Dreizimmerwohnung gelebt und obendrein in Ssestrorezk ein Landhaus gemietet. Und all dies

von erbärmlichen 500 Rubeln! Die Verfasser der Anklageschrift versicherten dem Publikum, den Plan, Kirow zu ermorden, habe Nikolajew gemeinsam mit Kotolynow ausgearbeitet. Mit diesem Terrorakt hätten sie das ganze sowjetische Volk gegen die Partei und die Regierung aufwiegeln wollen.
Die Anklageschrift war fast vollständig auf das phantastische »Geständnis« Nikolajews aufgebaut. Aussagen von Kotolynow und den anderen »Führern« der terroristischen Untergrundbewegung fehlen.[67]
Niemand kümmerte sich um Glaubwürdigkeit: Stalins Untertanen haben noch ganz andere Dinge geschluckt. Die »Prawda« hatte die windige Anklage ein »bedrohliches, entlarvendes Dokument« genannt. Das reichte doch wohl?
Und der Volkszorn tobte. Nach den Arbeitern folgte die Intelligenz. Tausende von Studenten und Professoren des Rostower Pädagogischen Instituts forderten die »unverzügliche Erschießung aller Mitglieder der konterrevolutionären Terrororganisation«.[68] Michail Kolzow veröffentlichte den Artikel »Die Mörder aus dem Leningrader Zentrum«. Der Autor stellte die rhetorische Frage: »Und wer hat den Mörder angestiftet?«[69] Ja, wer war es?
Im November hatte die in Belgrad erscheinende Emigrantenzeitung »Sa Rossiju« zum Terror gegen die sowjetischen Führer aufgerufen. In einem Artikel »Wovor haben sie Angst?« stand wörtlich: »Kirow in Leningrad muß beiseite geschafft werden.«[70]
Stalin hat sich zum Mord an seinem »engen Freund und Verwandten« wohl kaum durch weiße Emigranten anstiften lassen, da handelte er gewiß eigenständig. Und danach kam der Generalsekretär den innigsten Wünschen der Werktätigen entgegen und verkürzte die juristischen Formalitäten auf ein Minimum.
Schon am 28. Dezember wurde Nikolajew vor das Militärkollegium des Obersten Gerichts der UdSSR gestellt. Die Sitzung in Leningrad leitete der unvermeidliche Vorsitzende des Kollegiums, W. W. Ulrich. Der großgewachsene Ulrich wirkte hinter dem Tisch wie ein kleiner, frühzeitig in die Breite gegangener Beamter. Wenn er sein aufgedunsenes Gesicht von den Papieren erhob und sein nächstes Opfer durch die Brille hindurch mit seinen kleinen Äuglein durchbohrte, geriet der einsame Todeskandidat in Verwirrung. Die Standardurteile lauteten auf zehn Jahre oder Tod. Zehn Jahre wurden hier selten verhängt.
Der Saal ist voll mit Agenten der »Organe«. Über dem Richtertisch schwebt bösartig der geschorene spitze Schädel mit der ins Gelbe spielenden Glatze. Am Hals Falten welken Fetts. Und dazu die eklige, einschmeichelnde Stimme. Ein Menschenhasser im eigenen Saft. Dieser

Schurke hat über sein juristisches Förderband Zehntausende der besten Geister Rußlands befördert, auf dem Schafott die Blüte des Volkes vernichtet.
In die Gesellschaft der Henker Jagoda, Jeshow, Berija, Schkirjatow und Wyschinskij paßte sich Ulrich organisch ein. Ein hochinteressantes Schräubchen in der Stalinschen Vernichtungsmaschine. Und eines der dauerhaftesten.
Vielleicht hätten wir auch niemals davon erfahren, was hinter den verschlossenen Türen des Tribunals vorging, doch in den Saal war durch persönliche Protektion Ulrichs ein ihm nahestehender Mann geraten. Er sah, wie Nikolajew, begleitet vom Untersuchungsbeamten und dem unvermeidlichen Kazafa, hereingebracht wurde. Es waren auch andere Mitarbeiter des NKWD da. Und selbstredend Wachen. Die Veranstaltung hatte überhaupt keine Ähnlichkeit mit einem Prozeß gegen ein Terroristenzentrum: Es gab weder weitere Angeklagte noch Zeugen. Nur den Täter. Im Saal hatten hundert Personen Platz. Und niemand darunter, der mit dem Opfer Mitleid gehabt hätte.
Nikolajew begann damit, daß er eine Zugehörigkeit zum Zentrum abstritt. Er kenne überhaupt kein »Zentrum«, er habe allein gehandelt, sei davon überzeugt, daß er der Partei genützt habe.
Daraufhin hielt ihm der Vorsitzende seine eigene Aussage im Untersuchungsverfahren vor und warnte, unrichtige Aussagen würden hier als konterrevolutionäre Sabotage betrachtet. Nikolajew versuchte, irgend etwas zu erwidern, aber Ulrich verstärkte methodisch den Druck, einmal, indem er an Nikolajews staatsbürgerliches Bewußtsein appellierte (»Sie müssen den Gerichtsorganen helfen, Sie sind einfach dazu verpflichtet!«), und dann wieder, indem er mit schweren Strafen drohte. Nikolajew, im Gefängnis abgemagert, verängstigt durch die Verhöre, fiel sichtlich in sich zusammen. Er war der Kapitulation nahe. Die NKWD-Männer schlossen sich enger um ihn zusammen, ihre harten Augen durchbohrten ihn förmlich.
Und Ulrich setzte seinen Druck fort: »Sie sind so viele Jahre Mitglied der Partei gewesen, Sie wissen doch, daß für die Partei nichts gefährlicher ist als politische Abweichung. Und die Trotzkisten-Sinowjewisten haben auch noch die Ermordung unserer Führer geplant. Mit einem ehrlichen Geständnis tragen Sie dazu bei, die erklärten Feinde zu entlarven, verhindern Sie den Tod der besten Söhne des Volkes.«
Und Nikolajew ergab sich, bestätigte sein ursprüngliches »Geständnis«. Ja, in Moskau und Leningrad existieren Terroristenzentren. Ja, er habe den Auftrag erhalten, einen Terrorakt zu verüben. Ja, die Leiter des Zentrums bereiteten auch die Ermordung Stalins, Molotows, Woroschi-

lows und Kaganowitschs vor. Ulrich holte Atem. Man konnte eine Verhandlungspause verkünden. Und dann die anderen aufrufen.
Nikolajew wurde in eine besondere Zelle neben dem Kollegium gebracht. Dort, vorübergehend vom richterlichen Druck befreit, kam er wieder zu Vernunft. »Was habe ich angerichtet? Ich bin ein Schuft! Ein Verbrecher! Ich verrate ehrliche Leute! Sie haben von nichts gewußt, und ich habe sie hineingezogen!«
Der auf Posten stehende Soldat der inneren Wache, Gussew, hörte sein Gejammer.
Und schon nahmen sich die Untersuchungsbeamten Nikolajews an.
»Wieso bedauerst du diese Konterrevolutionäre? Na, was denn – du hast sie angezeigt, was ist denn schon dabei? Dafür wirst du jetzt nicht erschossen, hast dein Leben gerettet.« Sie hatten ihre eigene Logik. Und ihre eigenen Methoden zu überzeugen.
Nach der Pause wurden die übrigen Angeklagten in den Saal geführt, dreizehn Mitglieder des »Zentrums« – Kotolynow, Rumjanzew ... aber wozu sie aufzählen? Mit dem gleichen Maß an Glaubwürdigkeit könnte man Thomas Müntzer, Mark Twain, Admiral Nelson, Enrico Caruso, Ssergej Jessenin zusammen mit Isadora Duncan zum »Leningrader Zentrum« zählen. Aber dafür hatte Stalin nicht genug »schöpferische Phantasie«.
Nikolajew wurde an die Seite gesetzt, abseits von den übrigen Angeklagten. Die NKWD-Leute umgaben ihn in einem dichten Ring.
Das Schauspiel wurde ohne Zuschauer fortgesetzt, bei verschlossenen Türen. Diesmal »entlarvte« Nikolajew ohne zu zögern all jene, die auf der weit entfernten Bank saßen, deren Gesichter er nicht einmal sah.
Aber nicht alle Mitglieder des legendären »Zentrums« wiederholten gehorsam ihren Lehrstoff. Ihr »Anführer« Kotolynow protestierte: »Der ganze Fall ist von Anfang bis Ende gefälscht!«
Am zweiten Tag ging der Prozeß zu Ende. Als das Todesurteil verkündet wurde, schrie Nikolajew auf: »Aaaa! Ich bin betrogen worden! Sie haben mich betrogen, die Schufte! Haben drei Jahre versprochen, und jetzt ...« Es gelang ihm noch, von der Schwelle aus den Veranstaltern des Schauspiels einige Flüche hinzuschleudern, dann wurde er aus dem Saal geschleift.
Untersuchungsverfahren, Prozeß, Hinrichtung – alles im Blitztempo. Stalin hatte keine Zeit. Er mußte sich beeilen. Wie im Jahre 1918 im Fall Martow: »Die Verhandlung wird nicht bis zur Vorladung von Zeugen vertagt.«
Die Verurteilten wurden noch in der gleichen Nacht in einem Keller am Litejnyj-Prospekt hingerichtet.

Die Erschießung leitete der Hauskommandant Medwedjew. Henker aus Überzeugung, hatte er viele »Feinde« eigenhändig umgelegt, aus Liebe zum Beruf.
Iwan Kotolynow hielt sich auch hier heldenhaft. »Die ganze Sache ist eine Fälschung! Wir sterben für nichts!« konnte er noch vor der Mündung von Medwedjews Revolver rufen.
Und Lew Schejnin. Er hatte nicht nur das Untersuchungsverfahren geleitet, sondern auch an der Exekution teilgenommen. Dem Rang nach hätte dies Wyschinskij zugestanden, aber der Stellvertreter des Generalstaatsanwalts der UdSSR legte diese Ehrenpflicht auf die fetten Schultern des Handlangers.
Schejnin wurde später Schriftsteller, das heißt Mitglied des Schriftstellerverbandes, und, wie es damals hieß, ein »Seeleningenieur«. Ich kann in dieser Tatsache nichts Außerordentliches sehen. Konnte sich doch auch der Polizist Nebaba, diese unsterbliche Gestalt der Humoristen Ilf und Petrow, umqualifizieren zum Musikkritiker.
Der guten Tradition entsprechend, die sich noch während der Entkulakisierung herausgebildet hatte, wurden alle Verwandten der Hingerichteten ebenfalls liquidiert. Nikolajews Frau, Milda Draule, hatte als Putzfrau in einem Straßenbahndepot gearbeitet, aber den Untersuchungsbeamten gefiel es, auch sie dem Terroristenzentrum zuzurechnen. Sie »gestand«, daß sie zusammen mit ihrem Mann an den Sitzungen des »Zentrums« teilgenommen habe. Milda wurde beseitigt und ebenso Nikolajews Mutter.
Die Nächsten in der Reihe waren die NKWD-Funktionäre. Sie wurden am 23. Januar 1935 abgeurteilt. Und obwohl in den Unterlagen jeder Hinweis auf die wirkliche Rolle von Saporoshez fehlte, wurden alle leitenden Funktionäre des Leningrader NKWD der »verbrecherischen Fahrlässigkeit« beschuldigt. Darauf stand strenge Strafe. Diese »Helfershelfer des Terroristenzentrums« bekamen aber nur ganze zwei bis drei Jahre. Genosse Stalin hatte wohl für eine Minute vergessen, daß die Terroristen ein Attentat auch auf seine geheiligte Person vorbereitet hatten. Dafür vergaß er nicht, diese Verurteilten mit erschwinglichem Komfort zu erfreuen. Jagoda schickte Medwedj und Saporoshez in einem bequemen Salonwagen ins Lager. Sie wurden mit allem Notwendigen versorgt, ihre in Freiheit verbliebenen Familien wurden mit Aufmerksamkeiten umgeben.[71]
Filipp Medwedj, der nach Kolyma an der Küste des Ochotskischen Meeres geriet, weigerte sich, die Leitung der Rechnungs- und Arbeitseinteilungsstelle zu übernehmen, die ihm in der Verwaltung von Dalstroj, dem größten Lagerkomplex des Imperiums hinter Stacheldraht,

angeboten worden war. »Ich bin verantwortlich für Kirows Tod und habe keine Vorrechte verdient.« Sprach's und ließ sich zu allgemeinen Arbeiten einteilen.
1935 besuchte Lawrentij Kartwelischwili, der Erste Parteisekretär des Gebietskomitees Ferner Osten, die Goldgruben und begegnete in einer Häftlingszone zufällig Filipp Medwedj. Der verbannte Tschekist erkannte Kartwelischwili und fragte ihn: »Hör mal, sie haben mir mein Parteibuch gelassen – wohin soll ich jetzt damit?« In der Tat – wohin damit?
Stalin hatte nicht die Absicht, Zeugen oder gar Vollstrecker am Leben zu lassen. 1937 vernichtete er Medwedj wie auch dessen sämtliche ehemaligen Mitarbeiter zusammen mit dem Leiter des Lagers Kolyma, Bersin, mit seinen Untergebenen.
Stalin »beseitigte« alle Abteilungsleiter des Leningrader NKWD. Als ersten – den Leiter der Geheimen Politischen Abteilung P. B. Lobow. Saporoshez kam 1938 an die Reihe, als Stalin beschloß, Jeshow loszuwerden. Und obwohl in der Verhandlung beide als Organisatoren des Kirow-Mordes »überführt« wurden, wurde Saporoshez nicht in den Verhandlungssaal gebracht.
Von den ehemaligen Stellvertretern Medwedjs haben lediglich zwei das Lager und die Gefängnisse überlebt: F. T. Fomin und Petrow, der im Jahre 1934 politischer Leiter des Wehrkeises Leningrad gewesen war. Er hat sich, nebenbei gesagt, geweigert, eine schriftliche Aussage über den denkwürdigen Dezember abzugeben. Schwer vorstellbar, daß er einfach *nichts* gewußt haben sollte.
In den Jahren 1937–1938 erledigt Stalin sämtliche früheren Mitarbeiter Kirows. So hatte Kirow kurz vor seinem Ende Abramow, den Leiter der Organisationsabteilung beim Leningrader Gebietskomitee, als Ersten Sekretär nach Murmansk geschickt. 1937 liquidiert ihn Stalin.
Mit dem Mord an Kirow erreichte Stalin verschiedene Ziele.
Er räumte den Hauptrivalen aus dem Weg. Andere Parteiführer diskreditierte er erst und ließ sie dann hinrichten. Das Volk schüchterte er mit dem Schlagwort von der »Verschärfung des Klassenkampfes« ein und begann in diesem Lärm, die Leninsche Garde zu vernichten. Die Lizenz für Massenmord hatte er sich selbst ausgestellt – mit dem Blut Kirows.
Und zur Verstärkung der Resonanz – Lobpreisungen des Ermordeten. Nach Kirow werden Fabriken, Kolchosen, Bergwerke, Akademien, Schulen und Schiffe benannt. Der Ehre seines Namens werden zwei Gebiete und 17 Städte teilhaftig. Auf der Landkarte erscheinen dreimal Kirowsk, dreimal Kirowskoje, Kirowograd und Kirowgrad und so weiter. Im Karischen Meer tauchen auch Inseln auf. Die pompösen

Zeichen der unstillbaren Trauer Stalins sind zugleich tagtägliche Erinnerungen an die ränkevollen Mörder aus den Reihen der »trotzkistisch-sinowjewistisch-menschewistisch-monarchistischen Gangsterbande«. Ihnen gelten die Schauprozesse der Jahre 1936 bis 1938.
Angenommen, Stalin wäre 1934, obwohl er in das ZK gelangte, bei der ersten Plenarsitzung nicht ins Sekretariat gewählt worden, und Kirow wäre Generalsekretär geworden? Wäre die Geschichte dann anders verlaufen? Nein. Kirow war zu schwach und zu naiv für die Rolle des Führers. Der Expreßzug des Pseudosozialismus hatte eine solche Geschwindigkeit erreicht, daß ihn niemand mehr aufhalten konnte – keine Gruppe, erst recht kein einzelner. Ein Beispiel und zugleich eine Bestätigung aus der Zukunft: die kurze Regierungszeit Chruschtschows.

Stalin hatte begriffen, daß viele, nicht nur die Männer des NKWD, den Mord an Kirow mit seinem Namen verbanden. Und während er das Monsterbauwerk der Schauprozesse schuf, umkreisten seine Gedanken unaufhörlich das Problem, wie er die überlebenden politischen Gegner – von ihm »Oppositionelle« und später »Volksfeinde« genannt – mit dem Mord an Kirow in Verbindung bringen konnte.
Nun aber, bei den Prozessen der Jahre 1936 bis 1938 wird die Ermordung Kirows dem *abwesenden* Trotzkij und – der Reihe nach – den verhafteten Sinowjew, Kamenew, Bucharin und Rykow angelastet.
Dem sowjetischen Volk wurde eingeredet, die Anweisung von Jagoda und Saporoshez, Kirow zu liquidieren, habe – Abel Jenukidse erteilt.
Die Lage in den Jahren der Stalinschen Diktatur war vollkommen irreal.
Stalin ging nach dem Grundsatz vor: »Macht nichts, die fressen alles!« Und er irrte sich nicht.
Als im August 1936 im Säulensaal des Gewerkschaftshauses der »Prozeß der Sechzehn« lief, war ich, der Student der Geschichte, 16 Jahre alt. Mein Vater 53. Er hatte unter Kirows Tod schwer gelitten. Als Staatsanwalt der RSFSR hatte er einen Einlaßschein für das Gewerkschaftshaus erhalten, er kam düster und niedergedrückt nach Hause.
Dieser vertrauensvolle, redlich denkende Mann – konnte er Stalin verdächtigen? Von den alten Bolschewiki errieten es einige. Und schwiegen. Schwiegen bis zum XX. Parteitag.
Erst drei Jahre nach Stalins Tod, 1956, wurden offen Zweifel an der Wahrheit der Lesart vom Kirow-Mord geäußert. Dies tat Nikita Ssergejewitsch Chruschtschow auf dem XX. Parteitag. Fünf Jahre danach, auf dem XXII. Parteitag, wird er den Vorhang vor dem verbrecherischen

Mord nur noch ein ganz klein wenig lüften. Mehr als einige gedämpfte Bemerkungen an die Adresse des Hauptschuldigen riskiert er nicht. Dabei verfügte er schon über die Materialien des Sonderausschusses des Politbüros zur Erforschung der Umstände des Kirow-Mordes. Und er hatte versprochen, die Unterlagen und die daraus gezogenen Folgerungen des Ausschusses öffentlich zugänglich zu machen.

Hunderte von Zeugen hatte der Ausschuß in Moskau, Leningrad und anderen Städten befragt. Berge von Dokumenten hatte er durchforscht. Der Ausschuß hatte Zugang zu den geheimsten Archiven des ZK (sie wurden in den Kellern des Kreml von Leuten bewacht, die noch Malenkow dazu beordert hatte) und des NKWD.

Es war eine ungeheure Arbeit gewesen, und eine gefährliche dazu.

»Haben Sie denn keine Angst, sich mit einer solchen Sache zu befassen?«, wurde das Ausschußmitglied Aleksej Iljitsch Kusnezow von einem erfahrenen NKWD-Mann gefragt. »Sie sind sich doch im klaren darüber, wie viele kleine Rädchen Sie in Gang setzen?«

Dieser »Kommunist« würde ja mit Freuden jede erbetene Aussage zu dem Mord an Kirow machen, wenn er im Jahre 1934 nicht in der Transport-, sondern in der Geheimen Politischen Abteilung (SPO) gearbeitet hätte. Er empfahl, frühere Mitarbeiter der SPO zu befragen.

Wer wüßte denn nicht, daß sie erschossen worden sind, alle bis zum letzten Mann erschossen, auf Stalins Geheiß. Ein anderer an den Ereignissen Beteiligter, ein durch Zufall am Leben gebliebener Mitarbeiter von Saporoshez, versuchte, Kusnezow das ganze Projekt auszureden:

»Sagen Sie doch, wozu brauchen Sie das?«

Kusnezow antwortete: »Das brauchen *alle*, brauchen es dringend!«

Der erfahrene Genosse ließ nicht locker:

»Haben Sie denn keine Angst, daß man Sie – na ja – . . . Dann passiert ein kleiner Autounfall und . . .«

Der wohlmeinende Genosse erklärte rundheraus:

»Ich sage Ihnen nichts. Ich will leben.«

Im Winter 1957 trafen mehrere Mitglieder des Ausschusses in Leningrad ein. Sie baten den Chauffeur, sie über die Wojnow-Straße zum Smolny zu fahren. Dort war die Mauer, an der am 3. Dezember 1934 Borissow, der Leibwächter Kirows, ermordet worden war. Sie hielten an. Der Chauffeur lächelte verständnisvoll: »Ach . . . Das heißt also, Sie gehören zu diesem Ausschuß vom Politbüro . . . Sie haben den Auftrag, den Kirow-Mord aufzuklären . . . Was ist da groß aufzuklären: Ganz Leningrad weiß, daß Stalin Kirow ermordet hat.«

Und das entsprach der Wahrheit. Damals, nach dem Mord an Mironytsch, wie ihn die Fabrikarbeiter nannten, hatte das ganze werktätige Leningrad Gassenhauer wie diesen gesungen (leise, natürlich, mit dem obligaten Blick über die Schulter):

Paprika ist scharf,
Tomaten, die sind mild,
und Stalin hat den Kirow
im Korridor gekillt.

Und die Angehörigen des Ausschusses betrachteten stumm die Stelle, an der Borissow starb. Sie erinnerten sich an die wohlmeinende Warnung. Erfahrene Genossen konnten auch jetzt ein kleines Unglück veranstalten. Nicht unbedingt hier, es konnte auch auf einer anderen Straße geschehen. Wieso war eigentlich die Stelle nicht geeignet? Sozusagen zu Ehren des . . .

Die Materialien des Ausschusses wurden gebunden und – im Archiv abgelegt.

Es vergingen zehn Jahre, ein neuer Wind begann zu wehen, und es bahnte sich etwas an, was noch keinen Namen hat. Die dicken Bände wurden aus dem Archiv hervorgeholt, und die Untersuchungsbeamten der Partei, Leute, die »das Gewissen der Partei« genannt werden, begannen jene Personen vorzuladen, die die wichtigsten Aussagen vor *jenem* Ausschuß gemacht hatten. Zeugen, die den wirklichen Anstifter und Organisator des Mordes an Kirow entlarvt hatten, wurden hingebungsvoll *erneut verhört.*

Die Große Initiative

Der Dezember 1934 wurde wirklich zum Monat der Großen Initiative. Noch war das Urteil im Mordfall Kirow nicht verkündet, und schon forderten die Arbeiter der Baltischen Schiffsbauwerft, Leningrad zu säubern »von allen Gewesenen*, die jene Schlangenbrut am Busen gewärmt und versucht haben, unsere Partei, unsere Klasse mit ihrem Biß zu vergiften«.[72]

* Aristokraten und Angehörige der alten Bildungsoberschicht werden mit dem Sammelbegriff »Gewesene« abqualifiziert. Leningrad bzw. Petersburg hatte einen besonders hohen Prozentsatz von »Gewesenen«. (Anm. d. Übers.)

Wie unterscheidet man aber einen »Gewesenen« von einem »Heutigen«? Und warum soll nur Leningrad gesäubert werden? Stalin gab sich nicht mit solchen Fragen ab. Er *wußte*, was er wollte.
Der Leitartikel der »Prawda« vom 25. Dezember trug die Überschrift: »Über den faulen Liberalismus des Stadtkomitees von Dnjepropetrowsk. Von der revolutionären Wachsamkeit.« Das war natürlich ein Signal für alle Stadt- und Gebietskomitees. Das Signal zur allgemeinen Säuberung.
Alles Bisherige war nur ein Vorspiel zum Großen Terror. Im Dezember 1934 konnte Stalin auf seinem Konto mehrere Millionen durch Hunger oder Kugeln getöteter Bauern und Arbeiter verbuchen; die durch seine persönliche Schuld an den Fronten des Bürgerkriegs Gefallenen nicht mitgerechnet. Dazu acht Millionen Verschickte. Der Virtuose schliff seine Axt.
Lady Astor, die Moskau im Dezember 1931 besucht hatte, wurde die seltene Ehre zuteil, von dem neuen Führer empfangen zu werden. Im Verlauf des Gesprächs stellte sie Stalin eine Frage, die kaum irgendein anderer zu stellen gewagt hätte:
»Wie lange noch werden Sie Menschen töten?«
Der Dolmetscher erstarrte in Schweigen. Aber Stalin bestand auf der Übersetzung, und ohne nachzudenken, so, als habe er eine solche Frage erwartet, antwortete er der naiven Lady:
»Dieser Prozeß wird solange weitergehen, wie es zur Schaffung der kommunistischen Gesellschaft notwendig ist.«[73]
Die mörderische These vom Aufbau des Kommunismus auf einem Berg von Leichen sah ohne theoretische Grundlage ein wenig dürftig aus. Jossif der Erbauer machte sich nicht die Mühe, eine wissenschaftliche Doktrin auszuarbeiten, sondern erklärte kindlich-direkt, daß der Klassenkampf, je näher man dem Sozialismus komme, sich verschärfen werde. Daraus ergab sich die These vom Massenmord als unvermeidliche Bedingung für den Sieg des Kommunismus. Theorie und Praxis der Stalinschen Interpretation des Marxismus-Leninismus stimmten überein.
Bedauerlich war nur eins: Nicht alle Kommunisten hatten gelernt, auch schon die Andeutungen Stalins zu verstehen. Nicht allen gefielen seine philosophischen Mußestunden. Hören Sie, was Bucharin im April 1929 auf dem ZK-Plenum sagte:
»Diese seltsame Theorie erhebt die bloße Tatsache der gegenwärtigen Verschärfung des Klassenkampfes zu einem unumgänglichen Gesetz unserer Entwicklung. Aus dieser seltsamen Theorie folgt, je weiter wir in Richtung auf den Sozialismus vorwärtsschreiten, desto größer werden

die Schwierigkeiten, desto schärfer wird der Klassenkampf, und unmittelbar an der Schwelle zum Sozialismus müssen wir allem Anschein nach einen Bürgerkrieg anfangen oder vor Hunger krepieren und alle Viere von uns strecken.«

In seinem Bemühen, dem unbedarften »Theoretiker Stalin« die Gloriole zu nehmen, griff Bucharin zu einer Hyperbel. O weh, er hatte richtig prophezeit: Die Hyperbel wurde Wirklichkeit.

Wahrscheinlich war ein Ausspruch des selbsternannten Führers nicht bis zu Bucharin gedrungen. Da heißt es: »Besser, man impft die Kuhpocken, dann gibt es keine Schwarzen Blattern.« Die im häuslichen Kreise bei einer Flasche kaukasischen Weins hingeworfene Bemerkung wurde zu einem Aphorismus, der Machiavelli zur Ehre gereicht hätte. Terror als Prophylaxe gegen Volksaufstand. Und schon ist das Pünktchen aufs I gesetzt.

Aber Terror herrschte nicht allein und nicht *so sehr* 1937. Nicht einmal 1935, als Stalin nach dem Kirow-Mord die Schleusen öffnete. 1937 ist für die gewöhnlichen Bürger bestimmt, ihre Zahl ist Legion. Der Terror als Mittel zum Aufbau des Sozialismus war auf der Grundlage der Gesetzlosigkeit zu Lebzeiten Lenins entstanden. Er war aus dem System der Einparteidiktatur erwachsen. Lenin, der 1917 linke Sozialrevolutionäre und Menschewiki in die Regierung aufgenommen hatte, verstand es nicht, sie bei der Stange zu halten, denn sie wollten sich nicht mit der volksfeindlichen Politik der Freiheitsbeschränkungen abfinden. Lenin hätte die demokratischen Spielregeln einhalten können. Bei den Amerikanern heißt das »fair play«.

Lenin spielte mit niemandem ein ehrliches Spiel.

Als Stalin 1918 Julij Martow zu verfolgen begann und dabei verfassungswidrige Methoden und Mittel anwandte, schwieg Lenin. Der Fall des »Taktischen Zentrums« durchlief die Untersuchungsinstanzen im Jahre 1920. In diesem Zusammenhang war Martows Bruder W. O. Lewizkij verhaftet und nach Sibirien verschickt worden.

Die Tscheka begann offen, alle Andersdenkenden zu verfolgen, alle, die es wagten, Tagesereignisse, Geschichte, Philosophie nicht unter den vorgeschriebenen Kasernenbedingungen – vor den Augen aller, unter Aufsicht der Parteifunktionäre, Ausbilder, Agitatoren – zu erörtern, sondern im engen Kreis ihrer Freunde. Dafür gibt es viele Beispiele. Hier nur eines. G. D. Salmanowskaja hatte Anfang der zwanziger Jahre gemeinsam mit ihren Freundinnen, 18jährigen Komsomolzinnen, an Lesungen und Diskussionen marxistischer Bücher teilgenommen. 1924 wurden sie alle festgenommen – sowohl die, die vorgelesen, als auch die, die zugehört hatten.

Am 20. Januar 1922 hielt Trotzkij einen Vortrag auf einer Jugendkonferenz und erklärte im Hinblick auf die Neue Ökonomische Politik, sie setze die »Nutzung der kapitalistischen Formen und Methoden für den sozialistischen Aufbau« voraus. Einer der Zuhörer, der 18jährige Student L. Gurwitsch, »behauptete, wir kehrten zum Kapitalismus zurück. Das habe Lenin offen zugegeben, als er vom Staatskapitalismus sprach«. Das berichtete Trotzkij in seinem »absolut geheimen« Brief an Lenin vom 21. Januar über diesen Diskussionsbeitrag und drängte ihn, diesen wichtigen Punkt zu erläutern. Der kranke Führer antwortete unverzüglich:

»Genosse Trotzkij, ich zweifle nicht daran, daß die Menschewiki ihre außerordentlich böswillige Agitation verstärken, im gegebenen Moment und auch künftig. Ich glaube daher, daß wir Überwachung und Repressionen verschärfen müssen. Ich habe darüber mit Unschlicht gesprochen und bitte Sie, zehn Minuten Zeit für ein Telefongespräch mit uns zu finden. Was die eigentliche Frage betrifft – so glaube ich, daß ich mit Ihnen einer Meinung bin. Ich möchte gern einen kleinen Artikel über die von Ihnen gestreiften Themen schreiben, kann dies aber kaum früher als in zwei Wochen tun. Daher wäre es außerordentlich nützlich, wenn Sie in der Presse den offenen Kampf beginnen, jenen Menschewik beim Namen nennen, den bösartigen weißgardistischen Charakter seiner Behauptung aufdecken und sich mit einem eindrucksvollen Appell an die Partei wenden, die Reihen fester zu schließen.«[74]

Lenins militante Orthodoxie entartete zur Politik grausamer Repressionen. Das Oberhaupt der Regierung hatte sich wegen einiger Äußerungen eines Andersdenkenden an J. Unschlicht gewandt, damals Stellvertretender Vorsitzender der Tscheka.

Ende 1921 und Anfang 1922 entstanden innerhalb der Kommunistischen Partei Rußlands oppositionelle Gruppen von Arbeitern und alten Parteimitgliedern.

Man ging daran, Mitglieder der oppositionellen Gruppen zu verhaften und sie schon von 1922 an »behutsam« in besonderen Isoliergefängnissen (Politisolatoren) für politische Häftlinge zu halten. Die Menschewiki zu fassen war leicht. Sie waren als Freiwillige an die Front gegangen, und so konnte man sie 1923 und 1924 anhand der alten Mobilisierungslisten festnehmen.

1923 wurde allen »fremden Elementen« das Wohnrecht in Großstädten entzogen. »Minus 6« bedeutete das Verbot, in Moskau, Leningrad, Charkow, Kiew, Rostow oder Odessa zu wohnen. Später umfaßte das »Minus« 16 Städte und mehr. Dieses »Minus« wurde gewöhnlich im Anschluß an eine Verbannungs- oder auf Gefängnisstrafe verhängt. Von

1925 an gab es folgende Strafen für Andersdenkende: Politisolator (drei Jahre), Verbannung (drei Jahre), das »Minus« mit Anweisung eines bestimmten Wohnsitzes. Danach folgte die erneute Verhaftung und wieder lief das Förderband. Mit einem »Minus« zu leben, hieß, sich zweimal im Monat beim OGPU-Kommandanten melden zu müssen. Den Wohnort durfte der Betroffene nicht wechseln. Seine Arbeitsstelle konnte er sich nicht aussuchen, er erhielt sie auf Anweisung der Behörden.

Seit Ende 1922 wurden die Menschewiki zielstrebig weggefischt. Ihr Klub »Wperjod« (»Vorwärts«) in der Mjasnizkaja-Straße in Moskau wurde geschlossen. Schon im August 1920 war eine Jugendgruppe verhaftet waren, im Februar 1921 in diesem Klub 150 Menschen festgenommen worden. In der Butyrka sammelten sich bis zu 300 Sozialisten aller Richtungen an. Am 25. April 1921 wurden die Häftlinge im Butyrka-Gefängnis *en masse* verprügelt. Im Februar 1922, als Ergebnis des Schriftwechsels Lenin-Trotzkij und eines Telefongesprächs mit Unschlicht – wurden 25 junge Leute, der Kern einer Jugendgruppe, in Moskau verhaftet. Sie kamen alle in die Lubjanka, und dort unter strenges Regime, was zum Protest führte. Dann – Verbannung in weitab liegende Gebiete, Hungerstreik, »Milderung« des Urteils.

Das ist nur ein kurzer Auszug aus der Chronik des frühen Terrors gegen junge und – das sei hervorgehoben – wohlmeinende Kritiker des Regimes.

»Denn es muß Parteiungen geben unter euch; nur so wird sichtbar, wer unter euch treu und zuverlässig ist«, lehrte der Apostel Paulus die Korinther.[75]

Wäre Paulus Stalin in die Finger geraten, man hätte diesen Apostel nicht mehr wiedergesehen. Was aber wäre unter Lenin mit Paulus geschehen? Hätte man ihn »einfach« verbannt?

Die Stalin-Tyrannei – der totale Terror – wurzelte in einem sorgsam und reichlich gedüngten Boden.

Einige Jahre nach dem Tode Lenins fühlte Stalin sich durch die bisherigen Terrormethoden gegen Menschewiki und Sozialrevolutionäre beengt. Als Mensch mit Sinn für große Dimensionen hatte er Mitte der zwanziger Jahre unter den georgischen Menschewiki aufgeräumt. In Leningrad hatten die Oppositionellen ihre eigene geheime Druckerei. Auf Vorschlag Stalins schmuggelte die OGPU dort einen Agenten ein, der sich beim Untersuchungsverfahren als ein »weißgardistischer Offizier« entpuppte. In dieser Aktion spürt man die lenkende Hand des erfahrenen Provokateurs.

Im Dezember 1927 beschließt das Politbüro Trotzkijs Verbannung nach

Alma-Ata. Während der GPU-Trupp die Tür zu seiner Wohnung einschlug, gelang es Lew Dawydowitsch noch, den Genossen ein paar Abschiedsworte zu schreiben.
»Uns provoziert man absichtlich zu Protesten, Stalin ruft bewußt zur Wiederbelebung des Oppositionskampfes auf. Er weiß, wir werden nicht zu schweigsamen Kleinbürgern, wir werden nicht wortlos und gleichgültig das Schicksal unserer Genossen hinnehmen. Wir werden absichtlich gestoßen, um Vorwände für die Verstärkung der Repressionen zu schaffen, die grausam, gnadenlos und schamlos sein werden. Stalin will nicht nur den Kampf mit uns fortsetzen, er will die Opposition physisch vernichten.«[76]
Stalin empfand gegenüber Trotzkij satanischen Haß und hatte gleichzeitig Angst vor ihm. Er fürchtete seine unleugbare Autorität als Führer der Revolution und der Roten Armee, seine gewaltige Popularität in der Partei und im Volk. Stalin hatte schon den Tag für Trotzkijs Abtransport festgesetzt, da berichteten die Agenten von Menschenmassen, die sich vor dem Kasaner Bahnhof versammelt hätten, um den in Ungnade gefallenen Führer zu verabschieden. Daraufhin verschob der Generalsekretär die Abreise auf den nächsten Tag. Diese Aktion vollzog die OGPU auf moderne Weise: Trotzkij wurde mit Gewalt am Abend vor dem neuerlich angesetzten (und offiziell bekanntgegebenen) Tag, am 17. Januar 1928, in den Eisenbahnwagen gebracht.
Es folgte dann eine von Koba inspirierte verleumderische Kampagne gegen Trotzkij, der sich an die internationale Bourgeoisie »verkauft« habe.
Kaum ein, zwei Jahre später beginnt der Terror in die Breite und Tiefe zu wachsen, verändert sich *qualitativ*. Schon werden in den georgischen Gefängnissen die Häftlinge geschlagen. Es ist vielleicht nicht der Rede wert, aber es ist ein Anfang.
Das Talent des obersten Scharfrichters gelangt in den Jahren der totalen Kollektivierung und der Massenvernichtung der Bauern und Ingenieure zu voller Reife. Für Fachleute hatte Stalin insgesamt nichts übrig. In den Jahren des Bürgerkriegs hatte er die »Militärspezialisten« ausgerottet – ehemalige zaristische Offiziere, die aufrichtig in der Roten Armee dienten. Jetzt störten ihn die Ingenieure, und er beschloß, mit Hilfe seines alten Freundes Jefim Jewdokimow, der in die »Organe« vorgedrungen war, eine Schädlingsorganisation zurechtzubasteln. Drei Monate, Mai bis Juli 1928, beschäftigte der »Schachty-Prozeß« die Gehirne der Zeitgenossen.
1928 hatte Stalin die Zügel in der Partei fest in der Hand. Es entsprach jedoch nicht seiner Natur, sich mit dem Erreichten zufriedenzugeben. Er

wünschte jetzt, seinen Untertanen einen dauerhaften Ekel, mehr noch – Furcht gegenüber dem Wort »Trotzkist« einzuimpfen. Jedes Parteimitglied, jeder Bürger des Sowjetlandes sollte wissen und im Gedächtnis behalten, daß ein Trotzkist ein *Feind* ist. Und daß die Anhänger Trotzkijs Agenten des Imperialismus, Spione, Saboteure und Schädlinge sind. Ein wenig später wird man diese »Wahrheit« und Wahrheiten der gleichen Sorte an allen Schulen, Hochschulen und in Politzirkeln lehren. Und in die mit Dogmen wie ein Glas mit Gurken gefüllten Köpfe stopft er noch ein Dogma: »Die Trotzkisten sind der Feind Nummer eins.«
Um diesem Dogma das Gewicht einer offiziellen Wahrheit zu verleihen, brauchte es Opfer als Beweise. Mit ihnen hatte Stalin im Jahre 1929 die Zellen des Butyrka-Gefängnisses gefüllt. Den vorläufig noch in Freiheit verbliebenen Anhängern Trotzkijs gab der Generalsekretär die Möglichkeit, öffentlich auf den Seiten der Zeitungen zu bereuen.
1930 erlosch unter dem Druck des Staates endgültig die Tätigkeit des Politischen Roten Kreuzes. In den zwanziger Jahren hatte die GPU/OGPU den politischen Verbannten noch minimale Summen zum Lebensunterhalt ausbezahlt. Sie erhielten ferner Hilfe vom Roten Kreuz, einer Organisation, die sich vom Zarenregime her erhalten hatte. Seit Februar 1918 hatte Jekaterina Pawlowna Peschkowa, Maksim Gorkijs erste Frau, beim Roten Kreuz maßgeblich mitgearbeitet. Frau Peschkowa, ehemaliges ZK-Mitglied der Sozialrevolutionären Partei, half aktiv allen politischen Häftlingen.
Dzierżyński verhielt sich ihr gegenüber vertrauensvoll, erlaubte ihr, die Gefängnisse zu besichtigen, empfing sie täglich, leistete Beistand. (Darüber schreibt Gorkij in einem Brief an D. A. Lutochin vom 27. September 1925.)
Aber 1930 endete dies alles: Geld konnte nicht mehr inoffiziell aus dem Ausland geschickt werden, und in Moskau fanden sich immer weniger Leute, die zu dieser opfervollen Tätigkeit bereit waren. Das Verhalten der OGPU änderte sich radikal: Jagoda empfing weder Frau Peschkowa, noch nahm er ihre Gesuche entgegen. Sie führte noch eine Art Auskunftsbüro, wirkliche Hilfe konnte sie jedoch niemandem mehr geben. Nach 1935 schlief die Institution dieser Art der Gefangenenhilfe ganz ein. Zu »Volksfeinden«, das heißt zu politischen Verbrechern, wurden Hunderttausende, und später Millionen erklärt. An diesem Strom hätte sich jede Hilfsorganisation übernommen.
Ein Januartag des Jahres 1930. Der Generalsekretär hat den Vorsitzenden der GPU der Ukraine, W. A. Balizkij, zu sich gerufen. Stalin geht im Büro auf und ab, hört sich den Vortrag über die »politische Lage« in der Ukraine an, der aus irgendeinem Grunde unzufriedene Führer pafft

hörbar seine Pfeife. Balizkij häuft neues Material auf – vom Widerstand der Kulakenelemente, von den Resten der Machno-Leute, von der Petljura*-Bande. Stalin unterbricht ihn.
»Alles nichts, alles nichts! Mein Lieber, du siehst nicht in die richtige Richtung. Wahrscheinlich hatte Skrypnik, ehe er von der Führung abgelöst wurde, seine eigene politische Organisation. Du weißt, daß die Ukrainische Akademie ein Zentrum der konterrevolutionären Verschwörung mit Pilsudski ist? Was? Du weißt es nicht?!«
Balizkij kehrte nach Hause zurück mit der Anweisung, unverzüglich zu entlarven und zu ergreifen. Aber wen? Das Akademiemitglied Litwizkij? Oder den Präsidenten der Ukrainischen Akademie der Wissenschaften Michajlo Hruschewskij, den Verfasser der dreibändigen Geschichte der Ukraine? 1917 hatte er die Zentral-Rada geleitet, war emigriert, zurückgekehrt und ein sowjetisches Akademiemitglied geworden.
Litwizkij und Hruschewskij sollten auf Stalins Geheiß nicht angerührt werden. Besonders fürsorglich zeigte er sich gegenüber Hruschewskij, er schenkte ihm bei Moskau eine Datscha und verbot, gegen ihn vor Gericht auszusagen.
Der »Organisation« wurde ein klangvoller Name gegeben – Bund zur Befreiung der Ukraine, abgekürzt SWU. Das grandiose Schauspiel, der Prozeß gegen die Angehörigen des SWU, konnte beginnen. Es fehlte nur noch die Stimme eines maßgebenden ukrainischen Politikers, der die »verächtlichen Söldlinge« Pilsudskis anprangerte. – »Sollte nicht Litwizkij gegen den SWU auftreten?«, schlug Stanislaw Kossior vor, der damalige Erste Sekretär der ukrainischen KP (B).
Im Jahre 1911 hatte Litwizkij Lenin ein Papier über die Grundsätze des Aufbaus des Sozialismus auf dem Dorf überreicht. Als einer der ersten entwickelte er die Idee von der Kollektivierung der Landwirtschaft. Dennoch war Litwizkij parteilos geblieben. Um so mehr Gewicht wird seine Stimme beim SWU-Prozeß erhalten.
In die Wohnung Litwizkijs kam ein Genosse aus dem ZK. Alle ukrainischen Zeitungen verdammten den antisowjetischen SWU, der sich an Pilsudski verkauft hatte. Litwizkij zu überreden erübrigte sich.
»Nur ein Lakai ist imstande, Pilsudski die Stiefel zu lecken«, rief Litwizkij zornig und willigte ein, einen Zeitungsartikel zu veröffentlichen.

* Ssymon Petljura: Führer der ukrainischen Freiheitsbewegung, Hauptataman des ukrainischen Heeres und Vorsitzender des Direktoriums der Ukrainischen Nationalrepublik, kämpfte im Bürgerkrieg 1918–1920 gegen die Rote Armee. (Anm. d. Red.)

Jetzt ist alles bereit, vom Szenario bis zur Dekoration, vom Inspizienten bis zu den Schauspielern. Stalin ruft erneut Balizkij zu sich, diesmal gemeinsam mit Panas Ljubtschenko.
»Wen stellen wir als öffentlichen Ankläger hin?«, fragte der Generalsekretär und antwortete selber: »Ich schlage Panas vor, den Vorsitzenden des Rates der Volkskommissare der Ukraine.«
Und eine letzte Instruktion für Balizkij.
»Organisier' die Sache so, daß alle Angeklagten bei der Verhandlung Tee mit Zitrone und außerdem Gebäck serviert bekommen.« Kein einziges Detail ließ der Chefregisseur aus den Augen. Der Prozeß gegen die »Verräter« fand im März/April 1930 in Charkow statt. Auf der Anklagebank saßen Akademiemitglieder. Sie »gestanden« alles und teilten eilfertig »Einzelheiten« mit, während sie ihren Tee mit Zitrone umrührten – genau entsprechend dem Szenario.
Zu den Verurteilten gehörten die Akademiemitglieder Loboda und Perez – zu deutsch: Garten-Melde und Pfeffer. Die staatlichen Humoristen machten darauf den Vers:

Sie säten Melde
und ernteten Pfeffer!

Die Anführer der SWU waren, »wie sich herausstellte«, fanatische FNationalisten, die sich nicht nur an den polnischen Herrscher Pilsudski verkauft hatten, sondern auch an Deutschland, unter dessen Protektorat sie in der Ukraine eine bürgerlich-großagrarische Monarchie errichten wollten. Zweiundvierzig bekannte Persönlichkeiten aus Wissenschaft und Kultur der Ukraine wurden in diesen mit dem Essig der Spionage gewürzten Salat geworfen.
Das Jahr 1930 sah den Zentralapparat der OGPU als solchen und seine Zusammenarbeit mit dem Generalsekretär noch im Erprobungsstadium. Einmal übergab Stalin Jagoda eine Liste mit den Namen von 36 ihm mißliebigen Personen mit der gewöhnlichen »trotzkistischen« Sauce: »Das sind geheime Feinde der Partei, ein paar davon sogar offene. Man muß ihnen den Prozeß machen. Du verhaftest alle, sie werden von ihren trotzkistischen Aktivitäten erzählen. Dann soll das Volk sie verurteilen.«
Aber Jagoda wollte eine solche Verantwortung nicht übernehmen.
»Das kann ich nicht machen, Genosse Stalin. Sollte nicht die Zentrale Kontrollkommission ihre parteifeindlichen Tätigkeiten untersuchen und mir dann das Material übergeben?«
Stalin tat, als gebe er nach. Das war sein übliches Manöver. Er hatte noch einen Vertrauensmann in Reserve. I. A. Akulow, den ehemaligen Sekretär des Gebietskomitees des Donezgebiets, den der Generalsekre-

tär auf den Posten eines Staatsanwalts der UdSSR gesetzt hatte. Diesen vollkommen fügsamen Beamten hatte Stalin als Leiter der »Organe« ausersehen. Für den Anfang sollte er bei Jagoda Unterlagen über das Netz der ausländischen Geheimdienste auskundschaften. Aber Genrich Jagoda war kein Dummkopf. Dann übergab Stalin diese kitzlige Aufgabe Bulatow, dem Kaderleiter der OGPU. Aber auch der blieb erfolglos. (Sie alle – Jagoda, Akulow und Bulatow – erwartet das gleiche Ende, aber vorher wird der Generalsekretär sie auspressen wie eine Zitrone zum Tee.)

Ende 1932 hatten die Parteifunktionäre M. N. Rjutin und A. Sslepkow ein Dokument verfaßt, in dem sie Stalin wahrheitsgemäß als schuldig an der wirtschaftlichen Krise und an der antileninistischen Politik innerhalb der Partei bezeichneten. Die Unterzeichner der »Rjutinschen Plattform« forderten, die Bauern vom Kolchosjoch zu befreien, die Industrialisierung nicht zu forcieren und alle wegen »Opposition« ausgeschlossenen Genossen wieder in die Partei aufzunehmen. Rjutins Gesinnungsgenossen kritisierten die »Rechten« wegen ihrer Allianz mit Stalin, der um der persönlichen Macht willen die Errungenschaften der Oktoberrevolution zunichte mache.

An ebendieser Ecke der Plattform setzte der Generalsekretär an: Er unterstellte Rjutin die Absicht, er wolle die geheiligte Person des Führers der Partei ermorden und einen »konterrevolutionären Umsturz« entfesseln. Hier konnte man endlich die Frage der Todesstrafe für »Terroristen« klar und deutlich stellen. Aber Stalin gelang es nicht, das ZK zu überzeugen, auch nicht die Kontrollkommission, an deren Spitze damals Jan E. Rudsutak stand. Die Mehrheit der Politbüromitglieder stimmte ebenfalls dem Vorschlag des Generalsekretärs, die frechen Kritiker zu erledigen, nicht zu. (Den Text der umstürzlerischen »Plattform« – 200 Seiten – hielt Stalin verläßlich verborgen. Später zieht allein die Lektüre dieses Dokuments schwere Repressionen nach sich.)

Die Anhänger Rjutins wurden vorläufig aus der Partei ausgeschlossen, Rjutin selbst vorläufig verhaftet.

Stalin bewies auch dieses Mal die in der großen Politik so wichtige Geduld. Wenn die Zeit noch nicht reif war für die Hinrichtung der Oppositionellen, konnte er sich doch mit einer Massensäuberung der Partei trösten. Zum Leiter dieses blutrünstigen Unternehmens bestellte der Generalsekretär Georgij Malenkow, dem er die beiden vielversprechenden Parteispitzel Schkirjatow und Jeshow beigab.

Einer der Hauptpunkte in dem für die Säuberung speziell ausgearbeiteten Fragebogen lautete: »Haben Sie an Oppositionen teilgenommen, wenn ja, an welchen?«

Für militärische Oppositionen wurde jedoch eine Ausnahme gemacht. Die offizielle Instruktion des ZK empfahl nachdrücklich, militärische Opposition nicht als solche zu rechnen. Völlig logisch: Man konnte doch nicht den Anreger und Organisator dieser Opposition, Stalin, gemeinsam mit seinen Gehilfen Woroschilow und Jaroslawskij aus der Partei wegsäubern.

Das Tandem Schkirjatow-Jeshow arbeitete reibungslos und erfolgreich. Die Säuberung ging 1935 mit dem Umtausch der Parteibücher zu Ende, wonach sich Malenkow auf dem ZK-Plenum rühmte: im Verlauf der Säuberung sei es gelungen, 300 000 »fremde Elemente« festzustellen und aus der Partei zu entfernen. Die Resolution des Oktoberplenums des Zentralkomitees nach dem Referat von Nikolaj Jeshow über die Ergebnisse der Säuberung (die Kampagne bezeichnete man schamhaft als »Überprüfung der Parteidokumente«) erinnert an einen Militärbefehl zum Kampf gegen Banditentum. *Feindliche Elemente, Klassenfeinde* und *Feinde der Partei, verbrecherische Praxis* – die Resolution ist bis zum äußersten gesättigt mit derlei Ausdrücken. Fünf-, sechs-, zehnmal wirft das ZK der Parteiorganisation mangelnde bolschewistische Wachsamkeit vor, und ebensooft fordert sie, alle Feinde zu entlarven. Polithysterie?

Während der Parteisäuberung der Jahre 1933 und 1934 hatten die »Organe« nebenher auch gleich eine Masse von »Spionen« unschädlich gemacht. Woher waren sie gekommen? Ein Fall: Der Leiter eines technischen Dienstes beim Volkskommissariat für Schwerindustrie, Aleksandr Iljitsch Milenin, wurde 1934 verhaftet und in die Lubjanka gebracht. Er war angeblich bekannt gewesen mit einer Dame, die wiederum die Bekannte eines deutschen Ingenieurs war. Um der Folter zu entgehen, bekannte sich Milenin der Spionage für Deutschland für schuldig, und zur größeren Glaubhaftigkeit verwies er auf eine Reihe geheimer Dokumente mit der ausgedachten Chiffre F-2, F-14, Ch-4 und so weiter.

Die Fürsprache Ordshonikidses half, sein Leben zu erhalten. Der Spion wurde nicht erschossen, sondern erhielt zehn Jahre. Seine Frau besuchte ihn im Lager, und es gelang ihr, heimlich ein Schreiben ihres Mannes an Stalin persönlich herauszuschmuggeln. Das Papier übergab sie dem Mitarbeiter des Volkskommissars Ssemuschkin, der legte es auf Ordshonikidses Tisch, und Ssergo schließlich gab es dem Führer. Es folgte Stalins Befehl: »Genosse Jeshow soll das untersuchen und Bericht erstatten.«

Unter den Leuten, auf die sich Milenin in seinem Schreiben bezog, befand sich auch dessen alter Frontkamerad Rudakow (nennen wir ihn

einmal so). Er bekam unerwartet die Aufforderung, vor dem ZK zu erscheinen. Jeshow leitete zu jener Zeit den Sektor für Führungskader im ZK und war Verbindungsmann zur OGPU. Er saß in seinem riesigen Büro in der dritten Etage des ZK-Gebäudes am Alten Platz hinter einem gewaltigen Schreibtisch. Milenins Akte lag offen vor ihm auf dem Tisch. Jeshow bat um eine Charakteristik Milenins und erhielt eine großartige Schilderung des ehrlichen, opferbereiten Frontoffiziers. Damals, vor der Ermordung Kirows, war es manchmal noch möglich, seine Meinung geradeheraus, offen und ohne Angst vor den Folgen zu sagen.
»Willst du Milenin wiedersehen?« fragte Jeshow. »Sie bringen ihn gleich.«
Rudakow aber hatte es eilig, zur Arbeit zu kommen und wollte nicht warten, meinte er doch, er werde den Freund morgen unter anderen Umständen wiedersehen.
Als er sich von Rudakow verabschiedete, erinnerte ihn Jeshow an den hochgeheimen Charakter der Unterredung: Rudakow schwieg volle dreißig Jahre. Seinem Vorgesetzten sagte er, man habe ihn ins ZK vorgeladen wegen eines alten Freundes, der für eine Stellung im ZK-Apparat vorgeschlagen sei. Auch er unterstütze die Befürwortung. Diese Version gelangte bis zu Jagoda.
Milenin wurde freigelassen, aber nicht wieder in die Partei aufgenommen. Da ein ehemaliger Häftling nicht einfach unschuldig sein kann, wurde ihm »moralischer Verfall« attestiert. Mit diesem Brandmal ging Milenin in den Vaterländischen Krieg und befehligte eine Division, wurde jedoch bei Beförderungen umgangen.

Bei der Kampagne gegen ehemalige und derzeitige Oppositionelle erklingt das Thema Spionage und Verbindung mit dem Ausland immer aufdringlicher.
Jetzt konnte endlich auch die Todesstrafe angewendet werden – schon für die »Absicht, ins Ausland zu fliehen«. Stalin hatte die Praxis der Verbannung von Verwandten seiner Opfer eingeführt. Schon in den ersten Jahren seiner Herrschaft bediente er sich des Mittels der Geiselnahme. Er erpreßte seine Opfer mit der Drohung, man werde auch gegen ihre Verwandten und Freunde vorgehen, und ließ seinen unersättlichen Haß an den Familien der Verhafteten aus. Dies entsprach seinem Charakter.
Der Geschichte hat es gefallen, die Taten zweier Diktatoren zu synchronisieren – Hitlers und Stalins. Der deutsche Führer vernichtete am 30. Juni 1934 die Gruppe um seinen Rivalen Röhm.

Hitlers Nacht der Langen Messer diente Stalin als Modell für das Gemetzel, das er nach dem Kirow-Mord inszenierte. Allein in Leningrad vernichteten die Stalinschen Garden 40 000 Altkommunisten, und insgesamt »ermittelte« man in der Geburtsstadt der Oktoberrevolution und in Moskau 180 000 »Volksfeinde«.
Das Jahr 1935 wurde auch noch wegen eines anderen Massenblutbades berühmt. Gleich nachdem der sowjetische Anteil an der Ostchinesischen Eisenbahn an Japan verkauft worden war, wurden die Bahnbeamten in die Heimat abtransportiert, und bald darauf füllten sich die Gefängnisse und Lager mit einer 50 000 Mann starken Armee von »japanischen Spionen«. Wer von ihnen ist am Leben geblieben? Was wurde aus ihren Kindern? In der offiziellen Geschichte steht darüber kein Wort. Und über die persönliche Verantwortlichkeit Stalins ebensowenig.
Der Massenterror machte neue und mehr Vollzugsgehilfen notwendig. Aus den örtlichen und zentralen Abteilungen der Geheimpolizei, die die Schule der Liquidierung der »Kulaken« und der ersten politischen Hexenjagden durchlaufen hatten, mußte eilig eine starke, kampfbereite Armee von Mördern und Marodeuren gebildet werden.
Der künstlich hochgepeitschte Enthusiasmus der »Erbauer des Sozialismus« konnte Geist und Herz des Bauern und Arbeiters nicht entfachen. Sie dachten nicht in Parteidogmen, sondern in Kategorien des Lebens. Stalin hatte das Jahr 1921 nicht vergessen, als die Unzufriedenheit der Arbeiter in Petrograd zum Ausbruch gekommen war. Er erinnerte sich auch an Kronstadt. Er wollte keine Wiederholung. Die rückständigen Arbeiter und die Bauern, denen es an Klassenbewußtsein mangelte, sollten ständig in ihrem Nacken die starke Hand der »Organe« fühlen.
Wenn der Führer sich schon das bescheidene Ziel gesetzt hatte, die Partei in die Knie zu zwingen, dann doch erst recht die Arbeiter und Bauern, also das Volk, die Massen oder wie sie sich sonst noch nannten.
Die führende Rolle Stalins bei der Organisation der Armee von Meistern der Fahndung und Bestrafung hat bei den offiziellen Historikern bis heute noch nicht die richtige Würdigung gefunden. In den Jahren ihres höchsten Aufschwungs umfaßte diese Armee mehr als eine halbe Million »Menschen«. Es waren hochqualifizierte Meister mit reichen Erfahrungen in der Durchführung von Haussuchungen, Untersuchungsverfahren und in der Anwendung der Folter. Was die Fahndung betrifft, so war diese unter Stalin völlig unnötig: Man griff alle miteinander, wobei man manchmal nicht einmal den Staatsanwalt bemühte, um Haftbefehle auszuschreiben. Es gab auch eine Palastgarde, die sogenannten Internen Truppen des NKWD.

Wer hat gesagt, der Bürgerkrieg sei 1922 zu Ende gewesen? Der war nur eine Probe für den richtigen brudermörderischen Krieg. Nach einer kurzen Pause von sechs bis sieben Jahren begann der Bürgerkrieg in Rußland wieder mit Zyklopenkraft. Er hatte verschiedene Bezeichnungen: Entkulakisierung, Kollektivierung, Industrialisierung, Kampf gegen die Oppositionellen und Volksfeinde, Kleiner Terror, Großer Terror. Das Wesen war dasselbe.

Persönlich beteiligt

An einem Sommerabend des Jahres 1926 ging eine Gruppe von Funktionären des Komsomol-ZK nach der Arbeit zum Fahrstuhl in der dritten Etage, wo sich das ZK-Sekretariat der Partei befand. In jenen Jahren war das »Kleine ZK«, das heißt das ZK des Leninschen Kommunistischen Allunions-Jugendverbandes im gleichen Gebäude wie das Große ZK am Alten Platz untergebracht. Auf die Komsomolzen lief hastig ein kleiner Mann zu, der Wachkommandant Trachtenberg.
»Haltet den Fahrstuhl auf, Genosse Stalin kommt!«
Die jungen Leute warteten, bis der Generalsekretär kam – den Soldatenmantel übergeworfen, eine Hand in der Tasche des halbmilitärischen Waffenrocks. »Wie geht's der Jugend?« fragte Stalin in munter-herablassendem Ton.
»Alles in Ordnung. Alle gesund und fröhlich!« antwortete einer für alle. Einer der Komsomolzen hatte in seiner Tasche eine Mauser-Pistole, die noch vom Kriege her stammte. Zwanzig Jahre später, im Lager, fast verhungernd, dachte er wieder und wieder an jene Minute im Fahrstuhl.

Im Jahre 1937 zogen das ZK-Sekretariat und das Orgbüro in den Kreml um, der ganze sonstige Apparat blieb jedoch am Alten Platz. Im Kreml richtete Stalin als erstes die Überwachung der Telefongespräche ein. Die Technik war weiter fortgeschritten, man lieferte ihm die neuesten Modelle. Was für Gespräche führten wohl die Parteiführer und die Funktionäre des Zentralapparats nach der Ermordung Kirows und nach den Gerichtsverfahren? Es schien, als hätten alle gelernt zu schweigen und zu konspirieren – das Leben hatte es gelehrt. Aber nicht jeden. Der

Herr hörte und lauschte und merkte sich alles, ließ jedoch davon vorläufig nichts unter dem struppigen, tabakduftenden Schnurrbart hervordringen.
Damals schaffte Stalin das Recht der Kommunisten ab, eine Waffe zu tragen. Er selbst ging niemals ohne seinen Revolver, umgab sich mit einer starken persönlichen Leibwache. Der Große Führer begab sich auf den Kriegspfad gegen das eigene waffenlose Volk.
Offiziell war die persönliche Leibwache für die Mitglieder des Politbüros 1928 nach einem Attentatsversuch gegen Funktionäre der OGPU eingerichtet worden. An einem Sommertag des Jahres 1928 hatten Verbrecher im Gebäude der OGPU in der Lubjanka zwei Bomben gelegt. Eine explodierte (im Eingang zur Kommandantur), die zweite nicht (im Eingang Nr. 2, wo die Operativen Dienst taten). Zur Fahndung wurde alles eingesetzt. Die Terroristen zu fassen, gelang Pjotr Kolossowskij. Für diese Operation wurde ihm der Titel eines Ehrentschekisten verliehen.
Um diese Zeit wurde beim Amt für Geheime Einsätze eine Spezialabteilung für den Schutz der Regierungsmitglieder geschaffen. Später konstruierte Stalin ein selbständiges Schutzamt mit Nikolaj Wlassik an der Spitze. Die Vollmachten und der Einfluß dieses Schutzamtes kamen denen des Politbüros fast gleich. Der Name Wlassiks brachte Volkskommissare, ZK-Mitglieder und selbst die zuverlässigsten Vertrauten Stalins zum Zittern.
Jedem einzelnen Politbüromitglied wurde ein eigener Schutzkommissar (!) beigegeben.
Bei Napoleon Bonaparte diente als Chef der Leibwache der Georgier Rustam Odselaschwili. Stalin vertraute dieses hochwichtige Amt dem Ungarn Karl Wiktorowitsch Pauker an, ehemals Friseur an der Budapester Oper. Pauker hatte unter Menshinskij Karriere gemacht. Falsch und durchtrieben, hatte er schnell Stalins Vertrauen gewonnen und es verstanden, sich selbst mit einem so unzugänglichen Menschen wie Ulrich »anzufreunden«. Bald schon erhielt Pauker das Amt des Chefs der Operativabteilung der OGPU. Karl Wiktorowitsch hielt sich ständig in der Nähe der Hausherren auf.
Das persönliche Büro des Monarchen bewachten besondere Posten, vergleichbar den Tschaparen der georgischen Kaiser. Stalin hatte in jahrelanger Auswahlarbeit Menschen unter sich versammelt, die zu keinem selbständigen Schritt imstande waren. Noch immer bestand die Möglichkeit, daß das Gemetzel und der Aderlaß im Lande jemanden zu einer Verzweiflungstat hinreißen konnte. Mit einem Wort: »Den Vorsichtigen beschützt Gott.«

Die Zeit war gekommen, an die Ausweitung des Terrors zu denken. Am 29. Juni 1936 sendet Stalin ein Geheimschreiben des Politbüros in die Provinz. Dem Schreiben zufolge war es ungeachtet der gewaltigen Erfolge der aktiven Wachsamkeitskampagne einigen jetzt verhafteten Volksfeinden gelungen, ihre Parteibücher zu behalten (in der Resolution des Dezemberplenums von 1935 war davon die Rede gewesen, daß aus der Partei Ausgeschlossene ihre Parteibücher behalten hatten). Das ZK rief zu erhöhter Wachsamkeit und zum entschlossenen Kampf gegen den maskierten Feind auf. So wurde der Massenterror, den Stalin nach der provokatorischen Ermordung Kirows entfesselt hatte, weiter angeheizt.

In diesen Jahren vernichtete Stalin nacheinander seine Verwandten und eine Reihe von Genossen, die ihm von langjähriger gemeinsamer Arbeit her nahestanden. Der Hausherr ließ Aleksej Sswanidse, der seinen Neffen Jakow, Stalins ältesten Sohn, erzogen hatte, zusammen mit seiner Ehefrau Marija Anissimowna Korona, einer Solistin des Opern- und Ballett-Theaters von Tiflis, verhaften. Die – als was? – »entlarvten« Eheleute schickte Stalin in verschiedene Lager. Der Kriegsbeginn ereilte die Gefangenen im politischen Isoliergefängnis von Orjol. Hier besuchte sie auch ein Agent. Er empfahl Sswanidse im Namen des Hausherrn, alle seine Sünden zu bekennen. Für diesen Fall verspreche er, ihr Leben würde geschont. Aleksej Sswanidse antwortete: »Ich weiß von keiner Schuld gegenüber der Partei, ich wüßte nicht, was ich bekennen sollte.« Das halsstarrige Paar wurde hingerichtet. Sie blieben unbeugsam, auch bei den Drohungen gegen ihre drei Söhne. Später wird Stalin mit gespieltem Entzücken sagen: »Ein wirklicher Held! Er hat den Tod auf sich genommen und nicht um Gnade gebeten.«
Dabei hatte Aljoscha Sswanidse auf Gnade gehofft. Sonst wäre er nicht 1937 zu Stalin gegangen und hätte ihn um das Leben Jenukidses gebeten: »Wir kennen ihn doch alle gut. Er kann kein Feind sein.« »Er kriegt die verdienten Prügel«, antwortete der Führer, »dann wird er gleich alle seine Verbrechen zugeben.«
Mit Abel Jenukidse hatte Stalin um die Jahrhundertwende die Gefahren des Untergrunds geteilt. Nun aber hatte Jenukidse eine Broschüre verfaßt, in der er unter anderem von der Einrichtung der Untergrunddruckerei in Baku berichtete, an der Stalin nicht teilgenommen hatte. Er schrieb auch über die Stalinschen Intrigen. Und er hatte die naive Wahrheit in Zeitungsartikeln wiederholt.[77] Daraufhin versetzte der Generalsekretär den Sekretär des Zentralexekutivkomitees, Jenukidse,

unter die Zweiten Sekretäre, wofür er eigens einen neuen Rang einführte.
Jenukidse war der erste, der die tote Nadjeshda Allilujewa* mit den Fingerspuren des Mörders an der Kehle gesehen hatte. Und überhaupt wußte Jenukidse zuviel. Und er war zu mitleidig.
Im »Fall« Jenukidse war außer der Anschuldigung, er sei an der Vorbereitung des Kirow-Mordes beteiligt gewesen, auch die Rede von der Vorbereitung zur bewaffneten Besetzung des Kreml, ferner der Plan, Gorkij, Kujbyschew und schließlich – den Führer zu vergiften (mit Hilfe einiger Damen des alten Regimes, die bis in die Reihen des Personals der Hausbibliothek des Generalsekretärs vorgedrungen waren). Außerdem wurde Jenukidse Monarchismus vorgeworfen, politische und moralische Entartung, Verbindungen zur Gruppe um Marschall Tuchatschewskij, zu »Rechten« sowie zu italienischen Linksextremisten. Nein, die letztere Verbindung scheint nicht bestanden zu haben, alles übrige jedoch findet sich in den Akten.
Nach dem Mord an Abel Jenukidse veröffentlicht Trotzkij im Ausland einen Artikel mit der Überschrift »Kain, wo ist dein Bruder Abel?«[78]
Die Kobra reagiert exakt auf Wärme. Wenn sie, selbst auf große Entfernung, in der Dunkelheit, etwas Lebendiges spürt, beißt sie untrüglich zu. Koba machte seine Opfer über ihre Klugheit, ihre Begabung ausfindig. Am meisten aber fürchtete er willensstarke Menschen. Ein fremder Wille ist ein feindseliger Wille. Mit dem Gespür einer Schlange suchte er die Willensstarken aus und – tötete, tötete, tötete.
Stanislaw Redens, verheiratet mit Anna, der Schwester von Nadjeshda Allilujewa, hatte eine Zeitlang die GPU in Transkaukasien geleitet, während die Parteiführung bei Berija lag. 1937 war Redens Leiter der Moskauer NKWD-Verwaltung. Er war ein treuer Kampfgefährte Dzierżyńskis, jahrelang dessen persönlicher Sekretär, und zu entschiedenen Maßnahmen fähig, doch, gefesselt von seinen Parteivorurteilen, konnte er die Hand nicht gegen den Generalsekretär erheben. Als die Reihe an ihn kam, Stalinsche Gefängnissuppen und die Peitschenhiebe in den Kellern der Lubjanka zu kosten, blieb Redens standhaft. Stalin mochte aber auf den Tod keine standhaften Leute. Er dürstete danach zu sehen, wie jeder einzelne Revolutionär angesichts der Foltermaschine zum Feigling wurde.
Wie freute er sich über jeden Verrat, den ein ehemaliger Leninist im Gefängnis beging. Wenn einer der verhafteten »Volksfeinde« sich weigerte, Fälschungen zu unterschreiben, raubte es dem Hausherrn die

* Nadjeshda Allilujewa, Stalins zweite Frau, starb 1932.

Ruhe. Der allmächtige Führer verlor den Glauben an die eigene Macht.
Als er erfuhr, Redens habe den Verhören der Untersuchungsbeamten widerstanden, selbst Folterungen hätten ihn nicht gebrochen, rief Stalin Anna Allilujewa zu sich. Er versprach ihr die Freiheit für ihren Mann, für sie und ihre Kinder, ja sogar Unverletzlichkeit, falls Redens konterrevolutionäre Aktivitäten zugebe.
Was sollte die arme Frau und Mutter dreier Kinder tun?
Sie wurde in eine Einzelzelle des Lefortowo-Gefängnisses zu ihrem von den Folterungen entstellten Mann gebracht. Sie stürzte auf ihn zu, flehte ihn an, sich zu unterwerfen und alles zu unterschreiben, was der Generalsekretär verlange. »Koba hat versprochen, dich sofort freizulassen.«
Redens versuchte ihr klarzumachen, daß man diesem Menschen auf keinen Fall glauben dürfe. Aber die Frau fuhr fort, ihn zu bedrängen. Da ging Redens an die Tür und klopfte laut. Ein Aufseher erschien. Redens verlangte, den Diensthabenden der Abteilung zu sprechen. »Bringen Sie diese dumme Person fort«, forderte er den Diensthabenden auf.
Das waren die letzten Worte, die sie von ihrem Mann hörte. Nach Stalins Tod bemühte sich Anna Allilujewa lange um die Rehabilitation ihres Mannes. Als sie endlich »Gerechtigkeit« erlangt hatte, verlor sie ihren Verstand.
Das Wort »Gerechtigkeit« haben wir nicht zufällig in Anführungszeichen gesetzt. Kein anderer als Redens hatte das Moskauer Parteiaktiv und später die Führer in Kasachstan vernichtet.

Grigorij Brojdo, ein früherer Rechtsanwalt und Notar, ehemals ZK-Mitglied der menschewistischen Partei, war 1918 Stellvertretender Volkskommissar für Nationalitätenfragen gewesen. Mit Verstand und List begabt, sehr geschäftstüchtig, nahm er Koba einen erheblichen Teil seiner Sorgen um sein Amt ab. Auf dem XVII. Parteitag wurde er als Kandidat ins ZK gewählt. Eine Zeitlang leitete er den Parteiverlag, arbeitete als ZK-Sekretär der turkmenischen Kommunistischen Partei. Nach Stalinschen Maßstäben hätte der ehemalige Volkskommissar für Nationalitätenfragen und jetzige Generalsekretär Stalin wegen Zusammenarbeit mit und Nachsicht gegenüber einem ehemals aktiven Menschewiken festgenommen werden müssen. Statt dessen wurde Brojdo verhaftet.
Nachdem er 17 Jahre Lagerhaft verbüßt und seine Rehabilitation durchgesetzt hatte, starb Grigorij Brojdo im Jahre 1970.

1937 vernichtete Stalin den Philosophen Jan Steen, der ihn drei Jahre lang Hegels Dialektik gelehrt hatte. Steen hatte die seltene Gelegenheit zum Einblick in die geheimen Absichten seines Schülers erhalten. »Koba wird Taten begehen«, erzählte er einem engen Freund im Jahre 1928, »wogegen die Fälle eines Dreyfus und Beilis verblassen.«
Steens Vorhersage wurde schon wenige Jahre später Wirklichkeit. Der Altkommunist Steen, plötzlich zum »Volksfeind« geworden, wurde auf persönliche Anweisung Stalins getötet.

In der endlosen Reihe der Stalinschen Opfer stehen auch die Namen einiger Mitarbeiter von Aleksandr Kerenskij, die Lenin begnadigt hatte. Einer von ihnen war Pjotr Paltschinskij, ein Bergbauingenieur, der seine Jugendjahre für die Revolution geopfert hatte. Im Ausland näherte er sich Kropotkin an. Im Herbst 1917 war Paltschinskij, aus der Emigration zurückgekehrt, Generalgouverneur von Petrograd, und im Oktober leitete er die Verteidigung des Winterpalais. Sagten wir »von Lenin begnadigt«? Das war nicht ganz so. In den ersten Jahren der Sowjetmacht war er mehrmals inhaftiert. Aber er hatte ehrlich gedient, einige wertvolle Bücher geschrieben. Schon 1905 hatte ihn ein zaristisches Gericht zu Zwangsarbeit verurteilt, er hatte jedoch fliehen können. Unter Stalin wurde alles einfacher. Im Mai 1929 wurde der völlig unschuldige Patriot als ein »Feind, der die Waffen nicht niedergelegt hat«, erschossen.
Den Justizminister in der Regierung Kerenskij, P. N. Maljantowitsch, ließ Lenin ebenfalls nicht hinrichten, obwohl dieser im Juli 1917 den Befehl zur Verhaftung des Führers der Bolschewiki erlassen hatte. Auch Dzierżyński ließ den früheren Minister in Freiheit.
Antonow-Owssejenko ist dreimal mit Maljantowitsch zusammengetroffen. Das erste Mal 1907, als er nach der Flucht aus dem Gefängnis von Ssewastopol Unterschlupf in der Wohnung des Moskauer Rechtsanwalts Maljantowitsch suchte. Zehn Jahre später, nach der Eroberung des Winterpalais, führte Antonow den Minister Maljantowitsch zusammen mit anderen Mitgliedern der Provisorischen Regierung in die Peter-Pauls-Festung ab. Das letzte Treffen ereignete sich fast zwanzig Jahre danach, im Jahre 1936. Maljantowitsch kam mit einer persönlichen Bitte zu dem Staatsanwalt der RSFSR. Antonow-Owssejenko empfing den alten Bekannten im Beisein zweier Mitarbeiter. Der Staatsanwalt fürchtete eine Anzeige, eine Anschuldigung wegen »Beihilfe« (das heißt Unterstützung eines ehemaligen Kerenskij-Mannes). Bald darauf fuhr Antonow-Owssejenko nach Spanien. Später wurden beide verhaftet –

der frühere Volkskommissar der ersten Regierung Lenin und der frühere Minister der Regierung Kerenskij.
Die Extreme berühren sich.
Der Beginn des Jahres 1937 ist von einem Ereignis gekennzeichnet, das zu einem Umbruch führt – der Plenarsitzung des ZK. In der offiziellen Geschichte ist es zur Gewohnheit geworden, fast jedes Plenum des Zentralkomitees und jeden Parteitag als »historisch« zu preisen. Von dem Plenum im Februar/März 1937 ist derlei nicht zu hören. Es wird darüber fast vollkommen geschwiegen. Dabei hätte dieses Plenum wahrscheinlich mehr als irgendein anderes das Epitheton »historisch« verdient.
Stalin hatte es erreicht, eine Reihe unbequemer Zeitgenossen loszuwerden. Besonders störend war Maksim Gorkij gewesen. Er wurde primitiv vergiftet. Der Mohr hatte seine Schuldigkeit getan. Der Mohr hatte den Terror gepriesen: »Wenn sich der Feind nicht ergibt, wird er vernichtet!« Jetzt konnte der Mohr gehen.
Die Umstände des plötzlichen Todes von Walerijan Kujbyschew, 1935, werden bis heute geheimgehalten. Aus irgendeinem Grund rechnen ihn einige Historiker zum linken Flügel. Wenn Kujbyschew auch manchmal wagte, dem Generalsekretär zu widersprechen – wegen der Kumpanei mit Kirow und anderen »Liberalen«, wegen zu scharfer Maßnahmen –, so war er doch im großen und ganzen hinreichend prinzipienlos und Stalin ergeben. Kujbyschew ist fast das einzige ZK-Mitglied, zu dem Stalin in dessen Datscha zu Besuch kam, mit dem er sich eine Mußestunde bei einer Flasche Wein vertrieb.
Als der Schwierigste erwies sich Grigorij Ordshonikidse. Der kleinmütige Volkskommissar beging am 18. Februar 1937 Selbstmord, fünf Tage vor Beginn der Plenarsitzung, wodurch er die ohnehin wankelmütige »Front« der mit dem Gemetzel Unzufriedenen schwächte. Stalin hatte das Plenum mit großer Sorgfalt vorbereitet. Sowohl sein Referat als auch die Reden Jeshows, Molotows und Shdanows unterschieden sich lediglich in Äußerlichkeiten. Ihr Inhalt und Ziel waren die Rechtfertigung und Verschärfung des Terrors. Getreu der alten Gewohnheit (sie wurde zur Methode der politischen Aktivität) hielt Stalin sein Referat gegen die »trotzkistischen und anderen Doppelzüngler« ganz am Ende der Sitzung, am 3. März. Trotzkij lebte noch, in seinen Artikeln und Büchern entlarvte er vor aller Welt das Wesen der Stalinschen Herrschaft. Jetzt rechne ich ab mit dir!
»Der gegenwärtige Trotzkismus ist keine politische Strömung in der Arbeiterklasse, sondern ist verkörpert in einer prinzipien- und ideenlosen Bande von Schädlingen, Geheimagenten, Spionen und Mördern,

einer Bande verschworener Feinde der Arbeiterklasse, die im Solde der Spionagedienste ausländischer Staaten handeln.«[79]
Dieser »Richtlinie« entsprechend sollte jedes Parteimitglied in jedem Oppositionellen zuerst einen Schädling und Spion sehen. Diese neue politische Mode hatte der Generalsekretär für das Jahr 1937 kreiert. Und diese Mode hat anscheinend ihren Schöpfer überlebt.
Danach folgte die Generaldirektive:
»Nicht technische Rückständigkeit ist jetzt die Schwäche unserer Leute, sondern politische Laschheit, blindes Vertrauen zu Menschen, die zufällig ein Parteibuch erhalten haben, es fehlt die Kontrolle. Man darf sich nicht mit ihren politischen Erklärungen zufriedengeben, sondern muß die Ergebnisse ihrer Arbeit überprüfen.«
Der Generalsekretär entwickelt diesen Gedanken weiter und warnt:
»Ein ›wirklicher Schädling‹ muß von Zeit zu Zeit die Erfolge seiner Arbeit vorweisen, das ist das einzige Mittel, das ihn als Schädling schützt, und das es ihm ermöglicht, sich Vertrauen zu erschleichen und seine Schädlingstätigkeit fortzusetzen.«
Unlogisch? Möglicherweise. Dafür aber genial! Von jetzt an kann man, ja muß man alle schnappen – sowohl die, die ihr Soll nicht erfüllen, als auch die, die es übererfüllen. Das Plenum verabschiedet eine entsprechende Resolution. Darin wird mit Bedauern die Passivität der verantwortlichen Organe in einer Reihe von Industriebetrieben erwähnt, werden die Versuche verurteilt, das Aufspüren und Entlarven »trotzkistischer Diversanten« zu bremsen (ein Hinweis auf den toten Ssergo, bei dem sich am Vorabend seines Selbstmordes alle seine Stellvertreter und Hauptabteilungsleiter versammelt hatten). Das NKWD müht und müht sich, spart nicht den eigenen Schweiß und auch nicht fremdes Blut, doch Industrie und Transportwesen lassen es weiter an der von der Partei geforderten notwendigen Aktivität und Initiative fehlen.
Der Terror wurde zum dritten Mal seit dem Kirow-Mord angeheizt. Das Plenum öffnete alle Schleusentore. Bis zum Ende.
Zehn Tage Plenarsitzung – zehn Szenen eines hochgeheimen Schauspiels (für einen engen Kreis). Eine davon – die Geißelung von Bucharin und Rykow – wurde am 27. Februar gespielt. Schade, Tomskij war es gelungen, sich zu erschießen. Aber dieser sein letzter parteifeindlicher Akt war schon in der Presse gebrandmarkt worden. Was seine Gesinnungsgenossen betrifft, so hat Stalin entschieden, sich an der Jagd auf die zwei engsten Mitkämpfer Lenins zu ergötzen. Wollüstig ließ er seine gelben Augen umherschweifen und beobachtete, wie die ZK-Claque Bucharin und Rykow aus dem Kreml-Areopag vertrieb.
Bucharin versuchte, Zweifel an der Richtung der Handlungen des

NKWD zu äußern. Er wurde mit groben Zwischenrufen aus dem Saal am Reden gehindert. Bucharin versuchte, seine Unschuld zu beweisen.
»Wenn du unschuldig bist, wirst du das in der Gefängniszelle beweisen!«
Bucharin war nicht imstande, die Tränen zurückzuhalten.
»Den Verräter erschießen! Ins Gefängnis mit ihm!«
Die Todeskandidaten wurden aus dem Saal geführt, und hinter der Tür wurden sie von der Gefängniswache sorgsam (erinnern Sie sich an Lenins Wunsch?) in Empfang genommen.
Für die Verstoßenen versuchten andere Todeskandidaten einzutreten – Postyschew, Rudsutak, Ejche, Tschubarj. Aber Stalin war nicht geneigt, in diesem Selbstmörderklub irgendwelche Initiativen zuzulassen. Er wußte, wie immer, von den Absichten der Opponenten. Ihr Vorarbeiter wird also Postyschew werden? Na, dann werden wir ihm die Flügelchen stutzen.
Die Verleumdungskampagne gegen das Kiewer Gebietskomitee und gegen das ukrainische ZK hatte Stalin schon im Januar begonnen. Postyschew bekleidete sowohl das Amt des Ersten Sekretärs des Parteigebietskomitees als auch das des Zweiten Sekretärs im ZK der ukrainischen KP. Kaganowitsch reiste nach Kiew. Der Stalinsche Emissär befreite Postyschew von dem schweren Kiewer Amt. In der dritten Februarwoche veranstalteten die »Organe« eine Razzia unter Postyschews Mitarbeitern in der Ukraine, während die »Prawda« mit lautem Gezeter Dutzende von Namen mit dem Etikett »Trotzkist« belegte, alte Leninisten nicht ausgenommen.
Konnte sich Stalin denn das Vergnügen versagen, Katz und Maus zu spielen? Alle schmähen Postyschew, das nächste Opfer, aber der Hausherr ist nachsichtig und gut. So geht das nicht, gleich an den Galgen ... Möglicherweise kommt so ein Mensch noch zu sich, bereut.
Und das Beil ist schon geschliffen.

Die Zeit war gekommen, den Stoßtrupp, das NKWD, umzuorganisieren. Zuerst mußte Genrich Jagoda weg. Auf dem ZK-Plenum warf ihm Stalin eine Reihe von Versäumnissen vor. Darauf folgten gewöhnlich die sogenannten »organisatorischen Maßnahmen«. Sie ließen nicht auf sich warten: Genrich Jagoda wurde zum Volkskommissar für Post und Telegrafenwesen ernannt.
Jeshow wird, wenn seine Stunde schlägt (Dezember 1938), ins Volkskommissariat für Wassertransportwesen versetzt werden. Berija dagegen wird der Herr zum Politbüromitglied avancieren lassen, nachdem er ihm die unmittelbare Leitung der »Organe« genommen haben wird.

Welches Ziel verfolgte er? Auch wenn er das nächste Opfer aus der Reihe der bekannten Handlanger schon ins Auge gefaßt hatte, brachte es Stalin nicht über sich, den Favoriten von gestern ohne weiteres in den Keller zu werfen.

In ihm wohnten seltsamerweise so gegensätzliche Charakterzüge wie Abenteurertum und Umsicht, die Kühnheit eines Apachen und die Furchtsamkeit eines verprügelten Kleinkrämers.

Jagoda wußte nicht einfach zu viel, er *hatte mitgeholfen*. Seinen Anteil am Tode (oder an der Ermordung?) von Dzierżyński, Frunse, Menshinskij, Kirow, Gorkij und Kujbyschew präzise festzustellen, ist schwer, es genügt aber, sich genau in seine Angaben bei dem Prozeß 1938 einzulesen, um sich die Rolle des Stalinschen Volkskommissars bei den politischen Morden vorzustellen, die der Hausherr verübt hatte.

Zwei Wochen nach dem ZK-Plenum, am 18. März 1937, brandmarkte schon der Stellvertretende Volkskommissar für Innere Angelegenheiten, Nikolaj Jeshow, den »Verräter« Jagoda. Die Verhaftung Genrich Jagodas wird erst am 3. April mitgeteilt. Der Generalkommissar für Staatssicherheit, Jeshow, wird bereits am 5. April Volkskommissar.

Also Jagoda wurde schon am 18. März gebrandmarkt, dann aber nur als Krimineller, als »entartet«. Die verblüfften Mitarbeiter des früheren Volkskommissars erfuhren, er habe seit 1907 in der zaristischen Geheimpolizei gedient und sei nach der Revolution vom deutschen Nachrichtendienst angeworben worden. (Wußte Stalin, der diese Provokation zusammengekleistert hatte, denn nicht, daß Jagoda 1907 erst 16 Jahre alt gewesen war? Aber der Autokrat wußte etwas anderes: *sie*, das Volk also, schlucken alles!) Jemand ließ – sehr passend – das Gerücht los, Jagoda sei direkt auf dem Flughafen mit einem Koffer voll Gold verhaftet worden. Er habe seine Flucht ins Ausland vorbereitet, die ruhmreiche Geheimpolizei jedoch ... und so weiter. (Es wäre interessant zu wissen, ob sie dafür in der Lubjanka eine eigene Abteilung hatten oder ob die Aktivisten und Provokateure die Gerüchte in ihrer Freizeit erfanden?)

Nach der Verhaftung Jagodas wurde ein »Verräternest« mitten im Herzen der »Organe« aufgedeckt. Stalin mußte fast alle verantwortlichen Funktionäre des NKWD verhaften und liquidieren. So wechselte unser reicher Kleidernarr in jeder Saison seine Garderobe. Und warf die alten Sachen fort.

Es drängt sich die Schlußfolgerung auf: Wenn der Stab von Jagoda aus Schädlingen bestand, müßten doch die von ihm fabrizierten Fälle allesamt überprüft werden. Aber Stalin hatte seine eigene, besondere Logik, unerreichbar für einen gewöhnlichen Sterblichen.

Aleksandr Orlow berichtet von den Hinrichtungen der ehemaligen Mitarbeiter Jagodas, von vielen Selbstmorden. An letzteren zweifle ich. Zwei oder drei Fälle in dem viele tausend Mann starken Zentralapparat fallen nicht ins Gewicht. Kein einziger wirklich hoher Beamter der Lubjanka läßt so schnell dieses Leben im Stich: dafür braucht man Mut und Entschlossenheit. Woher sollten diese Krüppel sie nehmen?
Jeshows Gruppe hatte noch kein Jahr gearbeitet, als ein Jubiläum näherrückte – am 30. Dezember 1937 wurde die Tscheka-OGPU-NKWD zwanzig Jahre alt. Über sie, die emsigen Ausrotter, brach eine Flut von Artikeln und Büchern, Gedichten und Liedern herein, sie ergötzten sich an Orden und Ruhm. Und eine Festversammlung im Bolschoj-Theater mit den Mitgliedern des Politbüros als Ehrenpräsidium, auf der, nach einer Rede Mikojans, Jeshow gebührendermaßen ein Heiligenschein und weiße Flügel hätten verliehen werden müssen.
Stalin war nicht im Theater erschienen, er verstand es, Abstand zu wahren. Vorher hatte er jedoch ein privates Essen für die Führer der »Organe« gegeben. Er ließ sich sogar mit dem Volkskommissar fotografieren. Jeshow, das Kind, sitzt auf dem Stuhl und sieht gerührt nach oben auf den hinter ihm stehenden Hausherrn. Stalin neigt sich zu dem »Liebling des sowjetischen Volkes« und schenkt ihm ein väterliches Lächeln.
Die Tscheka (Außerordentliche Kommission zur Bekämpfung der Konterrevolution und Sabotage) war Ende 1917 entstanden. In den zwanzig Jahren ihres Bestehens war dieses Kind der Revolution herangewachsen und gereift, hatte sich unter der wachsamen Hut des Generalsekretärs zu einem käuflichen Henker der eigenen Mutter ausgewachsen. Im Politbüro gab es die fest etablierte Sitte, daß jedes Mitglied einen bestimmten Bereich der Regierungsgeschäfte beaufsichtigte. Von Stalin zu sagen, er hätte die Sicherheitsorgane »überwacht«, heißt gar nichts: Er beschäftigte sich ständig mit ihnen, er ließ die Tätigkeit des Volkskommissars für Inneres und die der stellvertretenden Kommissare nicht eine Sekunde aus den Augen.
In den Jahren des Großen Terrors wurden die »Organe« zum wichtigsten Werkzeug der Stalinschen Politik, vorausgesetzt, man nennt das, was er tat, noch Politik. Seine Tage und Nächte vergingen in der Sorge um die Einheit der Partei und um die höchste Gerechtigkeit.

War die Gerechtigkeit nicht stets
das kleine Einmaleins, nach dem
die Leiche mit der Leiche
und Mord mit Mord multipliziert,
Untat mit Untat malgenommen wurden?

So hat Maksimiljan Woloschin gefragt. Stalin gab sich Mühe, diese Frage mit höchster Genauigkeit zu beantworten.
Bei der Kontrolle und Lenkung der Jeshow-Gruppe zügelte Stalin den Appetit der Henker nicht und geizte nicht mit Zeichen allerhöchsten Wohlwollens. Liebevoll förderte er die Häuptlinge der Organe in der Zentrale und in der Provinz. Ein Lagerchef bedeutete für ihn mehr als ein für die wirtschaftlichen Belange verantwortlicher Volkskommissar. Die unfreiwillige Armee der Lagerinsassen hatte lange schon die Zehnmillionengrenze überschritten und vergrößerte sich ständig. Der Nachschub übertraf bei weitem den »natürlichen Abgang«.
Im Sommer 1938 kam es zu einer Übersättigung. Die Menschen waren einfach *müde* geworden, einander zu töten. Wenn sich derlei im Kriege ereignet, vereinbaren die Soldaten einen Waffenstillstand. Es fehlte wenig, und in der von der Sonne der Stalinschen Verfassung erwärmten Heimat der Oktoberrevolution hätte die Zahl der »Volksfeinde« die Zahl der »Freunde« überstiegen. Nur eines fehlte noch: Das ganze Volk mußte darum bitten, ins Gefängnis zu dürfen.
Stalin hatte erstaunlicherweise diesen Gipfel der Ereignisse geahnt und den richtigen Zeitpunkt für Eingeständnisse von »Überspitzungen« in der Politik gewählt: Übereifrige Beamte in der Provinz haben, wie man sieht, die Vollmachten überschritten, die ihnen die Sowjetmacht erteilt hatte. Nun, dann muß man diese Genossen korrigieren, ihnen ihre Fehler zeigen und einigen von ihnen großmütig verzeihen, während man andere exemplarisch bestrafen muß. Spüren Sie den Geruch des demagogischen Nebelschleiers vom Frühjahr 1930, als der Große Kollektivierer dem Volk den Artikel »Schwindlig vor Erfolgen« hinwarf?
Die scheinbare Wende von 1938 trog viele. Viele, aber nicht alle. »Sie spielen den gutmütigen Einfaltspinsel, den all die Jahre irgendwelche maskierten Karnevalsmonstren an der Nase herumgeführt haben«, schrieb Fjodor Raskolnikow am 17. August 1939 an Stalin, »›Geht und sucht einen Sündenbock‹, flüstern Sie ihren Gefährten zu, und Sie belohnen die eingefangenen und zur Niedertracht verurteilten Opfer mit den Sünden Ihres eigenen Auftrags.«
Im Herbst bastelte Stalin eine Sonderkommission des ZK zur Überprüfung der Tätigkeit des NKWD, der außerordentlich kompetente Personen angehörten: Molotow, Malenkow, Berija, Wyschinskij. Dieses Quartett legte dem Generalsekretär ein Memorandum betreffend »Überspitzungen bei den Untersuchungsverfahren« und über die Revision einiger Fälle vor. Es folgten zwei ZK-Beschlüsse. Der erste – über unangemessenes Vorgehen bei Verhaftungen, über die Aufsicht durch die Staatsanwälte und über die Mängel bei den Ermittlungen. Der zweite

– »Über die Aufnahme ehrlicher Menschen zur Arbeit in den Organen«. Es wurden also *ehrliche* Leute benötigt? Und jene früheren, was waren sie gewesen?
Und ein *ehrlicher* Volkskommissar wurde gebraucht. Auf Vorschlag von L. Kaganowitsch wurde zum Ersten Stellvertreter des Volkskommissars für Innere Angelegenheiten Lawrentij Berija ernannt (etwas zu oft errät Lasar die Wünsche des Hausherren). Sogar ein solcher Kretin wie Jeshow konnte raten, wohin der Generalsekretär neigte.
Um den Schein zu wahren, wurden jetzt einzelne Leute für »Überspitzungen« abgekanzelt, es gingen tatsächlich Fälle in Revision, und es kam sogar zu Freilassungen.
1939 entließen die Organe rund 2000 fälschlich als »Feinde« Bezichtigte, darunter auch einige Funktionäre aus dem Moskauer Parteistadtkomitee und dem Moskauer Parteigebietskomitee. Aber kein einziger Altkommunist kam wieder frei.

Ich erinnere mich gut an die kurze Tauwetterperiode Anfang 1938: Stalin hatte das Wort »Der Sohn haftet nicht für den Vater« fallenlassen. Mich, den 17jährigen Studenten der historischen Fakultät, hatte man gerade aus dem Institut ausgeschlossen und aus dem Komsomol hinausgeworfen: Vor dem Komsomolbüro hatte ich mich geweigert, meinen verhafteten Vater als Volksfeind zu bezeichnen. Ich habe die Instanzen durchlaufen – Rayonkomitee, Stadtkomitee und so weiter –, aber erst im Zentralkomitee des Komsomol half mir ein Kommissionsmitglied, das die Worte des Führers über die Söhne von verirrten Vätern wiederholte, zur Wiederaufnahme.
Die vom Generalsekretär angezettelte und für Dummköpfe bestimmte demagogische Unruhe störte nicht, sondern half die wirklichen Pläne durchzuführen. Stalin fuhr 1938 mit einer wahrhaft unerschöpflichen Energie fort, die Flamme der Zwangsmaßnahmen anzufachen, er trieb jeden seiner Schergen, der unwillig hätte werden können, an. In die Hauptstädte der einzelnen Republiken und in die Gebietszentralen entsandte der Generalsekretär besondere Gehilfen und Unruhestifter, die von ihm persönlich mit außerordentlichen Vollmachten ausgestattet waren. Bei ihrer Ankunft erklärten sie unverhohlen in aller Öffentlichkeit, daß sie im Auftrag Stalins handelten. Unter den Mitgliedern und Kandidaten des Politbüros und unter den anderen bekannten ZK-Angehörigen tat sich wie gewöhnlich Lasar Kaganowitsch hervor, der das ganze Parteiaktiv in Smolensk, in Iwanowo und im Kubangebiet vernichtete. Zur gleichen Zeit machte Georgij Malenkow in Minsk und in Armenien gute Fortschritte.

Viele der in Jerewan ums Leben Gekommenen hat Anastas Mikojan auf dem Gewissen.
Andrej Andrejew hat die Führer Usbekistans geschlachtet.
Andrej Shdanow hat die leitenden Partei- und Sowjetkader Leningrads erschossen. Zur Verewigung dieser Heldentat wurde sein Name Straßen, Rayons und sogar der Leningrader Universität verliehen.
Im Nordkaukasus war ein anderer erfahrener Gardist tätig, Matwej Schkirjatow. Und in Georgien veranstaltete Lawrentij Berija, in Nachahmung des Großen Vaters, Prozesse gegen die dortigen »Trotzkisten«.
Diese Liste wird ergänzt durch die Namen Nikita Chruschtschow, der die Ukraine heimgesucht hat, Pawel Postyschew (seine Arena ist das ehemalige Gouvernement Ssamara) und Jakow Jakowljew, der sich in Bjelorußland auszeichnete. Die beiden letzteren gerieten bald darauf selbst unter das Beil.
Ohne Scheu, in Rhetorik zu verfallen, werden wir fragen: Warum haben Kaganowitsch, Malenkow, Shdanow & Co. die höchsten Beamten, also ihresgleichen, getötet? Gestern noch hatte der Sekretär des Rayonkomitees, des Gebietskomitees in der Versammlung und in der Zeitung die »Volksfeinde« gebrandmarkt, und heute wird er selber in den Keller geworfen, und alle Funktionäre des Apparats werden verhaftet wegen – Zusammenarbeit mit dem Feind, der sich mit seiner angeblichen Ergebenheit gegenüber Stalin getarnt hatte.
Allein mit dem psychischen Bedürfnis zu morden oder dem Wunsch, dem Hausherrn blind zu dienen, läßt sich ihr Benehmen schwerlich erklären. Sie hatten die Furcht vor der Kreml-Diktatur in der Hoffnung gesät, sie auf diese Art zu stärken und zugleich bei Hofe Karriere zu machen. Sie erkannten klar, daß es einen ungeschriebenen Befehl gab: *Alle* alten Kommunisten müssen vernichtet werden, die ganze Leninsche Garde. Stalin selbst sah jedoch erheblich weiter. Ende der dreißiger Jahre waren die Teilnehmer der Revolution schon mehr als vierzig, teilweise auch mehr als fünfzig Jahre alt. Es begann die Ablösung jener Generation, die noch unter dem Zaren gelebt hatte. Die Alten wußten viel, hatten viel gesehen, sie konnten Vergleiche ziehen. Stalin stellte sich die Hauptaufgabe, den Abgang dieser Generation zusammen mit einer »dünnen Schicht« alter Bolschewiki zu beschleunigen.
Das gestürzte Regime hatte die Blutbäder seinerzeit reguliert. Unter dem Zaren war genau bekannt, welche Bevölkerungsgruppen der Vernichtung unterlagen. Stalin hatte seine eigene Dialektik des Schlachtens. Wenn er es nötig hatte zu töten, fielen alle ohne Rücksicht auf die Zugehörigkeit zu einer politischen Partei. Er schlachtete im Namen der »Gleichheit und Freundschaft« der Völker.

»Schlagt sie alle tot. Gott erkennt die Seinen«, hatte Arnold Amalric, der päpstliche Legat, den Kreuzrittern auf deren Frage, wie sie die Ketzer von den rechtgläubigen Katholiken unterscheiden könnten, geantwortet. Gemäß dieser belebenden Formel stand dem Kreuzritter im Kreml bevor, dreißig oder vierzig Millionen Menschen zu vernichten – keine leichte Aufgabe. Aber Stalin hoffte, sie in einer geschichtlich kurzen Frist zu erfüllen, er baute auf den Enthusiasmus der breiten Volksmassen. Das Schicksal hatte Rußland einen großen Optimisten geschenkt.

Es kam die Zeit, mit den Delegierten des XVII. Parteitages (1934) abzurechnen. Ihre verbrecherische Absicht, den Generalsekretär bei den ZK-Wahlen durchfallen zu lassen, war gleich zu Beginn erkannt und vereitelt worden. Aber Stalin konnte derlei nicht vergessen, bei all seiner Nachsicht. Er sorgte dafür, daß kein einziger dieser Delegierten je wieder an einer Abstimmung teilnehmen konnte. Es ist wahr, er hat sie nicht alle getötet: Von den Delegierten blieben etwa zwei Dutzend am Leben.

Je höher ein Kommunist auf der Partei- oder Staatsleiter stand, desto größer waren die Chancen für seinen frühen Tod. In kurzer Zeit vernichtete Stalin vier Vorsitzende des Rates der Volkskommissare der Russischen Sowjetrepublik: Rykow, Ssyrzow, Ssulimow, Rodionow.

Nicht alle örtlichen Leiter begriffen, was vorging. Nicht allen war es gegeben, die Genialität der Gedanken des Führers zu erfassen. Nun ja, ein Plan zur Getreideerzeugung, zur Förderung von Kohle und Erdöl – das ist klar und üblich. Aber Verhaftungspläne gegen »Volksfeinde«? Da haben doch die Organe irgend etwas durcheinandergebracht. Man muß ein *Signal* nach Moskau geben. Dazu entschlossen sich jedoch nur wenige. Erbarmungslos verfolgte Stalin jene einzelnen Sekretäre der Gebietskomitees und jene Staatsanwälte, die versuchten, die ungesetzlichen Zwangsmaßnahmen aufzuhalten, und die sich um Hilfe an das ZK gewandt hatten. Und wenn die heutigen Advokaten Stalins murmeln: »Er wußte nichts davon, die blutigen Dinge geschahen hinter seinem Rücken«, antworte ich voll Überzeugung: Er wußte immer, zu jeder Stunde des Tages, zu jeder beliebigen Stunde in der Nacht, wer verhaftet werden sollte, wann und wie. Er wußte, plante, befahl.

Im Juni 1937, vor dem turnusmäßigen ZK-Plenum, versammelten sich in der Wohnung von X beim abendlichen Tee einige Altkommunisten – Pjatnizkij, Kaminskij, Filatow und noch jemand. Man sprach über Stalin, seine Führungsmethoden, die unerträglichen Zustände in der Partei. Voll Schmerz nannte man die Namen der liquidierten Kampfgefährten Lenins. Man kam überein: Stalin mußte der Führung enthoben werden. Auf dem ZK-Plenum wollte man die Verurteilung der Politik

des Terrors und die Ablösung Stalins von seinem Amt als Generalsekretär durchsetzen.
Von dieser Besprechung, die die Bezeichnung »Teetasse« erhielt, erfuhr der Hausherr. Filatow hatte seine Genossen angezeigt.
Stalin wird sie später alle vernichten, gemeinsam mit dem Denunzianten.
Im Juli 1938 erzählte Pjatnizkij seinem Kameraden W. W., mit dem er zusammen in der Zelle Nummer 96 im Lefortowo-Gefängnis in Moskau saß, von dem abendlichen Gespräch beim Tee. Er war bestialisch geschlagen worden, allein im letzten Monat seines Lebens wurde er 18 Mal verhört und gefoltert. Man brach ihm mehrere Rippen, verletzte innere Organe, verunstaltete sein Gesicht. Der Untersuchungsbeamte Langfang, einer der wenigen, die nach dem XX. Parteitag verurteilt wurden, ehemaliger Funktionär in einem Moskauer Rayonkomitee des Komsomol, Parteimitglied, veranstaltete zwischen den Verhören eine Gegenüberstellung Pjatnizkijs mit Béla Kun, dem Führer der ungarischen Revolution von 1919. Kuns Leben endete im selben Keller, nur ein Jahr später (am 30. November 1939).
Pjatnizkijs Zellengenosse erinnerte sich 1963:
»Pjatnizkij gab mir ein bißchen Unterricht. Er hatte sich mehrere Garnituren Unterwäsche übereinander angezogen. Als er vom Verhör kam, konnte er die Wäsche aus eigener Kraft nicht mehr ausziehen. Er hob die Arme, und ich zog ihm die Hemden aus. Das Gesicht war zerschlagen und voller Striemen – den Spuren von Gürtelschnallen.
Lesen konnte der verstümmelte Pjatnizkij nicht mehr, so las ich ihm vor.
Es war ein Buch von Ssaltykow-Schtschedrin. Viele Seiten hatten die Gefängniszensoren ausgestrichen. Bei dem großen Satiriker hatten sie allerlei zu tun.
Pjatnizkij wurde folgender Verbrechen beschuldigt:
– er habe bei der Kaderauswahl für die Bruderparteien in jede von ihnen einen Provokateur eingeschleust;
– in die in fremde Sprachen übersetzten Werke von Marx, Engels, Lenin, Stalin habe er trotzkistische Formulierungen eingeschmuggelt;
– er habe sich in einem Verlag 30 000 Rubel angeeignet.
Das waren die Anklagepunkte gegen einen Mann, der sein ganzes Leben an der Seite Lenins verbracht hatte und durch dessen Hände bei Auslandsreisen Hunderttausende von Rubeln in Gold gegangen waren.«
Auf dem VII. Kongreß der Komintern (1935) hatte sich Stalin zusammen mit den Präsidiumsmitgliedern Pjatnizkij, Dimitroff, Kachin, Thorez und Pieck fotografieren lassen. Diese Fotografie kann man in Büchern sehen, die unlängst erschienen sind.

Jan Rudsutak, ein Altkommunist, der zehn Jahre Zwangsarbeit unter dem Zaren verbüßt hatte, drei davon in Ketten (in seiner Gerichtsakte hat sich eine offizielle Bescheinigung darüber erhalten), wurde von den Schergen der Lubjanka der Verbindung zur zaristischen Geheimpolizei und der Organisation einer Verschwörung gegen das Leben des Genossen Stalin beschuldigt. Wie auf dem XX. Parteitag bekannt wurde, hat Rudsutak vor seinem Tode vor »Gericht«, wo er sämtliche Anklagen zurückwies, noch sagen können, beim NKWD existiere wahrscheinlich irgendein geheimes Zentrum, daß sich zum Ziel gesetzt habe, alle Leninisten zu vernichten.

Woran dachte der Führer, als er Rudsutak liquidierte? Er kannte natürlich das Vermächtnis von Lenin, der Rudsutak im Amt des Generalsekretärs sehen wollte. Lenin betrachtete Rudsutak als einen Menschen, der fähig ist, die dynastischen Leidenschaften der Parteiführer zu zügeln. Dennoch hatte Rudsutak nicht nach persönlicher Macht gestrebt, nicht gegen Stalin intrigiert, hatte ihm sogar auf dem XVI. Parteitag mit seiner Erklärung gegen die Plattform der »Rechten« wesentlich geholfen:

»Es gibt nicht nur Proteste gegen den bestehenden Parteiapparat, es gibt auch Verleumdungen der Partei, direkte Verleumdungen des Genossen Stalin, gegen den man die Anschuldigung vorzubringen sucht, er strebe nach der alleinigen Führung unserer Partei.«

Hat Stalin gezögert, als er diese Tatsachen, diese Umstände abwog? Unsinn. Rudsutak gehörte zur Leninschen Garde, das genügte.

Unter den Todgeweihten war auch Wladimir Satonskij, das Mitglied der ersten sowjetischen Regierung der Ukraine, ein aktiver Revolutionär. Noch auf dem X. Parteitag im Jahre 1921 hatte er Kommunisten vor der Tendenz zum Großmachtchauvinismus gewarnt. Der konsequenteste Verfolger dieser Abweichung, der Georgier Dshugaschwili-Stalin, erinnerte sich daran, daß Satonskij an der Aufdeckung der Stimmzettelmanipulationen beim XVII. Parteitag beteiligt war, und trug es in sein Rechnungsbuch ein. Der Zahltag kam im Jahre 1937.

Bei der Versammlung des Kiewer Parteiaktivs im September berichtete der mittlerweile gezähmte Stanislaw Kossior, in der Ukraine sei eine »konterrevolutionäre Bande bürgerlicher Nationalisten« entdeckt worden. Einige Geschichten des gleichen Genres politischer Phantastik mußte auch Satonskij, der ukrainische Volkskommissar für Volksbildung, vorbringen. Er bekannte, sein Volkskommissariat und viele Schulen seien »von Feinden verunkrautet«.

Doch dergleichen Erklärungen und selbst die Bereitschaft zur öffentlichen Selbstgeißelung konnten den Führer nicht erweichen. Für den Anfang ließ der Generalsekretär unter einem unsinnigen Vorwand weder Satonskij noch dessen Moskauer Amtskollegen Andrej Bubnow zum turnusmäßigen ZK-Plenum (im Oktober 1937) zu. Dann, nachdem er Satonskij alle Vorfreude auf die Verhaftung hatte auskosten lassen, befahl er, ihn zu fassen und zu vernichten.

Der Hausherr konnte auch nicht umhin, Boris Scheboldajew hinzurichten, der 1918 Stellvertretender Volkskommissar für militärische und politische Angelegenheiten des Rates der Volkskommissare von Baku gewesen war und mit Stepan Schaumjan zusammengearbeitet hatte. In den zwanziger Jahren gehörte Scheboldajew dem transkaukasischen Gebietskomitee der KPR(B) an.

Scheboldajew kam zur gleichen Zeit wie Abel Jenukidse, Mamija Orachelaschwili und Lewon Karachan ums Leben.

Dawyd Borissowitsch Rjasanow war zum Zeitpunkt seines Todes schon 68 Jahre alt. Gleichaltrig mit Lenin, hatte er sehr viel für die Einführung der marxistischen Wissenschaft in Rußland getan. 1918 hatte er beim Allrussischen Zentralexekutivkomitee die Sozialistische Akademie der Gesellschaftswissenschaften gegründet. (Seit 1924 wurde sie in Komakademie umbenannt, 1936 wurde sie liquidiert.) Er erwies der Partei einen unschätzbaren Dienst, indem er im Ausland das Marx-Archiv erwarb und die Grundlagen für das spätere Marxismus-Leninismus-Institut schuf. Selbst Verfasser wertvoller Bücher, edierte er wichtige Ausgaben der Werke von Marx und Lenin. In diesem geistsprühenden Polemiker lebte ein unbezähmbarer Geist der Freiheit des Denkens und Unabhängigkeit des Handelns. Zu Beginn unseres Jahrhunderts hatte er Lenins Zeitung »Iskra« bekämpft, nach dem Sieg der Revolution stritt er um die Beteiligung der Menschewiki und der Sozialrevolutionäre an der Regierung. Aus Protest gegen die Unterzeichnung des Friedensvertrages von Brest-Litowsk verließ er die Partei. Ständig geriet er mit Lenin aneinander, gegenüber Koba nahm er eine spöttische und verächtliche Haltung ein. Einmal kam es auf dem X. Parteitag zwischen ihnen zu einem Wortwechsel. Nach der Rede Rjasanows bemerkte Stalin: »Ich verehre Rjasanow sehr, aber Marx verehre ich mehr.« Dawyd Borissowitsch parierte: »Koba, bringen Sie die Leute nicht zum Lachen. Theorie ist nicht Ihre starke Seite.« Später, als Stalin Trotzkij und Rakowskij schon ernsthaft verfolgte, fuhr Rjasanow fort, ihnen Aufträge für Kommentare zu den neu herauskommenden Werken Lenins zu geben.

Erstmals griff Stalin Rjasanow 1931 im Zusammenhang mit dem menschewistischen »Verbandsbüro« an. Ihm wurde – unter anderem – als Verbrechen angelastet, daß er sich hartnäckig weigerte, einen Brief Darwins an Marx auszuhändigen, den Rjasanow von Verwandten des großen Naturforschers erhalten hatte. Sie hatten die Bedingung gestellt, der Brief dürfe nicht veröffentlicht werden, und Rjasanow hatte sein Ehrenwort darauf gegeben. Dies erschien Stalin derart seltsam und verdächtig, daß er beschloß, den widerspenstigen Wissenschaftler und Denker für alle Fälle nach Ssaratow zu verbannen. Ein paar Jahre darauf wurde Rjasanow erledigt.

Viele der verleumdeten und gesetzwidrig unterdrückten prominenten Kommunisten sandten einen Brief an Stalin persönlich, in dem sie ihn anflehten, innezuhalten und die Partei vor der Zerstörung zu retten. Einige vor dem Tode geschriebene Briefe – von Ejche, Bucharin, Rudsutak, Radek, Rakowskij und Bulatow – gerieten auf Stalins Tisch. Und was geschah? Entweder schickte er sie »bestimmungsgemäß« weiter – ans NKWD, oder er ließ sie liegen. Es kam auf dasselbe heraus.

Ohne Wissen Stalins wagte niemand, irgendeinen bedeutenden Staats- oder Parteirepräsentanten zu verhaften oder zu liquidieren. Das wichtigste Recht, das Recht zu töten, hatte er sich vorbehalten. Es haben sich ausführliche Proskriptionslisten mit Bemerkungen über ihr Schicksal in Stalins Handschrift wie auch in jenen von Molotow und Kaganowitsch erhalten.

Von Natur aus träge, bewies Stalin bei der Organisation des Terrors, bei der Ausarbeitung von Technologie und Methoden beneidenswerten Arbeitseifer und Ausdauer. Ihm gebührt die Ehre, jene dynamische Formel erfunden zu haben: verhaften – brandmarken – foltern – »Geständnisse« erzielen – verurteilen – töten (das heißt, in Vernichtungslager schicken).

Von diesen Operationen wurde nur eine öffentlich vollzogen – die Brandmarkung des »Volksfeindes«. Die anderen wurden in tiefster Heimlichkeit durchgeführt. Nicht die Spur von Legalität, von in der Verfassung garantierten Rechten oder sonstigen papierenen Säulen. Sorgsamst achtete Stalin auf die Einhaltung konspirativer Bedingungen. Am meisten fürchtete sich der Verbrecher vor der Öffentlichkeit. Die Schauprozesse sind ein Fall für sich. Diese Schauspiele hat er selbst inszeniert.

In den Jahren des Bürgerkriegs, im Verlauf des finnischen Feldzugs und später auch im Zweiten Weltkrieg erwies sich Stalin als völlig untauglicher Feldherr. Das machte er im Krieg im Inneren wett. Hier erwies er sich als glänzend. Die Operationen gegen wehrlose Bürger hat er selber geplant und geleitet. Er kümmerte sich eifrig um alle technische Details, und stets erfreute ihn die Möglichkeit, unmittelbar an der »Entlarvung« von Feinden teilzunehmen. Besonderen Genuß bereiteten dem Generalsekretär Gegenüberstellungen, und er vergnügte sich oft an diesen wahrhaft diabolischen Veranstaltungen.

Die Geschichte hat uns Präzedenzfälle aufbewahrt. Das Untersuchungsverfahren gegen den Schriftsteller Aleksandr Radischtschew (1749–1802), einen »Meuterer, schlimmer als Pugatschow«, hatte Katharina die Große persönlich geführt. Zar Nikolaj I. hatte 1825–26 die Untersuchungen gegen die Dekabristen geleitet. Stalin ließ sich gleichfalls zu Anweisungen an Untersuchungsbeamte herab, regte Folterungen an und verhörte die »Zeugen« persönlich in seinem Büro im Kreml.

Nachdem er beschlossen hatte, P. Ljubtschenko, den Vorsitzenden des Rates der Volkskommissare der Ukraine zu vernichten, einen der Führer der ukrainischen Kommunisten, leitete Stalin im September 1937 eine Gegenüberstellung Ljubtschenkos mit einem Parteifunktionär, der direkt aus der Lubjanka hergebracht worden war. Dieser »Zeuge« beschuldigte den verdienstvollen Revolutionär in Gegenwart von Kossior und Jeshow des Verrats.

Danach, als die Reihe an Kossior kam, stellte Stalin ihn Grigorij Petrowskij gegenüber. Der Gegenüberstellung vorausgegangen war ein Gespräch des Vorsitzenden des ukrainischen Zentralexekutivkomitees mit Jeshow. Erst kürzlich war auf Anweisung von Stalin Petrowskijs ältester Sohn Pjotr liquidiert worden, ein Held des Bürgerkriegs und persönlicher Freund von Kirow. Petrowskij konnte nicht auf die Gnade des Hausherrn rechnen, beschloß jedoch, fest zu bleiben.

Jeshow: »Wußten Sie, daß Kossior ein Volksfeind ist und Verrat geplant hat?«

Petrowskij: »Ich habe Kossior als einen ungewöhnlich ehrlichen und sauberen Menschen gekannt.«

Jeshow: »Glauben Sie, Sie könnten sich alles erlauben, weil Ihnen die Partei Ihren Sohn, den Trotzkisten, verziehen hat?«

Petrowskij: »Mein Sohn Pjotr war ebenfalls ein ehrlicher Bolschewik. Er stimmte in gewissen Punkten nicht mit der Generallinie überein, war aber niemals ein Feind der Partei.«

Jeshow: »Ihr Sohn ist als Volksfeind verurteilt worden. Sie widersetzen sich vergeblich. So spricht man nicht mit der Partei.«

Als er Petrowskij zu einer Gegenüberstellung mit Kossior zu sich holen

ließ, wollte Stalin dem aufrechten allukrainischen Starost eine Lehre erteilen und sich zugleich an der Erniedrigung des zerbrochenen Kossior weiden.
Jeshow: »Häftling Kossior, erzählen Sie von der Beteiligung Petrowskijs an der konterrevolutionären Verschwörung.«
Kossior: »Ich nahm im Jahre 1934 mit Grigorij Iwanowitsch Petrowskij verbrecherische Beziehungen auf.«
Jeshow: »Mit welcher Absicht?«
Kossior: »Wir hatten uns entschlossen, mit allen Mitteln für die Loslösung der Ukraine von Sowjetrußland zu kämpfen.«
Jeshow: »Mit welchen Mitteln im einzelnen?«
Kossior: »Terror, Vorbereitung des bewaffneten Aufstands, Spionage.«
Bislang ging alles glatt. Halbtot, mit glasigen Augen lallte Kossior monoton die ihm unter Folterungen eingebleuten Phrasen. Jeshow stellte gehorsam, genau nach dem Drehbuch, die Fragen. Aber Petrowskij hielt es nicht aus.
»Stassik, warum verleumdest du dich und mich?«
Kossior wackelte mit dem Kopf, und Jeshow brachte den Häftling augenblicklich hinaus.
Der wütend gewordene Generalsekretär trat auf Petrowskij zu und sagte, wobei er ihm mit dem Finger vor der Nase herumfuchtelte:
»Wir werden die Spione hängen! Glaubst du, dich rettet deine Zugehörigkeit zur Duma?«
Wie viele solcher Gegenüberstellungen hat der Generalsekretär in seinem Büro durchgeführt? Wie viele übertrug er seinen nächsten Handlangern, den Politbüromitgliedern? Er belauschte die Angaben der »Zeugen«, verfolgte genau die Reaktionen der Beschuldigten, widerlegte Einwände, drängte sie zu gestehen, versprach Begnadigung und volle persönliche Sicherheit, drohte, wandte sich wieder an den Zeugen, warf seinem Statisten Jeshow vielsagende Bilcke zu und ging so sehr in seiner Rolle auf, daß er vielleicht im Eifer des Gefechts selbst begann, an die Legitimität des Vorgangs zu glauben. Selbst die Genossen in der Partei, die heutigen Opfer des Generalsekretärs und die von gestern, gewannen die Überzeugung, daß der Genosse Stalin den Provokationen glaubte. Natürlich hätte er sie nicht selber vorbereitet. Und womöglich waren das gar keine Provokationen, sondern die reine Wahrheit? Da hat ein Mensch unter dem Gewicht der Beweise gestanden und Schluß . . .
Mit ihnen, den Parteidummköpfen, rechnet Stalin bei seinen Plänen von der Schaffung eines eigenen Sozialismusmodells, mit dem er die Welt in Erstaunen versetzen will.

Hier stoßen wir auf ein historisches Paradoxon. Einerseits die streng konspirative Tätigkeit der Organe. Geheime Untersuchungsverfahren, Prozesse hinter verschlossenen Türen, und die heimliche Teilnahme Stalins an der Vernichtung von Partei und Volk. Auf der anderen Seite öffentliche Gerichtsverfahren in Anwesenheit ausländischer Korrespondenten, begleitet von einer lautstarken Informationskampagne in der Presse, über Rundfunk, im Kino und auf Versammlungen.

Wozu braucht er die Schauprozesse? Dafür gibt es einen ganzen Komplex von Gründen.

Es genügte Stalin nicht, den Terror gegenüber den »werktätigen Massen« zu rechtfertigen. Stumm, in nicht wahrnehmbaren Fesseln, hatten sie den Schlachtruf der ausgewachsenen Idioten, »Hurra!«, für alle Zufälle des Lebens gelernt. Öffentliche Prozesse brauchte der Führer als Schminke und Puder für sein pockennarbiges Gesicht. Er wollte vor das Publikum – das eigene und das im Ausland – als strenger, doch gerechter Hirte treten. Als vielschichtige Natur dürstete Stalin, der Schauspieler, danach, auf der Weltbühne achtbar zu scheinen.

Genau wie Katharina II. Sie verurteilte Jemeljan Pugatschow zur Vierteilung, schrieb aber am 10. Dezember 1773 an Jacob Sievers, alles werde »mit dem Henken enden«. Am meisten beunruhigte es sie, »Europa könnte denken, daß wir noch wie zur Zeit von Iwan Wassiljewitsch leben«[80].

Stalin beunruhigte die Meinung Europas ebenfalls. Die öffentlichen Prozesse sollten den Westen beschwichtigen. Zugleich boten sie durchaus legale Möglichkeiten, mit diesem und jenem abzurechnen. Dabei konnten alle Mißerfolge der Führung, die eigenen Mißgriffe inbegriffen, auf die Rechnung von »Schädlingen« und »Spionen« gesetzt werden.

Indem er Trotzkij, Sinowjew, Kamenew und später die »Rechten« des Terrors gegen Lenin bezichtigte, stellte Stalin, der Drehbuchautor, seine eigene Person auf eine Stufe mit Lenin, der eine Objekt des Terrors im Jahre 1918, der andere in den Jahren 1936 bis 1938. Daraus ließ sich bei passender Gelegenheit politisches Kapital schlagen, genauer: Es ließ sich vermehren. Denn die vermeintlich führende Rolle des Genossen Stalin bei den Ereignissen der Jahre 1917 und 1918 als Revolutionsführer, treuer Schüler Lenins und einziger Fortsetzer seines Werkes – all dies war nur Legende.

Und wie gut tut es, aus dem Munde des erbitterten Feindes der Partei Worte der unfreiwilligen Bewunderung über die von ihm, Stalin, errichtete tausendjährige Festung der Macht zu hören!

Und der Generalsekretär, der sich nicht einmal vor der niedrigsten Arbeit scheut, setzt in die Geständnisse Kamenews mit eigener Hand

folgende Zeilen: »Die Führung Stalins ist aus zu festem Granit gemacht, als daß man darauf hoffen könnte, daß sie von selber auseinanderfällt. Deshalb muß man sie zerbrechen.«
In diesen Worten steckt der ganze Stalin, mit seinem unausrottbaren Glauben an den eigenen Stern – und mit dem Zweifel an der Unerschütterlichkeit der absoluten Macht über das Volk und die Zeit, kindlich-schwülstig im Ton und vom Niveau eines entlaufenen Seminarzöglings.
Als er den gemeinen und ränkevollen Kampf der zahllosen Feinde gegen die leninistisch-stalinistische Partei inszenierte, hoffte der Generalsekretär, bei den Zuschauern den Eindruck der granitenen Stärke des Landes des Sozialismus zu erhöhen.
Auch wollte er sich selbst ergötzen an dem Schauspiel der Erniedrigung der ehemaligen Mitstreiter Lenins, die es sich einst herausgenommen hatten, von oben herab auf den Generalsekretär zu blicken. Jetzt sind sie auf den Knien – das sehen alle. Und auf den Knien kriechen sie in ihren Tod.
Der Enkel Katharinas II., Nikolaj I., schrieb über die Hinrichtung der Dekabristen: »Die Schändlichen starben schändlich, ohne jede Würde.« (!)
Reife Männer zwang Stalin zum politischen Striptease. Bei dem »Prozeß der Siebzehn« vom 23. bis 30. Januar 1937 machte Karl Radek ein bemerkenswertes Geständnis: Es habe sich herausgestellt, daß sie, die Volksfeinde, mit ihrem Schweigen, mit ihren Lügen und ihrem hartnäkkigen Leugnen die heldenhaften Werktätigen, die sowjetischen Untersuchungsbeamten, gequält hätten, diese humanen, feinfühligen Freunde der Verhafteten, diese ergebenen Vollstrecker des Parteiwillens.[81]
Im Oktobersaal des Gewerkschaftshauses, wo 1936 der Prozeß gegen Kamenew und Sinowjew stattfand, hatte Antonow-Owssejenko das Militärkollegium des Obersten Gerichts unter Leitung von Ulrich, dem bewährten Hüter der Legalität, gesehen. Es sollten keine zwei Jahre vergehen, und mein Vater stand dieser Medusa, dieser Gorgo in der Uniform eines Militärjuristen als Volksfeind gegenüber.
Vorläufig aber ist noch der »Prozeß gegen die Siebzehn« im Gange und der Staatsanwalt der RSFSR, Antonow-Owssejenko, sitzt im Saal unter den Zuschauern, erschüttert von den Ränken und der Niedertracht der konterrevolutionären Verschwörer. Der da zum Beispiel hatte die Hand Nikolajews geführt, des Kirow-Mörders, und zusammen mit dem Judas Trotzkij die Restauration des Kapitalismus vorbereitet. Die heutigen Untaten dieser Bande sind kein Zufall. Schon im Jahre 1917 hatte Lenin sie als Streikbrecher der Oktoberrevolution gebrandmarkt.

Vor Beginn des Prozesses, unter dem frischen Eindruck der unumstößlichen »Beweise« und der unbestreitbaren »Tatsachen«, veröffentlicht Antonow in den »Iswestija« einen hitzigen Artikel unter der charakteristischen Überschrift »Macht ihnen den Garaus«.
Der im Kampf ergraute Revolutionär verdammt die trotzkistisch-sinowjewistische Bande, diese »Sondereinheit der faschistischen Diversanten«, diese schlimmsten Feinde des Volkes, mit denen »nur auf eine Art zu sprechen ist – mit der Waffe«. Antonow bereut seine Vergangenheit. 1923 bis 1927 hatte er versucht, Trotzkij mit Stalin zu versöhnen. Antonow ist begeistert vom Scharfblick Stalins, der heute umgeben ist von der »heißen Liebe und Ergebenheit der Werktätigen«[82].
»Ich schäme mich der grauen Haare von Antonow-Owssejenko«, sagte Bucharin, als er den Brief meines Vaters zur Veröffentlichung annahm.
Stalin aber rieb sich zufrieden die Hände. Tatsächlich hatte Antonow-Owssejenko genau das gesagt, was nötig war: Er hatte die UdSSR mit einer gewaltigen granitenen Felswand verglichen, hatte die trotzkistisch-sinowjewistischen Banditen direkte Agenten der Gestapo genannt und nicht vergessen, »die erste unerläßliche Bedingung für den Sieg, die eiserne Leninsche Einheit der Partei im unerbittlichen Kampf mit der Agentur des Klassenfeinds« zu erwähnen. Und er hatte vollkommen richtig die entscheidende Rolle des Genossen Stalin vermerkt, der mit dem »Blick eines Adlers« weit voraussieht und diese Einheit gewährleistet.
Das hieß, er hatte nicht umsonst in langen Nächten nach Wegen gesucht, um die Rivalen auf dem Wege zur höchsten Macht zu vernichten. Das hieß, seine Strategie hatte auch die Herzen der Mitkämpfer Lenins gewonnen, wenn es gelungen war, einen so erfahrenen Politiker wie Antonow-Owssejenko zu täuschen wie ein kleines Kind. Das hieß, sie hatten das Stück, das im Gewerkschaftshaus gegeben wurde, *geglaubt.*
Wir haben nicht vergessen, mit welch professionellem Geschick Stalin die Parteitagsschauspiele durchführte. Mit der Inszenierung der Schauprozesse erstrahlte das unvergleichliche Talent des autodidaktischen Regisseurs im Kreml in neuen Facetten. Er arbeitete mit jugendlichem Enthusiasmus an der Aufführung der Stücke, die die Bühnendichter der Lubjanka verfaßt hatten. Was das Schauspiel des Jahres 1938 anbelangt, »Der Prozeß der Einundzwanzig« (2. bis 12. März), so bewies Stalin die Kühnheit des Regisseurs und seine unerschütterliche demokratische Einstellung, indem er den Text Karl Radek anvertraute, ungeachtet dessen, daß Radek schon als »Volksfeind« verhaftet war und selbst in dem Schauspiel auftreten mußte. Die Bühnenproben fanden gleich in

der Lubjanka statt, und eben dort, unter Aufsicht des Stellvertretenden Regisseurs Jeshow, lernten die Schauspieler ihre Rollen so gut, daß ein Souffleur nicht notwendig wurde. Zum Ablauf des Stückes lieferte die Lubjanka die Halbfertigwaren – ausgeweidete, geistig wie seelisch zerstörte, von Giften benebelte, durch die bevorstehende Strafaktion eingeschüchterte Angeklagte und Zeugen. Einige Tage vor der Aufführung verlieh man ihnen eilig wieder ein menschliches Aussehen und dann hieß es: »Bitte, auf die Bühne!«

Viel Sorgfalt widmete Stalin dem Problem, der Abrechnung einen Anstrich von Legalität zu geben. Es war eine schwere Aufgabe, denn die Anklage war ausschließlich auf die Aussagen der Beschuldigten aufgebaut. Diese Praxis wagte Bucharin in seinem Schlußwort als »mittelalterliches Rechtsprinzip« zu bezeichnen.[83]

Als er die erste Runde der tödlichen Jagd auf seine Konkurrenten in der Partei eröffnete, erklärte Stalin auf dem XV. Parteitag im Dezember 1927:

»Die sowjetische Gesetzlichkeit ist keine leere Phrase.«[84] Zehn Jahre später, als sich vor der Überfülle an Häftlingen die Gefängnisdächer wölbten, gibt Stalin eine Zeitschrift mit dem beruhigenden Titel »Sozialistische Legalität« heraus.

Katharina II. ließ Radischtschew leben. Nikolaj I. hat viele Dekabristen begnadigt. Der Usurpator vom Kreml hat seinen Ruf mit keinem einzigen Gnadenakt befleckt. Was Rakowskij und Ssokolnikow betrifft, die in den Prozessen 1936 und 1938 ausnahmsweise »nur« zu zwanzig beziehungsweise zehn Jahren Lager verurteilt wurden, so erledigte man sie nacheinander in den Lagern hinter Stacheldraht durch eigens von der Lubjanka gedungene Kriminelle. Diese Operation, die unter einem Spezialcode durchgeführt wurde und die in den Abrechnungen der Finanzabteilung des NKWD erscheint, befreit den Genossen Stalin von dem seiner unwürdigen Verdacht der Humanität.

Karl Radek, der Autor bemerkenswerter politischer Witze und des nicht minder bemerkenswerten Drehbuchs des »Prozesses der Einundzwanzig«, dessen Werke Stalin mit acht Jahren Haft gewürdigt hatte, wurde mit einem Ziegelstein erschlagen.

Ist es nötig zu beweisen, daß Stalin nicht einen einzigen der »Volksfeinde« als einen wirklichen Feind betrachtet hat? Wahrscheinlich doch; denn auch heute betrachten viele Zeitgenossen die Phase, in der Stalin

sich ausgetobt hat, von dem Standpunkt aus: »Wenn einer schon verhaftet wird, muß irgend etwas gewesen sein...«
Um diese Zauberformel zu entkräften, genügt es festzustellen, daß Stalin zahlreiche »Feinde« freigelassen hat, sobald er ihre Dienste brauchte. Den Ingenieur L. K. Ramsin, den Flugzeugkonstrukteur A. N. Tupolew, den Physiker L. D. Landau, den Epidemiologen P. F. Sdrodowskij.
In diesem Verzeichnis ist kein einziger bekannter Parteipolitiker. Kommunisten gab Stalin nicht wieder her. (»Auch ohne sie laufen genug Schwätzer herum.«) Etwas anderes ist es mit Naturwissenschaftlern, Erfindern, Konstrukteuren. Diese »Spione« und »Schädlinge« kann man auch zum Aufbau des Sozialismus benutzen.
Und als zu Anfang des Krieges die durch Stalins Terror ausgeblutete Armee unter den Schlägen der deutschen Wehrmacht zurückwich, entließ Stalin aus den Gefängnissen und Lagern einige tausend der am Leben gebliebenen Offiziere. Von den hohen Offizieren hatten nur wenige überlebt – unter ihnen Merezkow, Gorbatow, Ssandalow, Rokossowskij, Podlas.
Stalin schickte sie unverzüglich an die zusammenbrechende Front. Regimenter gab es, aber niemanden, der sie in den Kampf führen konnte.
Und die Episode mit Otto Kuusinen? In einem Gespräch mit dem Führer der finnischen Kommunisten, dem Mitglied des Exekutivkomitees der Komintern, fragte Stalin, warum Kuusinen nicht die Freilassung seines Sohnes erbittete? Kuusinen verbeugte sich demütig vor dem Sultan: »Offenbar gab es ernste Gründe für seine Verhaftung.« Der große Humorist lachte schallend. Und einen Tag später war der Sohn Kuusinens auf freiem Fuß.
Pawel Filippowitsch Sdrodowskij, ein international bekannter Wissenschaftler, leitete in den dreißiger Jahren das Institut für Epidemiologie. Sein Pech war, daß der Stellvertretende Volkskommissar für Verteidigung, Michail Tuchatschewskij, ihn dreimal wegen Seuchen in der Roten Armee zu sich gerufen hatte. In der freien Interpretation der Untersuchungsbeamten erschien dies als feindliche Absprache mit dem Ziel, die ganze Armee zu vergiften. Während seiner Lagerhaft erhielt Sdrodowskij eine Postkarte von dem berühmten Chirurgen Aleksandr Wischnjewskij: »Pascha, wir werden dich nicht vergessen, für die Familie haben wir gesorgt.« Der »Oper«, wie im Lager der operativbevollmächtigte Politoffizier genannt wurde, fragte Sdrodowskij, von wem die Karte sei? Aber der Wissenschaftler schützte Unwissenheit vor.
Eines Tages jedoch, unmittelbar vor Ausbruch des Krieges, wurde Sdrodowskij mit seinen Habseligkeiten ans Lagertor gerufen und – ab

ging es unter verschärfter Bewachung nach Moskau. »Nun ist alles entschieden, es wird eine ›Revision‹ geben, und ich bekomme die ›Höchste‹ [Höchststrafe – Erschießen]...«
Wischnjewskij aber erreichte, was er wollte, indem er die kritische Lage der Garnison von Irkutsk nutzte, wo eine schwere Epidemie ausgebrochen war. Wischnjewskij wandte sich an das Volkskommissariat für Verteidigung: »Was geht hier vor? Unsere Rotarmisten sterben, aber der beste Fachmann im Kampf mit Epidemien muß im Lager Holz sägen.« Weder Berija noch Stalin hatten Einwendungen dagegen, den »eingefleischten Diversanten« zu entlassen.
Nein, man kann sagen was man will – nützliche Leute ließ der Hausherr auch wieder frei. So wurde 1939 der legendäre Organisator des Lagersystems, Naftalij Frenkel, aus dem Lubjanka-Gefängnis entlassen. Es mußte unverzüglich eine Eisenbahnlinie zur Karelischen Landenge gebaut werden, um Nachschub gegen die halsstarrigen Finnen heranzubringen. Und so wurde Frenkel, der Häftling von gestern, zum Leiter der Hauptverwaltung für Eisenbahnbau, jenes riesigen Straflagerreichs, das sich von Leningrad bis Wladiwostok zog.

Mit Stumpf und Stiel!

Pläne zur Vernichtung der Leninschen Garde hatte Stalin viele Jahre gehegt. Den endgültigen Entschluß faßte er 1934, auf dem XVII. Parteitag, als er um ein Haar den Sessel des Generalsekretärs verloren hätte. Aber auch nach dem Kirow-Mord konnte er sich noch nicht mit der ganzen Macht der Straforgane auf die Veteranen der Partei stürzen. Jedes militärische Unternehmen erfordert Vorbereitung, das begriff sogar er.
Am 25. Mai 1935 wurde auf Anweisung des Generalsekretärs die lästig gewordene Gesellschaft der Altbolschewiki mit dem alleruntertänigsten Jemeljan Jaroslawskij an der Spitze aufgelöst. Einen Monat darauf wurde der Verein der Ehemaligen Politischen Zwangsarbeiter, Verbannten und Zwangsangesiedelten auseinandergejagt. Das war wohl etwas, um sich großzutun: Zuchthaus unter dem Zaren. Hier kriegt ihr zum Vergleich etwas anderes zu beißen, unsere Lager – vielleicht werdet ihr dann bescheidener, Graubärte!
Wenn ihr es überlebt.

Zwei Jahre vor seinem Tode schrieb Lenin besorgt: »Die proletarische Politik wird nicht durch die Zusammensetzung der Partei bestimmt, sondern durch die gewaltige unteilbare Autorität jener *hauchdünnen Schicht,* die man als die Alte Garde der Partei bezeichnen kann. Es genügt ein kleiner Kampf innerhalb dieser Schicht, und ihre Autorität wird, wenn nicht verloren, so doch auf jeden Fall so weit erschüttert sein, daß eine Entscheidung nicht mehr von ihr abhängig ist.«[85]
Stalin tat alles *in seiner Macht* Stehende, damit Lenins Befürchtungen Wirklichkeit wurden. Die folgenden Jahre sind eine Geschichte unaufhörlicher politischer Streitigkeiten und Intrigen, die Koba mit beneidenswertem Erfindergeist anzettelte. Und als die mörderischen Kämpfe innerhalb des ZK endgültig die Autorität jener »hauchdünnen Schicht« geschwächt hatten, begann er alle miteinander zu vernichten – die Oppositionellen und die Orthodoxen.
Dennoch führte der Jäger im Kreml den Abschuß der Kommunisten nach sorgfältiger Auswahl durch, besonders zu Anfang. Lange vor der Großen Initiative, so versicherte Noj Shordanija, habe Stalin schon die Proskriptionslisten bereit gehabt, wußte der Generalsekretär, wer wann und wie aus dem Wege geräumt werden sollte. Shordanija hatte den Genossen Koba mehrfach »in Aktion« gesehen, von daher die erstaunliche Genauigkeit der Voraussage.
XVII. Parteitag. Auf der Tribüne Artemjew, der Vertreter der Waffenschmiede von Tula: »Wir haben Muster unserer Produktion mitgebracht, um sie unseren Führern, besonders dem Genossen Stalin, unserem genialen Lehrer [wie man schon den Sieger tituliert!] vorzuführen.« Und Artemjew überreicht dem Generalsekretär ein Scharfschützengewehr.
Stalin legte das Gewehr an und zielte in den Saal. Die Delegierten brachen in Ovationen aus.[86]
Und Stalin eröffnete das gezielte Feuer auf die Partei und stellte es bis zu seinem Tode nicht ein. Was die Ovationen anlangte, so hat sie nicht einmal der Tod des Scharfschützen beendet.
Nur wenige Jahre werden nach dem XVII. Parteitag vergehen, und die Schicht der Alten Garde wird so ausgedünnt sein, daß niemand, buchstäblich niemand mehr da ist, um seine Meinung zu sagen. Von da an wird ein Mensch allein beschließen, der höchst autoritär sich selber den »Fortsetzer der Sache Lenins« nannte.

Die Delegierten der Aprilkonferenz von 1917 hatten neun ZK-Mitglieder gewählt: Lenin, Sswerdlow, Nogin, Stalin, Sinowjew, Kamenew,

Miljutin, Ssmilga, Fjodorow. Die fünf letzteren, die bis in die dreißiger Jahre lebten, hat Stalin getötet. Er sorgte sich sogar um die fünf Töchter von Fjodorow, der im Jahr der Revolution die Metallarbeitergewerkschaft geleitet hatte.

Dem auf dem VI. Parteitag (1917) gewählten Zentralkomitee gehörten 27 Mitglieder an – nicht alle waren führende Revolutionäre, dennoch kann man das ZK von 1917 als den Kern der Leninschen Führung bezeichnen. Nach den Ergebnissen der geheimen Abstimmung nannte Grigorij Ordshonikidse als *Führer* der Partei: Lenin (133 von 134 Stimmen), Sinowjew (132 Stimmen), Kamenew und Trotzkij (je 131 Stimmen).

Drei der vier Führer erwiesen sich später als »Volksfeinde«. Vielleicht ist Wladimir Iljitsch noch rechtzeitig gestorben. In den ersten Jahren der Revolution setzen die Kugeln der Feinde dem Leben von drei ZK-Mitgliedern ein Ende – Schaumjan, Dshaparidse, Urizkij. Krankheiten rafften Sswerdlow und Dzierżyński dahin. Die übrigen 17 Männer fielen von der Hand Stalins – zwischen 1935 und 1938.

Als die Stunde der Abrechnung für die »Demütigungen« in den Revolutionsjahren gekommen war, vernichtete Stalin, der Lenin grimmig und leidenschaftlich gehaßt hatte, die vertrauten Helfer des toten Führers, sogar jene, die das Leben des Parteigründers beschützt hatten. Sie in erster Linie.

Aleksandr Schotman, ZK-Mitglied, Sohn einer alten Arbeiterfamilie, war in der Zeit der Untergrundtätigkeit im Sommer 1917 Lenins Verbindungsmann gewesen, hatte dessen Fahrt nach Finnland organisiert und wurde von Stalin 1939 vernichtet.

Gustaw Rovio, 1917 Polizeichef von Helsingfors, half Lenin, sich vor den Verfolgungen zu verbergen. Als Erster Sekretär des karelischen Gebietskomitees der Partei wurde er von Stalin verhaftet.

Ja. S. Ganezkij, ein wichtiger Parteifunktionär, hatte bei der Befreiung Lenins aus dem österreichischen Gefängnis im Jahr 1914 geholfen, und später bei seiner Rückkehr in die Heimat im Frühjahr 1917 mitgewirkt.

Nikolaj Gorbunow, Sekretär des Rates der Volkskommissare und persönlicher Sekretär Lenins, später Geschäftsführer des Rates der Volkskommissare.

Zu erwähnen ist auch der Fall Fritz Platten. Als Lenin im Frühjahr 1917 aus der Emigration zurückkehrte, brandmarkte ihn die bürgerliche Presse als deutschen Spion, der in Rußland im plombierten Waggon eingetroffen sei. Zwanzig Jahre später wurde der Schweizer Kommunist Platten, der Lenins Heimreise organisiert hatte, von Stalin bezichtigt, er

sei deutscher Spion seit 1917. Bei Plattens Folterung bemerkten die Untersuchungsbeamten tiefe Narben an dessen rechter Hand. Am 1. Januar 1918 hatte eine Terroristengruppe das Auto beschossen, in dem Lenin und Platten saßen. Platten hatte mit seiner Hand den Kopf des Führers beschützt.
Fritz Platten ließ sich 1923 in der UdSSR nieder und begründete in der Nähe von Uljanowsk, in Lenins Heimat, eine der ersten Landkommunen. Dort wurde er auch verhaftet. Der Mitkämpfer Lenins kam 1942 in einem Lager in Kargopol ums Leben.
Nikolaj Jemeljanow hatte Lenin am Rasliw-See verborgen gehalten. Wladimir Iljitsch erinnerte sich seiner als des besten und zuverlässigsten Petrograder Arbeiters. In jener gefährlichen Zeit brachten Jemeljanows Söhne mit dem Boot Ordshonikidse und Sswerdlow zu Lenin und besorgten ihnen Zeitungen. Oft fuhren die Jungen auch Koba zu der Hütte.
Konnte Stalin so etwas vergessen, so etwas verzeihen? Um das Leben des alten Arbeiters Jemeljanow bat Nadjeshda Krupskaja. Der Führer änderte die Todesstrafe in 25 Jahren Lagerhaft ab. Nach Stalins Tod kehrte Jemeljanow wieder heim, er hatte 16 Jahre verbüßt. Von seinen drei Söhnen war nur noch der jüngste, Kondratij, am Leben.

Noch zu Lebzeiten Lenins zeigte Stalin seinen Haß gegen die Krupskaja. Nach dem Tode des Führers stellte Stalin die Witwe unter strenge Aufsicht. Der Generalsekretär kontrollierte alle Kontakte zwischen Nadjeshda Krupskaja und den Gefährten Lenins. Während sie im Kreml wohnte, war sie von jeder telefonischen Verbindung zur Stadt abgeschnitten. Später gab ihr Stalin als persönlichen »Vormund« Wera Ssolomonowna Dridso bei, die jüngere Tochter des Revolutionärs S. A. Losowskij (die ältere beaufsichtigte das Ehepaar Krzyżanowski, auch sie waren enge Freunde Lenins gewesen).
Einmal stand Nadjeshda Konstaninowna nach Karten vor dem Kino »Chudoshestwennyj« an. Eine Bekannte ging vorbei.
»Sind Sie denn allein, Nadjeshda Konstantinowna?«
»Ich habe heute keinen Gendarmen«, antwortete lächelnd die Krupskaja. Die Dridso war zu dieser Zeit krank.
Wera Ssolomonowna hatte weitreichende Vollmachten. Sie zählte zu den Angestellten des Marx-Engels-Lenin-Stalin-Instituts (später Marxismus-Leninismus Institut), im Auftrag der Direktion überwachte sie die Edition der Schriften der Krupskaja. Wera Ssolomonowna filterte durch ihr feines Sieb jede Zeile über Lenin und die Partei: was verschwiegen

(beseitigt!), was berichtigt (verstümmelt!) und was der Direktion auf den Tisch gelegt werden mußte.
Viele Jahre lebte die Krupskaja zusammen mit ihrem Sohn Dmitrij Uljanow im Rayon Domodedowo bei Moskau, in dem Dorf Maloje Archangelskoje. Dort hatte sie auf dem Gelände des Zootechnischen Instituts zwei kleine Zimmer. Zuletzt war Nadjeshda Konstantinowna dick geworden, der Stoffwechsel war gestört. Sie wurde vom Kasino des Kreml versorgt: dreimal täglich wurde ihr ein Hackfleischsteak geschickt. Keine sehr passende Krankendiät.
Der XVIII. Parteitag (1939) kam näher. Frau Krupskaja plante, auf dem Kongreß die von Stalin in der Partei geschaffene unerträgliche Herrschaft zu kritisieren. In diesem entscheidenden Augenblick verließ die erfahrene Untergrundkämpferin ihr Instinkt für Gefahr. Als sie im engen Freundeskreis von ihrer Absicht erzählte, sagte einer, man könnte ihr einfach das Wort verweigern. Nadjeshda Konstantinowna wurde zornig: »Den möchte ich sehen, der mir verbieten könnte zu sprechen! Dann gehe ich im Saal nach vorne und verlange das Wort. Ich bin vierzig Jahre in der Partei und habe das Recht, dem Parteitag zu sagen, was mich beunruhigt.«
Margarita Wassiljewna Fofanowa erinnerte sich an dieses Gespräch von Anfang Februar 1939. Es waren nur die allervertrautesten Genossen zugegen gewesen. Wer von ihnen Bericht erstattet hatte, wird vielleicht niemals bekanntwerden. Aber auf der Rednerliste, die vom Organisationskomitee des XVIII. Parteitages aufgestellt wurde, fehlte der Name Krupskaja.
Am 26. Februar 1939 wurde Nadjeshda Krupskaja siebzig Jahre alt. Der Generalsekretär schickte für den Festtagstisch eine Torte. Sofort nach ihrer Einlieferung ins Krankenhaus brachte man die vergiftete Nadjeshda Konstantinowna in das obere Stockwerk, in den Operationssaal. Dort starb sie, ohne das Bewußtsein wiedererlangt zu haben. Im Autopsiebefund ist als Todesursache Darmverschluß angegeben. Am Tage vor ihrem Tode war Margarita Fofanowa noch bei der Krupskaja gewesen. Sie hatten für die nächsten Tage eine gemeinsame Fahrt nach Leningrad geplant.
Die sterblichen Überreste Nadjeshda Krupskajas trugen Stalin und Molotow zur Kremlmauer. Ein paar Worte über das Ableben der teuren Nadjeshda Konstantinowna, der Leiterin der Verlagsabteilung des Volkskommissariats für Erziehung – das war alles. Danach langes, fast vierzig Jahre währendes Schweigen über die Altkommunistin.

Redereien, Stalin sei zuzeiten zwar schroff gewesen, habe dafür aber die Oppositionellen vernichtet und die Leninsche Einheit der Partei erkämpft, sind lästerlicher Unsinn. Die Ermordung der Oppositionellen ebenso wie der unblutige Kampf gegen die Opposition der zwanziger Jahre dienten einzig und allein dazu, seine wahren Ziele zu verdecken. Niemand hat die Frage, wie er sich tatsächlich gegenüber Andersdenkenden verhielt, besser beantwortet als Stalin selbst. Im April 1917 machte er die richtige Bemerkung: »Ohne Meinungsverschiedenheiten gibt es kein Parteileben.«

1924 kehrte der Gesandte der UdSSR in Afghanistan, Fjodor Raskolnikow, aus Kabul nach Moskau zurück. In Stalins Wohnung traf er auch Ssemjon Budjonnyj an. Auf dem Tisch – Wein, Früchte. Raskolnikow erzählte das Neueste.

»Sie haben wahrscheinlich schon gehört, daß in der Türkei der Oppositionsführer vergiftet worden ist...«

Stalin knuffte Budjonnyj in die Seite:

»So muß man politische Diskussionen beenden.«

Das war zu Hause, bei einer Flasche Wein.[87]

Und wenige Tage darauf betont der Generalsekretär auf dem XIII. Parteitag, die Politik gegenüber ehemaligen Oppositionellen müsse *ausschließlich kameradschaftlich* sein.

In der Liste der zweihundert bekannten Parteifunktionäre, die von der Hand dieses Kämpfers um die »Reinheit der Generallinie« fielen, findet man kaum zwanzig Veteranen, die irgendwann einmal zur Opposition gehört haben. Boris Ssemjonow, Parteimitglied seit 1905, Sekretär des Gebietskomitees von Lugansk, später der Krim, war ein waschechter Petersburger. In den zwanziger Jahren trat er aktiv gegen Sinowjew auf. 1937 wurde er liquidiert als Angehöriger der »trotzkistisch-sinowjewistischen Bande«. Wie viele solcher Ssemjonows, die ihr Leben lang die Leninsche Linie der Partei verteidigt hatten, kamen in den Stalinschen Verliesen und den stacheldrahtumzäunten Todeslagern um?

Aber mit Erschießungen wegen simpler Opposition oder, viel häufiger, wegen *angeblicher* Opposition erringt man keinen politischen Lorbeer. Im Gegenteil, mit ihren Vorwürfen und Bitten werden sie nachgerade lästig, all die Krupskajas, Bucharins, Ssergos und auch jener »große proletarische Schriftsteller«. »Wäre Gorkij denn ohne mich ›groß‹?« dachte der Generalsekretär und befahl, von jetzt an alle verhafteten Kommunisten unbedingt der Spionage, des Terrors, der Schädlingsarbeit, der Diversion oder einfach allgemein konterrevolutionärer Aktivitäten, vielleicht auch des »Dienstes in der zaristischen Geheimpolizei« zu beschuldigen.

In der Verbannung in Turuchansk ließ Koba das Gerücht umgehen, Sswerdlow sei ein Agent der zaristischen Geheimpolizei. Die in der Verbannung eintreffenden Duma-Abgeordneten traten für Sswerdlows Ehre ein. Daraufhin beschuldigte Koba einen anderen unbescholtenen Menschen, Grigorij Petrowskij, der Provokation.

Im Text des Schlußwortes von Karl Radek im »Prozeß der Siebzehn« (der »Fall Pjatakow und andere«, Januar 1937), wie er in der »Prawda« abgedruckt ist, finden sich die von jemand anderem hinzugefügten Worte: »Alle Altbolschewiki sind im Grunde Trotzkisten – wenn nicht ganz, so doch halb, und wenn nicht halb, dann zu einem Viertel oder zu einem Achtel.«

Im Bericht über den Prozeß gegen Pjatakow lautet der Text von Radeks Erklärung anders. Danach hat er erklärt, es gebe »im Lande Halbtrotzkisten, Vierteltrotzkisten, Achteltrotzkisten – Leute, die uns geholfen haben.« Wenn man weiß, daß Stalin persönlich mit dem Häftling Radek das Drehbuch des Prozesses erarbeitet und als Gegenleistung versprochen hatte, ihm das Leben zu retten (es ist bekannt, wie er diese Zusage eingehalten hat), so entfällt die Frage, wer den Text »redigiert« hat.

Radeks in Millionen von Exemplaren verbreitete Erklärung hat die Saiten des Terrors in der für den Generalsekretär notwendigen Tonart gestimmt. Jetzt konnte man jeden fassen, selbst einen ultratreuen Gefolgsmann des Führers, denn jeder war ja wenigstens zu einem Achtel ein Heuchler.

Der rachedurstige Haß auf Trotzkij, vermischt mit dem Haß auf Lenin und die Leninisten, verzehrte Stalin buchstäblich. Wo es nicht gelungen war, die Mitkämpfer Lenins zu verunglimpfen oder auf das Förderband der Lubjanka zu werfen – einige hatten kein Verantwortungsgefühl gegenüber dem Generalsekretär und starben vor der Heraufkunft dieses glücklichen Zeitalters –, goß Stalin, der die feindliche Absicht erraten hatte, seine aufgestaute Wut über die Familienangehörigen aus.

Pjotr Kusmitsch Saporoshez war 1895 gemeinsam mit Lenin im Zusammenhang mit dem Petersburger »Kampfbund« verhaftet worden. Er hatte die Hauptschuld auf sich genommen und den Führer vor schwerer Strafe bewahrt. Nach der Verbannung erkrankte Saporoshez und starb (1905) im Krankenhaus.

1937 wurden auf Befehl Stalins die Geschwister von Saporoshez verhaftet – Wiktor, ein Bergbauingenieur, Anton, ein Agronom, die Schwester Marija, ihr Mann und ihre Kinder. Die Männer wurden erschossen, die Schwester »galanterweise« am Leben gelassen. Dasselbe Schicksal ereilte die Angehörigen von Moissej Urizkij, der zu Beginn des Bürgerkrieges, 1918, ermordet worden war.

Kaum ein unter Stalins Streitaxt gefallener Veteran schied ohne das Brandmal »Spion« aus dem Leben. Aus den Gefangenen der Lubjanka ließe sich eine ganze Schule der internationalen Spionage zusammenstellen. Die Zellen barsten fast vor japanischen, iranischen, türkischen, rumänischen, polnischen, deutschen, amerikanischen und sonstigen Spionen. Mit besonders rachsüchtiger Schadenfreude heftete Stalin den Mitstreitern Lenins das Etikett eines *englischen* Spions an. Hatten nicht sie, die verfluchten Engländer, vor zwanzig Jahren die 26 Kommissare von Baku erschossen und ihn seiner rechtmäßigen Beute beraubt? Ihn dürstete persönlich nach Abrechnung mit Stepan Schaumjan, Prokofij Dshaparidse, Meschadi Asisbekow und den anderen.

Und wie ging er mit den Helden der Oktoberrevolution um, den Anführern des bewaffneten Aufstands in Petrogard? In den vierziger Jahren arbeitete Grigorij Petrowskij, einer der wenigen überlebenden Parteiveteranen, im Revolutionsmuseum. Jemand, den der Tod der Mitstreiter Lenins erschüttert hatte, wandte sich an ihn:

»Was geht hier vor, Grigorij Iwanowitsch? Erklären Sie mir, was geht hier vor?«

»Lesen Sie die Geschichte der Großen Französischen Revolution«, antwortete ihm Petrowskij.

Der Fragesteller war ein hinreichend gebildeter Mensch, dennoch beschloß er, die Revolutionsgeschichte wieder zu lesen. Er entnahm ihr zugleich gewisse Zahlen und verglich sie mit anderen. Dabei kam folgendes heraus:

Von den zwanzig Führern der Französischen Revolution – Robespierre, Danton, Saint-Just, Couthon und Barnave eingerechnet – starben innerhalb von drei Jahren 17 auf der Guillotine. Die Todesrate der Großen Französischen Revolution betrug 85 Prozent.

Die Zahlen für die Oktoberrevolution mußte man nach dem Stand von 1939 berechnen, denn der Große Tod hatte erst 1937 begonnen und einigen war es ja auch gelungen, ihren eigenen Tod zu sterben oder im Kampf zu fallen.

Von den zwanzig Mitgliedern des Petrograder Militärischen Revolutionskomitees (MRK), die aktiv an der Leitung des Aufstandes teilgenommen hatten, war lediglich einer unbeschadet durch den Stalinschen Terror gekommen, und zwar Nikolaj Podwojskij, der an Geistesverwirrung litt und keiner regelmäßigen Arbeit mehr nachgehen konnte. Vom Moskauer MRK hat keiner überlebt.

Von den Angehörigen des Präsidiums des II. Sowjetkongresses, der die

Sowjetmacht ausgerufen und die ersten Dekrete gebilligt hatte, lebte nur noch Aleksandra Kollontaj. Stalin vernichtete nicht nur solche Mitarbeiter Lenins wie Trotzkij, Sinowjew, Kamenew und Rykow, nicht nur das Kollegium für Heer- und Marineangelegenheiten: Antonow-Owssejenko, Krylenko, Dybenko, sondern auch die ins Präsidium des II. Kongresses gewählten Führer der linken Sozialrevolutionäre M. Sspiridonowa, W. Karelin und B. Kamkow.

Zwölf Angehörige der ersten sowjetischen Regierung lebten 1937 noch. Stalin liquidierte elf, der zwölfte war er selber, der Volkskommissar für Nationalitätenfragen. Ein hundertprozentiger Erfolg. Ihm war im Vergleich zur französischen Konterrevolution ein Schritt nach vorn gelungen, er hatte eine höhere Tötungsrate erzielt: 95 Prozent gegenüber 85 in Paris. (Hierbei ist der Bestand des Zentralkomitees zugrunde gelegt, wie es auf dem VI. Parteitag 1917 gewählt worden war.)

All jene zu vernichten, die die Revolution durchgeführt und im Kampf verteidigt hatten – darin liegt der Sinn des von Stalin verübten Zerstörungsaktes. Über der ausgebluteten, von Furcht paralysierten Partei die Festung seiner persönlichen Diktatur zu errichten war sein Endziel.

Der Prozeß der Vernichtung des aktiven Kerns der Partei ist leicht zu verfolgen am Schicksal der Zentralkomiteemitglieder, die von den Delegierten der Parteitage gewählt worden waren. Lassen wir einmal die ersten Parteitage aus und beginnen mit dem Jahre 1925.

Jahr	Parteitag	ins ZK gewählt	davon 1936–1938 liquidiert
1925	XIV.	106	80
1927	XV.	121	96
1930	XVI.	138	111
1934	XVII.	139	120

Durchschnittlich wurden 80 Prozent ermordet, das entspricht vier Fünfteln des gesamten ZK. Und was für Mitglieder! Beispielsweise waren von den auf dem XV. Parteitag gewählten ZK-Mitgliedern und -Kandidaten 111 (oder 92 Prozent) der Partei schon vor 1917 beigetreten.[88]

Das Zentralkomitee lieferte an die Lubjanka regelmäßig Mitkämpfer Lenins. Einen zuverlässigeren, vertrauenswürdigeren Lieferanten kannte die Lubjanka nicht.

Der Oberholzhacker hatte nicht nur Eichen ausgesucht, sondern auch mächtige Kiefern, und er verachtete selbst Unterholz nicht. Keiner kann das Bild des Allunions-Holzfällers besser malen als die trockene Hand der Statistik.

Hier die Zahlen der Mandatskommissionen von zwölf Parteitagen.

Jahr	Kongreß	Parteimitglieder in 1000
1918	VII.	170
1919	VIII.	313
1920	IX.	611
1921	X.	732
1922	XI.	612
1923	XII.	532 (nach der Säuberung)
1924	XIII.	736
1925	XIV.	634 (nach der Säuberung)
1927	XV.	887
1930	XVI.	1261
1934	XVII.	1872,5
1939	XVIII.	1589 (nach der Säuberung von 1934 waren 300 000 Mitglieder ausgeschlossen worden.)

Ein einziges Mal hatte die Partei auf einem Parteitag einen Mitgliederschwund zu verzeichnen: 300 000 Kommunisten. Dieser war zwischen dem XVII. und dem XVIII. Parteitag eingetreten. So viele waren 1934 »weggesäubert« worden. In fünf Jahren waren jedoch ungefähr zwei Millionen in die Partei neu aufgenommen worden. Folglich sind zwischen 1934 und 1939 zwei Millionen Kommunisten verschwunden.
Dieselbe Statistik zeichnet ein nicht minder wichtiges qualitatives Bild der Vernichtungskampagne.
Auf allen Parteitagen bis 1934 überwogen die Delegierten, die bereits vor der Revolution und zum Teil während des Bürgerkriegs der Partei beigetreten waren. Auf dem XIV. Parteitag teilte der Vorsitzende der Mandatskommission, K. W. Gej, mit, daß sich von Kongreß zu Kongreß die Zahl der vor der Revolution eingetretenen Mitglieder um durchschnittlich 3 Prozent vermindere – eine natürliche Erscheinung, wenn man das Alter der Veteranen in Rechnung stelle.
Beim XIV. Parteitag waren es 3,6 Prozent.
Hier die Zahlen zu den jeweiligen Parteitagen:
Beim XV. Parteitag waren 71 Prozent der Delegierten vor 1920 der Partei beigetreten
Beim XVI. Parteitag – 82 Prozent
Beim XVII. Parteitag – 80 Prozent
Beim XVIII. Parteitag – 19 Prozent
Der Hauptschlag hatte sich gegen sie gerichtet, gegen die Leninschen Kader!

Bei der Beerdigung von Frunse bemerkte Stalin melancholisch (erinnern Sie sich?): »Vielleicht muß es genau so sein, daß die alten Genossen so leicht und einfach ins Grab gehen.« Die »Einfachheit« erwies sich als ansteckend. Es war eine einzigartige Kampagne, bei der Millionen unbescholtener Menschen plötzlich zu Verbrechern wurden. Niemand hatte nach ihnen gefahndet. Kein Ausrufer hatte ihre Namen auf den Plätzen verkündet. Das war nicht erforderlich, jeder wartete bewußt und diszipliniert zu Hause, im Kreise seiner Familie, auf die Stalinschen Boten mit den blauen Mützendeckeln. Niemand mußte sie, die Guten, an Flucht oder Widerstand hindern. Die Allerdiszipliniertesten aber waren die alten Parteimitglieder.

Von jeher galten die Parteitagsdelegierten als Elite der Partei, und die Veteranen als ihr Stolz, als die lebende Verkörperung der bolschewistischen Traditionen. Und eben sie nahm Stalin unter Feuer. Wir haben es hier nicht mit spontanen Ausbrüchen blinder Wut zu tun, sondern mit der planmäßigen, zielstrebigen Vernichtung der Leninschen Garde.

»Wo ist die Alte Garde?«, fragte Fjodor Raskolnikow Stalin in seinem Brief und antwortete selber: »Sie lebt nicht mehr. Sie haben Sie alle erschossen, Stalin. Sie haben die Seelen Ihrer Kampfgefährten korrumpiert und geschändet. Sie haben die Ihnen mit Qual und Ekel Folgenden gezwungen, durch die Blutlachen ihrer gestrigen Genossen und Freunde zu gehen.«[89]

Aber vielleicht hat Raskolnikow die Greuel der Stalin-Tyrannei übertrieben? Vielleicht hatte Akademiemitglied Pjotr Pospelow recht, der erklärte, in jenen Jahren, als die Kugeln das Wort hatten, sei dank Stalins Scharfblick in der Sowjetunion die »faschistische Fünfte Kolonne der Verräter und Volksfeinde« vernichtet worden?[90]

Die Zellen des Gefängnisses an der Malaja-Lubjanka-Straße quellen fast über. Neuankömmlinge werden in den Korridor gestoßen. Dort steht schon seit mehreren Tagen eine Menschenmenge. Es ist so eng, daß die Hand, einmal aus der Tasche gezogen, nicht mehr dorthin zurück kann. Auch Kinder sind in der Menge, zwei Mädchen von zwölf und dreizehn Jahren. Die Gefangenen schlafen abwechselnd. Unter den am Fußboden schlafenden Frauen befindet sich eine italienische Kommunistin. Sie ist jung und schön.

»Bei Ihnen ist es zu einem faschistischen Umsturz gekommen«, sagt sie auf französisch.

»Sie irren sich«, wird ihr widersprochen.

»Etwa nicht, wenn man die Kommunisten verhaftet?!«

»Was soll das denn. Die Kommunistische Partei ist weiterhin an der Macht.«
Die Italienerin hob ihre Mandelaugen:
»Weshalb belügen Sie mich? Das ist ein regelrechter faschistischer Umsturz. Ich weiß, was das ist.«
Mit *ihr* hätte sich Pospelow treffen und mit ihr von gleich zu gleich, im Gefängnis, sprechen sollen. Vielleicht wäre er dann gereift. Nein, die Pospelows reifen nicht. Sie dienen. Die junge Italienerin wurde 1936 erschossen, im Todesjahr von Sinowjew und Kamenew.
Offenbar aus der Sorge, es würde jemand »untergeschoben«, entsandte Stalin zu der Erschießung der ehemaligen Verbündeten als Beobachter Woroschilow. Dieser berichtete:
»Sie traten vor die Vollstrecker.
Sinowjew rief: ›Das ist ein faschistischer Umsturz!‹
Kamenew: ›Hör auf, Grischa. Sei still. Wir wollen würdig sterben.‹
Sinowjew: ›Nein!‹ Mussolini hat es genauso gemacht. Er vernichtete all seine Kampfgefährten aus der Sozialistischen Partei und usurpierte die Macht in Italien. Ich muß vor meinem Tode sagen, daß auch bei uns ein faschistischer Umsturz stattgefunden hat.‹«[91]

Am 6. April 1919 war der Ataman Grigorjew mit seiner Division, die zahlenmäßig einer Armee entsprach, in Odessa einmarschiert. Es war eine gut ausgerüstete, jedoch mit Disziplin nicht vertraute Menschenmasse, sie neigte zum Partisanentum und war fähig zum Raub. Drei Tage ehe Grigorjew gegen die Sowjetmacht antrat, traf Schafranskij, der frühere Kommissar des Taraschtschansker Regiments, als Politkommissar bei ihm ein. Er trug die Haare lang wie ein Geistlicher und wirkte überhaupt nicht militärisch. Schon in den ersten Tagen eroberte er sich den Respekt des Atamans. Aber die Bekanntschaft sollte nicht lange dauern:
»Hör her, Kommissar, du gefällst mir. Morgen marschiere ich gegen die Sowjets, und du könntest umkommen. Nimm einen Eisenbahnwagen und hau ab mit Gott...«
Als Stalin sich vornahm, gegen die Sowjets anzutreten, gegen die Sache der Oktoberrevolution, hätte er alle ehrlichen Revolutionäre entlassen, sie schließlich über die Grenzen schicken können? Er entließ nur Trotzkij, bereute es später bitter und sandte ihm einen gedungenen Mörder nach. Der Welt ist bekannt, wieviel Arbeit (und wieviele Millionen Dollar) Stalin für die Organisation des Mordes an Trotzkij aufgewendet hat. Ihn leitete die Rachsucht, vermehrt um seinen uner-

sättlichen Ehrgeiz. Niemandem konnte er verzeihen, der ihm entrann – weder innerhalb des Landes, noch – erst recht nicht – ins Ausland.
Nach georgischem Recht galt ein entlaufener Leibeigener, der sich mindestens sieben Jahre lang verbergen konnte, als freier Mann. Er konnte sich einen neuen Herren wählen. Bei Stalin gab es keine Verjährungsfrist. Gierig lockte er aus dem Ausland die Altbolschewiki zurück, die als Diplomaten Wesentliches für die internationale Anerkennung der UdSSR geleistet hatten. Er lockte sie zurück und brachte sie um. Um Fjodor Raskolnikow zu ermorden, versuchte Stalin schon seit Ende 1936, ihn, den politischen Repräsentanten der UdSSR in Bulgarien, heimzulocken. Raskolnikow wurden nacheinander diplomatische Posten in Mexiko (mit dem offizielle Beziehungen noch nicht vereinbart waren), in der Tschechoslowakei, in Griechenland und in der Türkei angeboten. Schließlich gab Fjodor Raskolnikow im April 1938 seine Amtsgeschäfte ab und reiste nach Moskau. Er hatte noch nicht die Grenze erreicht, als er aus ausländischen Zeitungen erfuhr, daß die Regierung beschlossen habe, ihn als politischen Vertreter abzusetzen. Er wollte nicht dem heiligen Denis nacheifern, der demütig das eigene Haupt in Händen getragen hatte, und fuhr nicht zu seinem Schafott. Raskolnikow blieb im Ausland, befleckte aber nicht den Ruf eines Kommunisten und Bürgers der UdSSR. Er bat um die Begründung seiner unerwarteten Absetzung. Stalin jedoch verleumdete ihn und befahl zugleich, ihn in Abwesenheit als »Volksfeind« zu verurteilen.
Nachdem Raskolnikow zwei Briefe an Stalin veröffentlicht hatte, erkrankte er plötzlich. Seine Frau brachte ihn in einer Privatklinik bei Nizza unter. Die vorläufige Diagnose lautete auf Gehirntumor. Die letzten zwei Wochen blieb die Temperatur ständig um 40 Grad. Raskolnikows Frau hielt an seinem Bett unablässig fast zwanzig Tage lang Wache. Einmal, als sie nur zwei Stunden schlafen wollte, ging sie nach Hause und schlief durch bis zum nächsten Morgen. In dieser Nacht starb er. Eine Autopsie fand nicht statt.
Als sie ihren Mann in diese Klinik brachte, warnte sie die Ärzte:
»Stalin hat einen langen Arm.«
»Madame, Sie befinden sich in Frankreich . . .«

Die Partei hatte Stalin viel Vertrauen bewiesen, als sie ihm hohe Führungsposten übertrug. Und wieviel Gefälligkeiten hatten Lenin, Trotzkij, Sinowjew, Kamenew und Bucharin persönlich Stalin erwiesen.
Stalin hatte Lenin gehetzt und seinen Tod beschleunigt. Dann hatte er

mit Hilfe Sinowjews und Kamenews Trotzkij entfernt. Mit Hilfe der »Rechten« schaffte er Sinowjew und Kamenew aus dem Wege und vernichtete schließlich alle »Rechten«. Ein scheinbar einfaches Schema, jedoch – wieviel Listen, wieviel findige Manöver waren zur Durchführung notwendig! Da sind auch die heuchlerischen Rücktrittserklärungen zu nennen, die Machtdemonstrationen, die simulierte Schwäche, die plötzlichen Schläge und das lange Zuwarten.

Dieses Zentralschema wurde zum Modell der Abrechnung mit den Führern der Unionsrepubliken. Als Stalin erkennen mußte, daß die ukrainischen Kommunisten Lasar Kaganowitsch als Ersten ZK-Sekretär nicht ertrugen, berief er ihn nach Moskau (1928). Der Generalsekretär mußte die Wahl von Stanislaw Kossior hinnehmen, aber zur Absicherung schickte er Anfang 1933 einen anderen Emissär nach Charkow, Pawel Postyschew. Mit dessen unmittelbarer Hilfe trieb er den Begründer der ukrainischen Kommunistischen Partei, Nikolaj Skrypnik, in den Tod (er beging im Juli 1933 Selbstmord). Nun begann Postyschew, der Zweite ZK-Sekretär der ukrainischen Partei, die Stellung Kossiors zu unterminieren.

Aber nach dem Plenum im Februar–März 1937 ertönte das Signal auch für Postyschew. Er wurde vorläufig nach Ssamara versetzt, und Kossior begann, über den in Ungnade gefallenen Politiker auf den Konferenzen und Versammlungen in Kiew herzuziehen.

Für das Amt des ums Leben gekommenen Panas Ljubtschenko (der ebenfalls Selbstmord begangen hatte), wurde auf Empfehlung Berijas Michail Bondarenko berufen. Einen Monat später wurde Bondarenko zusammen mit anderen »Aufsteigern« verhaftet. Man beschuldigte sie, eine konterrevolutionäre Organisation gebildet zu haben.

1933 griff Stalin sich alle – sowohl Kossior als auch Postyschew und Chatajewitsch, der Postyschew abgelöst hatte. Er ließ sämtliche Politbüro- und Regierungsmitglieder der Ukraine erschießen. Und sämtliche Sekretäre der Gebietskomitees zusammen mit den Rayonsekretären.

Danach all jene, die an ihre Stelle getreten waren.

Und dann noch einmal.

Ein ebensolches Strafgericht traf auch die örtlichen Sowjetorgane. Von den 102 Mitgliedern des ukrainischen ZK überlebten durch ein Wunder drei, darunter Grigorij Petrowskij. Dieser »Index« übersteigt sogar die Ergebnisse der tödlichen Säuberungen des Unions-ZK.

Etwas Ähnliches, nach dem gleichen erprobten Schema, trat in den anderen Republiken in Erscheinung. Man spricht vom georgischen Nationalismus, von der starken Verbundenheit der Menschen mit ihrem Land, mit Ssakartwelo, wie sie es nennen. In seiner jahrhundertealten

Geschichte hat Georgien der Welt viele bedeutende Namen geschenkt. Nein, Dshugaschwili-Stalin hat Ssakartwelo nicht verschont. Er hat die Republik mit Blut überschwemmt.
Man spricht davon, wie lebendig in Georgien die nationalen Zwistigkeiten seien. Über Jahrhunderte hatten die Abchasen, die Swanen, die Adscharen, Mingrelen, Imerier und Lesgier voneinander getrennt gelebt. Den verantwortungsvollen Auftrag, die Parteikader Georgiens zu vernichten, erteilte Stalin dem Mingrelen Berija. Er wußte, was er tat. Und Lawrentij Berija, dieser unverbesserliche Kriminelle, der sich vor allem bei der Geheimpolizei der verschiedenen politischen Regime eingeschmeichelt hatte, liquidierte mit bösartiger Konsequenz die Veteranen der Partei auch in den anderen transkaukasischen Republiken, in Aserbaidschan und in Armenien. Stalin hatte Berija 1931 zum Leiter des transkaukasischen Gebietskomitees berufen. In den zwei Jahren, in denen die Schlächterei ihren Höhepunkt erreichte, 1937 und 1938, richtete der »Kleine Papst« mit dem Segen des »Großen Papstes« alle georgischen Führer hin. Unter ihnen hatten viele den wirklichen Koba-Dshugaschwili gekannt.
Berija führte einige »öffentliche« Prozesse durch, nach Moskauer Modell, mit vorgefertigtem Drehbuch, berufsmäßigen Provokateuren, von Folterungen mürbe gemachten »Spionen« und mit Geheimagenten, die das »Publikum« darstellten.
Das war die Erfüllung des geheimen Wunschtraums des rachsüchtigen Generalsekretärs. Atemlos vor Ungeduld verschlang er die Blüte des georgischen Volkes. Berija erzählte dem Chef, wie er Mamija Orachelaschwili verhöhnte, einen der wirklichen Gründer der bolschewistischen Organisation Transkaukasiens. Alle hatten den Vorsitzenden des Rates der Volkskommissare des Transkaukasusgebiets, den herzlichen und aufrichtigen Mamija, geliebt. Er war ein starker Mann gewesen, hochgewachsen und schön. Sie ermordeten ihn im Beisein seiner Frau Marija, die selbst ZK-Mitglied der georgischen KP und einmal Volkskommissarin für Volksbildung war.
Nach der Hinrichtung Berijas (Dezember 1953) wurden die Kinder der durch ihn Umgekommenen zu einem Gerichtsverfahren nach Tiflis geladen. Mamijas Tochter fiel in Ohnmacht, als sie die Einzelheiten vom Tode ihres Vaters erfuhr.
Als der Erste Sekretär des Gebietskomitees für den Fernen Osten, Lawrentij Kartwelischwili, in Chabarowsk verhaftet wurde, forderte Berija, seinen alten Rivalen zu ihm nach Tiflis zu bringen. Im Folterkeller zwang er den Parteiveteranen unter Knüppelhieben, den Volkstanz »Lesginka« zu tanzen.

Zwei Jahre davor hatte Berija im Auftrage Stalins mit dem Führer der adscharischen Kommunisten abgerechnet, ebenso mit Nestor Lakoba, dem Liebling des abchasischen Volkes. Lakoba war mit Ordshonikidse, Dzierżyński und Kirow befreundet gewesen – eine durchaus verläßliche Empfehlung für das Jenseits.
In dem überfüllten Gefängnis fand sich auch Platz für Budu Mdiwani, mit dem Stalin 1923, zu Lebzeiten Lenins, nicht hatte fertig werden können. Was für Etiketts hängte der Generalsekretär dem ehemaligen Vorsitzenden des Rates der Volkskommissare von Georgien nicht an! Terrorist, Abweichler, englischer Spion ... Der Vollständigkeit des späten Glücks halber begnügte Stalin sich nicht mit den »Geständnissen« des verhafteten »Feindes«. Dank sei jenem, der uns die mannhafte Antwort überlieferte, die der alte georgische Revolutionär seinem Untersuchungsbeamten gab:
»Ich kenne Stalin seit dreißig Jahren. Stalin gibt sich nicht eher zufrieden, als bis er uns alle hingeschlachtet hat, angefangen bei seinem verleugneten Kind und endend bei seiner blinden Urgroßmutter.«[92]
Diese Worte sollte man zusammen mit dem Namen der den Märtyrertod gestorbenen Sozialdemokraten, Bolschewiki, Gelehrten, Musiker, Künstler, Schriftsteller und Dichter Georgiens in allen Schulen, auf den Straßen und Plätzen des Gebirgslandes aushängen. Vielleicht nehmen die Georgier dann die Abzeichen mit dem Bilde Dshugaschwili-Stalins von ihren Jacketts und von den Hälsen ihrer Kinder auch die Amulette mit seinem Konterfei. Und vielleicht entfernen sie schließlich die schändlichen Denkmäler, die heute noch auf den Plätzen der Städte zu finden sind.

Seine Leute

Über das achtstöckige Haus auf der Lubjanka-Straße Nr. 2 gelassen nachzudenken oder zusammenhängend zu schreiben, fällt schwer. Das Gebäude wirkt eigentlich nicht groß, und doch wurde darin ein ganzes Volk zermahlen. Dieses Haus, das zum Brennpunkt von Stalins Boshaftigkeit wurde, hat das ganze Grauen seiner unmenschlichen Herrschaft in sich aufgenommen. Die ganze Macht über den Staat, die Partei, das Volk konzentrierte Stalin in den Händen der NKWD-Organe.
Unter Peter I. erließ der Heilige Synod ein Edikt, das die Geistlichen

verpflichtete, den Behörden anzuzeigen, »wenn jemand unter der Beichte seinem geistlichen Vater einen noch nicht begangenen, aber schon geplanten Diebstahl gebeichtet hat, erst recht einen Akt des Verrats oder einen Aufstand gegen den Herrscher oder die Regierung«.

Unter Stalin, der die Religion abschaffte und die Kirche vernichtete, wurden die Funktionen der Seelenhirten den Untersuchungsbeamten der Geheimpolizei übertragen. Dort, in den Verhörräumen, gestanden die an Jossif im Kreml Glaubenden die nicht begangenen Sünden und »schlimmen Absichten«, die ihnen von den Lubjanka-Pastoren aufgedrängt wurden. Und zeigten ihre Nachbarn und Verwandten an.

Die Vorläufer und geistigen Väter der Untersuchungsbeamten der Lubjanka, die seinerzeit im mittelalterlichen Europa Hexenprozesse geführt hatten, erfanden die kollektive Methode von Verhör und Hinrichtung: Die Angeklagten wurden gemeinsam zu Dutzenden verhört. Im Chor gestanden sie, und im Chor gingen sie auf den Scheiterhaufen. Wer weiß, welchen Grad der Vervollkommnung die vaterländischen Inquisitoren noch erreicht hätten, wäre nicht Stalin so früh verstorben.

Es war der einzige Industriezweig, in dem Jossif der Erbauer unleugbar alle anderen ausstach. Die Lubjanka hätte jedoch die von oben gekommenen Aufträge nicht ohne die Hilfe des sogenannten Volkes ausführen können, nicht ohne seine sklavische Unterwürfigkeit.

Formell galt das Militärkollegium unter dem unvermeidlichen Vorsitz von Wassilij Ulrich als Organ des Obersten Gerichts, in Wirklichkeit war es ein zweitrangiges Anhängsel der persönlichen Kanzlei des Diktators, das den Terror verwaltete. Das Verfahren des Kollegiums war primitiv wie ein Henkerbeil. Nach einer kurzen, drei bis vier Minuten dauernden Anhörung verkündete Ulrich: »Das Gericht zieht sich zur Beratung zurück.« Die Wachmannschaft führte das erste Opfer in die Zelle, die den Spitznamen »Telefonzelle« hatte. Im Beratungszimmer unterschrieben die Mitglieder des Kollegiums die vorgefertigten Beschlüsse und kehrten in den Saal zurück. Dorthin wurde das nächste Opfer, dann das dritte gebracht. Sie hatten das dreiminütige Murmeln Ulrichs ebenfalls der Reihe nach über sich ergehen zu lassen und wurden wieder hinausgeführt. Erst dann wurde das erste wieder hereingerufen und ihm sein Urteil verkündet. Während es zur Hinrichtung schritt, konnte das Opfer meinen, man habe ihm zehn Minuten geschenkt – eine großzügige Gabe, wenn man den Grad der Beschäftigung der hohen Instanz berücksichtigt.

Sehr besorgt um die unermüdlichen Gerichtsmannen zeigte sich das Politbüro. »Für die vorläufige Untersuchung der Fälle« war durch

Sonderbeschluß des Politbüros ein Dreiergremiun, bestehend aus Berija, Wyschinskij und Schkirjatow, gebildet worden. Auf diese Weise verfügte die Stalinsche Maschinerie über zwei Tribunale, beide waren geheim. Das Oberste Gericht hatte zum Unterschied von dem – mit dem allerhöchsten Politbüro-Trio besetzten – Sonderausschuß den Status einer offiziellen Institution. Da aber bis dorthin niemand vordringen konnte, wurde es zur legalen zweiten Besetzung von Stalins Trojka.
Die Spitzenkräfte und die Ermittlungsbeamten der Lubjanka-Maschinerie wurden von Stalin persönlich ausgesucht. Nikita Chruschtschow charakterisierte auf dem XX. Parteitag den 1956 vor das ZK-Präsidium zitierten Untersuchungsbeamten Rodos als einen »unnützen Menschen mit dem Horizont eines Huhns, in moralischer Hinsicht buchstäblich eine Mißgeburt«. Und dieser Stalinsche Zögling verhörte Politiker wie Kossior, Tschubarj, Kossarew.
Leute wie Rodos brauchte Stalin im Zentralapparat der Organe in Moskau und Leningrad, auf den Posten des Bevollmächtigten der Lubjanka in Odessa und Rostow, Taschkent und Chabarowsk. Er suchte dafür hartgesottene Verbrechertypen und Schurken aus, geborene Sadisten, freche Halbanalphabeten, dafür aber dem Arbeitgeber ergeben wie nur je ein Räuber seinem Hauptmann. Der ganze soziale Unrat kam nach oben – ein Krimineller warb Kriminelle an.
Im Jahre 1937 war in der Ukraine der Leutnant Dolgich tätig (damals trug er am Kragen zwei Würfel als Rangabzeichen). Er war berühmt geworden, weil er verhaftete ZK-Mitglieder dazu gezwungen hatte, während der mit Folterungen einhergehenden Verhöre ihren eigenen Urin zu trinken. Sein Eifer und seine Erfindungsgabe bei der Vernichtung der »Feinde« blieben nicht unbemerkt. Dolgich diente sich bis zum Generalsrang hinauf und wurde unersetzlich. Dermaßen unersetzlich, daß er nach Stalins Tod Leiter des Gulag wurde, der Hauptverwaltung der Straflager. Die neue Regierung ernannte ihn zum Stellvertretenden Innenminister.
»Ein Tschekist muß ein heißes Herz, kalten Verstand und saubere Hände haben«, hatte Feliks Dzierżyński seinerzeit verlangt. Die Henker des Mobilisierungsjahrgangs 1935 ähnelten diesem Leitbild nur wenig, sie waren Menschen eines anderen Schlages. Das Aufspüren und Verhören ehrlicher Parteiarbeiter, das Öffnen von Briefen, das Abhören von Telefongesprächen, Erpressung und Provokation, Gewaltanwendung und Bestechung von Minderjährigen, raffinierte Folterungen und Hinrichtungen in den Kellern – all das und noch mehr forderte der Dienst des NKWD von seinen Mitarbeitern. Dem Raub, der Plünderung ergaben sie sich als Freizeitbeschäftigung.

1918 hatte Dzierżyński eine Instruktion über die Durchführung von Haussuchungen und Festnahmen verfaßt.
»All jene, die die Aufgabe erhalten haben, Haussuchungen durchzuführen, einen Menschen seiner Freiheit zu berauben und ihn gefangenzuhalten, sollen sich gegenüber den zu Verhaftenden und zu Durchsuchenden schonungsvoll verhalten, sie sollen sogar erheblich höflicher sein als selbst zu einem ihnen nahestehenden Menschen. Sie sollen daran denken, daß ein seiner Freiheit beraubter Mensch sich nicht verteidigen kann und daß er in unserer Gewalt ist. Jeder einzelne soll daran denken, daß er ein Vertreter der Sowjetmacht, der Arbeiter- und Bauernregierung ist und daß jede Beschimpfung, Grobheit, Ungerechtigkeit oder Flegelhaftigkeit ein Makel ist, der sich auf diese Macht legt.«[93]
Eine wundervolle Instruktion. Unklar ist nur, an wen sie gerichtet ist. Wenn an die zaristischen Gendarmen, so haben sich die – Dzierżyński selber bezeugt es – gegenüber den »Herren Politischen« völlig korrekt verhalten. Wenn sie sich aber an die Tschekisten Stalinscher Schule wendet, so ließen die sich von einer gänzlich anderen Instruktion leiten. Nein, den verstorbenen Dzierżyński achteten sie. Zierte etwa nicht sein ausdrucksvolles Porträt die Wände der Folterkammern – Seite an Seite mit dem Abbild des Führers?
An Dzierżyńskis Instruktion wurde ich im Herbst 1937 erinnert. Der Generalkonsul in Barcelona, Wladimir Aleksandrowitsch Antonow-Owssejenko, war Ende August nach Moskau gerufen worden. Im Vorraum des Zweiten Gebäudes des Rates der Volkskommissare begegnete ihm der verängstigte Blick einer Fahrstuhlführerin. Fast alle Türen des siebenstöckigen Gebäudes waren mit großen Siegeln des NKWD versiegelt. Ssulimow, der Vorsitzende des Rates der Volkskommissare der Russischen Föderation, ist verhaftet. Jetzt ist er ein »Feind«. Und Krylenko, der Gefährte der Kämpfe im Oktober 1917, ebenfalls. Tuchatschewskij und andere berühmte Heerführer sind tot.
Eine Woche vergeht und noch eine. Jeden Morgen heißt es aufstehen, ohne etwas zu tun zu haben, den Tag ziellos zu verbringen wie die lange Nacht: mit Warten – aber worauf?
Am dreißigsten Tage seiner Rückkehr nach Moskau rief Stalin Antonow-Owssejenko zu sich in den Kreml. Er begann mit Vorwürfen. Es habe sich herausgestellt, Antonow sei in Spanien zu selbständig vorgegangen, ohne seine Schritte mit dem Volkskommissariat für Auswärtiges abzustimmen. Gegen ihn seien zahlreiche Beschwerden eingegangen. Wladimir Aleksandrowitsch erklärte: »Es ist notwendig, zuzeiten riskante, mutige Entscheidungen unverzüglich zu treffen, wie es die komplizierten Kampfumstände erfordern.« Offenbar hatte er seinen Ge-

sprächspartner überzeugt. Einen Tag darauf erfolgte die Ernennung zum Volkskommissar für Justiz. In dem grauen Haus an der Großen-Dmitrowka-Straße bereitete indessen Generalstaatsanwalt Wyschinskij in seinem Büro im fünften Stock schon den Haftbefehl gegen den neuen Volkskommissar vor.
Es ist der 11. Oktober, später Abend. Der Regieassistent D. I. Wassiljew, zu Gast bei Antonow, findet kein Ende. Zu interessant sind die Details, die der Held der Oktoberrevolution erzählt. Dem Regisseur des Films »Lenin im Oktober«, Michail Romm, ist nur erlaubt worden, Lenin, Stalin, Dzierżyński und Sswerdlow auf der Leinwand zu zeigen. So lautete der Wille von Stalin persönlich.
Wassiljew geht spät in der Nacht. Eine halbe Stunde später erscheinen Leute in der Uniform des NKWD. Wüstes Geschrei, zynische Beschimpfungen (was heißt da »Instruktion«), herumgeworfene Sachen ... Der Verhaftete wird in die Lubjanka gebracht. Alle Papiere werden mitgenommen. Was von ihnen erhalten blieb, kommt später ins Staatsarchiv, die Dokumente sind jedoch erst vierzig Jahre später zugänglich.
Es erhielt sich die Bescheinigung Nr. 463, ausgestellt am 22. Januar 1938, über das beschlagnahmte Eigentum. Hier einige der aufgeführten Gegenstände und ihr geschätzter Wert nach den damaligen Preisen.

Nummer		Anzahl	Wert
4	Frack mit Weste		27 Rubel 50 Kopeken
5	Anzüge	4 je	50–70 Rubel
24	Wollpullover	2	3 Rubel 50 Kopeken
32	Fuchskragen, weiß		50 Rubel
109	Satinsteppdecke mit Wattefüllung		12 Rubel
110	Seidene Steppdecke mit Federfüllung		22 Rubel
116	baumwollene Laken	4	6 Rubel
224	russische Schallplatten		–
245	Tafelservice (7 Teile)		–
294	Aquarellbild	1	1 Rubel 50 Kopeken
297	verschiedene Parfüms	3 Flaschen	1 Rubel 50 Kopeken
305	Aktentasche, alt		2 Rubel 50 Kopeken
	An Möbeln:		
	Eichenbufett		60 Rubel
	Ottomane		17 Rubel
	Diwan		18 Rubel

Ich kann bezeugen, daß die Wohnung meines Vaters keinesfalls der in der Bescheinigung dargestellten Trödlerbude geglichen hat. Antonow-Owssejenko besaß eine wertvolle Büchersammlung, wie es sich für einen Publizisten und Schriftsteller gehört, der mehrere europäische Sprachen beherrscht. Die Bibliothek kam jedoch nicht auf die Liste. Ebensowenig die echten Stiche bekannter Künstler, die Schreibmaschine, das Grammophon mit acht Schallplattenalben, der Schmuck seiner Frau, ihr Feh-Pelz, die teuren französischen Parfüms, die in Paris auf der Durchreise von Spanien in die Heimat gekauft worden waren, und vieles, vieles andere.

Antonow-Owssejenko war nicht der einzige, den die Marodeure aus der Lubjanka ausgeplündert haben. Sie beraubten Verhaftete, sie beraubten das Volk, sie beraubten den Staat. Sie nahmen wissenschaftliche Manuskripte fort, Gedichte, Romane, Bühnenstücke, Erfindungen. Wieviel Wertvolles, Unersetzliches ist als »nicht zur Sache gehörend« verbrannt worden.

Den »Volksfeinden« wurde alles abgenommen: der Besitz, die Ehefrauen, die Wohnungen. 1939 waren alle besseren Häuser in Moskau und Leningrad sowie in den anderen Städten von Mitarbeitern des NKWD, ihren Verwandten und Freunden bewohnt. Um der Unsterblichkeit willen wurden sogar den Städten neue Namen verliehen. Seinerzeit erhielt die tscherkessische Hauptstadt Batalpaschinsk den Namen des Staatsoberhaupts der Russischen Föderation, Ssulimow. Nach der Ermordung Ssulimows wurde die Stadt Jeshowo-Tscherkessk genannt, Jeshow und den Organen zu Ehren. Als Stalin Jeshow beseitigte, tauchte auf der Karte Tscherkessk auf. Eine der vielen geographischen Metamorphosen der Stalinschen Unzeit. Hatten sie vielleicht nicht die Unsterblichkeit verdient? Da schreitet er dahin über die Gorkij-Straße, der machterfüllte ehemalige Leiter des Gulag, Boris Berman. (Später war er Volkskommissar in der Bjelorussischen Republik. Sein Bruder Matwej Berman vernichtete »Volksfeinde« beim Bau des Weißmeer-Ostseekanals. Eine Zeitlang war er Volkskommissar für das Post- und Fernmeldewesen.) Die feiste Brust ist behängt mit Orden, die Hände zieren wertvolle Ringe. Am linken kleinen Finger ist ein langer, kunstvoll gebogener Nagel.

Die Erinnerung wird wach an einen anderen Mandarin der Lubjanka, den Leiter der Verhörabteilung, Oberst Benenson. Wie prahlte er vor seinen Untergebenen, die es nicht verstanden hatten, von mir das Geständnis zu erhalten, ich hätte mich als Terrorist betätigt. Er war ein

Snob in der Blüte seiner Jahre, ein typischer Vertreter der neuen *Gendarmenkaste* (ein Ausdruck Majakowskijs).
Ihr hatte Stalin alle Genüsse dieses Lebens zur Verfügung gestellt: ungezählte Summen Geldes, eigene Einkaufsläden, Logen im Theater und Auslandsreisen, luxuriöse Wohnungen und Villen am Meer.
Wenn die Arbeiter zur Erholung in den Palästen der früheren zaristischen Oberschicht weilen, kann man das als historische Gerechtigkeit empfinden: Sie haben mit ihren Händen die architektonischen Meisterwerke geschaffen. Die Henker aber in den Fürstenpalais? Widerlich!

1929. Moskau. Unter Jagoda saß in einer der Zellen der Lubjanka ein junges Mädchen. Sie hatte auf dem schmutzigen Fußboden ihren Sealmantel ausgebreitet und bot einer Mitgefangenen, die unter dem Zar Zwangsarbeit geleistet hatte, an, sich neben ihr auf dem teuren Mantel schlafen zu legen:
»Er geht sowieso verloren. Ich komme hier nicht wieder heraus. Diese Mäntel bekommt man von denen als Berufskleidung. Zuerst sagen sie einem im Komitee des Komsomol, man bekommt eine wichtige staatliche Arbeit anvertraut. Und sie schicken einen zur OGPU. Dort heißt es dann, man müsse der Heimat helfen, Feinde unschädlich zu machen. ›Sie sind so jung und hübsch, Sie passen in Restaurants.‹ Sie geben einem feine Kleider, sie versprechen einem goldene Berge. Man braucht sich nur mit irgend jemandem zu treffen, sich irgend etwas zu merken, sich zu unterhalten, man darf sogar flirten. Und macht dann irgend jemandem Meldung.«
»Ein Treffen ist mir zum Schicksal geworden. Er war der Sohn eines Streichholzfabrikanten, wir haben uns verliebt, sind zusammen nach Beresniki gefahren. Später wurde er des Landes verwiesen, und ich blieb zurück. Ich wurde verhaftet, sie verlangten, ich sollte ihm schreiben, ich sei schwanger. Ich habe mich geweigert. Da haben sie Briefe zurechtgemacht und in meinem Namen Devisen von ihm erpreßt.«

1935. Ssaratow. In das Stadtkrankenhaus wird ein sterbendes 19jähriges Mädchen eingeliefert. Sie hatte kurz zuvor einen Soldaten geheiratet. Er hatte ihr nicht gesagt, daß er für die Organe arbeitete. Hätte sie ihn verlassen, als sie davon erfuhr?
Ihr »Mann« hatte sie bald nach der Hochzeit in das Haus der Roten Armee eingeladen und seinen Freunden zum Gebrauch hingeworfen (in der Gaunersprache heißt das »ein Weib unter die Straßenbahn schicken«

oder »die Leute anstehen lassen«). Nach unmenschlichen Schändungen hatte sie Sublimat getrunken und ist eines qualvollen Todes gestorben.

1939. Rostow am Don. Nach den Berichten der ins Gefängnis eingelieferten Mädchen ist in Rostow in jenen Jahren für die Parteibonzen ein Bordell eingerichtet worden. Die Angelegenheit ist ganz modern: eine »Madame«, Alben mit den Fotografien der Schönen, europäische Küche, erlesene Weine, seidene Wäsche, Lichteffekte.
Konnte Wladimir Lenin, der zusammen mit anderen Institutionen der bürgerlichen Gesellschaft auch die Freudenhäuser geschlossen hatte, in naher sozialistischer Zukunft die Entfaltung solcher privater Aktivitäten voraussehen?

Provokateure setzte die Tscheka-GPU bereits seit den ersten Jahren ein. Sie wurden in die Druckerei der Menschewiki eingeschmuggelt, in den Stab der Aufständischen in Tambow und in die Konferenz der sozialdemokratischen Jugend in Irpen im Jahre 1923. In den Gefängnissen gab es sie in allen Zellen, in den Lagern in allen Baracken.
»Mein« Provokateur Aleksandr Sspirkin hatte als Doktorand das Pädagogische Lenin-Institut besucht. Aber bevor ich zu ihm in die Zelle gebracht wurde, waren drei oder vier Monate ununterbrochener Verhöre vergangen – leer, quälend. Man warf mir Terror und antisowjetische Agitation vor.
»Erzählen Sie von Ihrer Terrortätigkeit.«
»Berichten Sie von ihren terroristischen Verbindungen.«
Mit diesen Fragen, jeweils leicht abgewandelt, begann jedes Verhör. Dann besann sich irgendwer plötzlich eines Besseren und ließ die gegen mich, den Halbblinden, erhobene Anklage wegen Terrors fallen. Was die Agitation angeht, so war auch in dieser Hinsicht mangels Beweise nichts zu erreichen. Anscheinend war das der Grund für ihren Entschluß, mich mit einem Provokateur zusammenzulegen. Die Rechnung war einfach: Sspirkin ist wissenschaftlich ausgebildet und Schriftsteller, sitzt wegen Paragraph 58 Absatz 10 und 11 (Gruppenbildung und Agitation), und ich bin Historiker. Folglich würden wir ins Gespräch kommen. Ich erinnere mich nicht mehr, worüber wir uns unterhielten. Doch ich entsinne mich noch gut einer Gegenüberstellung, die der Untersuchungsbeamte einen Monat später mit uns durchführte. Sspirkin erklärte, ich hätte ihm einen Plan mitgeteilt, zugunsten des faschistischen Deutschland Spionage zu betreiben. Es war eine ekelhafte Szene.

Sspirkin verbarg vor mir seine schamlosen Augen, der Untersuchungsbeamte unterbrach mich, als ich mich über die Provokationen entrüstete.
Und so geriet ich, der ich der Anschuldigung wegen »Terrorismus« entronnen war, unter die Anklage der »Spionage«, das heißt unter das Todesurteil. Nach dieser Gegenüberstellung wurde ich in eine andere Zelle gebracht und weiß nicht, wem Sspirkin später beigegeben wurde.
Ehe ich Sspirkin begegnete, war ich geneigt, mein Leben etwas höher einzuschätzen. Jetzt segne ich das Gefängnis, in dem ich mich von dem schädlichen Hochmut freigemacht habe.
Der Name Sspirkin ziert heute die Ehrentafel der korrespondierenden Mitglieder der Akademie der Wissenschaften der UdSSR. Er ist Philosoph, Vizepräsident irgendeiner Gesellschaft und Autor hochmoralischer Traktate.
Wie jeder respektable Gelehrte hat auch er sein Hobby: Auf den Seiten von »Nedelja«, der wöchentlichen Beilage der »Iswestija«, belehrt Sspirkin die Leser über die Regeln des guten sozialistischen Tons.
In den heißen Jahren, in denen er in die Akademie der Wissenschaften vordrang und sich dort etablierte, hatte sich der Kandidat und nachmalige Doktor der Philosophie Sspirkin bei dem Akademiemitglied F. W. Konstantinow, dem aufrechten Waffenträger des Stalinismus, schändlich eingeschmeichelt, indem er sich in dessen Datscha bei Moskau als freiwilliger Obst- und Landschaftsgärtner andiente, mit der Hacke in der Hand.
Dies aber entfloß seiner Feder:
»Kurs der marxistischen Philosophie« (2 Auflagen)
»Materialistische Dialektik« (zusammen mit dem Koautor Glagoljew)
»In der Welt der weisen Gedanken« (als Herausgeber)
»Probleme der Kybernetik« (als wissenschaftlicher Redakteur)
»Die Herkunft des Bewußtseins«
»Bewußtsein und Selbsterkenntnis«
»Eine Theorie, die die Welt verwandelte«
»Lenins Weiterentwicklung der Marxschen Philosophie«
»Das komplexe Lernen und die Ausbildung der allseitig entwickelten Persönlichkeit«
Einige philosophische Abhandlungen Sspirkins sind in Übersetzung bei »Agentstvo pečati Novosti« und »Progress« erschienen. Eines seiner letzten Bücher »Die neue Gesellschaft – der neue Mensch« wurde 1976 veröffentlicht.
Doch damit genug der Worte über Aleksandr Sspirkin, diesen neuen Menschen der neuen Gesellschaft.

Ich weiß nicht, wo meine Untersuchungsbeamten zur Zeit sind und was sie tun. Sie haben mich nicht gefoltert, sondern lediglich von Zeit zu Zeit in den Karzer geschickt, wenn ich zu protestieren versuchte. Ich nutze die Gelegenheit, ihnen meine Häftlingsdankbarkeit auszudrücken.

In dem Strom von Untersuchungsbeamten, der sich in den dreißiger Jahren in die Organe ergoß, befanden sich auch viele Zufallsgestalten, die im Schnellverfahren für den Regierungsdienst vorbereitet worden waren. Manche hatte man aus der Produktion geholt, aus wissenschaftlichen Instituten oder aus Lehranstalten im Zuge der Partei- oder der Komsomolmobilisierungen. Andere kamen aus den juristischen Hochschulen. Einige, die ihre schreckliche Bestimmung erkannten, konnten die schändliche Rolle nicht übernehmen, die in diesem Amt auf sie wartete. War jemand aber erst einmal Mitarbeiter der allgewaltigen Organe, so gehörte er nicht mehr sich selbst. Man durfte nicht darum bitten versetzt zu werden, konnte weder kündigen noch einfach fortbleiben, indem man sich krank stellte.
In den Jahren der blutigen Ernte wurde viermal die Belegschaft des Lefortowo-Gefängnisses liquidiert. Alle wurden »abgeholt« – Wachpersonal, Untersuchungsbeamte, Agenten. Die Geschicktesten versuchten im Gefühl des nahenden Strafgerichts im Ausland unterzutauchen: in der Schweiz, in Belgien, Afrika, Amerika. Das konnte der Hausherr nicht dulden. Die unter dem Volkskommissar Jeshow gebildete Sonderabteilung spürte die von einem Auslandsauftrag nicht Zurückgekehrten auf und vernichtete sie in allen Erdteilen. So wurde die Lubjanka zur Falle auch für die Fallensteller.
Man mußte sich einrichten, jeder wollte leben. Unmerklich paßten sich die Neuen dem Muster an. Nachdem sie in die Lubjanka mit dem Diplom einer humanistischen Hochschule gekommen waren, erwarben sie mit der Zeit die Fertigkeiten qualifizierter Knochenbrecher und – was besonders von der Leitung geschätzt wurde – erreichten die höchsten Sphären der »angewandten Psychologie«. Und die Gipfel der Provokation.
Es war jedoch sehr schwer, dabei stehenzubleiben – wie auch in jedem anderen kriminellen Unterfangen. Die Lubjanka-Spezialisten begannen einander anzuzeigen und fädelten raffinierte Provokationen gegen die Kollegen ein. Ohnehin reiften in den Tiefen des zentralen Vernichtungsapparates von Zeit zu Zeit Proskriptionslisten der eigenen Mitarbeiter heran.
Eine solche Liste beeindruckt auf den ersten Blick. Eine lange Kolumne

von Namen und Vornamen – hundert und mehr. Am unteren Ende der Kommentar des Untersuchungsrichters:
»Ich würde erschießen vorschlagen.«
In gleicher Höhe rechts das Placet des Abteilungsleiters:
»Einverstanden.«
Oben, in der linken Ecke, die eindrucksvolle Unterschrift des Leiters der Verwaltung.
»Bestätigt.«
Und zu alleroberst, die Überschrift und den fetten Datumsstempel halb verdeckend, die entscheidende Bestätigung des Stellvertretenden Volkskommissars:
»Erschießen.«
Als letzter, abschließender Pinselstrich, erscheint dann die Anmerkung des Kommandanten:
»Urteil vollstreckt.«
(Nebenbei: Ich halte nichts von dem Vorschlag, Provokateure wie den »Philosophen« Sspirkin unverzüglich zu erschießen. Aber ich halte es für äußerst wertvoll – für meine und für die junge Generation –, die Namen der Henker, Provokateure und Zuträger öffentlich bekanntzumachen. Dies sollte überall geschehen: auf der Straße und zu Hause, auf den Arbeitsstellen und in den Versammlungen. Sie brauchen kein Strafgericht zu fürchten. Ich habe das gesamte Strafgesetzbuch aufmerksam durchgelesen. Dort steht nirgends geschrieben, daß die Anprangerung von Halunken dem Staat Schaden zufügen könnte.)
Es bedeutet schon etwas, über Leben und Tod entscheiden zu können. Im Sessel des Untersuchungsbeamten kam sich selbst die letzte Jammergestalt großartig vor. Viele hatten an den Verhaftungen und dann an den Folterungen teilgenommen. Bald waren sie in der Kunst des Fälschens erfahren, gewannen Kenntnisse in der Erfindung von »Fällen«. Sie lernten Tatsachen, Gesetz, Persönlichkeitsrechte zu ignorieren und sich nur mit den Aussagen der Untersuchungshäftlinge zu begnügen. Sie lernten vor allem, wie solche Aussagen zu erlangen waren. Dokumente und Zeugenaussagen, Tatsachen und Umstände, Gesetzessammlungen, staatsanwaltliche Aufsicht, richterliche Tatsachenabwägung – all dies erwies sich plötzlich als überflüssig, als sinn- und gewichtslos. Für jeden »Geständigen« erhielt ein Untersuchungsbeamter 2000 Rubel Belohnung. Anlaß genug für kleine Streber, Raffer und Sadisten sich auszuleben.
Wenn in unseren Tagen jemand das Problem der Rechtsverletzung während der Stalin-Zeit erörtert, ist man versucht zu fragen: »Meinen Sie das wirklich ernst?«

»Wie man sich beim Verhör verhalten soll« – in der 1906 von dem Bolschewik Bacharew unter diesem Titel veröffentlichten Broschüre wird den Kampfgenossen empfohlen, jede Aussage zu verweigern. Aleksandr Michajlow, Mitglied der Geheimorganisation »Narodnaja Wolja«*, hatte in seinem Vermächtnis geschrieben: »Ich empfehle, jegliche Erklärungen bei der Untersuchung zu verweigern, wie klar auch die Bezichtigungen oder Haussuchungsberichte sein mögen. Das erspart uns viele Fehler.«

Und die »Herren Politischen« verweigerten die Aussage. Die Herren Gendarmen ihrerseits wagten nicht, darauf zu bestehen. Seltsame Leute lebten um die Jahrhundertwende in Rußland. Nach dem Neuen Kriminalstrafrecht von 1904 gehörte es zur Pflicht einer Gerichtskammer, alle politischen Fälle in öffentlicher Sitzung zu verhandeln. Und wer auf den Umsturz des gegenwärtigen Systems hinarbeitete, der rief offen, vor allem Volk, zum Aufstand auf. Der Staatsanwalt, die Gendarmen und das »anständige Publikum« hörten angewidert die umstürzlerischen Reden an, aber – sie hörten sie bis zu Ende an! Der Richter schickte den Verbrecher in die Verbannung. Manchmal zur Zwangsarbeit, sehr selten verurteilte er ihn zum Tode. All dies aber geschah öffentlich.

Wo ist das geblieben? Jene naiven Zeiten sind im schnell dahinfließenden Lethe-Fluß versunken.

Julij Martows Bruder W.O. Lewizkij, 1937 (zum wievielten Male!) verhaftet, wurde der Mitgliedschaft einer »sozialrevolutionär-menschewistisch-monarchistischen Organisation« beschuldigt (Logik in der Anklage war nicht die stärkste Seite der Lubjanka-Spezialisten). Lewizkij hatte, als Ausdruck des Protests, einen Hungerstreik bis zum Tode angekündigt. Denn die Verurteilung zu einer Lagerstrafe bedeutete den Entzug des Status eines politischen Häftlings. Der bekannte Journalist, Redakteur von »Unsere Morgenröte«, Mitarbeiter der »Stimme des Sozialdemokraten«, auf der gleichen Pritsche mit dem kriminellen Gesindel? Zu dieser moralischen Folterung kamen noch die physischen Mißhandlungen, die die Politischen in den Zellen, auf dem Transport und im Lager zu erdulden hatten. Die Wachmannschaft stiftete die Kriminellen noch dazu an. In welchem anderen Land gibt es das?

Die Direktive über die Anwendung der Folter hat Stalin persönlich erteilt. Auch das todbringende Regime in den Lagern wurde auf seine

* Narodnaja Wolja, zu deutsch »Volksfreiheit« bzw. »Volkswille«. Nach der Ermordung einer Reihe hoher Regierungsbeamter und mehrerer mißglückter Attentatsversuche auf Aleksandr II. gelang im März 1881 der Bombenanschlag auf den Zaren. (Anm. d. Übers.)

direkte Anweisung hin eingeführt. Im folgenden einige Beispiele für die »Errungenschaften« der Stalinschen Folterer.
1938 wurde das ZK-Mitglied des Komsomol, die Sekretärin des Rayonkomitees von Samoskworetschje Marija Dawydowitsch verhaftet – nach Kossarew und anderen Komsomolführern. Zehn Jahre zuvor hatte man sie nach Polen zur Untergrundarbeit geschickt, sie wurde aber sofort gefaßt und zu zehn Jahren Zwangsarbeit verurteilt. Acht Jahre hatte sie davon verbüßt, als es der Internationalen Organisation der Proletarischen Hilfe gelang, sie gegen einen Mann auszutauschen, an dem man in Polen interessiert war.
Im Lefortowo-Gefängnis fand sie sich in einer Zelle mit der armenischen Kommunistin Mikaeljan wieder. Beide Frauen hielten sich tapfer und wiesen von Anfang an die wilden Beschuldigungen zurück. Der Untersuchungsbeamte wurde wütend:
»Ach, Sie haben nichts zu gestehen? Kamenew und Sinowjew wollten auch keine Aussagen machen. Aber als wir ihnen elektrischen Strom durch den Hintern schickten, haben sie gleich alles zugegeben.«
Die Frauen blieben bei ihrem Widerstand. Dann wurden sie nach unten gebracht, ins Parterre. Hier konnte man aus dem Keller die Schreie der Gefolterten hören. Wurden sie mit Strom gefoltert? Wieviele Tage haben die beiden in dieser Zelle verbracht? Jeden Morgen bemerkte Frau Mikaeljan in Marijas Haaren eine neue weiße Strähne. Sie war noch nicht einmal dreißig Jahre alt.
Als sie aus dem Taganka-Gefängnis abtransportiert wurde, war Marijas Haar vollkommen grau.

Es bringt wohl nichts, alle Schrecken zu schildern, die die Ssuchanowka, eine Filiale der Lubjanka, bereithielt. Die dortigen Meister übertrafen sogar noch die vom Lefortowo, ihnen hielt niemand stand.
Der Volkskommissar für Finanzen, G. F. Grinjko, sagte unter der Folter aus, er habe schon 1923 gemeinsam mit dem ukrainischen Schriftsteller Wassil Blakitnyj einen bewaffneten Aufstand gegen die Sowjets vereinbart. Der Dichter und Satiriker Ostap Wischnja erzählte seinen Zellengenossen, er habe ohne hinzusehen, unter Hypnose, ein Verhörprotokoll unterschrieben, und, wieder zu sich gekommen, es zurückverlangt. Aber die Lubjanka-Maschine kannte keinen Rückwärtsgang.
Die Untersuchungsbeamten erreichten ihr Ziel um jeden Preis, mit allen Mitteln. Denn verlockend und edel ist das Ziel: die Erfolgsmeldung bei Jeshow oder Berija oder gar, ungeheuerlich es auszusprechen, bei *ihm* persönlich.

Ein Untersuchungsbeamter klagte einem Kollegen: »Ich bin hundemüde! Drei Tage und Nächte lang habe ich mich mit Bucharin herumgequält, bis er endlich das Material gegen Rykow unterschrieben hat. Jetzt ruhe ich mich aus und dann nehme ich Rykow in die Mangel – soll der dann gegen Bucharin aussagen.«

Die Qualität der Aussagen – und der Kampf ging, wie man leicht erraten kann, nicht nur um die Qualität – hing von der Willensstärke der Untersuchungsgefangenen ab. Es gab Opfer mit sehr starkem Willen: Kotolynow, Uglanow, Redens, Kossior, Blücher. Einige wurden mit Drohungen gegen ihre Kinder oder ihre Angehörigen zerbrochen. Die Zerbrochenen wurden ebenfalls getötet.

Erst zehn Jahre nach Stalins Tod wagte sich die sowjetische Wissenschaft an die systematische Veröffentlichung von Dokumenten und ernsthaften Forschungsarbeiten zur Epoche der Opritschnina (der Leibgarde Iwans des Schrecklichen). 1963 wurde in Moskau der Sammelband »Forschungen zur Geschichte der Opritschnina«, herausgegeben von S. B. Wesselowskij, veröffentlicht. Wie viele Jahrzehnte wird man auf das Erscheinen einer ungeschminkten Geschichte des Stalinismus warten müssen?
Die späteren russischen Monarchen duldeten genau wie Iwan der Schreckliche keine Andersdenkenden, erniedrigten sich jedoch nicht so weit, auch die Familien ihrer politischen Gegner zu verfolgen (es gab natürlich Ausnahmen). Wir erinnern an die Dekabristen, ihren Verwandten geschah nichts. Wir erinnern an die Angehörigen von Aleksandr Uljanow: Lenins ältester Bruder war an einem Attentatsversuch auf den Zaren beteiligt gewesen; er wurde hingerichtet, die Familie blieb unangetastet.
Anders Stalin. Bei der Vernichtung seiner Konkurrenten – und die gefährlichsten waren Lenins Kampfgefährten – verwendete er das alte Rezept von Iwan dem Schrecklichen: Er vernichtete die ganze Sippe. Er tötete unverhofft und insgeheim. Die Beisetzungsorte sind *bis heute* niemandem bekannt. Selbst die Gräber jener Revolutionäre, denen man heute Denkmäler errichtet, sind unbekannt. Auch in den Lagern, in denen Millionen unschuldiger Menschen umkamen, haben sich keine Gräber erhalten. Nirgendwo kann man ein Gebet sprechen – nicht zu Hause, nicht in der Kirche.
Stalin bewies, daß man weiter gehen konnte als Iwan der Schreckliche. Er vernichtete nicht nur die Verwandten des verhafteten »Feindes«, er

tilgte Bücher, Papiere, Briefe, Fotografien, persönliche Dinge – alle Spuren seines Aufenthalts auf Erden. Aber bevor dies geschah, setzte er sie den Schmähungen von allen Kathedern der Partei, auf Massenversammlungen und in allen Zeitungen aus.
Die barbarische Praxis der Verunglimpfung nach dem Tode stammt ebenfalls von ihm. Aber jeder, der auf sein Geheiß handelte, teilt mit ihm die Schande.
Es gab unter den Vollstreckern – in den Partei- und in den Straforganen – auch potentiell ehrliche Menschen. Einige versuchten sogar zu protestieren. Aber sie haben niemanden gerettet, sondern nur den eigenen Tod beschleunigt. Und für immer die anderen abgeschreckt.
Auf einer Versammlung des Parteiaktivs der Leningrader NKWD-Verwaltung im Jahre 1936 sagte Drowjanikow:
»Genossen, wir decken keine Verschwörungen auf, sondern fabrizieren sie. Wir verfolgen und vernichten Menschen aufgrund von verleumderischen und unwahren Anschuldigungen. Ich weiß, was auf mich wartet, aber ich kann nicht schweigen über das, was sich zur Zeit im NKWD tut.«
Der NKWD-Funktionär W. A. Kandusch erinnerte sich an die scharfe Antwort, die der Vorsitzende des Leningrader Sowjets, I. F. Kodazkij, dem »Helfershelfer des Feindes« erteilte: »Die Rede von Drowjanikow zeigt, daß die Volksfeinde auch in das NKWD vorgedrungen sind und daß sie erbarmungslos ausgerottet werden müssen.«
Beide wurden »ausgerottet« – Drowjanikow wurde noch in derselben Nacht umgebracht, Kodazkij ein Jahr später.
1938 saßen in einer Zelle der Lubjanka sechs »Volksfeinde«. Einer davon, der Funktionär des nordkaukasischen Gebietskomitees der Partei, Pawlenko (nennen wir ihn einmal so), gehörte zu jenen paar Glücklichen, die nach der »Verhandlung« des Militärkollegiums des Obersten Gerichts am Leben geblieben waren. Pawlenko war gerade aus einem Lager nach Moskau gebracht worden und genoß die Ehre, von Berija persönlich verhört zu werden. Er wurde um zehn Uhr morgens aus der Zelle geholt – eine für Verhöre und Folterungen ungewöhnliche Zeit: Morgens und tagsüber wurden nur die Zuträger gerufen. Pawlenko kam am Abend wieder zurück. Es handelte sich um den Selbstmord des ehemaligen Leiters der NKWD-Verwaltung M. J. Litwin, der einen Brief hinterlassen hatte: »Ich kann nicht länger an der Vernichtung ehrlicher Menschen und an der Fabrikation erlogener Fälle teilnehmen.« Der Inhalt des vor dem Tode geschriebenen Briefes wurde vielen bekannt, und Berija beschloß, den Toten um jeden Preis als getarnten Volksfeind zu entlarven.

Pawlenko hatte Litwin persönlich gekannt, der frühere Stellvertreter Jeshows war zu Inspektionen nach Rostow am Don gereist.
Berija saß im Büro (das Verhör war im Lefortowo-Gefängnis angesetzt worden) und hielt eine Stahlrute mit Holzgriff in der Hand. Pawlenko wurde hineingeführt und in einiger Entfernung auf einen Stuhl gesetzt. Berija forderte von ihm Aussagen gegen Litwin – daß dieser Pawlenko gezwungen habe, in der Verhandlung des Militärkollegiums früher gemachte Aussagen zurückzunehmen, und daß Litwin dabei das bestimmte Ziel verfolgt habe, die Organe zu diskreditieren. Pawlenko war jedoch während des Untersuchungsverfahrens nicht mit Litwin zusammengetroffen. Während Berija drohend mit der Stahlrute spielte, *drängte* er Pawlenko, sich an das Gespräch mit Litwin zu erinnern. Er wünschte sich sehr, dem Hausherren zu melden, Litwin habe sich aus Angst vor seiner Entlarvung erschossen.
Als er vom Selbstmord Litwins erfuhr, entfuhr dem Politbüromitglied Anastas Mikojan das Wort: »Wenigstens ein anständiger Mensch hat sich in dieser Bande gefunden.«
Erst ein Jahr zuvor, bei den Feierlichkeiten zum zwanzigjährigen Bestehen der Organe, hatte sich Mikojan an der ruhmreichen Arbeit des NKWD begeistert und dazu aufgerufen, »bei dem Genossen Jeshow den Stalinschen Arbeitsstil zu lernen, so, wie dieser ihn von dem Genossen Stalin lernte und lernt«.[94]
Mikojan stand mit seiner Haltung nicht allein. Unter dem Januszeichen lebten und arbeiteten alle.
Artur Christianowitsch Artusow war schon unter Dzierżyński Leiter der Gegenspionage-Abteilung gewesen. Still und bescheiden, trug er nie irgendwelche Rangabzeichen und ähnelte einem guten Dorfschullehrer. »Artusow ist ein großartiger Arbeiter. Ich glaube ihm wie mir selber«, sagte Feliks Dzierżyński von ihm.
1937 sprach Artusow auf einer Sitzung des NKWD-Aktivs mit Bitterkeit von dem »Feldwebel-Stil« der Führung, wie er sich nach dem Tode Menshinskijs herausgebildet habe. Artur Christianowitsch erinnerte an die Warnung Dzierżyńskis:
»Hütet euch davor, zu einfachen Technikern des inneren Produktionsapparates mit all seinen bürokratischen Mängeln zu werden. Damit würden wir uns auf eine Ebene mit der verächtlichen Geheimpolizei der Kapitalisten stellen.«[95]
Stalin schritt über Artusow mit der gleichen Leichtigkeit hinweg wie zuvor über Dzierżyński, Menshinskij, über alle Tschekisten der alten Schule, die versucht hatten, in den Jahren des blutigen Terrors wenigsten noch einen gewissen Anstand zu wahren. Artusow wurde natürlich

verhaftet. Vor seinem Tod schrieb er an die Wände seiner Zelle: »Ein ehrlicher Mensch muß Stalin umbringen.«
Vielleicht erinnert sich der Leser an den Staatsanwalt des Leningrader Gebiets, Palgow, der dieses Amt zur Zeit Kirows innehatte. Wie er der Sense entging, ist eine Sache für sich. Jetzt interessiert uns etwas anderes. Als er im Januar 1939 einen nach Moskau reisenden Kommunisten auf den Bahnhof begleitete, der sich mit den Provokationen der Organe nicht abfinden wollte, warnte ihn Palgow: »Gehen Sie auf keinen Fall in den Speisewagen. Diese Bande ist imstande, Sie während der Fahrt aus dem Zug zu werfen.«
Alle wußten, daß das NKWD eine Mörderbande war. Alle schwiegen. Alle halfen mit.
Zu Stalin gelangten zwar Berichte über einzelne Fälle von Protest, doch insgesamt vollzog sich die Wandlung der Mitarbeiter von NKWD, Gericht und Staatsanwaltschaft erfolgreich. Einige Dutzend angesehener Tschekisten Dzierżyńskischer Schule mußten natürlich erschossen werden, langjährige, verdiente Parteimitglieder. Die Liste dieser Opfer ist bekannt.

1826 hatte der türkische Sultan Machmud II. Zehntausende von Janitscharen ermorden lassen, ehemalige Christen, die im islamischen Glauben erzogen worden waren. Sie hatten ihm ergeben gedient, sie hatten sich als erste auf die Feinde des Islam gestürzt, aber der Sultan ließ sie hinschlachten.
Der Sultan im Kreml hatte zu den Janitscharen der Lubjanka nie volles Vertrauen und ließ ebenfalls Tausende von ihnen ermorden. Dennoch sollten sich diese periodisch wiederkehrenden prophylaktischen Säuberungen nicht auf die Erfüllung und Übererfüllung der Produktionsaufgaben auswirken.
Die Taten der Lubjanka-Janitscharen haben eine vielbändige Monographie verdient. Wir aber wollen uns aus diesem Stalinschen Heerhaufen nur drei farbenprächtige Figuren herausgreifen. Doch vergessen Sie nicht: Wir haben es nicht mit der »verächtlichen Geheimpolizei der Kapitalisten« zu tun.

Seinerzeit, unter Jagoda, war im Zentralapparat der OGPU ein gewisser Genrich Ljuschkow tätig geworden. Recht bald hatte er sich zum Stellvertretenden Leiter der Geheimen Politischen Abteilung emporgedient, der gewichtigsten Abteilung der Lubjanka.

Dezember 1934. Zusammen mit der Gruppe Jeshow erforscht Ljuschkow die Tatumstände der Ermordung Kirows.
1937. Ljuschkow, der sich schon hinreichend auf dem Felde der Fahndung und der Provokation verdient gemacht hat, wird zum Leiter der NKWD-Verwaltung des Asowschen- und Schwarzmeergebietes ernannt. Die Residenz des neuen Stalinschen Emissärs ist in Rostow am Don. Innerhalb kurzer Zeit gelingt es ihm, nacheinander *drei* konterrevolutionäre rechts-trotzkistische Zentren aufzudecken und zu liquidieren. Auf seine Anweisung werden Hunderte von Kommunisten erschossen, das gesamte Parteiaktiv am Don. Ljuschkow verdient sich den persönlichen Dank Stalins und den Lenin-Orden »für die beispielhafte Erfüllung der wichtigsten Partei- und Regierungsaufgaben«.
1938. Stalin hat den Leiter der Organe im Fernostgebiet, T. D. Deribas, beseitigt. Wer soll an seine Stelle? Es folgt eine Sonderresolution des Politbüros über den hervorragenden Mitarbeiter Ljuschkow. Ihm wurde erlaubt, sich einen Stab von Gehilfen zusammenzustellen, zweihundert bewährte Henker.
Ljuschkow war durch ein Wunder dem Schicksal der engen Mitarbeiter Jagodas entgangen. Aber schon fand Stalin es an der Zeit, Jeshow und seine Leute zu beseitigen. Ein Wunder wiederholt sich nicht.
Der neue Leiter hatte gerade erst begonnen, die »Arbeit« im Fernen Osten anzupacken, als ein Telegramm aus Moskau eintraf: Er wurde in das Volkskommissariat gerufen. Ljuschkow zeigte das Telegramm niemandem und beschloß, sich selber um sein weiteres Schicksal zu kümmern. Er fuhr mit einer Gruppe von Mitarbeitern zu einer Grenzinspektion. Am 13. Juli trafen sie dort ein. Einen halben Kilometer vor der Grenze, in der Nähe einer Brücke über einen Fluß, hielt Ljuschkow das Auto an.
»Bleibt hier, ich gehe über die Brücke. Hier soll mich ein besonders getarnter japanischer Agent treffen. Ihn darf niemand außer mir sehen.«
Ljuschkow wies den Grenzposten seine Ausweise vor und – betrat das Territorium der Mandschurei. Drei Tage darauf veröffentlichte die (Tokioter) Zeitung »Yomiuri« eine Erklärung des Flüchtlings. Später sprach Ljuschkow über Radio Charbin. Und die Leute erfuhren, wie einer von Stalins zahlreichen Lieblingen die Kader der Partei- und Staatsfunktionäre vernichtet hatte.
Im Gehäuse seiner Schreibmaschine hatte Ljuschkow hochgeheime Unterlagen mitgenommen – eine Liste der Grenzposten und der Militäreinheiten, der Flugplätze, der Rüstungsbetriebe.
Auf den Grenzübertritt hatte sich Ljuschkow schon früher vorbereitet,

er hatte sich von seiner Frau scheiden lassen und sie zusammen mit seinen Kindern nach Moskau geschickt. Die Frau erzählte später in der Zelle W. Pikina, daß ihr Mann zur Erklärung seines Scheidungsbegehrens ihr nur vier Worte gesagt habe: »Es muß so sein.« Nach den Verhören wurde die Frau des Verräters auf einer Tragbahre in die Zelle zurückgebracht. Man hatte sie förmlich zerfleischt. Dann wurden seine Eltern in Odessa liquidiert. Und alle Verwandten.

1948, Siedlung Abes, Hauptort der Lagertrasse des nördlichen Petschoragebietes. Mit einem neuen Gefangenentransport war ein ehemaliger Offizier aus dem Generalstab der japanischen Kwantung-Armee eingetroffen. Wir fragten den japanischen Offizier: »Was ist aus Ihrem Agenten Nummer eins geworden?«

»Welchem Agenten?«

»Ljuschkow natürlich!«

Der Offizier wunderte sich, daß man ihn hier, Tausende Kilometer von der Mandschurei entfernt, in einem Lager nach Ljuschkow fragte.

»Bei uns in Japan glaubt man Verrätern nicht, man liebt sie nicht. Wenn einer sein Vaterland verraten hat – was hindert ihn, noch einmal Verrat zu üben, diesmal an dem Staat, der ihn aufgenommen hat? Ljuschkow hatte Dokumente mitgebracht, die nur in der ersten Zeit einen Wert darstellten. Nach drei Monaten waren sie nicht einmal mehr das Papier wert, auf das sie geschrieben waren. Wir gaben ihm das bei der Abwehr höchstmögliche Gehalt. Die erste Zeit wurde er bei uns sehr geehrt. Aber im selben Maß, wie die von ihm mitgebrachten Dokumente an Wert verloren, begannen auch seine Aktien zu fallen. So ging es zwei Jahre lang. Die ganze Zeit über erhielt er ein hohes Gehalt. Ich persönlich habe ihm das Geld allmonatlich ausgezahlt. Als er wieder einmal turnusmäßig zu mir kam, haben wir uns wie gewöhnlich ein wenig unterhalten. Ich übergab ihm sein Kuvert mit dem Gehalt und verabschiedete mich. Mein Büro war groß, und während er zur Tür ging, habe ich ihm mit meinem Colt eine Kugel in den Hinterkopf geschossen.

›Holen Sie diesen Schmutz ab‹, habe ich gesagt, als mein Adjutant hereinkam.«

Den Bericht über Nassedkin, den Stellvertretenden Leiter der NKWD-Verwaltung des Mittleren Wolgagebiets, wollen wir mit dem Jahre 1934 beginnen. Wir erinnern uns an das geheime Chemiekombinat bei Ssamara, wo in dem giftigen Nebel die Enthusiasten der Fünfjahrespläne zugrunde gingen. Einmal rief der Volkskommissar für Schwerindustrie,

Ordshonikidse, den Direktor des Kombinats, Luzkij (nennen wir ihn einmal so) zu sich.
»Sag' mir bitte, kannst du gute Fachleute gebrauchen?«
»Natürlich brauche ich welche, Genosse Ssergo.«
»Ich werde dir ausgezeichnete Fachleute schicken. Aber denke daran, daß es gefährliche Schädlinge sind. Sie haben im Fall Ramsin als Angehörige der Industriepartei* vor Gericht gestanden. Wenn du menschlich mit ihnen umgehst und wenn sie spüren, daß man ihnen vertraut, gibt es keine besseren Arbeiter.«
So erhielt Luzkij drei »Schädlinge«. An einen von ihnen, den Energiewirtschaftler Jakowin, erinnerte er sich Zeit seines Lebens. In der angeblich von Ramsin geplanten Regierung hatten die Dramaturgen der Lubjanka ihm das Amt des Stellvertretenden Premierministers zugedacht. In dem Chemiekombinat übernahm Jakowin den bescheidenen Posten des Kraftwerkleiters.
Das Kombinat umfaßte elf Fabriken. Für die Produktion von Sprengstoffen war ständig elektrischer Strom notwendig. Ein plötzlicher Stromausfall konnte eine Explosion verursachen. Ähnliches hatte sich unlängst im Werk Nr. 7 ereignet.
Im Büro des Direktors klingelte das Telefon: Im Kraftwerk war ein Unglück geschehen, eine der drei Turbinen stand still. Im Turbinensaal traf Luzkij auf den bleichen, verwirrten Jakowin. Der Leiter des Kraftwerks wußte nur zu gut, womit die Angelegenheit für ihn persönlich enden konnte. Es erscheint der Bevollmächtigte der Organe, ein stumpfer, selbstgefälliger junger Kerl mit zwei Rauten am Kragenspiegel. Er zieht den Direktor am Ärmel auf die Seite, aber der winkt ab. Der junge Mann besteht jedoch darauf, fordert in drohendem Flüsterton eine sofortige Unterredung unter vier Augen. Im Büro legt er dem Direktor hinter verschlossener Tür eine Liste mit den Namen von 18 »Schädlingen und Diversanten« vor, die unverzüglich zu verhaften seien.
»Geh' doch zum Teufel!«, antwortete Luzkij erregt, »oder bringst vielleicht du mir die Turbine wieder in Gang?«
Der Direktor kehrte in den Maschinensaal zurück und rief die Ingenieure mit Jakowin an der Spitze zu sich ins Büro. Der Bevollmächtigte des NKWD erschien nicht, er schützte dringende Angelegenheiten vor. Jakowin stellte sofort eine Liste der benötigten Fachleute und die Liste

* In den abgekarteten Prozessen gegen angebliche Zusammenschlüsse von »Schädlingen«, die zwischen 1928 und 1931 stattfanden, waren die Opfer viele qualifizierte Techniker. Einer dieser Prozesse, 1930, beschäftigte sich mit der sogenannten Industriepartei, als deren Führer Professor Leonid Ramsin, ein bekannter Ingenieur, galt. (Anm. d. Red.)

jener Ersatzteile zusammen, die für die Reparatur der Turbine gebraucht wurden. Unverzüglich ging ein chiffriertes Telegramm an Ordshonikidse nach Moskau. Ssergo antwortete wenige Stunden später: »Abfliegt Maschine fünf Fachleute und Material.«
Erster Sekretär des Gebietskomitees war damals Wladimir Schubrikow, ein ZK-Kandidat. Er rief Luzkij zu sich und sagte ihm, der NKWD-Mann habe sich schon über ihn beschwert.
Seinen nächsten Besuch machte der Direktor beim Leiter der NKWD-Verwaltung, F. A. Leonjuk. Leonjuk dürstete nicht nach anderer Leute Blut und hatte seinem Bevollmächtigten keine Haftbefehle ausgestellt. Leonjuks Stellvertreter Nassedkin war grundsätzlich für Zwangsmaßnahmen, wagte aber nicht, seinem Vorgesetzten zu widersprechen.
Die Turbine wurde binnen einer Woche repariert. Die Spezialisten waren noch einmal davongekommen.
Das war 1934.
Es kam das Jahr 1937. Der Volkskommissar des Inneren, Jeshow, rief Leonjuk zu sich.
»Warum hast du bis heute noch kein einziges feindliches Zentrum aufgedeckt? Warum sperrst du niemanden ein, he? Du hast schließlich Rüstungsbetriebe, das heißt, jede Menge Schädlinge!«
Aber Leonjuk wollte keine Hinrichtungen Unschuldiger. Bislang hatte es sie bei ihm auch nicht gegeben.
Jeshow mußte den Leiter, der die in ihn gesetzten Hoffnungen nicht rechtfertigte, absetzen.
Leonjuks Nachfolger Nassedkin entwickelte eine Tätigkeit, wie sie Stalin mochte. Alle Gefängnisse füllte er mit den Angehörigen »konterrevolutionärer Zentren«: trotzkistischer, rechts-trotzkistischer, sinowjewistischer, trotzkistisch-sinowjewistischer. Hinter Gitter kam auch der Erste Sekretär des Gebietskomitees, Schubrikow, und der Zweite Sekretär Aleksandr Iwanowitsch Lewin (er war früher Leiter der Politverwaltung der Maschinen-Traktorenstationen gewesen), ferner der Vorsitzende des Gebietsexekutivkomitees G. T. Polbizin und der Sekretär des Gebietskomitees für Fragen der Landwirtschaft, Filipp Ksenofontow, der wirkliche Verfasser der »Fragen des Leninismus«, eines Werkes, das Stalin zugeschrieben wurde. (Gegen Ksenofontow lag eine besondere Anzeige vor. Er wurde während des Verhörs getötet, ohne daß er noch vor Gericht gestellt worden wäre.) Die Leiter aller Werkabteilungen wurden erschossen, ebenso die leitenden Ingenieure des Kombinats und der einzelnen Werke. Man hatte ihnen die »Schädlingsaktion« des Jahres 1934 in Rechnung gestellt.
Der Eifer Nassedkins blieb nicht unbemerkt: Auf Empfehlung Jeshows

entsandte ihn das Politbüro als Volkskommissar des Inneren nach Bjelorußland.

Wer wagt es, das Schicksal eines Stalinschen Gardisten vorauszusagen? Der März des Jahres 1939 trifft Nassedkin im Inneren Gefängnis der Lubjanka. Interessante Dinge erzählte Nassedkin vor seinem Tode.

»Einmal hat Jeshow alle Volkskommissare des Inneren der Republiken zu einer Versammlung geladen: ›In der Ukraine läuft die Arbeit richtig! Man kann sie als Beispiel für alle hinstellen – 20 000 polnische Spione sind entlarvt worden!‹«

Was sollte Nassedkin tun? Bei ihm in Bjelorußland gab es keine polnischen Spione. Er hatte versucht, Industriedirektoren einzusperren. Holt er sich aber einen Werkdirektor, so mischt sich Ordshonikidse ein. Ssergo läßt auf seine Kader nichts kommen. Verhaftet Nassedkin den Direktor eines Nahrungsmittelbetriebes – fordert Mikojan eine Erklärung. Immerhin sind die beiden Mitglieder des Politbüros.

Und so wäre es Nassedkin, dem Volkskommissar, schlecht ergangen, wenn er sich nicht der jüdischen Ladenbesitzer erinnert hätte. In kurzer Zeit hatte er 12 000 verhaftet. Weniger zwar als der ukrainische Kollege, aber immerhin ... Das »Material« erwies sich als geeignet: Alle gestanden sofort, Spionage betrieben zu haben. Und da war niemand, der für sie eintrat. So lief alles glatt.

Nassedkin wurde nach Moskau gerufen, im Politbüro hörte man sich seinen Bericht »Über die politische Lage in Bjelorußland« an. Der Volkskommissar erntete Lob: Großartig bekämpfte er die Feinde. Umschmeichelt von der Sonne des Kreml, kehrte Nassedkin nach Minsk zurück und schleuste alle Häftlinge durch seine eigene OSO*, wie man abgekürzt die Sonderkonferenz beim Rat der Volkskommissare der UdSSR nannte. Als nur noch 800 »Feinde« am Leben waren, traf ein eiliges Telegramm aus Moskau ein: »Erwartet Kommission. Repressionen einstellen.«

Hatte er wieder etwas nicht richtig gemacht? Und der Volkskommissar mußte eine Fälschung begehen: Die Ankunftszeit des Regierungstelegramms wurde von ein Uhr nachts in neun Uhr morgens geändert. In dieser einen Nacht wurden die 800 übriggebliebenen »Spione« ebenfalls erschossen.

Jetzt konnte jede beliebige Kommission kommen.

* Sie hat die Macht, im außergerichtlichen Verfahren, allein auf der Grundlage der Gefängnisakten, in Abwesenheit des Angeklagten und ohne Möglichkeit der Verteidigung, Urteile zu fällen. (Anm. d. Red.)

Die Stalinsche Strategie der Massenhinrichtungen ließ kleine Pausen zu, wenn der Herr über Schicksale das Kommando erteilte, an diesem oder jenem seiner übereifrigen Gardisten ein Exempel zu statuieren. Nein, das Förderband stand nicht eine Minute lang still. Es war einfach so, daß die Organe die nächstfällige Ente zum Propagandahimmel aufsteigen ließen: Der Vater der Völker hat sich besorgt über die Einhaltung der sozialistischen Legalität gezeigt.
Und so geriet unser Nassedkin, als »Übertreiber«, in die Lubjanka. Im ersten Monat wurde er häufig zum Verhör gerufen. Eines Nachts wurde die Zelle von einem ungewöhnlichen Lärm wach. Die Aufseher kamen herein und umstellten Nassedkins Pritsche. Er hatte sich die Adern aufgeschnitten, der Fußboden war mit seinem Blut übergossen. Man brachte ihn weg, die übrigen wurden eilig in den »Boxen« untergebracht. Später mußten sie sich mit ihrer Unterschrift verpflichten, nichts von dem nächtlichen Vorgang verlauten zu lassen, dann kehrten sie in ihre alte Zelle zurück. Nach fünf Tagen wurde Nassedkin wieder zu ihnen gebracht, und sein Bett in der Mitte der Zelle aufgestellt. Daneben stellte man auf einen Hocker Butter, Milch, Frikadellen und andere wahrlich für ein Gefängnis ungewohnte Köstlichkeiten. Der Direktor des Inneren Gefängnisses, Winokurow, besuchte Nassedkin tagtäglich. Offenbar brauchte jemand dringend die Aussagen des früheren Volkskommissars.
Die Hinrichtung Nassedkins wurde erst 1954 bekannt, und dann auch nur einem sehr engen Personenkreis.
Den Familien der Abertausenden von ihm hingerichteten »Spione« wurde bis heute nichts mitgeteilt.

Ein Einzelfall in der Stalinschen Henkerkohorte ist Jefim Jewdokimow. Er hatte allen Grund, das Jahr 1917 zu begrüßen – die Revolution befreite den kriminellen Rückfalltäter aus dem Gefängnis. Er schloß sich unverzüglich den Siegern an und wurde, als er unter Stalins Kommando an die Bürgerkriegsfront kam, von diesem sogleich bemerkt. Später, in den Jahren der Errichtung der Alleinherrschaft, nahm Stalin Jewdokimow als persönlichen Begleiter mit in den Kaukasus, wohin er zur Erholung fuhr. Bald danach ernannte ihn der Hausherr zum Bevollmächtigten der OGPU für den Nordkaukasus und »Jefim der Tschekist«, wie ihn Stalin rief, tauchte genüßlich in das vertraute Element von Vergewaltigung und Raub ein.
Der Instinkt des erfahrenen Kriminellen brachte ihn als ersten auf den einträglichen Weg der Verfolgung von »Schädlingen« und »Abweich-

lern«. Der Schachty-Prozeß im Jahre 1928 war das Werk seiner schmutzigen Hände. Er war es, der nach Moskau gemeldet hatte, in Schachty gebe es eine starke, weitverzweigte Schädlingsorganisation, und er überlieferte dem Schlächter fünfzig führende Angestellte und drei deutsche Ingenieure und Techniker. Als der Vorsitzende der OGPU, Menshinskij, von Jewdokimow Beweise verlangte, verwies dieser auf gewisse »chiffrierte Briefe«. Er konnte natürlich Menshinskij nicht überzeugen. Zurückzuweichen hätte jedoch bedeutet, sich selbst auszuliefern. So geht Jefim zu seinem alten Freund Jossif. Und Stalin gibt ihm kraft seiner Stellung als Generalsekretär freie Hand.
Nach Rostow zurückgekehrt, verhaftet Jewdokimow alle »Schädlinge« und schickt umgehend ein Telegramm an Stalin mit dem Hinweis auf mögliche Widerstände in der Zentrale. Menshinskij versuchte zusammen mit Rykow und Kujbyschew, die erfahrenen Fachleute zu verteidigen, aber der Generalsekretär zeigte ihnen das Telegramm seines Rostower Emissärs.
Der in Stalins Küche angerührte Schachty-Prozeß wurde zum Modell späterer Verfahren. Die große Initiative Jefims wurde würdig geehrt. Als erster der Tschekisten wurde der vierfache Ordensträger Jewdokimow 1934 in das ZK der Partei aufgenommen. Ein Jahr später ernannte ihn Stalin zum Ersten Sekretär des Gebietskomitees Rostow. Der Status eines absoluten Herren am Ort verpflichtet. Im Sommer 1937 verhaftet Jewdokimow im Nordkaukasus Zehntausende von »Feinden«. Die Gefängnisse von Rostow und Grosnyj konnten nicht alle inhaftierten Russen, Tschetschenen, Inguschen, Juden und Ukrainer fassen. Man brachte sie in Lagerhäusern, Garagen und sogar in Schulen unter.
Im Herbst geschah das, was früher oder später geschehen mußte. In der Lubjanka passierte es, daß Jewdokimow in eine Zelle mit dem Journalisten Wssewolod Rakitskij kam, einem begabten, scharfsinnigen Mann. Rakitskij hatte vor seiner Verhaftung bei der »Iswestija« gearbeitet, er hat das Lager und auch den Hausherrn überlebt. Und mit ihm hat die Geschichte Jewdokimows überlebt. Wegen einer kecken Bemerkung, die er auf dem Roten Platz gemacht hatte, saß er ein. Als er ein Bild Stalins sah, das von Luftballons in die Höhe getragen wurde, sagte er: »Ein bärtiger Engel.« Dieser Engel brachte Rakitskij zehn Jahre ein.
Jewdokimow, so oft von dem Führer ausgezeichnet und dessen persönlichen Wohlwollens teilhaftig geworden, nahm an, er sei das Opfer von Neidern geworden. Nun ja, man hatte ihn angezeigt, weil er sich angeblich zu viele Wertsachen angeeignet hatte. Die Angst vor dem unausweichlichen Strafgericht ließ den Abschaum nackt und bloß dastehen. Er stellte sich an die Wand, tat, als nehme er einen Telefonhörer ans

Ohr und begann mit einem mißtrauischen Seitenblick auf Rakitskij zu betteln:
»Genosse Stalin, hier bin ich, Jefim der Tschekist. Erinnern Sie sich an mich, Genosse Stalin? Ich bin vollkommen unschuldig, ich habe nur ein klitzekleines Medaillon genommen. Ja, ja! Vor der Partei stehe ich rein da. Hören Sie mich, Genosse Stalin? Ich habe nur ein ganz, ganz kleines Medaillon genommen. Genosse Stalin, ich bin es, ich, Jefim der Tschekist.«

Ljuschkow, Nassedkin, Jewdokimow. Für eine Galerie etwas wenig. Aber so waren die meisten. Vielleicht bringen uns die drei Skizzen dem wahren Porträt Stalins näher.

Stalin vergnügt sich

Persönlichkeit und Charakter eines Menschen lassen sich aus seinen Handlungen und Beschäftigungen erkennen. Die Haupt- und zudem Lieblingsbeschäftigung Stalins war der Mord. Kein anderer Tyrann, angefangen bei Nero und aufgehört bei Hitler, kann sich in der Zahl seiner Opfer mit Stalin messen. Aber nicht nur mit Blut hat er seinen Namen in die Geschichte eingetragen. Dieser eingefleischte Komödiant vergnügte sich auch mit Heuchelei.
Die Szenen freundschaftlicher Teilnahme mit den Todeskandidaten spielte er geschmäcklerisch, wobei er sich an jedem Detail weidete. Und er schuf sich eine Legende für die Zukunft. Wie ein waschechter Schauspieler verstand er es, seine Bewegungen auf der Bühne zu kontrollieren, und niemals ließ er die Reaktion des Publikums aus dem Auge.
Der andere, der Schande verfallene Mitspieler, gestern noch sein Mitarbeiter, soll zur Folterbank gehen mit dem Bild des guten, gerechten und fröhlichen Koba vor Augen. Alle sollen denken, daß es Jagoda, Jeshow, Berija sind, die eigenmächtig handelten. Daß es die Intrigen Molotows, Kaganowitschs und, wenn's beliebt, Shdanows oder Malenkows sind. Das ganze Volk soll – heute und morgen – glauben, Stalin habe von nichts gewußt.
Die Legende geriet erstaunlich lebenskräftig. Er hatte alles richtig berechnet, der nächtliche Denker.

Noch heute ist das Schandmal nicht abgewaschen von den »Rechten« – Bucharin, Rykow, Tomskij. Die Geschichte der Verfolgung Nikolaj Bucharins, seine »Entlarvung«, Verurteilung und Hinrichtung erinnern an ein aus der Kinderzeit bekanntes Spiel.

Am 22. August 1936, während der »Prozeß der Sechzehn« im Gange war, veröffentlicht die »Prawda« eine Erklärung von Wyschinskij: Aufgrund der Geständnisse einiger Angeklagter beginne die Staatsanwaltschaft mit der Untersuchung der konterrevolutionären Tätigkeiten Uglanows, Radeks, Pjatakows und der Gruppe der »Rechten« (Bucharin, Rykow, Tomskij). Knapp drei Wochen später, am 10. September, meldet dieselbe »Prawda«, die Ermittlungen gegen Bucharin und Rykow* seien eingestellt.

Natürlich hatten weder der Staatsanwalt noch die Zeitung aus eigener Initiative gehandelt. Sie haben in diesem Katz-und-Maus-Spiel nur Statistenrollen.

Roter Platz, 7. November 1936. Bucharin verfolgt die Militärparade von der Gästetribüne aus, er steht nicht, wie all die Jahre vorher, auf der Tribüne des Mausoleums. Plötzlich tritt ein Mitarbeiter der Organe zu ihm:

»Genosse Stalin schickt mich. Er bittet, Ihnen auszurichten, daß Ihr Platz auf *jener* Tribüne ist.«

Woran dachte Nikolaj Iwanowitsch, als er dann neben den Mitgliedern des Politbüros auf der Tribüne des Mausoleums stand? Vielleicht erinnerte er sich an die ersten Jahre nach der Revolution, als alle Führer im Kreml wie eine große, befreundete Familie lebten, als sie fröhliche Balgereien veranstalteten und er, Nikolaj Bucharin, die Freunde und Mitstreiter auf die Schultern legte, Koba mitten unter ihnen? »Buchartschik« hatte ihn Stalin familiär genannt. Sie duzten sich.

Koba schaut freundlich auf Nikolaj. Auf dem Platz marschieren die Divisionen im Stechschritt vorbei, und in der Lubjanka wird schon der nächste Prozeß vorbereitet, werden die »Komplizen« Bucharins gefoltert.

Den übernächsten Prozeß hat der Generalsekretär ihm zugedacht.

Unmittelbar nach diesem Gnadenbeweis wird Bucharin fast täglich (das heißt spätabends) in den Kreml zu »Besprechungen« gerufen. Es handelt sich um Gegenüberstellungen mit den inzwischen verhafteten Ssokolnikow, Sserebrjakow, Radek, Zejtlin und anderen, die beim Verhör Bucharin belastet hatten.

Im Dezember 1936 trat ein ZK-Plenum zusammen, das über die neuen

* Tomskij hatte Ende August Selbstmord begangen. (Anm. d. Übers.)

Anschuldigungen gegen Bucharin und Rykow beriet. Wüste Bezichtigungen brachten Kaganowitsch, Molotow und Woroschilow gegen Bucharin vor. Der Generalsekretär hörte seinen Speichelleckern zu wie ein unbeteiligter Beobachter und sprach dann selber voll Autorität und Weisheit. Er war nie auf den Gedanken gekommen, daß die Genossen so aggressiv eingestellt sein könnten gegen den Liebling der Partei, wie Lenin Bucharin genannt hat.
»Ich glaube, Genossen, daß in der Angelegenheit Bucharin–Rykow nichts überstürzt werden sollte«, sagte Stalin in gut gespieltem beschwichtigend-freundlichem Ton. »Gegen Tuchatschewskij lag auch Material vor, aber wir haben die Sache in Ordnung gebracht, und Tuchatschewskij kann jetzt wieder in Ruhe arbeiten. Ich schlage vor, derzeit keinen Beschluß zu fassen, aber die Ermittlungen fortzusetzen.«
Das Schicksal Tuchatschewskijs, Bucharins und Rykows stand hinter seiner niedrigen Stirn schon lange fest. Hätte Stalin sich aber das Vergnügen versagen können, noch einmal väterliches Mitgefühl zu zeigen? Ein Monat verging. Am ersten Tage des Prozesses gegen Pjatakow und andere, des sogenannten »Prozesses der Siebzehn« (23.–30. 1. 1937), wurden Bucharin, Rykow und Tomskij von den Angeklagten als Verschwörer denunziert.
Auf dem ZK-Plenum vom Februar–März 1937 setzte sich Bucharin zur Wehr und erklärte, er habe den Eindruck gewonnen, daß Jeshow eine Verschwörung gegen die Partei organisiere. Er schlage daher vor, eine ZK-Kommission zur Überprüfung der Arbeit der Organe zu bilden.
»Ich glaube nicht an das Vorhandensein von Dokumenten, die die Mitkämpfer Lenins als Konterrevolutionäre entlarven«, sagte Bucharin, wobei er in die zusammengekniffenen Augen des Generalsekretärs sah. Stalin warf eine bösartige Erwiderung hin: »Dann werden wir Sie persönlich zum NKWD schicken. Sie werden dort alles selber überprüfen.«
Auf Vorschlag des Generalsekretärs wurde zur Untersuchung der »feindlichen Aktivitäten« von Bucharin und Rykow eine dreißigköpfige Kommission unter Leitung von Anastas Mikojan eingesetzt.
Hat die Katze die Beute mit den Krallen zerrissen? Natürlich nicht. Das Spiel geht weiter.
Am 13. März veröffentlicht die »Prawda« einen Artikel über die parteifeindliche Tätigkeit der »Rechten«, aber Stalin enthält sich zunächst noch des Kommandos »Faß!«

In der Vorahnung seines baldigen Todes setzte Bucharin einen Brief auf – sein politisches Vermächtnis, gerichtet an »die künftige Generation der Parteiführer«. Er bat seine Frau, den Brief auswendig zu lernen, und verbrannte den Text anschließend. Anna Michajlowna Larina hat den Brief in ihrem Gedächtnis aufbewahrt, er überlebte mit ihr zusammen 17 Jahre Lagerhaft.
»In diesen Tagen«, so schrieb Nikolaj Iwanowitsch, »druckt eine Zeitung mit dem heiligen Namen »Prawda« (»Wahrheit«) die widerliche Lüge, ich, Nikolaj Bucharin, wolle die Eroberungen der Oktoberrevolution vernichten und den ›Kapitalismus wiedererrichten‹.«
Die »Prawda« brandmarkte den »Söldling der Bourgeoisie«, Koba zögerte mit der Verhaftung von »Buchartschik«, die Lubjanka mußte noch die letzten Seiten des Drehbuchs für den dritten Schauprozeß zu Ende schreiben.

1937 läßt Stalin alle Stellvertreter des Direktors der Staatsbank, Lew Jefimowitsch Marjassin, verhaften. Im Arbeitszimmer eines nahen Freundes versuchte Marjassin sich zu erschießen. Aber der Freund riß ihm den Revolver aus der Hand.
»Warum hältst du mich zurück?« warf ihm Lew Jefimowitsch vor, »weißt du denn nicht, wie man *dort* gezwungen wird, Gruselgeschichten zu schreiben? Dagegen sind die Werke von Edgar Allan Poe ein Spaß.«
Auf dem ZK-Plenum, in einer Pause zwischen den Sitzungen, sagte der Generalsekretär freundschaftlich zu Marjassin, wobei er ihn um die Taille faßte:
»Du bist doch unser sowjetischer Bankier. Du wirst nicht bei diesem elenden Feind Ssokolnikow in Dienst treten. Du gehörst zu uns ...«
Einen Monat später wurde »unser sowjetischer Bankier« verhaftet und der Schädlingstätigkeit beschuldigt. Er starb eines qualvollen Todes in der Lubjanka.
Als letzter der Stellvertreter von Marjassin wurde Aleksej Sswanidse geholt, der Bruder von Keto, der ersten Frau Koba-Dshugaschwilis. Nach einiger Zeit ließ ihn Koba wieder frei, später wurde er jedoch erneut verhaftet.
Dasselbe Katz-und-Maus-Spiel. Stalin hat es zwar nicht erfunden, aber es wurde zu einer Lieblingsbelustigung.
Stalins Befehl Ende 1936, das ZK-Mitglied Dmitrij Bulatow zu verhaften, führten die Organe nur zögernd aus: Bulatow war mit Stalin zusammen in der Verbannung in Ssolwytschegodsk gewesen, fast zehn Jahre lang hatte er die Organisationsabteilung des ZK geleitet und in

letzter Zeit die Kaderabteilung des NKWD. Der Häftling wurde ins Lefortowo-Gefängnis eingeliefert, man enthielt sich jedoch der Folterung. Gegen ihn wurden 27 »Zeugen« zusammengebracht, man wartete auf weitere Anweisungen.
Bulatow war sehr besorgt, was mit seiner Familie geschehen würde, er wandte sich an den Hausherrn, obwohl seine Zellengenossen ihm davon abrieten.
In seinem Brief erinnerte Bulatow Stalin an Ssolwytschegodsk, wo er dem künftigen Führer mehr als einen Dienst erwiesen hatte. Zum allgemeinen Erstaunen wurde Bulatow bald gerufen. Man teilte ihm mit, das Untersuchungsverfahren gegen ihn werde revidiert. Bulatow kehrte wie auf Flügeln in die Zelle zurück, es war ihm jedoch den anderen gegenüber peinlich. Obwohl der Plan zur Vernichtung der Parteiveteranen weiter verfolgt wurde, hatte in bezug auf ihn, Bulatow, Stalins Gewissen gesprochen.
Am selben Abend wurde er »mit seinen Sachen« herausgerufen.
Es vergingen einige Jahre. An einem Julitag des Jahres 1941 trafen sich zwei alte Genossen in einer Massenzelle des Butyrka-Gefängnisses, in der etwa 200 Menschen saßen. Bulatow war kaum zu erkennen: totenblaß, schwach, konnte kaum gehen. Er war nämlich seinerzeit aus dem Lefortowo-Gefängnis nicht in die Freiheit, sondern in die »Foltervilla«, in das Ssuchanowka-Gefängnis gekommen. Die versprochene Revision des Verfahrens begann und war bald beendet: Anstelle von 27 wurden Bulatow 73 belastende Zeugenaussagen vorgehalten. Er hatte einmal kurze Zeit als Sekretär des Gebietskomitees von Omsk gearbeitet. Auf »Bitten« von Berija machten alle 72 Rayonsekretäre Aussagen über Bulatows »konterrevolutionäre Tätigkeit«. Die 73. Aussage stammte vom ehemaligen Stalinschen Volkskommissar Jeshow, der damals bereits verhaftet war.
Aber Jeshow ist eine Geschichte für sich. Was das Schicksal Bulatows betrifft, so wurde jener Morgen, an dem die Ulrich-Gruppe zusammentrat, für ihn der letzte.

Als Stalin Nikolaj Krylenko zur Hinrichtung schickte, hatte er dessen vieljährige Tätigkeit in den Justizorganen unterschätzt. Krylenko hatte von den ersten Jahren der Sowjetmacht an aktiv an der Vernichtung ehrlicher Menschen mitgewirkt (nicht er allein, nicht er allein). Leider kann man von ihm nicht tröstlicherweise behaupten, er habe »nicht gewußt, was er tat«. Er wußte es vielmehr recht gut, war er doch schon in den ersten fingierten Prozessen als Ankläger tätig gewesen.

1918, als er im Prozeß gegen den Kapitän A. M. Schtschastnyj, Befehlshaber der Baltischen Flotte, vor Gericht aufgetreten war, hatte Krylenko[96] die Hinrichtung des Unschuldigen gefordert. Während er die Abschaffung der Todesstrafe als Tatsache anerkannte, bemerkte Krylenko zugleich, das Gericht könne den Grafen Schtschastnyj dennoch aufgrund des »revolutionären Rechtsbewußtseins« zur Erschießung verurteilen.

Als altes Mitglied der Partei hatte Krylenko 1917 der ersten, von Lenin geleiteten Regierung angehört. Dieser Umstand überwog in den Augen des Generalsekretärs alles andere.

1937 war Krylenko Volkskommissar für Justiz. Auf der ersten Sitzung des Obersten Sowjets erhob einer der intrigantesten Handlanger Stalins, Dshafar Bagirow, gegen Krylenko die dumme Anschuldigung, er habe sich zu sehr vom Sport ablenken lassen. Damit war das Signal gegeben, und Krylenko wurde abgesetzt. Fünf Tage dauerte die Amtsübergabe an den bisherigen Divisionsjuristen N. M. Rytschkow, der bis dahin unter Ulrich tätig gewesen war, anschließend begab sich Krylenko in seine Datscha.

Ein unerwarteter Anruf aus dem Kreml, die Stimme Stalins: »Hör mal, Nikolaj Wassiljewitsch, laß' dir nicht die Laune verderben. Wir vertrauen dir. Setz' die Arbeit an dem neuen Gesetzbuch fort...«

In derselben Nacht umstellte ein Einsatzkommando des NKWD die Datscha und verhaftete den früheren Volkskommissar.[97]

Es ist jetzt nicht mehr zu rekonstruieren, ob Stalin sich dabei auf das revolutionäre Rechtsbewußtsein stützte. Krylenko jedoch hat er vernichtet.

Jossif Aszaturow, der Vetter des bekannten Revolutionärs Bogdan Knunjanz, ein Bauingenieur, fuhr 1937 zum Präsidium des Obersten Sowjets nach Moskau. Man überreichte ihm den Lenin-Orden als Anerkennung für die vorzeitige Fertigstellung einer Brücke. Der parteilose Ingenieur wurde einer seltenen Ehre teilhaftig: Stalin empfing ihn. Der Hausherr gab sich ihm gegenüber herzlich, gratulierte ihm zu der Auszeichnung, geruhte, lebhaftes Interesse für seine Pläne zu zeigen.

Beflügelt von dem allerhöchsten Empfang, stieg Aszaturow ins Parterre hinunter, betrat die Garderobe. Dort wartete man schon auf ihn. Der Ingenieur wurde in die Lubjanka gebracht, dann in das Durchgangsgefängnis Krasnaja Presnja und schließlich im Häftlingswaggon nach Hause, nach Armenien. Im Gefängnis in Jerewan bekam er Verwandtenbesuch, und Jossif Aszaturow gelang es, seiner Schwester einen Brief

an Stalin zuzustecken. Wenn der Führer erfährt, wie man mit ihm umgegangen ist, wird er ihn unverzüglich freilassen und die für diesen Übergriff Schuldigen bestrafen.
Die Schwester fuhr nach Moskau, gab den Brief an Stalin im ZK ab und wartete auf die Gerechtigkeit.
Der Bruder war hochgewachsen, kräftig, gutaussehend. Dem Herkules aus dem Kaukasus war ein grausamer Tod beschieden, er wurde an den Füßen in der Gefängniszelle aufgehängt.
So starb Jossif Aszaturow, den Jossif Stalin liebkost hatte.

Aleksandr Miltschakow war von Ssergo Ordshonikidse für das Amt des Ersten Sekretärs des Komsomol empfohlen worden. Das ZK-Plenum beriet im Jahre 1933 die Kandidatur von Kossarew und Tschaplin. Aber Ssergo sagte: »Kossarews und Tschaplins haben wir viele, aber es gibt nur einen Miltschakow. Ich schlage den Genossen Miltschakow vor.«
Und Aleksandr Miltschakow, ein Arbeitersohn und bisher Erster Sekretär des ukrainischen Komsomol, wird zum Ersten Sekretär des Allunions-Komsomol gewählt. Der Hausherr wollte ihm wohl, sonst hätte man Miltschakow nicht zum Delegierten für die vier letzten Parteitage gewählt und ihn nicht zum Leiter der Kommunistischen Jugend-Internationale berufen.
Nach dem Abschluß eines Marxismus-Leninismus-Lehrgangs arbeitete Miltschakow im ZK als Stellvertretender Leiter der Organisationsabteilung. Zwischen Bulatow und ihm entwickelten sich sehr gute Beziehungen.
Nun aber dachte sich der Hausherr aus, das gesamte Personal des Apparats auszuwechseln. Köpfe rollten, als der Austausch der Kader begann. Da traf der Erlaß der ZK über die Organisation des Trusts »Wostoksoloto« (»Ostgold«) ein, und Miltschakow wurde als Stellvertretender Direktor nach Irkutsk geschickt. Dort arbeitete schon ein Jenseitskandidat, Aleksandr Jakowljew, ein Altkommunist.
Miltschakow fand keinen Gefallen an der Schreibtischarbeit, er bat um Versetzung in die Produktion. Man ernannte ihn zum Direktor des Goldkombinats von Darassun. Aber ganz ohne spezielle Vorkenntnisse ist es doch recht schwierig, ein derartiges Unternehmen zu leiten, und Miltschakow mit seinen vier Klassen Realschule fuhr nach Moskau zurück, in die Industrieakademie.
Ein klarer Septembertag im Jahr 1937. Miltschakow sitzt im Vorzimmer des Ersten Sekretärs des Bauman-Rayonkomitees in Moskau. Gleich wird man ihn zur Sitzung hereinrufen und ihm das Parteibuch abnehmen:

Endritual der Prozedur des Parteiausschlusses von »Volksfeinden« und ihren »Helfershelfern«.
Die Tür wird aufgerissen, Korotkow, der Erste Sekretär, stürzt herein, faßt Miltschakows Arm:
»Ssascha, Guter, los geht's!«
»Wohin?«
»Los, schnell! Stalin ruft dich.«
Sie kamen im Kreml an. Korotkow drängte Miltschakow in Stalins Arbeitszimmer und blieb selbst im Vorzimmer.
Im Zimmer befinden sich zwei Männer: Auf dem Teppich schreitet Stalin auf und ab, und im Sessel sitzt Lasar Kaganowitsch, ungewöhnlich aufgeregt.
Stalin umarmte Miltschakow herzlich.
»Ssascha, mein Lieber! Wie ist das alles gekommen?«
Und, zu Kaganowitsch gewandt, fuhr er in dramatischem Ton fort:
»Was geht in der Moskauer Organisation vor? Wieweit ist es gekommen? Einen solchen Menschen aus der Partei auszuschließen!«
(Zu Miltschakow gewandt:) »Setz dich, mein Lieber, setz dich. Was haben sie mit dir gemacht? Oi-oi... Das stellen wir sofort richtig. Und jetzt folgendes, mein Lieber. Du hast vom Zentralkomitee einen wichtigen Auftrag erhalten. Hier hast du den Auszug aus einem Regierungsbeschluß. Du bist zum Stellvertretenden Leiter von Glawsoloto (Hauptverwaltung für Gold fördernde Betriebe) ernannt. Kennst du Sserebrowskij? Ein ganz übler Volksfeind. Begreifst du – er hat dem Trotzkij fünfzig Millionen in Goldbarren übergeben. Ganz schön, was? Heute nacht um zwei Uhr wird er verhaftet. Fahr' mit diesem Dokument zu Sserebrowskij und weich' keinen Schritt von ihm, bis in die Nacht hinein nicht!
Wenn er in die Kantine geht, gehst du mit, geht er auf die Toilette, gehst auch du auf die Toilette. Fährt er nach Hause, fährst du mit... Um zwei Uhr wird er abgeholt: Daß du ja zur Stelle bist! Und um neun Uhr erhältst du dein Ernennungsschreiben als Chef von Glawsoloto. Das ZK rechnet mit dir. Fahr' sofort los.«
Miltschakow kannte Sserebrowskij als einen ehrlichen Bolschewiken, dem Lenin vertraut hatte. Als einen klugen, aufrechten Mann, einen energischen Organisator der Schwerindustrie. Aber an der Redlichkeit des Führers zu zweifeln, war Miltschakow unmöglich. Stalin hatte nicht mit Farben gespart: Flüche gegen den »ränkevollen Verräter« wechselten mit Umarmungen und Küssen nach bester kaukasischer Manier.
Miltschakow fuhr ins Glawsoloto. Sserebrowskij empfing ihn hocherfreut. Ssascha hatte ja in Darassun gearbeitet und reiche Erfahrungen auf dem Gebiet der Organisation gesammelt. Er wich ihm nicht von der

Seite, machte den neuen Stellvertreter mit allem bekannt, aß mit ihm gemeinsam und blieb auch am Abend mit ihm zusammen – als ob er Stalins Plan gekannt hätte.
Genau um zwei Uhr nachts kamen sie, um Sserebrowskij zu holen. Um neun Uhr morgens erhielt Miltschakow die versprochene Ernennung. Und im Februar 1938 kamen »sie« wieder und holten ihn, den neuen Chef von Glawsoloto.[98]

Warum ist er nicht hingerichtet worden? In Norilsk, in einem Steinbruch, arbeitete Ssascha Miltschakow wie Tausende anderer Häftlinge mit der Hacke. Wer brauchte die Steine? Was wird hier gebaut? Was ist das für ein Projekt?
Diese Fragen stellte ein Mitglied einer ZK-Kommission nach dem Kriege dem Lagerchef.
»Niemand weiß etwas«, antwortete der Leiter, »wir haben Anweisung, daß alle Volksfeinde bei schweren Arbeiten eingesetzt werden sollen, alle, ohne Ausnahme. Warum hier ein Steinbruch eingerichtet worden ist, weiß ich nicht. Es gibt keinerlei technische Angaben oder irgendwelche anderen Anordnungen.«
Bauleiter des Kombinats war A. P. Sawenjagin, der frühere Stellvertreter des Volkskommissars für Schwerindustrie, Ordshonikidse. Der Hausherr hatte den Häftling zu sich gerufen und gesagt: »Wenn du das Kombinat Norilsk baust, bekommst du deine Freiheit wieder.«
In Turuchansk war wegen der Witterung für längere Zeit der Flugverkehr eingestellt, die Flugzeuge und ihre Besatzungen saßen fest. Zu den Angehörigen der Kommission sagte der Pilot: »Nadjeshda gibt keine Landeerlaubnis.«
»Wieso Nadjeshda-Bucht? Wir fliegen doch nach Norilsk.«
W. A. Barabanow, ein prominenter Gulag-Funktionär, hat erzählt, Sawenjagin habe den Flugplatz von Norilsk »Nadjeshda« (Hoffnung) getauft, nachdem Stalin ihm seinerzeit den Auftrag erteilt hatte, im unerschlossenen Polargebiet ein metallurgisches Kombinat zu errichten. Die Frist betrug drei Jahre. Die »Arbeitskraft«, das heißt gehorsame Gefangene, ist nicht immer gefügig. Kurz vor Ankunft der Kommission hatte eine Gruppe von Strafgefangenen papierne Drachen dazu benutzt, Flugblätter zu verbreiten mit dem Aufruf . . . nein, nicht mit dem Aufruf zum Widerstand gegen die Willkür des Kreml, sie baten vielmehr um normale Ernährung und um das Recht auf Briefwechsel mit ihren Angehörigen.
Bei der Niederschlagung des »Aufstandes« erschossen die Wachmannschaften 150 Mann. Die Kommission des ZK hatte den Auftrag, die

Tatumstände zu untersuchen, und anschließend sollte sie prüfen, ob es zweckdienlich sei, in Norilsk ein Frauenlager zu unterhalten. Man hatte 5000 »Spioninnen« dorthin gebracht, speziell für Frauen geeignete Arbeiten gab es jedoch nicht. Die Kommission fand lediglich 137 passende Arbeitsplätze. (Als ob Frauen in anderen Lager nicht zu schweren Erdarbeiten eingesetzt würden.)
Ein Kommissionsmitglied, das mit Ssascha Miltschakow persönlich bekannt war, fragte Sawenjagin nach ihm. Der berichtete, daß der Lagerleiter, als er Ssascha im Steinbruch arbeiten sah, ihn als Planwirtschaftler in die Schreibstube versetzt hatte. Im Lager Nr. 7, wo er sich aufhalten sollte, war Ssascha nicht; im Lager Nr. 3 hieß es, Miltschakow sei nach Nr. 5 gebracht worden, und dort erfuhr die Kommission, er sei auf persönliche Anordnung von Innenminister Kruglow nach Moskau abtransportiert worden.
In Moskau empfahl die Kommission, vor allem das Frauenlager von Norilsk an einen anderen Standort zu verlegen. Kruglow bat beim ZK um Fristverlängerung für die Auflösung des Lagers, doch der Braintrust der Partei blieb bei seinem Beschluß, und der Minister wurde verpflichtet, die Frauen wegzubringen ohne Rücksicht darauf, daß es im Winter keine Transportmöglichkeit gab. Häftlingstransporte von und nach Norilsk erfolgten nur auf dem Wasserwege während der kurzen Schifffahrtsperiode im Sommer. Wie immer der örtliche Chef die Lösung des Problems angepackt haben mag: Die Anweisung des ZK erfüllte er fristgerecht.
Im Arbeitszimmer des Ministers kam abends das Gespräch auf Miltschakow.
»Sie kennen Stalin genausogut wie ich«, begann Kruglow, »nachdem ich wie üblich meinen Rapport gegeben hatte, sagte Stalin einmal: ›Hör mal, es heißt, Ssascha Miltschakow lebt?‹
›Ich weiß nicht, Genosse Stalin, ich habe nichts davon gehört.‹
›Wenn er lebt, bring' ihn nach Moskau. Man muß ihm Arbeit geben.‹
Ich habe einen mit den notwendigen Fragen versehenen Auftrag ausgeschrieben und, nachdem ich erfahren hatte, er sei in Norilsk, die entsprechenden Anweisungen gegeben. In Moskau kam er in der Butyrka in eine Einzelzelle. Im Lefortowo, das wissen Sie ja selber, könnten einem aus Versehen die Knochen gebrochen werden.«
Dem Hausherrn die Ankunft Miltschakows mitzuteilen, wagte er nicht. Mit nur einer Frage ging man besser nicht zu ihm. Kruglow bereitete Material vor und erbat eine Audienz. Als Stalin ihn empfing, berichtete er zunächst über verschiedene Dinge, danach sagte er, so, als fiele es ihm gerade ein:

»Sie hatten Anweisung gegeben, Miltschakow nach Moskau zu bringen. Er ist schon hier.«
»Und wo war er gewesen?«
»In Norilsk.«
»In Norilsk?« wunderte sich Stalin, »was für eine Dummheit! Er kennt sich doch gut mit der Goldförderung aus. Schaff' ihn in die Lager von Kolyma . . .«
So *verschaffte* der Hausherr Ssascha Miltschakow zum zweiten Mal *Arbeit.*

Sorgen, Sorgen . . .

Will man ein Volk moralisch korrumpieren, muß man bei den Kindern anfangen. Zu diesem Zweck wurde die Organisation der Jungen Pioniere geschaffen. Aber es setzt noch früher ein – in den Kindergärten, wo Winzlinge nach beendetem Mittagessen gemeinsam skandieren: »Wir danken dem lieben Stalin für unsere glückliche Kindheit!«
Im Spielzimmer hängt an der Wand das Bild Väterchen Stalins mit einem schwarzhaarigen Mädchen auf dem Arm. Die sechsjährige Gelja hatte dem Führer einen Blumenstrauß geschenkt. Unter den Gästen war ihr Papa Ardan Markisow, der Volkskommissar für Landwirtschaft der Burjat-Mongolischen Autonomen Sowjetrepublik. Einige Jahre später erweist sich Geljas Papa als »Volksfeind« und wird vernichtet.
Die Kinder sehen gerührt auf das Porträt mit dem Schnurrbart. Und niemand erzählt ihnen vom Schicksal der Eltern des Mädchens.
Vierzig Jahre sind vergangen. Und niemand erzählt ihnen die Wahrheit.
Man kann sich nur wundern, wie Stalin, der ständig damit beschäftigt war, neue effektive und effektvolle Methoden zur Vernichtung der erwachsenen Bevölkerung zu ersinnen, auch für Kinder Zeit fand. Am 7. April 1935 veröffentlichte er die Resolution des Zentralexekutivkomitees über die Strafmündigkeit mit vollendetem zwölften Lebensjahr. Von jenem historischen Tage an begann man, die Kinder im Lande des Sozialismus genauso wie die Eltern zu verurteilen. Und genauso zu bestrafen, bis hin zur Erschießung.
Das heißt, es gab Gründe dafür.
OSAR. Diese »konterrevolutionäre terroristische Organisation« mit der

Code-Bezeichnung »Wir rächen die Eltern« (russisch abgekürzt OSAR) hatte sich irgendein mittlerer Beamter der Lubjanka ausgedacht, der auf seine Beförderung scharf war. Von den zwölf Kindern ums Leben gekommener »Volksfeinde«, die zu »OSAR« gezählt wurden, wollen wir nur zwei nennen: Leonid, den Sohn von Dawyd Krymskij, einem Abteilungsleiter im Moskauer Stadtparteikomitee, und Anatolij, den Sohn von Ssolomon Raben, einem Funktionär im Volkskommissariat für Wald- und Forstwirtschaft.
Die Untersuchungsbeamten schafften es nicht, diese beiden zu zerbrechen. Die anderen bekannten, dem fiktiven OSAR angehört zu haben. Alle wurden durch die OSO verurteilt. Nicht alle haben das Arbeitslager überlebt.
Besondere Sorge aber widmete der Führer den Kindern seiner Mitkämpfer. Er ließ die Söhne von Anastas Mikojan verhaften, Ssergo und Wano. Auf Bitten von Aschchen Lasarewna, der Mutter der verhafteten Jungen, rief Nikolaj Bucharin Koba an:
»Weshalb sind die Jungen festgenommen worden?«
»Sie sind Freidenker!« sagte Stalin kurz angebunden.

Jossif Stalins Vorläufer, Jossif Wolozkij, hatte Freidenker bei lebendigem Leibe verbrannt. Aber das geschah im XV. Jahrhundert unter Iwan III. Schließlich macht niemand Stalin den Vorwurf, er habe Ketzer verbrannt. Er schickte sie einfach ins Lager – Erwachsene und Kinder. Und es war nicht seine Schuld, wenn nicht alle zu überleben verstanden.

Der Staatsanwalt genehmigte es Aschchen Lasarewna, ihren Kindern einmal in der Woche Wurst zu bringen. Bald schon beschloß er, den Fall mangels Belastungsmaterials einzustellen.
Als der Hausherr davon erfuhr, wurde er zornig:
»Das ist apolitisch!«
Auf der nächsten Sitzung des Politbüros empfahl er, den Fall der jungen Freidenker an Merkulow zu übergeben, den Stellvertretenden Volkskommissar des Inneren.
Die Zahl der verhafteten Kinder ist siebenstellig. Wie viele Millionen wurden aus ihrem Elternhaus weggerissen und bekamen das Brandmal »Familienangehöriger eines Repressionen Unterworfenen«, wie viele haben überlebt? Die Statistik kann die Ausmaße jenes Elends nicht errechnen, neben dem die biblischen Plagen harmlose Märchen sind.

Aber die persönliche Beteiligung Stalins an der Vernichtung von Kindern ist eine unwiderlegliche Tatsache. Der Liebe Vater schloß aus seinen Sorgen auch nicht eines der Kinder der von ihm vernichteten Mitkämpfer Lenins aus. Der Sohn von W. W. Ossinskij, Dmitrij, wurde zweimal verhaftet. Das erste Mal zusammen mit Andrej Sswerdlow, das zweite Mal mit seinem Vater, 1937. Am gleichen Tage kam seine Frau mit einem neugeborenen Sohn aus dem Krankenhaus.

Wir haben schon den Namen des Mitkämpfers von Lenin Pjotr Saporoshez genannt, der lange vor den Massenverfolgungen gestorben war. Seine Kinder hat Stalin ermordet. Prokofij Dshaparidse, einer der Kommissare von Baku, kam 1918 um. 1937 ließ Stalin seine älteste Tochter Ljudmila verhaften und ins Lager schicken.

Im Sommer 1918 lebte die Stadt Baku unter der Drohung einer türkischen Intervention. Der bolschewistische Sowjet beschloß, Aserbaidshan zu verlassen. Die Kommissare fuhren mit dem Schiff *Kolessnikow* ab, aber die örtlichen Behörden (Zentrokaspi) brachten sie gewaltsam nach Baku zurück. Von ihnen rettete sich allein Boris Scheboldajew. Er war über Bord gesprungen und hatte sich schwimmend auf die Insel Shilowo gerettet. Einen Monat darauf verließen die wie durch ein Wunder aus dem Gefängnis freigekommenen Kommissare erneut mit einem Schiff Baku, aber die Mannschaft nahm entgegen ihrem Wunsch Kurs auf Krassnowodsk. Die Kommissare wurden am 20. September erschossen.

Scheboldajew überlebte, aber 1937 fand sich im Kreml ein Mann, der daranging, die Fehler der Geschichte zu korrigieren. Boris Scheboldajew leitete damals das nordkaukasische Gebietskomitee. Er wurde in Rostow am Don verhaftet und nach Moskau, in die Lubjanka gebracht. Seine Frau Lika folgte ihm mit den Kindern, zwei Jungen im Alter von vier und zwei Jahren, nach Moskau. Boris und Lika hatte der Weltkrieg 1916 zusammengebracht. Lika war Krankenschwester an der türkischen Front gewesen. Später hatten die jungen Scheboldajews die Sowjetmacht an den Fronten im Süden verteidigt.

Auf ihrer Fahrt in die Hauptstadt, nach der Verhaftung ihres Mannes, wurde Lika von ihren Schwestern Walentina und Antonina begleitet. Sie konnten Lika nicht im letzten Schwangerschaftsmonat allein lassen. Eine armenische Hebamme entband sie von ihrem dritten Sohn, Ssergo. Der naive Versuch der Frauen, sich mit den Kindern in dem Moskauer Vorort Pjetuschki zu verstecken, wurde von der Lubjanka alsbald und entschieden durchkreuzt. Lika wurde verhaftet, ebenso die Hebamme.

Offenbar erwies sich Boris Scheboldajew als ziemlich zäh. Aber Stalin forderte »Bekenntnisse«, und die Fleischer nahmen sich Likas an. Womit konnten sie sie erfreuen?
An einem strahlenden Frühlingstag kamen die Gardisten nach Pjetuschki. Sie nahmen zwei der Kinder mit. Den Ältesten hatte Likas Schwester Walentina im Nachbarhaus verstecken können. Aber ein Neugeborener braucht schließlich Pflege und Windeln! Walentina machte ein Bündel mit Wäsche zurecht, verlangte, daß man sie zusammen mit den Kindern mitnahm, und drängte sich fast gewaltsam mit ins Auto.
Das Auto beschleunigte, fuhr in einen Wald, und die Frau wurde in voller Fahrt herausgeworfen.
Und schon hört Lika Scheboldajew beim Verhör aus dem Nebenzimmer – die Tür ist vorsorglich nicht ganz geschlossen! – Kinderweinen, das Weinen ihres kleinen Sohnes.
»Das sind deine Kinder. Entweder du unterschreibst, oder . . .«
Wie viele solche Folterungen und Verhöre hat die Mutter durchgestanden, wer hat es gezählt? Lika wurde wahnsinnig. Es gelang ihr nur, unter Aufbietung der letzten Willenskraft, ihrer Zellengenossin zu erzählen, was vorgefallen war. Mit ihr in einer Zelle saß Lilija Iwanowna Rudsutak, die Nichte des Altbolschewiken und Mitkämpfers von Lenin.
Es kam das Jahr 1937. Boris Scheboldajew lebt schon nicht mehr. Lika sitzt in einer Zelle des Butyrka-Gefängnisses und wiegt ihr nicht vorhandenes Kind in ihrem Arm. Er ist so klein, Ssergo, erst vier Monate alt. Auf dem Spaziergang im Gefängnishof singt Lilija Rudsutak Opernarien. Dafür hatte sie die Mailänder Opernschule besucht! Lilija kommt es vor, als lebe ihr Onkel noch, als sitze er im Eckturm und höre ihr zu.
Beim Abtransport der Geisteskranken blieben Lika und Lilija zusammen. Aber im Gefängnis von Kotlas wurden sie getrennt: Die unzurechnungsfähige Lika wird in eine Einzelzelle gebracht und dort in ein vergittertes Bett gelegt. So endeten ihre Tage. Wie im Märchen.
In Moskau suchen Likas Schwestern die verhafteten Neffen, suchen ein Jahr lang alles ab, und ein zweites Mal. Weinend verlassen sie gerade die »Schutzabteilung für Mütter und Kinder«, als sie hinter sich Schritte hören: Eine hochgewachsene, hagere Frau im Kittel läuft die Treppe hinunter und hinter ihnen her. Die Inspektorin nimmt ihnen ihr Ehrenwort ab, sie nicht zu verraten: Die Kinder befinden sich in einem Waisenhaus an der Jaroslawler Chaussee, man hat ihnen den Familiennamen Worobjow gegeben.
Die unermüdlichen Schwestern eilen dorthin und erklären, daß die kleinen Worobjows ihre Neffen seien, der ältere drei, der jüngere ein Jahr alt. Der Kleine wurde in dem Heim unter dem Vornamen Alik

geführt, während man für den Älteren sinnigerweise Ssergo ausgesucht hatte. Die Schwestern durften die Jungen mitnehmen, sie brachten sie nach Urjupinsk in der Nähe von Tambow. Die Adresse teilten sie niemandem mit.
Im Krieg kam der Ältere durch den Zufallstreffer einer Bombe um, der mittlere starb an Scharlach. Es überlebte allein der jüngste, Ssergo. Er unterrichtet jetzt in einem Institut, das aufgrund der lästerlichen Ironie des Schicksals bis vor kurzem den Namen Stalins trug, des Mörders von Boris und Lika Scheboldajew.
Ssergo Scheboldajew sucht einen Menschen, der ihm etwas von den letzten Tagen seiner Mutter erzählen könnte.

War Stalin wenigstens zu Mitleid mit den Kindern seiner nahen Verwandten imstande? Wenigstens ihnen gegenüber?
Als er Aljoscha Sswanidse verhaftet hatte, ließ er dessen elfjährigen Sohn Wano in die Lubjanka bringen. Von dem Kind wurden Aussagen gegen seinen Vater verlangt. Nach dem Tode Sswanidses, im Gefängnis von Orjol im Jahre 1941, sperrte Stalin den 16jährigen Sohn in die Psychiatrische Gefängnisklinik von Kasan ein, hier verbrachte Wano fünf Jahre. Von dort wurde er in die Vernichtungslager gebracht. Er hat die Zwangsarbeit in den Kupfererzgruben von Dsheskasgan überlebt.
Die Wahrscheinlichkeit, daß Wano den Vater rächen würde, war unter dem bestehenden Bewachungssystem nicht größer als die, daß der Kreml mit allen Propheten, Henkern und Verwaltern in die Hölle stürzte. Aber die Wahrscheinlichkeit existierte in der feigen Phantasie Stalins. Und er ordnete an, daß Wano dort im Osten zur dauernden Ansiedlung bleiben müsse.
Erst 1956 kam er wieder nach Moskau zurück, nachdem er 19 Jahre in Gefängnissen und in der Verbannung verbracht hatte. Sein Leben in der »Freiheit« gestaltete sich so: Nach Beendigung der historischen Fakultät der Universität und nach der Aspirantur ging Wano Sswanidse ins Afrika-Institut. Er heiratete (was passiert nicht alles im Leben ...) die Tochter Stalins, Sswetlana Allilujewa.

Wen hat er verschont, der Große Kinderfreund? Es gab keinen. Es gab allein die eine, alles verzehrende Bosheit. Sie reichte vollauf auch für die Komsomolzen aus.
Aleksandr Miltschakow ist nahezu der einzige ZK-Sekretär des Komsomol, der wie durch ein Wunder am Leben bleib. Wenn man 17 Jahre in

Vernichtungslagern als »Wunder« bezeichnet. Die wirkliche Geschichte des Komsomol ist noch nicht geschrieben worden. Warum? Auf diese Frage antwortet Miltschakow im Vorwort seines Buches »Das erste Jahrzehnt«:

»Es war schließlich kein Zufall, daß Stalin und seine Spießgesellen fast alle ehrlichen Leninisten vernichtet haben, die den Komsomol im ersten Jahrzehnt leiteten.«[99]

In diesem Buch erzählt Miltschakow von dem schrecklichen Schicksal der Komsomolführer. Unter ihnen sind die ZK-Sekretäre der zwanziger und dreißiger Jahre: Oskar Rywkin, Pjotr Ssmorodin, Lasar Schazkin, Nikolaj Tschaplin, Aleksandr Kossarew.

Von den vier Tschaplin-Brüdern hat allein der jüngste, Wiktor, ein Student der Universität Leningrad, den Terror überlebt. 1937 war er gerade zwanzig Jahre alt. Als erster wurde Nikolaj geholt. Er hatte an der Unterdrückung des Aufstands von Kronstadt teilgenommen, dann in der Flotte gedient. Er hatte die Lew-Trotzkij-Hochschule für Flugwesen in Koktebel besucht und war als Geheimdienst-Resident nach Finnland geschickt worden. In vielem die typische Biographie eines Komsomolführers.

Zur Gegenüberstellung mit seinem jüngeren Bruder Ssergej wurde er auf einer Tragbahre gebracht. Das Haar hing ihm in grauen Strähnen um den Kopf, die Zähne waren ausgeschlagen, die Rippen gebrochen. Wie lange war es her, daß sich alle an dem jungen Athleten erfreut hatten, einem wahren Herkules.

Nikolaj, der durch die Folterungen halb blind geworden und dessen Gesicht von den unerbittlichen Schlägen verquollen war, erkannte seinen Bruder nicht gleich. Nikolaj sagte seinem Bruder:

»Sserjosha, unterschreib alles, was sie wollen, sonst geht es dir genauso wie mir.«

Die »Geständnisse« haben Ssergej nicht gerettet. Er wurde nach Magadan gebracht. Dort wurde er (zusätzlich!) der Vorbereitung zum bewaffneten Aufstand angeklagt und erschossen.

Im Lager kam auch der älteste Tschaplin, Aleksandr Pawlowitsch, um, ein früherer Mitarbeiter von Lunatscharskij.

Die Liste der Toten ist endlos. Hier die Namen der ZK-Sekretäre des Komsomol und des Exekutivkomitees der Jugend-Komintern, die in den Jahren der Stalin-Tyrannei hinter Gitter oder Stacheldraht kamen: Oskar Tarchanow, Rimma Jurowskaja, Wladimir Fejgin, Pjotr Petrowskij, Andrej Schochin, Dmitrij Matwejew, Georgij Iwanow, Rafael Chitarow, Gussejn Rachmanow, Ignatij Scharawjew, Pawel Gorschenin, Ssergej Andrejew, Dmitrij Lukjanow, Wassilij Tschemodanow,

Ssergej Ssaltanow, Walentina Pikina. Nur wenige von ihnen haben noch ihre Rehabilitierung erlebt. Über jeden könnte man einen Roman schreiben, eher eine Tragödie. Jeder von ihnen hatte je nach Kraft und Fähigkeit dem Tyrannen gedient und eine Generation von Unterdrückten großgezogen.

Im Auftrage Stalins hatte Aleksandr Kossarew 1925 unter den Leningrader Komsomolzen eine Säuberung durchgeführt. Er hat buchstäblich das ganze Stadtkomitee vernichtet. Stalin geizte gegenüber dem eifrigen Gehilfen nicht mit Gnaden und erhob ihn zum Ersten Sekretär des Komsomol, an die Stelle Miltschakows.

Aber in den dreißiger Jahren wurden vom Komsomol-ZK eine qualitativ andere Arbeit und andere Maßstäbe verlangt. Und Kossarew konnte nicht sofort begreifen, daß es heute nicht mehr genügte, gläubiger Diener der Partei zu sein. Man mußte ein Erfüllungsgehilfe des Willens der Organe sein, die Feinde überall entlarven und vernichten – in den Schulen, in den Hochschulen, den Fabriken, den Kolchosen. Und je mehr, desto besser. Im Plan zur Umwandlung des Landes in eine überdimensionale Gefängnisbaracke war der Vier-Millionen-Organisation die Rolle eines Hilfskorps für Spionage und Strafaktionen zugewiesen.

Offenbar war Kossarew nicht in der Lage, diese epochalen Entwürfe des Generalsekretärs sofort zu verdauen und in die Tat umzusetzen. Stalin beschloß, den jüngeren Genossen »ein wenig zu korrigieren«. Er berief die drei Sekretäre des Kleinen ZK zu sich – Kossarew, Gorschenin und Walentina Pikina. In Beisein von Jeshow warf er Kossarew vor: »Das Komsomol-ZK hilft den Organen des NKWD nicht bei der Entlarvung der Volksfeinde.« Und der Generalsekretär erteilte den Komsomolführern die entsprechende kategorische Direktive.

Dies geschah im Arbeitszimmer des Führers am 21. Juli 1937. Und ein Jahr später, als Berija in der Lubjanka Fuß faßte, befand Stalin, die Zeit sei gekommen, um die Komsomolführung, die nicht mit der Hauptaufgabe des Tages fertig wurde, zu erneuern. (Hatten sie sich vielleicht nicht bemüht? Wieviele Komsomolorganisationen hatten sie in dem einen Jahr ihrer Führung beraubt ...)

Auf einem außerordentlichen ZK-Plenum des Komsomol, das am 19. November 1938 auf Anweisung des Generalsekretärs zusammentrat, erschien fast die ganze Bande: Molotow, Malenkow, Shdanow und Schkirjatow. Der Boden war nur sehr oberflächlich, doch in voller Übereinstimmung mit den persönlichen Wünschen des Führers vorbereitet. Als Werkzeug der Provokation hatte Stalin dieses Mal die ZK-Funktionärin des Komsomol, Olga Mischakowa, ausgesucht. Sie wandte

sich an den Generalsekretär um Hilfe gegen die Vorherrschaft Kossarews. Zugleich bezichtigte sie den Ersten ZK-Sekretär des Komsomol des Liberalismus: In Gorkij habe er nicht einen einzigen Trotzkisten entlarvt. Er habe mit seiner Autorität Volksfeinde gedeckt. Nach diesem Alarmsignal beschloß das Zentralkomitee der Partei, die Mischakowa nach Gorkij zu entsenden. Sie verstand es, Hunderte von eingefleischten »Trotzkisten« aufzuspüren und zu entlarven, die sich in die Komsomol-Organisation in Gorkij eingeschlichen hatten.
Unter diesen Vorzeichen trat das außerordentliche Plenum des Komsomol-ZK zusammen.
Anläßlich der bevorstehenden Beerdigung des Kleinen ZK hätte Stalin in Trauer erscheinen können, zog aber die übliche halbmilitärische Kleidung vor. Der Generalsekretär ließ sich etwas entfernt nieder, und während er seine Pfeife rauchte, hörte er sich die flammenden, von ihm selber inspirierten Angriffe seiner Helfershelfer gegen die Führer des Komsomol an, die den Feinden der Partei auf verbrecherische Weise geholfen hatten. Als ein Diskussionsredner erklärte, Kossarew habe es nicht verstanden, die Verräter in seinem Zentralkomitee zu erkennen, warf Shdanow von seinem Platz aus in selbstgerechter Empörung ein:
»Wieso hat das Kossarew nicht verstanden?«
»Vielleicht hat er es *nicht gewollt?*« setzte der Generalsekretär leise, aber bedeutungsvoll hinzu.
Nach dieser gezielten Spitze verlief die Debatte entsprechend. Das Komsomol-ZK, diese »Kossarewsche Bande«, wurde binnen weniger Tage völlig vernichtet.
Olga Mischakowa, die als Provokateur aufgetreten war, wurde mit dem Amt einer ZK-Sekretärin des Komsomol belohnt. Und die Köpfe des Komsomol rollten. In jenen Tagen nannte man das »die Führung festigen«.

Eine Armee ohne Kommandeure

Stalins Vernichtungskrieg gegen das eigene Volk mußte auch die Armee treffen. Er fürchtete die Truppenführung als potentielle Quelle einer möglichen Revolte. Grausamkeit und Feigheit finden sich oft bei ein und demselben Menschen. Stalins Feigheit hatte, im Verein mit seinem Mißtrauen, ihm schon lange eine Lösung eingegeben.

Man mußte im Sommer 1937 beginnen – nicht früher und nicht später. Zu diesem Zeitpunkt war das Volk durch die Hysterie der Spionenfurcht hinreichend erhitzt. Die Vernichtung der Truppenführung aufzuschieben hätte bedeutet, alles Erreichte in Frage zu stellen. Die Massenverhaftungen der Parteiveteranen könnten selbst die ergebensten Kommandeure schwankend machen. Es hat nicht viel zu bedeuten, wenn sich Gorkij, Bucharin oder diese Hysterikerin Krupskaja einmischen. Etwas ganz anderes ist es, wenn die Heerführer zu murren anfangen. War es denn lange her, daß das Militär in Spanien geputscht hatte? Jetzt waren dort die Generale an der Macht, und keine Gewalt kann sie absetzen. Denn sie selber sind die Gewalt.
Nein, es ist besser, sich auf dieser Flanke abzusichern und endlich dem tiefverwurzelten Neid gegenüber den begabten Strategen freien Lauf zu lassen.
Sehen Sie, der Tuchatschewskij beispielsweise spielt Geige. Wollen mal sehen, wie er in der Lubjanka spielt.
Gegen Tuchatschewskij sprach alles: seine persönlichen Daten, seine Bildung, seine Willenskraft und sein Verstand. Und vor allem sein militärischer Ruhm. Das war schon bei Michail Frunse ein ganzer Komplex unzulässiger Qualitäten gewesen. Solche Männer konnte Stalin nicht dulden, ihn erfreuten nur die Woroschilows. Deshalb auch hatte der Generalsekretär Michail Tuchatschewskij nicht an die Spitze des Volkskommissariats für Verteidigung gestellt. Und selbst auf seinem Posten als Stabschef der Roten Arbeiter- und Bauernarmee wurde Tuchatschewskij von Stalin und Woroschilow auf Schritt und Tritt verfolgt, häufig zum Schaden der Sache.
Die Rote Armee war erheblich hinter den stärksten Armeen Europas zurückgeblieben, besonders in der Waffentechnik und Mechanisierung. Dennoch blockierten Stalin und Woroschilow sorgfältig alle sachlichen Vorschläge Tuchatschewskijs. Da er die »Pressionen« der verbissenen Intriganten nicht ertrug, bat Tuchatschewskij um seine Entlassung als Stabschef. Drei Jahre war er Chef des Wehrkreises Leningrad (1928–1931). Der Marschall befreundete sich mit Ssergej Kirow – das sollte ihm noch angerechnet werden.
Stalins internationale Ambitionen machten eine starke, moderne Armee erforderlich. Aber wer wird die Reorganisation der Streitkräfte verwirklichen? Jossif der Erbauer mußte Tuchatschewskij zum Stellvertretenden Volkskommissar ernennen. Als dann die Armee unter der geschickten Führung Tuchatschewskijs umgerüstet war und gut ausgebildete Kommandeure erhalten hatte, kam der Zeitpunkt, sich seiner zu entledigen. Zusammen mit Tuchatschewskij wird Stalin dessen Mitarbeiter im

Wehrkreis Leningrad vernichten – J.J. Sslawin, I.F. Fedjko, B.M. Feldman. Niemanden vergißt er. Weder Tuchatschewskijs Freund, den Musiker Nikolaj Ssergejewitsch Shilajew, noch die Tochter des Marschalls, Sswetlana.
In weniger als zwei Jahren schickt Stalin fast das gesamte höhere und mittlere Offizierskorps der Armee in die Gefängnisse und Lager. General A.I. Todorskij, der selbst viele Jahre in Stalins Lagern verbrachte, stellte später einige Zahlen zusammen. Zählt man die Verluste der Offizierskorps der kriegführenden Länder des 19. und des 20. Jahrhunderts zusammen, so ergibt dies lediglich die Hälfte der Zahl von Offizieren, die Stalin ermordet hat. Allein im Lefortowo-Gefängnis wurden in zwei Jahren 53 Truppenkommandeure zermahlen – mehr als in allen Kriegen zusammengenommen. Von fünf Marschällen der Sowjetunion vernichtete Stalin drei – Tuchatschewskij, Blücher, Jegorow. Von vier Flotten-Befehlshabern – ebenfalls drei: die Admiräle W.M. Orlow, M.W. Wiktorow, A.K. Ssiwkow.
Im Oktober 1957 erklärte Marschall Malinowskij auf der Versammlung des Parteiaktivs der Verteidigungsminister, die *Berija-Clique* habe das kostbare Gefäß mit 82000 der besten, erfahrensten und verdienstvollsten Kommandeure und politischen Funktionäre aus Heer und Kriegsmarine zerbrochen. »Am Vorabend des Krieges standen wir ohne Kopf da«, schloß Malinowskij.
All dies verhielt sich genau so, nur, daß Berija lediglich einer der Erfüllungsgehilfen gewesen war. Wenn von einer Clique die Rede ist, so haben ihr Berija gemeinsam mit Jeshow, Wyschinskij, Schkirjatow, Mechlis, Schtschadenko, Ulrich und den bekannteren Molotow, Kaganowitsch, Shdanow, Woroschilow und Mikojan angehört, und zwar der Großen, der Stalinschen Clique.

1937 sagte einmal der Kavalleriekommandeur Oka Gorodowikow bei einem Treffen mit Budjonnyj: »Ssemjon, paß' auf, was sich tut! Sie holen einen nach dem anderen ab.«
Budjonnyj erwiderte: »Keine Angst, dich und mich rühren sie nicht an. Sie nehmen nur die Klugen.«
Die Antwort des Marschalls enthält nur einen Teil der Wahrheit. Stalin ließ Budjonnyj und Woroschilow nicht allein wegen ihrer Dummheit und ihrer absoluten Unfähigkeit zu strategischem Denken am Leben. Er benötigte sie als Reklamefiguren, den Bauernsohn Ssemjon Budjonnyj und den Schlosser aus Lugansk, Kliment Woroschilow. Sie gaben ein gutes Aushängeschild »für die Massen« ab, damit diese sich an der

Volksherrschaft erfreuen konnten. Beide verfügten zudem über eine nicht minder wertvolle Eigenschaft: Dem Machthaber gehorsam, wie nur Leibeigene ihren Gutsherren gehorsam sind, haßten sie aus tiefster Seele die Intelligenzler. Um ihre einträglichen und ehrenvollen Posten zu sichern, waren sie zu jeder Schurkerei bereit. Der ganze Weg des Karrieristen und Intriganten Woroschilow zeugt davon.

Von den hohen Offizieren der Roten Reiterarmee aus der Zeit der Bürgerkriege mußten nur wenige dran glauben. Stalin rührte die früheren Divisionskommandeure J. R. Apanassenko und S. K. Timoschenko nicht an.

Als er die Vernichtung des Hirns der Armee in Angriff nahm, gab es nicht eingeplante Zufälle in Gestalt des frühen Todes mehrerer bekannter Befehlshaber. 1929 war in Ssotschi Jan Fabrizius bei der Rettung einer Frau und ihres Kindes ums Leben gekommen. Der ehemalige Oberkommandierende Ssergej Ssergejewitsch Kamenew hatte Stalin im Jahre 1920 viel Ärger bereitet. Er starb 1936; das war sehr unpatriotisch gehandelt – wenigstens ein Jahr hätte er mit seinem Tode noch warten können. Aber die rächende Hand der Stalinschen Justiz erreichte ihn auch noch an der Kremlmauer. In dieser Geschichte spielt A. A. Sswetschin eine Rolle, der im Ersten Weltkrieg Stabschef bei General Brussilow gewesen war, der Verfasser des Buches »Die Kunst der Heerführung«. Nach der Revolution war er in den Dienst der Roten Armee getreten und hatte später die Militärhistorische Kommission geleitet.

Einmal hatte ihn S. Kamenew gefragt:

»Genosse Sswetschin, wie denken Sie über die Möglichkeit, die Werke von Clausewitz in der Kriegsakademie zu nutzen?«

»Wie Sie befehlen, Ssergej Ssergejewitsch.«

Aber diese Unterwürfigkeit rettete Sswetschin im Jahre 1937 nicht. Er wurde als Teilnehmer an einer – monarchistischen Verschwörung verhaftet. In der Lubjanka preßte man aus Sswetschin Angaben über den »Verrat« Kamenews heraus. Sswetschin wurde erschossen. Der Name Kamenews verschwand aus der Geschichte.

Die Vernichtung der obersten Truppenführung gelang glanzvoll. Militärs sind keine Parteifunktionäre, mit ihnen kann man einfacher »arbeiten«. Man kann sich sogar einen eigenen Auftritt erlauben.

Am 1. Juni 1937 eröffnete Stalin im Kreml eine fünftägige Aufführung, an der sowohl der Revolutionäre Kriegsrat als auch die Mitglieder des Politbüros teilnahmen. Zu der Sitzung waren 120 Kommandeure und Kommissare geladen. Jeder von ihnen wurde am Eingang untersucht, die Waffen blieben im Vorzimmer zurück. Jeder erhielt einen *blauen*

Aktenordner mit Kopien der Aussagen, in denen Tuchatschewskij, Uborewitsch, Putna, Primakow und andere des Verrats bezichtigt wurden.
Aus diesen blauen Ordnern erfuhren viele, daß auch sie selber an Spionage und an einer Verschwörung gegen den Kreml teilgenommen hatten.
Im Präsidium sitzen die Politbüromitglieder mit Stalin an der Spitze. Neben dem Führer sitzen Woroschilow und Jeshow. Die Redner überschütten der Reihe nach die Verräter mit Schimpf und Schande. Im weiteren Verlauf der Theatersitzung bringen Mitarbeiter des NKWD neue Ordner mit frischen Aussagen von Verhafteten. Jeshow beugt sich zum Hausherrn hin und nennt ihm flüsternd die Namen der soeben erst entlarvten Verräter. Ein kaum merkliches majestätisches Kopfnicken, und schon wird der nächste »Verräter« aus dem Saal geführt. Und noch einer. Ein weiterer.
Die Verbleibenden verdammen heiß die neu erkannten Feinde und geloben ebenso heiß dem Führer ihre Treue.
Wer ist der Nächste? Alle eilen, sich in die Rednerliste einzutragen. Das Gesicht des Hausherrn ist streng und triumphierend. Wo sind sie, jene weichlichen Intelligenzler, die ihm Grausamkeit vorgeworfen hatten? Alle sehen: Die Verschwörer hatten ihr widerliches Nest mitten im Herzen der Streitkräfte gebaut. Ja, heute ist sein, Stalins, Tag. Der listige Feind wird von der gerechten Hand des Volkes vernichtet. Der Hausherr scheint in seine großen Gedanken vertieft zu sein. Aber nein, er sieht alles, bemerkt alles. Der unvergleichliche Schnurrbart beginnt zu zukken, und er sagt: »Ich sehe auf der Rednerliste die Genossen Bulin und Sslawin nicht.«
Anton Bulin, ein Petersburger Altkommunist, Stellvertretender Chef der Politverwaltung der Armee und Jossif Sslawin, Chef der Politischen Abteilung der Militärschulen – sie beide bringen es nicht über sich, die Armeeführer des Bürgerkrieges ihrer Ehre zu berauben.
Aber der Hausherr fährt fort: »Wer selber zu uns kommt und selber von seinen verbrecherischen Verbindungen mit den Volksfeinden berichtet, dem kann man auch verzeihen. Wer aber darauf hofft, die Partei zu betrügen, der hat es sich allein zuzuschreiben.«
Neue Auftritte, neue Verdammungen, neue Schwüre. Das Wort ergreift Pawel Dybenko. Er greift seine zu Spionen erklärten bisherigen Genossen an, mit denen er, der ehemalige Matrose und spätere Volkskommissar, die Sowjetmacht im Bürgerkrieg verteidigte.
»Und dieser Gamarnik!« entrüstet sich Dybenko, »hat den Jesus Christus gespielt! Nicht einen Stuhl mehr als nötig im Haus gehabt ... Wir

haben schon lange gesagt, daß sich da etwas Blaublütiges vorbereitet. Sie haben uns nur nicht gelassen!«

Und es wird kein Jahr vergehen, so vernichtet Stalin den Matrosen mit der Donnerstimme, diesen ergebenen und leichtgläubigen Mann. Er wird ihn ohne Rücksicht auf den so aktuellen Haß gegen blaues Blut vernichten.

Der Allerweiseste wandte sein bewährtes Schema an, das ihm in den zwanziger Jahren so gut gedient hatte. Damals hatte er mit der Hand Sinowjews und Kamenews Trotzkij verdrängt, um später alle zu vernichten. Heute sind als Mitglieder des Tribunals, das Tuchatschewskij, Uborewitsch, Jakir, Primakow, Putna, Kork, Ejdeman und Feldman hinrichten lassen soll, Budjonnyj, Blücher, Bjelow, Alksnis, Schaposchnikow, Dybenko, Kaschirin und Gorjatschew befohlen.

Stalin wird alle vernichten, zuerst die »Verräter«, dann die »Richter« (mit Ausnahme von dreien, wie es scheint).

Als Jona Jakir verurteilt wurde, verlangte er die Vorladung Stalins. »Jona«, bemerkte Primakow vorwurfsvoll, »ich habe dich für einen klugen Menschen gehalten. Wer hat denn das *Theater* veranstaltet, wenn nicht *er?*«

Aber der Held des Bürgerkrieges konnte einfach nicht die schreckliche Wahrheit begreifen. Einen Tag vor seinem Tode schreibt er: »Ich bin ehrlich mit jedem meiner Worte, ich sterbe mit Worten der Liebe zu Partei und Land, mit dem grenzenlosen Glauben an den Sieg des Kommunismus.«

Und in der Minute der Hinrichtung konnte er noch rufen: »Es lebe der Genosse Stalin!«

Dem Hausherrn wurde davon berichtet, er lächelte böse: »Was war er doch für ein verlogener Mensch . . .«

Wer könnte glauben, daß der Plan der Großen Exekution das Werk des Generalsekretärs ist? Daß er, Stalin, die Morde dirigiert? Daß »Richter« wie »Angeklagte« dem Tode verfallen sind?

Im Winter 1939 wurde der Korpskommandeur Konstantin Rokossowskij ins Butyrka-Gefängnis überführt. Der überzeugte Kommunist war im Jahre 1919 in die Partei eingetreten und hatte sich als tapferer Soldat und fähiger Truppenführer empfohlen. In der Zelle begegnete er einem bekannten Bolschewiken.

»Haben sie dich auch geschnappt, Alter?« fragte Rokossowskij, »Was passiert denn da nur alles? Ich kann es nicht begreifen. Das ist ja schlimmer, als mit der Kanone in die eigenen Reihen zu schießen . . . Mein Lieber, du bist der Ältere, sag' mir, erkläre mir, gib' mir irgendeinen Fingerzeig, was vorgeht . . . Vielleicht *muß* das jetzt so sein . . .?«

Rokossowskij hatte mit seinem Untersuchungsbeamten Glück. Weil er in Polen geboren war, konnte man ihm leicht Spionage »anflicken«, und das bedeutete Erschießung, doch er wurde »nur« ins Lager geschickt. Er geriet nach Knjash-Pogost nördlich von Kotlas, von dort wurde er 1940 entlassen. Die Gefängniserlebnisse hat er nie vergessen. Er ertrug keinen NKWD-Mann um sich und stellte seine eigene Wachmannschaft ausschließlich aus Soldaten zusammen. Nach dem Krieg schickte Stalin den Marschall gegen dessen Wunsch als Verteidigungsminister nach Polen. In Warschau widerfuhr es Rokossowskij, zur Zielscheibe mehrerer Anschläge polnischer Patrioten zu werden. Er verstand vieles, aber auf die Hauptfrage – wem in den dreißiger Jahren die Ermordung des Offizierskorps genutzt hatte – fand er keine Antwort.

Besser als jedem anderen war Stalin bekannt, daß sich unter den von ihm umgebrachten Befehlshabern kein einziger Spion befinden konnte. Und keinen Augenblick zweifelte der Diktator im Kreml daran, daß die von Hitler untergeschobenen Dokumente geschickte Fälschungen waren. Er beschloß jedoch, den Ordner mit den »Briefen«* Tuchatschewskijs vorläufig aufzuheben, da er den Erfolg der Junivorstellung nicht aufs Spiel setzen wollte. Sobald die Hinrichtung vollzogen war, wurde der Ordner mit den am Alexanderplatz in Berlin hergestellten Dokumenten in der Akte Tuchatschewskij abgelegt.

Wie viele Kampfgefährten Lenins hatte Stalin als Spione und Diversanten aus dem Wege geräumt. Alle hatten sie konterrevolutionäre Aktivitäten, Verbindungen mit Trotzkij und mit ausländischen Geheimdiensten »gestanden«. Es waren jedoch bisher keine Dokumente, keine schriftlichen Unterlagen vorhanden. Jetzt aber gab es eine ganze Sammlung davon. Jetzt gewann das Etikett »Spion« dokumentarisches Gewicht, und die eingefleischten Skeptiker – gab es überhaupt welche (»Kann man denn alle entlarven und vernichten?«)? – werfen ihre Zweifel über Bord.

Stalin ließ die Legende kursieren, es existiere ein Briefwechsel zwischen Tuchatschewskij und dem deutschen Generalstab, und diese Legende diente ihm ausgezeichnet 16 Jahre lang.

Zwei Wochen verbrachte Marschall Tuchatschewskij in der Todeszelle. Stalin schickte ihm Vertrauensleute, die ihm rieten, er solle seine Taten

* Gemeint sind von der deutschen Gestapo gefälschte Dokumente, die die sowjetische Generalität denunzierten, in geheimem Einverständnis mit Deutschland zu stehen. (Anm. d. Übers.)

bereuen. Wie immer genügte es Stalin nicht zu töten; er wollte das Opfer zuvor auch noch auf den Knien sehen.
Tuchatschewskijs letzte Tage waren jedoch von Arbeit erfüllt. Er wollte eine wichtige strategische Arbeit noch beenden. Dem General Todorskij gelang es 1956, das 300 Seiten starke Manuskript durchzulesen. Tuchatschewskij hatte bis unmittelbar vor der Hinrichtung daran gearbeitet: »Das faschistische Deutschland wird die Sowjetunion im Frühjahr 1941 in einer Stärke von bis zu 200 Divisionen überfallen.«
Tatsächlich begann die deutsche Invasion, »Unternehmen Barbarossa«, planmäßig im Frühsommer 1941 mit 180 Divisionen.
Im Zusammenhang mit dem »Fall Tuchatschewskij« wurden Tausende von Offizieren verhaftet. Absolventen der Kriegsakademien, die so »glücklich« waren, vom Marschall unterzeichnete Zeugnisse erhalten zu haben, kamen jahrgangsweise ins Gefängnis.
Aber es sollte kein Jahr vergehen, und Stalin vernichtete alle Untersuchungsbeamte und Staatsanwälte, die den »Fall« Tuchatschewskij und den der anderen Truppenführer fabriziert hatten.
Eine bekannte Aktion.

Den Selbstmord Jan Gamarniks, des Leiters der Politverwaltung der Armee, interpretierte Stalin, dem Schema getreu, als feigen Schritt eines »ertappten Feindes«, so wurde es auch dem Volke gesagt. Anschließend wurde der gesamte Stab der Politverwaltung der Armee ins Gefängnis gesteckt, 82 Mann.
Der Hausherr vergaß auch den beliebten Chor der Roten Armee nicht. 1937 war das Ensemble auf Tournee in Paris gewesen. Die Chorleiter wurden unmittelbar nach ihrer Ankunft im heimatlichen Moskau verhaftet, gleich auf dem Bahnhof.
Anfang 1938, nachdem er 82 000 Offiziere vernichtet hatte (eine Bagatelle in den Maßstäben des totalen Terrors), konnte Stalin eine Atempause einlegen. Er ließ einige (für wie lange?) am Leben gebliebene Kommandeure wissen, der erste Durst sei gelöscht und die Massenverhaftungen beendet. Pawel Dybenko, der Kommandant des Wehrkreises Leningrad, versicherte (mit den Worten des Hausherrn) den versammelten Kommunisten der Artillerieschule, von jetzt an werde das NKWD ohne sorgfältige Prüfung keinen einzigen Offizier mehr verhaften.
Einen Monat nach dieser Versammlung wurde Dybenko selber festgenommen. Im Verlauf von 48 Stunden wurden 900 Offiziere und Politarbeiter des Wehrkreises verhaftet.
An einem Februartag 1938 erschien Marschall Jegorow, mit dem Stalin

fast den ganzen Bürgerkrieg durch zusammen gewesen war, beim Generalsekretär:
»Sie haben alle Befehlshaber erschossen. Im Falle eines Krieges kann niemand den Mobilisierungsplan durchführen. Bei uns befehligen Oberleutnants ganze Divisionen. So kann es nicht weitergehen. Und so kann man nicht weiterleben!«
»Heißt das, du bist deines Lebens überdrüssig, ja?«, interessierte sich der Hausherr.
Jegorows Schicksal wurde am gleichen Tage entschieden.
Zu dieser Zeit war es Stalin gelungen, fast alle Funktionäre von regionaler Bedeutung zu vernichten: die Sekretäre der Zentralkomitees der einzelnen Republiken, der Rayon-, Gebiets- und Stadtkomitees. Beim ZK mußten Schnellkurse zur Vorbereitung neuer Parteiführer eingerichtet werden.
Der durch Zufall am Leben gebliebene Sslawin, derselbe, der seinerzeit nicht in Haß gegen die »Verräter« ausbrechen wollte, erhielt jetzt den Auftrag, für die Hörer der Sonderlehrgänge beim ZK ein Unterrichtsprogramm zum Thema »Die führende Rolle der Partei in der Roten Arbeiter- und Bauernarmee« zusammenzustellen. Im August 1938 wurde er zum Vortrag zu Woroschilow befohlen. Der Volkskommissar händigte ihm einen blauen Ordner mit den »Aussagen« des »Spions« Jegorow ein: »Dabei hatte der Genosse Stalin ihn gewarnt«, bemerkte der Volkskommissar. Aber Sslawin überhörte die Anspielung.
Man half ihm, sich in der Lubjanka zurechtzufinden, wohin er am 5. Oktober gebracht wurde. Dort nahm der Kommunist Sslawin eine feste Parteiposition gegenüber dem Helfershelfer des Feindes, dem Armeekommissar Sslawin, ein.
Konnte Stalin denn, nachdem er den konterrevolutionären Umsturz beschlossen hatte, Armeeführer überleben lassen, die die Revolution verteidigt hatten? Ein Splitter im Auge des allmächtigen Generalsekretärs blieb der Revolutionäre Kriegsrat der Republik vom Anfang des Bürgerkrieges. Denn weder er selber noch sein Handlanger Woroschilow waren je in den Kriegsrat gelangt. Wie ein guter Schütze, der eine Zielscheibe nach der anderen trifft, schoß Stalin 1937 alle Angehörigen des Revolutionären Kriegsrats ab, all jene, die nicht früher zu sterben vorgezogen hatten: Antonow-Owssejenko, K. A. Mechonoschin, W. I. Newskij, A. I. Okulow, F. F. Raskolnikow, I. T. Ssmilga.
Als letzter fiel L. D. Trotzkij, der ehemalige Vorsitzende des Revolutionären Kriegsrates*. Das Gremium, das die Verteidigung der Sowjet-

* Trotzkij wurde am 20. 5. 1940 in Mexiko ermordet. (Anm. d. Übers.)

republik geleitet hatte, erwies sich als eine Versammlung von Verrätern. Und dem Publikum wird vorgemacht, nicht Trotzkij, Frunse, Tuchatschewskij, Jegorow, Blücher, Raskolnikow, Mechonoschin, Uborewitsch, Primakow, Antonow-Owssejenko hätten den Bürgerkrieg gewonnen, sondern Stalin und Woroschilow.

Ein erstaunliches Gedächtnis hatte Stalin für das Gute. Im Oktober 1918, nach der mutigen Attacke der Stählernen Division unter Leitung von Dmitrij Shloba, der Zarizyn rettete, hatte Stalin feierlich im Namen des Politbüros und der Sowjetmacht versprochen, diese Heldentat bleibe auf immer unvergessen. Shloba hatte später ein Korps befehligt, dann eine Armee, und in Friedenszeiten war er im Nordkaukasus tätig.

1937 erinnerte sich der Generalsekretär seines Versprechens und schickte Dmitrij Shloba in die Lubjanka an den Galgen.

Ende 1938 hatte Stalin nicht einen einzigen qualifizierten Truppenführer mehr am Leben gelassen. An der Spitze der Streitkräfte standen jetzt die Marionetten Woroschilow, Budjonnyj, Timoschenko und noch einige Strafrichter aus dem Hause an der Lubjanka-Straße wie M. Frinowskij (Volkskommissar für Kriegsmarine). Von gleichem Schlage waren Kulik und Schtschadenko, die an der Vernichtung der Armeeführung teilgenommen hatten. Es bleibt noch Lew Mechlis zu nennen, dem es gelungen war, seine Fähigkeiten bei den politischen Hinrichtungen zu vervollkommnen. (Die Vernichtung des Führungsstabes der Fernostarmee geht ebenfalls auf seine und Frinowskijs Rechnung.) Ihn stellte Stalin an die Spitze der Politverwaltung der Roten Armee.

Einige zufällig überlebende Truppenführer können wirklich nur dem Zufall danken.

Aleksandr Todorskij, Oberbefehlshaber des V. Korps, geriet zusammen mit anderen Offizieren desselben Ranges ins Lefortowo-Gefängnis. Die Sonder-»Trojka«, sozusagen die militärische Spielart des Politbüro-Sonderausschusses, schickte generalstabsmäßig einen Korpskommandeur nach dem anderen ins Jenseits: eine wenige Minuten dauernde juristische Zeremonie, eine kurze Beratung, das Todesurteil, und das Opfer wird im Nebenzimmer mit einem Hammerschlag über den Kopf betäubt. Der Körper wird in den Keller geschafft, und dort gibt man den allzu Lebenskräftigen den Fangschuß.

Die Reihe kam an Todorskij. Glücklicherweise war einer seiner drei Richter ein langjähriger Dienstkamerad von ihm. Der fragte den Korpskommandeur: »Sind Sie das, Aleksandr Iwanowitsch?«

In der Trojka entstand Verlegenheit. Man beriet und verkündete ein außerordentlich mildes Urteil: 15 Jahre.

General A. W. Gorbatow, Verfasser des Buches »Die Jahre des Krie-

ges«, in dem er auch über seine Haftjahre berichtet, war von Budjonnyj gerettet worden. Die Einmischung des Marschalls war ein einmaliger Vorgang, aber immerhin half er dem Korpskommandeur zu überleben.[100]
Wassilij Blücher hätte allein Stalin retten können. Da aber Stalin selber Anweisung erteilt hatte, Blücher zu liquidieren, konnte ihn niemand retten. Der Generalsekretär hatte ihn schon im Jahre 1937 umbringen wollen, es war jedoch der militärische Zwischenfall am Amur dazwischengekommen. Der Schlag gegen die Führungskader des Wehrkreises Fernost hatte die japanischen Ansprüche auf die Grenzgebiete wiederaufleben lassen, und im Sommer des folgenden Jahres griffen sie am Chassan-See an. Blücher wurde noch gebraucht. Nun aber waren die Kämpfe beendet, und am 18. August fliegt Blücher nach Moskau.
Auf der Sitzung des Kriegsrats wird Blücher wegen des letzten Feldzugs kritisiert, der sich angeblich durch sein Verschulden in die Länge gezogen hat. Außerdem habe der Marschall große Verluste verursacht. An der Sitzung nahmen die Politbüromitglieder unter der Leitung des Hausherrn teil. Stalin schwieg zum ersten Mal, trat zum ersten Mal nicht für Blücher ein. Wassilij Konstantinowitsch wurde aus dem Kriegsrat ausgeschlossen und als Kommandant des Wehrkreises Fernost abgelöst.
Nach der Sitzung versuchte Woroschilow, den Eindruck zu verwischen: »Wassja, fahr' in meine Datscha nach Ssotschi, erhol' dich. Später finden wir für dich eine passende Arbeit.«
Blücher transferierte sein gespartes Geld auf das Konto seiner Frau.
»Mit mir kann jetzt alles passieren. Man soll mich bei Wolotschajewka beisetzen, wo meine Soldaten tapfer gekämpft haben und gefallen sind.«
Anderthalb Monate hat sich Wassilij Blücher in Woroschilows Datscha in Ssotschi »erholt«. Womit hatte er, der Bauernsohn, sich gegenüber der Partei schuldig gemacht? Als erstem im Lande hatte man ihm den Rot-Banner-Orden verliehen. Und später noch drei weitere Orden. Ssamara, Tscheljabinsk, Tobolsk, Kachowka, Perekop, Wolotschajewka vermehrten seinen Feldherrnruhm. Und China – hatte nicht er, als militärischer Berater der chinesischen Kuomintang-Regierung, Sun Yatsen geholfen, eine Armee zu schaffen?
Blüchers Verhaftung erfolgte am 22. Oktober. In der Lubjanka wurde der »japanische Spion« viehisch gepeinigt und gefoltert.
Wie lange braucht man, um vom Lubjanskaja-Platz zum Theaterplatz zu gelangen – fünf Minuten, zehn Minuten? Heute tritt im Säulensaal des Gewerkschaftshauses Lidija Ruslanowa auf. Ihr Repertoire – russische

Volkslieder – ist seit langem bekannt. Und plötzlich – ein Soldatenlied aus dem Fernen Osten, das Lieblingslied Blüchers:

Über Täler, über Höhen
ging die Division nach vorn ...

Die Sängerin schwenkt ihr grünes Gazetuch wie eine Fahne.
Partisanenromantik. Die Werktage der Lubjanka dagegen ... Die Henker rissen Blücher ein Auge aus, legten es auf die flache Hand:
»Wenn du dich weiterhin widersetzt, reißen wir dir auch noch das zweite aus.«
Diese Episode ist in den Unterlagen der Staatsanwaltschaft festgehalten. Über die letzte Stunde des Marschalls haben sich nur mündliche Überlieferungen erhalten: Als man Blücher in Berijas Büro brachte, stürzte er sich auf den Henker und wurde auf der Stelle erschossen.
Jahre vergingen. Die Witwe des Marschalls, Glafira Lukinitschna, reiste nach achtjähriger Lagerhaft durchs Land, um ihre Tochter ausfindig zu machen. Das Mädchen war im Alter von fünf Jahren in einem Waisenhaus untergebracht worden. Auf der Station Krassnojarsk, östlich der sibirischen Stadt Kemerowo, kam sie in der Nacht an. Ein Anwohner, dem die Frau in der wattierten Häftlingsjacke auffiel, sprach sie an:
»Bei uns ist es auf den Straßen nicht sicher, Sie können nicht allein gehen. Ich muß auch gerade in diese Richtung. Gehen wir zusammen.«
Unterwegs sprachen sie miteinander. Der Weggefährte war Autoschlosser. Ja, er kennt das Waisenhaus. Aber dort sind doch die Kinder der erschossenen Volksfeinde untergebracht?
»Der Vater des Mädchens ist erschossen worden.«
»Entschuldigen Sie, wie ist Ihr Name?«
Und der Autoschlosser fiel vor der Witwe des toten Marschalls auf die Knie, umarmte ihre in Häftlingsgummistiefeln steckenden Beine.
Motorengeräusch näherte sich. Der Mann sprang auf, lief in die Straßenmitte, hielt den Lastwagen an. Sorglich setzte man die Frau ins Fahrerhaus. Gegen Morgen kamen sie an.
Die Leiterin des Kinderheims holte das Mädchen. Mager, für seine dreizehn Jahre klein, zögerte es einen Augenblick und warf sich dann seiner Mutter an den Hals. Es stotterte vor Erregung:
»Ma ... ma!«
Dann, etwas zu sich gekommen, klagte es:
»Mama, sie haben mir gestern meine Puppe weggenommen.«
Plötzlich wurde es in der geräumigen Diele dunkel. Neugierige Kinderköpfchen drückten sich außen an die Fenster. Die erste Mutter seit wie vielen Jahren? Die erste Mutter!

»Küß dem Verbrecher die Hand«

Im Herbst 1928, als die Enteignung der Bauern ihren Höhepunkt erreichte, als sich die Siegesmusik mit den Triumphfanfaren des ersten Fünfjahresplanes der Industrialisierung vermischte, erinnerte sich der Chefdirigent an die hoffnungslos hinter dem allgemeinen Jubel zurückgebliebene Akademie der Wissenschaften. Zunächst einmal beschloß Jossif der Erbauer, diesem wissenschaftlichen Organismus frisches Parteiblut zu injizieren. Und er begann das, was bei seinen chinesischen Kollegen den Namen »Kulturrevolution« erhielt.

Fast hundert Jahre lang, seit 1836, war die Satzung der Russischen Akademie der Wissenschaft in Kraft (bald wird sie in Akademie der Wissenschaften der UdSSR umbenannt). Sie garantierte den Wissenschaftlern gewisse Rechte, die die Einmischung der Behörden in die Forschungsarbeit und in die Verwaltung der Akademie begrenzten. Die Akademie besaß folgende grundlegende Rechte:

Kandidaten für die Akademie zu ernennen und zu bestätigen, Arbeiten der Akademie unzensiert zu veröffentlichen, kostenlos alle Sendungen mit der Post befördern zu lassen, Literatur aus dem Ausland unzensiert zu empfangen, selbständig im Ausland Bücher, Geräte und Sammlungen zu kaufen und zollfrei einzuführen, ungehindert wissenschaftliche Sendungen (einschließlich Handschriften) ins Ausland zu versenden, Befreiung von Grenzkontrollen. Und schließlich besaß sie das Recht, ein eigenes Wappensiegel zu führen.

Konnte der Generalsekretär eine solche Satzung unbeachtet lassen? Beginnend mit dem Jahre 1927 erließ er dreimal eine neue Akademiesatzung, bis schließlich von den »freien« Punkten nur noch ein einziger übriggeblieben war, das Siegel betreffend.

Entsprechend der neuen akademischen Satzung mußte die Wahl der Kandidaten – zum ersten Mal in der Weltgeschichte der Wissenschaft! – unter Beteiligung der »breiten Öffentlichkeit« vor sich gehen. Übersetzt in eine verständliche Sprache bedeutete dies: die Kandidaten werden von oben ernannt. Wer Wissenschaftler wird und wer nicht, verfügte von jetzt an der Parteiapparat.

Ein zweiter Schritt nach vorn war die Verfügung des Rates der Volkskommissare vom 3. April 1928 über die Vergrößerung der Zahl der Akademie auf 85. Die Wahl von 42 neuen Akademiemitgliedern stand

bevor. Der Akademiker Aleksej Ssobolewskij wandte sich schriftlich an seine Kollegen und rief dazu auf, die Akademie vor dem Untergang zu retten und nicht »Marxisten« zu wählen. Es war die einzige mannhafte Stimme in einer Versammlung mutiger Forscher.
In der Abteilung der Humanwissenschaften hatten die Behörden acht Kandidaten vorgeschlagen. Alle hatten sie die erste Stufe durchlaufen (12. Dezember 1928). Dennoch wurden für drei von ihnen – Abram Deborin, Nikolaj M. Lukin und Wladimir Fritsche – bei der allgemeinen Versammlung mehr schwarze als weiße Kugeln in die Urne geworfen. Das zu einer Sondersitzung einberufene Präsidium (Karpinskij, Joffe, Kratschkowskij, Krylow, Oldenburg und Fersman) beschloß, erneut eine Generalversammlung anzuberaumen, unter Teilnahme der neugewählten Mitglieder, und über die drei Nichtgewählten wiederum abstimmen zu lassen. Den Beschluß des Präsidiums unterstützten die Akademiker Marr, Kurnakow, Platonow, Komarow und Tarle.
Für die drei Durchgefallenen stimmten lediglich 15 Akademiemitglieder. Nach der Erklärung des Präsidiums und der fünf, die zu ihnen gestoßen waren (dies geschah am 12. Januar 1929), ließ sich die Gleichung nach dem Schema »Wer hat es gewagt?« leichter lösen: Es blieben insgesamt fünf Unbekannte übrig.
Nun – was auch immer geredet wird: Feigheit und Verräterei wurden nicht erst im Jahre 1937 geboren.
1929 fanden sich standhafte Männer. Neun Akademiemitglieder erhoben Protest gegen die neuerliche Wahl: Ljapunow, Lewinson-Lessing, Karskij, Lawrow, Borodin, Petruschewskij, Wladimirzow und Ssakulin. (Die drei letzteren waren selbst gerade erst gewählt worden.) Mit dem neunten, mit Iwan Pawlow, geschah etwas Ungewöhnliches: Der berühmteste und am meisten »gehätschelte« erwies sich als der hartnäckigste. Die Zeitschrift »Tschudak« (»Der Wunderliche«), die aus Anlaß des akademischen Skandals ein illustriertes redaktionelles Feuilleton gebracht hatte, ließ schamhaft in der Galerie der neun Widerstandskämpfer das Porträt Pawlows aus.[101] Iwan Pawlow besteht jedoch auf seinem Recht. Auf der allgemeinen Versammlung am 17. Januar protestiert er scharf gegen die Willkür der Parteibeamten. Platonow und Krylow ermahnen ihn. Der massige Mathematiker, Mechaniker und Schiffsbautechniker Aleksej Nikolajewitsch Krylow spricht die gemütlichen Worte:
»Pfeif drauf, mein Lieber, und küß dem Verbrecher die Hand.«
Bei der Versammlung sind von den 78 Akademikern 37 abwesend. Für die Verfügung des Präsidiums werden 28 Stimmen, dagegen neun abgegeben, der Stimme enthalten haben sich vier. Die Akademie bittet

den Rat der Volkskommissare, »als besondere Ausnahme« und »abweichend von der Satzung«, für den 31. Januar eine neuerliche Abstimmung zu genehmigen.

Molotow berichtet Stalin von den Ergebnissen. Der Generalsekretär schaltet die Propagandamaschine auf volle Leistung. Versammlungen in den Fabriken, Zeitungsdonner, Aufrufe mit der Forderung, zu bestrafen, zu entlarven, zu verbieten, zu erneuern. Man muß sagen, eine gewisse Erfahrung in der Organisation der politischen Hetzjagd hatte Stalin sich schon erworben. Aus dem Chor der neuerschienenen Schwarzhunderter* hört man die Kollektivstimme der Kommunisten der Leningrader Komuniversität heraus:

»Die gelehrten Obskuranten sollen wissen, daß die Arbeiterklasse, die unter dem Banner der Einheit von Wissenschaft und Arbeit marschiert, im Namen dieser Einheit nicht zögern wird, über sie hinwegzuschreiten, und wenn die heutige Akademie der Wissenschaften nicht mit den Obskuranten fertig wird, dann eben auch über die Akademie hinweg.«[102]

Das ist schon die Stimme der Zukunft.

Am 13. Februar fanden endlich die Wahlen statt. An der Abstimmung beteiligten sich 54 Akademiker, die derart gründlich bearbeitet worden waren, daß nur zwei oder drei es wagten, schwarze Kugeln in die Urne zu werfen. Das Schicksal der unglückseligen drei ist lehrreich. Fritsche starb ein halbes Jahr nach der Wahl. Und er tat gut daran: Bald nach seinem Tode wurde er zum Repräsentanten der vulgär-soziologischen Richtung erklärt. Deborin wurde einer vernichtenden Kritik unterzogen wegen seines menschewistischen Idealismus und wegen Unterschätzung der Leninschen Etappe der Philosophie. Er wurde sogar der zweifelhaften Ehre gewürdigt, Begründer einer neuen »Abweichung« zu werden – der Deborinschtschina. Der Akademiker Lukin nahm nach Kräften an der Jagd auf Andersdenkende teil, aber das rettete ihn nicht vor dem Schicksal Tausender anderer Gelehrter, die von der Liste der Wissenschaftler in den dreißiger Jahren gestrichen und als »Volksfeinde« registriert wurden.

Alles im Geiste der Zeit.

Wie könnte man hier die Worte Krzyżanowskis übergehen, gesprochen an jenem denkwürdigen 13. Februar 1929: »Wir betreten die Akademie der Wissenschaften als Kolonne der Marxisten und Dialektiker...«

Dialektiker.

* Chauvinistischer, bes. antisemitischer Verband Ende des 19., Anfang des 20. Jahrhunderts. (Anm. d. Übers.)

Und von jenen, die den Rücken nicht beugen wollten, schieden in den folgenden zwei Jahren aus dem Leben: der Slawist Lawrow, der Botaniker Borodin, der Literaturwissenschaftler Ssakulin, der Fachmann für Bjelorußland Karskij und der Mongolei-Spezialist Wladimirzow. Aber noch vor ihnen begrub man Ssobolewskij. (Diese frühe Martyrologion hat I. Wosnessenskij zusammengestellt. Er teilt mit, einzig und allein der Historiker Dmitrij Petruschewskij habe seine Unahäbgigkeit bis zu seinem Tode im Jahre 1942 bewahrt.)
Aleksej Krylow wird noch Stalin-Preisträger und Held der Sozialistischen Arbeit werden, drei Lenin-Orden wird er erhalten. Bis ins hohe Alter hat er jene Hand geküßt. Er starb 1945 im Alter von 82 Jahren. Einen bitteren Weg ging er zum Empfang bei dem Verbrecher. Unter dem Zaren hatte er den Rang eines Generalleutnants der Marine. Die Oktoberrevolution hatte er als eine Meuterei des einfachen Volkes betrachtet. Krylows Sohn starb im Bürgerkrieg im Kampf auf seiten der Weißen.

Die Geschichte der Wissenschaft nach der Oktoberrevolution kennt drei Vernichtungsfeldzüge: 1917 bis 1923, 1929 bis 1931, 1936 bis 1938. Der erste fällt in die Jahre unter Lenin, als Stalin lediglich die Schlüssel zur Macht auflas. 1923, noch unter Lenin, machte die Sowjetmacht Schluß mit dem traditionellen demokratischen Recht der Universitäten (und einiger Institute) auf akademische Freiheit. Dieses uralte Privileg der Universitäten hatten die Zaren im vergangenen Jahrhundert nicht angetastet.
Als Stalin sich an die Macht vorgearbeitet hatte, hörte er auf, mit Universitäten und anderen wissenschaftlichen Instituten große Umstände zu machen. Die Hochschulen des Landes entließen alljährlich Zehntausende von Fachleuten, künftige Führer der Wirtschaft und Wissenschaft. Die Mehrzahl wird bald unter dem Beil des Großen Terrors fallen. Wußte Stalins rechte Hand, was die linke tat? Sie wußte es. Um der Verbreitung von Furcht und um des Gehorsams willen kann man (muß man!) die Sahne vom Volk abschöpfen. Zuallererst – die Sahne!
Von alters her verhielt sich der russische Bauer mißtrauisch gegenüber den »Gebildeten«. Schließlich waren sie fast alle adliger Herkunft. Stalin schürte sorglich die Feindseligkeit, und züchtete den Haß der Proletarier auf die Intelligenz, besonders auf die Wissenschaftler. Den heimlichen Krieg gegen die Gelehrten im Lande begann Stalin Ende der zwanziger Jahre. Mit Hilfe des erprobten Handlangers Molotow schüttelte Jossif der Erbauer die Mitglieder der Akademie der Wissenschaften kräftig

durch. Aus dem zwei Jahre währenden Großen Terror ging die Akademie verwandelt hervor. In dieser Zeit hatten die Gelehrten die Wissenschaft des Schweigens und der Erfüllung der hohen Vorgaben gelernt. Widerspenstigen wurden die Hände gebunden, die Ungehorsamsten warf man über Bord. Die Unternehmungslustigen begriffen, daß man sich auf diesem Schiff nur halten konnte zu Lasten weniger angepaßter Mitgelehrter. Und sie handelten dementsprechend.

Der »Fall der Akademie der Wissenschaften«. So nannte man die 1930 beginnende Intrige gegen den Historiker Michail Platonow. Zu dieser Zeit hatten unsere ruhmreichen Tschekisten konterrevolutionäre »Zentren«, »Parteien« und andere »Organisationen« in allen Bereichen der Wirtschaft aufgedeckt. Millionen von »Volksfeinden« gab es in den Schulen und Kindergärten, in Volkskommissariaten und Krankenhäusern, bei der Feuerwehr und in den Opernhäusern. Konnte womöglich die Akademie der Wissenschaften hinter dieser das ganze Volk umfassenden Bewegung zurückbleiben? Es »stellte sich heraus«, daß die Akademiker nicht nur den gewaltsamen Sturz der Sowjetmacht im Schilde geführt, sondern daß sie sogar schon eine Untergrundregierung gebildet hatten. Vorläufig, in Erwartung des Umsturzes, beschäftigten sie sich mit ideologischen Wühlereien und direkter Schädlingsarbeit. Der Historiker Wladimir Nikolajewitsch Beneschewitsch (1874–1943), Professor für Kirchenrecht, hatte sich aktiv gegen die Wahl von Marxisten in die Akademie der Wissenschaften gewehrt. In dem »Fall Platonow« figurierte er als Minister für Kirchenfragen im Kabinett von Platonow. Die Ressorts der erfundenen Regierung hatte in der Lubjanka der Untersuchungsbeamte Albert Stromin verteilt.

Man begann, die Akademiker mitsamt ihren Verwandten auszurotten. Noch bevor man nach Platonow griff, wurden seine Töchter verhaftet und ins Lager gebracht. Der Vater wurde ins Gebiet Ssaratow verschickt. Dort starb er zwei Jahre darauf.

Der Akademiker Jewgenij Tarle, Autor bemerkenswerter Werke (er war Spezialist für die Geschichte des 19. Jahrhunderts), wurde nach Alma-Ata verbannt. Als einer der seltenen »Glücksvögel«, die eines Todes im eigenen Bett gewürdigt wurden, kehrte er nach der Verbannung zu seiner wissenschaftlichen Arbeit zurück, und seine Arbeiten wurden sogar gedruckt, wenn auch nur noch als die eines Professors Tarle. Stalin drückte aus diesem Anlaß gespielt einmal sein Erstaunen aus: »Ist denn Tarle nicht Akademiker?« Der ehrbare Gelehrte wurde unverzüglich in seinem Rang als Akademiker rehabilitiert – ohne Wahlen und ohne Wartezeiten.

Der Status der Unfreiheit von Wissenschaft und Forschung wurde in der

neuen Sitzung der Akademie von 1930 festgelegt. Laut Paragraph 11 konnten in die Akademie nur Gelehrte gewählt werden, die »zum sozialistischen Aufbau der UdSSR beitragen«. Paragraph 16 schuf eine zusätzliche Bedingung für die Ehrenmitglieder: unter die Akademiker ehrenhalber konnten nur Gelehrte gewählt werden, die »die Wissenschaft durch Werke von Weltrang bereichert haben, ausschließlich solcher Personen, die gegenüber der revolutionären Bewegung des Proletariats eine feindselige Haltung eingenommen haben«.
Solchermaßen konnte nicht ein international anerkannter Gelehrter – sei er Engländer, Deutscher, Perser oder Ukrainer – mit dem Rang eines Ehrenmitglieds der Akademie der Wissenschaften der UdSSR rechnen, solange er nicht öffentlich seine Begeisterung über die Eroberung der Macht durch Stalin äußerte. (Wieso heißt es hier »revolutionäre Bewegung des Proletariats?« Ist etwa nicht bekannt, daß Stalin gleichzeitig auch Führer des Weltproletariats ist?)
Um die volle Kontrolle über die Akademie der Wissenschaften der UdSSR sicherzustellen, führte Stalin ein neues, »revolutionäres« Wahlsystem in der Akademie ein. Die Paragraphen 13–18 der neuen Satzung garantierten der Akademie völlige Rechtlosigkeit bei der Empfehlung von Kandidaten. Und um das vom alten Regime noch übriggebliebene ungehorsame Kind richtig einzuschnüren, formulierten Parteibürokraten die Aufgaben der Akademie der Wissenschaften in ihrem aktivistisch-utilitaristischen Geist: Von jetzt an hat die Akademie »mitzuwirken an der Ausarbeitung der einzig wissenschaftlichen, der materialistischen Weltanschauung entsprechenden Methode, in dem sie planmäßig das ganze System wissenschaftlicher Erkenntnisse ausrichtet auf die Befriedigung der Bedürfnisse der sozialistischen Ordnung«.
Die Gelehrten hatten, wenn sie überleben wollten, die neuen Aufgaben zu begreifen. Für Begriffsstutzige gab es den Paragraphen, der den Ausschluß aus der Akademie wegen »auf den Schaden der UdSSR gerichteter Tätigkeit« vorsah. Aufgrund dieses Paragraphen konnte man jeden belangen. Wie viele Gelehrte wurden der »Schädlingstätigkeit« bezichtigt? Wie viele ins Verderben gestürzt?
Nur mit Grund, mein Lieber, nur mit Grund. Nehmen Sie diese Mathematiker. Sie hatten sich im Juni 1930 zu ihrer Tagung versammelt und sich geweigert – schrecklich, daran zu denken! –, dem XVI. Parteitag ein Grußschreiben zu senden. Und der Professor Jegorow, unlängst als Institutsleiter entfernt (er hatte sich beharrlich geweigert, in die Gewerkschaft einzutreten), wagte, öffentlich zu erklären, »Gelehrten nichts anderes als eine Standard-Weltanschauung aufzudrängen, ist eine echte Schädlingstätigkeit.«[103]

Dieser »Führer der reaktionären Moskauer mathematischen Schule« war außerdem Kirchenältester. Und glaubte, dies sei um nichts schlechter, als Sekretär des Parteibüros zu sein.
Mit aller Macht des Partei- und des Staatsapparates, der Propagandaorgane und der Presse fiel Stalin über die ungehorsamen Jegorows her. »Schädlingsarbeit in der Wissenschaft« wurde zum modischsten Thema der Presseerklärungen.
Es traf alle – den Physiker Frenkel, die Biologen Gurwitsch und Berg, den Psychologen Ssawin, den Geologen Wernadskij, die Mathematiker Bogomolow und Lusin, den Sinologen Wassilij Aleksejew. Am meisten jedoch die Historiker und Philosophen. Diese »Machisten«, »Vitalisten«, »menschewisierenden Idealisten«, »vulgarisierenden Soziologen« und sonstigen »kriechenden Empiriker« wurden abgestempelt als Verbreiter reaktionärer Theorien und als Gegner der bolschewistischen Politik auf dem Gebiet der Wissenschaft. Man beschuldigte sie der »ideologischen Vernebelung der Kommunisten«[104].
Irgendwo haben wir doch schon dergleichen gelesen! Ja doch, in den Protokollen der spanischen Inquisition.
Die mittelalterlichen Inquisitoren waren sachliche Menschen. Sie beschränkten sich nicht darauf, die Ketzer zu verfluchen. Stalin zog ebenfalls dem Wort die Tat vor. Die Verbannung aus den Zentren der Wissenschaft und die Liquidierung widersetzlicher Gelehrter wurden zur Dauereinrichtung. (Der Anfang wurde 1922 mit der Abschiebung von 300 Historikern, Philosophen und Literaturwissenschaftlern ins Ausland gemacht.) Jetzt ging die Rechnung in die Tausende. Und sie wurden nicht etwa des Landes verwiesen – es gibt ja so viele Naturschönheiten jenseits von Wolga und Ural!
Einige Gelehrte entfernte Stalin nur von der Wissenschaft. Er entfernte sie vorläufig. Als unpassend erwiesen sich die Sprachwissenschaftler Dershawin und Obnorskij, der Physiker Lasarew, die Physiologen Beritaschwili und Orbeli, der Agrochemiker Prjanischnikow. Gegen Prjanischnikow erhob der »rote Akademiker« Wiljams politische Anschuldigungen. Die Kollegen entlarvten und entehrten sich untereinandern. Zeitweise war es schwer, die »Eigenen« von den »Fremden« zu unterscheiden.
Der Parteifunktionär, »Philosoph« und »Literaturwissenschaftler« Iwan Luppol verdrängte Shirmunskij und Schischkarjow aus der Akademie. 1939 wurde er in die Akademie »gewählt« – und ein Jahr darauf verhaftet. Der Ausrotter kam im Jahre 1943 um.
Ein Gelehrter zeigte den anderen an.
»Teile und herrsche!«

Man schleppt einen schon ordentlich verleumdeten Akademiker zum Strafgericht vor den Hausherrn. Denn er allein beschließt, was mit dem Abtrünnigen zu geschehen hat, je nach dessen Autorität (plötzlich ist er international bekannt?) und nach der Notwendigkeit (können seine Entdeckungen das wirtschaftliche und mehr noch das militärische Potential des Landes wesentlich vermehren?) –, ob er ihn ins Lager schickt, weit von Moskau weg verbannt oder ihm »einfach« seine Arbeit fortnimmt?

Der international bekannte amerikanische Genetiker Herman Joseph Muller (1890–1969) war erstmals 1922 zu den Feierlichkeiten anläßlich des hundertsten Geburtstages von Gregor Mendel in der UdSSR gewesen. Muller wurde von der Guggenheim-Stiftung zur Arbeit nach Deutschland eingeladen. Als Hitler zur Macht kam, setzte eine Verfolgung der Genetiker ein. Das Gehirnforschungsinstitut, in dem Muller tätig war, wurde aufgelöst, der Gelehrte selber verhaftet. Hätte sich nicht Krupp für ihn eingesetzt, wäre Muller ein Opfer der »neuen Ordnung« geworden: Er hatte die Unvorsichtigkeit besessen, mit »unreinem« Blut geboren zu werden.

Der Präsident der Akademie der Wissenschaften der UdSSR, Wawilow, kannte Muller und lud ihn nach Moskau ein. Muller kam. Am 2. Februar 1933 wurde er zum korrespondierenden Mitglied in der Auslandsklasse gewählt. In Moskau wurde ein Institut für Genetik eingerichtet, und Muller, voller Hoffnung, übernahm eines der Laboratorien des neuen Instituts. Bald wird Muller ein Buch veröffentlichen, in dem er Stalins Verdienste in der Wissenschaft anerkennt. Ohne jedoch das Wesen der politischen Prozesse innerhalb des Landes und ohne die Evolution der Macht zu kennen, polemisiert Muller gegen die Lyssenko-Bande und entlarvt die Ignoranz der »Kollegen«.

Es schlug die Todesstunde der sowjetischen Humangenetik. Der Direktor des genetischen Instituts, Ssolomon Lewit, der unverständigerweise die Chromosomen der verschiedenen ethnischen Gruppen erforschte, wurde zum Volksfeind erklärt. Ins Gefängnis, in die Lager – zur Vernichtung – wurden alle bekannten Genetiker abgeholt. Die »Pseudowissenschaft« wurde liquidiert, das Institutsgebäude übernahm die Armee als Erholungsheim. Jetzt wird niemand mehr am völligen Sieg des sogenannten »schöpferischen Darwinismus« zweifeln.

Muller überlebte wie durch ein Wunder. Es gelang ihm, ins Ausland zu reisen, er nahm teil am Spanischen Bürgerkrieg. Nach dem Zweiten Weltkrieg wurde ihm der Nobelpreis zuerkannt.

Herman Muller kam durch. Wie viele überlebten noch?

Und die von Stalin liquidierte heimische Wissenschaft der Genetik? –

Wenn schon um drei Jahrzehnte hinter dem Wissensstand des Westens zurückgeblieben, holen wir ihn heute ein. Am 21. Mai 1974 wird eine Resolution des Zentralkomitees und des Ministerrates über Maßnahmen zur beschleunigten Entwicklung der Molekular-Biologie und der Molekular-Genetik gebilligt.

»Zeig andre an, sonst wirst du selber angezeigt.«

Es gab noch weitere Errungenschaften der Stalin-Periode – die Schändung der Akademie der Wissenschaften. Der Physiologe Iwan Pawlow hatte bei seinen Experimenten an Affen und Hunden in Koltuschi die Versuchstiere unterschiedlich gefüttert. Stalin differenzierte sorgsam die Versorgung der Gelehrten nach drei Kategorien: die Mitglieder des Präsidiums, die normalen Mitglieder der Akademie der Wissenschaften und die korrespondierenden Mitglieder erhielten Kaviar, Fleisch und Edelfisch in verschiedenen Mengen und von unterschiedlicher Qualität. Ebenso war es mit den Wohnungen, Gehältern, Orden und Sommerhäusern. Angesichts der »sich anbiedernden« Kosmopoliten, der darbenden übrigen Bevölkerung war diese Zusatzfütterung außerordentlich effektiv.

Nein, die Gelehrten haben unglücklicherweise dem Spender nicht nur die Hand geküßt. Sie haben ihm auch die Waffen geschmiedet, mit deren Hilfe er später halb Europa versklaven wird.

Die Ethik des Gelehrten. Was hat Stalin damit gemacht? Der Name des Religionswissenschaftlers Schtscherbatskij, des Begründers des Instituts für buddhistische Kultur, ist der wissenschaftlichen Welt gut bekannt. Unter Stalin wurde das Institut zerstört, die Direktoren liquidiert. Mit den Manuskripten geschah, was auf Schritt und Tritt geschah: Angesehene Marodeure der Wissenschaft eigneten sie sich an. Der Philosoph Jan Ernestowitsch Steen, der Stalin die Grundzüge der Logik gelehrt hatte, kam im Gefängnis um. Sein Werk gab der »Akademiker« Mark Mitin, Mitverfasser der phantastischen Biographie des Führers, unter seinem eigenen Namen heraus.

Mit frechem, anmaßendem Schritt hielt der Diebstahl seinen Einzug in die Wissenschaft. Vollmitglieder und korrespondierende Mitglieder von Stalins Gnaden, Legionen falscher »Doktoren« und »Professoren« beeilten sich, vor Ungeduld nach Luft schnappend, zu rauben und auszurotten.

Wenn man eine Liste allein der heute bekannten, von den »gelehrten« Gardisten gestohlenen oder angeeigneten Entdeckungen, Erfindungen und Forschungen aufstellte – es käme ein riesiger Band zusammen.

Als Stalin im Jahre 1935 den Großen Terror entfesselte, konnte er die akademische »Freiheit« nicht mehr dulden. Irgendwelche verdächtige

Ausländer reisen hier- und dorthin, schreiben irgend etwas, denken irgend etwas, erfinden. Wem dienen sie? Es nützt der Weltbourgeoisie, ihre Agenten mitten im Herzen der Großmacht zu haben. Wir füttern und tränken sie noch, geben ihnen die besten Wohnungen und Laboratorien. Schon ihre bloße Anwesenheit wirkt zersetzend auf unsere bemerkenswerten Gelehrten und Patrioten. Unter den Zaren, diesen Verrätern, hatten sich die Ausländer rings um die Russische Akademie in Petersburg geschart. Die Arbeiterklasse wird das nicht länger dulden.
Mit einem Wort, im Jahre 1937 war jener dürftige kleine Bach zugeschüttet, der den Geistern der Welt Zugang zur Sowjetunion gewährt hatte.
Niemand und nichts hat derart dazu beigetragen, daß die sowjetische Wissenschaft hinter der der übrigen Welt zurückblieb, wie die Stalin-Herrschaft. Wie der Akademiker ehrenhalber Jossif Stalin. Gegen Ende seines Lebens wurde die Rückständigkeit katastrophal.
»Wir trinken auf die Wissenschaft, nicht auf die, die..., sondern auf jene, welche...« Im Jahre 1938, als Stalin diesen nicht sehr aufschlußreichen Trinkspruch ausbrachte, gab es jene Wissenschaft, auf die er nicht trinken wollte, und jene Gelehrten schon nicht mehr. Es waren nur solche verblieben, die sich drängten, dem Verbrecher die Hand zu küssen.

Wen ließ er am Leben?

Iwan der Schreckliche schrieb in einem Brief an den Fürsten Iwan Kurbskij: »... und steht mir *frei,* meine Leibeigenen zu begnadigen, und sie hinzurichten, steht mir auch frei.«
Stalin stand frei, zu begnadigen und hinzurichten, wen er wollte. Er war der freieste Mensch auf seinem riesigen Großgrundbesitz. Am günstigsten war es, niemanden zu begnadigen. Wer aber wird dann arbeiten? Und wer die Gnade des Führers bejubeln? Und wenn er sämtliche Altkommunisten liquidiert, wird man den Generalsekretär womöglich des totalen Terrors bezichtigen!
So gerieten Wunsch und Notwendigkeit miteinander in Konflikt. Es wurde nötig, den einen oder anderen am Leben zu lassen. Der Hausherr »begnadigte« jedoch durchaus nicht den ersten besten.
In Georgien ließ er nur zwei bekannte Funktionäre am Leben – Filipp Macharadse und Micha Zchakaja. Sie kannten Koba – den echten, nicht

den erdachten! – von Jugend an, waren aber willfähriger als die ermordeten Kartwelischwili, Orachelaschwili und Genossen...
Einige bekannte Kommunisten schonte Stalin auch in Kiew, Moskau, Leningrad. Die politische Physiognomie von Dmitrij Sacharowitsch Manuilskij wirkte vom Standpunkt des orthodoxen Bolschewismus aus verdächtig bunt: in den Jahren der Emigration in Frankreich war er zu den Menschewiki gestoßen, im Jahre 1917 schloß er sich nicht sofort der Plattform Lenins an, er hatte Trotzkij nahegestanden. Schon eine dieser Tatsachen hätte reichlich genügt, um Dmitrij Manuilskij dem Lager der »Feinde« zuzurechnen. Aber in den zwanziger Jahren trat er auf den Parteitagen als sehr aktiver Anhänger Stalins auf. Nach Lenins Tod brachte Stalin Manuilskij im Präsidium des Exekutivkomitees der Komintern unter. Manuilskij rechtfertigte das Vertrauen des Generalsekretärs vollständig, indem er angebliche »Opportunisten« entlarvte. Nach dem Krieg füllte er die Operettenrolle eines Außenministers der Ukraine aus. Er diente sich hoch bis zum Stellvertretenden Vorsitzenden des Ministerrats der Ukraine und überlebte den Führer und Mäzen um volle sechs Jahre.
Im Gegensatz zu Manuilskij versuchte ein anderer Parteiveteran, Maksim Litwinow, unabhängig zu bleiben. Ein Politiker erheblich größeren Kalibers, war Litwinow kein fügsamer Erfüllungsgehilfe von Stalins Willen. Dies erwies sich im Krisenjahr 1939, als der Führer den außenpolitischen Kurs scharf wendete und das Abkommen mit Hitler schloß. Litwinow wurde von seinem Amt als Volkskommissar für Auswärtiges abgelöst, fast alle seine Mitarbeiter wurden verfolgt. Litwinow erwartete seine Verhaftung. Er wartete ein Jahr, zwei Jahre... Aber Stalin dachte nicht daran, den in Ungnade gefallenen Diplomaten anzurühren.
Eine Kaprice des Despoten? Zweifellos. Andererseits zwang ihn der Ehrgeiz des Herrschers, mit einem fremden Menschenleben zu rechnen. – Was werden sonst die Leute sagen? Was reden sie dort, im Westen? – Die Meinung des Auslands war Stalin durchaus nicht gleichgültig. Und außerdem konnte der Diplomat Litwinow noch nützlich sein.
Litwinow ist einer von nur zwei bedeutenden Mitkämpfern Lenins, denen Stalin in seiner Gnade das Leben ließ. Der zweite war Grigorij Petrowskij.
Warum hatte Stalin nicht mit ihm abgerechnet wie mit Ljubtschenko, Kossior und anderen Führern der ukrainischen Bolschewiki? Im Frühjahr 1939, als alle im Gefängnis oder ums Leben gekommen waren, entließ das ZK der ukrainischen Kommunistischen Partei (B) Grigorij Petrowskij aus dem Amt des Vorsitzenden des Obersten Sowjets der

Ukrainischen Republik im Zusammenhang mit seiner Ernennung zum Stellvertretenden Vorsitzenden des Unionssowjets. Alle wußten, daß ein solches Amt nicht existiert, daß man dorthin nicht ernannt, sondern gewählt wird (zumindest formell!), aber der Uraltkommunist wurde mit vollen Ehren nach Moskau entsandt.

In der Hauptstadt erwies sich Grigorij Iwanowitsch als nicht recht passend. Man fürchtete sich vor Gesprächen mit dem Mitstreiter Lenins. Nicht einmal Klim Woroschilow empfing ihn. Petrowskij wurde eine Pension ausgesetzt – 80 Rubel im Monat; dann vergaß man ihn. Die Pension war winzig, eine Wohnung hatte er nicht.

Lange spazierte das ZK-Mitglied der allrussischen Kommunistischen Partei durch die plötzlich still gewordene Hauptstadt, bis er zufällig auf Fjodor Nikititsch Ssamojlow stieß, den Direktor des Zentralen Revolutionsmuseums. 1902 bis 1914 hatten sie gemeinsam die Bolschewiki in der IV. Staats-Duma vertreten. Ssamojlow schlug Petrowskij den Posten eines Stellvertretenden Direktors und Leiters der Wirtschaftsabteilung des Museums vor: Die Stelle des Wirtschaftschefs fiel nicht unter die Ägide des ZK, und Ssamojlow hoffte, der Blitzeschleuderer aus dem Kreml werde ihn für diese Eigenmächtigkeit nicht heimsuchen. Grigorij Iwanowitsch bezog Quartier unter dem Dach des Museums und gab sich freudig dem Sammeln von Dokumenten der Revolution hin.

Warum eigentlich hatte Stalin diesen Leninisten nicht vernichtet? Etwa nur aus »Respekt« vor dem ehemaligen Duma-Abgeordneten? Bei der Gegenüberstellung mit dem »Volksfeind« Stanislaw Kossior, die Stalin arrangiert und an der sich Jeshow beteiligt hatte, hielt sich Grigorij Iwanowitsch tapfer. Zwanzig Jahre zuvor, in der Verbannung in Turuchansk, hatte Petrowskij Koba für provokative Lügen noch Ohrfeigen gegeben. Im Gefängnis rührt kein aufsässiger Krimineller einen Nicht-Kriminellen an, wenn dieser mutig genug ist, Widerstand zu leisten. Liegt nicht darin das Paradox der Banditen-Psyche – das Rätsel der besonderen »Gnade« des Tyrannen?

Hier sollten einige Bemerkungen über den »Fall Petrowskij« eingefügt werden. Stalins »Gnade« war begrenzt. Zwei von Petrowskijs Familienmitgliedern wurden umgebracht: zunächst sein ältester Sohn Pjotr und dann S. A. Zager, der Ehemann seiner Tochter Antonia. Zager hatte die Bank der Ukrainischen Sowjetrepublik geleitet und wurde später Präsident des sowjetischen Exekutivkomitees der Provinz Tschernigow in der Ukraine.

Nach Stalins Tod und dem XX. Parteitag enthüllte Grigorij Petrowskij bei Diskussionen über Lenin und die Revolution das wahre Gesicht Stalins, des blutrünstigen Zerstörers.

Chruschtschow ermöglichte dem Revolutionär, in Moskau zu wohnen. Als Petrowskij im Jahre 1958 starb, ordnete der neue Parteichef an, daß die sterblichen Überreste des Altbolschewiken Petrowskij in allen Ehren an der Kremlmauer beigesetzt werden sollten.
Stalins »Gnade« erstreckte sich auf einige Dutzend alter Parteimitglieder, die in der Revolution keine merkliche Spur hinterlassen haben. Er brauchte sie, um den Eindruck eines Gefolges von Leninisten um seine eigene Person zu schaffen. Ständiger Lobpreis, die Abfassung – zu passenden Anlässen – von Grußschreiben, die Anwesenheit im Präsidium bei Parteitagen und Konferenzen. Und die Schaffung einer neuen Geschichte der Partei. Als in diesem Sinne nützlich erwies sich Jemeljan Jaroslawskij (M. I. Gubelman).
Dem Generalsekretär war Jaroslawskij noch zu Lebzeiten Lenins aufgefallen, er brachte ihn im Zentralapparat unter und beauftragte ihn mit der Redaktion führender Organe der Parteipresse. Jaroslawskij übernahm die Edition der »Geschichte der WKP(B)« und der Kurzen Biographie Stalins. Selber von krasser Mittelmäßigkeit, bewies Jaroslawskij auf dem Feld der Geschichtsfälschung einen seltenen Eifer. Er vereinte in seiner Person den Parteibeamten und den schöpferischen Phantasten – ein erstaunliches Produkt seiner Zeit. Diesem vereidigten Umschreiber der Geschichte übertrug Stalin die Leitung des Verbandes der Altbolschewiki.
Erst liquidierte Stalin den Verband, dann liquidierte er die alten Bolschewiki. Jemeljan jedoch ließ er übrig. Und verlieh ihm die höchste Auszeichnung – er machte ihn auf dem XVIII. (1939) Parteitag zum ZK-Mitglied.
Als sehr nützlicher Statist auf dem Stalinschen Theater stellte sich auch Nikolaj Podwojskij heraus. Noch 1917, als Mitglied der Militärorganisation der bolschewistischen Partei, war er in das Militärische Revolutionskomitee (MRK) von Petrograd gekommen. Podwojskij erwies sich als einer der unermüdlichsten Karrieristen. Bei jeder Gelegenheit unterschrieb er für den Vorsitzenden des MRK, wobei er den gewählten Vorsitzenden Pawel Lasimir in den Hintergrund drängte. Das »Amt« des Vorsitzenden hatte damals keinerlei tatsächliche Bedeutung: Die -zig Mitglieder des Komitees unterschrieben für den Vorsitzenden auf zahlreichen Dokumenten im Oktober und November 1917.
Podwojskij gehörte zu denen, von denen es heißt: »Große Ambition – keine Munition.« Vielleicht geriet er deswegen nicht unter jene Bolschewiki, die von der Kerenskij-Regierung verfolgt wurden. Auch das Stalinsche Schwert traf ihn nicht. Im Gegenteil – nach dem Tode aller aktiven Führer des bewaffneten Oktoberaufstandes wurde Podwojskij

eilig in den Rang eines Revolutionsführers erhoben. Rückwirkend wurden ihm die Titel eines Vorsitzenden des Militärischen Revolutionskomitees und schließlich eines Ersten Volkskommissars verliehen. Tatsächlich aber hatte Lenin auf die dringende Bitte Podwojskijs hin diesen erst am 11. November 1917 zum Stellvertretenden Volkskommissar für Heer und Marine ernannt.[105]
Zu Lebzeiten Lenins wurde Podwojskij nicht ein einziges Mal zu einem Parteitag delegiert. Lenin hatte oft die Möglichkeit, sich von der vollständigen Unbrauchbarkeit Podwojskijs auf einem Führungsposten zu überzeugen. Der Regierungschef vertraute ihm nicht den operativen Oberbefehl an und bestand darauf, ihn von dem verantwortlichen Amt abzusetzen.[106]
Tatsachen und Dokumente störten Stalin nicht. (»... Der Lüge glaubt man, nicht der Wahrheit«). Er nahm auch die psychische Erkrankung Podwojskijs nicht zur Kenntnis. Alle Helden der Oktoberrevolution hatten sich als »Feinde« erwiesen, dafür aber war der »Vorsitzende des Militärischen Revolutionskomitees« – da ist er! – am Leben und gesund.
Angeregt vom Generalsekretär, veröffentlichen die Verwandten von Podwojskij eine Serie von Memoiren à la Jemeljan Jaroslawskij. Die Firma Jaroslawskij-Podwojskij, Töchter, Schwiegersöhne & Co. hat die Augiasställe der sowjetischen Geschichtsschreibung buchstäblich vollgeschüttet mit einer solchen Menge von Kot, daß man zur Reinigung eine Legion von Herkulessen gebraucht hätte. Wahrscheinlich sind die Ställe deswegen bis zum heutigen Tage unberührt geblieben.
Aber wem erlaubte es Stalin, im eigenen Bett zu sterben? Dieses Geschenk machte der Generalsekretär Frauen – Jelena Stassowa, Aleksandra Kollontaj und noch einigen Mitkämpferinnen Lenins. Nadjeshda Krupskaja kann man hierzu nicht rechnen: Ihr Tod fällt unter den Begriff »aus dem Wege räumen«.

Eine Macht ohne Blut – so etwas gibt es nicht. Und Ruhm ohne Blut ist kein Ruhm. Aber wie steht es mit den großen Dichtern? Sie erwarben Weltruhm, haben aber niemandes Blut vergossen. Wie gelang ihnen das? Stalin empfand gegenüber den Dichtern eine Art abergläubischer Hochachtung. Aber auch sie hatte Grenzen.
Ossip Mandelstam, Jegische Tscharenz, Marina Zwetajewa. Und – Anna Achmatowa, Boris Pasternak. Die beiden ersten ließ er umbringen, die Zwetajewa beging Selbstmord. Die beiden letzten verschonte er. Dabei gehörten sie zu den Unbequemsten. Boris Pasternak hatte es

gewagt, seine Unterschrift unter die Forderung nach der Hinrichtung der »Trotzkisten« zu verweigern. Hatte ihn nicht auf dem ersten Kongreß des Schriftstellerverbandes im Jahre 1934 der »verächtliche Söldner der Weltbourgeoisie«, Bucharin, gelobt? Irgend etwas hielt Stalin jedoch von der Abrechnung mit Pasternak ab.

Wladimir Majakowskij hatte schon früh Selbstmord begangen. Wäre er am Leben geblieben, hätte ihn das Schicksal Maksim Gorkijs ereilt. Für die Rolle eines Kammerjunkers im Kreml eignete er sich nicht. Dennoch brauchen wir nicht zu rätseln. Uns ist zuverlässig bekannt, daß der Hausherr auf einer Proskriptionsliste, die ihm zur Allerhöchsten Genehmigung vorgelegt worden war, den Namen von Lilija Brik ausgestrichen hat mit der Bemerkung: »Wir werden die Frau von Majakowskij nicht anrühren.«[107]

In bezug auf Gorkij kann mit Bestimmtheit gesagt werden: ihn als Spion (wahrscheinlich des italienischen Faschismus?) hinzurichten, wäre ein bißchen zu skandalös gewesen. Darum befahl Stalin, ihn »leise« aus dem Wege zu schaffen.

Ein anderer sehr bekannter Schriftsteller, Ilja Ehrenburg, überlebte eben wegen seiner Bekanntheit in Europa. Ein einzigartiger Fall: Ein Autor, dessen Bücher beschlagnahmt und verboten wurden, bleibt selber unbeschadet. Mit Hochachtung des Generalsekretärs vor dem Schriftsteller kann man dies nicht erklären. Stalin besaß keinerlei Begriff vom Eigenwert einer menschlichen Persönlichkeit. Ihn brachte schon der mindeste Anschein von selbständigem Denken oder von schöpferischer Individualität in Wut. Das relativ günstige Schicksal Ehrenburgs läßt sich nicht in den Rahmen logischen Denkens einordnen. Der Tyrann hatte Ehrenburg leben lassen, er ließ auch Scholochow – Ehrenburgs Antipoden – am Leben und in der Literatur. Nebenbei, sie beide dienten dem Hausherrn.

Wir wollen an zwei weitere erbitterte Antipoden erinnern – Tolstoj und Bulgakow. Graf Aleksej Tolstoj hat das knechtsselige Opus »Brot« geschrieben. Michail Bulgakow dagegen ätzende, halbversteckte Satiren auf die düstere Gegenwart. Sie wurden Feinde, der Hofromancier Tolstoj und der große scharfsinnige Bulgakow. Tolstoj versuchte, den ungeselligen Dramatiker den Organen auszuliefern, zeigte ihn an. Dafür bezog er in aller Öffentlichkeit Schläge. Aber dem Hausherrn kam es in den Sinn, Bulgakow, den Verfasser des beliebten Stücks »Die Tage der Geschwister Turbin«, zu erhalten, den Autor des umstürzlerischen Stücks »Die Kabale der Scheinheiligen«. Dieses großartige Werk –

Szenen aus dem Leben am Hofe von Ludwig XIV. – war sofort verboten worden. Seit 1929, vierzig Jahre lang, hielt die Zensur Bulgakows Stück versteckt, das es wagte, das Tabu-Thema der Beziehungen zwischen Macht und Kunst zu berühren. Was erhält die Macht von der Kunst – was bekommt die Kunst von der Macht?
Stalin hatte den aufrührerischen Dramatiker aus seiner Armut und Vergessenheit herausgeholt, ihn als Regieassistent beim Künstlertheater untergebracht. Und jetzt hieß es: Küß dem Verbrecher die Hand. Beuge dich, verbeuge dich! Los doch!
Und Bulgakow machte sich daran, ein Stück über die Jugend des Führers zu schreiben, »Batum«. Molière ist gestürzt. Bulgakow ist gestürzt. Gestürzt, aber begnadigt. So brachte der Hausherr die beiden schreibenden Antipoden, Tolstoj und Bulgakow, auf einen Nenner. Ein weiteres Phänomen der bösen Zeit.
Von den ernstzunehmenden Schriftstellern hat Stalin auch Konstantin Paustowskij geschont. Obwohl er sich aller Komplimente für den Despoten enthalten hatte – in dieser Zeit eine heroische Tat. Warum hat ihn der Hausherr geschont?
Emanuel Lasker, den Schachweltmeister, hat Stalin ebenfalls nicht angerührt. Hierbei zeigte sich natürlich nicht nur und nicht so sehr die Hochachtung des Paria vor dem machtvollen Intellekt wie die Angst, seinen Ruf zu beflecken durch die Verfolgung des in aller Welt bekannten Großmeisters. Und doch – welch ein Paradox: Lasker war vor Hitler nach Moskau geflohen, unter Stalins Schutz.
Nicht alle Künstler hat Stalin vernichtet. Auch nicht jeden zehnten wie Geiseln zu Kriegszeiten. Und er hat auch nicht darum gebeten, daß man ihm die Augenlider anheben sollte, damit er mit dem Finger auf den Verurteilten zeige, wie eine Figur bei Gogol. Stalin konnte mit geschlossenen Augen erkennen, wer an der Reihe war, er ging wählerisch vor.
An einem Empfang der deutschen Botschaft (in Moskau) hatten Wassilij Katschalow, Galina Ulanowa, Dawyd Ojstrach und ein Theaterregisseur teilgenommen. Einige Tage später wurde der Regisseur wegen Spionageverdachts verhaftet und verurteilt. Die anderen blieben ungeschoren. Sie waren beim Hausherrn in hoher Gnade.
Auf dem Gebiet der Wissenschaft und Technik wurde die Politik der Strafaktionen denselben »Gesetzen« untergeordnet – das heißt der Laune des Hausherrn und den Prestige-Erwägungen. Wertvolle Fachleute rührte Stalin gewöhnlich nicht an, und tat er es, erhielt er sie am Leben und ließ sie manchmal auch zu ihrer wissenschaftlichen Tätigkeit zurückkehren. Auch dies eine Folge seines übermäßigen Ehrgeizes. Die großen Gelehrten dienen dem Wachstum *seines* Ruhms und der Ver-

mehrung des militärischen Potentials *seiner* Latifundien. Sie sollen leben und arbeiten. Er kann sogar ein Glas Wein auf das Wohl der Wissenschaft leeren.

Die Akademiker Jewgenij Tarle und Iwan Majskij haben überlebt. Sie waren Historiker, nicht Erfinder neuer Waffentypen. Majskij trug zudem den Makel seiner menschewistischen Vergangenheit und den eines Komiteemitgliedes für eine Gesetzgebende Versammlung in Ssamara. Beide wurden sie verfolgt, kehrten aber nach Moskau zurück.

Der international berühmte Iwan Pawlow hatte sich an der Oktoberrevolution nicht beteiligt, hatte später aktiv protestiert gegen das Diktat der kooptierten Beamten in der Akademie. Er wurde von Stalin nicht verhaftet, sondern gehätschelt und gelobt. Wie Iwan Mitschurin wurde er zu einem unvermeidlichen Ausstellungsstück in der Reklamevitrine der blühenden Wissenschaft.

War aber Pawlow, den die Schwedische Akademie der Wissenschaften in den ersten Jahren der Sowjetmacht eingeladen hatte, in der Gelehrtenrepublik weithin bekannt, so kannte man den Physiologen Aleksej Uchtomskij (1875–1942) als einen Fürsten, der dem Zarenhof nahegestanden hatte. Sein Bruder war (unter dem Namen Andrej) Erzbischof von Ufa. Aleksej Uchtomskij überlebte nicht nur, sondern kam während der Pogrom-Jahre in die Akademie der Wissenschaften: 1932 wurde er zum korrespondierenden und 1935 zum Vollmitglied gewählt. Stalin hat in jenen Jahren unter aktiver Mithilfe von Molotow die Physiologen gleich bündelweise vernichtet. Es waren Gelehrte von sehr günstiger Herkunft und mit völlig loyalen Ansichten gewesen, nicht so wie Fürst Uchtomskij.

Stalin, der die Hirne ausnutzte, konnte sich eine Generalabrechnung mit allen nicht erlauben. Aus denselben Gründen wurde der Akademiker Abram Joffe ebenfalls nicht angerührt, ein international bekannter Physiker, der – ein unerhörtes Wort! – mit dem Tyrannen in Konflikt geraten war.

Daher ist es ein nutzloses Unterfangen, in dem Feldzug des Massenterrors irgendein politisches Prinzip suchen zu wollen. Stalin handelte um der Abschreckung und Unterdrückung willen.

Aber einem nützlichen Mann kann man das Leben lassen.

Der Fall der verlorengegangenen Volkszählung

Die ersten Seiten des Falles der verlorengegangenen Volkszählung wollen wir Walerijan Walerijanowitsch Ossinskij widmen, Sproß einer aristokratischen Familie.

In die Partei der Bolschewiki war er 1907 eingetreten. Schon damals fiel der zwanzigjährige Revolutionär durch seine hohe Bildung auf. Ein Mensch von scharfem, unabhängigem Geist, war Ossinskij oft mit Lenin in Streit geraten, aber der Führer vertraute ihm die verantwortlichsten Aufgaben an. Nach dem Sieg der Oktoberrevolution war Ossinskij Leiter der Staatsbank, später Vorsitzender des Allrussischen Wirtschaftsrates. In den Jahren 1921 bis 1923 war er Stellvertretender Volkskommissar für Landwirtschaft. Ende der zwanziger, Anfang der dreißiger Jahre gehört er dem Präsidium der Staatlichen Planungsbehörde an, ist Leiter der Zentralen Statistischen Verwaltung und später der Zentralverwaltung des Volkswirtschaftlichen Rechnungswesens.

1925 besuchte Ossinskij auf Einladung von Henry Ford sen. die USA. Ford wendete bekanntlich das Taylor-System bei der Arbeits-Organisation an, und er gab Ossinskij die Möglichkeit, sich ungehindert mit seinem großen Werk vertraut zu machen. Als Zeichen seines besonderen Wohlwollens für den Vertreter Sowjetrußlands führte der Milliardär Ossinskij herum, begleitete ihn in seinem Wagen zurück zum Schiff und überließ ihm seinen Wagen als Abschiedsgeschenk. Walerijan Walerijanowitsch fuhr später mit diesem Ford durch die Straßen von Moskau.

Unter Ossinskij blühte der Autoverband, es begann der Bau der ersten Automobilwerke – AMO – und, aufgrund eines Vertrages mit Ford, der Fabrik in Gorkij.

Dennoch konnte es Walerijan Walerijanowitsch Stalin nicht recht machen. Und er wollte es auch nicht. Als einer der ersten hatte er die katastrophale Lage der Landwirtschaft erwähnt. Stalin setzte Lew Mechlis auf Ossinskij an.

Nachdem dieser als Leiter der Zentralen Statistischen Verwaltung in einem Artikel mörderische Zahlen über die Viehhaltung mitgeteilt hatte, fiel der »Prawda«-Redakteur Mechlis über Ossinskij her und bezichtigte ihn der ... Schädlingstätigkeit. Das war 1933: Man konnte noch mit einem Verleumder diskutieren, ohne den Kopf zu riskieren. Dennoch kam es nicht zu einer Diskussion. Mechlis machte sich nicht die

Mühe, die Statistik zu widerlegen, vielmehr überschüttete er Ossinskij schlicht und einfach mit schmutzigen Lügen. Selbstverständlich in der »Prawda«, der »Wahrheit«.
Lew Mechlis war irgendwie sehr schnell zum Gehilfen Stalins geworden, er sammelte Material für ihn, bereitete die Texte seiner Reden vor. In den Jahren des Großen Terrors legte er Hand an bei der Vernichtung von Hunderttausenden ehrlicher Parteifunktionäre. Während des Vaterländischen Krieges behinderte er als Vertreter des Hauptquartiers nach Kräften den Verlauf der Operationen im Abschnitt Kertsch. Seine Schädlingsarbeit in der Truppenführung kostete das Leben mehrerer Hunderttausend Soldaten.
Ossinskij lebte bis Anfang des Krieges, jedoch in Haft. Menschen wie er düngten die teuflische Saat der dreißiger Jahre. Für den Anfang befahl Stalin, Ossinskijs Sohn Dmitrij zu verhaften. 1937 ließ er ihn selber festnehmen. 1941 befand sich Walerijan Walerijanowitsch im Gefängnis von Orjol. Er wurde dort zusammen mit den anderen Häftlingen erschossen, als die Deutschen näherrückten.
Ein weiteres Opfer der unvorsichtigen Statistik ist der Organisator der Kommunistischen Partei von Kasachstan, T. R. Ryskulow. Eine Zeitlang war er Stellvertretender Vorsitzender des Rates der Volkskommissare der UdSSR unter Rykow. Nachdem er die Lage in Kasachstan untersucht hatte, arbeitete Ryskulow für das ZK ein offizielles Referat aus.
Die Kollektivierung der Kasachen wurde für das Nomadenvolk zu einer echten Tragödie. Es wurden nicht nur alle Schafe und Pferde in Gemeineigentum übergeführt, sondern auch alle Wachhunde. Da sie ihre Habe nicht fortgeben wollten, schlachteten die Kasachen ihre Schafe ab und aßen das Fleisch auf. Viele starben an dem übermäßigen Fleischgenuß. Dann, als nichts mehr zu essen da war, begann eine Hungersnot, nicht weniger grausam als in der getreidereichen Ukraine. Seinem streng geheimen Referat legte Ryskulow als Beleg Fotografien von (durchaus nicht den einzigen) Fällen von Menschenfresserei bei.
Und das Schlußwort Ryskulows: »Kasachstan ist in die Kollektivierung mit einer Bevölkerung von zehn Millionen Menschen gegangen und hat sie mit einer Bevölkerung von acht Millionen beendet.« (Diese Zahlen gehen ein in die allgemeinen Verluste der Jahre 1928 bis 1932. Wenn man den Bevölkerungszuwachs in Kasachstan abzieht – ungefähr eine Million in fünf Jahren –, kommen auf Stalins Rechnung drei Millionen. Dies ist der Beitrag der Kasachen in dem Gesamtergebnis von 22 Millionen, die der Bauernbekämpfer ums Leben gebracht hat.)
1937 erinnerte der Große Kollektivierer Ryskulow an seine ungebetenen

statistischen Zahlen. Es war an der Zeit, der Statistik allgemein sorglich auf die Finger zu sehen und sie vor seinen Karren zu spannen. Ein wichtiger Trumpf in dem vom Generalsekretär ersonnenen Spiel war die Volkszählung in der UdSSR.
Die erste Volkszählung war 1920 durchgeführt worden. Die zweite im Jahre 1926. Sie brachte als Endzahl eine Bevölkerungsziffer von 148,8 Millionen. Die Demographen errechneten den Koeffizienten des natürlichen jährlichen Bevölkerungszuwachses mit 2,3 Prozent. Bei der Landbevölkerung (damals überwog sie noch) belief er sich auf 2,7 bis 2,8 Prozent, bei der Stadtbevölkerung auf 1,7 bis 1,8 Prozent.
Im Januar 1937 wurde in der Sowjetunion die dritte Volkszählung durchgeführt. Stalin setzte große Hoffnungen in sie. Die Zählung sollte aller Welt die Errungenschaften im Lande des Sozialismus vorführen. Der Bevölkerungszuwachs konnte für die elf Jahre, die seit 1926 vergangen waren, ungefähr 37,6 Millionen betragen (berechnet in einfachen Prozenten: 11 × 2,3% = 37,6 Millionen).
Die Volkszählung erbrachte jedoch niederschmetternde Ergebnisse: Die Zahl der Bürger des Sowjetstaates betrug insgesamt lediglich 156 Millionen. Der Zuwachs machte nur 7,2 Millionen aus. Das Defizit betrug 30,4 Millionen. Es ist schwer, ja unmöglich zu ermitteln, wie viele Todesfälle auf Rechnung der Gefängnisse und Lager gehen und wie viele durch den Hunger bedingt waren.
Soll man die Ergebnisse bekanntgeben? Oder erklärt man besser die Volkszählung von 1937 zum Werk von Schädlingen? Genauso ging Stalin vor. Am 26. September veröffentlicht die »Prawda« eine Mitteilung des Rates der Volkskommissare. Daraus geht hervor, es seien im Verlauf der Volkszählung »schwere Verletzungen der elementaren Grundlagen der statistischen Wissenschaften« vorgekommen. Mit dieser Begründung erklärte die Regierung die Allunions-Volkszählung als unbefriedigend. Die Daten der Volkszählung wurden unverzüglich eingezogen und vernichtet. Allerdings waren in den Köpfen der Leiter des statistischen Dienstes einige Zahlen hängengeblieben. Als erster fiel der Kopf des Leiters der Zentralen Statistischen Verwaltung, Iwan Adamowitsch Krawalj. Er war mit Dzierżyński befreundet gewesen und hatte unter ihm die Arbeits- und Lohnabteilung der ökonomischen Hauptverwaltung des Allrussischen Volkswirtschaftsrats geleitet. Seinerzeit hatte Iwan Adamowitsch die Parteihochschule absolviert und galt als »Bucharin-Zögling«. Als die Zeit gekommen war, Bucharin zu verdammen, verdammte Krawalj ihn zusammen mit allen anderen.[108]
Mit Krawalj verschwanden auch seine Stellvertreter. Aber das stimmt nicht ganz – einer hat überlebt: Aleksandr Stepanowitsch Popow. Aus

irgendeinem Grunde hatte man mit der Verhaftung gezögert und nach Jaroslawl, in Popows Heimat, eine Sonderkommission entsandt, die feststellen sollte, ob er nicht »fremder« Herkunft sei?
Der Leiter des Büros für die Allunions-Volkszählung, A. Kwitkin, galt als der beste Demograph Rußlands. Seine Erscheinung war auffällig: schulterlange Haare, ständig eine Zigarette im Mund. Wenn er über die Korridore der Zentralen Statistischen Verwaltung schritt, unterhielt er sich mit seinen Mitarbeitern im Gehen. Aristarch Kwitkin wurde unmittelbar nach Eintreffen der aufrührerischen Daten der Volkszählung festgenommen.
Unter den Verhafteten war der Sekretär der Parteiorganisation der Zentralen Statistischen Verwaltung, Iwan Nikolajewitsch Balaschow. Er hatte jedoch erstaunliches »Glück«: Er wurde nicht wie die anderen erschossen, sondern in die Vernichtungslager gebracht. Die Häftlinge des Butyrka-Gefängnisses erinnern sich an die untersetzte Figur, den offenen Blick dieses sehr einfachen, sehr russischen Mannes.
1955. Balaschow lebt. Balaschow hat Stalin überlebt. Anläßlich der Revision der Fälle der von Repressionsmaßnahmen betroffenen Mitarbeiter der Zentralen Statistischen Verwaltung lädt die Generalstaatsanwaltschaft der UdSSR den zufällig am Leben gebliebenen Statistiker Dawyd Jakowljewitsch Bosin vor. Er hatte Gelegenheit gehabt, sich mit dem Fall I.N. Balaschows vertraut zu machen. Das Militärkollegium hatte ihn gerade erst für vollständig unschuldig erklärt... Bosin sieht die letzten Seiten des riesigen Bandes durch. Und dort findet sich ein weiteres Dokument, das den »Fall« krönt. Es ist die Bescheinigung über die Erschießung Balaschows. Man hatte ihn *eine Woche vor* der Rehabilitierung erschossen. Irgend jemandem hätte er – als Lebender – schaden können.
Folglich hat es die Volkszählung von 1937 *nicht gegeben*. Aber ganz ohne eine Zählung der Bevölkerung zu leben, ist irgendwie ungemütlich. Und außerdem gegenüber Europa unpassend. Der Generalsekretär setzt für 1939 eine neue Volkszählung an. Und sie erbrachte, was man brauchte: die Zahl der Untertanen belief sich auf 170 Millionen. Der »Zuwachs« der letzten zwei Jahre betrug 14 Millionen.
Wenn man sich daran erinnert, welche Jahre 1937 und 1938 gewesen waren, was für Ernten der Tod gehalten hatte, so war ein Wunder geschehen. Dennoch verblaßt das Wunder sogleich, wenn man es mit den Ergebnissen der Volkszählung von 1926 vergleicht:
21,2 Millionen Zuwachs in 13 Jahren ist nicht viel.
Das bedeutet einen allgemeinen Bevölkerungszuwachs von insgesamt neun Prozent anstelle der erwarteten – und natürlichen! – 29 Prozent.

Unter welchem Druck, mit welchen »korrigierenden Koeffizienten« diese tröstliche Zahl von 170 Millionen zustande gekommen war, wie es gelungen war, die widerspenstige Statistik zu »glätten«, hätte Wladimir Nikolajewitsch Stawrowskij sagen können, der neue Leiter der Zentralen Statistischen Verwaltung. Die Manipulationen der Statistik trugen ihm den Titel eines Helden der Sozialistischen Arbeit und eines korrespondierenden Mitglieds der Akademie der Wissenschaften ein – ein Beispiel und Muster für die anderen Forscher.
»Wer die Musik bestellt, bezahlt sie auch.«
Stalin konnte zufrieden sein. Die richtigen Leute sind abgeholt worden. Niemand wird etwas über die Volkszählung von 1937 erfahren. Aber im Schlafzimmer des »Bergbewohners vom Kreml« zieht keine Ruhe ein. Die Genossen haben gesagt, daß im Ausland irgendwelche statistischen Jahrbücher erscheinen, daß ganze Institute tätig sind, daß sie die Lage der Dinge in meinem Lande studieren! Haben sie nicht genug mit ihren eigenen imperialistischen Sorgen . . .! Aber die Zahlen greifen sie nicht aus der Luft. Ja, die Statistik benötigt unermüdliche Aufsicht (nennen wir es »Parteikontrolle«). Und Stalin setzte seine Statistik hinter Schloß und Riegel.
Wir wollen hoffen, daß diese Stalinsche Aktion mittlerweile ihre Grenzen gefunden hat.
Und was geschieht nun mit den Leuten? Die Zahl der Erbauer des Sozialismus ist etwas kleiner geworden. Mit wem soll man den Fünfjahresplan erfüllen? Pläne bleiben ohne die sie ausführenden Leute Papier. Selbst wenn es große, das heißt, großartige Pläne sind, nein – so nicht und anders herum auch nicht.
Man könnte natürlich auch die Verhaftungen einstellen, den Hunger beenden, das Land an jene zurückgeben, die es bearbeiten. Aber das wäre eine Kapitulation vor den Elementen der Privatwirtschaft. Die Schande der kapitalistischen Neuen Ökonomischen Politik wird sich nicht wiederholen. Die Partei Lenins und Stalins wird niemals ihre Grundsätze des Stalinschen Sozialismus verraten.
Und hier kam Stalin eine Idee. Wenn man nun versuchte, die Geburtenziffer zu erhöhen? Das ist doch einfach. Wie auch immer – es ist genial. Ja, aber wie verwirklicht man diese wirklich geniale Idee? Soll denn tatsächlich der Wohlstand des Volkes gesteigert werden?
Es genügt, daß wir auf jedem Parteitag den weiteren Zuwachs aller Güter melden. Wir werden dem Volk alles Gute wünschen und unsere Gedanken fortführen. Wahrscheinlich ist es das Beste, irgend etwas zu *verbieten.* Aber was?
Und der Weiseste verbot die Abtreibung.

Doch die Geburtenziffer stieg nicht an. Es stieg die Zahl der Häftlinge – dank der Gynäkologen und der selbsternannten »Ärzte«, die gegen das Gesetz handelten. Es stieg die Zahl der kranken Frauen.
Eine genaue Berechnung der Verluste wurde durch den Krieg verhindert. Aber das sind schon neue Verluste und neue statistische Spiele.

Einige Ergebnisse

Keine Statistik kennt die genaue Zahl der in den Gefängnissen und Lagern Umgekommenen. In der Lubjanka wurden nach Stalins Tod sämtliche Unterlagen über die Hingerichteten vernichtet (nicht »hingerichtet« – erschlagen: Wer hat sie denn offiziell, befehlsgemäß hingerichtet, diese »Volksfeinde«?). Nur die leeren Ordner mit den Namen der Untersuchungshäftlinge blieben zurück. In den Lagern wurden die Gruben mit den Millionen Leichen für geheim erklärt und das Gelände umgegraben. Und wie viele Friedhöfe in Städten und Dörfern wurden dem Erdboden gleichgemacht?
Wer kann sie zählen?
(Die Henker sind seit langem in Pension. Von solch fetten Pensionen können Arbeiter nur träumen. Die Henker züchten in Landhäusern im Süden Pfirsiche und Rosen. Und es langt auch dafür, den Enkelinnen Brillanten zu kaufen. Wer wagt es, sie Marodeure zu nennen? Über die Zahl dieser hochverdienten Bürger schweigt die Statistik ebenfalls.)
Die Gefängnisse hatten auch in den zwanziger Jahren nicht leergestanden. Aber die Zahl der Häftlinge überstieg nicht die Zahl der unter dem Zaren Verhafteten.
Die nachfolgende Tabelle führt die durchschnittlichen Häftlingszahlen aus verschiedenen Jahren an. Die Angaben, die sich auf Rechtsbrecher aller Kategorien erstrecken, wurden von Professor Schirwindt zusammengestellt, der 1954 zum Leiter der wissenschaftlichen Abteilung des Gulag ernannt worden war.

1905	85 000
1906	111 000
1907	138 000
1908	171 000
1909	175 000
1910	168 000

1911	175 000
1912	183 000
1923	65 000
1924	86 000
1925	98 000
1926	104 000
1927	122 000

Leider verfügen wir nicht über Unterlagen aus den letzten Jahren. Dagegen ist uns die Gesamtzahl der Insassen der Gefängnisse und Vernichtungslager im Jahr 1938 bekannt: *sechzehn Millionen.*

In den Jahren der Polizei-Reaktion – man nennt sie in allen Lehrbüchern die »blutigen« oder »schrecklichen« –, die auf die Revolution von 1905–1907 folgten, befanden sich in den zaristischen Gefängnissen 170 000 bis 180 000 Häftlinge. Wahrhaftig – eine grausame Zeit war das.

Die Tabelle läßt auch andere Gedanken aufkommen. Nach dem Jahre 1923 ist eine deutliche Tendenz zu höheren Häftlingsziffern zu beobachten, 1927 hat sich ihre Zahl gegenüber 1923 verdoppelt. Noch zehn Jahre werden vergehen, und es sind *sechzehn Millionen.* Dieser Zahl muß man die Bevölkerungszahl des Landes gegenüberstellen. Nach der Volkszählung von 1937 betrug sie 156 Millionen. 1938 müßte sie bei Berücksichtigung des Zuwachses 158 Millionen betragen haben, fast 160 Millionen also.

16 Millionen gegenüber 160 Millionen. Jeder Zehnte. Und wenn man Kinder und Greise abzieht?

Am 30. Mai 1978 meldete die »Prawda«: in Uruguay gebe es 7000 politische Gefangene – auf 400 Einwohner einen. Fast das gleiche Verhältnis wie in Südafrika.[109] In Chile war nach der Machtübernahme durch Pinochet (1973) bis 1975 jeder 40. Einwohner hinter Gittern. Auf dem XXV. Parteitag der KPdSU berichtete ein Delegierter der spanischen Kommunistischen Partei, es gebe derzeit in seinem Lande 550 politische Gefangene, die Hälfte von ihnen seien Terroristen. Dies in einem Staat, in dem die Kommunistische Partei damals verboten war.

Die Maßstäbe der Leistung Stalins sind leicht zu erreichen, wenn man in die Vergangenheit schaut. Unter Iwan dem Schrecklichen, als das feudale Rußland von der Opritschnina, der Leibgarde des Zaren heimgesucht wurde, kamen 4000 Bojaren ums Leben. Dies geschah vor 400 Jahren. Die Truppen der französischen Regierung von Versailles haben (1871) in Paris rund 30 000 Kommunarden erschossen. Die russischen Gendarmen haben in den Tagen des »verrückten Sommers« 1874 auf den Dörfern rund 1500 Agitatoren verhaftet. Diese Aktion erhielt die Bezeichnung »die große Jagd«.

Der Tod begann im 19. Jahrhundert eine Tendenz zur Maßstabstreue zu bekommen. Im 20. Jahrhundert verwandelte er sich in ein Mittel der Massenvernichtung. Die Zahl der Kriegstoten wurde nicht mehr in Millionen, sondern in Zehnmillionen berechnet. Stalin brachte auch hier etwas Neues, Eigenes, Stalinsches ein, indem er der erstaunten Welt zeigte, daß man bei einem Krieg im Inneren – gegen das eigene Volk – zweimal mehr Menschen töten kann als in einem Krieg gegen andere Völker.

Hat Stalin irgendeine Nation in seinem Vielvölkerstaat vorgezogen? Irgend jemanden geschont? Die spärlichen statistischen Daten besagen, daß er ein Allesfresser war.

In den Jahren 1937 bis 1938 verhafteten die Organe in Aserbaidshan, das eine Bevölkerung von 2,215 Millionen hatte, 28 000 Menschen, das heißt ungefähr jeden 30. Erwachsenen. In Georgien wurden 63 000 verhaftet, die Bevölkerung betrug 3,542 Millionen. Jeder 20. erwachsene Einwohner Georgiens fiel dem Terror zum Opfer. Das heißt, daß sich Stalin nicht nur um die Altkommunisten unter seinen Landsleuten gekümmert hat. Die vollständigen Daten für die Gesamtzeit der Stalin-Herrschaft würden ein anderes Bild ergeben: ein Gequälter oder Hingerichteter auf zehn Landsleute des »Bergbewohners im Kreml«.

Über die Folgen des Massenterrors könnte man eine eigene Arbeit schreiben. Man kann beispielsweise die Dynamik der Geburtenziffer des Landes in den Jahren 1928 bis 1940 heranziehen.

Die Statistiker haben den Geburten-Koeffizienten nach Jahren errechnet.[110]

1928	44,3
1929	41,8
1930	41,2
1931	32,6
1932	32,6
1933	32,6
1934	32,6
1935	31,6
1936	34,3
1937	38,7
1939	36,5
1940	31,2

Der steile Abfall der Geburtenziffer – um 9 Prozent – im Jahre 1931 spiegelt zweifellos den grandiosen Sieg des Stalin-Regimes im Kampf gegen die Privatbauern wider. Und den Hunger. Und die unnatürlich festgefrorene Zahl 32,6 über vier Jahre hinweg – welcher Abgrund soll

damit verdeckt werden? (Nichtoffiziellen Unterlagen zufolge sind von 1932 bis 1934 insgesamt 2,5 Millionen Neugeborener gestorben.)
1936, als das Land begann, sich aus der Versorgungskrise herauszuarbeiten, und als sich die Folgen des Massenterrors noch nicht voll zeigen konnten, begann die Geburtenziffer langsam anzusteigen. 1939 jedoch setzte der Rückgang wieder ein, und 1940 fiel der Koeffizient auf seinen niedrigsten Wert. Aber diese augenfälligen Zahlen hinderten einen der Autoren nicht an der bemerkenswerten Schlußfolgerung: die Sterbe-Wahrscheinlichkeit sei in den Jahren 1938 bis 1939, verglichen mit 1926 bis 1927, in allen Altersgruppen zurückgegangen.

Im Gespräch mit Ilja Ehrenburg und Nikolaj Tscherkassow bemerkte der Generalsekretär einmal vielsagend:
»Iwan der Schreckliche und Peter der Große haben viel zu wenig Köpfe abgeschlagen.«[111]
Welche Zahl würde denn genügen? Man muß sich in die Lage der Tyrannen versetzen: Die Köpfe einzeln abzuschlagen ist ein sehr arbeitsaufwendiger Prozeß, der, wie jeder totale Krieg, die Mobilisierung erheblicher Reserven an Menschen und Material sowie die selbstlose Kraftanspannung des Herrschers höchstpersönlich erforderlich macht. Kaiser Caligula rief einmal ermattet aus: »Oh, wenn das römische Volk doch nur einen Kopf hätte!« Das hätte auch dem Vater der Völker gefallen.
Im Jahre 1956 setzte das Tauwetter ein. Das Politbüro erbat sich von den Organen Zahlen. Die von den »inneren« Statistikern zusammengetragenen Zahlen sahen so aus: von 1935 bis 1940 waren durch die Lubjanka und ihre Filialen 18 840 000 Menschen hindurchgegangen. Von ihnen waren 7 000 000 in den Gefängnissen erschossen und die übrigen in die Vernichtungslager abtransportiert worden. (Die Politbüromitglieder machten sich mit der nach Jahren aufgeschlüsselten Tabelle bekannt.)
Neunzehn Millionen. Ist das viel oder wenig? Ein Viertel der erwachsenen Bevölkerung, ohne die Kinder und Greise. Fast alle waren umgekommen.

Nikolaj I. sagte einmal zum schwedischen Gesandten bei einem Diplomatenempfang: »Wenn nötig, würde ich die eine Hälfte der Nation verhaften lassen, damit die andere Hälfte nicht infiziert wird.«
Stalin ist der Verwirklichung der bescheidenen Absicht des russischen Zaren sehr nahegekommen. Der Bürgerkrieg und die Jahre der Hun-

gersnot 1921 und 1922 hatten 16 Millionen Menschenleben gekostet. Der Dorfpogrom und die Hungersnot von 1930 bis 1932 gipfelten in dem Tode von 22 Millionen. Der Terror der Jahre 1935 bis 1941 kostete weitere 19 Millionen.

Und dennoch war es Stalin nicht gelungen, bis Kriegsbeginn auch nur ein Viertel der erwachsenen Bürger auszurotten oder in die Lager zu schicken. Zwar wurden nach jeder Verhaftung unverzüglich und grausam die Angehörigen des »Ketzers« verfolgt – es litten jung und alt. Es steht jedoch der Krieg bevor, mit -zig Millionen unnützer Opfer, und – eine neue Verfolgungsperiode.

»Was heißt denn hier – ›Terror und noch einmal Terror‹. Stalin hat lediglich die bürokratische Parteispitze beseitigt, die von Macht und Reichtum verdorben war.« Derlei Gedanken kann man sogar unter alten Bolschewiki hören. Ist dies eine Sache des Alters? Als aktiver Verbreiter der populären Legende blieb Molotow. Die Zwangsmaßnahmen der dreißiger Jahre waren, nach seiner qualifizierten Meinung, »... historisch notwendig«. (Wieder diese Notwendigkeit!) Warum hast du die eigene Person nicht in diese »Notwendigkeit« einbezogen, sondern lediglich die Ehefrau hinschlachten lassen und Myriaden unschuldiger Bürger dazu?

Aus der Reihe menschenfresserischer Sentenzen hebt sich das bescheidene Wort von Henri Barbusse heraus: »Das Problem der Repressionen läuft darauf hinaus, jenes Minimum zu finden, das notwendig ist im Hinblick auf die allgemeine Bewegung nach vorn.«

1934, als sein Buch über Stalin entstand, bezog sich Barbusse verständnisvoll auf die Erklärung Stalins, die Bolschewiki erachten es, aus »Achtung vor dem Menschenleben« als notwendig, »*einige* Leute unschädlich zu machen«.[112]

Barbusse selber wurde 1935 »unschädlich gemacht«. Dann noch »einige« – zwanzig, dreißig Millionen. Das ist es, das gesuchte Minimum.

Das ist es, was Stalin im Sinn hatte, als er versprach, dem russischen Volk die »Kuhpocken« zu impfen.

Die Atmosphäre der Epoche

Und über Rußland ergoß sich die Glückseligkeit der Gefängnisse.
Jetzt konnte *er* von der Höhe des Kremlhügels aus das Getane übersehen. Im Leben, im Bewußtsein der Untertanen hatten sich Furcht und deren traditionelle Begleiter – Käuflichkeit und Gehorsam – eingenistet. Diese dreieinige Kraft half ihnen, ohne Schmerzen in den Knien auf dem Bauch zu kriechen. Die Menschen haben schließlich auch das Schweigen gelernt. Es zog sie endlich zum lebenspendenden Nicht-Wissen. Die Menschen begannen, die Lüge zu atmen. Lüge als bürgerliche Tugend. Verrat und Grausamkeit als Verhaltensnormen. Fanatische, sklavische Ergebenheit gegenüber dem Führer – das war die neue Religion.
Der Terror der Bürgerkriegszeit erzeugte zeitweilige Angst. Diese Angst ging vorüber, und niemand erinnerte sich an die blutigen Spiele. Beim großen Blutvergießen der dreißiger Jahre zeigte sich, daß der Terror des Bürgerkrieges nur das Präludium zur allgemeinen Selbstzerstörung gewesen war. Über dem nächtlichen Moskau stand der Rauch der Scheiterhaufen der neuen Inquisition. Man verbrennt in den Archiven die Dokumente der »Volksfeinde«, ihre Briefe, Gedichte, Bilder, Romane.
Stalin lehrte seine Untertanen das Schweigen. Er nahm ihnen selbst das, was man dem Menschen nicht nehmen kann – das Recht auf Trauer. Er beraubte die Kinder nicht nur der Möglichkeit, ihre Eltern zu beweinen, er befahl auch noch, sich über die Hinrichtung der Angehörigen zu freuen und sich öffentlich von ihnen loszusagen. Und unsere großartigen Organe zu bejubeln. Und den »Teuren Vater« zu preisen. Nur um seinetwillen durfte das allgemeine Schweigen unterbrochen werden.
Anna Achmatowas Mann wurde erschossen, ihr Sohn verhaftet.

> Wie die Strelitzenfraun werde ich heulen
> vor den Türmen des Kreml beim blut'gen Gericht.

Das wirst du nicht, Anna. Sie lassen dich nicht.
Niemanden lassen sie.
Die Angst war allgemein geworden, eine Art Behausung, ein Teil der Atmosphäre. Man fürchtete sich vor all und jedem. Man fürchtete sich vor den Hausnachbarn, den Hausmeistern, den eigenen Kindern. Man fürchtete sich vor Arbeitskollegen, man zitterte vor Vorgesetzten und Untergebenen. Man ängstigte sich um Unterlassungen bei der Arbeit,

um Fehler. Am meisten aber fürchtete man, sich durch Erfolge hervorzutun. Dort oben hatten sie auch Angst. Manche Position in der Parteiführung oder in der Regierung gemahnt an einen Granattrichter nach einem Einschlag, durch den soeben ein Mensch getötet worden war. Der neuernannte Minister (ZK-Mitglied, Gebietskomiteesekretär, Vorsitzender des städtischen Exekutivkomitees) duckt sich in den frischen Granattrichter, arbeitet in der Hoffnung, daß die Wahrscheinlichkeitstheorie stimmt: ein zweites Mal wird hier keine Granate einschlagen. Aber Stalin erkannte die Wahrscheinlichkeitstheorie nicht an, er hat überhaupt keine Theorien anerkannt. In den dreißiger Jahren wurden auf seinen Befehl von ein und demselben Führungsposten drei, vier, manchmal auch mehr Inhaber zum Schafott geschafft.

»Misch dich nicht unter die Minister – die werden erschossen.«

Zu den ersten, die von der Absetzung eines kleinen »Führers« erfuhren, gehörten die Häftlinge in Moskau. Dieses Paradox ist leicht zu erklären: fehlte in den Büros der Untersuchungsbeamten plötzlich das Bild eines Politbüromitglieds, so bedeutete dies, daß wieder ein Parteibonze zum Patienten der Lubjanka geworden war.

Es gelang Stalin nicht in einem Zug, auch in den obersten Rängen seines Machtapparates nicht die Angst heimisch zu machen. Das kostete ihn einige Mühe. Er ließ alle »Kampfgefährten« einschließlich ihrer Ehefrauen und ihrer Kinder sorgfältig bespitzeln.

Einmal hatte Jekaterina Iwanowna Kalinina, die Ehefrau des Marionetten-»Präsidenten«, unvorsichtigerweise ein paar wenig schmeichelhafte Worte über den Generalsekretär verloren. Ihre Freundin Ostroumowa, früher Stenographin auf den Parteitagen, jetzt Sekretärin eines Stadtkomitees in Sibirien, nickte zustimmend. Nickte nicht nur, sondern fügte noch einiges hinzu. Sie waren nicht allein. Eine dritte war dabei. Und die dritte zeigte sie an.

Die Ostroumowa wurde im Torweg des Dreifaltigkeitsturms im Kreml verhaftet. In der Lubjanka hielt man ihr die wörtliche Aufzeichnung des aufrührerischen Gesprächs vor. Sie leugnete anfangs, aber der Untersuchungsbeamte drängte: »Warum sträuben Sie sich? Jekaterina Iwanowna hat schon alles gestanden.«

Was hätte sie, die Unerfahrene, jetzt noch tun können? Sie wurde ins Lager gebracht – genau wie die Frau des Präsidenten.

Und hatte irgend jemand Gewissensbisse? Fühlte sich wirklich niemand, kein einziger Vollzugsbeamter, bedrückt vom roten Hemd des Henkers? Waren sie alle bei Verstand? Sie waren es. Sehr sogar.

Eines Morgens sah Jakow Natanowitsch Brandenburgskij auf seine Hände.
»Es tropft... Es tropft...! Es tropft...!«
»Jakow, was hast Du?« fragte seine Frau aufgeregt.
»Siehst du denn nichts? Es tropft von den Fingern. Das Blut tropft herunter, es tropft und tropft...«
Jakow wurde fortgebracht. Das Mitglied des Obersten Gerichts der UdSSR, Jakow Brandenburgskij, war wahnsinnig geworden.
Er starb in einer Nervenklinik.

»Der Durchschnittsmensch ist immer ein Feigling«, ließ Mark Twain seinen Colonel Shernborne vor hundert Jahren sagen. Diese Wahrheit hat Stalin nicht aus Büchern gelernt, sondern aus dem Leben. Und seine Politik plante Jossif der Erbauer mit diesem Material. Man brauchte nur einen normalen Feigling in Hysterie zu versetzen.
Die Menschen hörten auf, Fremdworte zu benutzen. Sie fürchteten sich davor, einander zu treffen, sei es auch nur zu zweit. Sie beugten sich über Streichholzschachteln und suchten auf den Etiketts das Hakenkreuz-Zeichen. Ich habe das selber gesehen.

Die Geschichte der nachrevolutionären Zeit läßt sich in drei Phasen einteilen. Die Menschen wurden motiviert:
1917 bis 1924 von Überzeugungen.
1925 bis 1934 von Überzeugungen und Angst.
Nach 1935 nur noch von Angst.
Leiden – das ist nicht nur Hunger und Elend, sondern auch Erniedrigung, Unterdrückung, Angst. Das allgemeine Böse verschmolz mit dem individuellen seelischen Leid. Unter Stalin zu leben wurde schrecklicher als der Tod. Nur diejenigen, die ihre Denkfähigkeit nicht verloren hatten, befähigte ihr Lebensinstinkt auszuhalten.
Und jene, die nicht denken mochten? Wie war es mit ihnen? Sie waren bereit, vor Hunger und Furcht zu heulen. Heulen ist jedoch in einer Gesellschaft der Massendemokratie nur dem grauen Wolf erlaubt (eine Lieblingsredensart der Lagerwächter).
Die Furcht vor der unerbittlichen Staatsmaschinerie, die Entfremdung der Menschen untereinander und von der Natur, die Ohnmacht dem Bösen gegenüber, das ständige Gefühl, auf der Hut sein zu müssen, machten die Erbauer des Sozialismus so einsam, wie sie es nie zuvor, auch in den düstersten Epochen der Geschichte ihres Volkes nicht gewesen waren. Wenn ein »Erbauer« durch einen glücklichen Zufall

nicht in ein staatliches Gefängnis geriet, so blieb er im Gefängnis der Einsamkeit. Dies geschah in einer Gesellschaft, die auf dem Prinzip der Kollektivität aufgebaut werden sollte.
Jahre vergingen. Ein siegreicher Fünfjahresplan löste den anderen ab. Es wechselten die Losungen, es wechselten die Namen der Volksfeinde, es wechselten die örtlichen Führer. Das Leid blieb. Aber der Mensch will für sein Glück und das Glück seiner Nächsten leben. Dieses Ziel – bald wird man es als erreicht bezeichnen –, dieses Ziel wurde ihm fremd. Ihn widerte seine Rolle als Dünger an, den die Führer, die Allweisen in die Erde streuen zum Nutzen einer künftigen ephemeren Ernte. Der Mensch, dieser Erbauer des zukünftigen Paradieses, war jedoch machtlos gegenüber der starken Maschine.
Die ständige Angst in Erwartung eines Strafgerichts – das ist das Kennzeichen der Stalin-Herrschaft. Die Verhaftung wurde zur Lebensform wie ein spätes Abendbrot. Man gewöhnte sich nicht sogleich daran, dann aber dachte man schon nicht mehr an ein anderes Leben. Gestern war der Nachbar zur Linken abgeholt worden, heute der rechte, morgen holen sie mich ... Die Amerikaner nennen ihre Heimat das Land der unbegrenzten Möglichkeiten. Das ist zumindest unbescheiden. In Stalins Land konnte jeder jeden hinter Gitter bringen – es genügt, Wohnung, Frau oder Habe seines Nächsten zu begehren. Kein einziger Staat hat seinen Bürgern je so große Möglichkeiten geboten.
Das Volk packte sich selbst beim Genick und zerrte sich ins Gefängnis, ins Lager, aufs Schafott. Ein Bauer beraubte den anderen, bespitzelte, verfolgte, verhaftete und entehrte sich selbst. Die Zeitungen schillerten von Schuldbekenntnissen, Entlarvungen, Verfluchungen, Superverfluchungen ...
Am 21. Mai 1937 veröffentlichte die »Iswestija« in ihrer ersten Spalte den Beschluß der Akademie der Wissenschaften über den Ausschluß Nikolaj Bucharins aus ihren Reihen, da der erwähnte Bürger seine Mitgliedschaft in der Akademie mißbraucht habe: »... zum Schaden unseres Landes und seines Kampfes hat er sich gegen die Partei und die Sowjetmacht in die Reihen der Volksfeinde gestellt«. Und im Impressum auf der letzten Seite derselben Regierungszeitung steht der Name des Chefredakteurs: Nikolaj Iwanowitsch Bucharin. Desselben, der sich »in die Reihen der Feinde gestellt« hatte.
Wer wagt danach noch zu behaupten, unter Stalin habe es keine Freiheit des Wortes gegeben? Die Freiheit war vollständig: die Kinder sagten sich von den Vätern los, und die überlebenden Eltern sagten sich von den »wegen konterrevolutionärer Tätigkeit« verhafteten Kindern los. Und sie zeigten einander an. Unter Stalin näherte sich die Zahl der Spitzel der

Zahl der schreibkundigen und zu sprechen fähigen Bürger. Nur Säuglinge denunzierten nicht. Aber schon in den Kindergärten werden Anzeigen gepflegt. Bald leistet jeder zweite Spitzeldienste. Aktivisten der Bewegung traten auf, bereit, sich selber am Kragen zu packen und »an den richtigen Ort« zu bringen.

Die Komsomolorganisatorin unseres Kurses an der historischen Fakultät, Emma Schif, will von ihrem Kommilitonen Boris Markus irgend etwas aus seiner Vergangenheit wissen. Sie stellt ihre Fragen, ohne sich vom Stuhl zu erheben. Den Körper vorgebeugt, hält sie die Hände unter dem Tisch (in den Händen hat sie irgendein Papier). Boris Markus hatte bis vor kurzem am Straßenbau-Institut studiert, dort war mit ihm irgend etwas passiert, und jetzt ist er bei uns, in der historischen Fakultät. Also, was hatte sich dort zugetragen, warum hat er das Institut gewechselt, warum hat er es der Öffentlichkeit verheimlicht?

Äußerlich ist Emma ruhig, für ihre 25 Jahre versteht sie es, ihre glühende Ergebenheit gegenüber den Organen zu zügeln. Boris dagegen, ein hochgewachsener, hübscher Junge, der kluge Kopf Boris begreift: die Zeit der globalen Denunziation ist gekommen, der Massenfahndung. Ist es da nicht besser, »vorsorglich« die anderen anzuschwärzen? Doch ein Schuft ist er nicht. Und Emma ebenfalls nicht. Bloß die Zeit ist schuftig. Alle lieben einfach die eiserne Ordnung.

In den Augen des verängstigten Bürgers ist auch der Terror Ordnung, vorausgesetzt, daß er selber davon nicht betroffen wird. Alle zusammen wie ein Mann, das heißt »einmütig« – geben sie ihre Stimme auf den Versammlungen ab, alle übererfüllen sie die Pläne, alle loben sie den Führer, alle schauen sie beifällig auf die Rechtecke der Gefängnisse, der Wohnhäuser und Baracken, der Geschäfte, Schulen und Krankenhäuser, auf die rechteckigen Grundrisse der Lager. Und auf die Anzeichen an den Kragenspiegeln der Mitarbeiter der Organe – Würfel, Rechtecke. Das Rechteck ist das Symbol der Ordnung. Die Gruben, in die man bald zu Millionen die Leichen der »Ordnungsstörer« werfen wird, haben die gleichen Umrisse. Und auch das Lenin-Mausoleum.

Sogar die Atmosphäre ist von Gittern in Rechtecke eingeteilt. Die Atmosphäre der Epoche. Die Menschen hatten so viele Jahre im Gefängnis und in Erwartung des Gefängnisses gelebt, daß sie die Gitter nicht mehr bemerkten.

Und sie begannen zu jubeln.

Da der allgemeine Jubel über den Sieg des »Sozialismus« ein Ventil brauchte, gab der Führer dem Volk die Möglichkeit, seine Gefühle öffentlich an den Feiertagen kundzutun. Er hatte eine Schwäche für primitive Muster, und seine Handlanger richteten säuberlich in wohleinstudierten Rechtecken Panzer, Sportler, Soldaten, Angestellte, Fabrikarbeiter, Kinder und Veteranen der Revolution aus. Der Rote Platz in Moskau – und nach seinem Beispiel die Plätze aller Städte des Landes – verwandelte sich in einen Ort, wo sich die Ergebenheit des ganzen Volkes vor dem Führer und Lehrer entlud.

Unter Paul I. war der Platz vor dem Winterpalast in Petersburg denkbar langweilig gewesen. Später paradierten vor dem Zaren an nationalen Feiertagen Kolonnen mit den Wappen der 16 Gouvernements. Unter Stalin wurden die Wappen der Unionsrepubliken über den Roten Platz getragen.

Eine besondere Leidenschaft empfand Jossif der Erbauer für Dank- und Glückwunschbriefe. Es war wichtig, daß alle Zeitungen die Grußschreiben der Bergleute und Traktorfahrer, der Gelehrten und Schriftsteller, der Frauen und Kinder veröffentlichten – an ihn persönlich und an seine Helfershelfer. Außerdem liebte es der Führer, Jubiläumsdaten der großen Söhne Rußlands zu feiern. Vielleicht fällt etwas für ihn selber ab. Und es fiel ab.

Am 10. Februar 1937, in jenem Blutjahr, findet im Bolschoj-Theater ein Festakt zum 100. Todestag von Puschkin statt. Stalin sitzt in der Tiefe seiner gepanzerten Loge. Dorthin richten sich alle Blicke, für ihn lesen die Dichter ihre Werke. Nach Demjan Bjednyj, dem Verfasser armseliger Knittelverse, trat Aleksandr Besymenskij auf. Er erinnerte an den Puschkinschen Vers

Es lebe die Sonne, die Dunkelheit schwinde!

und las seine Gedichte zu diesem Anlaß. Puschkin träume, Puschkin

»... wollte, daß frei für immer
die Menschen, das Lied und die begeisterte Arbeit« seien.
»... Wir haben deine Hoffnung verwirklicht!« versicherte der Dichter.

Es folgten Verse über Brüderlichkeit, Freiheit und »unser sowjetisches Glück«. Und am Ende:

Es lebe das Sonnen-Genie der Partei!
Es lebe Lenin! Es lebe Stalin!
Es lebe die Sonne, die Dunkelheit schwinde!*

* Diese bemerkenswerten Zeilen trug auf dem Festakt der Präsident der Akademie der Wissenschaften, W. L. Komarow vor.

Während des Prozesses gegen Pjatakow, Sserebrjakow und andere unschuldige Genossen hatte der Dichter öffentlich »die Fünfer Pjatakows, die Silberlinge Sserebrjakows ...«* verdammt.
Aleksandr Besymenskij, Teilnehmer der Oktoberrevolution, einer der ersten Komsomolzen, war mit meinem Vater befreundet. Vielleicht hat er auch Antonow-Owssejenko in seinem Todesjahr verdammt? Nein, ich klage Besymenskij nicht an. Wir alle (fast alle?) waren damals blind.

1934 organisierte Stalin eine Reklamevorstellung in der Arktis – der Rote Platz genügte ihm offenbar nicht mehr. Die Expedition an Bord des Dampfers *Tscheljuskin* war von vornherein zum Scheitern verurteilt: das offensichtlich überalterte, zu schwache Schiff konnte in dem starken Eis nichts ausrichten. Wenn aber die *Tscheljuskin* nicht unterging, nicht vom Eise erdrückt wurde, hätten die Stalinschen Falken niemanden heroisch retten können. Und es hätte einen Anlaß weniger zu allgemeinem Jubel gegeben.
Die *Tscheljuskin* ruht auf dem Grunde des Tschuktschen-Meeres. In welchem Meer soll man die historische Schande des Landes ertränken? Und da sind sie auf der Fotografie, während des triumphalen Empfangs in Moskau: der Leiter der »Tscheljuskin«-Expedition, Otto Schmidt mit dem imposanten Bart und dem Siegerlächeln, Kapitän Woronin, die Partei- und Komsomolfunktionäre ... Und wer steht da links außen, in der, ja doch: in der Uniform des NKWD? Er ist nur im Profil zu sehen und äugt unter seinem Mützenschirm hervor. Auf der zweiten Fotografie, auf der Tribüne des Lenin-Mausoleums hütet er wie ein sorglicher Hirt seine kleine Herde der Leute von der *Tscheljuskin*.
In den dreißiger Jahren wurde in vielen Theatern ein Schauspiel nach Nikolaj Pogodins »Der Mann mit der Flinte« aufgeführt. Kern des Stücks ist eine Episode, die Lenin erzählt hatte: Eine alte Bäckersfrau begegnete einem Rotarmisten. Er half ihr. Und – zum ersten Mal in ihrem Leben! – fürchtete sich die Bäuerin nicht vor einem bewaffneten Mann. Dies hatte sich während des Bürgerkriegs ereignet.
Zum Symbol der neuen Episode, zu ihrer Zentralfigur, wurde der Mann mit einem Revolver, der das totale Glück bewacht. Ihm, dem ruhmreichen Helden, der Geschichte macht, gelten die Oden, die Lieder, die Stanzen, die Schauspiele. Er ging für immer in unser Leben ein, der bescheidene Mitarbeiter der Fahndungsarmee, der unvermeidliche Mitspieler im Stalinschen Schattentheater.

* Anspielung auf die Wortbedeutung ›pjatak‹ – Fünfkopekenstück; ›sserebro‹ – Silber. (Anm. d. Übers.)

Im Mai 1937 wurde die Expedition der Hauptverwaltung Nördlicher Seeweg am Nordpol abgesetzt. Es begann die Fahrt der vier Mann unter Iwan Papanin auf der Eisscholle. Alles war seit langem vorbereitet – Menschen, Flugzeuge, Ausrüstung, Proviant, als Journalisten der »Iswestija« bekannte skandinavische Polarforscher interviewten. Die ausländischen Fachleute verurteilten einhellig das Flugzeug als Transportmittel bei arktischen Bedingungen. Ihre Antworten wurden veröffentlicht, und einige Tage darauf starteten die Flugzeuge zum Pol. In den ganzen ihm vom Schicksal noch gegönnten fünfzehn Jahren wird Stalin sich kein zweites Mal eine solche Reklame einfallen lassen.
Bei der Ausstattung der Expedition war man gründlich gewesen – in voller Übereinstimmung mit den Erfordernissen des Prestiges. Hier gab es Pelzstiefel aus Rentier- und Robbenfell, Pelzanzüge und Mützen aller Art und für jedes Wetter, hier gab es auch besondere Nahrungskonzentrate aus Fleisch, Huhn und Gemüse, von einem speziellen Institut hergestellt. Und konservierte Sahne, Butter, gepreßten Kaviar, Schokolade. An alles hatte man gedacht – sogar an das besondere Zeremoniell bei der feierlichen Begrüßung der Sieger über die Arktis. Nichts war vergessen worden.
All das, damit das Volk die Millionen Lagersklaven in ihren Schuhen aus Stücken alter Autoreifen vergaß. Die Sklaven, die mit einer Kelle voll Gefängnisfraß »ernährt« wurden.

In der Lagerbaracke, im entferntesten Winkel, haben sich die berufsmäßigen Schwerverbrecher, die Blatnoj, zu einer Beratung versammelt. Sie sitzen über einen der Ihren zu Gericht, einen Dieb, der das »Gesetz« der Diebe übertreten hat. Er kann sich nicht rechtfertigen, und schon wirft ihm eine gehorsame Riege von hinten eine Schlinge aus Bindfaden um den Hals. Das Opfer röchelt, und ringsum tanzen die Blatnojs, stampfen den Rhythmus auf den Bretterboden, schlagen sich wie die Zigeuner dabei mit der flachen Hand auf die Schenkel. Ta- lja- pa – tja- ti – ta- ti – ta... Kein Todesschrei ist zu hören, und morgen wird der Gevatter, der bevollmächtigte Geheimdienstoffizier des Lagers, nicht herausfinden – wer, warum, wie...
In den dreißiger Jahren besaß Stalin bereits allerlei Erfahrung als Regisseur. Er hatte es gelernt, starke Toneffekte zu erzeugen. Er wußte schon, daß man für den Erfolg eines Stückes den Kontrast zwischen Hell und Dunkel braucht, zwischen Gut und Böse. In den Tagen der Prozesse gegen die »schändlichen Volksfeinde« bringen die Zeitungen abwechselnd eine Reportage über die heroischen Flüge der Piloten, der »Stalin-

schen Falken«, und über die nicht minder heroischen Errungenschaften der Arbeiterklasse.
Im Zimmer des Untersuchungsbeamten hängt ein Lautsprecher an der Wand. Er bebt unter dem Jubel der glücklichen Massen. Vor dem Untersuchungsbeamten sitzt ein grauhaariger Revolutionär, ein Toter von Morgen. Antonow-Owssejenko.
»Hören Sie«, sagt der Untersuchungsbeamte, »wie das Volk unsere Stalinsche Partei und ihre ruhmvollen Tschekisten umjubelt? Hören Sie?! Ich habe übrigens für Sie einen Orden erhalten.«

Dritter Teil

Der Bergadler

Göttlichkeit

1906 hatte der junge Bolschewik Ssergej Bassist unter den Matrosen von Ssewastopol agitiert. Ein Matrose fragte ihn: »Sie sagen da, daß unter dem Sozialismus alle gleich sind. Und wenn plötzlich irgend so ein Tolstoj oder ein noch *dickerer* (›tolstoj‹ = dick) auftaucht und die Macht für sich will – was dann?«
Eine solche Frage hatte Bassist nicht erwartet, die Antwort bereitete ihm jedoch keine Schwierigkeit. Er erklärte, im Sozialismus würden die Führer vom ganzen Volk gewählt, daher könne eine persönliche Diktatur gar nicht entstehen. »Und wer würde das denn auch zulassen? Etwa ihr, die Matrosen der Kriegsmarine? Ihr seid doch Arbeiter- und Bauernsöhne, wollt ihr euch denn einen neuen Zaren auf den Hals laden?« Die Matrosen lachten . . .

Es vergingen dreißig Jahre. Aljoscha Sswanidse, der Bruder von Stalins erster Frau, war Stellvertretender Vorsitzender der Staatsbank. Stalin spielte gewöhnlich sonntags mit ihm Billard. Einmal kam Sswanidse am Montag in gedrückter Stimmung in sein Büro in der Neglinnaja-Straße.
»Was ist los mit dir?« fragte ihn ein alter Freund, »hast du etwa gestern beim Billard verloren?«
»Warum hältst du mich für einen so schlechten Menschen? Wenn ich auch nur *eine Partie* gewinne, rächt er sich die ganze Woche an unschuldigen Menschen . . .« Sswanidse schwieg eine Weile und fügte dann hinzu:
»Ich kann es einfach nicht fassen. Die ganze Nacht konnte ich nicht schlafen. Weißt du, was der Hausherr erklärt hat? Er hatte die Kugel verfehlt, seine Queue an den Tisch gelehnt und gesagt: ›Das russische Volk ist doch ein zaristisches Volk. Es braucht einen *Zaren.*‹ Diese Worte haben mich so erschüttert, daß ich weggegangen bin, ohne die Partie zu Ende zu spielen. Ich werde meinen Fuß nicht mehr über seine Schwelle setzen. Ich glaube, er hat, ohne es zu wollen, einen geheimen Gedanken ausgesprochen. Du wirst sehen, was er sich da ausgedacht hat . . .«
Vor zweihundert Jahren hatten die Bauern, die von einem gerechten

Herrscher träumten, Jemeljan Pugatschow zum Zaren ausgerufen. »Kleiner Vater« nannten sie ihn und später »Kaiser«.
»Alles ist gerecht wie von Gott, denn die Russen sind überzeugt, daß der Großfürst von Moskau den himmlischen Willen ausführt...«
Der Marquis de Custine, der in seinem Buch »La Russie en 1839« dieses Zeugnis von Herberstein zitiert, bemerkt dazu: »Ich weiß nicht – hat der Charakter des russischen Volkes solche Herrscher hervorgebracht, oder haben diese Herrscher den Charakter des russischen Volkes entwikkelt?«[113]
Custine dachte wie ein Dialektiker. Seine Mutmaßung wurde im zweiten Viertel des 20. Jahrhunderts bestätigt, als das sowjetische Volk begann, das engstirnige Wesen mit der nie erlöschenden Pfeife zwischen den schwarzen Zähnen zu vergöttern. Und war Rußland nicht ein wenig früher, kurz vor der Revolution, bereit gewesen, den ehemaligen Pferdedieb Grigorij Rasputin als Reinkarnation von Jesus Christus anzuerkennen? War Stalin nicht von derselben Art?
Die Vergötterung eines Parteiführers ist durchaus keine Zufallserscheinung. Im Morgenrot des Sowjetstaates hatten ihm Lenins Mitstreiter das Recht auf »unanfechtbare Beschlüsse« zuerkannt (so drückte sich Leonid Krassin auf dem XII. Parteitag aus). Wären nicht die tiefe Vernunft und der Asketizismus Lenins gewesen, hätte man ihn noch zu Lebzeiten zum Heiligen erhoben.
Als die sterblichen Überreste des Parteiführers im August 1924 in dem Mausoleum beigesetzt wurden, entstand ein *Präzedenzfall.*
Die Ehrerbietung den Führern gegenüber hängt mit dem Herdeninstinkt zusammen. Unter den Menschewiki hat es derlei nie gegeben. »Führertum« war jedem vernünftigen Sozialisten fremd.
Generalsekretär – Führer – Hausherr – Gottheit: So verläuft die Generallinie des Abstiegs der Partei und der Erhebung des Einen. Hier trafen die Wünsche Stalins und der »Volksmassen« zusammen.
Zum ersten Mal donnerte der stürmische, langanhaltende Applaus zu Ehren Stalins auf dem XIV. Parteitag im Dezember 1925. Erstmals hielten die Stenographen fest: »Applaus, in Ovationen übergehend.«* Erstmals *erhoben* sich alle Delegierten. Sie erhoben sich auch nach dem Schlußwort. Und wiederholten die Ovation.[114]
Ein Jahr darauf überbrachten die Arbeiter einer Zuckerfabrik dem »eisernen, unbesiegbaren« Generalsekretär ein Basrelief-Porträt aus Zucker. Die Verzuckerung – das ist ein Hinweis auf die Zukunft. Und

* Stereotyper Zwischentext der »Prawda« in allen späteren Stalin-Reden. (Anm. d. Übers.)

hier ein Zeichen der zu Ende gehenden Zeit: »Ruhm unseren alten eisernen Kämpfern – den Genossen Rykow, Bucharin, Stalin, Petrowskij, Kalinin – Ruhm...!«[115] Das sollte sich später nicht mehr wiederholen...

Auf dem XVI. Parteitag im Jahre 1930 erklangen Hurrarufe zu Ehren Stalins. Der stürmische Applaus ging über in eine *lang andauernde* Ovation. Man feierte ihn als Führer der Partei. Das Gewölbe des Georgs-Saales im Kreml hallte wider von der Losung: »Es lebe unsere Partei in Person des Genossen Stalin!«[116]

Es sollten vier Jahre vergehen, und Stalin wurde der »geniale Lehrer« genannt. Zum Abschluß des Parteitages ruft Kalinin unter dem Donner des Beifalls und der Hurrarufe: »Genossen, repräsentiert durch den XVII. Parteitag begrüßt die ganze Partei ihren Führer, den Genossen Stalin.«[117]

Ein bescheidener Anfang. Schon ein halbes Jahr darauf meldet die »Prawda«: »Jetzt ist der Kommunismus eine gewaltige, unbesiegbare materielle Macht, vor der die bürgerliche Welt in den Grundfesten erzittert. An der Spitze dieser gewaltigen materiellen Macht steht der große Stalin, der geniale Führer der Dritten Internationalen.«[118]

Der Führer begann wie ein Bauchredner im Zirkus ewige Parteiwahrheiten von sich zu geben. Von nun an unterliegt jedes Wort, jede allerhöchste Dummheit aus dem Munde des Generalsekretärs der ausdrücklichen Kanonisation.

Weitere fünf Jahre vergingen. Und was für Jahre! Was war von der Partei im Frühjahr 1939 zu Beginn des XVIII. Parteitages übriggeblieben? Es war natürlich etwas übrig. Und dieses Etwas bestand in einer nie dagewesenen Einmütigkeit.

»Das Erscheinen der Genossen Stalin, Molotow, Woroschilow, Kaganowitsch, Kalinin, Andrejew, Mikojan, Shdanow und Chruschtschow wird von einem Donner des Beifalls begrüßt. Stürmischer Beifall, alle stehen auf. Von verschiedenen Ecken des Saales werden in allen Sprachen der Völker der UdSSR Rufe zu Ehren des *großen* Stalin laut. ›Dem Führer der Völker – dem großen Stalin – Hurra!‹, ›Dem lieben, dem geliebten Stalin – Hurra!‹, ›Es lebe das Stalinsche ZK!‹, ›Es lebe unser Führer und Lehrer Stalin!‹ (Auf ukrainisch: ›Lang lebe Stalin!‹), ›Es lebe der erste Marschall der Armee des Kommunismus – Stalin!‹ Die Glocke des Vorsitzenden, des Genossen Molotow, geht unter in den nicht enden wollenden, sich verstärkenden Ovationen.«[119]

So begann der Parteitag. Lohnt es sich fortzufahren? Sie ist schon geschrieben, die klinisch genaue Krankheitsgeschichte der Partei. Und die des Volkes.

Einmal sprang ein junger Arbeiter auf das Trittbrett des Autos, in dem Lenin mit seiner Schwester Marija Iljinitschna saß, und bat: »Fahren Sie weiter, und ich winke mit der Mütze und rufe: ›Hurra dem Führer der Weltrevolution!‹« Lenin schob den begeisterten Schreihals vorsichtig fort. Als sie von diesem seltsamen Ereignis erzählte, fügte Marija Iljinitschna hinzu, sie habe den Mann für nicht normal gehalten.[120]
Unter Stalin wurde das ganze Volk anomal. Und dies wiederum wurde zur Norm.

Aus der Vielzahl der Berufe auf Erden ergriff Stalin – ein für allemal – den Beruf des Führers. Er besaß alle notwendigen Qualitäten, die Gefängniswärter, Fahndungsagenten oder Schauspieler brauchen, wählte aber für sich etwas anderes aus. Zunächst besetzte er den im letzten Augenblick der Regierungsbildung 1917 geschaffenen Posten eines Volkskommissars für Nationalitätenfragen.
Wer war er, was konnte er? Intrigieren und unverständliche Reden halten.
Am 24. April 1920 fand im Moskauer Parteikomitee anläßlich Lenins fünfzigsten Geburtstags ein Jubiläumsabend statt. Lenin selbst war nicht anwesend; wie ein Reporter berichtete, erschien er erst nach der Pause. Es sprachen Gorkij, Olminskij, Kamenew, Lunatscharskij. »Das Wort erhält Stalin, ständiges ZK-Mitglied seit den Zeiten des Untergrunds, ein Georgier, der keine einzige Sprache richtig beherrscht... Doch gerade der Umstand, daß Stalin *überhaupt nicht reden kann,* läßt seine Ansprache besonders interessant und sogar ergreifend werden.«[121]
1921 hatten die Delegierten des X. Parteitages ihre Geringschätzung gegenüber der leeren, wirren Rede Stalins bewiesen. Sie zeigten keinerlei Ehrerbietung gegenüber dem künftigen Führer: Der Vorsitzende der Sitzung, Woroschilow, mußte die Delegierten mahnen: »Wir werden auf das entschiedenste das Herumgehen, das Zeitunglesen und andere Nebenbeschäftigungen verbieten müssen, denn ich habe hier Dutzende von Zetteln vor mir mit Beschwerden, daß es absolut unmöglich sei, den Vorträgen zuzuhören und dem Thema zu folgen.«[122]
Stalin glaubte immer an seinen Stern. Und schon hatte er sich emporgearbeitet zum Amt des Generalsekretärs. Doch auch Ruhm wäre nicht fehl am Platze. Lenin soll ihn nicht allein genießen. Und der Generalsekretär stellt einen eigenen Chor arkadischer Nachtigallen auf.
Seit Lenins Tod war erst ein Jahr vergangen, und Walerijan Kujbyschew schlug vor, Zarizyn in Stalingrad umzubenennen. Die Taufe der Stadt fand am 16. April 1925 statt. Zarizyn erhielt den Namen des Mannes, der

in den Jahren des Bürgerkrieges die Verteidigung der Stadt erfolgreich sabotiert hatte. Im folgenden Jahr wird zu Ehren Stalins die Bergarbeiterstadt Jusowka im Donez-Bassin umbenannt.
Und so ging es fort.
Zur gleichen Zeit wandte sich der Altbolschewik A.D. Ssidorow mit einer Gruppe von Genossen an den Revolutionären Kriegsrat mit dem Vorschlag, für Lenin in Petrograd oder in Ssamara eine Gedenkstätte zu errichten. Der RKR setzte sich dafür beim Politbüro ein. Der Generalsekretär entwarf den Beschluß: »Ich halte es für unzweckmäßig, einen Kult des Genossen Lenin zu schaffen.«
In der Tat – wozu soll man eine zweite Sonne schaffen?

Auf dem provisorischen, hölzernen Mausoleum des teuren Lenin hält sich der Generalsekretär noch im Schatten, hinter den Rücken der wirklichen Führer der Partei. Nun aber ist ein granitenes Mausoleum errichtet, und Stalin besteigt es schon als Führer. Er hat ganze Rache genommen für seine Einstufung als Zehnter zu Lebzeiten Lenins und auch für alles andere.
1923, auf dem XII. Parteitag hatte der Generalsekretär bei seinem Versuch, die ZK-Führer zu diskreditieren, diese mit den alten Propheten verglichen. Die Propheten waren inzwischen nicht mehr am Leben. Und die neuen – Molotow, Kaganowitsch, Kalinin, Woroschilow, Mikojan, Malenkow – was sind das schon für Propheten? Sie hatten sich durch den machtvollen Willen des Herrschers schon lange aufgelöst wie Zinn in Salzsäure.
Was den ägyptischen Pharaonen nicht gelungen war, gelang ihm, dem Schusterssohn. Er wurde nicht nur Herrscher eines riesigen Landes, sondern auch oberster Priester seines eigenen Kultes. Als Hohepriester weihte sich Stalin selber und sorgte eifersüchtig für die Einhaltung der Riten.
Ssamed Burgun, der aserbaidshanische Dichter, verlas auf einem Empfang im Kreml Verse auf den Führer:

»Sohn meines Lands ist er, mit Vaterlächeln wärmt
die Völker er, – und voller Glück ist, wer die Hand
ihm je gedrückt... Dort in der Höhe härmt der
Himmel sich, der uns beneidet...«

Ssamed, der Reimeschmied, fiel auf die Knie und streckte die ausgebreiteten Arme zu der Gottheit empor. Stalin flüsterte über die Schulter Lasar Kaganowitsch zu: »Unser Mann. Muß man unterstützen.« Am anderen Tage erhielt Burgun einen Orden, den Titel eines Dichters des

Volkes, und alle nur denkbaren Wohltaten wurden ihm zuteil. Das war der Lohn, die Vorauszahlung und eine Einladung an andere Odenschreiber.
Cecily aus der Wildeschen Komödie »Bunbury« schrieb sich selbst Briefe. Stalin war erheblich bescheidener als jenes liebe Mädchen. Er begnügte sich mit der Redaktion der von dienstfertigen »Akademikern« verfaßten Biographie seiner Person. Mit eigener Hand setzte er in den Text Passagen ein wie »Stalin – das ist der Lenin von heute«. Und er suchte die passenden Epitheta heraus: für die Oppositionellen »verachtungswürdige Spione«, für den Genossen Stalin »der Große Führer«. Unmerklich für die Zeitgenossen, stellte Stalin sich auf du und du mit der Ewigkeit.
Drei Tage berieten die Mitglieder der Akademie der Wissenschaften, außerstande, sofort ihre grenzenlose Freude über die Wahl Stalins zum Ehrenmitglied auszudrücken. Sie rekapitulierten die Verdienste des Universalgenies der Menschheit vor der Wissenschaft der Welt. Eine Ovation löste die andere ab. Daß es der Akademie der Wissenschaften gelang, mit dieser grandiosen Aufgabe in nur drei Tagen fertig zu werden, ist ein unbezweifelbares geschichtliches Verdienst ihrer Mitglieder.
Der Schriftsteller Leonid Leonow schlug vor, zum siebzigsten Geburtstag des Führers einen neuen Kalender zu beginnen, der bei seiner Geburt anfangen sollte. Stalin lehnte ab. Natürlich hatte sein internationaler Ruhm längst Jesus Christus überflügelt, aber die Zeitzählung sollte man besser in Ruhe lassen. Hieraus kann man den Schluß ziehen – benutzen wir einmal den Parteijargon –, daß der Genosse Stalin auf der Linie der Bescheidenheit bestimmte Errungenschaften besaß.
Nur sein Volk war irgendwie begriffsstutzig. Der Führer will »ebenso bescheiden und einfach wie Lenin« sein, das Volk aber, unfähig, seine grenzenlose Liebe und Ergebenheit zu zügeln, hat es darauf abgesehen, ihn zu erhöhen.
Es war kein gewöhnlicher Kult, kein blind vollzogener abstrakter Kult. Der Genosse Stalin ist nicht einfach der Führer, sondern der Führer des Weltproletariats. Er ist nicht einfach ein Gott, sondern die göttliche Wiedergeburt von Marx und Lenin. Orthodoxie fordert jedoch Intoleranz gegenüber den Andersgläubigen, gegenüber allen, die den Kult nicht übernehmen. Ketzer sind durch nichts zu überzeugen. Man muß sie ausrotten: Hinrichtungen stärken den Glauben. Aus diesem Grunde wurde, als die erste Partie Ketzer vernichtet war, die nächste geschaffen.
Der biblische Gott liebt und haßt abwechselnd. Einmal erzeigt er sich gnädig, einmal bestraft er. Der Kreml-Gott haßte ausschließlich. Strafte

nur. Die Kirche begnügte sich mit dem Zehnten. Stalin nahm den Bebauern des Landes alles. Die Bibel befiehlt den Gläubigen, Sklaven im siebenten Jahr freizulassen. Der göttliche Stalin hielt das Volk in lebenslanger Sklaverei. Christus nahm das Leid der Welt auf sich, um die Menschen zu retten. Stalin unterwarf ein viele Millionen zählendes Volk schrecklichen Qualen, um die Macht der Welt für sich zu sichern.

Antonow-Owssejenko hatte Stalin einst mit einem Bergadler verglichen. Er, der sein Leben dem Kampf gegen die Monarchie geweiht hatte, schrieb dies im festen Glauben, das Schicksal habe der Partei den Großen Führer geschenkt.[123]

Nadjeshda Mandelstam zitiert in ihren Erinnerungen, was der Dichter sagte: »Sie bauen ihre Partei auf der Autorität auf ähnlich wie die Kirche, doch es ist eine ›umgedrehte Kirche‹, die sich auf die Vergöttlichung des Menschen gründet.«[124]

Gemeinsam mit anderen, die wie er blind waren, baute Antonow-Owssejenko eine Kirche, die den Menschen vergöttlicht. Viele jedoch sahen, viele wußten, was geschah.

Auf dem IX. Parteitag stellte T. W. Sapronow, da er über einige gefährliche Symptome einer bürokratischen Degenerierung der Partei in Sorge war, Lenin die mutige Frage (damals waren Fragen noch gestattet): »Und wer wird das ZK ernennen? . . . So weit wird es wohl nicht mit uns kommen. Und wenn doch, so ist die Revolution verspielt.«[125]

Der Götzendienst wurde auf staatliche Schienen gestellt. Er verfügte über unbegrenzte Mittel, konnte jeden beliebigen Gelehrten heranziehen, jeden beliebigen Künstler. Besondere Erfolge erzielte man bei der Verewigung des Namens des Führers. Rund zwanzig Städte wurden umbenannt, zwei Gebiete, ein Bezirk, eine Bucht. Nach dem Krieg drang der Name Stalins in die besetzten Länder ein, er wurde auf fremden Bergeshöhen gepriesen.

Sein nichtssagendes Profil wurde auf Münzen und Medaillen geprägt, Künstler arbeiteten an seiner niedrigen Stirn, sein Bild knüpften die zarten Hände turkmenischer und usbekischer Frauen in Teppichmuster. Felder wurden von Traktoren der Marke »Stalinez« gepflügt.

Wie konnte er sich, nachdem er sich die Prärogativen Gottes angeeignet hatte, dem heißen und gewiß echten Streben der Gläubigen widersetzen, seine Gestalt in Bronze und Marmor zu bilden?

Sie waren überall – auf den Plätzen und Bahnhöfen, in pompösen Sälen und in dörflichen Klubräumen, in Sportstadien und auf Hochseeschiffen, in Schulen und Kindergärten – die hochmütigen Statuen des Führers. Sie regierten jede Stadt, jedes Dorf. Als Kolosse aus grauem oder rosa Granit erhoben sie sich an Flüssen und Kanälen, reckten sich den

Passagieren der Untergrundbahn und den Alpinisten in schwindelnder Höhe entgegen.

Eines ist bemerkenswert: Dies geschah ohne besondere Anweisung eines Komitees für Kunstangelegenheiten oder eines Kulturministeriums. Die Stalin-Gesänge – in den Kindergärten und Schulen, in den Stadien und auf den Straßen, auf der Bühne und in der Zirkusmanege – wurden zu einer alltäglichen Erscheinung wie für Gläubige das obligatorische Morgengebet.

Dann wurde die Zeit reif für eine neue Staatshymne. Und das ganze Land stimmte an:

> »Uns erzog Stalin zur Treue dem Volke, zu Arbeit
> und Siegen hat er uns entflammt ...«

Eine Demonstration auf dem Roten Platz in Moskau. Stalins Untertanen tragen sein Abbild – aus Holz und Metall, auf Leinwand und Papier. Weil die Gottheit aus irgendeinem Grund nicht fliegen konnte, wurden ihre handgemalten Porträts auf Luftballons in den Himmel aufgelassen.

Er steht auf der Bank, der zu Lebzeiten zum Gott erhobene Generalsekretär. Die Hand grüßend erhoben, lächelt er den jubelnden Massen väterlich zu. Die Menschen tragen immer und immer wieder Sein Porträt am Mausoleum vorbei.

Hätten sie doch besser die alten Ägypter nachgeahmt. Nach heutigen Maßstäben waren die Pharaonen gar nicht mal so anspruchsvoll.

Der göttliche Amenhotep IV. führte lediglich sechs Titel. Der Diktator der Dominikanischen Republik, Trujillo, begnügte sich mit zwölf. Stalin waren 24 noch zu wenig.

Großer Führer des sowjetischen Volkes
Führer des Weltproletariats und einfach –
Großer Führer
Großer Freund der Kinder,
  ebenso Freund der Frauen, der Kolchosbauern, der Künstler,
  der Bergleute und der Schauspieler, der Taucher und
  der Langstreckenläufer ...
Fortsetzer von Lenins Werk
Großer Meister der mutigen revolutionären Entscheidungen
  und der scharfen Wendungen
Schöpfer der Stalinschen Verfassung
Umgestalter der Natur
Großer Steuermann
Großer Stratege der Revolution
Größter Feldherr
Marschall

Generalissimus
Bannerträger des Kommunismus
Vater der Völker
Vater, Führer, Freund und Lehrer
Großer Internationalist
Ehren-Pionier
Ehren-Akademiker
Genius der Menschheit
Koryphäe der Wissenschaft
Größter Genius aller Zeiten und Völker.

Und was auch immer die Hand des Zauberers aus dem Kreml berührte, alles nahm den Namen Stalin an: die Partei, die Epoche, die Verfassung, der Fünfjahresplan, das Banner, der Traktor, die Flieger, die Wache, die Waldanpflanzungspläne und der Plan zum Wiederaufbau Moskaus.

Die Zeitungen glänzten mit Epitheta, die einen Menschen priesen, der Millionen und Abermillionen seinesgleichen umgebracht hatte. Suchen Sie nicht das Wort »Menschenfresser« in der Presse dieser unwiederholbaren Epoche. Nach dem Lexikon der Worthäufigkeit kommt dieses Wort in der modernen russischen Sprache hundertmal seltener vor als das Wort »groß«.[126]

Bald gab es im Lande keine Stadt, kein Dorf, keine Datschensiedlung ohne eine Straße oder einen Platz mit *seinem* Namen. In Gagra, einem kleinen abchasischen Kurort, gab es nur zwei Straßen. Die näher zum Meer gelegene wurde nach Stalin benannt. Und was soll mit der zweiten geschehen? Nennt man sie »nicht so«, dann ... Allein der Führer ist ewig. Und so tauft man sie auf den Namen Dshugaschwili.

Damit nicht irgendein Angehöriger des Politbüros ihn auch nur in Gedanken der Selbsterhebung zeihen könne, ordnete Stalin an, die Namen seiner Helfershelfer zu verewigen. Zu Lebzeiten. Und es erstrahlten die Fabriken und Kolchosen, Institute, Handwerksgenossenschaften, ja sogar ganze Städte und Gebiete unter den Namen der Kampfgenossen. Zu ihren Ehren wurden Denkmäler errichtet, Lieder gedichtet, Briefmarken entworfen.

Zum Kulminationspunkt kam es 1939, als der Führer sechzig Jahre alt wurde. Seinen Geburtstag beging er auf heidnische Art und Weise, mit Menschenopfern: Vor den finnischen Befestigungen fielen einige Hunderttausend Soldaten.

Die Glückwünsche an Stalin, die aus allen Teilen des Landes, aus allen Erdteilen kamen, machen zusammen einen umfangreichen Band aus. Es gab Festsitzungen, Konzerte, Chöre, Orchester. Ja, er hatte diesen Tag verdient, hatte er doch schon in der denkwürdigen Oktobernacht 1917

auf dem Platz vor dem Winterpalast aus den wirren Hurrarufen das uralte »Vive l'Empereur!« herausgehört. Zweitausend Menschen bereiteten dem Jubilar im Bolschoj-Theater eine halbstündige Ovation.
Und dennoch – der Höhepunkt in Stalins Leben ist nicht der Jubeltag des Jahres 1939. Dann vielleicht – der VIII. Sowjetkongreß, der dem Volke die Stalinsche Verfassung gegeben hatte? Oder der 9. Mai 1945, der Tag des Sieges? Nein, weder das eine noch das andere ... Der Höhepunkt seines Lebens ist jener Tag im Juni 1937, als der Heerführer Jona Jakir vor seiner Hinrichtung ausrief: »Es lebe der Genosse Stalin!«

Die Ausstellung »Stalin in der sowjetischen bildenden Kunst« wurde im großen Pavillon auf dem Frunse-Kai eröffnet. Ich hatte teil an dieser Schande. Im Auftrag der Direktion hatte ich methodisches Hilfsmaterial für die Ausstellungsführer ausgearbeitet und führte selber Hunderte von Arbeitern, Soldaten, Angestellten und Schülern durch diese Säle. Ich hielt vor allen Bildern mit der Figur des Führers an: Stalin auf der Tribüne, Stalin auf einem Kreuzer, Stalin an einem Kanal, Stalin auf einer Lokomotive, Stalin umgeben von Arbeitern, Kolchosbauern, jungen Pionieren, Gelehrten und so weiter. Stalin in seinem Büro – mit Zeitung und ohne. Stalin in der Theaterloge. Und überall – Mitstreiter, Mitstreiter, Mitstreiter. Ich führte eine Gruppe vor eine Skulptur – überall er, er, er. Und auf Kupferstichen. Und auf den Porzellanvasen aus Dulewo, auf den Schatullen der Meister aus Palech.
Noch war seit dem Tode Antonow-Owssejenkos kein Jahr vergangen, und schon rühmt sein Sohn den Mörder. Für mich, den Neunzehnjährigen, war der Name Stalin heilig. Und die Hinrichtung eines Volksfeindes – was denn, der Staat hat das Recht, sich gegen Feinde zu verteidigen. Dabei sind Fehler möglich, aber Stalin hat damit nichts zu tun. Er war und bleibt der Große Führer. So dachte ich damals. So hatte man mich erzogen. Was für ein Meer von Leid muß man durchschwimmen, um Klarheit zu gewinnen?
Im Sommer 1944 war ich im zentralen Durchgangslager der Trasse von Petschora, Petschorlag. Das Lager war groß, etwa 3000 Häftlinge. Vor dem Abtransport in die Arbeitslager wurde man nicht mit schwerer Arbeit geplagt. Ich bekam den Auftrag, ein Beet neben dem »Klubhaus«, einer Scheune, mit dem Bild Stalins zu verschönern. Es gab keinerlei Blumen, sie wachsen dort nicht, nur grauen Sand, halbe Ziegel, Glasscherben. Und ich richtete das Beet mit dem göttlichen Profil her.
Göttlichkeit blieb auch im Lager Göttlichkeit. Dafür sorgte eine ganze Armee von Wachmannschaften. Wie ein Lagerhäftling (nach den Wor-

ten von T.I. Tilj) erzählte, hatte der »Gevatter« 1938 im Lager von Norilsk eine »Joffe-Gruppe« aufgedeckt. Boris Joffe hatte Gedichte geschrieben. In einem hatte er das wirkliche Gesicht Stalins gezeigt – das des Henkers. Die ganze Gruppe wurde erschossen.
An der Petschora traf ich den ehemaligen Geschäftsführer eines Theaters. Er hatte zehn Jahre bekommen, weil er eine Büste des Führers hinter die Kulissen getragen und mit dem Gesicht zur Wand abgestellt hatte. Tausende und Abertausende von Bürgern, Parteimitgliedern und Parteilosen schmachteten in den Lagern für noch geringere Vergehen. Viele waren aufgrund von Witzen verhaftet worden. Es genügte, sie gehört und nicht Meldung gemacht zu haben. Man brauchte sie nicht weiter erzählt zu haben.
Ssergej Michajlowitsch Lunin hatte zehn Semester am Ersten Medizinischen Institut studiert. Im Beisein von zwei Kommilitonen hatte er erzählt: Kolchosversammlung. Den Bestarbeitern werden die Prämien überreicht. Die Melkerin Mascha Iwanowa bekommt ein Kopftuch. Die Schweinemeisterin Anja Ssorokina bekommt ein Grammophon mit Schallplatten. Die Gruppenleiterin Polina Roschtschina – eine Büste des Genossen Stalin. »Das hat sie verdient, das Aas!« bemerkte eine Freundin. – Lunin wurde am anderen Tage verhaftet; seine Freunde hatten ihn angezeigt. Sie waren zu zweit zur Polizei gegangen. Wie auch sonst? Wenn nur einer die Anzeige erstattet hätte, wären die beiden anderen verhaftet worden.
In der Lubjanka wurde Lunin ausgezeichnet – immerhin der Enkel eines bekannten Dekabristen. Berija ließ ihn zu sich rufen, gab ihm träge zwei Ohrfeigen. Und schickte ihn nach Magadan am Ochotskischen Meer in die Goldgruben.

Ohne Maske

Wer ist er nun eigentlich – Gottheit oder Verbrecher? Wie ist er ohne Maske?
»Wenn ein beschränkter, grober, ungebildeter Mensch, auf den ersten Blick ein drittklassiger Fanatiker, in Wirklichkeit aber ein Despot, ein grausamer und finsterer ›Poschljak‹ mit krankhaftem Dünkel – wenn ein solcher Mensch sich Gott nennt, will er sich vor den Göttern entschuldigen.«[127]

Für Wladimir Nabokow, der im Westen lebte, war es leichter, unter der dicken Schicht von Patina das eigentliche Gesicht des Führers zu erkennen. Aber der wirkliche Stalin ist noch viel widerlicher als das Bild, das der Schriftsteller zeichnet.

Frühe Jahre

Die Pädagogik weiß, daß die Natur des Menschen, daß der Charakter sich schon in der frühen Kindheit, in den ersten Lebensjahren formt. Was hat der kleine Ssosso* in der Familie, vor der Schule, und in der Schule selbst gesehen? Schläge, Grobheit, grausame Prügel, ständige Erniedrigung.

Warum fehlt in den Büchern über Stalin, selbst in den offiziellen Biographien, das Bild von seinem Vater Wissarion Dshugaschwili? Fotos der Mutter dagegen sind veröffentlicht worden. Die vage Erwähnung des »Arbeiters in einer Schuhfabrik« ist alles, was man von dem Mann weiß, der Vater des künftigen Führers gewesen ist.

Wahrscheinlich hatte Stalin gewichtige Gründe dafür, seine Herkunft im Dunkeln zu lassen. Alte Georgier haben Unterschiedliches von Jossif Dshugaschwilis Vater erzählt. Beispielsweise, er sei ein einflußreicher zaristischer Beamter gewesen, der sich mit dem Dienstmädchen Keto (Jekaterina Georgijewna Geladse), einer Bauerntochter aus dem Dorf Gambare'uli, vergnügt hatte. Als sich die Folgen nicht mehr verbergen ließen, suchte man für das Mädchen Keto einen Ehemann, Wissarion Dshugaschwili, aus dem Dorf Didi-Lilo im Gouvernement Tiflis. Man kaufte ihm eine Schusterwerkstatt und verheiratete ihn mit Jekaterina Geladse.

Heutzutage gibt es keine direkten Zeugen mehr, aber noch 1954 war Nestor Menabde am Leben, ein überzeugter Menschewik. Er war nach einer zweiten oder dritten Gefängnisstrafe in das Gebiet Krassnojarsk verbannt worden, und er erzählte nach dem Tode Stalins manches. Beispielsweise, daß in Dshugaschwilis Werkstatt fast vierzig Meister gearbeitet hätten. Da ist sie, die kleinbürgerliche Herkunft – ein Gegenstand böser Scherze über die baldige sozialistische Zukunft. Und ein Anlaß für Verfolgungen. Menabde erinnerte sich, der Inhaber der Werkstatt sei bald zum Säufer geworden. Wissarion Dshugaschwili sei bei einer Schlägerei zwischen Betrunkenen ums Leben gekommen.

* Georgischer Name für Jossif. (Anm. d. Red.)

Früher habe niemand aus dieser Tatsache einen Hehl gemacht. Als der Große Steuermann eine saubere Biographie benötigte, verschönte er das Bild vom Stiefvater mit Hilfe so großer, erprobter Erfinder von Parteilegenden wie Jemeljan Jaroslawskij und Pjotr Pospelow. Im Text der offiziellen »Kurzen Biographie« des Führers, von Stalins Hand selbst korrigiert, heißt es, Wissarion Dshugaschwili sei ein Bauernsohn gewesen, »von Beruf Schuhmacher, später Arbeiter in einer Schuhfabrik . . .«[128]

Seine Herkunft hat Stalin sein ganzes Leben lang bedrückt. Als er einmal nach Tiflis kam (es war im Jahre 1927) und unter den zur Begrüßung auf dem Bahnhof Erschienenen seine Mutter erblickte, rief der Generalsekretär: »Bist du auch hier, alte Hure?!«

Jekaterina Georgijewna wurde von zwei verdienten Kommunistinnen begleitet. Eine von ihnen, Zezilija, erinnerte sich später auch an eine andere Episode. Die Frauen hatten den Auftrag, die Mutter des Generalsekretärs zu beaufsichtigen. Zu dritt waren sie nach Kodshory in die Residenz des Führers außerhalb der Stadt gefahren. Dort, einige Werst von Tiflis entfernt, an einem Berghang, war die Sommerhitze nicht so drückend. Weiter weg in den Bergen; in dem Ort Manglis, fanden Lehrgänge für die Aktiven der Partei statt.

Die Villa von Kodshory war reich ausgestattet, hatte einen geräumigen Salon mit einer Verbindung zum Büro. Hier versammelten sich die Freunde. Zusammen mit Stalin ist auch Filipp Macharadse da. Als er seine Mutter sah, beschloß Koba, sich mit Macharadse einen »Scherz« zu machen.

»Was, Filipp, schläfst du immer noch mit dieser alten Hure?«

Macharadse spie aus, warf einen Stuhl um, verließ das Büro. Im Salon rief er vor allen Leuten: »Was ist das für ein Generalsekretär? Das ist doch ein Kinto!«

Kinto, der Schalk, gehört zu allen georgischen Anekdoten und Schwänken. Der gutartige Spaßvogel und Possenreißer Kinto ist ein wahrer Engel im Vergleich mit Koba.

Stalin ließ keine Gelegenheit aus, seine Mutter öffentlich zu beleidigen. Und Sswetlana Allilujewas Geschichten von Stalins Liebe zu den Eltern sind nichts anderes als Märchen. Seinem Vater gegenüber empfand Ssosso brennenden Haß. Wissarion Dshugaschwili, der Trinker und Randaleur, hat seinen mißratenen Sohn grausam geschlagen. Auch Ssossos Mutter litt unter ihrem Mann. Unter den wegen ihrer Skandale bekannten Familien in Stalins Geburtsort Gori galt die Familie Dshugaschwili als die skandalöseste.

Als Stalin schon zum Führer geworden war und sich eine Legende über seine Kindheit zugelegt hatte, erklärte er im Gespräch mit dem deutschen Schriftsteller Emil Ludwig, seine Eltern seien mit ihm »gar nicht so schlecht« umgegangen.[129]

Im Jahre 1956 erzählte der ehemalige Lehrer der geistlichen Gemeindeschule von Gori, der achtzigjährige Ch...li, Ssosso habe sich durch einen ausnehmend bösartigen Charakter hervorgetan. Er war der Anstifter von Schlägereien, er hatte die Lehrer in unkindlichem Erfindungsreichtum gepeinigt. Ssosso wurde oft bestraft. Zu Hause warteten weitere Schläge auf ihn.

Zu jener Zeit war in allen Schulen des Russischen Reiches die russische Sprache obligatorisch. Die Schüler erhielten sogar Prügel, wenn sie sich auf Georgisch unterhielten.

Jossif Dshugaschwilis Schicksal wurde von irgendeiner starken Hand geleitet. Der 15jährige »Schusterssohn« wurde in das orthodoxe Geistliche Seminar in Tiflis als Internatsschüler aufgenommen und erhielt ein Stipendium. Im Seminar blieb er fünf Jahre, von 1894 bis 1899. Schon in der Elementarschule entwickelte Ssosso seine Leidenschaft für das Lesen. Im Seminar, wo außer dem Hauptfach – Theologie – auch alte Sprachen gelehrt wurden, sah er zum ersten Mal verbotene politische Bücher. Dreizehnmal ist Jossif Dshugaschwili wegen bösartiger Ordnungsverstöße in die Konduitenliste des Seminars eingetragen worden. Er wurde des öfteren mit Karzer bestraft. Durchsuchungen, Anzeigen, Bespitzelung, strenge Inspektoren unter den Mönchen, ein grausamer Rektor – all das trug dazu bei, das schon ohnehin bösartige Wesen noch böser zu machen.

Ein Jahr vor dem Abschluß verließ Stalin das Seminar. Der Grund für seinen Abgang (für seinen Ausschluß?) wurde – wie so vieles andere in seiner Biographie – geheimgehalten.

Der Dogmatismus des künftigen Generalsekretärs der Partei hat seinen Ursprung in dieser kirchlichen Erziehung. Die Heuchelei, die raffinierte Heuchelei stammt ebenfalls von dort. Alle Reden Stalins tragen den Stempel des Seminars. Nehmen wir zum Beispiel seine Manier, ein Thema durch Frage und Antwort zu erläutern, oder den Gebrauch von Redewendungen wie »mit einer einzigen Bewegung seiner Hand«, »und sie begannen zu lieben«, »Brüder und Schwestern«. Auch auf der Parteitribüne ist er der Seminarist geblieben.

Beim Lesen verbotener Bücher im Seminar erfuhr der junge Stalin, daß es Wege gibt, den Zaren zu stürzen. Aber schon vorher hatte er etwas anderes, nicht minder Wichtiges gelernt: Ein solcher Paria wie er, der ins

Seminar dank besonderer Protektion geraten war, bringt es in dem bestehenden System nicht weit. Also nieder mit dem Staat! Dieser »Proletarier« hat wirklich nichts zu verlieren.
Im ersten Unterrichtsjahr im Seminar von Tiflis trat Stalin einem Zirkel zum Selbststudium des Marxismus bei – eine an sich wenig bemerkenswerte Tatsache. Aber ein Mitglied dieses Zirkels, Jossif Iremaschwili, berichtet, der Seminarist Jossif Dshugaschwili habe durchaus keine fremde Führung und erst recht nicht die Überlegenheit eines anderen anerkennen wollen. Er habe sogar versucht, einen »eigenen« Zirkel zu gründen.[130] Ergänzt man diese Aussage mit dem Zeugnis von Ssilwestr Dshibladse über die Zanksucht des jungen Intriganten, der nicht nur gegen den Zaren, sondern auch gegen die örtlichen Sozialdemokraten agitierte, wird ein weiterer Charakterzug Stalins sichtbar.[131]
Es ist außerordentlich schwer, eine Vorstellung vom Anfang der politischen Tätigkeit Stalins auch nur in allgemeinen Zügen zu geben. Dokumente aus jener Zeit sind nicht erhalten: es wurden keine Versammlungsprotokolle geführt, die Organisationen kamen ohne Mitgliederlisten aus. Polizei-Dokumente kennenzulernen, gelang den Forschern nicht: Stalin hat in allen Archiven einen Kurzschluß verursacht.

1901 – Tiflis, Batumi

1910 beschrieb Arkomed einen »Unbekannten«, der im Herbst 1901 in Batumi eingetroffen war, sich hartnäckig um die absolute Macht in der Parteiorganisation bemühte und gegen das Komitee von Tiflis intrigierte. Der Unbekannte hatte sich gegen die Wahl von Arbeitern in das sozialdemokratische Komitee ausgesprochen, weil diese »die Intelligenz noch nicht erreicht« hätten.[132] Hierher gehört Noj Shordanijas Zeugnis. Shordanija teilt mit, Koba habe mit seinen Intrigen und Verleumdungen die Leiter der sozialdemokratischen Bewegung regelrecht gepeinigt. Innerhalb der Parteiorganisation hätte Koba seine eigene Gruppe zusammengeschmiedet, die ihm persönlich ergeben gewesen sei.
1901 hatten Lado Kezchoweli und Abel Jenukidse Geld für eine Untergrund-Druckerei gesammelt. Es fehlten ihnen noch 100 bis 150 Rubel. Jenukidse fuhr nach Tiflis. Aber Koba und Ssilwestr Dshibladse verweigerten ihm die fehlenden Mittel. Sie wollten dieses Unternehmen »unter ihrer Kontrolle und Leitung« haben[133].

1902 – Batumi

Im Frühjahr 1902 ging Stalin in den Untergrund. Im März beteiligte er sich an politischen Kundgebungen der Arbeiter. Das erste Ereignis – die Verhaftung von 32 Streikenden – erfolgte am 7. März. Am 8. März gehört Koba zu den Organisatoren einer Protestdemonstration. Die Behörden verhaften 300 Menschen, fast alle, die sich vor dem Gefängnis von Bail eingefunden haben. Am 9. März versammelt Koba eine Menschenmenge von etwa 600 Mann und führt sie zu einer neuen Demonstration. Die Behörden verhaften weitere 500 Demonstranten. Beim Schußwechsel mit der Polizei kommen 15 Arbeiter ums Leben, 45 werden verletzt. Am 11. März nimmt Koba an der öffentlichen Beisetzung der Opfer der Zusammenstöße teil.
Eine solche Serie von Ereignissen wirkte ganz natürlich, wenn nicht ein Umstand stutzig machte: Koba wurde nicht ein einziges Mal in Mitleidenschaft gezogen. Er wurde nicht festgenommen. Die Verhaftung, die den Ruf Kobas, des »Führers« der örtlichen Sozialdemokraten, rettete, erfolgte erst am 5. April.

1903

Im Juli wird Stalin nach 15monatiger Gefängnishaft zur Verbannung in das Gouvernement Irkutsk verschickt. Weiter – sein Eintreffen in Nishnjaja Uda, das Leben in der Verbannung, der Erhalt irgendeines »Parteiprogramms« von Lenin und schließlich die Flucht im Januar 1904 – all dies geht nicht über die offizielle Biographie des Führers hinaus.

1904 – Batumi

Koba versucht von neuem, sich das Komitee von Batumi zu unterwerfen. Und erleidet von neuem einen Mißerfolg. Der erboste »Bolschewik« provoziert die Arbeiter zu einer nichtorganisierten Kundgebung. Die Mitglieder beschuldigen Koba der Feigheit.[134]
Die Sozialdemokraten von Batumi wollten den 1. Mai auf dem Wasser begehen. Sie fuhren mit Booten aufs Meer hinaus, zu einer feiertäglichen Spazierfahrt. Weitab vom Ufer sollten sich die Boote treffen, und eine Versammlung konnte abgehalten werden. Bis man den Versammlungs-

ort erreicht hatte, wurde gesungen, gescherzt, geneckt. Alles verlief gut, aber irgend jemand erlaubte sich einen Scherz mit Koba. Er war damals 25 Jahre alt, gab sich verschlossen und hochmütig und ließ keinerlei Vertraulichkeiten zu. Der erzürnte Koba brachte das Boot zum Schaukeln und schließlich zum Kentern. Den »Schiffbrüchigen« eilte das diensthabende Polizeiboot zu Hilfe. Die Maifeier war gescheitert.[135]
Es hat nicht viel gefehlt, und die von Koba provozierten Skandale hätten die Organisation von Batumi völlig lahmgelegt. Stalin verließ die Stadt. Er hatte es nicht geschafft, sich das Ortskomitee zu unterwerfen, aber er war in der Lage gewesen, nach Herzenslust Gemeinheiten zu begehen.
Diese Zeit läßt sich als Wende in seiner Strategie bezeichnen. Den Menschewiki nahestehend – sie waren in jenen Jahren in Georgien deutlich in der Überzahl – beginnt Koba, sich ernsthaft über Lenin zu informieren. Ein ungewöhnliches politisches Gespür verhalf Stalin als einem der ersten in Transkaukasien zu der Erkenntnis, daß sich Lenin auf der Hauptstraße zur Macht befand.

1905 – Tiflis, Batumi, Baku

In Tiflis bleibt Koba der alte: Er war verstrickt in Intrigen gegen die Leiter des Komitees der russischen Sozialdemokratischen Arbeiterpartei, Ränke, anarchistische Streiche. Einmal veranstaltete er eine Schlägerei mit Filipp Macharadse in der Wohnung Ssilwestr Dshibladses.
Die örtlichen Parteifunktionäre hielten eine Art von Ehrengericht über Koba und jagten den unverbesserlichen Intriganten aus der sozialdemokratischen Organisation. Keiner der Beteiligten an jenen Ereignissen hat die Entlarvung Stalins noch erlebt. Dokumente haben sich ebenfalls nicht erhalten. Von dem Beschluß des damaligen Ehrengerichts erfuhren dennoch viele Parteimitglieder.
Nach einem außerordentlich kurzen Aufenthalt in Batumi, wo man ihn nur allzugut kannte, reist Koba weiter nach Baku.
Faronsem Knunjanz ist ein junges Mitglied der Sozialdemokratischen Partei. Sie hatte in Petersburg gearbeitet, war ins Gefängnis gekommen, gerade erst wieder freigelassen worden und in den Kaukasus heimgekehrt. Micha Zchakaja schickte sie nach Baku zu dem Genossen Koba, Mitglied des dortigen Komitees, um Propagandaliteratur zu holen. Hier ist ihr Bericht:
»Koba habe ich in einem kleinen Zimmer getroffen. Klein, mager und irgendwie deprimiert, wirkte er wie ein kleiner Dieb in Erwartung seiner

Strafe. Er trug einen blauen Bauernkittel, ein zu enges Jackett, ein türkisches Käppchen auf dem Kopf.

Er verhielt sich mir gegenüber sehr mißtrauisch. Dann, nach ausführlichen Befragungen, übergab er mir einen Stoß Bücher. Einen Teil davon hatte ich schon anderweitig besorgen können, deshalb beschränkte ich mich auf drei aus seinem Angebot. Er brachte mich zur Tür, immer noch mit diesem mißtrauischen, argwöhnischen Blick.

Am selben Abend konnte ich durch Vermittlung einer Schulfreundin einen Gymnasiastenzirkel besuchen, den Stepan Schaumjan leitete, der Arbeiterführer von Baku ... Wir gingen gemeinsam mit Schaumjan nach Hause. Ich entschloß mich, ihn nach dem Genossen Koba zu fragen.

›Wer ist er? Kein einziger Sozialdemokrat hat auf mich einen so niederdrückend-peinlichen Eindruck gemacht. Er ist irgendwie gehässig und mißtrauisch. Verhält er sich etwa gegenüber allen so?‹

›Aber was wollen Sie, das ist unser alter Funktionär, sehr treu und erfahren‹, versicherte mir Schaumjan.

Ich mietete mich in der Merkurjewskaja-Straße ein, bei einem Arbeiter, einem armen, kinderreichen Blechschmied. Dort versammelten sich gewöhnlich auch die Mitglieder des Parteikomitees von Baku. Wir waren 13, jeder übernahm abwechselnd den Vorsitz. Vor Beginn der Versammlungen unterhielten wir uns laut und scherzten ... Es war Zeit anzufangen, aber Koba war nicht da. Er verspätete sich immer. Nur wenig, aber ständig. Es schien, als gebe es für ihn nur deswegen Uhren, um die notwendige Verspätung berechnen zu können. Als er kam, veränderte sich die Atmosphäre – wurde irgendwie befangen, verlor an Sachlichkeit. Koba kam mit einem Buch, das er mit dem verkürzten linken Arm an die Brust drückte, und setzte sich hinten in einer Ecke nieder. Er hörte sich schweigend alle Redner an, sprach als letzter. Er verglich ohne Hast die verschiedenen Ansichten, wog die Meinungen und Argumente gegeneinander ab. Auf der sachlichsten, aussichtsreichsten fußend, brachte er ›seinen‹ Vorschlag ein, als zöge er einen Schluß. Von daher rührt der Eindruck der besonderen Bedeutung all dessen, was er sagt.«[136]

1906 – Tiflis

Bei einer Parteiversammlung in der Hauptstadt Georgiens behinderte Koba den Vorsitzenden Arssenidse. Er gab unartikulierte Laute von sich, hustete künstlich, rückte Stühle.

»Das ist unfein«, mahnte der Vorsitzende.

»Ich habe gar nicht gewußt, daß ich ohne Hosen dasitze«, parierte Koba.
»Du bist wie eine Hure, die mit den Knien spielt, um Kunden anzulokken«, entgegnete Arssenidse.
An einem wunden Punkt getroffen, ging Koba hinaus. Man muß anmerken, daß es sich um eine illegale Versammlung handelte, und daher draußen Posten aufgestellt waren. Plötzlich ertönt ein Pfiff – das vereinbarte Alarmsignal. Es war Stalin also gelungen, die Versammlung platzen zu lassen.[137]

1908 – Kutaissi

Eines der Mitglieder des Untergrund-Parteikomitees, ein Menschewik, war in einer Bank tätig. Über ihn hielt das Komitee Verbindung mit den anderen Komitees, erhielt Geldüberweisungen. Er kannte zuverlässige, ergebene Sozialdemokraten in der Militärgarnison und hatte der Partei außerordentlich wertvolle Dienste erwiesen.
Aus Baku traf Koba ein, der Vertreter des Komitees der russischen Sozialdemokratischen Arbeiterpartei für den Kaukasus. Die Mitglieder des Untergrundkomitees von Kutaissi beschlossen, die aktuellen Fragen mit dem Genossen aus der Zentrale zu beraten. Als er auf der Sitzung den Menschewiken erblickte, verlangte Stalin, den Mann zu entfernen, mehr noch – ihn aus dem Komitee auszuschließen. Doch die im Untergrund arbeitenden Sozialdemokraten setzten sich für ihren Genossen ein, sie betrachteten ihn als einen für die Organisation notwendigen Mitarbeiter. Da forderte Koba diktatorisch im Namen des kaukasischen Komitees den Ausschluß des Menschewiken. Der so schwer beleidigte Genosse fuhr nach Tiflis, um sich zu beschweren. Einige Zeit später kam Koba wieder nach Kutaissi. Auf der Sitzung des Komitees stürzte er sich auf die örtlichen Parteimitglieder:
»Warum habt ihr diesen Menschewiken ausgeschlossen? Warum habt ihr das getan?«
»Hast nicht etwa du uns dazu gezwungen?«
»Ich? Gezwungen?« erzürnte sich Stalin. »Ich habe euch befohlen, diesen Genossen als einen wertvollen Mitarbeiter zu behalten . . .«
Einer der Teilnehmer, das Komiteemitglied Ssergo Kawtaradse, ergriff eine Petroleumlampe und warf sie Koba an den Kopf. Die Lampe zerbrach, und Petroleum ergoß sich über den Unverschämten. Den Fall des Ausschlusses des Menschewiken überprüfte »Väterchen« Filipp

Macharadse. Es gelang Stalin, ein Komiteemitglied zu überreden, das dann falsche Aussagen machte.
1960 hat Kawtaradse von seinen Begegnungen mit dem Führer berichtet, von den wilden Ausfällen Kobas – auf der Maiveranstaltung in Batumi, im Gefängnis von Bail und in Kutaissi. Es waren etwa zwölf Menschen zugegen, Freunde von Ssergo Kawtaradse, Georgier und Russen.

1908, 1909 – Baku

1908 wurde Stalin verhaftet. Vom Gefängnis in Bail aus wurde er in die Verbannung transportiert. Nach seiner Flucht kehrte er nach Baku zurück. Im Parteikomitee bezog Koba bei der Diskussion über die Differenzen in der Redaktion der Zeitschrift »Proletarij« den Standpunkt Lenins.
Im Jahre 1909 verbüßte der Bolschewik Iwanjan seine Verbannung in der Kreisstadt Ssolwytschegodsk im Gouvernement Wologda. Er war sehr gebildet, beherrschte mehrere europäische Sprachen. Er unterrichtete die Kinder der örtlichen Beamten und konnte bald seine Frau und seine 14jährige Tochter nachkommen lassen. Iwanjan, dieses aktive, energische Parteimitglied, warb einen Angestellten der örtlichen Bank an und stellte über ihn den Kontakt zu Lenin in der Emigration her. In Ssolwytschegodsk traf bald Parteimaterial sowie Geld für die Unterstützung verbannter Bolschewiki ein.
In einer Sommernacht erschien in Iwanjans Wohnung der Genosse Koba. Er verbüßte seine Verbannung in einem weit entfernten Dorf, hatte beschlossen, in den Kaukasus zu fliehen. Er möchte eine Zeitlang bei Genosse Iwanjan wohnen und dann weiterfahren.
Es vergeht eine Woche, eine zweite, eine dritte. Stalin nutzt schamlos die Gastfreundschaft Iwanjans aus. Nachdem er das Leben des Verbannten näher kennengelernt hat, machte er ihm Vorwürfe: »Du hast dein Parteigesicht verloren, du lädst zaristische Beamte zu Gast, hast dich hier häuslich eingerichtet ...«
Vor Stalin blieb nichts verborgen: weder Iwanjans Kontakte mit dem Ausland noch die eintreffenden Gelder. Iwanjan war sehr besorgt – um seiner selbst und der Genossen willen. Wenn etwas passiert, sind die Genossen mittellos, die Familie wird in den Kaukasus und er selber weiter weg in die Verbannung geschickt.
Genosse Koba entwickelte erstaunliche Grundsätze: »Du bist ein Feigling!« erklärte er Iwanjan. »Du willst nicht für die Partei arbeiten!«

Schließlich fuhr Koba ab. Ganz plötzlich. Und er hatte in Abwesenheit des Hausherrn alle Parteigelder mitgenommen.
Der Diebstahl von Ssolwytschegodsk legte sich wie ein schwarzer Fleck auf die ohnehin undurchsichtige Biographie des künftigen Generalsekretärs. 1927 arbeitete Iwanjan in der Planabteilung des transkaukasischen Gebietskomitees. Stalin war noch nicht voll an der Macht, hatte aber beschlossen, den gefährlichen Zeugen zu beseitigen. Auf seine Anweisung wurde Iwanjan in einem außerordentlichen Verfahren aus der Partei ausgeschlossen, verhaftet und liquidiert.*

Der Herrschsüchtige

Wenn man das dunkle Innere des Generalsekretärs untersucht, kommt man nicht um die Definition Erich Fromms herum: »Machthunger ist die charakteristischste Erscheinungsform des Sadismus.« Bei Stalin war es nicht irgendein irrationaler Machthunger oder das Streben, der reichste Mann der Welt zu werden. Nein, er brauchte die Macht als ein Mittel, um sich andere untertan zu machen und sie zu unterdrücken.
Es ist schwer, unter den Myriaden historischer Figuren einen Menschen zu finden, der so von persönlicher Macht berauscht war wie Stalin. Er hat sie zum Mittel für sadistische Vergnügungen und satanische Verhöhnung seiner Untergebenen, der Partei und des Volkes gemacht. Macht bedeutete für ihn, allmächtig zu sein. Ist erst einmal die Macht vorhanden, ergibt sich das andere – Ideen, Ziele (für ihn immer scheinbare) und Mittel (für ihn jedes beliebige!) – von selber. In den Jahren der Revolution, als er erstmals den Geschmack der Macht über Menschen gekostet hatte, konnte Stalin nicht mehr aufhören. »Macht verdirbt. Absolute Macht verdirbt absolut.« Dennoch ist diese im allgemeinen zutreffende Bemerkung von Lord Uxell nicht auf Stalin anwendbar: Schon bevor er die Macht ergriff, war er absolut verdorben.

* Schriftliche Aussage der Witwe und der Tochter Iwanjans. Schriftliche Aussage von Ljudmila Januschewskaja im ZK der KPdSU, 1956. Die in diesen Dokumenten angegebenen Tatsachen und Einzelheiten stimmen fast vollständig überein.

Wera Lasarewna Schwejzer, die ihre Verbannung im Gebiet von Turuchansk verbüßte, erinnert sich, daß viele politische Verbannte dem Genossen Koba nicht trauten, ihn für einen Provokateur hielten.

Der alte Petrograder Arbeiter Boris Iwanow, der gemeinsam mit Stalin 1917 von seinem Verbannungsort nach Krassnojarsk reiste, hatte keinen Zweifel daran, daß sein Reisegefährte ein Polizeispitzel war. Zu derselben Ansicht kam auch Stepan Schaumjan, allerdings erst spät. Ein unglückliches Schicksal hatte ihn mit Koba in der Partei-Untergrundarbeit in Baku zusammengeführt.

Die Verhaftung der führenden transkaukasischen Sozialdemokraten, die aufgeflogenen geheimen Versammlungen, die Vernichtung der illegalen Druckerei, die Unterdrückung der aufständischen Arbeiter – hinter den Kulissen stand unweigerlich Koba, der Ehrgeizling und Abenteurer. Koba, der Provokateur.

Einige Autoren zitieren Dokumente aus den Archiven, die Stalin als Provokateur im Dienst der Polizei entlarven.[138] Leider sind die meisten Unterlagen dieser Art aus den Archiven des Polizeidepartements verschwunden. Daher sind nicht alle Historiker geneigt, den zwei oder drei erhalten gebliebenen Dokumenten zu vertrauen. Dieser Mensch war zu allem fähig. Das erstaunliche Geschick, einen Streit, einen Zusammenstoß zu provozieren und unbemerkt im Schatten zu verschwinden, hat der junge Koba schon 1908 vorgeführt, im Gefängnis von Bail.[139] Und die Serie erfolgreicher Fluchtunternehmungen – wem sonst war dergleichen gelungen?

Jossif Dshugaschwilis Gefährten aus dem Seminar berichteten, er habe dem Rektor alle Mitglieder des sozialdemokratischen Zirkels verraten, als er im Herbst 1899 aus dem Seminar gejagt wurde. Aufgrund der Denunziationen des zwanzigjährigen Stalin wurden sie ausgeschlossen.[140] Vielleicht möchte irgend jemand dies jünglingshafter Erbostheit zugute halten. Ich sehe darin vielmehr eine bewußte Denunziation eines beginnenden Provokateurs. Eines Provokateurs seiner Natur und seiner inneren Struktur nach. Der Verrat an der polnischen Front im Jahre 1920, als Stalin Tuchatschewskijs Angriff zunichte machte, ist ein Schritt derselben Art.

Die Provokationen, die Stalin großzügig im Streit um die Macht über die Partei und in den Jahren der reifen Despotie angewendet hat – wie sehr erinnern sie an den jungen Koba. Ist denn sein Weg zur höchsten Macht nicht ein Weg der politischen Provokationen?

Während der Verbannung in Turuchansk hat Stalin ein dreizehnjähriges Mädchen vergewaltigt. Dies geschah in dem Bauernhaus, in dem er wohnte. Die Gendarmen strengten ein Kriminalverfahren gegen ihn an. Jossif Dshugaschwili mußte unterschreiben, daß er das Mädchen heiraten würde. Sie hatte eine Totgeburt, später brachte sie einen Jungen zur Welt.
Am 9. Mai 1951 brachte die Lokalzeitung Fotos von Helden des Vaterländischen Krieges, darunter das Bild eines Majors mit leicht schrägen Tungusenaugen. Aber dieses Detail beeinträchtigte die Ähnlichkeit des Majors mit dem Generalissimus kaum.[141]
Vom verbrecherischen Verhalten Stalins in der Verbannung wußten viele Bewohner des Bezirks. Später wurde diese Geschichte auch im Rayon Jenissejsk bekannt, wohin nach dem Krieg viele Bewohner von Turuchansk umgesiedelt worden waren. Stalins Sohn erzählte, seine Mutter habe ab und zu aus Moskau Geld erhalten. Kurz nach dem Krieg dachte sich der Hausherr aus, mit Hilfe von MGB-Agenten ihn und seine Mutter nach Moskau zu holen. Aber sie fuhren nicht. Sie fürchteten sich nicht vor der langen Reise, sondern vor der kurzen Abrechnung.

Einmal im Sommer 1926 bemerkte der Generalsekretär im Gespräch mit Kaganowitsch in der Datscha bei Moskau:
»Hör mal, Lasar, es heißt, du hast eine hübsche Tochter. Warum zeigst du sie nie vor?« Dies hatte er vor dem Auseinandergehen, sozusagen beiläufig gesagt. Kaganowitsch versprach, das nächste Mal zusammen mit der 16jährigen Maja zu kommen. Und er hielt sein Versprechen.
Nach einem frühen Abendbrot, als Kaganowitsch, wie immer feinfühlig, den Augenblick des Abschieds kommen spürte, und der Hausherr wie immer ganz offen erklärte, er wolle sich noch mit Staatssachen befassen, machte sich Lasar mit seiner Tochter auf den Heimweg.
»Warum nimmst du sie mit? Laß sie hier ein paar Tage verbringen. Sonne und Luft werden ihr guttun.«
Und der Vater ließ seine Tochter in der Datscha.
Kaganowitsch wohnte zu jener Zeit mit seiner Frau Marija in Charkow, der damaligen Hauptstadt der Ukraine. Ein alter Freund, der ehemalige Kiewer Arbeiter Boris Jakowlewitsch Fengler, besuchte sie häufig. Über Marija sprach er voll Wärme, dafür nannte er Lasar nichts anderes als einen Karrieristen. Einmal im Herbst kehrte er von den Kaganowitschs bedrückt und verwirrt heim. So hatte man ihn noch nie gesehen.

»Was ist passiert, Boris?« fragten ihn seine Genossen.
»Marija ist ganz verzweifelt: Lasar hat seine Tochter dem Generalsekretär auf die Datscha gebracht. Jetzt ist sie schwanger. Was soll man tun?«

Unmittelbar vor Kriegsende hatten die sowjetischen Soldaten neben anderen Trophäen auch viele pornographische Filme erbeutet. Der 65jährige Oberste Befehlshaber ordnete an, diese Filme in den Kreml zu bringen. Millionen Soldaten waren für Stalins Ruhm gefallen, er aber, der strahlend Helle, delektierte sich an Kinogenüssen. General Wassilij Stalin ließ ohne Wissen seines Vaters Kopien von den Filmen anfertigen und sah sie sich in Gesellschaft von Freunden im Luftwaffenstab an.

Der Feigling

1931 weilten in Ssotschi Molotow, Schkirjatow, Woroschilow und Kujbyschew zur Erholung – jeder in seiner Datscha. Nicht weit entfernt stand das kleine Haus der Mitarbeiter des Gebietskomitees von Transkaukasien. Stalins Datscha steht abseits auf einer Höhe. In sein Badezimmer führt eine direkte Leitung aus Mazesta*: Der Generalsekretär ist gewillt, lange zu leben. Zum Wohle des Volkes, versteht sich.
Eines Abends trafen sich die Gefährten bei Molotow. Polina bewirtete die Gäste, die nach georgischer Sitte ohne ihre Ehefrauen kamen. Alle sind schon da, man wartet nur noch auf *ihn*. Da klopft es am Eingang. Polina geht in den Korridor, aber etwas Unvorhergesehenes geschieht: Am Sicherungskasten blitzt es – ein Gewitter war aufgezogen.
Stalin, der die Funken oben an der Decke bemerkt hatte, rannte wieder ins Freie, rief seinen Chauffeur: »Datiko, wir fahren ab!«
Die Gäste warten auf den Generalsekretär, auch der Hausherr der Datscha, Molotow, wartet. Polina aber, Zeugin der Szene im Korridor, weiß nicht, wie sie sich das Verschwinden des Führers erklären soll.

Anna Allilujewa hat von Stalins Krankheiten berichtet. Er brauchte sich nur ein wenig unwohl zu fühlen, und wenn dazu noch das Thermometer etwa 37,5 Grad zeigte, so zog sich der Generalsekretär einen Pelzmantel

* Mazesta hat besonders heilkräftige Quellen. (Anm. d. Übers.)

auf den nackten Leib, setzte sich auf den Kopf eine Pelzmütze und legte sich ins Bett. Er krächzte, hustete, stöhnte, griff sich an den Kopf und schloß die Augen, als ob es mit ihm zu Ende ginge.

1928. Der verantwortliche Redakteur der Zeitung »Rabotschaja Moskwa«, Boris Wolin, wollte ein frisches Taschentuch aus der Tasche holen. Stalin reagierte augenblicklich: Er packte seinen Gesprächspartner am Arm und ließ erst los, nachdem er sich überzeugt hatte, daß der Gast unbewaffnet war. Wolin erzählte dies dem Leiter der Sonderabteilung der Redaktion. Der staunte: »Was ist mit ihm passiert? Warum ist der Genosse Stalin so furchtsam?«
Aber der Führer hatte sein ganzes Leben lang Angst. Er selber trennte sich nie von seinem Revolver. Den anderen verbot er, eine Waffe zu tragen, und ordnete an, alle Besucher zu durchsuchen.

1941, 22. Juni. »Das ist das Ende«, resümierte der Generalsekretär. »Alles, was Lenin geschaffen hat, ist für immer verloren« – dieses Stalin-Wortes hat sich Nikita Chruschtschow erinnert.
Der sowjetische Botschafter in Großbritannien, Majskij, schrieb 1964: »Im Augenblick der deutschen Invasion schloß Stalin sich in seinem Zimmer ein, sah niemanden, beteiligte sich an keiner einzigen Erörterung staatlicher Fragen ... Die sowjetischen Botschafter im Ausland erhielten in einem derart kritischen Augenblick keinerlei Direktiven aus der Zentrale.«[142]
Ja, Stalin hat der Welt seine vollständige Verwirrung und außerordentliche Feigheit gezeigt! Der größte Feldherr aller Zeiten hat nicht ein einziges Mal die Regimenter in den Kampf geführt. Er hatte Angst, an der Front zu erscheinen, in der Nähe des Feuers. Er hatte Angst, ins Ausland zu reisen. Im Herbst 1943 war ein Treffen zwischen Stalin und Churchill in Scapa Flow geplant. Der Generalsekretär kam nicht und ließ sich damit entschuldigen, er sei äußerst beschäftigt: er müsse die kämpfenden Truppen öfter besuchen.
Vor den Wahlen im Jahre 1946 sprach Stalin im Bolschoj-Theater. Die Rede war bei absoluter Aufmerksamkeit der Zuhörer glatt gelaufen und näherte sich dem Ende. Plötzlich war der Redner verschwunden. Eben noch auf der Tribüne, und – weg ist er.
Der Generalsekretär hatte sich behende niedergehockt und schaute vom Boden herauf angstvoll nach oben, auf die Galerie, wobei er sich hinter der Seitenwand der Tribüne versteckte. Auf der Galerie stand unge-

schützt ein Mann mit einem Gewehr. Er zielte direkt auf den Generalsekretär. Die Meute der Leibwächter stürzte sich auf die Galerie. Der Terrorist erwies sich als Kameramann eines Dokumentarfilms und seine »Waffe« als eine – erbeutete deutsche Filmkamera mit einem Schaft. Der Führer nahm seinen Platz auf der Tribüne wieder ein und beendete seine Rede unter stürmischen Ovationen. Später, als er die Einzelheiten erfuhr, ordnete er an, den unglückseligen Kameramann nicht zu bestrafen.

Wenn man sich daran erinnert, mit welcher Berechnung, mit welcher planmäßigen Hartnäckigkeit Stalin die Vergötterung der eigenen Person durchführte, drängt sich unwillkürlich die Frage auf: Hat er das wirklich nur getan, um seine Ruhmsucht zu stillen? War da nicht noch etwas anderes?

Der Redner

Am 24. April 1920 fand im Moskauer Parteikomitee eine Jubelfeier für Lenin statt. Der Führer wurde fünfzig Jahre alt. Er selber war nicht anwesend. Ein Reporter berichtet, er sei erst nach der Pause erschienen. Es sprachen Gorkij, Olminskij, Kamenew, Lunatscharskij ... »Das Wort erhält Stalin, der unermüdliche Tschekist aus der Zeit des Untergrunds, der Georgier, der in keiner Sprache reden kann ... Eben der Umstand, daß Stalin überhaupt nicht sprechen kann, macht seine Rede so überaus interessant und sogar ergreifend.«
1. Mai 1934. Rede zur Entlassung eines Jahrgangs der Militärakademie. Die übliche Rede der Koryphäe der Wissenschaft: »Wir trinken auf die Wissenschaft. Nicht auf die Wissenschaft, die ... sondern auf jene Wissenschaft, welche ...«, und mehr in diesem Stil.
Scheinbare Lapidarität, armselige Wiederholung hohler Worte, Befehle, Phrasen und Losungen.

Einsamkeit

Diese Geschichte hat Pjotr Moshnow, der ehemalige Sekretär des Komsomolkomitees von Bail, seinen Freunden in der Verbannung in Jenissejsk im Jahre 1949 erzählt. In den dreißiger Jahren, als er in Baku arbeitete, erfuhr Moshnow zufällig von alten Arbeitern, es lebe noch ein alter Mann, bei dem 1908 der Genosse Koba gewohnt habe. Als typischer Komsomolführer, praktisch und energisch, malt sich Pjotr Moshnow lebhaft aus, wie er die Aktivisten zusammenholt, und dann spricht vor den Komsomolzen der weißhaarige Arbeiter über seine Erinnerungen an den Führer.

Moshnow machte das Häuschen ausfindig, brachte Genossen aus dem Rayonkomitee mit. Aber der Alte und seine Frau waren völlig zugeknöpft: »Wir wissen nichts, wir erinnern uns an gar nichts. Irgendwer hat Lügen über uns verbreitet, junge Leute.« Mit einem Wort, sie komplimentierten die Komsomolzen wieder hinaus. »Nein, hier stimmt etwas nicht«, kombinierte Pjotr.

Er ließ einige Tage verstreichen, kaufte eine Flasche Wein und ging allein in das ihn so brennend interessierende Haus. Die alten Leute empfingen ihn ganz anders. Die Hausfrau bereitete einen Imbiß, sie trank sogar ein wenig mit. Bei Tisch kam man ins Gespräch.

»Warum hast du diese ganze Gesellschaft hergebracht? Darf man denn vor allen Leuten seine Schande aufdecken? Ja, 1908 hat eben dieser Koba mit seiner Frau Keto bei uns gewohnt. Hör mal, was ist das denn für ein Revolutionär? Ein Schurke ist das, Abschaum! Keto war damals schwanger, aber er hat greulich mit ihr geschimpft, sie mit Füßen in den Bauch getreten. Ich und meine Frau haben sie gepflegt, später bekam sie die Schwindsucht. Wenn Koba betrunken nach Hause kam, hat er immer in den allerunflätigsten Ausdrücken geflucht.«

Der Alte leerte sein Glas mit einem Zug und sagte niedergeschlagen: »Hör mal, wen habt ihr euch da zum Führer genommen! Ai-ai-ai . . .«

Pjotr Moshnow hat niemandem etwas erzählt. Bis zur Verbannung nach Jenissejsk hat er geschwiegen.

Jakow, der Sohn von Keto Sswanidse, hat sein ganzes Leben lang den Vater verachtet und ist, von Stalin gehaßt, in deutscher Kriegsgefangenschaft gestorben. Wassilij, der Sohn von Nadjeshda Allilujewa, wuchs als Wüstling und Strolch auf und endete als hoffnungsloser Alkoholiker. Die Tochter, Sswetlana, floh nach Amerika und hat dem Führer ein postumes Striptease geliefert. Das ist das Fazit. Die Einzelheiten sind kein Geheimnis.

Wenn man alle Verwandten von Jekaterina Sswanidse, der ersten Frau Stalins, und von seiner zweiten Frau Nadjeshda Allilujewa durchgeht, so stellt sich heraus, daß sie Opfer einer unerbittlichen Blutrache geworden sind. Fast alle sind von ein und derselben Hand ums Leben gekommen.

Stalin wuchs als ein Wolfsjunges auf, wurde zum richtigen Wolf, suchte aber nie das Rudel. Er fand Bestätigung in seiner Einsamkeit, der Einsamkeit des vom Schicksal Auserwählten. Ständig von knechtsseligen Handlangern umgeben, wußte er nicht, wie einsam er in Wirklichkeit war. Stalin glaubte niemandem. Er hat sich nicht durch Freundschaft mit einem der vielen Diener und Spießgesellen befleckt.
Dennoch muß es wenigstens einen Menschen geben, der sich an den Generalsekretär mit einem guten Wort erinnert. Ein solcher Mensch fand sich. Leshawa-Mjurat kannte den Genossen Koba von der Verbannung in der Zarenzeit her. 1921 erzählte er den Arbeitern der Fabrik »Bogatyrj«: »Das ist so ein Kluger, so ein Kluger... Er hat einen hellen Kopf. Und was für ein großartiger Gesprächspartner er ist! Was für ein herzlicher Mensch!« Die begeisterten Worte Leshawa-Mjurats könnte man zu den Aktiva Stalins rechnen – sein Porträt wird nicht nur mit schwarzer Tusche gezeichnet –, wäre da nicht ein gewisser Umstand gewesen: Boris Iwanow hat berichtet, Leshawa sei als Polizeispitzel bekannt gewesen. (Später hatte er freien Zutritt zum Kreml. Und ging auch in die Lubjanka.)

Die Erscheinung

In den Polizeiarchiven hat sich die Beschreibung der Kennzeichen Jossif Dshugaschwilis erhalten: »ein gewöhnlicher Mann von mittlerem Körperbau«, mit dunkelhäutigem, pockennarbigem Gesicht.[143] Und dieser »gewöhnliche Mann« hat es verstanden, vielen Zeitgenossen einen ungewöhnlichen Respekt einzuflößen.
Auf Plakaten und Porträts, selbst auf Fotos wirkte er fast wie ein Riese. Dies bei einer Größe von 162 Zentimeter. Nun, auf der Tribüne des Mausoleums stellte man ihm eine Fußbank unter. Er vermied es, neben großen Leuten zu posieren. Aber niemand kann seine Stirn verdecken. Als Lenins alter Freund Pantelejmon Lepeschinskij sich bei seiner Frau erkundigte, ob sie den Generalsekretär angerufen habe, nannte er weder Rang noch Namen, sondern legte nur zwei leicht gespreizte Finger an die Stirn. In der Familie des legendären Revolutionärs wußte man, von wem die Rede war – von dem Menschen mit der Stirn eines Pithecanthropus. Der in der Kindheit verstümmelte Arm, das pockennarbige Gesicht, der kleine Wuchs – all diese physischen Mängel konnten zusammen mit der geistigen Unvollkommenheit ein Gefühl von Verbitterung erzeugen und unter den entsprechenden Umständen zu extremen Reaktionen führen.

Seine Zähne

Der Leiter der Sanitätsabteilung des Kreml, Michail Metalikow, klagte im Frühjahr 1931 einigen Genossen: »Was soll ich nur mit dem Genossen Stalin machen? Er hat schreckliche Zähne – verfault, schwarz, nach innen stehend. Aus dem Mund riecht es faulig ... Sooft man ihn bittet – er ist nicht bereit, zum Zahnarzt zu gehen. Nicht einmal den Zahnstein will er sich entfernen lassen.«

Metalikow beriet sich mit Abel Jenukidse, der damals Verbindungsmann zur Sanitätsabteilung war. Man erörterte das Problem gemeinsam mit Ordshonikidse und dachte sich folgendes aus: Sobald sich der Generalsekretär zum Urlaub in Ssotschi entschließt, sollte man dorthin, in die Datscha nach Sensinowka, einen Koch mit ausgezeichneten Zähnen schicken, und jedesmal, wenn sich der Führer an den Tisch setzt, soll der Koch mit seinen Zähnen prahlen. Sozusagen ›Schau dir an, was für einen großartigen Doktor es da in Moskau gibt!‹

Der Generalsekretär kehrte aus Ssotschi zurück, und Metalikow rief den Koch zu sich. Der schwor, er habe die Szene mit dem Lobpreis des Zahnarztes jeden Tag vor Stalin wiederholt. Bevor Stalin den Koch vergessen hatte, wurde ein Zahnarzt zu Stalin ins Haus gesandt. Aber es kam nichts dabei heraus: Stalin wies dessen Dienste strikt zurück.

1937. Abel Jenukidse ist zum Volksfeind erklärt und aller möglicher und unmöglicher Sünden beschuldigt worden. War er nicht für die Sanitätsabteilung zuständig gewesen? – Das heißt: weg mit deren Leiter. Ein Grund, ein Anlaß? Der Wunsch allein genügt.

Stalin war sich für schmutzige Arbeiten nicht zu schade – politische Provokationen entfachte er höchstpersönlich. Auf der turnusmäßigen Sitzung des Politbüros erklärte der Hausherr bei der Diskussion der Tagesordnung: »Ich habe erfahren, daß unser verehrter Genosse Rykow in der Poliklinik des Kreml gezwungen war, nach dem Arzt eine ganze Stunde Schlange zu stehen. Warum ist das so, ah? Wer ist schuld daran? Schließlich handelt es sich um ein ehemaliges Mitglied des Politbüros. Das ist nicht ethisch. Ich schlage vor, eine Parteikommission zu bilden und die Umstände zu klären.«

Die Kommission leitete Naum Rabitschow, der Stellvertretende Leiter der Agitations- und Propagandaabteilung. Der Schuldige – als solcher stellte sich natürlich der Leiter der Sanitätsabteilung, Metalikow, heraus – wurde alsbald gefunden. Und von seinem Posten abgelöst. Und ebenso natürlich folgte die Verhaftung und alles weitere.

Mit einem Schuß hatte der Generalsekretär drei Hasen getroffen: er hatte seine gutwillige Prinzipientreue, sogar Feinfühligkeit gegenüber

dem in Ungnade gefallenen Rykow bewiesen, er hatte den Günstling Jenukidse beseitigt und zugleich den Apparat der Sanitätsabteilung gesäubert.
Das würdige und ganz natürliche Ende der Geschichte mit den Zähnen des Führers.

Der Strolch

Im Juli 1917 arbeitete Shenja Jegorowa im Rayon-Parteikomitee der Wyborger Seite. Es gab nicht genug Leute, sie verbrachte dort fast den ganzen Tag. Einmal ging sie zum Mittagessen fort, nachdem sie wie immer das Büro abgeschlossen hatte. Als sie zurückkehrte, traf sie einen Fremden an.
»Entschuldigen Sie, zu wem wollen Sie?«
Der Besucher antwortete nicht. Shenja öffnete das Büro, der Unbekannte folgte ihr und ging direkt an den Schreibtisch.
»Wer sind Sie? Ich erlaube das nicht!«
Der Genosse Koba (er war es natürlich) stieß Shenja Jegorowa grob fort. Die großgewachsene, kräftige junge Frau verstand es, sich zu verteidigen. Es begann eine Schlägerei.
Das ZK-Mitglied Stalin hatte an der abgelegenen Stelle nach Material für die »Prawda« schauen wollen. Und da taucht irgend so ein Mädchen auf, fragt nach dem Namen.
In den Jahren der Errichtung der Stalinschen Diktatur, 1927 bis 1929, trat die Jegorowa gegen Sinowjew und andere Oppositionelle auf, unterstützte aktiv den Generalsekretär. Sie wurde eine bekannte Funktionärin, leitete die Frauenabteilung des ZK. 1937 vernichtete Stalin Shenja Jegorowa als eine der ersten.

1926. Anfang Juni reiste Stalin zusammen mit Mikojan nach Tiflis. Sie wohnten bei Ssergo Ordshonikidse in der Ganowskaja-Straße (heute Tabidse-Straße). Es kamen Gäste, man trank, aß, sang. Der Generalsekretär begann höchst unanständige Lieder zu singen. Am Tisch saßen Frauen, darunter auch Marija Platonowna Orachelaschwili, die in den besten europäischen Traditionen erzogen war. Sinaida Gawrilowna, die Frau von Ordshonikidse, bittet, ihr den Text zu übersetzen, aber Ssergo will nicht recht. Endlich entschließt er sich dazu, flüstert ihr etwas ins Ohr. Ihr Gesicht wird dunkelrot.

Kurz nach dem Kriege versammelt Stalin zwölf Marschälle bei sich. (Sie, die Neugebackenen, gibt es bei ihm dutzendweise.) Die Tochter des Hausherrn, Sswetlana, saß neben ihm, verließ die Tafel jedoch manchmal und ging in die Küche hinaus. Nach einem Trinkspruch fragte der von den Beweisen marschallmäßiger Unterwürfigkeit gesättigte Generalissimus: »Wißt ihr denn, wer jetzt mit ihr schläft?«
Sswetlana errötete und rannte aus dem Zimmer, begleitet von dem schmierigen Grinsen ihres Vaters.[144]
Ordinär von Natur und Überzeugung, blieb Koba ordinär bis zu seinen letzten Erdentagen. Wer immer das Zimmer des Generalsekretärs Anfang 1953 gesehen hat, erinnert sich an die Nachttöpfe – auf dem Boden, neben der Wand. Der Hausherr benutzte sie in Gegenwart der Besucher, seiner Mitarbeiter und seiner Sekretärin.[145]

Seine Stiefel

Einmal, Ende der zwanziger Jahre, weilte Stalin zur Erholung in Gagra. Seine Datscha steht am Berghang oberhalb der Mündung des Flüßchens Zicherwa. Nach dem Mittagessen ging er mit seinen Gästen in den Garten, führte sie in das duftende Rosarium. Beim Abschied sagte einer der Gäste an der Pforte: »Jossif Wissarionowitsch, es ist so heiß, und Sie tragen Stiefel. Ist Ihnen denn nicht auch heiß?«
Tatsächlich paßte der rohseidene Anzug in hellbeige überhaupt nicht zu den schwarzen Stiefeln.
»Was denn«, antwortete der Hausherr, »Stiefel sind etwas sehr Bequemes. Und etwas Notwendiges: Man kann einen damit in die Schnauze treten, daß die Zähne nur so fliegen!«
Und er lachte.
Seine Stiefel – das ist nicht irgendeine Kaprice oder ein Tribut an die Gewohnheit der Kriegsjahre. Seine Stiefel waren gewissermaßen zu einem Symbol seines Lebens, zu einem Detail seines Porträts geworden.

1918 war die Regierung von Petrograd nach Moskau umgezogen. Als er seine Wohnung im Kreml bezog, bemerkte Stalin in der Diele einen großen Spiegel:
»Wer braucht so etwas Hochherrschaftliches?« und trat mit dem Stiefel in das Glas.[146]

Stalins Sohn Wassilij faulenzte in der Schule, aber die Lehrer wagten es nicht, ihm eine »Vier« zu geben. Einmal kam der Generalsekretär in die Schule und bat, mit seinem Sohn solle man strenger umgehen. Zuhause schlug er den Jungen zu Boden und – mit den Stiefeln, den Stiefeln! Diese Szene ereignete sich vor den Augen seiner Tochter.

1934, 2. Dezember. Mit einem Stiefeltritt warf er Leonid Nikolajew zu Boden, der Kirow erschossen hatte.

Nur einmal verriet Stalin seine Stiefel. Als er sich den Rang eines Generalissimus verliehen hatte, zog er eine Uniform mit Sternen und den übrigen Regalien an und ließ sich inmitten einer großen Gruppe von Heerführern fotografieren. Breitbeinig sitzt er zwischen den Marschällen Shukow und Tolbuchin, mit Schuhen an den Füßen, und zwinkert malerisch mit den Augen, den Brillantstern unter dem welken Doppelkinn. So ist er immer der Straßen-Kinto geblieben, der Generalissimus Stalin, der Sieger über das halbe Europa.

Der Kriminelle

Das Porträt des Tyrannen nähert sich seiner Vollendung. Natürlich bezieht sich das lediglich auf unseren Versuch, das Monstrum mit Namen Stalin zu beschreiben. Intrigant und Provokateur, Krämer und Demagoge, Herrscher und Henker, Strolch und Heuchler – er war vielseitig. Und zugleich – primitiv. Denn in welcher Verkleidung auch immer er vor das Publikum trat, er blieb doch der Verbrecher. Das ist der Stamm. Das übrige – die Accessoires.
Seine Taten – beginnend mit den kleinen Verbrechen bis hin zu den grandiosen Affären – sind die eines professionellen Banditen. Fleisch vom Fleisch der kriminellen Welt, hielt er sich sowohl im Gefängnis als auch in der Verbannung an Diebe und Banditen. Im Bezirk Turuchansk war Koba auch mit Schmugglern befreundet. Einmal verprügelte er in Gesellschaft anderer Strolche einen ehrlichen Mann, ein andermal beraubte er zusammen mit Kriminellen verbannte Politische. Er wäre Einbrecher geworden, wenn es nicht zur Revolution gekommen wäre. Er

ist auch ein Einbrecher gewesen, hat sich aber später zu einem höheren Einsatz entschlossen.
Stalin hatte sehr gewichtige Gründe, seine Vergangenheit zu verbergen, besonders soweit sie mit seinem Aufenthalt in Turuchansk zusammenhing. Im Jahre 1923 kam ein ehemaliger Verbannter, der Arbeiter S., vom Lande nach Moskau. Er besuchte den Altkommunisten Ulanowskij und erzählte, er wolle sich mit dem Generalsekretär treffen.
»Glaubst du, daß er dich empfängt?«
»Ganz bestimmt – wir sind zusammen in der Verbannung gewesen.«
Einige Tage danach trifft Ulanowskij den Arbeiter wieder.
»Na, hat dich Stalin empfangen?«
Der winkt ab. »A-a-ach . . .! Ihr seid alle übergeschnappt! Er hat nicht einmal mit mir sprechen wollen, der Genosse Koba.«
Das geschah noch zu Lebzeiten Lenins. Damals vernichtete der am Beginn seiner Karriere stehende Generalsekretär noch nicht seine Genossen aus der Verbannung. Die Jagd wird er erst in einigen Jahren eröffnen. Zuerst wurde Aleksandr Ulanowskijs Frau abgeholt, Nadjeshda Markowna. Die Eheleute Ulanowskij waren erfahrene Agenten gewesen, sie hatten mit Richard Sorge zusammengearbeitet. Ulanowskij kannte den Genossen Koba aus der Verbannung in Turuchansk und wagte es dennoch, sich an ihn zu wenden. Er bat den Generalsekretär, seine völlig unschuldige Frau zu retten. Ulanowskij wurde sogleich in die Lubjanka eingeladen.
Nachdem er seine zehn und noch einmal zehn Jahre abgesessen hatte, kehrte Ulanowskij nach Moskau zurück, wo er 1971 gestorben ist. Er hat noch vieles erzählen können. Er erinnerte sich an die gemeine Provokation, die Stalin in der Verbannung in Turuchansk gegen Sswerdlow angezettelt hatte. Das ZK-Mitglied Koba beschuldigte das ZK-Mitglied Sswerdlow des Verrats. Und hetzte auf ihn eine Meute von Kriminellen, die bereit war, den Juden in Stücke zu reißen, nur weil er als Jude geboren worden war.
Und noch eine Episode. Im Mai 1913 war Jossif Dubrowinskij im Jenissej ertrunken. Seine hinterlassene Privatbibliothek wurde Allgemeinbesitz der verbannten Politischen – zum Gedenken an den bekannten Revolutionär. Nun aber kam Stalin in das Gebiet von Turuchansk, in das Dorf Kostino. Anfang 1914 wurde er weiter nach Norden, in die Siedlung Kurejka geschickt. Bald stellten die Politischen fest, daß der Genosse Koba sich alle Bücher Dubrowinskijs angeeignet hatte. Filipp Sacharow fuhr nach Kurejka. »Stalin empfing ihn etwa so wie ein zaristischer General einen gemeinen Soldaten, der es wagt, ihm gegenüber irgendwelche Forderungen zu erheben . . .«[147]

Seine Diebeskarriere hat der zukünftige Generalsekretär als Halbwüchsiger begonnen, als er in Gori die Familie eines Kaufmanns bestahl. Er erbeutete eine Menge Silber und konnte für eine Weile die Armut vergessen. Der alte Menschewik Mibonija, lebenslänglicher Insasse eines Lagers in Kasachstan, hat im Jahre 1943 erzählt, daß sich in Ssossos Geburtsort noch viele Leute an die Einbrüche des künftigen Generalsekretärs erinnern.
Und jedesmal – sei es ein unbedeutender Wohnungsdiebstahl, ein sensationeller Postraub oder die Beraubung einer Schiffskasse – entzog Stalin sich geschickt der Bestrafung, wobei er entweder seine Partner oder gänzlich unschuldige Menschen preisgab. Er machte niemals vor einem Verrat oder Betrug halt.
Diese echt Stalinschen Züge treten auch bei den späteren Verbrechen hervor. Das Ende des Spanischen Bürgerkrieges 1939 verblaßt im Gedächtnis des 20. Jahrhunderts immer mehr, aber die Welt staunt noch heute über die Unverfrorenheit, mit der sich der Usurpator des Kreml das spanische Gold angeeignet hat. Ein unvergängliches Talent. Eine glänzend durchgeführte Diebesoperation.
Stalin brach sein Leben lang die Gesetze – die der Partei, des Staates, der Menschen – und hielt sich an die grausamen Gesetze der Unterwelt. Sein träges und tückisches Hirn hat nicht einen guten Gedanken hervorgebracht. Seine verdorbene Seele war unfruchtbar. Ehrliche, menschliche Anwandlungen haben ihn bis zu seinem Tode nicht beunruhigt – niemals.

Einige Biographen Stalins sind geneigt, in ihm einen Paranoiker zu sehen. Das aber würde bedeuten, alle Verbrechen, die Millionen Menschenleben gekostet haben, seiner Krankheit zuzuschreiben. Hätte es denn einem Kranken oder Schwachsinnigen gelingen können, so meisterhaft alle politischen Rivalen zu knebeln und sich einen exemplarischen Machtapparat zu schaffen? Wie hätte er, trotz aller katastrophalen Fehler der Innen- und Außenpolitik, ein mächtiges Imperium mit derart bedeutenden Gebietserwerbungen gründen können?
Nein, Stalin war zweifellos psychisch gesund. Über so bösartige Naturen haben weder Schizophrenie noch Paranoia Macht. Sein unstillbarer Machthunger konnte jedoch einem Beobachter wie eine Manie erscheinen.
Im Dezember 1927 fand in Moskau ein internationaler wissenschaftlicher Kongreß statt. Aus Leningrad war der hervorragende Gelehrte Wladimir Michajlowitsch Bechterew eingetroffen. Er genoß bei den ausländi-

schen Delegierten besondere Hochachtung. Dieser Umstand weckte das eifersüchtige Interesse des Genius der Menschheit. Bechterew hatte gerade erst vor der Versammlung der Neuropathologen und Psychiater gesprochen, als er eine Einladung zu Stalin erhielt. Den Gelehrten begleitete sein ständiger Assistent und Lieblingsschüler, Ssamuil Ssemjonowitsch Mnuchin.
Bechterew kam aus dem Zimmer des Generalsekretärs und warf Mnuchin, der draußen gewartet hatte, nur ein Wort zu: »Paranoiker!« Im Hotel sagte er zu seinem Assistenten, Stalin bilde sich ein, ein großer Führer zu sein. Jawohl, an der Spitze des Staates stehe ein gefährlicher Mensch, die Konsequenzen seien unabsehbar.
Die beiden Gelehrten bestellten sich ihr Essen aufs Zimmer. Der Kellner brachte jedem einen Teller Suppe, servierte den zweiten Gang und verließ das Zimmer. Bechterew hatte den ersten Gang noch nicht aufgegessen, als er sich vor plötzlich auftretenden Bauchschmerzen krümmte und zu Boden fiel. Mnuchin stürzte ans Telefon – die Leitung war gestört. Er lief zum Zimmermädchen, rief von dort die Erste-Hilfe-Station an, kehrte in das Zimmer zurück – Bechterew war schon tot.
Mnuchin starb 1972. Die Geschichte vom Tode Bechterews hat er seinen Angehörigen und einigen wissenschaftlichen Aspiranten mitgeteilt.

Stalin ist ein Phänomen der menschlichen Natur. Körperlich benachteiligt und geistig zu kurz gekommen, hegte er einen gewaltigen, verzehrenden Haß gegen das Gute und die Wahrheit. Welch starker Charakter. Und wie niedrig. Vollends einzigartig ist seine Fähigkeit, bei den Menschen das Scheußlichste, das Gemeinste zu finden und liebevoll, geduldig die dunklen, tierischen Instinkte zu hegen, einen Stamm neuer Opritschniki zu züchten.
Als willenstarker Menschenhasser wirkte er machtvoll auf die Gesellschaft ein und bestimmte ihre Verkrüppelung voraus. Man kann von einer pathologischen Entwicklung der sowjetischen Gesellschaft in der Stalin-Epoche sprechen.
»Ihr habt ihn nicht gekannt, aber er hat euch gekannt, hat an euch gedacht. Wer immer ihr seid, ihr braucht diesen Freund. Wer immer ihr seid, das Beste eurer Zukunft liegt in der Hand jenes Menschen, der auch für alle wacht und arbeitet – jenes Menschen mit dem Kopf eines Gelehrten, dem Gesicht eines Arbeiters und der Kleidung eines einfachen Soldaten.«[148]
Diese unglaublichen Zeilen, mit denen Barbusse sein Buch über Stalin schließt, helfen, wie ein echtes Dokument das reale Porträt des Tyrannen

herzustellen. Henri Barbusse, den die Zeitgenossen das Gewissen Europas nannten, so widerlich zu betrügen und zu erniedrigen, ihn derart bösartig zu prostituieren, das konnte allein er, Jossif Stalin.
Er ist mit allen aus der Geschichte bekannt gewordenen Despoten gleichsam in Wettbewerb getreten. Im zweiten Jahrzehnt seiner Herrschaft hat er sie alle übertroffen, und dann – dann war niemand mehr da, mit dem man ihn vergleichen konnte.
Man hat ihn einen Bergadler genannt. Wenn, dann ist er einer jener Adler, die die Leber des gefesselten Prometheus angefressen haben.

Zwei haben sich gefunden

Erich Mühsam, der deutsche Kommunist und Schriftsteller, hat in Hitlers Gefängnissen gesessen. Seiner Frau standen die Gefängnisse Stalins bevor. Sie war der Einladung von Jelena Stassowa gefolgt. Bald wurde sie in die Lubjanka eingeladen. Dann ins Lager. 1957 trifft sie in Berlin mit Anna Kipers zusammen, der Frau eines lettischen Dichters. Auch Anna hatte lange Jahre in Vernichtungslagern verbracht. Und die ehemalige deutsche Gefangene sagt zu ihrer Freundin, der ehemaligen lettischen Gefangenen: »Weißt du, Stalin – das ist Hitler plus Asien.«
Die zwei hatten sich getroffen, der deutsche und der sowjetische Führer. Ihr Bündnis war vorherbestimmt. So wie in einer nach Tausenden zählenden Menschenmenge ein Krimineller untrüglich den anderen trifft. Und schon kommen sie zur »Sache«. Die Geschichte dieser Allianz erinnert an ein provinzielles Melodrama: Liebe auf den ersten Blick, grenzenloses Vertrauen, Intrige und Verrat, trauriges Ende.
In Hitlers Anfangsjahren versäumte Stalin keine Gelegenheit, den deutschen Faschismus anzuprangern. 1936 erklärte er von der Tribüne des VIII. Sowjetkongresses herab: »Die neue Verfassung der UdSSR wird eine Anklageschrift gegen den Faschismus.« Das waren seine Worte. In Wirklichkeit hat jedoch kein anderer Politiker so viel zur Festigung der Diktatur Hitlers beigetragen wie der Generalsekretär des Zentralkomitees der bolschewistischen Partei, Jossif Stalin.
Vor 1933 hatte Stalin die außerordentlich schädliche Doktrin verkündet, die Sozialdemokraten seien die Bundesgenossen des Faschismus. Hätten die deutschen Sozialdemokraten und die Kommunisten einen Block gebildet – ein Bollwerk gegen Hitler wäre entstanden.[149]

Trotzkij hatte sich gegen die Spaltung der deutschen Sozialdemokraten und Kommunisten gewandt. Er warnte davor, daß Hitler an die Macht kommen könne.[150] Stalin aber forderte die »unerbittliche, tagtägliche Entlarvung« der Sozialdemokraten als Verräter.[151]
Die Spaltung der deutschen Arbeiterbewegung geht zu Lasten Stalins. Es war der erste unschätzbare Dienst, den er dem Faschismus erwiesen hat. Der zweite, nicht minder bedeutende: Die deutschen Kommunisten erhielten die Anweisung, Hitler keinen aktiven Widerstand zu leisten. Im Sommer 1931 traten die deutschen Kommunisten zusammen mit den Faschisten und anderen Rechten in einer einheitlichen Front gegen die preußische Regierung auf. Eine selbstmörderische Praxis. Sie führte dazu, daß die Söhne des deutschen Volkes zu Hunderttausenden sterben mußten.
Am 24. Dezember 1933 erklärte Hitler, Deutschland müsse aufrüsten, da es das Bollwerk des Westens gegen die Sowjets sei. Zu ebendieser Zeit begann Stalin, den Boden für die Annäherung an den Führer vorzubereiten. Am 17. August, vier Monate vor dieser denkwürdigen Erklärung Hitlers, hatte sich Abel Jenukidse mit dem deutschen Botschafter Dirksen getroffen. Der Sekretär des Zentralexekutivkomitees teilte Dirksen die Ansicht seiner Regierung mit: Sie erkläre ihr »volles Verständnis für die Entwicklung in Deutschland«. Zur Begründung dieses Standpunktes der »führenden Politiker« (lies – des Generalsekretärs) drückte sich Jenukidse in dem Sinne aus, daß das System von Hitlers Diktatur dem der sowjetischen ähnlich sei. Und dies erscheine ihm als Unterpfand einer möglichen Annäherung.[152]
Wenn man es genau überlegt, war der Standpunkt des Sekretärs des Zentralexekutivkomitees durchaus realistisch. Nicht nur die Systeme der Hitlerschen und der Stalinschen Diktatur, auch die Taktik und die Strategie der Machtergreifung in Partei und Staatsgewalt waren einander ähnlich.
Als sein erstes Ziel bezeichnete Hitler die Schaffung einer »Neuen Ordnung« in Deutschland. Stalin hatte erheblich früher begonnen, eine neue Ordnung zu schaffen, aber die Vorgabe, die er der Geschichte entrissen hatte, half wenig. Hitler nutzte die dem deutschen Volke eigene Organisiertheit und Arbeitsliebe aus und verstand es – zum Neid des Diktators im Kreml –, in kurzer Zeit eine mustergültige Kaserne zu errichten. Dagegen erzielte Stalin – zum Neid Hitlers – bei seinen Untertanen einen solchen monotonen Gehorsam, wie er sonst nur bei Patienten unter Vollnarkose auf dem Operationstisch anzutreffen ist.
Den Krieg gegen das eigene Volk haben beide mit Provokationen

begonnen: Hitler mit dem Reichstagsbrand, Stalin mit der Ermordung Kirows. Das Attentat vom 20. Juli 1944 nutzte Hitler geschickt aus, um mit den Generälen abzurechnen, die ihm nicht »paßten«. Und warum auch nicht? Hatte doch sein weitsichtiger Moskauer Kollege eine ebensolche Aktion schon sieben Jahre früher durchgeführt.
Was die Ausrottung der Ketzer angeht, ergänzten sie einander ebenfalls. Der Unterschied bestand allein in den Bezeichnungen. Hitler nannte die Unzufriedenen »politisch verdächtig« und Stalin die seinen »Volksfeinde«.
Bei diesem Wettlauf der Erbauer einer neuen Ordnung lag manchmal der eine, manchmal der andere vorne. Hitler fing früher damit an, die Gelehrten zu verfolgen und Bücher zu verbrennen. Stalin organisierte den Massenhunger. Hitler begann als erster den Vernichtungsfeldzug gegen die Kommunisten, Stalin zog mit der Errichtung von Todeslagern nach. Der dankbare Hitler nutzte die wertvolle Erfahrung des Baues von Konzentrationslagern in vollem Umfang und übernahm ihre Struktur, ihr Regime und die Verwaltungsmethoden. Später vervollkommnete er lediglich die Tötungsmethoden.
Andererseits nutzte das Lubjanka-Departement schon zu Beginn der Annäherung zwischen Stalin und Hitler die Dienste der verwandten Behörde, Gestapo. 1933 war Lew Lebedjew zur illegalen Arbeit nach Deutschland geschickt worden, ein erfahrener Parteifunktionär. Er kam während des Krieges ums Leben. 1976 starb seine Frau an Tuberkulose. Die Zeit ist gekommen, Lebedjews Berichte bekanntzumachen. So hatte das NKWD bereits in den Jahren 1933 und 1934 Mitarbeiter nach Deutschland gesandt, um die Arbeit der Gestapo zu studieren. Nach den Ergebnissen zu urteilen, waren die Beobachtungen sehr, sehr nützlich.
Die Kontakte erweiterten sich, die Ähnlichkeit nahm zu. Manchmal scheint es, als ob »Mein Kampf« nicht von nur einem Autor stammte. Während Stalin den deutschen Faschismus von den Partei-Altären herab verdammte, sich sogar an bewaffneten Auseinandersetzungen gegen ihn beteiligte (wir erinnern an den Krieg in Spanien), schuf er im eigenen Land konsequent einen Nationalsozialismus asiatischen Typs. Benito Mussolini, der die Entwicklung der Allianz Hitler–Stalin beobachtet hatte, platzte einmal heraus: Der »Bolschewismus ist tot. Statt dessen gibt es so etwas wie slawischen Faschismus«[153]. (Zur Analyse der Besonderheiten des italienischen Faschismus schrieb eine Zeitung im Jahre 1923: »Bei ihren Taten sehen sich die Faschisten dauernd nach den Bolschewiki um. Eine ganze Reihe taktischer Methoden ist nur als bewußte Nachahmung der russischen Kommunistischen Partei zu erklären.«[154])

Man kann kaum mit irgendwelchem Recht den Stalinschen »Sozialismus« mit dem Hitlerschen »Reich« gleichsetzen. In Deutschland waren die Vierjahrespläne in Kraft, in der UdSSR wurden die Fünfjahrespläne erfüllt; was die Versorgung der Erbauer des Paradieses betrifft, so erhielten die Deutschen zu Feiertagen und zu Hitlers Geburtstag Mehl, während die Sowjetbürger Mehl auf Bezugsschein während der Wahlkampagnen bekamen. Ein Unterschied.
Es kam das Jahr 1939, das Jahr der Wende. Während des XVIII. Parteitages griff der Generalsekretär England und Frankreich an, die versuchten, »die Sowjetunion gegen Deutschland in Wut zu bringen«[155]. Dies erklärte er am 10. März. Fünf Tage später marschierten deutsche Truppen in Prag ein.
Die beiden Diktatoren verstanden einander schon mit einem halben Wort. Die neuen Beziehungen brauchten nur noch formal geregelt zu werden. Ein wenn auch unbedeutendes Hindernis war Maksim Litwinow, Befürworter der Verständigung mit England, ein Mensch, der sich noch gewisse Grundsätze bewahrt hatte. In Stalins auf der internationalen Bühne begonnenem Doppelspiel erhielt Litwinow die Rolle eines Wandschirms. Mit der linken, der Öffentlichkeit sichtbaren Hand unterstützte der Führer die diplomatischen Bemühungen Litwinows. Und mit der rechten, verborgen vor der Welt, zog er an den Fäden, um den »Superdiplomaten« Molotow in eine ganz andere Richtung zu lenken. Während Litwinow einen Schritt zur Schaffung einer kollektiven Sicherheitszone in Europa einschließlich Deutschlands unternahm, verfolgte Molotow mit seinen Beauftragten eine Linie der Annäherung an Hitler.
Nach den Aussagen J. Gnedins, des ehemaligen Leiters der Presseabteilung im Volkskommissariat für Auswärtige Angelegenheiten, war einer der Geheimagenten des Generalsekretärs Karl Radek. Stalin hatte Radek persönlich den Auftrag erteilt, lange vor Abschluß des Vertrages mit dem Nazi-Führer, geheime Kontakte mit den Vertrauten Hitlers aufzunehmen.
Die Stalinsche Direktive zur Annäherung an Hitler-Deutschland war inoffiziell schon 1935 in Kraft. In Kiew hielt bei einem Empfang des deutschen Generalkonsuls der Vorsitzende des Gebietsexekutivkomitees, Wassilenko, eine Rede. Nachdem er die Politik Litwinows als »für die Massen nicht überzeugend« bezeichnet hatte, sprach er sich für die Freundschaft mit Deutschland aus. Die Rassenpolitik der Nationalsozialisten – wen kann die schon beunruhigen?[156]
Am 3. Mai 1939 wurde Litwinow »auf eigenen Wunsch« als Volkskommissar für Auswärtige Angelegenheiten abgelöst. Zwei Jahre später

folgte der Parteibeschluß, den Uralt-Genossen, den Mitstreiter Lenins, aus dem ZK auszuschließen, da er »das Vertrauen der Partei nicht gerechtfertigt« habe. Nach der Sitzung des ZK-Plenums im Februar 1941 ging Litwinow zum Generalsekretär: »Warum verhaften Sie mich nicht? Das wäre einfacher und allen verständlich.«
»Nein«, antwortete Stalin, »wir werden dich nicht verhaften.«
Nachdem Stalin auf den freigewordenen Posten Wjatscheslaw Molotow berufen hatte, säuberte er den Apparat des Volkskommissariats für Auswärtige Angelegenheiten von den letzten Mitstreitern. Man weiß, was »säubern« in der Stalinschen Form bedeutet. Einen Tag nach der Absetzung Litwinows schlug der sowjetische Geschäftsträger in Berlin, Georgij Astachow, dem deutschen Außenministerium die Aufnahme von freundschaftlichen Verhandlungen vor.[157]
Stalin hoffte, nein, er war überzeugt, Hitler werde seine westlichen Nachbarn überfallen. Der Krieg würde England und Frankreich schwächen und zugleich – Deutschland. Ein solcher Krieg würde Stalin nützen. Und noch eine Idee leitete den Generalsekretär: Er war moralisch nicht bereit, sich an einem großen Krieg zu beteiligen. Einfacher gesagt – Stalin war feige.
Die Ereignisse entwickelten sich rasch. Am 20. August wurde in Berlin ein Handels- und Kreditvertrag unterzeichnet. Dann sandte Hitler ein persönliches Schreiben an Stalin mit der Bitte, Ribbentrop nicht später als am 23. August zu empfangen (an diesem Tage plante Hitler, in Polen einzumarschieren). Am 23. August fanden in Moskau offizielle Verhandlungen mit Ribbentrop im Beisein Stalins statt. Sie gingen spät nachts mit der Unterzeichnung eines Nichtangriffspaktes zu Ende. Das historische Ereignis wurde mit Sekt begossen.
»Ich weiß, das deutsche Volk liebt seinen Führer. Ich trinke daher auf seine Gesundheit!«
Wir werden uns noch an diesen Stalinschen Trinkspruch erinnern. Am 31. August ratifizierte der Oberste Sowjet den sowjetisch-deutschen Nichtangriffspakt. Wenige Stunden darauf drangen die deutschen Truppen in Polen in voller Übereinstimmung mit dem geheimen Zusatzprotokoll, das in der Nacht des 23. August mit Ribbentrop abgeschlossen worden war, in Polen ein – ganz im Geiste der zaristischen Diplomatie, die die Partei so heftig verurteilt hatte. (Die deutschen Flugzeuge, die Bombenangriffe auf Warschau unternahmen, wurden von einer in Minsk befindlichen Funkstation geleitet.)
Zehn Tage später erschien Ribbentrop wieder in Moskau. Hitlers Diplomat bemerkte, er fühle sich im Kreml wie unter alten Zechkumpanen.[158] Der Ribbentrop begleitende Gauleiter von Danzig, Forster, ein

verdienter Nazi, sagte, man habe ihm einen solch warmen Empfang bereitet, als sei er zu »seinen Parteigenossen gekommen«.
Am 28. September wird der Grenz- und Freundschaftsvertrag zwischen der UdSSR und Deutschland, der den Nichtangriffspakt ergänzte, unterzeichnet. Noch einmal – zum wievielten Male? – rechtfertigte Stalin den Titel eines größten Meisters der mutigen revolutionären Maßnahmen und der scharfen Kurswechsel. Alles ist hier logisch: Die Politik des Großmächte-Abkommens mit Hitler ging natürlich zurück auf die innere Politik der Unterdrückung und Vernichtung des eigenen Volkes, auf die Praxis der Vernichtung der letzten Spuren der Revolution, ihres eigentlichen Geistes.
Der sowjetische Führer sei eine imponierende Persönlichkeit. Er halte das Land in seinem eisernen Griff, dieses schmeichelnde Attest stammt von Jossifs neuem Freund Adolf. Unter den begeisterten Äußerungen Hitlers findet sich auch diese: »Stalin ist ein Supererpresser: passen Sie auf, wie er sich anstrengen wird, aus uns was herauszuholen...«[159]
Hitler hatte allen Anlaß zu solchen Äußerungen. Beim ersten Besuch Ribbentrops in Moskau hatte sich der Generalsekretär die Häfen Libau und Windau ausbedungen. Hitler gewährt Stalin Handlungsfreiheit in den baltischen Staaten und in Bessarabien. Dies bringt Stalin weitere 13 Millionen Untertanen ein. (Nur, daß er zwei Millionen der neuen »Bürger« in die Vernichtungslager schaffen muß – Annexion hindert nicht an Terroraktionen.) Eilig werden Landkarten der Sowjetunion mit ihren neuen Grenzen gedruckt. Historiker werden mobilisiert. Und es stellt sich heraus, daß die neuerworbenen Länder schon lange gestöhnt haben unter dem Joch. Und daß die Völker seit Jahrhunderten nach Wiedervereinigung gedürstet haben...

Im Rotwelsch gibt es das Wort *Kippe*. Es bedeutet ungefähr »Anteil an der Beute«. Hat beispielsweise ein Dieb eine Wohnung ausgeräumt oder einem Passanten die Taschen erleichtert, und ein anderer Dieb, der dies beobachtet hat, fordert »Kippe«, so erhält er einen Anteil.
Stalin forderte von Hitler die Dardanellen. Die türkischen Meerengen kamen ins Gespräch im Zusammenhang mit dem möglichen Beitritt der Sowjetunion zum Antikominternpakt, den Japan und Deutschland im November 1936, Italien ein Jahr später unterzeichnet hatten. Als Ribbentrop nach seinem ersten Besuch in Moskau bemerkte, Stalin wäre selbst bereit, dem Antikominternpakt beizutreten, wurde dies als Witz aufgefaßt.[160] Es war ganz und gar kein Witz. Noch war die Tinte auf dem Freundschaftsvertrag nicht trocken, als Molotow erklärte:

»Die Ideologie des Nazitums kann man, wie jedes andere ideologische System, anerkennen oder ablehnen, das ist Sache der politischen Ansichten. Aber eine Ideologie kann man nicht gewaltsam vernichten. Daher ist es nicht nur unsinnig, sondern auch verbrecherisch, einen Krieg um die ›Vernichtung des Nazitums‹ zu führen.«[161]

Im deutsch-sowjetischen Grenz- und Freundschaftsvertrag wurde die gegenseitige Verpflichtung festgehalten, keine ideologische Propaganda gegeneinander zu betreiben. Es ist nicht lange her, nur drei Jahre, daß der Generalsekretär auf dem VIII. Sowjetkongreß den Faschismus verurteilt hatte als »trübe Welle ..., die die sozialistische Bewegung der Arbeiterklasse bespritzt und mit Schmutz vermengt«[162]. Es klingt nicht sehr kultiviert, dafür aber kräftig. Und nun – freundschaftliche Kontakte der faschistischen Partei mit der Partei Stalins.

Jetzt ist die Sowjetunion an der Reihe, sich dem Antikominternpakt anzuschließen. Verhandlungen hierüber wurden seit langem geführt. Zum Herbst 1940 standen sie kurz vor ihrer Vollendung. Molotow, nach Berlin entsandt, bestand im Namen des Obersten Krämers auf drei Punkten:

– Abzug der deutschen Truppen aus Finnland (Stalin hatte seine eigenen Pläne, dieses Land betreffend);
– Anerkennung der sowjetischen Interessen in Bulgarien;
– Unterstellung der türkischen Meerengen unter die Kontrolle der UdSSR.

In den ersten beiden Punkten war Stalin bereit nachzugeben, die Dardanellen aber, jahrhundertealter Traum der russischen Imperatoren, waren auch sein Traum.

»Wenn du das eine Ufer haben willst, fordere auch das andere«, heißt ein georgisches Sprichwort. Dieser Handel mit »Interessen« versprach Erfolg: in irgendeinem Punkte werden die deutschen Partner nachgeben. Dann wird sich der treue Schüler und Fortsetzer der Politik Lenins dem Antikominternpakt anschließen. Wieso soll er überhaupt derart an dieser berüchtigten Kommunistischen Internationale festhalten, deren Exekutivkomitee-Mitglieder er ja schon samt und sonders hatte erschießen und weitere Aktivisten hatte dingfest machen lassen? Und außerdem war er des langweiligen Spiels mit den r-r-revolutionären Losungen mehr als überdrüssig.

Also *tauschen wir die Oktoberrevolution für die Dardanellen ein!*

Was bedeutete für Jossif Stalin der einst heilige Tempel der Revolution? Aus der Bibel ist bekannt, was geschieht, wenn die Wechsler in den Tempel eindringen.

Der von Stalin vorgeschlagene Tausch reizte Hitler nicht. Er wußte, daß

der Generalsekretär mit der Oktoberrevolution schon lange Schluß gemacht hatte, daß die sowjetische Konterrevolution in zuverlässigen Händen lag. Die Dardanellen aber konnten dem Westen noch lange dienen.
Moskau erhielt – über Molotow – den Wink: »Nehmen Sie Indien!«
Stalin antwortete – ebenfalls über Molotow:
»Das können wir auch ohne sie.«
Da wies Hitler auf das Gebiet des Persischen Golfs. Es zeigte sich, daß Stalin auf diese Gegend schon ein Auge geworfen hatte, sie gefiel ihm wohl – sie liegt nicht weit der Grenzen der UdSSR.
Die gemeinsamen Eigentümer der Erdkugel, Adolf und Jossif, waren über den Preis fast handelseinig geworden. Es fehlte nicht viel, und die Achse Rom-Berlin-Tokio hätte ihr viertes Rad erhalten. Aber die Dardanellen... Hitler war auf keinen Fall bereit, den Sowjets die Meerengen zu überlassen. Das hätte bedeutet, Stalin die Schlüssel zum Mittel- und zum Schwarzen Meer auszuhändigen.
Und Stalin gab nach. Ganz konnte er jedoch seinen »Traum« nicht aufgeben.
Und so kam die für das Jahr 1940 vorgesehene Unterzeichnung des Paktes nicht zustande. Im übrigen konnte man mit Hitler, Mussolini und dem japanischen Kaiser auch ohne Vertrag an einem Strang ziehen. Stalin übergab Hitler (lies: der Gestapo) Hunderte von Antifaschisten – Deutsche und andere Europäer –, die er so ihrem sicheren Tode auslieferte. Und zugleich eine Reihe von Gelehrten, die sich in der Sowjetunion aufgehalten hatten.
Nach der Unterzeichnung des Vertrages mit Hitler-Deutschland hatte Stalin Ribbentrop gegenüber erklärt: »Die sowjetische Regierung nimmt den Vertrag sehr ernst und kann mit ihrem Ehrenwort garantieren, daß die Sowjetunion ihren Partner nicht verraten wird.«[163] Jedoch weder Ribbentrop und noch weniger Hitler waren geneigt, dem Stalinschen Ehrenwort zu trauen. Das war falsch. Es war das einzige Mal in seinem Leben, daß Stalin ehrlich war. Er übergab Hitler streng geheime Informationen über die Vorschläge der englischen Regierung. Er lieferte nicht nur – mit geradezu deutscher Pünktlichkeit! – an Hitler-Deutschland sowjetische Versorgungsgüter und strategische Rohstoffe, sondern tätigte für Hitler auch Einkäufe im Ausland.[164]
Wenn Kriminelle in der Gefängniszelle oder in der Lagerbaracke Karten spielen, setzen sie ohne weiteres die Habseligkeiten der »Freier«, der nicht-kriminellen Mithäftlinge. Aber um eine fremde Brotration wagen selbst die ausgekochtesten Verbrecher nicht ohne das Einverständnis des Besitzers zu spielen. So fragt der Spieler den Zellengenossen: »Läßt du

mich um deine Ration spielen?« Als Stalin das ukrainische und russische Getreide nach Deutschland lieferte, das Fleisch obendrein, hat er niemanden um Erlaubnis gefragt.
Das Bündnis der UdSSR mit Hitler-Deutschland und die Freundschaft Jossif Stalins mit Adolf Hitler zeigt sich in der geschichtlichen Retrospektive als eine Etappe konterrevolutionärer Aktivitäten der sowjetischen Führung.
Mit dem verläßlichen russischen Schutz im Rücken konnte Hitler unbesorgt neue Länder besetzen. Der Führer der bolschewistischen Partei übte sich in Aufmerksamkeiten und Ermunterungen gegenüber dem Eroberer. Stalin schenkte Hitler Mangan. Hitler schenkte Stalin einen eigens gefertigten, vier Tonnen schweren Mercedes-Benz. Zwischen dem Führer und dem Vater der Völker entwickelten sich die herzlichsten Beziehungen. Als er von Hitlers Leidenschaft für Wagners Musik erfuhr, ordnete Stalin an, im Bolschoj-Theater die »Walküre« zu inszenieren. Die Aufführung sollte der berühmte Filmregisseur Ssergej Eisenstein gestalten. Hitler gratulierte Stalin zum Geburtstag. Stalin gratulierte Hitler, als die deutsche Armee Norwegen überfiel. Er stellte der deutschen Kriegsmarine Stützpunkte im Norden zur Verfügung – damit die Kriegsschiffe Brennstoff nehmen konnten.
Die Hauptüberraschung von sowjetischer Seite bestand jedoch in etwas anderem. Der Weltkrieg war in vollem Gange, Hitler hatte schon die Anweisung zum Überfall auf die Sowjetunion erteilt – das »Unternehmen Barbarossa« – aber Stalin verbot die aktive Vorbereitung auf die Abwehr der unausweichlich bevorstehenden Aggression.
»Ein toller Kerl! Stalin ist unersetzlich!« rief der erfreute Hitler aus. Mussolini machte es ihm nach: »Er ist sogar insgeheim zum Faschisten geworden und hilft uns; niemand schwächt so wirksam wie er die antifaschistischen Kräfte!«[165]
Stalin tat alles nur mögliche, um das begeisterte Lob der Achsenpartner zu erringen. Dazu gehört auch die Überraschung, die er zu Lasten des polnischen Volkes ersann. Nachdem Molotow und Ribbentrop den Nichtangriffspakt unterschrieben und Stalin mit Hitler die Teilung Polens verabredet hatten – die vierte in der tragischen Geschichte dieses Landes –, wurde ein Teil der kriegsgefangenen Polen, die unter sowjetische Besatzung geraten waren, an die Deutschen übergeben. Unter denen, die Stalin für sich zurückbehalten hatte, waren 14000 polnische Offiziere. Sie wurden in besonderen Lagern untergebracht. Und plötzlich verschwanden die Polen. Seit April 1940 fehlt von ihnen jegliche Nachricht. Im Sommer 1941 drangen die Hitlerschen Divisionen in das sowjetische Territorium ein, und Stalin sucht nun im polnischen Nach-

barn einen Bundesgenossen. Das erste Kriegsjahr war vorübergegangen. Die polnischen Generale und Diplomaten erkundigten sich bei der sowjetischen Regierung nach dem Schicksal des Offizierkorps. Irgendwie holte man aus den Gefängnissen und Lagern 400 Mann zusammen.

»Wir haben natürlich einen großen Fehler begangen, als wir Ihre Offiziere an die Deutschen übergaben. Außerdem ist ein Teil geflohen, viele haben sich in andere Länder abgesetzt, einige sind unterwegs an Krankheiten gestorben. Vor Krankheiten ist eben niemand gefeit. Legen Sie uns bitte Ihre Listen vor. Wir werden noch einmal suchen.«

So wurde in Molotows Ministerium und in der Behörde von Berija geantwortet.

Die Leichen der polnischen Offiziere wurden im Wald von Katyn ohne die »Hilfe« der sowjetischen Behörden und unter Kontrolle einer internationalen Kommission entdeckt. Und der erschütterten Welt enthüllte sich das Bild eines sowjetischen Massenmords. Diesen Dienst hatte Stalin Hitler im Frühjahr 1940 erwiesen. Die Erfüllungsgehilfen der Aktion sind Berija und Merkulow.

Inzwischen aber war es Zeit, an die Rettung seines Rufes als Vater der Völker zu denken. Stalin befahl, die Schuld an dem Verbrechen von Katyn auf den früheren Bundesgenossen zu wälzen. In einer frostigen Februarnacht fuhr eine Kolonne geschlossener Lastwagen über die Minsker Chaussee, beladen mit Kisten unterschiedlichster Formen – quadratische, dreieckige, sogar runde. In nichts erinnerten diese Kisten an Särge.

Über die Moskauer Straßen wehte Schneegestöber. Da ist auch schon der Bestimmungsort – das Institut für Gerichtsmedizin. Die Autos wurden auf dem Hof des Instituts abgeladen, die Kisten mit den Leichen der erschossenen Polen trug man in das Gebäude. Tags darauf fuhr die Wagenkolonne in umgekehrter Richtung davon. Jetzt befanden sich in den Leichen deutsche Kugeln, und in den Taschen der Uniformen die entsprechenden Zeitungen und gefälschte Briefe. Jetzt konnte man seine *eigene* Kommission schicken.

Am 26. September 1943 veröffentlichte die »Prawda« eine Mitteilung dieser sowjetischen Kommission: Das Blutbad von Katyn haben die Deutschen angerichtet. Der größeren Glaubhaftigkeit wegen hatten der Metropolit Nikolaj, der Schriftsteller Aleksej Tolstoj, der Akademiker Potjomkin, zwei Generale und auch bekannte Ärzte das Dokument der Kommission unterzeichnet. Unter den Unterschriften war auch die von Prosorowskij, dem Direktor des Gerichtsmedizinischen Instituts.

Die Welt glaubte die Fälschung nicht. Da brachte die »Prawda« den Bericht erneut – in voller Blattbreite.

Ich sah diese berühmte Zeitungsnummer erstmals in Workuta, in der Haft. Im Lager gab es viele Polen. Einmal kam in Begleitung mehrerer Wächter der Lagerchef in eine Baracke, ein schwerfälliger und stets betrunkener Oberst. Solche wie ihn hatte man zu Dutzenden aus den besetzten Ländern Europas und aus dem Fernen Osten an die Petschora und nach Workuta geschickt. In der Regel wußten diese Offiziere, was Mitarbeiter der Staatssicherheit nicht wissen durften. Offenbar waren nicht alle Erfüllungsgehilfen der Stalinschen Pläne vernichtet worden.
Der Oberst, auf seinen kurzen Beinen schwankend, sah mit trüben Augen die Polen an. Sie standen »stillgestanden!« vor dem Chef, skelettartig abgemagerte Männer in grauen Wattejacken, und der Lagerleiter beschimpfte sie mit groben russischen Ausdrücken.
»Viel zu wenige von euch habe ich im Wald von Katyn erschossen!«
Ich war in der Baracke und habe es selber gehört.
Seit dem Verbrechen von Katyn sind vierzig Jahre vergangen. Bis heute wissen die Sowjetbürger nicht die Wahrheit darüber. Es irren die, die Stalin im Vergleich mit Hitler für die »tiefere und kompliziertere« Natur halten (Robert Conquest).[166] Stalins Persönlichkeit ist ziemlich primitiv. Seine Bildung ist eine nur scheinbare, er spielt Intelligenz nur vor. Übrigens hat Hitler ihn für einen belesenen Menschen gehalten. Stalin hat sich weniger schmeichelhaft über Hitler in seinen Gesprächen mit Eden und Roosevelt während des Krieges geäußert. Er hielt Hitler zwar nicht für unfähig, aber für unkultiviert und abergläubisch. Nun, hinsichtlich der »Kultur« standen sie einander nicht nach, Adolf und Jossif.
Stalin war listiger als Hitler. Listiger und intriganter. Und in seiner Grausamkeit kannte er nicht seinesgleichen. »Er ist grausam wie ein Tier, aber seine Gemeinheit ist menschlich«, hatte Hitler von ihm gesagt.[167] Stalin war zehn Jahre älter als Hitler und übertraf ihn in der Erfahrung des politischen Kampfes. Die Ansicht, auf dem Gebiet der Kriegskunst sei Stalin führend gewesen, ist irrig. Stalin war als Stratege ausgesprochen unbegabt.
Man darf nicht denken, Diktatoren seien keine menschlichen Wesen. Stalin hat eigenhändig am Ufer des Riza-Sees im bergigen Abchasien Birkenbäumchen gepflanzt. Hitler hatte immer seinen geliebten Schäferhund um sich, nahm ihn sogar mit an die Front. Anders als Stalin besuchte er häufig die kämpfende Truppe, und zwang durchaus nicht immer den Generalen seine inkompetente Meinung auf.
Man kann Hitler auch Mut nicht absprechen. Von der Feigheit Stalins ist genug gesagt worden. Hitler hielt ihn für einen »derart vorsichtigen Menschen, daß, wenn sein Gegner ein Messer und er selbst eine Pistole hätte, er trotzdem den Gegner nur im Schlaf überfallen würde«.[168]

Eine erstaunliche Beobachtungsgabe!
Kurz vor dem Überfall auf die Sowjetunion sagte Hitler zu seiner Umgebung: »Wenn ich Rußland erobert habe, hole ich Stalin als Verwalter – natürlich unter deutscher Kontrolle –, denn niemand kann so gut mit dem russischen Volk umgehen wie er.«[169]
In diesem Witz liegt ein tiefer Sinn.

In jenen Jahren lebte in Rußland ein bekannter Gelehrter, der Kirchenrechtler Wladimir Nikolajewitsch Beneschewitsch, dem der Papst eine Auszeichnung verliehen hatte. Beneschewitsch, einer der wenigen Gelehrten des »alten Regimes«, die am Leben geblieben sind, hatte mit deutschen Kollegen korrespondiert. Einmal erhielt er aus Berlin einen Brief mit dem unvermeidlichen Schluß »Heil Hitler!«. Was sollte er tun? Der Professor fragte die entsprechenden Leute um Rat und unterschrieb den Antwortbrief mit »Es lebe der Genosse Stalin!«.
Ja, sie hatten sich gefunden, Jossif Stalin und Adolf Hitler. Und hätten sich gütlich die Weltkugel miteinander teilen können.
Aber – das Schicksal hat es nicht gewollt.

An der Spitze der fünften Kolonne

1904. »Die decken wir mit unseren Mützen zu!« – so hatte der Krieg des zaristischen Rußland mit Japan begonnen. Er endete mit dem Fall von Port Arthur und mit dem Untergang der russischen Flotte.
1939 beschloß man, Finnland »mit den Mützen zuzudecken«. »Lobe dich nicht vor der Schlacht, es dauert nicht lange, und der Kopf ist ab.« Stalin hat dieses finnische Sprichwort wohl kaum gekannt. Und wenn, was dann? Es hätte ihn an nichts gehindert. Mehr als eine halbe Million Rotarmisten fielen auf der Karelischen Landenge. Seinen eigenen Kopf hat Stalin niemals riskiert.
»Wir werden mit geringem Blutopfer kämpfen!«
»Die Rote Armee schlägt den Feind in seinem eigenen Lande!«:
»Wir werden schneller als alle, höher als alle, weiter als alle fliegen.«
Diese Versprechungen und Losungen erwiesen sich als ebenso unhaltbar wie die übrigen Losungen der Stalin-Zeit. Messerschmitt-Jäger flogen ungehindert am sowjetischen Himmel von den ersten Kriegstagen an.

In seiner Ansprache vor den Absolventen der Armee- und Marineakademien am 5. Mai 1941 bemerkte der Generalsekretär, wenn ein Krieg beginnen würde, so doch nicht vor dem Jahre 1942. Er glaubte wahrhaftig, das Schicksal am Ärmel gepackt zu haben und ohne Eile die Vorbereitungen zum Kriege bis zum kommenden Frühjahr vollenden zu können.
Präzise Warnungen und glaubwürdige Hinweise auf den in Kürze bevorstehenden Überfall kamen von allen Seiten – nicht nur von Richard Sorge und vom deutschen Botschafter. Aber Stalin wußte, daß die Armee nicht auf Krieg vorbereitet war. Das hieß, Hitler würde warten. Das sowjetische Volk durfte nicht beunruhigt werden, schließlich war versprochen worden: »Wir wollen keine Handbreit fremden Boden, aber wir geben auch niemandem einen Zollbreit unserer Erde«...
Indem er Hitler mit großzügigen Lieferungen zu gewinnen suchte, hoffte Stalin Zeit zu gewinnen. Womit noch konnte man den Führer gnädig stimmen? Und Stalin verfügte, unverzüglich die jugoslawische Botschaft in Moskau zu schließen, ebenso die Botschaften der von den Deutschen besetzten Länder Norwegen, Dänemark, Belgien und Griechenland. Und ein weiterer Schritt den Parteidoktrinen zuwider, zum Schaden der Staatsinteressen: Stalin verfügte, die pronazistische Regierung Raschid Ali Gailanis im Irak anzuerkennen.
Danach veranstaltete das Staatsoberhaupt eine Theatervorstellung auf dem Kasaner Bahnhof in Moskau. Am 13. April reiste der japanische Außenminister Matsuoka in seine Heimat zurück. Soeben war der Freundschaftsvertrag mit Japan geschlossen worden. Stalin erschien auf dem Bahnhof (ein außerordentlich seltener Fall) und umarmte herzlich vor aller Augen den deutschen Botschafter, Graf von der Schulenburg: »Wir müssen Freunde bleiben, und Sie müssen alles dazu Notwendige tun«, sagte Stalin vor dem Publikum.
Die folgende Inszenierung war im Geiste eines provinziellen Melodramas. Stalin erblickte den Obersten Krebs, den deutschen Militärattaché: »Wir beide bleiben unter allen Umständen Freunde!« Und hinter dem Vorhang umarmen sich Matsuoka und Stalin. Der Generalsekretär sagte zu dem japanischen Minister: »Wir beide sind Asiaten.« Wahrhaftig.
Stalin hatte panische Angst vor der deutschen Invasion. Als sie Tatsache geworden war, verkroch er sich in seine Wohnung. Das Politbüro entsandte Molotow zu ihm, aber er kehrte mit leeren Händen zurück. Dann erschienen in seiner Wohnung alle kleinen Führer. Blaß und verstört öffnet ihnen schließlich der Hausherr die Tür und weicht zurück. Er glaubte, die Politbüromitglieder seien gekommen, um ihn zu verhaf-

ten. Am anderen Tag verließ der Generalsekretär Moskau und verbarg sich in seiner Datscha.
Er floh, ohne sich mit seinen Untergebenen beraten zu haben, ohne ein Wort an sein Volk. Molotow mußte im Rundfunk sprechen. Er gab sich wie zerschmettert von Hitlers Verrat: »Die sowjetische Regierung hat auf das gewissenhafteste sämtliche Bedingungen des Vertrages erfüllt«, die deutsche Regierung könne nicht eine einzige Klage gegen die UdSSR vorbringen. (Fassungslos und deprimiert hatte sich der Helfershelfer Nummer eins beim deutschen Botschafter beklagt: »Das haben wir nicht verdient!«) Molotow schloß mit dem Appell an das Volk, sich einmütig »um unseren Großen Führer Stalin« zu scharen.
1929 hatte Stalin in seiner Antwort auf die Glückwünsche zu seinem fünfzigsten Geburtstag dem Volke versprochen, alle Kräfte und sogar sein Blut »Tropfen um Tropfen« im Namen des und so weiter... zu geben. Der Krieg forderte weder sein Blut noch sein Leben – nur ganz gewöhnlichen Mut. Aber den besaß er nicht.
Erst nach zwei Wochen begann Stalin zu sich zu kommen. Am 3. Juli sprach er im Rundfunk, und am 12. Juli empfing er die ausländischen Botschafter. Zur Besprechung des Generalstabes erschien er erstmals Mitte Juli. Und was tat der Stab selbst, mit dem hilflosen »Marschall« Timoschenko an der Spitze? Womit außer mit Gehorsam, außer mit lakaienhafter Dienstfertigkeit hatten diese Leute den Hausherrn für sich eingenommen? Wem gehorchten, was entschieden sie?
Das hohltönende Staatliche Verteidigungskomitee, das am 30. Juli unter Leitung des Führers und Deserteurs gegründet worden war, bildeten: Molotow, Woroschilow, Malenkow und Berija. Diese Personen zählten zum Personal des Politbüros. Aber die Verteidigung des Staates zu organisieren waren sie ebensowenig imstande wie zu einem pas de quatre im »Schwanensee«.
Der Krieg hatte begonnen, der mörderischste Krieg in der Geschichte des Planeten. Und was jetzt? Der Hausherr beruft vier Menschen an die Spitze der Verteidigung, die nicht das geringste Zeichen von Intellekt aufweisen. Der stumpfe Molotow vertrat im »Staatskomitee für die Verteidigung« die Regierung. Der ehemalige Lugansker Schlosser Woroschilow, der seit langem den Schlosseranzug mit der Uniform eines Kammerlakaien vertauscht hatte, repräsentierte die Streitkräfte. Hinter dem eingefleischten Schreiber Malenkow, einem höfischen Intriganten, stand das Sekretariat des Zentralkomitees. Das Quartett vervollständigte das Oberhaupt der Geheimpolizei, Berija. Dieser hatte das Mörderhandwerk gelernt, dabei brauchte er sich mit Wissenschaft nicht zu belasten. Er vertrat die Straf- und Fahndungsorgane.

Absolute Inkompetenz und Schwäche der Führung zu Anfang des Krieges – dieses Verbrechen wird die Geschichte ebenfalls auf Stalins persönliches Konto buchen.
Während sich der Große Führer feige vor den Menschen versteckt hielt, hatten Berija und Malenkow mit echter Begeisterung den Stuhl von Shdanow angesägt. Sie bereiteten seine Rückkehr in das dem Untergang geweihte Leningrad vor. Für Andrej Shdanow, den Favoriten Stalins, wird sich auch im neuen Verteidigungskomitee kein Platz finden.
Und Leningrad war wirklich dem Untergang geweiht. In den ersten zehn Tagen der Kampfhandlungen war die gesamte Ostseeküste bis hin nach Tallinn verlorengegangen. Das Oberkommando tat offenbar alles, um die Niederlage in eine Katastrophe zu verwandeln.
Es gab keine Reserven, keine Vorräte, keine Verbindungen . . . Und aus Moskau kamen Befehle – einer unsinniger als der andere. Wäre nicht der Heldenmut der Verteidiger Leningrads gewesen, hätte die Stadt schon im Juli kapitulieren müssen. Einen ganzen Monat lang hielt die Frontlinie bei Luga. Alle Verbände der Landwehr wurden vernichtet. Was hatten sie den deutschen Panzern, Geschützen und Flugzeugen entgegenzustellen? Was außer ihrem eigenen Leben?
Stalin verfolgte eifersüchtig die Einhaltung der Parteisubordination und unterdrückte grausam jegliche Eigeninitiative. Wie viele brauchbare Pläne und Vorschläge hat er allein deshalb abgelehnt, weil sie von »den falschen« Leuten stammten? Als er erfuhr, daß in Leningrad ein Verteidigungsrat gebildet worden war, stürzte sich Stalin auf Shdanow und Woroschilow: »Warum ohne Wissen des Generalsekretärs? Warum seid ihr nicht selber in dem Rat?«
Der August näherte sich dem Ende. Die Deutschen hatten Leningrad fast völlig eingeschlossen, das Oberkommando tat jedoch nichts zu dessen Evakuierung. In der Stadt traf eine Regierungskommission ein: Molotow, Malenkow, Kossygin, die Marschälle Shigarjow und Woronow, der Admiral Kusnezow. Das Schicksal Leningrads wurde entschieden – aufgeben oder halten?
Als die letzten Hoffnungen schwanden und Stalin sah, daß auch Georgij Shukow nicht in der Lage war, irgend etwas zu tun, beschloß er, die Stadt in die Luft zu sprengen. Nicht nur die Befestigungen und Fabriken, sondern die ganze Stadt mit ihren unschätzbaren architektonischen Werten. Hitler hatte ebenfalls vor, Petersburg dem Erdboden gleichzumachen.[170] Eine volle Übereinstimmung der Wünsche.
Stalin ließ Shukow nur kurze Zeit an der Leningrader Front. Als bekannt wurde, daß die Deutschen mit starken motorisierten Kräften und Panzereinheiten auf Moshajsk vorstießen (5. Oktober), berief Stalin

Shukow nach Moskau und übergab ihm die Westfront. Die Front existierte jedoch nicht mehr. Die Deutschen hatten vier Armeen (die 19., 20., 24. und 32.) eingeschlossen und rückten auf Moskau vor, ohne auf ernsthaften Widerstand zu stoßen. Es gab mehr als genug Berichte der operativen Aufklärung, dennoch verstand es der Stratege vom Kreml nicht, die Stoßrichtung des deutschen Angriffs zu erkennen und Gegenmaßnahmen zu treffen. Später wird er die Schuld an diesem tödlichen Rechenfehler dem Hauptquartier geben.
Moskau konnte jeden Tag fallen. Panik brach aus, die kopflose Evakuierung der Hauptstadt begann. Und Stalin? Der Führer floh natürlich als einer der ersten. Die heutigen Historiker verbergen diese höchst traurige Tatsache.
1975 veröffentlichte die sowjetische Zeitschrift »Fragen der Geschichte« die Erinnerungen von Aleksej Schachurin, dem ehemaligen Minister für die Flugzeugindustrie. Er beschrieb seinen Besuch in der Wohnung Stalins im Kreml am 16. Oktober 1941. Er erinnerte sich daran, daß »rechts an der Wand« die Bücherschränke leer gewesen waren. Der Hausherr fragte die Anwesenden: »Wie steht es in Moskau?« Und als man ihm das traurige Bild der Panik schilderte – das Transportwesen war zusammengebrochen, die Geschäfte und Krankenhäuser waren geschlossen, in den Banken gab es kein Geld –, bemerkte Stalin: »Na, das ist ja noch nicht schlimm. Ich dachte, es wäre schlimmer.«[171]
All das ist glaubhaft. Aber ein solches Gespräch konnte nicht am 16. Oktober stattgefunden haben, sondern erst am 19., als Stalin beschlossen hatte, vorübergehend in die Hauptstadt zurückzukehren.
Hier waren ebenfalls Landwehrverbände aufgestellt worden. »Unser Schritt ist fest, und der Feind wird nie durch unsere Republiken gehen!«
War es lange her, daß man dieses Lied überall gesungen hatte? Und nun schickte man die Gelehrten, die Künstler, die Musiker, die Rentner und die Sportgrößen, unterstützt von den Arbeitern der kriegswichtigen Betriebe, hinaus in den strengen Frost – ohne warme Kleidung – gegen die Panzer und Minenwerfer. In den Kämpfen vor Moskau im Dezember 1941 sind Millionen Menschen gefallen.
Stalin übergab den Oberbefehl den Parteifunktionären – Shdanow, Malenkow, Mechlis, Schtscherbakow – und den talentlosen Lakaien – Timoschenko, Woroschilow, Budjonnyj. In ihrer Inkompetenz waren sie einmalig. Hitler hätte zweifellos schon im Oktober beide Hauptstädte erobern können – die alte und die neue. Er hatte jedoch offensichtlich die neuentstandene Lage nicht richtig eingeschätzt.
Bereits die ersten Kriegswochen hatten gezeigt, wie schädlich die

Alleinherrschaft war, zu welchen Katastrophen extreme Machtkonzentration führen kann. Diese tödliche Besonderheit des Stalinschen Systems erlaubte es jedoch, dort standzuhalten, wo kaum ein anderer Staat ausgeharrt hätte. Eine erstaunliche Dialektik der Geschichte. Und sie verwirklichte sich in einem riesigen Lande – in den russischen Weiten gab es für den Rückzug der erhalten gebliebenen Armeen Raum genug.
Im Verlauf des Krieges bewies der Generalsekretär, bekannt als versteinerter Orthodoxer, eine erstaunliche politische Elastizität. Überraschend zeigte sich seine Staatsmacht fähig, mit allen zusammenzuarbeiten – mit den »Volksfeinden« von gestern (wenn sie etwas Nützliches erfinden konnten) und mit den Imperialisten (wenn sie Geld geben und Versorgungsgüter, technisches Gerät und Truppen liefern konnten) und mit den alten Zaren (wenn sie in der Vergangenheit die Feinde erfolgreich abgewehrt hatten), sogar mit Gott selbst: in Gestalt der orthodoxen Kirche. Als seine persönliche Diktatur von den Deutschen bedroht war, hätte Stalin selbst mit dem Teufel zusammengearbeitet, (wenn dieser erschienen wäre) – nur um an der Macht zu bleiben.
Der Ausrotter der Religion, der unermüdliche Verfolger der Gläubigen, er, der Tausende von Priestern in den Tod geschickt hatte, begann, der Kirche zu schmeicheln. Der Generalsekretär ließ nicht nur zahlreiche Priester wieder aus den Lagern frei, er erlaubte auch, geistliche Seminare und eine Akademie zu eröffnen, er schuf einen Rat für die Angelegenheiten der Russischen Orthodoxen Kirche, natürlich unter der Ägide des NKWD. Der Verbrecher schloß mit der Kirche ein Konkordat und schuf ein Verwaltungsorgan, in dem Priester und Geheimagenten gleichberechtigt waren. So schöpferisch und originell wandte der Generalsekretär das Leninsche Vermächtnis an, Kirche und Staat zu trennen.
Der Metropolit Nikolaj nannte den Generalsekretär der bolschewistischen Parteien »unseren gemeinsamen Vater Jossif Wissarionowitsch«.
Wenn Stalin sich an das Volk wandte, bezeichnete er es als »Brüder und Schwestern«. Der alte Betrüger wußte, welchen Ton er anschlagen mußte. Zur Verteidigung der Heimat würden alle antreten, sogar die Kinder der zu Tode gequälten »Kulaken«, selbst Emigranten und Verbannte. Er aber lächelte in der Stille des Kremls: War nicht er es, der das Land verkörperte?
Der Propagandaapparat wurde erfolgreich umgebaut zu einer Walzstraße für heroisch-patriotische Themen. Es kam bis zur offenen Propaganda des Panslawismus. Ein zu diesem Zweck gegründetes Allslawisches Komitee rief zum heiligen Krieg gegen die Deutschen auf. Man verstand nicht mehr, was vor sich ging: wenn das ein Klassenkampf ist, warum

vernichten dann die deutschen Arbeiter die sowjetischen? Und wenn es sich um einen Stammeskrieg handelt, wie paßt das dann mit den Doktrinen von Marx und Lenin zusammen?
Zu jener Zeit war Stalin sichtlich nicht auf die Einhaltung der Doktrinen aus – er nutzte diese und jene. So entstanden die unwiederholbaren politischen Widersprüchlichkeiten der Kriegszeit.
Ohne Paradoxa kam auch die Stalinsche Diplomatie nicht aus. Wenn es schlecht stand, flehte der Generalsekretär, zugleich Regierungschef, die Verbündeten um Hilfe an. Als er sich von den ersten Niederlagen erholt hatte, schlug der Marschall Stalin einen festen Ton an. Und dann, nach dem Fall von Berlin, benahm er sich vollends wie der Herrscher über die Hälfte der Welt.
Drei Etappen. Drei Rollen. Drei Masken.
Juli 1941, Beginn der Verhandlungen mit Churchill. Die englische Regierung betrachtete die Abmachungen Hitlers mit Stalin als völkerrechtswidrig, sie kann die neuen Grenzen der UdSSR nicht anerkennen. Im September, bei dem Treffen mit englischen und amerikanischen Diplomaten, versucht Stalin, Lord Beaverbrook und Averell Harriman zu umgarnen, läßt sich jedoch zeitweilig zu Grobheiten hinreißen. Bei den Verhandlungen mit Anthony Eden im Dezember ist der Generalsekretär wenig gesprächig (die Deutschen sind gestoppt!). Eden klagt: »Man kann mit Stalin nicht arbeiten.«
Stalin seinerseits macht den Verbündeten Vorwürfe. Er macht Vorwürfe und fordert Hilfe. Sein Brief an Churchill vom 4. September klingt verzweifelt: die Hälfte der Ukraine ist verloren, Leningrad ist belagert. Stalin bittet, ohne auch nur noch eine Stunde zu zögern, die zweite Front zu eröffnen und Flugzeuge, Panzer und Buntmetalle zu schicken.
Es ist nicht lange her, daß der Generalsekretär der Welt versichert hat, die Sowjetunion werde für niemanden die Kastanien aus dem Feuer holen. Verrechnet hat er sich, der Prophet.
Das neue Jahr brachte neue Niederlagen. Ende März 1942 schlug Shukow vor, einen schwachen Frontabschnitt der Deutschen auszusuchen und unter Konzentration aller Kräfte dort einen überwältigenden Schlag zu führen. Aber der Oberkommandierende wies diesen Plan zurück. Er hielt sich an die Strategie der »breiten Front«. Im Sommer des ersten Kriegsjahres hat Stalin den strategisch begründeten Plan Shukows, die Armee auf das linke Ufer des Dnjepr zurückzunehmen und Kiew aufzugeben, dreimal zurückgewiesen.[172] Der Starrsinn des Oberkommandierenden kostete das Leben von mehr als einer Million Soldaten. Georgij Shukow schrieb später in seinen Memoiren, Stalin habe sich mit der Zeit in der militärischen Strategie zurechtgefunden. Dieses

»Zeugnis« des Marschalls ist wahrscheinlich gegen den Willen des Autors in seine Memoiren geraten. Shukow hatte reichlich Gelegenheit, sich von der völligen Inkompetenz des Generalsekretärs zu überzeugen. Ebenso wie Marschall Woronow. Die große Operation an der Nordwestfront im Februar–März 1943 war von vornherein schlecht vorbereitet gewesen. Das Große Hauptquartier hatte ein ungeeignetes Gelände mit Mooren und Wäldern sowie einen unpassenden Zeitpunkt ausgewählt. Woronow schrieb Stalin, aber der Generalissimus beließ alles wie befohlen. Die Verluste waren gewaltig.[173]

Die gleichen Erfahrungen machte Marschall Aleksandr Wassilewskij, der ehemalige Generalstabschef. Seine Erinnerungen besagen, Stalin habe »nicht immer die optimalen Entscheidungen getroffen«, er habe jedoch »immer Verständnis gehabt für unsere Schwierigkeiten«. Und weiter: »Er neigte dazu, die Kampfhandlungen bis zu einem gewissen Grade einseitig zu führen.«[174] Und Ausreden, Ausflüchte, objektive Gründe. Der Marschall teilt mit, Stalin habe anscheinend schon bei der Schlacht im Kursker Bogen die neue Kriegführung voll beherrscht. Hätte der Marschall die Wahrheit geschrieben, daß es nämlich in der Geschichte der großen Kriege noch keinen unbegabteren Oberkommandierenden gegeben hat – wäre sein Buch dann je erschienen?

Stalin selber hat dafür gesorgt, daß die Presse die Legende vom genialen Strategen und Generalissimus aufgriff. Lenin hat sich nie als Militärfachmann betrachtet. Uns aber, die damals jungen Genossen, verpflichtete er, »von Grund auf das Kriegshandwerk zu erlernen«.[175]

Im Krankenhaus in Kunzewo starb Marschall Rokossowskij an Krebs. Vor dem Tode konnte er noch manches über Stalin den Heerführer berichten: »Dieser nicht ausgelernte Pfaffe hat alle nur gestört. Wir haben ihn betrogen: was immer er für unsinnige Anweisungen auch gab – wir haben zugestimmt und dann nach unserem Kopf gehandelt...«

Die Marschälle Tuchatschewskij und Jegorow äußerten kurz vor ihrer Verhaftung Freunden gegenüber, der Generalsekretär verstehe vom Kriegshandwerk *nichts*.[176]

1961. An einer Veranstaltung der Moskauer Universität zum Jahrestag der Schlacht um Stalingrad nimmt Marschall Malinowskij teil, weigert sich aber, zu sprechen. Erst später, nach dem offiziellen Teil der Veranstaltung, am Tisch im engeren Kreis des Militärs, berichtet er die bittere Wahrheit über die Schlacht. Zwei Führer, zwei Despoten, sagte Malinowskij, hatten »die Mühle von Stalingrad« im Visier gehabt.* Sie

* Die Mühle von Stalingrad am hohen Wolgaufer war ein strategischer Punkt für Angriff und Verteidigung der Stadt. (Anm. d. Übers.)

hätten es erreicht, daß 600 000 Soldaten zermahlen wurden. Wem nützte die nackte Wolga-Steppe? Und Stalingrad als Stadt existierte doch auch nicht mehr, war dem Erdboden gleich. Damals hatten sich die Oberbefehlshaber von fünf Frontabschnitten versammelt – die Mühle, besser: der Fleischwolf, braucht neue Opfer. Und wenn wir General Paulus von den deutschen Hauptkräften abschneiden, seine Armee einkreisen und?
Und sie umzingelten ihn. Opferten weitere 700 000 Menschen. In der Stadt, die den Namen des Hausherrn trägt, und in ihrer unmittelbaren Umgebung starben eine Million dreihunderttausend Soldaten.
Der Jahrestag 1961 war nicht fröhlich.

Im geistlichen Seminar hatte Stalin gelernt, sich Kenntnisse im Fluge anzueignen. Da er jedoch keinen sehr großen Verstand besaß und ihm daher jede geistige Arbeit lästig war, blieb ihm die Theorie, die moderne militärische Technik ein Buch mit sieben Siegeln. Er war nie an der Front gewesen und konnte sich einen konkreten militärischen Sachverhalt nicht vorstellen. Und dem Soldatenleben ging er aus dem Wege. Es gelang ihm lediglich, sich obenhin die militärische Terminologie anzueignen und fremden Rat als den seinen auszugeben. Gegen Kriegsende fiel es dem erfahrenen Mimen dann nicht mehr gar so schwer, vor den Generalen die Rolle des Strategen zu spielen.
Stalin schätzte offensichtlich die veralteten Doktrinen des Bürgerkriegs: frontal angreifen, um jedes Dorf, jedes Städtchen der Reihe nach kämpfen. Geradlinig operieren. Die neuen Heerführer dagegen hatten das Brauchbarste von der Strategie und Taktik der Hitlerschen Wehrmacht übernommen. Nicht so Stalin. Viele katastophale Niederlagen der ersten Kriegsjahre tragen den Stempel seines »militärischen Genies«.
Im Frühjahr 1942 drängt Stalin ungeachtet der Frontlage darauf, die Blockade Leningrads zu durchbrechen. Der neue Oberbefehlshaber des Leningrader Frontabschnitts, Michail Chosin, beschuldigt Moskau zu Recht, unfähig zu sein, die innere (Leningrader) und die äußere Front (am Wolchow) zu koordinieren. Stalin dachte nicht lange nach – er befahl, beide Fronten zu vereinigen. Es zeigte sich die alte Angewohnheit, die Volkskommissariate durcheinanderzumischen, zu verstärken und zugleich zu schwächen. Die Reorganisation bei Leningrad trug unverzüglich Früchte – die Deutschen vernichteten die Zweite Stoßarmee.
In der gleichen Weise entwickelten sich die Ereignisse im Süden. Die Deutschen nahmen Charkow ein und besetzten die Krim. Stalin befahl,

Charkow wiederzuerobern. Stalins 1918 bei Zarizyn ersonnener »Angriff« hatte das Leben einiger Hundert Rotarmisten gekostet. Bei dem Abenteuer von Charkow brachte Stalin 300000 Soldaten um. Andere Zeiten, andere Maßstäbe. Nur die »Strategie« ist die alte. Und die Beziehungen zu den Kommandeuren. Innerhalb kurzer Zeit löste Stalin bei Leningrad vier Oberkommandierende ab.
Die Verluste der ersten Monate sind erschreckend. Jedes Bataillon wird gebraucht. Und in der Bucht von Nachodka, in einem Transitlager, sind 70000 Häftlinge ohne Arbeit. Ohne Arbeit?... Die »Volksfeinde« wurden Tag für Tag in Divisionsstärke unter Bewachung herausgejagt, um den gefrorenen Polarboden aufzuhacken. Am folgenden Tage wurden die unter Qualen geschaffenen Gräben von gestern wieder zugeschüttet. Nicht ganz wie bei Dostojewskij: In seinem »Toten Hause« hatten die Sträflinge Steine von einem Platz zum anderen geschleppt. Wie viele Truppen, wie viele Armeen waren durch die »Transitka« von Nachodka gegangen? Wie viele solcher Nachodkas gab es im Lande – von Karakum bis Nowaja Semlja?
Die Front aber forderte immer neuen Nachschub. Da entschloß sich der Wohltäter, wenigstens den Kindern der »Volksfeinde« zu verzeihen. Später wurden Hunderttausende von Kriminellen der Armee zugeführt – direkt aus den Lagern. Als Kanonenfutter war alles geeignet. Nein, nicht alles. Die Politischen durften nicht für Zar und Vaterland, das heißt »Für die Heimat! Für Stalin!« fallen. Ich weiß bis heute nicht, ob dies gut oder schlecht war.

Zu jener Zeit reifte eine neue Technik heran – die Fabriken des Vaterlands begannen, mit voller Kraft zu arbeiten, das Land spürte die enorme Unterstützung der Bündnispartner USA und England. Der Krieg diktierte die Gesetze. Er stellte fähige, willensstarke Generale auf Kommandostellen. Die Kommandeure der Einheiten gewannen an Erfahrung, und auch die Soldaten lernten, die Eroberer zu schlagen. Im Bewußtsein der Menschen erfolgte ein Umbruch. Hitler brachte den Untergang, man mußte das blanke Leben retten.
Nach der Schlacht an der Wolga wandte sich das Kriegsglück. Der Generalsekretär erfaßte geschickt diesen Augenblick und gab zu verstehen, die Zeit der kleinen Freiheiten sei vorbei. Auf die Häupter der »Brüder und Schwestern« regnete es drakonische Gesetze. Für die Etappe und die Front begann die Zeit der Knute. Stalin jagte die neuen Armeen ins Schlachthaus. Die Soldaten jedoch zeigten keinen totalen Jubel bei dem Gedanken an den Fleischwolf. Und unfähige Offiziere flößten auch kein Vertrauen ein. Die Knute zischte, und die Handlanger

Der Generalsekretär und sein Politbüro im Jahre 1937, dem Jahr der Großen Säuberung in der Kommunistischen Partei

Seine Leute

Mit Nikolaj Jeshow, dem Chef der Sicherheitsorgane während der Großen Säuberung, anläßlich der Feierlichkeiten zum zehnten Jahrestag der Tscheka-NKWD im Dezember 1937

Lawrentij Berija, Chef der Staatssicherheitsorgane von 1939 bis 1953

Seine Leute

Matwej Schkirjatow, 1938

Lew Mechlis, 1940, Herausgeber der »Prawda«. In den dreißiger Jahren war er ein führender Regisseur des Stalin-Kults

Stalin mit Aleksandr Poskrebyschew, 1939, dem langjährigen Chef seines geheimen Privatsekretariats

Seine Leute

Kaganowitsch und Mikojan, 1935

1947. Molotow und Andrej Wyschinskij, sowjetischer Generalstaatsanwalt, der in den Jahren des Terrors die Rechtsordnung dirigierte, einschließlich der Moskauer Schauprozesse

Malenkow, Chruschtschow und Schkirjatow, März 1950

Seine Leute

Molotow, Stalin, Woroschilow und Schkirjatow in den Jahren der Großen Säuberung (oben)

Stalins Befehlshaber: Timoschenko, Woroschilow, Mechlis und Budjonnyj, Juli 1940

Der Hausherr und seine Leute, 1938, während der Großen Säuberung. Vorn (von links nach rechts): Schkirjatow, Berija, Chruschtschow und Stalin. Dahinter: Shdanow und Malenkow

Der Generalissimus

Stalin (in weißer Uniform), flankiert von Molotow (links) und Marschall Shukow, auf der Potsdamer Konferenz 1945 (oben)

Bei der Unterzeichnung des sowjetisch-polnischen Freundschaftsvertrages, April 1945

Der Tyrann wird müde. Woroschilow, Schkirjatow und Stalin, Januar 1949

des Obersten Befehlshabers erfanden ein ganzes System – für den Fall eines nicht geplanten Rückzugs (das Wort »panische Flucht« benutzte niemand) –, ein ganzes Stop-System arbeiteten sie gegen Deserteure aus: Absperreinheiten, Strafbataillone, Organe der SMERSCH, der Abwehrorganisation »Tod den Spionen«. M., ein Oberst i. R., erzählt:
»Bei unserer Panzereinheit war Galjonyj als Bevollmächtigter der SMERSCH tätig, ein widerlicher, bösartiger Mensch. Untereinander nannten wir ihn den Scheißkerl. Selbst nur Leutnant, machte er die Tür zum Bunker des Regimentskommandeurs mit einem Stiefeltritt auf. Und der kriegerische Oberst zitterte vor ihm.
Der Leutnant läßt einen Major oder Hauptmann rufen und befiehlt: ›Beobachte Major Soundso. Und erstatte mir täglich Bericht.‹
Ich wurde auch gerufen, aber ich lehnte es ab, ›Bericht‹ zu erstatten. ›Wie kann ich meinen Frontkameraden anzeigen?‹
›Was denn, fürchtest du ihn vielleicht? Ich werde ihn heute noch verhaften, und morgen wird er erledigt. Hab keine Angst.‹«[177]
Ich habe die Legion der dem Generalsekretär ergebenen Politfunktionäre noch nicht erwähnt – über die Ordnung der Armee wachte eine ganze Truppe.
Die Befehle des Obersten Befehlshabers begannen wie strafender Stahl zu klingen. Im Frühjahr 1943 erhielt der Stab der Nordfront das Telegramm: »Wenn auch nur ein einziger Soldat in Richtung auf die Waldaj-Höhen zurückweicht, werden erschossen: der Frontbefehlshaber, die Mitglieder des Kriegsrates, die Armeebefehlshaber, die Leiter der Politabteilungen ...«
Insgesamt wurden 15 Namen genannt. Der Befehl Stalins wurde allen fünfzehn ausgehändigt.[178] Sie wußten, daß der Hausherr nicht scherzte. Waren denn nicht auf seinen Befehl hin »zu Unrecht der Oberbefehlshaber der Westfront, General Dimitrij Pawlow, und der Stabschef der Front, General Wassilij Klimowskich, beschuldigt und erschossen« worden ...?[179]
Die alte Formel »zu bestrafen und zu begnadigen liegt bei mir« erhielt neues Leben. Stalins Kampfgenosse von Zarizyn, Gregorij Kulik, ein Provokateur »von Gottes Gnaden«, schmeichelte sich jetzt als Gehilfe bei Berija ein, wurde später Leiter der Politverwaltung der Artillerie. Wenn er einen Befehl gab, warnte Kulik vorsorglich: »Medaille oder Gefängnis.« Stalins Stil.
An der Front begann der neue Befehl zu wirken: Wer zurückwich, wurde auf der Stelle erschossen. Die in Kriegsgefangenschaft Geratenen wurden überprüft. Die meisten mit Landesverrätern gleichgestellt. Ihre erwachsenen Familienangehörigen kamen ins Lager.

Stalin hatte sein zweites, mit Stacheldraht umgebenes Reich noch nicht mit Gesetzen eingezäunt. Im Strafgesetzbuch gab es den Paragraphen 158: Flucht von dem Ort der Strafverbüßung wird mit zwei Jahren Gefängnis bestraft. Dieser Paragraph wurde jetzt ersetzt durch den Paragraphen 58, Absatz 14: Die Flucht aus den Stalinschen Todeslagern wurde gleichgesetzt mit konterrevolutionärer Sabotage. Auf den Versuch, der Zwangsarbeit zu entfliehen, sich von dem langsamen Tod im Lager zu befreien, stand jetzt die Erschießung. Darin kann man, wenn man will, ein gewisses humanes Motiv entdecken.
Bei einer Konferenz der Mitarbeiter der Organe im Jahre 1943 gab der Minister für Staatssicherheit, Merkulow, Anweisung, ein umfassendes Agentennetz zu schaffen, das »die gesamte Bevölkerung der UdSSR umspannen« sollte.[180]

In seinem »Anti-Dühring« bringt Friedrich Engels eine historische Episode: Im Sommer 1873 hatte der General Kaufman den Tatarenstamm der Jomuden überfallen, ihre Zelte verbrannt und den Befehl gegeben, Frauen und Kinder niederzumachen, »entsprechend dem guten kaukasischen Brauch«[181]. Aufgewachsen mit den Traditionen von blutigen Fehden, von Schlächtereien der Völkerschaften untereinander und von Gewalt, hat Stalin mit stetem Erfolg die Kaufmansche Methode angewendet.
Er übertrug Klim Woroschilow die Leitung der Aussiedlung der Tataren aus der Krim. Die Sternstunde des Marschalls war gekommen. Am 18. Mai 1944 führten NKWD-Truppen alle Frauen, Kinder und Alten in die ewige Verbannung. Sie zu schützen, war niemand da: Die Männer verteidigten an der Front ihre Heimat.
Erst 23 Jahre danach wurde von dem tatarischen Volk die Beschuldigung genommen, als Volk insgesamt Verrat geübt zu haben. Der Genozid endete jedoch nicht damit. Auch ein Brief der Krimtataren mit Millionen von Unterschriften konnte die Stalinschen Anordnungen nicht erschüttern.
Es wird außerdem von der Deportation der Wolgadeutschen, der Tschetschenen und so weiter gesprochen und geschrieben. Hierbei handelte es sich jedoch um Vernichtung.
Die Aussiedlung der Tschetschenen leiteten Merkulow und Berijas Stellvertreter, Iwan Sserow. Die freiheitsliebenden Bergbewohner wurden im Sommer zu »Manövern« gelockt, von Truppen umstellt und in Eisenbahnzüge verladen. Dann wurden die Familien abtransportiert – ohne ihre Habe, ohne zusätzliche Kleidung, ohne Nahrungsmittel, ohne

Wasser. Sie wurden in geschlossenen Güterwagen in die rauhen kasachischen Steppen gebracht. Am Bestimmungsort wurden die Waggons geöffnet und die Leichen der Kinder und danach die der Erwachsenen weggeschafft. Mit jenen, die sich der Evakuierung widersetzten, war man einfacher verfahren: Sie wurden in Scheunen eingesperrt und verbrannt. Lebendigen Leibes verbrannt.
Eine Sonderkommission der Regierung entdeckte 1956 in den Dörfern der Tschetschenen, den Auls, die Gebeine der lebendig verbrannten Frauen, Kinder und Greise. Niemand fragte jedoch Merkulow und Sserow danach. Das war unpassend: Für diese Kampfoperation hatte Marschall Stalin die Emissäre der Lubjanka mit Lenin-Orden ausgezeichnet.
Auf dem Gebiet der Umsiedlung hatte der Vater der Völker eine gewisse Erfahrung aus der Zeit vor dem Kriege. Anfang der dreißiger Jahre hatte er wegen Nichterfüllung des Getreideablieferungsplans ganze Dörfer nach Sibirien umgesiedelt. 1937 hatte man aus Birobidshan innerhalb zwei Tagen alle Koreaner nach Mittelasien, nach Kasachstan, umgesiedelt. Es durften nicht einmal diejenigen bleiben, die mit Russen verheiratet waren. Später werden die Koreaner noch einmal »umgesiedelt«. Wie viele der Arbeitsamen, Widerspruchslosen werden Kälte, Hunger und Gewalt überleben? 1939 waren in der Ukraine die Galizier ausgesiedelt worden. Und das Schicksal der Schwarzmeergriechen – wie viele von ihnen sind in den Gefängnissen und Lagern umgekommen?

Der Krieg gegen Hitler, wie immer er sich zu Anfang entwickelte, konnte den inneren Krieg Stalins gegen das eigene Volk nicht unterbrechen. Wassilij Ulrich und seine Leute begaben sich in ein Untergeschoß des Butyrka-Gefängnisses, in einen Raum mit schwarzgestrichenen Fenstern. Neugierigen Todeskandidaten erzählten die Wärter, in Moskau hätten militärische Manöver begonnen.
Eine Welle von präventiven Verhaftungen ergoß sich über alle baltischen Länder. Allein in Litauen wurden Anfang Juni 1941 35 000 Menschen verhaftet. Die Spionenfurcht war das Brot der Lubjanka. Für den Hausherrn war das Etikett »Spion« eines der gängigsten. Kurz vor dem Überfall der Deutschen entlarvten die Organe im Baltikum und in den Westgebieten der Ukraine 1338 »Spione« bei einer Gesamtzahl von 1596 Verhafteten.[182] Für die Gefängnisse der west- und mittelrussischen Gebiete war das Jahr 1941 blutig. Schließlich konnte man die »Volksfeinde« nicht in die Hände der Deutschen fallen lassen!
Zu Anfang des Krieges gab es im Gefängnis für politische Gefangene von

Orjol 5000 Häftlinge. Unter ihnen war die Führerin der Sozialrevolutionäre, Marija Sspiridonowa, sowie Jossif Chodorowskij, der ehemalige Sekretär des sibirischen Büros der Kommunistischen Partei (B), Parteimitglied seit 1907. Als sich die Deutschen Orjol näherten, wurden alle Häftlinge in den Keller getrieben und die Räume unter Wasser gesetzt. Alle kamen ums Leben, alle 5000. Von dieser Tragödie hat die Frau Chodorowskijs berichtet, die in ein Lager geschickt worden war.

Häftlingstransporte in den ersten Kriegsmonaten. Die Hungrigen, Halbnackten wurden auf ausgefahrenen Wegen weiter und weiter nach Osten getrieben, die Schwachen mit dem Bajonett niedergemacht. Wer den langen Marsch überstand, wurde in Eisenbahnwaggons verfrachtet und ohne Nahrung, ohne Wasser nach Osten gebracht.

Im Gefängnis von Kirowograd in der Ukraine wurde beim Herannahen der Deutschen im Hof ein »Gericht« abgehalten: ein, zwei Fragen, Urteil, und schon wird das Opfer in die Todeszelle gebracht. Beschwerde, Begnadigung? Wo denken Sie hin? Der Krieg schreibt alles ab.[183]

1941 griff das NKWD die Fälle aller früher einmal unter Repressionen Geratenen erneut auf und fabrizierte eilig neue Fälle, die »Feinde« wurden wieder ins Lager geschickt. In das kleine vierstöckige Gefängnis von Kirowograd, das kaum 1000 Häftlinge aufnehmen konnte, wurden 12000 frisch Verhaftete gesteckt.[184]

Nach dem Paragraphen 58 wurde jedes Verdacht erregende Wort verfolgt. Klagen wegen des Hungers, wegen übermäßiger Arbeit. Wegen der widerwärtigen Straßenbahnen. Die Erwähnung der deutschen Technik – all dies genügte für eine Verhaftung. Man holte alle. Man holte sie überall. Auch in den Lagern.

1942 lebten hinter dem Stacheldraht des Lagers Nr. 11 der Trasse Ustwymlag vier ehemalige Rayonkomiteesekretäre aus Leningrad und der Altkommunist und Zweite Sekretär des Moskauer Stadtkomitees der Partei, Wassilij Jegorow. Sie wußten viel. Und sie gaben sich »staatsgefährlichen« Erinnerungen an den Tod Kirows hin. Dafür konnte man an die Wand gestellt werden. Im Lager machten sie sich eines neuen Verbrechens schuldig: Sie führten »defätistische Gespräche«. Mit sieben anderen Menschen wurden sie zum Transport nach Woshajel abgeholt. Danach hat sie niemand mehr lebend gesehen.

Sein Lieblingskind Gulag bedachte der Hausherr großzügig, ständig trug er zum Lagersystem irgend etwas Neues, Stalinsches bei. In den Kriegsjahren führte er in dem Reich hinter Stacheldraht die Zwangsarbeit wie zur Zarenzeit wieder ein: Das Lagerleben wurde durch Ketten bereichert. Die Ketten hatte nicht *er* erfunden, der Vater der Völker.

Dieser Krieg gebar eine neue Emigrationswelle, die zweite seit der Revolution. Hunderttausende der sehend Gewordenen gingen fort. Es gab unter ihnen auch solche, die den Glauben an die Stalinsche Variante des »Sozialismus« nicht verloren hatten. Sie kehrten später zurück. Aber dann übernahmen es die Organe, dafür zu sorgen, daß ihnen die Augen geöffnet wurden.
Stalin sorgte für die Erweiterung der Lubjanka. Sie erhielt zwei neue Abteilungen. Eine befaßte sich mit den Fällen der Kriegsgefangenen und der Internierten. Sie wurde von Bogdan Sacharowitsch Kobulow geleitet, dem Stellvertreter Berijas. (Das Land soll seine Helden kennen!). Die zweite Abteilung befaßte sich mit dem russischen Vermögen im Ausland. Leiter dieser Operativabteilung wurde der jüngere Bruder von Kobulow, Amajak. Die Brüder Kobulow waren typische Kriminelle. Auf ihrer blutigen Rechnung stehen Tausende von ehrlichen Menschen, die gegen das Hitler-Reich gekämpft hatten.

Die zwei letzten Jahre des Krieges waren erfüllt von diplomatischen Verhandlungen. Stalin hatte Gelegenheit, nicht nur Churchill und Roosevelt, sondern auch ihre Nachfolger Truman und Attlee zu treffen. Unter jenen, mit denen der Generalsekretär konferierte, waren General de Gaulle, die Generale Anders und MacArthur, die englischen Außenminister Bevin und Eden.
Bei weitem nicht alle verhielten sich ihm gegenüber vertrauensvoll. Niemandem, wortwörtlich niemandem jedoch gelang es, ihn ganz zu durchschauen. Ein hervorragender Erfolg Stalins des Schauspielers. Er verstand es, sich mit einem würdigen Gefolge zu umgeben. Wenn sich bei Verhandlungen Unstimmigkeiten ergaben, nahm einer der Zuarbeiter den ausländischen Diplomaten zur Seite und bat ihn, dem Willen des Führers nicht zu widersprechen.
Seine Kronrolle ist der respektierliche, fürsorgliche, humane Regent. Wie heißt es bei Rustaweli?

> Sein Schwert suchte die Schuldigen heim
> (nur die Schuldigen ...),
> Überall herrschte das Gesetz.
> (Überall, immer!)
> Wolf und Lamm lebten friedlich miteinander,
> Und das Lamm rührte er nicht an.
> (und wird es auch niemals anrühren.
> Und Terror – das haben sich die
> Trotzkisten ausgedacht.)

Der durch Stalins unsaubere Manöver ermüdete Anthony Eden rief einmal: »Die Russen lügen immer!« Es wäre das kleinere Übel, wenn diese Zensur allein der Außenpolitik Stalins gegolten hätte.
Doch nicht nur aus »Liebe zur Kunst« log der Generalsekretär ständig. Auch die Gewinnsucht zwang ihn zu Lüge und Betrug. 1945 nahm er den durch den Krieg unterbrochenen Handel um die türkischen Meerengen wieder auf. Jetzte setzte er damit Churchill und Eden zu. »England kontrolliert Indien und andere Länder, die USA dehnen ihren Einfluß auf China aus. Und wir haben nichts«, beschwerte sich Stalin bei Bevin. Und fordert wieder und wieder die Dardanellen. Seine leidenschaftliche Sehnsucht nach Macht fand bei Pawel Nikolajewitsch Miljukow ein Echo. Der ehemalige Vorsitzende der Kadetten-Partei* und Außenminister der Provisorischen Regierung von 1917 rief die im Ausland lebenden Landsleute auf, die Stalinsche Außenpolitik zu unterstützen, sofern sie danach strebte, Rußland neue Länder hinzuzugewinnen.
Miljukow hatte für seine dauernde Sorge um die Meerengen im Ersten Weltkrieg den Spitznamen »Dardanellskij« erhalten. Nicht er hätte diesen Titel verdient, nicht er.
Nachdem er fest beschlossen hatte, einen Teil des polnischen Staatsgebietes zu behalten, das sogenannte westliche Bjelorußland und die Westukraine, versicherte Stalin Churchill, er sei völlig loyal gegenüber der in London wirkenden polnischen Exilregierung und trete ein für ein »freies, starkes Polen«.
Da ist noch ein Objekt – Japan. In Potsdam, bei den Verhandlungen mit Truman und Eden, handelte sich Stalin eine Besatzungszone in Japan aus. Ebenso versessen war er auf den chinesischen Hafen Dairen und auf die Ostchinesische Eisenbahn. Der Generalsekretär war derart von den Erwerbungen begeistert (Man erinnere sich an die Worte: »Keinen Fußbreit fremden Landes...«), daß er vergaß, mit Japan einen Friedensvertrag zu schließen. So daß Japans heutige Ansprüche auf die von Stalin annektierten Territorien nicht der rechtlichen Grundlage entbehren.[185]
Einige Einzelheiten der Fernost-Politik Stalins sind bis heute den Sowjetbürgern nicht bekannt. Stalin hat nicht nur Kenntnis von der Absicht der Alliierten gehabt, die Atombombe anzuwenden – er stellte den amerikanischen Flugzeugen einen Flugplatz zur Verfügung. Ihn persönlich schreckte die Bombe nicht, er hatte die Vernichtungskraft der neuen Waffe noch nicht begriffen. Stalin hatte vor etwas anderem Angst

* So die volkstümliche Bezeichnung der Konstitutionell-Demokratischen Partei. (Anm. d. Übers.)

– bei der Teilung der Beute zu spät zu kommen. Deshalb begann er den Krieg gegen Japan einen Tag nach dem amerikanischen Atomschlag, am 8. August 1945. Drei Wochen später kapitulierte Japan. Stalin gelang es, mehrere kleine Inseln zu besetzen und dem Russischen Reich die Südhälfte von Sachalin zurückzuholen. Aber um welchen Preis! Nun, was bedeuteten für ihn schon die vielen Soldaten, die für nichts in der Fremde fielen.

Das Huhn sagt: »Man schlachtet den Hammel – und auch mich. Eine Kuh wird geschlachtet – und zugleich auch ich. Man sticht ein Schwein ab – und auch wieder mich.« Die russischen Bauern kannten dieses georgische Sprichwort nicht, obwohl sie zu Tausenden unter dem Messer des Hausherrn ums Leben kamen – in den Lagern wie im Krieg.

Eine Division erhielt den Befehl, eine Eisenbahnlinie anzugreifen. Der Bahndamm war hoch, das Gelände bot keine Deckung, und die Deutschen schossen gezielt mit Kanonen und Maschinengewehren. Die Division verblutete. Am Leben blieb nur eine Handvoll von Stabsoffizieren. Die Fahne war geblieben – das bedeutete, die Division existiert. Ersatzeinheiten trafen ein. Ein neuerlicher Angriff, und wieder fielen alle.

Im Oktober 1943 traf in Kolyma ein Häftlingstransport ein, anderthalbtausend Gefangene. Zwei Monate darauf waren von ihnen nur noch siebzig Halbtote übrig. Aber – ein neuer Transport ist unterwegs.

Der Unterschied? Was für einen Unterschied kann es zwischen zwei Fleischwölfen geben?

In Teheran hatte Stalin auf der Eröffnung einer zusätzlichen Front bestanden. Churchill legte dar, dies würde zu dem nicht verantwortbaren Tod von Zehntausenden von alliierten Soldaten führen. Stalin erwiderte: »Wenn ein Mensch ums Leben kommt, ist das eine Tragödie. Wenn Tausende sterben, ist es Statistik.«[186]

Ein Schweizer Gelehrter hat die Zahl der uns bekannten Kriege der letzten fünf Jahrtausende nachgerechnet. Es waren 5300. In diesen Kriegen starben:

im 17. Jahrhundert – 3 000 000 Menschen,
im 18. Jahrhundert – 3 000 000,
im 19. Jahrhundert – 5 000 000,
im 20. Jahrhundert – 60 000 000.

Im Ersten Weltkrieg verzeichnete Deutschland 1 824 000 Tote, verwundet wurden 4 247 600 Menschen.

Dem entsprachen die russischen Verluste von 1 664 800 Toten und 3 748 600 Verwundeten.

An der sowjetischen Front im Zweiten Weltkrieg büßte Deutschland 6,9 Millionen Soldaten ein.[187]

Als Stalin die deutschen Verluste gemeldet wurden, ordnete er an, die Verluste seiner Armee auf sieben Millionen begrenzt zu halten. Die Untertanen brauchten die Wahrheit nicht zu wissen, sie waren ohnehin mit Wissen überfüttert. Offenbar von solch humanen Vorstellungen geleitet, hatte der Generalsekretär die Zahl der im Krieg mit Finnland Gefallenen auf ein Zehntel, auf 49 000 verringert. Diese Zahl hatte 1940 Molotow im Rundfunk genannt. Um wieviel wurden die neuen Verluste verringert?
Demographen haben es errechnet: Im Kampf gegen die Deutschen sind 27,5 Millionen Menschen ums Leben gekommen.[188] Nicht sieben und auch nicht 20 Millionen, wie heute die offizielle Geschichte schamhaft zugibt, sondern siebenundzwanzig und eine halbe Million.
Die anderthalb Millionen verhungerter Leningrader sind nicht mitgerechnet. Wie viele sind insgesamt im Lande an Hunger gestorben, an Krankheiten, die durch die Kriegsnöte hervorgerufen worden waren? Wie viele sind verschollen? Wie viele sind zu Krüppeln geworden: vier, fünf, sechs Millionen?
Statistik.
Nach dem Krieg, an der Petschora, erzählte eine alte Bäuerin (ins Lager war sie wegen »geringfügigen Diebstahls bei der Produktion« geraten – sie hatte für ihren hungrigen Enkel etwas Mais genommen): »Aus meiner Familie sind im Kriege sieben umgekommen. Alle sind tot, niemand lebt mehr.«
Welche Statistik hält das fest?
Auf dem VIII. Parteitag hatte sich Lenin über die Verluste bei Zarizyn erregt, wo durch Stalins und Woroschilows Schuld 60 000 Rotarmisten ums Leben gekommen waren. »Wir hätten diese 60 000 nicht zu verlieren brauchen, wenn wir dort Fachleute gehabt hätten, wenn es eine reguläre Armee gegeben hätte.«[189]
Einen militärischen Fachmann verschwinden zu lassen und ihn zu vernichten, war für Stalin schon zur Zeit des Bürgerkrieges ein leichtes.
Auf einer Geheimsitzung der Militärsektion des VIII. Parteitages bemerkte Aleksej Okulow:
»Das Fehlen von Kommandeuren an der Front bedeutet, daß die Soldaten nicht in eine Schlacht gehen, sondern in eine Schlächterei. In der Etappe bedeutet es, daß aufgrund des Fehlens von Kadern zur Neuaufstellung, aufgrund des Fehlens eines Unterrichtsapparates, der Reserven ausbildet, ... die Armee verblutet ohne Hoffnung, Verstärkungen zu erhalten.«[190]
Stalin gab diesen Worten einen modernen Klang.
Aleksej Jepischow berichtet im Jahre 1963 – damals konnte man noch

wenigstens die halbe Wahrheit über die Stalinschen Verbrechen schreiben:
»Massen-Repressionen gegen die Kommandeure... Gröbste Fehler Stalins in der Beurteilung der militärisch-politischen Lage am Vorabend des... Krieges, schwerwiegende Fehler in der Leitung der militärischen Kräfte in den Jahren 1941 und 1942 kamen das sowjetische Volk außerordentlich teuer zu stehen.«[191]
Und die zerstörten Fabriken, die abgesoffenen Schächte, die gesprengten Brücken, die vernichteten Städte und Dörfer – auf wessen Rechnung geht das?
Die Coupletsänger brachten Texte wie diesen:
»Den Soldaten wünschen wir, tüchtig sich zu schlagen, und mit einem Dutzend toter ›Fritze‹ zum Siege beizutragen. Und tötet einer mehr von den Faschisten – das ist nur gut, kommt nicht auf Schwarze Listen.«
An der Front kamen auf einen getöteten »Fritz« vier »Iwans«. Bisher hat niemand den Generalissimus Stalin dafür zur Verantwortung gezogen. Niemand hat ihn auf eine Schwarze Liste gesetzt.
Einmal – es war schon nach dem XX. Parteitag – kam im ZK-Plenum die Rede auf den vergangenen Krieg. Es stellte sich heraus, daß auch sie, die Mitglieder des Politbüros, an dem Sieg mitgeschmiedet hatten. Marschall Georgij Shukow erhob sich und schleuderte den Politbüromitgliedern ins Gesicht: »Sie haben doch mit Stalin zusammen die Leute wie Vieh zum Schlachten gejagt.«[192]
Das Wort war gefallen. Ein wahres Wort. Aber die Würdenträger verbargen ihren Zorn. Sie brachten eine mit Shukow unzufriedene Mehrheit zusammen (denn darauf verstanden sie sich) und zwangen Chruschtschow, den zu gewissenhaften Heerführer abzulösen.
Den Maßstab des von Stalin organisierten Elends kann man nur schwer berechnen oder sich auch nur vorstellen. Vielen Soldaten, die die Front überlebt hatten, hat er ein noch schlimmeres Schicksal bereitet. Die Schuld an ihrem qualvollen Tode teilt sich Stalin mit Churchill und Eden. Auf der Konferenz von Jalta hatte er den Verbündeten die verbindliche Zustimmung abgehandelt, alle sowjetischen Untertanen zu repatriieren (»ich gebe Ihnen 25 000 englische Kriegsgefangene zurück, und sie geben mir meine Landesverräter«). 1944 versprach Eden Stalin anläßlich eines Besuchs in Moskau, diese Bedingung zu erfüllen.
Es stellte sich heraus, daß es rund zwei Millionen »Displaced persons« gab, darunter viele Soldaten und Offiziere der Wlassow-Armee. Eden wußte, was sie erwartete. Er wußte es und gab dennoch die Anweisung, alle zu repatriieren. Wenn nötig, unter Anwendung von Gewalt. 50 000 Kosaken wurden zusammen mit ihren Familien dem sowjetischen Ober-

kommando in Österreich übergeben. Sie wurden mit dem Gewehrkolben in die Eisenbahnzüge getrieben und – »Marsch nach Hause!«[193] Zugleich kehrte man 4000 Emigranten zusammen, die Rußland in den Revolutionsjahren verlassen hatten. Ohne sowjetische Staatsangehörige zu sein, hatten viele Schulter an Schulter mit den britischen Soldaten gegen den gemeinsamen Feind, die Hitler-Armee, gekämpft.
Die erste Gruppe der Repatrianten traf im Oktober 1944 in Murmansk ein. Sie wurden in Schleppkähne und Waggons verladen und – ab ins Lager, zur Vernichtung. Tausende von ihnen kamen zu uns an die Petschora.
Im März 1940 hatten die Finnen die sowjetischen Kriegsgefangenen entlassen. Sie wurden feierlich in Leningrad empfangen. Sie marschierten durch ein Tor mit dem Plakat »Die Heimat grüßt ihre Helden!« Die Glücklichen durchquerten die ganze Stadt und wurden danach eilig in Waggons mit Gittern vor den Fenstern verladen.
Betrug, theatralische Veranstaltung und zum Finale die Strafaktion – läßt sich die Hand des Chefregisseurs übersehen?
Die über das Schwarze Meer nach Odessa gekommenen Repatrianten schaffte man hinter die Lagerhäuser und erschoß sie an Ort und Stelle. Natürlich nicht alle. Ein Teil von ihnen wurde in die Lager im Norden abtransportiert. Zusammen mit Frauen und Kindern.[194]
Gerne hätte der Führer alle Kriegsteilnehmer liquidiert. Die Soldaten hatten sich im Ausland mit fremden Tendenzen infiziert. Sie hatten ein anderes Leben gesehen. Mehrere Millionen hatten unter der deutschen Besatzung gelebt. Hatten gelebt und – man stelle sich vor! – überlebt. Wer haftet jetzt für ihren Geisteszustand?
Eine ähnliche Lage war 1814 entstanden, als die russische Armee bis nach Paris vordrang. Bald darauf war die Bewegung der Dekabristen entstanden. Aber es ist nur eine Ähnlichkeit, keine Identität. Der europäische Feldzug der Roten Armee konnte nichts der dekabristischen Bewegung Ähnliches erzeugen: Damals gab es eine *richtige* Polizeimaschinerie. Vielleicht sollte man für alle Fälle die gesamte erwachsene Bevölkerung hinter Stacheldraht bringen? Die allgemeine »Haftpflicht« einführen? Das Volk wird es verstehen, wird es unterstützen. Der schöpferische Verstand des Generalsekretärs begann schon in dieser Richtung zu arbeiten, er hielt jedoch rechtzeitig ein: irgend jemand mußte schließlich »in Freiheit« arbeiten, wieder andere mußten das verhaftete Volk bewachen. Nein, es ist völlig unmöglich, alle einzusperren.
Immerhin gelang es ihm, die Bevölkerungszahl des Reiches hinter Stacheldraht wieder auf den Höchststand von 1938 zu bringen, auf 16 000 000. Ein schwacher Trost.

Eingesperrt waren auch viele tausend Ausgesiedelte: Angehörige nationaler Minderheiten – Tataren, Griechen, Tschetschenen, Zigeuner, Wolgadeutsche. Ich wurde mit verbannten Wolgadeutschen in Workuta bekannt. Sie waren in gesonderten Lagerzonen untergebracht und mußten in Kohlebergwerken arbeiten. Nach dem Krieg wurde der Stacheldraht entfernt, aber sie lebten weiterhin in den Baracken. Wer von ihnen in der Kommunistischen Partei gewesen war, gehörte ihr auch ferner an. Doch auch sie durften ihren Verbannungsort unter Androhung der Todesstrafe nicht verlassen. Sie hielten Parteiversammlungen ab, erstatteten dem Rayonkomitee Rechenschaftsberichte und taten mit einem Wort alles, was die Parteistatuten vorschrieben. Was war das? Mit meinem parteilosen Verstand konnte ich es nicht fassen.
Das Stöhnen der Lagerhäftlinge drang nicht bis nach Moskau. Die Hauptstadt lebte im Siegeslärm der Maitage 1945. »Wo Stalin ist, ist auch der Sieg!« Vielleicht war es so. Nur hätte man die Worte umstellen müssen: »Wo der Sieg ist, ist auch Stalin«: vor dem Angesicht des Feindes war er stets davongelaufen und unweigerlich genau auf die Minute war er zur Stelle, wenn die Siegesfanfaren ertönten.
Zwei Siegesorden und den goldenen Stern eines Helden der Sowjetunion steckte sich der Generalissimus an die Brust. Aber den Krieg hatte er nicht gewonnen. Diesen Krieg hatte Hitler verloren. Die Fehler der Nazi-Führung – strategische und politische – lagen vor der Geschichte offen zutage.
Puschkin stellte einst die Frage:

> Der Sieg Aleksandrs des Ersten über Napoleon –
> wer hat uns dabei geholfen –
> Die erbitterte Wut des Volkes,
> Der Winter, Barclay oder der russische Gott?

Der Sieg im Jahre 1945. Nicht Stalin hatte ihn errungen, sondern das von ihm unterjochte Volk; es hatte ihn nicht dank, sondern trotz des Tyrannen erkämpft. Das geprügelte Volk, von Hunger ausgezehrt, in Gefängnissen und Lagern gepeinigt, ausgeblutet durch Terror, alleingelassen: ohne Offiziere, ohne Ausrüstung und Versorgung, hatte es fertiggebracht, den mächtigen Feind niederzuwerfen.
Der Oberste Befehlshaber war ein Unikat in der Kriegsgeschichte. Er hatte die Armee verraten, das Land zur Wüste gemacht und dem Feind die Grenzen geöffnet. Das stimmt nicht ganz überein mit der Erklärung Pospelows über die Weitsicht des Führers, der einige Jahre vor dem Kriege die »fünfte Kolonne« zerschlagen hatte. Es war eine fiktive »fünfte Kolonne«. Die echte dagegen – das waren Molotow, Kaganowitsch, Malenkow, Shdanow, Woroschilow, Mikojan, Kalinin, Berija

und die verschiedenen Schkirjatows, Mechlis, Kuliks. Mit dem Generalsekretär an der Spitze.
Zu Anfang des Krieges hatte Georgij Malenkow großes Vertrauen bei dem Hausherrn erlangt. Nicht mehr Shdanow, sondern Malenkow galt als Nachfolger des alternden Führers. Molotow war Shdanow insgeheim feindlich gesinnt. Während der furchterregenden Niederlagen im Juni und Juli 1941 ersetzten Molotow und Malenkow den vollkommen mutlos gewordenen Hausherrn. Sie waren es, die Stalin den Gedanken nahelegten, Shdanow nach Leningrad zu schicken.
Malenkow ist, gemeinsam mit Stalin, verantwortlich für die Katastrophe bei Leningrad und den Untergang der Zweiten Stoßarmee unter General Wlassow, die in den Sümpfen aufgerieben wurde. Um der eigenen Karriere willen wollte Malenkow Shdanow vernichten und die Leningrader Front preisgeben. Der zu den Deutschen übergelaufene Wlassow war Malenkows Protegé gewesen, aber dieser Umstand beeinträchtigte die Beziehungen des Hausherrn zu seinem neuen Favoriten nicht. Für Shdanow würde der Fall von Leningrad das Ende von allem bedeuten. Wenn die Stadt fiele, würde das Triumvirat Molotow – Malenkow – Berija den Stalinschen Liebling von gestern »erledigen«. Und Shdanow schlief tagelang nicht, trieb die Überreste der zerschlagenen Armeen an, forderte von der Bevölkerung das Unmögliche.
In Berijas Behörde verstand man sich bereits lange vor dem Krieg auf die Verwendung von Gift – nicht schlechter als die venezianischen Dogen. Lawrentij Pawlowitsch hätte auch ohne besondere Anweisung von oben mit Hand anlegen können zum vorzeitigen Ende Shdanows.
Nein, die fünfte Kolonne, die Stalin kannte, tat sich nicht durch monolithische Geschlossenheit hervor. Dafür entfalteten sich in ihr die Begabungen bemerkenswerter Parteischädlinge.
Einer der Stalinschen Favoriten, Lew Mechlis, leitete zu Anfang des Krieges das sehr einträgliche Amt »Agitation und Propaganda«. Er war, nach den Worten eines seiner Mitarbeiter, ein »ebenso energischer wie törichter Mensch, der um so entschiedener vorging, je weniger kompetent er war. Er verfügte über die verschiedensten, wenn auch oberflächlichen Kenntnisse und war bis zur Verbohrtheit von sich selbst überzeugt.«[195]
»General« Mechlis, Stellvertretender Volkskommissar für Verteidigung geworden, trug mit seiner inkompetenten Einmischung höchst wirkungsvoll zum Fall der Krim im Frühjahr 1942 bei. Mechlis gab den Kommandeuren die Schuld, forderte die Abberufung des Oberkommandierenden. »Mechlis will wahrscheinlich an der Spitze der sowjetischen Armee einen Hindenburg sehen«, giftete Stalin. Aber Lew Mechlis in Verwir-

rung zu bringen war nicht einfach. In Verwaltungs- und Parteiwut geraten, wollte er den Kommandeur des Marinestützpunktes von Kertsch, A. S. Frolow, erschießen. Genauso hatte Mechlis während des finnischen Feldzuges »gearbeitet«. Stalin hatte ihn an die Mannerheim-Linie entsandt, damit er die Kommandeure beobachtete. In der 9. Armee gelang es ihm, viele Kommandeure abzusetzen. Er bestand auf der Erschießung der völlig unschuldigen Kommandeure der von den Finnen aufgeriebenen 44. und der 163. Division, Winogradow und Gussjew. Admiral Kusnezow wurde unfreiwillig Zeuge eines Gesprächs zwischen Stalin und Mechlis nach Beendigung des unglücklichen Feldzuges im April 1940. Der Hausherr sagte zu Mechlis:
»Ihr hattet euch da vor Ort angewöhnt, die Kommandeure in die Tasche zu stecken und mit ihnen nach Gutdünken umzuspringen.«
Aber einen anderen Führungsstil kannte Stalin nicht.

1943 war Mechlis Kommissar im Frontabschnitt von Brjansk. Das klappte großartig. Einmal, es war am 24. August, glaubte er, sowjetische Flugzeuge hätten die eigenen Truppen angegriffen. Mechlis befahl den Flugzeugen, unverzüglich zu landen, und schickte die Piloten vor das Kriegsgericht. Wenn nicht mutige Offiziere eingeschritten wären, die die Ergebnisse der Luftangriffe auf die deutschen Linien beobachtet hatten, wären die Flieger erschossen worden.
Ende 1943 erhielt Mechlis einen neuen Marschbefehl – an die Wolchow-Front. Wie hat er dort gekämpft? Gegen wen? Admiral Kusnezow ist Zeuge: »Mechlis verfügte über weitgehende Vollmachten, er versuchte überall, die Truppenführung abzulösen, alles nach seinem Geschmack zu regeln. Er übte auf alle Druck aus und trug gleichzeitig keinerlei Verantwortung für den Ausgang der Kampfoperationen.«[196]
Mechlis' Handlanger war G. I. Kulik, der Mitkämpfer Stalins von Zarizyn. Wo immer der Stellvertretende Volkskommissar der Verteidigung Kulik erschien, waren Niederlage und Untergang der neuen Truppen und Armeen sicher.[197]
Stalin setzte Parteibonzen auf die verantwortungsvollsten Posten. Sie sabotierten je nach Maßgabe ihrer Talentlosigkeit die jeweiligen Befehle der Kommandeure. Das kostete weitere Millionen von Menschenleben. Aber der Führer konnte nicht auf die Dienste solcher Leute wie Lew Mechlis verzichten: Sie waren ihm völlig ergeben. Und sie hielten das gesamte Offizierkorps in ständiger Angst. Das wiederum minderte die Angst des Generalsekretärs vor den mächtigen Generalen und Marschällen.

Solange an der Front und im Kreml Parteibonzen wie Mechlis, Malenkow, Shdanow und Berija wirkten, konnte Hitler zuversichtlich in die Zukunft blicken. Eine derart verläßliche fünfte Kolonne im Hinterland des Feindes hatte noch kein Eroberer gehabt.

Stalin hat die Kampfkraft des Staates um einen nicht wiedergutzumachenden Verlust verringert.

Koroljow, Gluschko und Ssewruk – wer hat nicht die Namen dieser begabten Raketenkonstrukteure gehört? Hitler konnte nur davon träumen, sie für sich anzuwerben, wenigstens einen von ihnen. Oder sie unschädlich zu machen. Aber wie denn – die Arme der deutschen Abwehr waren kurz. Stalins Arme dagegen waren lang genug: Er schaffte die Konstrukteure ins Gefängnis. Er liquidierte die Ingenieure Georgij Langemack und Iwan Klejmjonow, die Konstrukteure der Raketengeschosse.[198] Und er stoppte für zwei Jahre die Produktion der gefährlichen »Katjuschas«, der von den deutschen Soldaten »Stalinorgel« genannten Raketen-Salvengeschütze.

Als Stalin 1940 Libau besetzte, befahl er von der Höhe seiner unangefochtenen Inkompetenz herab, dorthin Kriegsschiffe zu entsenden. Eine ebenso gefährliche Dislozierung war die im Hafen von Tallinn. Aber Stalin zwang den Admiral Kusnezow, die Schlachtschiffe aus Kronstadt auf die Reede von Tallinn zu verlegen.

Hilfe vom Anführer der fünften Kolonne erhielt Hitler insgeheim auch jenseits der sowjetischen Grenzen. Als die sowjetischen Truppen Danzig einnahmen, einen Einsatzhafen der deutschen Unterseeboote (in Danzig befand sich auch eine Versuchsstation), weigerte sich Stalin, den Alliierten rettende Informationen über die technischen Errungenschaften des Gegners zu geben.[199]

Wie viele tausend toter amerikanischer Matrosen gehen auf die Rechnung Stalins?

Und so kämpften sie – Stalin zusammen mit Hitler – gegen das sowjetische Volk. Und gegen das amerikanische Volk.

Nicht den Siegesorden, sondern das Eiserne Kreuz hätte der Generalissimus tragen sollen. Mit vollem Recht. Das Eiserne Kreuz von Hitler – das wäre das einzige gewesen, was Stalin ehrlicherweise in diesem Krieg verdient hätte. Er hatte Heerführer erschossen, die Führung des Heeres vernichtet, die Kampfkraft der Armee unterminiert. Er hatte die Kriegsvorbereitungen sabotiert und den Feind mit Nahrungsmitteln und strategischen Rohstoffen versorgt. Er hatte die Mobilisierung der Landtruppen und der Flotte aufgehalten. Er hatte mehr als zehn Millionen Männer in wehrfähigem Alter in die Vernichtungslager gebracht und für die Bewachung der Lager und für den Krieg mit dem eigenen Volke die drei Millionen Mann zählende Armee der »Inneren Verfügungstruppen« abgezogen. Im Verlaufe der Kampfhandlungen hatte Stalin mit allen Mitteln den erfolgreichen Vormarsch der deutschen Okkupanten unterstützt.

Kein Zweifel: er tat alles in seinen Kräften Stehende, damit dieser Krieg der schmählichste in der Geschichte Rußlands wurde. Und wenn dieser Krieg für das sowjetische Volk zum »Großen Vaterländischen Krieg« wurde, dann – wieder und wieder muß es gesagt werden! – *trotz Stalin.*

Das zaristische Rußland war unvorbereitet in den Ersten Weltkrieg eingetreten. Den an dieser Katastrophe Schuldigen, Kriegsminister Wladimir Ssuchomlinow, ließ Nikolaj II. vor Gericht stellen. Stalin, der für den tragischen Beginn des Krieges und für den Tod von -zig Millionen Soldaten verantwortlich ist, wurde zum Retter der Heimat erklärt.

Der Nürnberger Prozeß. Der Saal ist groß, es wäre Platz für *alle* Kriegsverbrecher. Aber nicht alle wurden abgeurteilt: Den einen war es gelungen, Selbstmord zu verüben. Andere wieder erschienen in der Rolle der Ankläger: Stalin, Molotow, Kaganowitsch, Malenkow und andere. Warum? Die Stricke hätten doch für alle gereicht.

Der Tyrann hat Langeweile

1946. Der 66jährige Diktator begreift sich schon als eine Art göttlichen Ursprungs der Welt. Die Bezeugungen mystischer Verehrung nimmt er als etwas Selbstverständliches. Wenn man einem beschränkten Menschen ständig einhämmert, er sei ein Genius, glaubt er es schließlich. Um der Atmosphäre von Lobhudelei und Servilität standzuhalten, wären hohe menschliche Qualitäten nötig gewesen und vor allem – Intellekt. Stalin war anders geartet. Er glaubte, fühlte seine Verwandtschaft mit Zeus. Jedes seiner Worte, der kleinste Wunsch nahm die Kraft einer Staatsaktion an.

Diese Krankheit erzeugte nach dem Krieg ausgedehnte Metastasen. Ich selber kann es nicht verstehen, warum die Völker der von Stalin besetzten Länder nach seinem Sozialismus zu dürsten begannen. Aber es geschah, was geschah. Dann entwickelte jedes neue sozialistische Land seinen eigenen Persönlichkeitskult. Das zu begreifen, ist schon nicht mehr schwer. Wie Wladislaw Gomulka auf dem VIII. Plenum des ZK der Vereinigten Polnischen Arbeiterpartei richtig bemerkte, besteht das Wesen des Systems darin, eine hierarchische Leiter von Kulten zu schaffen. Ganz oben steht der Erste Sekretär des ZK, gehüllt in das monarchische Gewand von Unfehlbarkeit und Weisheit. Wenn ein »beschränkter, stumpfer Mensch oder ein verdorbener Karrierist« die Macht ergreift, so beerdigt er den Sozialismus »sinnlos, aber sicher«.[200]

Man kann Gomulka nicht nachsagen, er habe nicht genau beobachtet. Warum aber nennt man die Praxis der Vergöttlichung so verschwommen »Persönlichkeitskult«? *Machtkult* – das käme der Wahrheit näher.

Da steht er, Stalin, über der Welt, der Herr über ein Territorium, wie es noch kein Eroberer beherrscht hat. Und als er mehr Länder besaß als Alexander der Große, mehr, als ein heiliger indischer Elefant Schellen, und es keine Stelle mehr gab, um ihm noch weitere anzuhängen, als er fühlte, er habe *alles* erreicht – da beschlich ihn Langeweile.

Wäre nicht Tito gewesen, wäre Stalin vor Langeweile verdorrt. Josip Tito wollte sich auf gar keinen Fall unterordnen. Nicht genug damit, hing er der Idee Dimitroffs an, eine Balkan-Föderation zu schaffen. Es war gelungen, Dimitroff, den Helden des Reichstagsbrand-Prozesses, ohne Lärm zu erledigen. Aber Tito, Tito!

Für den Anfang erklärte ihn Stalin zum Agenten des Faschismus und Imperialismus. In Bulgarien, Rumänien, Ungarn und in der Tschechoslowakei liefen nach sowjetischen Rezepten Prozesse gegen »Oppositionelle« ab. Von den Angeklagten wurden Aussagen gegen den Verräter Tito gefordert. Das Verlags-Förderband brachte enthüllende Bücher heraus, wie »Die Tito-Bande – das Werkzeug der amerikanisch-englischen Kriegsbrandstifter«. In den Arbeiterklubs sang man Lieder wie dieses:

> Tito-Tito
> kam bis zur Wall Street.
> Aber weiter geht es nicht:
> hau ab, Tito, kleiner Wicht!

Stalin hatte sich schon an der Adria umgesehen. Sobald die braven Tschekisten diesen Großtuer weggeschafft haben werden, kann man über die Vereinigung mit den fernen slawischen Brüdern sprechen. Aber diesmal erwies sich die Lubjanka als machtlos.

Der Hausherr machte Berija zum x-ten Male Vorwürfe. »Worauf wartest du? Na, worauf?«
»Alles ist schon bereit. Diesmal entkommt er uns nicht«, antwortete Lawrentij.
Als er das Büro des Generalsekretärs verließ, sah Berija Kruglow, den Innenminister.
»Worüber habt ihr so lange gesprochen?« erkundigte sich Kruglow.
»Der Hausherr verlangt, so schnell wie möglich mit Tito abzurechnen...«[201]
Nach seinem Tode fand man in der Wohnung des Generalsekretärs einen Brief von Tito:
»Stalin, Sie haben sieben Leute zu mir geschickt – mit Revolvern, mit Granaten und mit Gift. Wenn ich einen schicke, braucht es keinen zweiten mehr. Josip Tito.«[202]
So schwierig es auch gewesen war, Trotzkij zu liquidieren, die Helden, die Tschekisten, hatten die von der Partei gestellte Aufgabe gemeistert. Aber Tito, Tito!!... In seinem Haß ging der Generalsekretär bis zur Lächerlichkeit. Als eine sowjetische Fußballmannschaft gegen eine jugoslawische Elf verlor, befahl Stalin, die Mannschaft aufzulösen. Warum wandte er keine Repressalien gegen sie an, wie etwa gegen die Brüder Starostin, Fußballspieler beim Klub »Spartak«? Nein, die Großmut seines Herzens hatte im Krieg keinen Schaden genommen!
Hitler war nicht mehr. Wem sollte er jetzt dienen? So wird Stalin zum freiwilligen Agenten des Imperialismus. Nichts hat derart die Konsolidierung des Westens befördert wie Stalins aggressive Außenpolitik. In diesem Sinne ist die NATO sein Kind.
Der Ton der diplomatischen Verhandlungen änderte sich rapide. »Uncle Joe« – so hatten Churchill, Roosevelt und Eden untereinander Stalin genannt – warf die Maske des guten Hirten ab. Die Feinde hatte er vernichtet, jetzt war die Zeit gekommen, sich die Verbündeten vom Halse zu schaffen. Dieses Ziel verfolgte Stalin hart und geradlinig.
Die Nachkriegspartner Stalins bei diplomatischen Verhandlungen sahen ihn in einer neuen Heuchlerrolle, der des Strolches. Das bedeutet jedoch nicht, daß Stalin seine Taktik der Intrigen und Provokationen aufgegeben hätte. Im Mai 1946 probierte er es, Dimitroff mit Tito zusammenstoßen zu lassen. Er versuchte, bei günstiger Gelegenheit, Streitigkeiten zwischen den Führern der Kommunistischen Partei und den bürgerlichen Politikern vom Zaune zu brechen.
Und wie immer feilschte er unermüdlich. Litwinow hatte von Koba als von einem Krämer asiatischen Zuschnitts gesprochen. Ein derartiger Händler feilscht beim Kauf eines Teppichs lange und hartnäckig, bis zum

letzten Groschen. Und wenn es auch winzige Beträge sind: er setzt seinen Willen durch.
In der großen Politik jedoch hat sich der Kaufmann Dshugaschwili oft und ziemlich gründlich verrechnet. Nach der Konferenz von Potsdam erhielten die USA und Großbritannien sämtliche deutschen Patente und technischen Unterlagen. Der Hauptsieger war erpicht auf die Maschinen der deutschen Fabriken und hatte sich außerdem eine ganze Menge Gold geschnappt. Die Maschinen waren jedoch bald veraltet, denn in den drei westlichen Besatzungszonen wurde begonnen, neue Werke zu errichten.
Dagegen errang Stalin auf sozialem Gebiet eindrucksvolle Erfolge. Nach dem Kriege waren Partei und Volk monolithisch wie nie zuvor. Nichts schweißt Menschen so zusammen wie Angst und Leid – vom einen wie vom anderen gab es unter Stalin genug. Es fanden sich zwar unter den Soldaten naive Jungen.
Aus dem Kriege zurückgekehrt, begannen sie davon zu reden, daß die Kolchose aufgelöst und – unerhört, nie dagewesen! – daß irgendwelche »freien Wahlen« abgehalten werden sollten. Glücklicherweise waren die ordentlichen Bürger in der erdrückenden Überzahl. Man hatte sie von Kind auf gelehrt zu schweigen, und die Massen hüteten ihr Schweigen wie das teuerste Gut.
Und schließlich gab es die Disziplin. Die Disziplin von Partei und Staat erwies sich als stärker als die des Militärs. Dort, an der Front, hatte man wenigstens zum Angriff aufspringen können. In Friedenszeiten blieb nur übrig, am Boden zu kriechen. Unter Aufsicht von Millionen von Vorgesetzten, Erziehern, Organisatoren, Parteichefs, Gewerkschaftsdamen, Spitzeln, Wachtposten, Wohnungsnachbarn und Arbeitskollegen nahm niemand mehr den Kopf hoch.
Die Stalinsche Nachkriegsgesellschaft gebar noch ein bemerkenswertes Paradox: Je mehr ausgebildete Leute es gab, ausgezeichnet mit Diplomen und wissenschaftlichen Titeln, desto weniger Intelligenz war bei ihnen zu finden. Es war eine Apotheose des Karrierismus und des Philistertums. Der Philister an und für sich ist eine wenig anziehende Figur. Der chauvinistische Philister ist schrecklich. In den Jahren der Kollektivierung und des Terrors zu Millionen vernichtet, von dem unbegabten Strategen in den Fleischwolf schändlicher Kriege gepreßt, war er bereit, ganz Europa und, wenn der Führer befiehlt, die ganze Welt in die Knie zu zwingen. Denn er selbst kannte kein anderes Dasein als das auf Knien.
Wahrscheinlich hielt dieser Umstand Stalin davon ab, die Erklärung der Menschenrechte zu veröffentlichen. 1948 ratifizierte die Regierung der

UdSSR diese Deklaration – man wollte nicht hinter den anderen Staaten zurückbleiben. Aber veröffentlichen? Das sowjetische Volk hat genug eigene Rechte, die ihm die Stalinsche Verfassung geschenkt hat. Da gibt es nichts zu deuteln über angebliche bürgerliche »Freiheiten«. Das sowjetische Volk hat anstelle aller anderen eine große Freiheit. Es hat diese Freiheit vor langer Zeit empfangen – die Erkenntnis der Notwendigkeit, ihm, dem Führer der Völker, zu dienen.
Es schien, als sei es Stalin, der Dialektik zuwider, gelungen, den Lauf der Geschichte aufzuhalten. Die Gesellschaft war in seinen eisernen Umarmungen erstarrt. Die letzten Anzeichen, daß sich vor dreißig Jahren die Revolution ereignet hatte, waren getilgt worden wie verhaßte Muttermale, die das reine Antlitz der Stalinschen Diktatur verunstalteten.
Nach dem Sieg über Hitler-Deutschland herrschten Hunger und Kälte im Lande. Der Hunger war schlimmer als 1920 nach dem Ende des Bürgerkrieges. In Moskau gab es Brot auf Lebensmittelkarten. In der Ukraine, der Kornkammer Rußlands, litten die Kinder der Bauern zum wie vielten Male schon an Hungerödemen.
Stalin ordnete an, die Getreide-»Überschüsse« ins Ausland zu verkaufen. Wie denn sonst? Er ist der Sieger, er, Stalin, ist reich. Die Kinder, die Waisen strecken ihre mageren Händchen nach Brocken von Ölkuchen aus, aber Stalin der Väterliche exportiert Getreide aus lauter Wohltätigkeit.
Drei Jahre hintereinander waren die Sommer in Moldawien sehr trocken und die Kornernte entsprechend gering gewesen. Aber die Ablieferungspläne waren nach der Anbaufläche berechnet, nach jedem einzelnen Hektar. Die ganze kümmerliche Ernte wurde nach Rußland gebracht. 1951 begann in Moldawien eine regelrechte Hungersnot, fast die Hälfte der Bevölkerung starb.
Aber das hatte es doch schon einmal gegeben – an der Wolga, am Kuban, am Djnepr ... Alles war schon einmal dagewesen. War es nicht fast schon langweilig? Dennoch – Moldawien ist erst vor kurzer Zeit mit der Sowjetunion vereinigt worden. Man muß Getreide zurückschicken. Die Dichter besangen unverzüglich die Großzügigkeit des Vaters der Völker. Aber auch das hatte es schon früher gegeben. Langweilig!
Als 1975 in Äthiopien 100 000 Menschen an Hunger gestorben waren, stürzten die Äthiopier das jahrtausendealte kaiserliche Regime. Dies taten zurückgebliebene, analphabetische Afrikaner. Im Stalinschen Rußland dagegen kamen durch den Hunger nicht weniger als zehn Millionen Menschen um. Und die Macht des Tyrannen wuchs.

Die Kolonne von Regierungsautos verließ die Tore des Kreml und bog in die Gorkij-Straße ein. Fuhr weiter, am Hauptpostamt und am Denkmal für Jurij Dolgorukij entlang. An der Ecke des nächsten Blocks hebt eine marmorne Diva hoch oben unter dem Dach die grüßende Hand. Jetzt war man beim Puschkin-Denkmal. Wieso eigentlich steht Puschkin links? Stalin legt dem Chauffeur die Hand auf die Schulter, der bremst ab.
»Wieso steht das links?«
Dem Großen war nicht aufgefallen, wie er diese Worte ausgesprochen hatte. Aber sein Begleiter, jener, der auch den allerkleinsten Wunsch des Hausherrn verstehen muß, hatte es bemerkt. Der Wunsch verwandelte sich in einen Befehl, und schon wird der bronzene Puschkin an seinen neuen Ort geschleppt.
Hatte denn nicht der Dichter schon zu Lebzeiten genug Erniedrigungen durch den Zaren erduldet?
Aber was hatte sich Stalin, von Langeweile verzehrt, nicht schon alles ausgedacht – Ministerien, Dienstkleidung, den Bau von Hochhäusern und die Vernichtung alter Denkmäler, bisher ungekannte Feiertage und neue Ketzereien.
Lenin hatte einmal sowjetische Arbeiter ins Ausland geschickt, sie sollten Erfahrungen in der Wirtschaft sammeln. Er empfahl, deutsche und amerikanische Literatur zu studieren.
»Jetzt ist es das *Allerwichtigste,* von Europa und Amerika zu lernen«, schrieb Lenin an den Stellvertretenden Volkskommissar der Arbeiter- und Bauerninspektion, Warlam Awanessow.[203] Das war im September 1922.
Heutzutage würde ein solcher Lenin zusammen mit Awanessow der Kriecherei vor dem Westen bezichtigt. Ein Atavismus? So weit kommt es noch. Für solche Worte wie »von Europa lernen« haben Hunderttausende mit ihrem Leben bezahlt.
Die Kampagne gegen die Kriecherei vor dem Westen leitete Andrej Shdanow. Ihre ersten Opfer wurden im August 1946 die Dichterin Anna Achmatowa und der Schriftsteller Michail Soschtschenko. Es war ein Krieg gegen die Intelligenz, und sie begann in Leningrad, der Wiege der russischen Kultur. Dieser Krieg ergriff das ganze Land. Die größten Erfolge erzielten die stumpfsten Würdenträger der Partei.
Man kann eine deutlich sichtbare Linie des ununterbrochenen Wachstums der Führungskader verfolgen.
Zu Anfang der Stalin-Herrschaft dominierten die primitiven Dummköpfe. »Die Dummköpfe sind im Preis gestiegen«, heißt es im Volksmund. In den dreißiger Jahren hatte Stalin Idioten vorgezogen. Nach dem

Krieg, als der Tyrann wirklich Langeweile hatte, kamen klinische Idioten auf führende Posten. Mit ihnen zu arbeiten, war leicht, mit ihnen ließen sich andere gut bekämpfen. Denn außer der Ausrottung der Kriecherei vor dem Westen mußten auch noch die Kosmopoliten entlarvt werden. Es wurden Künstler und Dichter, Schauspieler und Regisseure, Erfinder und Pädagogen ausgerottet. Auch Gelehrte wurden ausgerottet. Das Kesseltreiben gegen die Denker leitete der ZK-Abteilungschef Grigorij Aleksandrow, ein krimineller Philosoph (in Stalins Gärten wuchsen auch solche Kreuzungen).

Am Schicksal der Physiker Pjotr Kapiza und Abram Joffe, des Geologen I. Grigorjew nahm der Generalsekretär persönlichen Anteil: den einen vertrieb er aus dem von ihm gegründeten Institut, die anderen wurden sofort liquidiert. Der Biologe Wassilij Parin, der zum Stellvertretenden Gesundheitsminister ernannt worden war, berichtete einmal auf einer Dienstreise in die USA den ausländischen Kollegen von den neuesten Erkenntnissen der sowjetischen Gelehrten bei der Krebsforschung. Eine ganz bescheidene Information, mit allerhöchster Genehmigung Molotows gegeben.

Es genügte jedoch, daß der Hausherr bemerkte: »Ich habe kein Vertrauen zu diesem Menschen«, und Parin wurde an einen Ort gebracht, wo man ihn später nicht mehr finden konnte.

Und noch einen Feldzug hat Stalin in jenen langweiligen Jahren geführt – den Kampf um die russische Priorität. Eines schönen Morgens erwachte die Welt und erfuhr, Flugzeug und Lokomotive, Radio und Rakete, Kartoffel und Schachspiel – alles, alles auf Erden sei in Rußland gefunden, entdeckt und erfunden worden. Um die »Beweise« zu erbringen, sparte man nicht mit Papier, nicht mit Menschen. Und andererseits wurde jeder, der den Namen eines ausländischen Erfinders zu erwähnen – nur zu erwähnen! – wagte, unweigerlich der Ketzerei beschuldigt.

Die Parteifunktionäre verwandelten sich in Ausrotter der neuen Ketzereien, obwohl niemand außer einigen wenigen berufsmäßigen Agitatoren den Unterschied zwischen »Kriecherei« und »Kosmopolitismus« erkannte oder begriff, was Priorität war. Sie wurden auf das Kommando »Faß!« aktiv. Es gab nur wenige, die das Wort »Antisemitismus« fehlerfrei und in einem Atemzug aussprechen konnten, aber dieser Stalinsche Feldzug war leichter durchzuführen als auszusprechen: noch lebten die Traditionen der Zarenzeit. (Stalin hatte schon in jungen Jahren begonnen, Leute mit langen Nasen zu hassen. Er konnte zwar nicht alle Georgier, Armenier und Juden vernichten, aber er strebte dieses Ziel energisch an.)

Unter dem Zaren waren Pogrome gegen die Juden veranstaltet worden –

man hetzte den Pöbel auf die kleinen Ladenbesitzer. Der Vater der Völker wollte nicht kleinlich sein. Ende 1948 veranstaltete er ein Pogrom gegen das Jüdische Antifaschistische Komitee. Der Krieg war schon lange zu Ende: Konnte man nicht ein Spielchen anfangen mit den Juden, zugleich mit den Slawen und den verschiedenen muslimischen Völkern? – Wie viele tausend Juden sind in jenen Jahren verfolgt worden? Die Statistik weiß lediglich von 430 Kultur- und Kunstschaffenden. Wer zählt die ums Leben gekommenen Arbeiter, Lehrer, Ingenieure nach?

Anfang 1949 wurde im Stalin-Automobilwerk eine Gruppe jüdischer Schädlinge »entdeckt«. Anführer der Schädlinge war der Chefingenieur Edinow. Die Ingenieure, deren einzige Schuld darin bestand, als Juden geboren zu sein, wurden zum Tode durch Erschießen verurteilt. Aber auch in der Lubjanka war das Leben in letzter Zeit langweilig. Es gab Leute, die sich amüsieren wollten.

Die verurteilten Ingenieure wurden aus der Stadt herausgefahren und nebeneinander auf einem brachliegenden Gelände aufgestellt. Die Wachtposten auf der Hinrichtungsstätte hatten auf Menschen abgerichtete Hunde bei sich. »Lauft!« befahl der Leiter der Wachmannschaft den Juden. Und er ließ die Hunde los. Sie rissen die Ingenieure in Stücke. Edinow starb als einer der ersten. Vorher vom Untersuchungsbeamten zum Krüppel geschlagen, konnte er nicht weglaufen. Es geschah ein Wunder: Ein Ingenieur stürzte in eine Grube und blieb unverletzt. Als es dunkel wurde, erreichte er das nächstgelegene Dorf.[204]

Die antisemitische Kampagne gewann an Kraft und Schwung. Es kam das Jahr 1952. Wie lange schon hat Stalin nicht mehr an den Sitzungen des Politbüros, das heißt des Präsidiums des ZK teilgenommen? Den Vorsitz führte Georgij Malenkow ohne ihn. Unverhofft erschien eines Tages der Generalsekretär in der Sitzung. Alle erhoben sich.

»Ich komme mit einer außergewöhnlichen Frage«, fing er an. »Es besteht die Gefahr eines Pogroms gegen die Juden. Es sind zahlreiche Fälle registriert worden, bei denen Strolche verdiente Juden überfallen haben. Ich glaube, Genossen, daß man unsere Juden retten und schützen muß. Am besten siedelt man sie aus Moskau und Leningrad an einen sicheren Platz um. Es gibt eine Liste von Leuten, um die wir uns in erster Linie kümmern werden.«

Malenkow: »Jossif Wissarionowitsch, diese Frage können wir nicht sofort entscheiden. Man muß alles überdenken, vielleicht eine Kommission einsetzen.«

Der Generalsekretär wurde blaß, zerbrach die Pfeife in seinen Händen und ging. Einige Minuten danach kam Poskrebyschew angelaufen.

»Was ist los? Genosse Stalin ist verstimmt nach Hause gegangen . . .?«

Die Listen für die Aussiedlung der Juden wurden unter Aufsicht von Lasar Kaganowitsch zusammengestellt. Der Hausherr schlug vor, die Sache so zu »organisieren«, daß die Juden selbst um ihre Aussiedlung bitten. Den Antrag hatten schon der Akademiker Issaak Minz und der Geiger Dawyd Ojstrach unterschrieben. Und denen, die mit Erlaubnis des ZK in Moskau bleiben dürfen, werden gelbe Sterne an den Ärmel genäht.

Anfang 1953 brachte der Verlag des Innenministeriums eine von Dmitrij Tschesnokow, einem hohen Tschekisten, verfaßte Broschüre heraus. Ihr Titel lautete bescheiden »Warum es notwendig war, die Juden aus den Industriegebieten des Landes auszusiedeln«. So ein kleines, gemütliches Buch. Aber eines mit Direktiven. Leider blieb die ganze Millionenauflage auf dem Lager. Die Verbreitung der Broschüre wurde durch das vorzeitige Hinscheiden des Großen Internationalisten verhindert.

Im zaristischen Rußland, das für seine Pogrome berühmt war, brauchten die Juden nicht aus den Großstädten ausgesiedelt zu werden. Es gab eine »Ansiedlungszone«. Wie immer hatte Stalin beschlossen, neue, unausgetretene Wege zu beschreiten. Vor längerer Zeit, auf dem XV. Parteitag (1927), hatte der Generalsekretär voll Trauer bemerkt, es seien »einige Schößlinge von Antisemitisten« zu beobachten.[205] Fünfundzwanzig Jahre waren vergangen und – ein Hochwald war aufgewachsen.

Die Petljura-Leute hatten die Brüder und eine Schwester von Olga Iwanowna Goloborodko erschossen. Sie hatten in der Ukraine im Parteiuntergrund gearbeitet. Auch Olga galt als tot. Später, nachdem man an dem Ort der Hinrichtung einen Obelisk errichtet hatte, wurde ihr Name von dem Stein getilgt. In den letzten Jahren war sie Leiterin der Pensionsverwaltung des Sozialministeriums. Im Herbst 1952 hörte Olga Iwanowna zufällig im Ministerrat, in Birobidshan würden Baracken für die Juden vorbereitet, die aus den zentralen Städten ausgesiedelt werden sollten.

»Als ich das erfahren hatte, saß ich da und fürchtete, den Verstand zu verlieren...«

Es vergingen vier Jahre. Auf einer Regierungssitzung mußte die Frage gelöst werden, wo die Ernte von den Neulandböden eingelagert werden sollte. Scheunen zu bauen hatte man nicht geschafft. Einer erinnerte sich, daß in Birobidshan Häuser leer stünden, die für ausgesiedelte Juden bestimmt gewesen waren. Eine Sonderkommission wurde nach Birobidshan entsandt. An Ort und Stelle fand sie nur zwei Baracken vor, jede zwei Kilometer lang. Die Baracken hatten schiefe Wände, die aus einer Schicht Bretter voller Spalten bestanden. Das Dach war undicht, die Fenster eingeschlagen. Innen standen Pritschen in zwei Reihen übereinander. Für das jüdische Ghetto genau das richtige. Für die Einlagerung von Getreide allerdings wurden die Baracken als ungeeignet befunden. Worüber die Kommission auch dem Genossen Chruschtschow Bericht erstattete.

In der Nacht vom 9. zum 10. November 1938 befahl Hitler Terrorakte gegen die deutschen Juden. Diese Aktion ging in die Geschichte als Reichskristallnacht ein. Während des Pogroms warfen die SA-Leute in den Wohnungen und Geschäften der Juden die Fenster ein, zerschlugen Geschirr und Spiegel.
»Die Deutschen stehen in der Schuld der Juden«, hat der deutsche Bundespräsident am 10. November 1978 erklärt, anläßlich des vierzigsten Jahrestages der Kristallnacht.
Nicht ein einziger Präsident der Sowjetunion hat auch nur ein Wort über seine Landsleute, die Juden verloren, die Opfer der Stalin-Herrschaft geworden waren. Das Leben hat die sowjetischen Juden Geduld gelehrt. Sie warten auf ein gutes Wort – die Lebenden und die Toten.

Generalissimus Stalin wollte mit niemandem den Ruhm des Retters der Heimat teilen. Unter den Marschällen hatte sich Georgij Shukow hervorgetan. Das Volk ehrte ihn als den Sieger über Hitler. Für den Anfang schickte Stalin den Marschall nach Odessa, wo er den Oberbefehl über den dortigen Wehrkreis übernehmen sollte. Zwei Jahre vergingen. Shukow wird zum Hausherrn gerufen.
Der Generalsekretär schreitet auf dem Teppich auf und ab und macht mit seiner Pfeife Qualm. Er bietet dem Marschall einen Stuhl an, mißt aber selbst weiterhin den Teppich mit seinen Schritten aus. Schließlich tritt er an den Tisch, nimmt aus einem Ordner ein Blatt Papier und reicht es Shukow: »Da, lies!« Shukow hält einen schriftlichen Bericht in Händen: »Von uns ist festgestellt worden, daß der Marshall G.K. Shukow seit mehr als 15 Jahren Agent des britischen Geheimdienstes ist und daß er die feindliche Macht ständig über militärische Geheimnisse der Sowjetunion informiert.« Und die Unterschriften: Berija, Abakumow.
Hier der Bericht von Shukow selber.
»Als ich diese Schmiererei las, zitterte das Blatt in meinen Händen. Ich habe an mehr als einer Schlacht teilgenommen, habe mich vor den Granaten nicht geduckt... Und Stalin lief ständig durch das Zimmer. Dann blieb er vor mir stehen, legte mir die Hand auf die Schulter.

›Ich glaube das nicht. Aber, du siehst selber – hier sind zwei Unterschriften, und die Stenotypistin hat es geschrieben. Bei mir im Apparat haben es zwei, drei Leute gelesen. Du verstehst, daß du nicht gut in Moskau bleiben kannst. Du mußt für eine Zeitlang irgendwohin fahren. Fahr in den Ural als Wehrkreiskommandeur.‹

Mich hat nicht die Tatsache der Verbannung in den Ural verblüfft, wo es außer dreihundert Polizisten keine Waffenträger gibt. Mich hat etwas anderes überrascht und beleidigt: Hält mich Stalin wirklich für einen solchen Dummkopf, der nicht begreift, daß Berija und Abakumow ein solches Schreiben nur auf direkte Weisung von Stalin verfassen können?«

Nachdem er Shukow fortgeschickt hatte, setzte Stalin das Gerücht in Umlauf, der Marschall habe sich in Berlin an Juwelen bereichert. Milovan Djilas berichtet in seinem Buch »Gespräche mit Stalin«, daß der ihn ständig begleitende Funktionär ihm erklärt habe: »Wissen Sie, der Genosse Stalin duldet keine Unmoral!«

Und der Stellvertretende Generalstabschef Antonow teilte Djilas mit, es habe sich herausgestellt, daß Shukow . . . Jude sei.[206] Den »jüdischen Plünderer« Shukow zu vernichten gelang dem Generalissimus nicht mehr.

Nach Stalins Tod erschienen die Memoiren des Marschalls. Er hat darin die Szene im Büro des Generalsekretärs geschildert. Diese Seiten verschwanden jedoch wie auch viele andere im Papierkorb der Verlagsredaktion. »Das ist nicht mehr mein Buch«, beklagte sich der Marschall kurz vor seinem Tode.

Nach Shukow war Nikolaj Aleksejewitsch Wosnessenskij an der Reihe. Mit 35 Jahren leitete er die staatliche Planungsbehörde, wurde danach Stellvertretender Vorsitzender des Ministerrats und gelangte zwei Jahre darauf ins Politbüro. Voll unverbrüchlichen Glaubens an die große Mission der Partei, ging er daran, sein Buch »Die Politökonomie des Kommunismus« zu schreiben.

All das brach »plötzlich« an einem Märztag des Jahres 1949 zusammen. Wosnessenskij wurde von seinen hohen Posten abgelöst. Er rief seinen Assistenten Wassilij Kolotow und diktierte eine Mitteilung an Stalin. Darin schwor Wosnessenskij dem Generalsekretär, er sei unverbrüchlich der Partei treu und dem Führer der Völker ergeben.

Kolotow brachte das Schreiben in Stalins Sekretariat.

Es vergingen Monate. Der Hausherr beantwortete das Schreiben nicht. Hätte sich aber Stalin ganz von Wosnessenskij abgewandt, so wäre er längst verhaftet worden. Wosnessenskij glaubte an die Gerechtigkeit des ZK, wie er einem alten Freund sagte. Der ehemalige Mitkämpfer des

Führers arbeitete nun schon mehr als ein halbes Jahr an seinem neuen Buch. Frau und Sohn sahen, wie er in Erwartung des Schlimmsten litt.
Ein Telefonanruf: Stalin lud Nikolaj Aleksejewitsch in seine Datscha bei Moskau ein. Stalin umarmte den in Ungnade gefallenen Mitstreiter und plazierte ihn zwischen die Lieblinge des Volkes, die Mitglieder des Politbüros.
»Ich möchte einen Toast auf den teuren Genossen Wosnessenskij ausbringen, unseren führenden Wirtschaftler. Er ist es, der den Weg zu einer lichten Zukunft ebnen und die weiteren Siege planen kann. Solche Menschen sind unser wertvollstes Kapital. Menschen wie Nikolaj Aleksejewitsch braucht unsere Partei. Auf die Gesundheit des Genossen Wosnessenskij!«
Glücklich und strahlend kehrte er nach Hause zurück. Seine Frau umarmte ihn und weinte vor Freude. Es klingelt. Nein, es war nicht das Telefon. Sie kamen, um ihn abzuholen. Ein Geheimpolizist setzte sich, als gehöre die Wohnung ihm, an den Schreibtisch und leerte die Schubladen aus. Auf den Fußboden flogen Papiere, Notizbücher, Auszeichnungen. Im Gesicht des Mitarbeiters der Organe der wohleinstudierte Ausdruck von Ekel. Auf einem Tischchen neben der Schreibmaschine lag das Manuskript von »Politökonomie des Kommunismus«. Der Polizist nahm es blattweise hoch und warf es zu Boden. Also so maskieren sie sich, die Verräter – sie schreiben über den Kommunismus. Der Kommunismus wird euch nicht helfen.
In der Lubjanka hatte Wosnessenskij Glück: Er wurde nur kurze Zeit gefoltert und dann erledigt.
Mit den Leichen von morgen in der Nacht zuvor in geselliger Runde anstoßen? Das ist etwas für Feinschmecker. Es heißt, man brauche ein Huhn, das am Morgen geschlachtet werden soll, am Vorabend nicht mehr zu tränken. Aber Stalin tränkte es. Und streichelte ihm die Federchen, der Schalk.
Zum Schluß war Stalin auch noch ein großer Gourmet geworden. Er genoß den Tod seiner nächsten Mitarbeiter. Diesen kleinen Freuden gab sich der Führer in Kunzewo hin, 32 Kilometer von Moskau entfernt. Dort hatte er einen riesigen Plattenspieler und eine Lieblingsschallplatte: Ein Koloratursopran singt zum Geheul und Gebell von Hunden. Diese »Musik« bereitet dem Hausherrn große Freude, er lachte, lachte und lachte. Vielleicht war es der einzige Anlaß, bei dem Stalin ehrlich lachte.
Man trank und aß viel, besonders er selber. Trank und Schmaus zu nächtlicher Stunde belebten den Herrscher und machten ihn milde. Lawrentij Berija mit dem ihm eigenen schmierigen Zynismus erfreute

den Hausherrn mit Zoten. Stalin verspottete bösartig den greisenhaft kraftlosen, furchtsamen Michail Kalinin und brachte anschließend einen Toast auf »unseren Präsidenten« aus.
Milovan Djilas, der während seines Besuches in Moskau einige Male den Saturnalien in Kunzewo beiwohnte, erinnerte sich in seinem Buch »Gespräche mit Stalin« an dessen offen panslawistischen Bemerkungen:
»... So rief Stalin einmal: ›Der Krieg ist bald zu Ende, in zehn – fünfzehn Jahren haben wir uns erholt und dann – von neuem!‹«
Verherrlichung des Bundes aller Slawen, Attacken gegen die Juden – alles wie zur guten alten Zarenzeit. Nur noch widerwärtiger, noch plumper.
Auch an so manches andere erinnert Djilas sich: an Toasts zum Andenken an »unseren Lehrer Lenin!«[207] An den sinnlos betrunkenen Ssascha Poskrebyschew, an die nassen Hosen von Anastas Mikojan, dem die Mitstreiter eine Tomate auf den Stuhl gelegt hatten. Und – an Gespräche über Staatsangelegenheiten, Intrigen, Verschwörungen gegen Dimitroff und Tito, gegen die Regierungen Großbritanniens und Frankreichs. Und – über allen, über allem: *er*, der Hausherr.
Hat Stalin die nächtlichen Orgien vielleicht veranstaltet, um seinen Status als Hausherr auch außerhalb des Büros im Kreml zu bestätigen? Hier in Kunzewo zeigte sich in der Angetrunkenheit (und versuche einer, nicht zu trinken!) das wahre Gesicht eines jeden. Die Helfershelfer des Generalsekretärs wurden eingeladen – durchaus nicht alle, durchaus nicht immer –, und sie fuhren zu ihm (versuch nur abzusagen oder etwa den Kranken zu spielen!).
Manchmal hatte der Hausherr Lust, sich einen Film anzusehen – sein Geschmack entsprach dem von Straßenjungen –, ihn ein zweites, ein drittes Mal ablaufen zu lassen, und alle ertrugen geduldig diese Kinofolter. Sie lachten zusammen mit dem Generalsekretär, beschimpften wie er die negativen Gestalten des Films. So zeigte Stalin wieder und wieder seine absolute Macht über sie und prüfte noch einmal den Gehorsam der Mini-Führer.
Wie kann man den gegenseitigen Haß verbergen, wie die Angst um das eigene Leben verstecken? Sie hatten unter Stalin eine strenge Schule durchlaufen, Jahre quälenden Trainings. Die Stärksten, die Widerstandsfähigsten hatten überlebt.
Rings um die Datscha tat rund um die Uhr in drei Schichten eine Armee von Leibwächtern Dienst, jeweils 1200 Mann. Wen fürchtete er? In seinen letzten Jahren lebte Stalin wie ein einsamer Wolf in einem Schafstall nach dem Schlachten. Ein übriggebliebens Schaf trottete

herbei – rrr! –, und weg ist es. Ist das vielleicht ein Leben? Man könnte vor Langeweile heulen. Aber heulen schickt sich nicht für einen Generalsekretär. Von Natur aus aktiv, machte er sich auf, die Schafe zu suchen.

Der verdiente Agent Sussmanowitsch hat berichtet, wie er gezwungen werden sollte, Angaben über den Verrat Marschall Malinowskijs zu machen. Sussmanowitsch weigerte sich. Dem widerspenstigen Tschekisten wurde erklärt, Genosse Berija warte auf seine Angaben. Man deutete an, der Hausherr sei besonders interessiert. Von Sussmanowitsch wurde auch »Material« gegen Nikita Chruschtschow verlangt. Nach Stalins Tod suchte Malinowskij Sussmanowitsch auf. »Sie haben mir das Leben gerettet«, sagte der Marschall und sorgte dafür, daß der Agent eine Dreizimmerwohnung in Moskau beziehen konnte.

Besorgt um die höchsten Ränge der Macht, nahm Stalin das Oberkommando über die persönliche Bewachung der Regierungsmitglieder in seine eigene, harte Hand. Sein Mißtrauen und sein Argwohn verstärkten sich gegen Ende seines Lebens. Der Große Papst vertraute schon dem Kleinen Papst nicht mehr. Indem er Berija beförderte, entzog Stalin ihm de facto die direkte Führung der Geheimpolizei. Stalin mischte die Karten der Lubjanka ständig von neuem. Selbst Abakumow, dieser so verläßliche, bezaubernd-stumpfe Mensch langweilte ihn. Stalin suchte für ihn im Apparat des Zentralkomitees einen Nachfolger, und 1951 erhielten die Organe in Ssemjon D. Ignatjew einen neuen Chef.

Nach dem Krieg gab es mehr zu tun. Und 1947 entstand die Gefahr einer Überlastung: Die Haftzeit der »Volksfeinde« von 1937 ging zu Ende. Einer der Überlebenden, der Altbolschewik Ruben Katanjan, erhielt nach zehnjähriger Lagerhaft die Erlaubnis, seinen Wohnsitz in der Nähe von Moskau zu nehmen. Er wandte sich an den Generalsekretär, den Genossen. Er hatte unter dem Zaren gemeinsam mit Stalin im Gefängnis gesessen. Katanjan schrieb dem Führer, er habe seine Strafe verbüßt, ohne daß er irgendeines Verbrechens schuldig gewesen sei. Er sei der Partei jedoch treu geblieben und bereit, ihr wie früher zu dienen.

Der Generalsekretär rief Molotow zu sich. »Was ist das? Wer hat das erlaubt?« Die Kanzlei fertigte einen entsprechenden Befehl aus, den Altbolschewik Schwernik, der den Präsidenten spielte, unterschrieb. Von heute an brauchte sich kein Häftling nach seiner Strafverbüßung mehr um eine Reise in die Zentren zu bemühen: für sie wurde die immerwährende Ansiedlung in der Umgebung der Lager angeordnet.

So bewahrte Stalin die Lubjanka vor überflüssigen Mühen. Und es war richtig, daß er so vorging: Man darf das Lubjanka-Departement nicht von den neuen Feinden um der alten willen ablenken.

Nicht nur dem Führer war es langweilig geworden. Die Knochenbrecher der Lubjanka langweilten sich ohne einen richtigen Fall ebenfalls. Der Krieg – welch eine angenehme Überraschung! – nähert sich dem erfolgreichen Ende. Das Volk ist gehorsam, Partei und Volk sind sich einig, irgendwelche Oppositionen gibt es schon seit langem nicht mehr, und an neue ist nicht zu denken.

Die »Jugend-Terrororganisation« hatte die Lubjanka 1944 aus den Söhnen der von Stalin ermordeten Bolschewiki, ihren Freunden und Bekannten geschaffen. Es waren vierzehn, unter ihnen: Wladimir Ssulimow, seine Frau Jelena Bubnowa, die Tochter des ehemaligen Volkskommissars Andrej Bubnow, und Jurij Michajlow.

Wladimir Ssulimow, der Sohn eines erschossenen Altbolschewiken und Vorsitzenden des Rates der Volkskommissare, war als Invalide von der Front zurückgekehrt. Drei Mitglieder der Jugendorganisation hatten sich freiwillig an die Front gemeldet. Sie studierten noch (Film, Medizin, Physik, Mathematik...) und arbeiteten. Michajlow war ebenfalls aus der Armee heimgekehrt. Sie trafen sich manchmal, ziemlich selten, zu abendlichen Gesprächen.

Das NKGB, Volkskommissariat für Staatssicherheit, durfte eine solche Gesellschaft nicht aus den Augen lassen. Die Untersuchung lief bei der Untersuchungsabteilung für besonders wichtige Angelegenheiten beim NKGB, der Fall stand jedoch unter Leitung der Moskauer Gebietsverwaltung: Die Verhöre führten die Untersuchungsbeamten der Kleinen Lubjanka, die Protokolle wurden jedoch »oben« überprüft.

1944 wußten alle, selbst die Kinder, daß es in der Lubjanka besser war zu »gestehen«: im Lager ist es nicht schlimmer, und im Gefängnis werden nicht alle erschossen.

Im Herbst 1943 wurde gegen mich Anklage erhoben wegen Terror und antisowjetischer Agitation gemäß § 58 Absatz 8 und 10. Nach Monaten der Untersuchungshaft war deutlich geworden, daß man einem Halbblinden nicht Terrorismus (Absatz 8) »anhängen« kann. Dieser Anklagepunkt entfiel, und mein Fall wegen Absatz 10 wurde der Sonderkonferenz beim Rat der Volkskommissare der UdSSR, kurz OSO, übergeben.

Mit der Ssulimow-Gruppe verlief es umgekehrt. Nachdem sie einmal in die Zangen der Untersuchungsbeamten geraten waren, hatten die jungen Leute einige politischen Witze zugegeben, und der Fall schwamm in dem verhältnismäßig glücklichen Fahrwasser trivialer »antisowjetischer Agitation«, das heißt Paragraph 58 Absatz 10. Die Untersuchung machte jedoch im letzten Augenblick eine Wendung, und die jungen Leute wurden terroristischer Aktivitäten angeklagt. Eine der Beschuldigten, Nina Jermakowa, lebte auf dem Arbat in Moskau, über diese Straße geruht der Hausherr mit dem Auto zu fahren. Und so ergab sich der Versuch eines Attentats auf den Führer höchstpersönlich, den teuren Jossif Wissarionowitsch Stalin. Des Falles nahmen sich die obersten Henker der Großen Lubjanka an. Der Fall untersteht dem Leiter der Untersuchungsabteilung, Generalleutnant Wlodsimirskij, es verhören Oberst Rodos und Major Rajzes. Zur Brigade der Knochenbrecher gehörten ferner Oberstleutnant Schwarzman, Major Bukurow, Rassypinskij und N. N. Makarow.

Man darf die Namen der Henker nicht vergessen.

Aber ich habe bereits den Namen meines ersten Untersuchungsbeamten aus dem Jahre 1943 vergessen. Ich erinnere mich an den Major Kassajew und außerdem an Oberst Benenson, der zur Leitung gehörte. Ich erinnere mich an das erste Verhör in der Nacht zum 9. August 1943 im Zimmer des Kommissars Ssolomon Milschtejn. Führen sie womöglich noch heute ein gutes Leben?

Die Szenerie eines Attentats auf Stalin hatten die Untersuchungsbeamten generalstabsmäßig ausgetüftelt, wobei sie sich kaum um Tatsachen, Umstände, Zeugen und sonstiges »Zubehör« sorgten. Jeder aus der Gruppe bekam seine bestimmte Rolle: die Erkundung der Fahrtroute von Stalins Auto, die Vorbereitung der »Sprengladung«, die Berechnung ihrer Flugbahn, die ideologische Vorbereitung und so weiter.

Um Geständnisse zu erzielen, wurden die gewöhnlichen, hauseigenen Mittel eingesetzt: Beschimpfungen, Gummiknüppel, Drohungen mit Verhaftung der Angehörigen. In erheblichem Umfang wurden Gegenüberstellungen verwandt: Ein eingeschüchterter Untersuchungsgefangener beschuldigt in Gegenwart des Untersuchungsbeamten den anderen, noch stärker eingeschüchterten Häftling, er habe das Attentat vorbereitet. Warum verlangten die Angeschuldigten nicht, Beweise zu sehen und Einblick in die Anklageakten zu bekommen? Dann hätten sie gleichzeitig beim Ortskomitee der Lubjanka eine Reise in ein Sanatorium an der Südküste der Krim beantragen müssen. Die Gegenüberstellungen wurden zuvor geprobt wie bei einem Schauspielerensemble.

Die Häftlinge erlebten die völlige Mißachtung der Gesetze: Vor ihren Augen zerreißt der Untersuchungsbeamte ihm nicht passend scheinende Seiten des Protokolls, fügt von sich aus ganze Absätze von »Geständnissen« hinzu, zwingt sie, die von ihm selber erfundenen »Geständnisse« auswendig zu lernen. Die Lubjanka ist allmächtig, der Untersuchungshäftling winzig klein. Und zwischen diesen beiden Polen hängt an einem Faden, der jeden Augenblick zu reißen droht, das Leben.

»Wenn Sie schon hier sind, sind Sie auch schuldig, und je eher Sie das begreifen, desto besser bekommt das Ihrer Haut«, erklärte Wlodsimirskij. Dasselbe sagte mir mein Untersuchungsbeamter. Diese Worte haben Generationen von »Volksfeinden« in der Lubjanka vernommen. Und nach den Untersuchungsbeamten flüsterten den gequälten Häftlingen die gleichen Worte auch die von der Gefängnisleitung in die Zellen eingeschmuggelten Spitzel ins Ohr.

Das Untersuchungsverfahren näherte sich seinem zu erwartenden Ende. Der Sohn von Ssulimow hatte schon gestanden, man habe das Attentat vom Fenster der Wohnung Nina Jermakowas aus verüben wollen. Bei einem der letzten Verhöre fragte der Untersuchungsbeamte Rajzes einen Gefangenen namens Lewin nach der Anordnung der Fenster in der Wohnung der Jermakowa: Sie gingen auf den Hof, nicht zur Straße. Der Untersuchungsbeamte war durch Zufall auf diese Unstimmigkeit gestoßen: Die Tatsachen aber interessierten ihn am wenigsten.

Der Fall wurde von der OSO schon als zweitrangig verhandelt. Die Angehörigen der »Jugend-Terrororganisation« wurden 1956 rehabilitiert, drei von ihnen postum. Unter den Toten war Wladimir Ssulimow, der Sohn des Altbolschewiken. Der Prozeß erwies sich als »windig«, dies aber öffentlich zu erklären fehlte den neuen Machthabern der Mut.

Der Fall der »Jugend-Terrororganisation« diente als Muster. 1948 versuchten die Leute von der Staatssicherheit, einen Gruppen-»Fall« an der Universität von Charkow zu konstruieren. Wäre nicht die Findigkeit und das mutige Verhalten des Rektors Bulankin gewesen, ein Dutzend Studenten, Liebhaber von Gedichten, wäre ins Gefängnis gekommen.

Aber der Hausherr erfreute sich nicht nur an jungen Leuten. Auf seine Anordnung hin nahm man auch Komsomolveteranen der zwanziger Jahre in die Mache. Da hatte es tatkräftige Kerle gegeben. In der Biographie eines jeden konnte man, falls gewünscht, einen Fall entdekken, bei dem der Junge die Hand für die »falsche« Resolution erhoben oder überhaupt Stimmenthaltung geübt hatte. Die verdienten Komsomolzen wurden unverzüglich auf das Förderband geschickt.

Nach dem Krieg entbrannte der Kampf rund um den Sessel des Generalsekretärs mit neuer Kraft. Die Gruppe Malenkow-Berija beschloß, mit Shdanows Ansprüchen auf den Thron Schluß zu machen. Er war ein gefährlicher Konkurrent, der keine Gelegenheit versäumte, Stalins Mißtrauen gegen Malenkow zu wecken, und er erreichte auch, daß der Hauptrivale aus Moskau entfernt wurde. Aber bald darauf gelang es Malenkow, mit Hilfe von Berija und Chruschtschow, Shdanow in Verruf zu bringen und ihn der Verschwörung gegen die Partei zu beschuldigen.

Der verleumdete Shdanow erkrankte und starb eines plötzlichen Todes am 31. August 1948.
In hohen Ämtern in Partei und Regierung waren Figuren Shdanows tätig: Aleksej Kusnezow, Pjotr Popkow, Michail Rodionow und Aleksandr Wosnessenskij. Man mußte auch sie entfernen.
Der »Leningrader Fall« hat das Leben von Tausenden von Parteimitgliedern, Militärs und Arbeitern gekostet. Sie wurden einer Verschwörung beschuldigt, deren Ziel es gewesen sei, sich den englischen Imperialisten auszuliefern. »Wie sich herausstellte«, hatten die Anführer geplant, die Flotte in die Luft zu sprengen, die Stadt den Deutschen zu übergeben und statt Moskau Leningrad zur Hauptstadt zu machen. Kein Gran von Logik oder Sinn. Wie immer. Ungewöhnlich ist etwas anderes: Die neue Stalinsche Provokation wurde nicht in der Presse bekanntgemacht. In dem ZK-Beschluß vom Februar 1949 wurden Kusnezow, Popkow und andere leitende Leningrader Funktionäre beschuldigt, die staatliche Disziplin verletzt zu haben. Das ZK löste sie von ihren Posten ab und erlegte ihnen Parteistrafen auf. Mehr nicht.
Stalin blieb sich weiter treu. Alles übrige – Verhaftung, Folterungen, Ermordung – geschieht ohne sein Wissen. Auf direkte Anweisung Abakumows wurden aus den Funktionären Beschuldigungen gegen den toten Andrej Shdanow herausgeprügelt. Wer Abakumow die Anordnung erteilte, ist unschwer zu erraten. Dann fand ein »Gerichtsverfahren« statt, ausgeführt von Ulrichs Leuten.
Im Leningrader Fleischwolf sind der Gebietsparteisekretär Kusnezow, der Vorsitzende des Exekutivkomitees, Popkow, und sämtliche Sekretäre der Rayonkomitees ums Leben gekommen. Ferner: der Rektor der Universität, Wosnessenskij, ein Bruder des ehemaligen Vorsitzenden der staatlichen Plankommission, der Vorsitzende des Ministerrats der Russischen Sozialistischen Föderativen Sowjetrepublik, Rodionow, der Leiter der Politverwaltung des Leningrader Wehrkreises, Generaloberst I. W. Schikin. Innerhalb weniger Tage wurden 2000 Militärs verhaftet.
Sobald man die sterblichen Überreste Shdanows an der Kremlmauer beerdigt hatte, wurden alle Spuren seiner früheren Tätigkeit in Leningrad getilgt, alle Materialien über den Widerstand gegen die 900 Tage dauernde deutsche Blockade. Stalin ordnete an, das Museum der Verteidigung Leningrads zu schließen und den Direktor, Major Rakow, zu verhaften.* Ein Sammelband über die wissenschaftlichen Errungen-

* Das Museum ist erst 1957 wiedereröffnet worden. Es fehlen jedoch zahlreiche der ehedem ausgestellten Gegenstände. Kein Wort über den Kannibalismus, der während der Blockade herrschte. Kein Wort über den tragischen Tod der Landwehr, über die Verbrechen der Stalinschen Kommissare.

schaften Leningrader Gelehrter und ein Band über die Kulturschaffenden der Stadt wurden verboten.
Alle Mitarbeiter des verstorbenen Shdanow kamen unter die Räder des Duos Berija-Malenkow. Nur Schtykow überlebte. Doch er war auch eine Ausnahme. Er stand nicht nur bei den Parteiorganen im Dienst...
Shdanows Tod steht in einer Reihe mit anderen geheimnisvollen Todesfällen:

Frunse	1925	Gorkij	1936
Dzierżyński	1926	Raskolnikow	1939
Bechterew	1927	Krupskaja	1939
Allilujewa	1933	Trotzkij	1940
Kujbyschew	1935	Shdanow	1948
Barbusse	1935	Dimitroff	1949

Dieses kurze Martyriologium ließe sich verlängern mit den Namen derer, die in den Stalinschen Gefängnissen zu Tode gequält wurden. Und derer, die Selbstmord begingen.
Für Stalin hatte das Gemetzel von Leningrad eine besondere Bedeutung:
Am 21. Dezember 1949 beging er seinen siebzigsten Geburtstag. Er wollte sich selber zu diesem Jubiläum ein bescheidenes Geschenk machen. Die Festgesellschaft war erlesen. Die Mitglieder des Politbüros glänzten mit Panegyriken auf den Großen Genius, die Schriftsteller, Dichter und bildenden Künstler kleisterten tausendfach ein göttliches Abbild zurecht, in den Kindergärten wurden rituelle Gebetsübungen abgehalten. Versammlungen, Treffen, Paraden peitschten das Land. Es fehlte nicht viel, und die Massenhysterie wäre den Behörden außer Kontrolle geraten. Aber die heldenhaften Propagandaorgane und die noch heldenhafteren Sicherheitsorgane erwiesen sich, wie immer, als den Dingen gewachsen.
Im Bolschoj-Theater versammelte sich die Blüte des Volkes (zumindest dachten die dort Versammelten so in ihrer geistigen Schlichtheit). Vier Stunden lang ertönten die Choräle zu Ehren des Jubilars. Vier Stunden lang ergoß sich Salböl auf sein ergrautes Haupt. Als alle schönen Worte gesagt und die Lungen der Teilnehmer des herzerhebenden Geheuls müde waren, war der Führer weg. Er hatte sich von dem riesigen, mit rotem Samt bedeckten Tisch erhoben, war hinausgegangen und verschwunden. Zunächst dachte man, er kehre gleich zurück. Schließlich mußten die Grußworte erwidert werden. Er wird, wie immer, eine historische Rede halten, die der ganze Planet mit Zittern vernimmt. Aber der Führer kehrte nicht zurück. Selbst wenn man auf den natürlichen Persönlichkeitszerfall des Generalsekretärs (der Prozeß hatte

gerade erst begonnen) verweist, darf man darin nicht das Motiv für dieses seltsame Verhalten suchen: Der Tyrann hatte das Ganze einfach satt. Stalin langweilte sich.
Niemand wagte mehr, mit ihm zu streiten, niemand drohte ihm. Die absolute Macht hat jedoch einen Fehler: es gibt zuviel von ihr. Auch der Servilität der Umgebung wird man leid. Und mit fortschreitendem Alter schwinden die Lebenssäfte. Schon hat ihn der Appetit verlassen, und der Wein muntert ihn nicht mehr wie früher auf. Immer weniger Freuden – niemand, den man töten, keiner, den man begnadigen könnte. Die Streitigkeiten sind lange vergessen. Wo sind sie, die Trotzkijs, Bucharins, Larins, Sinowjews? Alle politischen Spiele sind gepielt, alle Rivalen vernichtet. La-a-a-angweilig!
Es wäre an der Zeit, einen Parteitag einzuberufen, seit dreizehn Jahren hat keiner stattgefunden, es war auch nicht nötig sozusagen. Sie würden ihn wieder preisen, aber Nützliches, wirklich Nützliches, käme nicht heraus. (Und wie hatten sie während des Krieges gearbeitet . . . Welche Arbeit!)
Selbst während des Krieges war das führende Organ der Partei, das Zentralkomitee, Stalin bereits langweilig geworden. Ein ZK-Plenum, das für den Oktober 1941 vorgesehen war, ließ er einfach ausfallen. Die ZK-Mitglieder kamen nach Moskau und warteten zwei Tage, wurden jedoch nicht für würdig erachtet, den Generalsekretär zu Gesicht zu bekommen.
Im Januar 1944 hatte sich das ZK noch einmal in Moskau versammelt. Der Hausherr legte dem Plenum einige drittrangige Probleme zur Diskussion vor, dann schickte er alle »Parteileiter« wieder nach Hause. Das ZK war ihm offenbar zur Last geworden; es jedoch direkt aufzulösen, das heißt die letzte Dekoration von der Bühne abzubauen – dazu konnte er sich allerdings nicht entschließen.
Der XIX. Parteitag fand im Oktober 1952 statt. Stalin hatte beschlossen, nicht zu sprechen, und behielt sich nur das Schlußwort vor. Das Hauptreferat hielt Malenkow, die Rede über die Änderung der Statuten hielt Chruschtschow. Nicht endende Ovationen zu Ehren des Generalsekretärs.
Gleichzeitig mit dem historischen Parteitag war die Allunions-Kunstausstellung angesetzt worden. Sie fand in der Tretjakow-Galerie statt. Der Bildhauer Merkurow legte dem Ausstellungskomitee zwei Büsten vor, eine von Lenin und eine von Stalin – kupferne, geschmiedete Parade-Porträts. Die Jury stimmte zweimal ab, der erste Wahlgang war offen. Alle 47 Mitglieder der Jury hoben natürlich die Hand. Einige sogar beide . . . Der zweite Wahlgang. Geheime Abstimmung. Mit »Ja« stimm-

ten lediglich zwei, alle anderen hatten schwarze Kugeln in die Urne geworfen.
Aber dieser Vorfall, so bedauernswert er auch war, konnte die Geschlossenheit des Volkes nicht beeinträchtigen. Er konnte auch nicht als Beispiel dienen, denn er blieb geheim. Ein Häuflein »heimatloser Kosmopoliten« hatten dem Generalsekretär heimlich eine lange Nase gedreht – ist das vielleicht ein Protest?
Vielleicht sollte man die Jury doch ins Lager stecken? Aber in der Lubjanka würden diese Dummköpfe, alle siebenundvierzig, zugeben, sie hätten die schwarzen Kugeln abgegeben. Läßt sich nicht herausbekommen, wer die zwei sind, die dich lieben?
Ganz anders ist es mit dem einfachen Volk. Es ist ein reines Vergnügen, die Briefe der Werktätigen zu lesen. Da ist sowohl die grenzenlose Liebe als auch die uneigennützige Ergebenheit. Und all das ist echt und herzlich.
Den Posteingang verwaltete nach dem Krieg Anastas Mikojan. Sein Büro arbeitete rund um die Uhr. In zwei Räumen saßen junge Frauen an großen Tischen und sortierten die Korrespondenz des Führers. Die Briefe trafen in großen Baumwollsäcken ein, sie wurden auf geblümte Tabletts ausgeschüttet. Beschwerden über Hunger und Kälte, über Eigenmächtigkeiten der Behörden kamen in den Papierkorb, die treuergebenen Schreiben stapelte man auf dem Tisch.
Eines Morgens kam Stalin gegen drei Uhr in das Zimmer. Er begrüßte die Mädchen, ging an den Tisch und nahm das Tablett. Irgend jemand sprang zu dem Generalsekretär: »Jossif Wissarionowitsch! Wir haben es noch nicht vorbereiten können.«
»Gut so. So will ich es haben«, antwortete der Führer und ging mit dem Tablett hinaus.
Später gab es einen Rüffel. »Wer hat gewagt, die Briefe der Werktätigen vor mir zu verbergen? Jeder Brief ist eine Stimme des Volkes. Versteht ihr das denn nicht? Wenn ich das noch einmal bemerke, werfe ich alle hinaus.«
Mikojan hielt ebenfalls eine Standpauke und versprach: Wenn auch nur ein aufrührerischer Brief auf den Schreibtisch des Hausherrn kommt, wird er, Mikojan, sich persönlich um das Schicksal der Schuldigen kümmern.
Von jenem Tage an wurden die Säcke mit den Briefen in einem besonderen Kellerraum vorgeprüft und kamen erst anschließend oben zu den Sortiererinnen.
Der Strom der Briefe versiegte nicht, konnte nicht versiegen – so war es von allem Anfang an eingeführt worden. Immer häufiger sprach aus den

Briefen der Werktätigen die Sorge um die Gesundheit des Führers. Die Millionen von Söhnen und Töchtern des Vaters und Lehrers hatten Angst, Waisen zu werden. Sie baten den Genossen Stalin, ewig zu leben. Solche Briefe brachten die Gehilfen gerne zum Generalsekretär. Auch sie fürchteten sich vor Änderungen. Stalin – das war praktisch: man brauchte nicht zu denken, man brauchte nichts zu entscheiden. Stalin – das ist das Symbol für Stabilität und Ruhe. Wer weiß, was ihnen ein neuer Hausherr bringen wird, Malenkow oder ein anderer? Womöglich ergreift der Genosse Berija das Zepter des Generalsekretärs?
Stalin aber fühlte sein baldiges Ende voraus. Wahrscheinlich kam sein genialer Scharfblick zum Vorschein. Seine Reizbarkeit verdoppelte sich, seine Grausamkeit stieg um das Dreifache. Der »Fall der Kreml-Ärzte« bringt uns wieder zu den Umständen von Shdanows Tod. Er litt an Angina pectoris, zu dieser Meinung waren die Kreml-Ärzte gekommen. Zu ihrem Schaden jedoch diagnostizierte die Röntgenologin Lidija Timaschuk bei der EKG-Auswertung einen Herzinfarkt. Währenddessen verhielt sich Andrej Shdanow, den niemand gewarnt hatte, im Sanatorium unvorsichtig.
Als die Organe die Meinung von Frau Timaschuk erfuhren, wurde sie gezwungen, eine offizielle Erklärung abzugeben, in der die Meinung der Professoren widerlegt wurde. Auf der Grundlage dieses Papiers fabrizierte die Lubjanka unter dem Kommando des Generalsekretärs den »Fall«.
Minister für Staatssicherheit war zu jener Zeit Abakumow. Als der Leiter der Untersuchungsabteilung mit den Unterlagen des »Ärzte-Falles« zu ihm kam, jagte ihn Abakumow aus seinem Büro. Das ZK verlangte die Aussagen des Arztes Dr. Etinger, der im Taganka-Gefängnis inhaftiert war. Es stellte sich heraus, daß Etinger bei den Folterungen ums Leben gekommen war. Stalin rief Abakumow zu sich. Aus dem ZK fuhr der Minister schon als Häftling in die Lubjanka zurück. Er war zu primitiv für ein so hohes Amt gewesen.
Unter den Ärzten des Kreml gab es viele Juden. Das bedeutete, daß man dem Fall einen bestimmten politischen Anstrich geben konnte. Anders als der »Leningrader Fall« wurde diese Kampagne im Januar 1953 von der Presse groß herausgebracht. Der Antisemitismus hatte seit langem den Status einer offiziellen staatlichen Politik. Da brauchte nichts vor dem Volk verheimlicht zu werden. Das Volk soll wissen, wozu die Jidden, das heißt natürlich: die Juden, imstande sind. Das Volk soll, soweit es kann, an der Ausrottung teilnehmen.
Unter anderen war der Leibarzt des Hausherrn, Wladimir Nikititsch Winogradow, verhaftet worden. Sohn eines Dorfpfarrers, war er von

friedlichem Wesen, sammelte alte Ikonen und Bilder. In der Lubjanka erwachte in ihm eine unerwartete Hartnäckigkeit, er weigerte sich, die Erfindungen der Gefängnis-Dramaturgen zu unterschreiben. Der Untersuchungsbeamte wandte sich an den neuen Minister. Ignatjew wußte ebenfalls nicht, was er machen sollte.
Bei nächstbester Gelegenheit fragte Ignatjew Stalin: »Was sollen wir mit Winogradow machen?«
»Weißt du nicht, was man machen muß? Häng ihm Verbindungen zum JOINT* an. Er ist ein Mensch von schwachem Charakter, er wird dir alles unterschreiben.«
Ignatjew wagte den Hausherrn daran zu erinnern, daß Winogradow in gewisser Weise Russe sei.
»Gut. Dann verpaß ihm Spionage für die Engländer. England unterstützt den JOINT, so paßt alles zusammen.«
»Aber er unterschreibt nichts, er verlangt, daß Sie erfahren, er sei vollkommen unschuldig.«
»Unschuldig, unschuldig«, wiederholte Stalin gereizt, »wir dürfen keine Spione ausländischer Nachrichtendienste begnadigen! Nur schlagen darf man ihn nicht. Schließ ihm die Füße in möglichst schwere Ketten, und er wird alles unterschreiben. Ich kenne ihn gut.«
Winogradow unterschrieb alles, worum man ihn bat, und begann, auf seiner Pritsche im Gefängnis liegend, Alexandre Dumas zu lesen.
Am besten von allen hielten sich Wladimir Charitonowitsch Wassilenko, ein Akademiemitglied, und der Neuropathologe Aleksandr Grinschtejn.
Der körperlich starke Grinschtejn wurde mit elektrischen Stromstößen gefoltert und schwer geschlagen, sein Gesicht wurde verunstaltet, man quälte ihn durch Nahrungsentzug. Zahlen können beredt sein. Bei einer Größe von 1,92 m wog Grinschtejn 110 Kilogramm. Im Gefängnis verlor er 63 Kilo. Als er entlassen wurde, konnte er nur mit Mühe nach Hause gehen, die Treppe kroch er hinauf. Man stützte ihn, aber er fiel zu Boden. Im Zimmer bat er um einen frischen Morgenrock, setzte sich in einen Sessel und erzählte alles. Seine Frau, eine führende Neuropathologin, hat sich ebenfalls zäh gehalten, während der Untersuchung unterschrieb sie nichts.
Nach Stalins Tod wurden die Ärzte freigelassen. Aber zwei, Ja. L. Etinger und M. S. Wowssi, waren im Gefängnis ums Leben gekommen.
In dem breit propagierten »Ärzte-Fall« sah Stalin ein verläßliches Mittel,

* Internationale jüdische Hilfsorganisation. (Anm. d. Übers.)

um eine antisemitische Hysterie zu entfachen, und das hieß, den Pöbel von anderen sozialen Sorgen abzulenken. Stalins Nachfolger, begeistert von der strengen Einfachheit des Plans und der absoluten Leichtigkeit seiner Realisierung, setzten die geniale Initiative geschickt fort. Die Drachensaat brachte reiche Frucht.

Auf dem XIX. Parteitag war anstelle von Politbüro und Orgbüro das Präsidium des Zentralkomitees mit 25 Mitgliedern und elf Kandidaten geschaffen worden. In einem solch losen obersten Organ würde das Verschwinden einiger Köpfe unbemerkbar für die Öffentlichkeit ablaufen. Der Generalsekretär beschloß, es sei an der Zeit, sich von Molotow, Mikojan, Woroschilow und Berija zu trennen. Auf der letzten Plenarsitzung des ZK bezeichnete Stalin Molotow und Mikojan als Agenten des amerikanischen Imperialismus. »Zeugenaussagen« über die Spionagearbeit seiner Gehilfen hatte der Hausherr bereits vor langer Zeit zu sammeln begonnen, noch vor dem Krieg. Man hatte sie aus gefährlichen Agenten herausgeprügelt, aus Mitarbeitern der Außenhandelsorganisation und des Außenministeriums.

Kurz vor dem Tode des Generalsekretärs bekannte Berija gegenüber Mikojan, er erwarte voller Angst von Tag zu Tag seine Verhaftung. »Er wird uns alle erledigen.«

Bereits auf dem ersten ZK-Plenum nach dem Tode Stalins bemerkte Nikita Chruschtschow, die Charakteristik, die der Generalsekretär von Molotow und Mikojan gegeben habe, sei unrichtig. Kaum jemand wußte, was für eine Charakteristik Stalin von ihnen gegeben hatte, aber jeder wußte, daß nur noch wenig gefehlt hatte, und ihrer aller Köpfe wären gerollt.

Man sprach davon, der Lehrer habe sich am Blute seiner Schüler verschluckt. Unsinn! Das geschieht bei Shakespeare oder Puschkin, daß Leute wie Lady Macbeth oder Boris Godunow von blutüberströmten Knaben träumen. Stalin hatte sich schon in jungen Jahren von jeglichen Gewissensbissen freigemacht.

Der Herrscher ging ins achte Jahrzehnt. Es war an der Zeit, der Leiden anderer satt zu sein. Ist denn nicht endlich die Machtgier gestillt? Nein – genauso wie vor zwanzig Jahren überschaut er mit eifersüchtigem Blick die Reihen der ihn Umgebenden: Kriecht da aus der Kolonne der Gehorsamen nicht irgend jemand hervor? Glänzt da nicht Verstand auf irgendeiner Stirn?

›Sie sollen zusammen mit mir in die Grube fahren. Besser noch vor mir.‹ Wie das Sprichwort der Kriminellen sagt: »Verreck du heute, ich erst morgen.«

1953

Hitlers Selbstmord, die Verbrennung der Leiche und die spätere Identifizierung – diese Tatsachen sind hinreichend bekannt. Stalin jedoch zweifelte an den Daten der eigens angefertigten Expertise. Er befahl, die Leiche nach Moskau zu bringen. Hier wurde sie sorgfältig untersucht und seziert, und der Generalsekretär konnte sich von der Richtigkeit des alten Sprichwortes überzeugen: »Die Leiche des Feindes riecht gut.«
Dann ereignete sich etwas Seltsames. Marschall Shukow erklärte offiziell, es gebe Hinweise, wonach nicht die Leiche Hitlers beerdigt worden sei, sondern die eines Doppelgängers. Hitler verberge sich irgendwo in der britischen Besatzungszone Deutschlands.
Wofür brauchte Stalin diese Insinuation?
Mussolini war wie ein Straßenräuber hingerichtet worden. Auf Hitler hatte das schmähliche Ende seines italienischen Partners deprimierend gewirkt. Es beschleunigte seinen Entschluß zum Selbstmord. Hitlers Leiche wurde wie eine Puppe in einen Teppich gewickelt, mit Benzin übergossen und in einer Grube verbrannt...
Stalin glaubte, jeder große Diktator habe das Recht auf einen großartigen Tod. Aber Strick, Teppich – was denken sich die Leute noch aus? Nein, wegen seiner Untertanen ist der Generalsekretär unbesorgt. Obwohl man nie weiß, was mit ihm Ende 1941 im Falle einer Niederlage geschehen wäre. Immer öfter denkt Stalin an das nahe Ende. Einmal fragte Stalin den Patriarchen Aleksej:
»Wie steht die Kirche zur Unsterblichkeit der Seele?«
»Die Seele ist unsterblich«, sagte der Oberhirt.
»Und wie steht die Kirche zur körperlichen Unsterblichkeit?«
»Eine physische Unsterblichkeit erkennt die Kirche nicht an.«
»Das ist sehr traurig...«
Eines tröstete den Generalsekretär: Ihm war grandiose Beisetzung sicher, seiner Größe würdig. Daran zweifelte er nicht. Man wird ihn neben Lenin legen. Nein, ein eigenes Mausoleum wäre besser.

Das Schicksal der Despoten ist lehrreich. Der eine endete in der Verbannung auf der Insel Helena. Ein anderer beging im Angesicht der Niederlage Selbstmord. In der Antike, im 6. Jahrhundert, war Kyros der

Ältere während eines Eroberungsfeldzuges getötet worden. Den Kopf steckten die Feinde in einen mit Blut gefüllten ledernen Weinschlauch. Grausam, aber gerecht.
Über Stalin ist die historische Gerechtigkeit gestolpert. Er verstand es, auch sie zu betrügen.
Stalin starb zu Hause. Über den Hergang seines Todes wird Unterschiedliches erzählt. Eine Version stammt vom Ehemann der Wirtschafterin, die in Kunzewo Stalins Haushalt führte. Sie kümmerte sich um die Diät und die Vorschriften der Ärzte. In den letzten Jahren schlief Stalin schlecht. An seinem letzten Tage war der Generalsekretär in die Stadt zu seinem Sohn Wassilij gefahren. Es kam zum Krach. Der Hausherr fuhr zurück und schlief im Sessel ein. Es wurde Zeit, daß er seine Medikamente einnahm, und die Wirtschafterin berührte seine Schulter. Stalin sprang auf, riß die Augen weit auf, schrie und fiel zu Boden.
A. Awtorchanow kam aufgrund einer Reihe indirekter Angaben zu dem Schluß, Stalin sei das Opfer einer Verschwörung von Berija und Malenkow geworden.[208] In Wirklichkeit gab es in Stalins Umgebung jedoch niemanden, der den nötigen Mut für eine solche Tat gehabt hätte.
Wäre er nicht krank gewesen, so hätte der Hausherr weiter leben und leben und zu Glück und Segen der Menschheit regieren können. Aber die ungesunde Lebensweise zeitigte Folgen: die schädliche Tageseinteilung, die Gefräßigkeit, die Vernachlässigung der persönlichen Hygiene, die physische Unbeweglichkeit. Er war 73 Jahre alt geworden. Hatte er gelebt? In unserem, im menschlichen Sinn des Wortes hat er überhaupt nicht gelebt, denn er liebte das Leben nicht. Indem er rings um sich Furcht und Tod säte, fürchtete er sich als echter Feigling nur davor, das Leben zu verlieren. Auch ein blinder Wurm kriecht vor dem Tode davon.
Am 4. März konnte man im Regierungsbulletin lesen: »Die Urinanalyse ergab Werte innerhalb der Norm.« Mit dieser Stunde endete Stalins »Persönlichkeitskult«. Hat denn auch eine Gottheit Urin?
Die Zeitungen fuhren fort, lügenhafte, lächerliche Bulletins über den »Gesundheits«-Zustand des entschlafenen Führers abzudrucken. In gewisser Weise erinnerte sein Ende an den Tod Iwans des Schrecklichen im März 1584. Die Fürsten Mstislawskij und Schujskij, die Bojaren Romanow und Bjelskij – der Zar hatte sie zu Vormündern über seinen Sohn Fjodor berufen – verbreiteten das Gerücht, der Zar könne möglicherweise wieder genesen. Der Tod des Kaisers Nikolaj I. im Februar 1855 war mit einem Nebel ungereimter Bulletins verdeckt worden.
Der Sarg mit der Leiche Stalins wurde im Säulensaal aufgestellt. (Dort,

wo die von ihm inszenierten Prozesse gegen die Mitkämpfer Lenins stattgefunden hatten.) Man begann vorschriftsmäßig am Sarg zu weinen: Molotow, Kaganowitsch, Berija, Malenkow... Hier fand sich auch Wassilij, der General, ein. Dem Tode seines Erzeugers zu Ehren war er fast nüchtern.
Es war eine grandiose Beisetzung. Ein einbalsamierter Generalsekretär in der Uniform eines Generalissimus. Orden, Orden und wieder Orden. Kränze, Kränze und wieder Kränze. Und Tausende von Neugierigen, im Gedränge vor dem Saal zu Tode Gedrückte – alles nach den besten Traditionen der Epoche.
Danach – Roter Platz, Trauerreden. Der Sarg mit der Leiche des Generalsekretärs wird von Molotow, Kaganowitsch, Berija, Malenkow emporgehoben – der Rangfolge gemäß, streng der Rangfolge gemäß – und in das Mausoleum getragen.
Wer hat dich gebracht? Wer hat dich hierher gebracht? Wer hat dich hierher gebracht, Verbrecher? Wer hat dich hierher gebracht, Verbrecher, auf den Roten Platz, und neben Lenin gelegt? Deine Spießgesellen. Deine verbrecherischen Spießgesellen.
Liebevoll hatten sie ihn »Hausherr« genannt. Einen Hausherrn wie selten einen hatte Rußland da bekommen. Was immer er auch anfaßte – stets zäumte er das Pferd beim Schwanze auf. So war es mit der Kollektivierung gewesen. Und mit der Industrialisierung. So geschah es mit seinem »Sozialismus«. Das Land begann sich mühsam aus der Krise herauszuarbeiten, die Stalins unfähige Führung verursacht hatte, da sprach er schon vom Sieg des Sozialismus in »einem, einzeln herausgegriffenen Lande«.
In drei Jahrzehnten hatte der Generalsekretär nicht ein kluges Wort gesagt, keine einzige gute Tat getan. Er erteilte allen Despoten – den heutigen und den kommenden – eine exemplarische Lehre, wie man Menschen regieren kann, ohne Herz oder Kopf zu haben.
Und seine Helfershelfer riefen ihn zum Genius aus. Sie waren es auch, die den Ton der nationalen Trauer angaben. Hilflose Gesichter, Tränen in den Augen, Geheul... »Wie sollen wir jetzt ohne dich leben, Vater?«
Ein Kindergarten. Einer der vielen Kindergärten in Moskau. Man hatte die Kleinen in einer Reihe antreten lassen und ihnen befohlen zu weinen.
»Väterchen Stalin ist gestorben. Weint, Kinder, der eigene Vater ist tot.«
Alle außer einem begannen zu weinen. Er fing zu lachen an – der Kindergärtnerin zum Trotz. Gegen den Gotteslästerer wurde der ganze

Strafkatalog angewandt: man verhaute ihm den Hintern, stellte ihn in die Ecke und gab ihm den ganzen Tag nichts zu essen.
Workuta. Auf dem Bergwerksgelände stand ein kleines Stalin-Denkmal. Eines Nachts hatte man ihm eine speckige Wattejacke um die Schultern aus Gips gehängt und auf den Kopf eine schmierige Schirmmütze gestülpt. In der Stadtmitte, beim Verwaltungsgebäude, stand ein weiterer Stalin. Ihm wurde der Kopf abgeschlagen und in den Graben gerollt.
Der Tod des Tyrannen erzeugte bei den Häftlingen Hoffnungen auf Erleichterungen und sogar auf Freiheit. Im August begannen auf dem Schacht »Kapitalnaja« sogenannte »Unordnungen«. In Streik traten die Schächte SchU-2, danach die Arbeiter des Kohlekraftwerks am Ajatsch-Jaga und die Arbeiter des Schachtes Nr. 18. Aus Moskau trafen mit dem Flugzeug der Generalstaatsanwalt Rudenko und der Stellvertrende Innenminister, General Maslennikow, ein. Sie versprachen den Zwangsarbeitern und den gewöhnlichen Häftlingen baldige Veränderungen, bis hin zur Revision ihrer Fälle, und sie veranstalteten zur Abschreckung eine kleine Exekution auf dem Schacht Nr. 18. Die Gefangenen befanden sich innerhalb der Lagerzone, hinter dreifachen Stacheldrahtzäunen. Sie wurden mit Maschinenpistolen und Maschinengewehren erschossen. (Ich durfte dieses blutige Ritual zu Ehren des entschlummerten Generalsekretärs miterleben.)
In Norilsk nahmen an dem »Aufstand« 25 000 Häftlinge teil. Die Niederschlagung fand am 25. Mai 1953 statt. Sieben Tote, die Verwundeten wurden nicht gezählt. Die Lagerhäftlinge antworteten mit einem Streik. Sie stellten ein Plakat auf: »Man tötet uns und hungert uns aus.« Ein Gehilfe Berijas traf ein und versprach Wiederaufnahme der Verfahren. Unterdessen »griffen« sich erfahrene Geheimdienstleute aus der Masse die Anführer heraus und liquidierten sie.
Nach dem gleichen Schema waren sie in Workuta vorgegangen.
Trujillo hatte 32 Jahre lang geherrscht. Er wurde in Paris beigesetzt. Die Angehörigen baten um eine Parzelle von 64 Quadratmetern auf dem Friedhof, man bot ihnen zwei Quadratmeter an. Man einigte sich auf sechs. Die luxuriöse Gruft kostete 90 Millionen Francs. Der Zug mit den von dem Diktator zusammengeraubten Gütern, 31 Waggons, reiste von Le Havre nach Paris, wurde dann über die Pyrenäen weitergeleitet.
Im Vergleich mit Trujillo war Stalin ein Spartaner: eine gewöhnliche Wohnung, einfache Datschen aus Holz im Süden, ein einfaches, bescheidenes Grab. Ihm genügten zwei Quadratmeter an der Kremlmauer. Hätte man ihn doch ein bißchen früher dorthin gebracht. Dreißig Jahre früher.

Am 5. März 1953 ist der große Schauspieler in Moskau gestorben. Stalins Helfershelfer hatten sich derart an sein ständiges Spiel gewöhnt, daß einige von ihnen der Meldung über seinen Tod nicht glaubten. Den Tod des Generalsekretärs empfanden sie als Fortsetzung des Spiels. Dmitrij Sacharowitsch Manuilskij, der operettenhafte Außenminister der Ukraine, erklärte, die Meldung von Stalins Tod sei eine Provokation.
In Mark Twains »Huckleberry Finn« gelang es den beiden Wanderschauspielern nur zweimal, ihr provinzielles Publikum anzuführen. Beim dritten Mal war man drauf und dran, sie mit faulen Eiern und Tomaten zu bewerfen. Die Gauner mußten fliehen.
Stalin hat seine Einfaltspinsel Tag für Tag angeführt. Und sie nahmen das Spiel ohne zu murren hin. Liebes, naives Rußland...
Wiederholen wir die Zahlen und fügen wir ihnen die Ergebnisse hinzu:
Während des Bürgerkrieges fielen in den Kämpfen, verhungerten 1921–1922 oder wurden Zwangsmaßnahmen unterworfen insgesamt: 18 Millionen.
Die Kollektivierung der Landwirtschaft, die »Entkulakisierung« und die damit verbundenen Zwangsmaßnahmen sowie die Hungersnot forderten: 22 Millionen.
Zwischen 1935–1941 wurden verhaftet: 19 Millionen.
Der Krieg gegen Hitler-Deutschland kostete die Sieger: 32 Millionen.
Zwangsmaßnahmen, die bereits in den Kriegsjahren begonnen hatten und auch nach dem Krieg fortdauerten, forderten: 9 Millionen.
Fazit: einhundert Millionen.
Aber nicht alle, die Zwangsmaßnahmen unterworfen wurden, sind ums Leben gekommen. Nicht alle Toten hat Stalin auf dem »Gewissen«. Aber fast alle.

Die Maßstäbe der Verbrechen sind eindrucksvoll, man kann sie nur schwer mit dem Namen eines einzelnen Menschen verbinden, selbst wenn er vergöttert worden ist. Es gibt keinen Ausdruck für solche Untaten. Vielleicht schreiben einige Soziologen die Schuld Stalins seinen Helfershelfern zu, den Regierungsmitgliedern, den örtlichen Funktionären (besonders ihnen!), dem ganzen Volk.
Stalin trägt seine Schuld der Menschheit gegenüber. Hier soll nichts davon weggenommen, nichts hinzugefügt werden.
Was soll jetzt das Klagen, nachdem Jahrzehnte vergangen sind? Einige kluge Leute halten den Triumph der Konterrevolution für unausweichlich, in Stalin sehen sie ein Produkt des Systems, den Träger des sozialen Bösen.

Für die Geschichte ist dies keine Erleichterung. Für die Toten ebensowenig.

»La terreur«, schreibt Friedrich Engels, »das sind großenteils nutzlose Grausamkeiten, begangen von Leuten, die selbst Angst haben, zu ihrer Selbstberuhigung. Ich bin überzeugt, daß die Schuld der Schreckensherrschaft Anno (17)93 fast ausschließlich auf den überängsteten, sich als Patriot gebärdenden Bourgeois, auf den kleinen hosenscheißenden Spießbürger und auf den bei der terreur sein Geschäft machenden Lumpenmob fällt.«[209]

So traurig es auch ist, die verflossenen hundert Jahre, vor allem die jüngste Geschichte, haben den Worten Engels' zwingende Aktualität verliehen. Ich mache nur den Vorbehalt: die von Stalin begangenen Grausamkeiten kann man nicht zu den *nutzlosen* zählen. Dieser unvergleichliche Meister des politischen Utilitarismus zog aus dem Terror ein Maximum an politischem Nutzen. Indem er Millionen ausrottete, errang er den absoluten Gehorsam des Volkes.

Denen, die überlebten – im Kleinen oder im Großen Lager –, blieb als Erbteil die uneigennützige Arbeit zum Wohle des Hausherrn (man nannte das damals »zum Wohle des Vaterlandes«). Aber die wirtschaftlichen Ergebnisse der bis zum äußersten eingeschüchterten Bevölkerung kann man kaum mit Sklavenarbeit vergleichen. Dennoch haben die wirtschaftlichen Verluste und Mißerfolge der Epoche des »Sozialismus« Jossif den Erbauer nicht mehr beunruhigt als einen Sklavenhalter die Produktivität der Arbeit in den Silberminen des alten Hellas. Die Hauptsache war der politische Effekt.

Die Auswirkungen des atomaren Bombardements von Hiroshima und Nagasaki sind grauenhaft. Viele Japaner starben noch 15–20 Jahre später an den Folgen. Hoffnungslos sieche Kinder kamen auf die Welt.

Über die Wirkung des Stalinismus muß man gleichfalls mit lauter Stimme sprechen. Als Ergebnis hartnäckiger, langjähriger Arbeit war es Stalin, diesem wahrhaft hervorragenden Selektionär, gelungen, eine Rasse großartiger Kretins zu züchten. Sie bildeten rings um den Thron des Führers einen undurchdringlichen Wall, den kein einziger denkender, kein einziger ehrlicher Mensch überwinden konnte. Aber der Generalsekretär gab seinen Schwachsinnigen Macht, das Recht zu herrschen und die Fähigkeit, ihresgleichen zu erzeugen.

Wer übernimmt es, die Folgen dieses Prozesses vorauszusagen?

Stalin predigte aggressive Amoralität und infizierte damit seine Handlanger. Alles ertrank in der Amoralität – bis hin zum Wirtschaftsleben. Es herrschte eine derartige Gleichgültigkeit gegenüber den Staatsinteressen, als ob morgen die Welt untergehen würde.

Stalin hinterließ das Gangstertum als Methode staatlicher Politik. Zunächst hantierten seine Nachfolger mit diesem Instrument rings im eigenen Land und im Verkehr mit den anderen Ländern.
Ohne es selber zu wissen, verursachte Stalin eine tiefe Krise des Marxismus. Gegen Marx sind Tausende von Bücher geschrieben worden. Stalin ist als aktiver Propagandist der Lehre von Marx aufgetreten, aber niemand hat dem Marxismus so spürbar geschadet wie er. Auch daran, daß die Idee des Kommunismus im Westen in Mißkredit geraten ist und daran, daß in vielen Ländern die Kommunisten ausgerottet werden, hat er ein gerüttelt Maß Schuld.
Lenin hat einmal zu Recht bemerkt, daß »keine tiefgreifende und starke Volksbewegung in der Geschichte ohne schmutzigen Schaum« aufgekommen sei, ohne »bei den unerfahrenen Neuerern eindringende Abenteuer und Gauner« hervorzubringen.[210]
Ist es nicht zu viel des Schaums gewesen? Und waren es nicht zu viel der Gauner?

In unseren Tagen

Epilog

Entlarvung?

Als die Nachricht von der Ernennung Georgij Malenkows zum Vorsitzenden des Ministerrats und Klim Woroschilows zum Staatspräsidenten nach Workuta drang, freuten sich die einfachen Leute: Jetzt sind unsere eigenen Leute an der Macht!

Sie begriffen nicht, daß diese »eigenen« schlimmer sind als »fremde«. Daß an ihnen Blut und Leid von Millionen klebt. Aber das Stalinsche Joch war von ihnen genommen und die Leute lächelten, unverhohlen lächelten sie erstmals seit vielen Jahren.

Bald schon wurden die Kreml-Ärzte wieder freigelassen. Jene, die noch am Leben waren. Der Ärztin Timaschuk wurde der Lenin-Orden per Bekanntmachung in den Zeitungen aberkannt – der wahrscheinlich einzige Fall in der Geschichte des Staates. Shukow wurde aus seiner Verbannung zurückgeholt. Den Bauern wurde ein Teil der Steuern erlassen: Der neue Premierminister strebte nach Popularität.

Das Politbüro des ZK wurde wieder auf zehn Mitglieder reduziert. Die Handlanger Stalins waren um der Erhaltung der Macht willen zu jedem Verbrechen bereit. Der gefährlichste war Berija. Er wäre bei günstiger Gelegenheit imstande gewesen, alle, die die Partei nicht vergötterten, bis hin zum letzten abzuschlachten. Seine Hand hätte nicht gezittert. Aber selbst damals wollten sie sich nicht einigen. Nur mit größter Mühe, mit List und unter Lebensgefahr gelang es Chruschtschow, eine Mehrheit zusammenzubringen und Lawrentij Berija zu stürzen.

Berija wurde im Dezember 1953 als englischer Spion hingerichtet. Er wurde Komplize der Stalinschen Verbrechen genannt. Die ganze Wahrheit aber wurde vor dem Volk geheimgehalten. »Was sagen sonst die Leute?«

Im Zeichen von Halbheit und Unentschlossenheit setzt sich die Karre der Enthüllungen über die Stalin-Ära quietschend in Gang. Unter diesem Zeichen stand auch der XX. Parteitag im Februar 1956.

Im Rechenschaftsbericht des ZK erwähnte Chruschtschow Stalin als Hauptschuldigen und Organisator der illegalen Unterdrückungsmaßnahmen. In der Pause empörten sich die Mitglieder des Präsidiums: »Hol's der Teufel! Wir haben schließlich verabredet, auf dem Kongreß über Stalin nichts zu sagen ...« In der Sitzung des Politbüros hatte

Chruschtschow an das Gewissen der Mitglieder appelliert: »Wir können nicht über die Verbrechen Stalins auf dem ersten Parteitag schweigen, den wir nach seinem Tod einberufen.« Aber die Handlanger Stalins lehnten den Vorschlag Chruschtschows ab, dem Volk die Wahrheit zu sagen.

Chruschtschow beschloß, anders vorzugehen. Er wandte sich an das Präsidium des Parteitages:

»Ich glaube, daß der Parteitag Stalins Verbrechen nicht mit Stillschweigen übergehen kann. Wir haben die Pflicht, das wirkliche Gesicht Stalins zu enthüllen. Im Politbüro hat mich allein Mikojan unterstützt. Jetzt, nachdem das Zentralkomitee entlassen ist, stellt das Parteitagspräsidium das Führungsinstrument dar. Entscheiden Sie.«

Das Präsidium beauftragte Chruschtschow, ein Referat zu halten. Die Materialien wurden eilig vorbereitet, während der Kongreß schon tagte.

Molotow, Kaganowitsch und ihre Kumpane trafen Gegenmaßnahmen. Sie erreichten, daß das Referat unmittelbar vor Beendigung des Parteitages gehalten wurde, *nach* dem offiziellen Abschluß, nach den Wahlen zum Zentralkomitee. Sie hatten sich vergeblich gesorgt: Die Delegierten hätten sowieso das ZK in seiner bisherigen Zusammensetzung wiedergewählt.

Solche Zerrüttung herrschte.

Schließlich erscheint Nikita Chruschtschow auf der Tribüne. Er verliest die Materialien über den Terror Ende der dreißiger Jahre. Aber – kein Wort über die Vernichtung der Bauern während der sogenannten Kollektivierung. Der Erste Sekretär nennt die Namen der Mitstreiter Lenins, die dem »Persönlichkeitskult« zum Opfer gefallen waren, sagt aber nichts von der Vernichtung der Partei als solche. Keinerlei statistische Angaben. Kein Wort über die Vernichtung von vielen Millionen Menschen, über die maßlosen Leiden des Volkes. Kein Wort über das konterrevolutionäre Wesen des Stalinismus. Chruschtschow hat vieles aufgedeckt. Aber noch mehr hat er verhohlen.

Als Jelena Stassowa vom Selbstmord Ssergo Ordshonikidses erfuhr, begann sie zu weinen – sie, die Parteikämpferin, sie, die hart wie Kiesel war. Aber aufzustehen und die Komplizen des Mordes an Ssergo zur Verantwortung zu rufen, hatte sie nicht Mut genug.

Stalin lebte nicht mehr, aber die übrigen Mitglieder der Verbrecherbande – Molotow, Kaganowitsch, Woroschilow, Malenkow – prunkten noch immer im Präsidium. Sie ließen es nicht zu, daß »Sträflinge« auftraten. So bezeichneten sie Genossen, die Strafen von 17 Jahren und mehr verbüßt und durch ein Wunder überlebt hatten.

Wer hätte es gewagt, die Stassowa zurückzuhalten?
Als Chruschtschow seinen Vortrag beendet hatte, fragte der Vorsitzende:
»Welchen Beschluß wollen wir aufgrund des Referats von Genosse Chruschtschow fassen?«
»Betrachten wir das Referat insgesamt als Resolution des Parteitags!«
Dieser Vorschlag wurde einstimmig angenommen. Aber die Stalinisten verstanden es, die Beschlüsse des Parteitags zu umgehen. Der Text von Chruschtschows Rede, das heißt die Resolution des Parteitages, kam nicht ins Protokoll. »Ratten kennen Rattenwege ...«
Später wurde in den Partei- und einigen anderen Organisationen ein Geheimbrief des ZK »über Stalins Persönlichkeitskult« verlesen. Majkop, Hauptstadt des Adygejschen Autonomen Gebiets: Die Delegierten der Parteikonferenz prüften vor Beginn der Diskussion des Briefes gegenseitig die Mandate. Das Referat hielt der Erste Sekretär des Gebietskomitees, Tschundokow.
»Hat niemand eine Frage?«, erkundigte sich der Vorsitzende.
Es gab keine Fragen. Ein altes Parteimitglied stellte den Antrag, Jossif Stalin postum aus der Partei auszuschließen. Den Betrieben, Behörden, Straßen seinen Namen wieder abzunehmen, die Denkmäler zu beseitigen. Es war der Funktionär F. aus dem Gebietskomitee.
»Vielleicht ziehst du deinen Antrag besser zurück«, meinte der Vorsitzende. »Schließlich haben wir dazu keinerlei Anweisungen ...«
»Nein. Ich bin gewohnt, zuerst zu denken und dann zu sprechen.«
Den Antrag des Genossen F. zu behandeln lehnten die Delegierten der Konferenz ab. Nachdem F. sich wieder auf seinen Platz begeben hatte, entstand Leere um ihn. Die Nachbarn distanzierten sich von dem Wagehals.
Nach der Sitzung trat der Leiter der örtlichen KGB-Behörde zu F.:
»Du hast ziemlich mutig geredet ...«
Anderntags kam in F.s Büro eine junge Dame und legte ihm nahe, seinen gestrigen Diskussionsbeitrag schriftlich zu formulieren.
Damit endete dieser »Fall«.
In Leningrad, im Repin-Institut, versammelte sich eine Menschenmenge vor der Tür einer geschlossenen Parteisitzung. Die Menschen forderten, zu der Verlesung des Briefes zugelassen zu werden. Nachdem dies abgelehnt worden war, fingen sie an, die Internationale, die Hymne der Partei, zu singen. Und man ließ die Leute in den Saal.
Nach Stalins Tod erwachten in den von der Sowjetunion besetzten Ländern Hoffnungen auf Wiederherstellung der Öffentlichkeit. 1954 wurden in Bulgarien der General Wylkow und seine Komplizen in

öffentlicher Verhandlung verurteilt. Sie hatten in den zwanziger Jahren die Intelligenz des Landes vernichtet, fast alle aktiven Kommunisten ermordet. Tausende von Leichen mit den Spuren der Erdrosselung durch Kabel, durch Riemen, durch Stacheldraht. Zerhauene und aufgeschlagene Schädel. Ein bekanntes Bild. Aber in Sofia wurden die Hauptverbrecher verurteilt. Und dem Volk wurde ein Dokumentarfilm gezeigt.
Der Altkommunist und ehemalige Staatspräsident der Ukraine, Grigorij Petrowskij, versuchte, Frau Stassowa auf dem XX. Parteitag zu beruhigen: »Jelena Dmitrijewna, wenn allein Ssergo ermordet worden wäre, könnte man den Fall dem Gericht übergeben und Schluß. Aber es sind viele Millionen völlig Unschuldiger vernichtet worden. Welchem Gericht soll man das übergeben?«
Welchem Gericht? Einem gewöhnlichen, einem ehrlichen. Und alle auf eine Bank setzen – Molotow und Wyschinskij, Kaganowitsch und Ulrich, Woroschilow und Schkirjatow, Mikojan und Abakumow, Malenkow und Bagirow. Und sie zusammen mit dem Bandenchef Stalin verurteilen. Ihn postum. Ebenso Shdanow, Kalinin, Kujbyschew, Jeshow, Berija. Und daß sich niemand wundere über die Anzahl der Ordner mit den Gerichtsakten. In Sofia waren es zwölf gewesen. In Moskau könnten es ruhig 120 sein. Aber – es sollte sie geben!
Stalins Helfershelfer waren nicht gegen eine gerechte Vergeltung. Mit ihrem Einverständnis war in Leningrad Wiktor Abakumow verurteilt worden, in Baku Berijas Kampfgenosse Dshafar Bagirow, in Tiflis Ruchadse und in anderen Städten kleinere Funktionäre. Aber – die Mitglieder des unsterblichen Stalinschen Politbüros aburteilen? Welchem Wahnsinnigen wäre dies in den Kopf gekommen? Schließlich sind sie, die Mitstreiter des Lehrers, wieder in das ZK und ins Politbüro gewählt worden. Die Partei liebt ihre Führer. Das heißt, auch das Volk liebt sie.
Ein Jahr vor Kriegsende war ich mit kritischen Symptomen von Unterernährung ins Gefängnislazarett gekommen. Nach der »Genesung« wurde ich unter Bewachung in die Lagerzone des Zentralen Textilkombinats der Petschora-Lager abtransportiert. Hier arbeiteten viele Frauen, das Badehaus betreute ein kräftiger junger Kerl. Er war taubstumm. Dieses Gebrechen ersparten es Nikola – so hieß der Bademeister –, im Wald Bäume fällen zu müssen.
Nikola beschäftigte sich mit seinem Bad, er hatte genug zu tun. Die Frauen genierten sich nicht vor ihm, erzählten ihm, was ihnen gerade in den Kopf kam, foppten ihn, zerrten an ihm herum. Als Antwort brummte er nur. Was kann man von einem Taubstummen schon verlangen.

Mir hatte man nach einiger Zeit das Matratzennähen anvertraut, und es gab Tage, an denen ich an der Nähmaschine meine Norm erfüllte. Angefangen hatte ich wie alle anderen in einem schmutzigen Arbeitssaal, wo alte, häufig blutfleckige Uniformmäntel aufgetrennt wurden. Man trennte die Mäntel mit einer Rasierklinge auf, der Stoff wurde weiterverarbeitet zu Fäustlingen für die Häftlinge, die Holz fällten oder im Steinbruch arbeiteten.

Es verging ein halbes Jahr. Eines Tages geschah das Unmögliche: Der Bademeister fand seine Sprache wieder. Er war niemals taubstumm gewesen, hatte bloß Stimme und Gehör bei den Karten verspielt. Wenn Diebe miteinander Karten spielen, kommt es vor, daß sie auch um Menschen und menschliche Organe spielen. Natürlich nicht um die eigenen. Nikola hatte seine Stimme und sein Gehör auf drei Jahre verspielt. Drei Jahre mußte er schweigen. Die Verabredung zu brechen, hätte seinen Tod bedeutet – niemand kann das Gesetz der Diebe ungestraft verletzen.

Und jetzt war seine Frist abgelaufen. Nikola, gesund und wohlgenährt, wurde schon am nächsten Tag mit einer Arbeitsgruppe zum Holzfällen geführt. Kein Unglück! Er kann ja jetzt wieder sprechen. Wie alle anderen . . .

Stalins Handlanger hatten auch an ihn Sprache und Gehör verspielt. Schon vor vielen Jahren. Der Tod des Generalsekretärs, des Anführers der Kriminellen, hatte sie von der Schweigepflicht entbunden. Aber sie beeilten sich nicht zu reden. Nur Chruschtschow wagte es. Da packten sie ihn an den Schößen seines Parteifracks und zogen ihn mit aller Kraft zurück.

Die Stalinisten versuchten, den neuen Parteichef von den rehabilitierten Kommunisten zu isolieren. Sie verleumdeten sie, ließen sie beschatten. Zu seiner Ehre sei es gesagt, daß Nikita Chruschtschow, als man ihm Berichte von »umstürzlerischen« Gesprächen der von Stalin verfolgten Funktionäre brachte, die Berichte zerriß und die Denunzianten aus seinem Büro herauswarf.

Mit jedem Tage wurde die Opposition gegen Chruschtschow stärker. Die Verschwörung des Schweigens erwies sich als unüberwindlich. Vielleicht hätte sogar einer der »Olympier« manchmal seine persönliche Meinung zu einer konkreten Frage sagen wollen – sie haben ja immerhin noch einige menschliche Eigenschaften –, aber der starke Selbsterhaltungstrieb stand dem entgegen, ein Überbleibsel aus der Stalin-Zeit.

In der Sitzung des Politbüros im Oktober 1962 stellte Chruschtschow die Frage, ob die Novelle von Aleksandr Ssolshenizyn »Ein Tag im Leben des Iwan Denissowitsch« veröffentlicht werden solle oder nicht.

Niemand antwortete. Chruschtschow fragte noch einmal, ein drittes Mal. Schweigen. »Na dann«, schloß das Haupt des Politbüros, »lösen wir die Frage nach dem Sprichwort ›Schweigen heißt zustimmen‹.«
Und die Novelle wurde veröffentlicht.
Bei der Eröffnung des XXII. Parteitages war es der Opposition gelungen, Chruschtschow zu blockieren. Er war inzwischen schon zum Diktator geworden. In seinem Referat auf dem Parteitag (im Oktober 1961) erwähnte Chruschtschow die Verbrechen Stalins. Er deutete an, daß der verstorbene Generalsekretär an der Organisation des Kirow-Mordes beteiligt gewesen sei.
Noch während des Parteitags wurde Stalin in seinem Sarkophag aus dem Mausoleum entfernt. Trotzdem gaben die Anhänger des verbrecherischen Führers nicht auf. Nicht einmal dem Dichter Aleksandr Twardowskij, der schon zu Lebzeiten als Klassiker anerkannt wurde, gelang es, mit seinem Poem »Tjorkin in der Unterwelt« die reaktionären Hürden zu überwinden. Erst auf Chruschtschows persönliche Anordnung hin wurde »Tjorkin« in der »Iswestija« abgedruckt.
Ähnlich leidvolle Erfahrungen standen Jewgenij Jewtuschenko bevor. Als in der Nacht zum 21. Oktober 1962 in der Redaktion der »Prawda« die neue Nummer vorbereitet wurde, in der sein Gedicht »Stalins Erben« erscheinen sollte, setzten einige Liebediener folgende Zeilen hinzu:

> Er glaubte an das große Ziel, nicht bedenkend,
> daß die Mittel dem großen Ziel würdig sein müssen.

Diese im »rhythmisierten Kanzleistil« abgefaßte Passage war ein Fremdkörper in dem Gedicht. Doch der Autor war so froh darüber, das Gedicht überhaupt gedruckt zu sehen, daß ihn die Einmischung der hohen Zensoren nicht allzusehr kränkte.
Die von Stalin großgezogenen Mitarbeiter des ZK-Apparates hatten eine genaue Vorstellung von der Verteilung der Kräfte. Der Apparat gab sich den Anschein, Chruschtschow zu unterstützen, schaute jedoch rückwärts, in die lichte Vergangenheit. Bei den Gerichtsakten des von den Organen erschossenen Grigorij Schklowskij befand sich die Kopie eines Briefes von Lenin an ihn. (Der Text ist im ersten Teil unseres Buches abgedruckt. Vgl. S. 23/24.) Lenin beschwert sich über den unüberwindlichen Widerstand des ZK-Apparates und kommt zu dem Schluß, daß »von Grund auf die neue Jugend im Kampf für unsere Seite erobert« werden muß.
Der Brief wurde Chruschtschow gebracht. Er las ihn aufmerksam durch und bat den Mitarbeiter, ihn noch einmal laut vorzulesen.
»Da können Sie sehen, Nikita Ssergejewitsch«, bemerkte dieser, »schon 1921 hat der Apparat Lenin eingeengt...«

»Ja, man kann eine solche Kraft nur schwer bekämpfen«, antwortete Chruschtschow.

Der ZK-Apparat war jedoch durchaus keine aus sich selbst herrschende Kraft, er stützte sich auf die Masse der reaktionären Beamtenschaft in Partei, Militär und Regierung. Beim geringsten Hauch eines demokratischen Windes knöpften sich die Beamten die Uniformen bis obenhin zu. Öffentlichkeit, Freiheit des Wortes – diese bürgerlichen Dinge sind nichts für unser Volk, bestimmt der Beamte. »Es fängt mit der Kritik am Führer an und endet – furchtbarer Gedanke! – mit der Kritik am System.«

Der Altkommunist Schirwindt, Verfasser eines Buches über das sowjetische Arbeitserziehungsrecht, hat voll Empörung von seinem Streit mit M. Ja. Ginsburg, einem fanatischen Anhänger Stalins und leitenden wissenschaftlichen Mitarbeiter der NKWD-Hochschule, berichtet.

Die Worte des Oberst Ginsburg verdienen, zitiert zu werden:

»Das Referat N. S. Chruschtschows auf der Geheimsitzung des XX. Parteitages ist ohne Beweiskraft, es enthält keine ernst zu nehmenden Tatsachen, Stalin selber hat keinerlei Personenkult um sich geschaffen. Sogar Henri Barbusse hat geschrieben, ›Stalin ist der Lenin von heute‹. Und Barbusse ist schließlich ein großer Schriftsteller, niemand hat ihn gezwungen, so zu reden . . .

Die Menschen sind für die Heimat, für Stalin in den Tod gegangen. Die verschiedenen Opportunisten jedoch, die eilig rehabilitiert worden sind, wollen durch die Beschimpfung Stalins Karriere machen.

Wäre Stalin so schlecht gewesen: warum hätte dann Molotow, das älteste Parteimitglied, Mitkämpfer Lenins, bei Stalins Beerdigung geweint?

Warum greift man einzelne Zitate aus den Werken Stalins heraus, da doch allen bekannt ist, daß Stalin ein gewaltiger Theoretiker war und daß man ohne ihn die Geschichte der Partei weder schreiben noch studieren kann?

Die Politbüromitglieder (Kossior, Tschubarj u. a.) sind nicht von Stalin, sondern auf Beschluß des *ganzen* Politbüros verhaftet worden. Sie haben es gemeinsam beschlossen und die Verhaftungen für notwendig erklärt. Und jene, da sie gestanden haben, sind demzufolge schuldig.

Ein Untersuchungsverfahren läßt sich nicht mit weißen Handschuhen führen. Es ist eine Ungehörigkeit, die Mitarbeiter der Organe jetzt für die Morde der Vergangenheit zur Verantwortung zu ziehen. Den Mitstreitern des Staatssicherheits- und des Innenministeriums war befohlen worden zu töten, und sie hatten den Befehl auszuführen.«

Man liest dergleichen und fragt sich: Wie kann ein Bürger bei all seiner Stumpfheit und seinem aktiven Menschenhaß in jeder beliebigen kriti-

schen Situation die passende politische Position einnehmen? Die Worte Ginsburgs, dieses »Theoretikers« der Strafverfolgungspolitik, sind für Obersten der Stalinschen Schule typisch. Sie sind hilflos wie Lotsenfische, wenn der Hai fort ist, dem sie jahrelang assistiert haben.
Wer wird den krepierten Hai ersetzen? Die Obersten schnüffeln herum, beriechen sich, lauschen, behorchen einander, dienen sich an.
Erraten, dienen, überleben!
Nicht lange, nur ganz kurze Zeit lebten die Obersten unter diesem Zeichen.
Hurraaaa! Alles ist beim Alten geblieben: die einträglichen Posten und die Leckerbissen, die schönen Wohnungen, die Villen und die jungen Mätressen, die lukrativen Auslandsreisen und die nicht numerierten, sondern mit Buchstaben gekennzeichneten Plätze im Theater.
Ginsburg hatte früher in den Straf- und Fahndungsorganen gedient. Schirwindt war ein Opfer des Terrors, der in Gefängnissen und Lagern 18 Jahre zugebracht hatte. Nach seiner Rehabilitierung leitete er die wissenschaftliche Abteilung des Gulag. Ist es möglicherweise zu einem örtlichen Konflikt zwischen dem ehemaligen Häftling und dem früheren Gefängniswärter gekommen?
Natürlich nicht. Schirwindts Ansichten wurden von Millionen geteilt. Millionen anderer verharrten auf Ginsburgs Standpunkt. Die Statistik ist hier machtlos, sie hat niemals die Millionen Indolenter gezählt, den unübersehbaren Morast. Meinungsumfragen wurden im »Lande der echten Demokratie« nicht praktiziert. Gab es sie denn, die echte öffentliche Meinung, in der Epoche der sozialen Surrogate?
Nachdem das Volk von Stalins Verbrechen erfahren hatte, schien es aus dem Schlaf zu erwachen. Es begann – erstmals seit der Revolution – nachzudenken, besonders in den großen Städten bei der Intelligenz. Die Reaktion auf die Stalin-Periode wurde zu einer politischen Barrikade, die die Menschen trennte.
Stepan Schaumjan hatte drei Söhne hinterlassen – Ssuren, Lew und Ssergej. Der älteste, Ssuren, starb 1933 an Leukämie. Lew Schaumjan, ein Historiker, schrieb in der Großen Sowjet-Enzyklopädie einen wahrheitsgetreuen Artikel über Stalin. Er untersuchte eingehend Kobas Vergangenheit und hatte keinerlei Zweifel daran, daß Stalin ein Provokateur und der Totengräber der Revolution gewesen war. Der jüngste Sohn, Ssergej, wuchs unter der Vormundschaft Stalins auf. Er schuf sich einen Posten an der Akademie für Gesellschaftswissenschaften, wo er als eingefleischter Reaktionär galt. Ssergej haßte seinen älteren Bruder, nannte ihn einen »Trotzkisten« und verfaßte wie andere seinesgleichen Anzeigen gegen ihn.

Das ist die Antilogik der »Entlarvung« Stalins, die Antilogik des sogenannten Kampfes gegen den sogenannten »Personenkult«.

Unwillkürlich erinnert man sich dabei an Leskows Erzählung vom »Mann auf Posten«, an den Dialog zwischen Sswinjin und dem Herrscher. »Die unvollständige Wahrheit ist Lüge.« So lief alles mit der »unvollständigen Wahrheit«, mit einem Achtel der Wahrheit, mit Krumen. Dann wurden selbst die Krumen vom Eßtisch gefegt. Und jene entfernt, die einem den Appetit verdarben.

Im Kampf der beiden Strömungen trat nur der Partei-Areopag als monolitische Kraft auf. Immerhin unterstützte ein Mitglied des Politbüros, Anastas Mikojan, alle Unternehmungen Chruschtschows, aber seine Tätigkeit trug den Stempel der Lästerung. War es Sache des lakaienhaften Anastas, des Teilnehmers an den blutigen Strafaktionen, die am Leben gebliebenen Zwangsarbeiter zu verteidigen? (Für die aktive Unterstützung Chruschtschows wird Mikojan noch mit der Absetzung von allen hohen Posten bezahlen – zu Lebzeiten – und mit einem einfachen Begräbnis auf einem gewöhnlichen Friedhof – nach dem Tode.)

Für die Menge, Entschuldigung, für das große sowjetische Volk muß Stalin eine Figur der Vorsehung bleiben, der Stolz der Partei und ihre Ehre. Auf dieser »Grundlage« hoffte die Parteispitze, sich an der Macht zu halten und ihr persönliches Wohlergehen zu sichern.

Die Geschichte hat dem 20. Jahrhundert eilige Führer geschenkt. Warum eilten sie so, wohin sind sie verschwunden? Hitler erklärte den Blitzkrieg, Mao den Großen Sprung in der Wirtschaft, Stalin den Blitz-Sozialismus, Chruschtschow den Blitz-Kommunismus.

Tatsächlich hatte der Erste Sekretär des ZK der heutigen Generation erklärt, daß sie in den Kommunismus eintreten werde. Wozu dann das Alte aufrühren? Lohnt es denn, Stalin zu entlarven? Schon Christus hat gelehrt, alle Beleidigungen zu vergeben. Und Beleidigungen hat es doch gegeben, nicht? Da kamen nun von überall her die verbitterten Sträflinge. Der entschlafene Führer hatte sie in seiner Gnade am Leben gelassen, und womit dankten sie es ihm?

So dachten die Anhänger Stalins. Und handelten dementsprechend.

Aschot Joanissjan, der Sekretär des ersten legalen Zentralkomitees der Kommunistischen Partei Armeniens, hatte eine 18jährige Leidenszeit im Gefängnis hinter sich, war aber immer noch Optimist. Am 12. Februar 1962 schrieb er an den Altkommunisten Ruben Katanjan zu der Entlarvung Stalins:

»Offenbar wird die Partei früher oder später die Auffassung von diesem Götzen aufgeben, die dessen Priester ihr aufzwangen.

Mir scheint, die rückhaltlose Entlarvung könnte sich gegen die Diener selbst wenden. Diese Leute drehen sich angstvoll um ihr Kultbild, stecken ihm einmal zum Spaß die Zunge heraus, dann wieder verbeugen sie sich respektvoll vor ihm, wobei sie an seine ›Verdienste‹ in der Vergangenheit erinnern.

Ich glaube, dieses ›Schwanken‹ in Fragen des Personenkults endet mit dem ideologisch-politischen Bankrott dieser Leute.«

Ein begründeter Optimismus. Es ist kein Fall bekannt, da das organisierte Böse Bankrott gemacht hätte. Auch damals nicht – die reaktionären Kräfte drehten Chruschtschow um 180 Grad. Einen seiner aktivsten Gehilfen warnte er:

»Wenn Sie nicht Schluß machen, stellen Sie sich außerhalb der Partei. Sie handeln gegen das ZK!«

Der natürliche Lauf der Dinge. Der Prozeß der Entlarvung Stalins und der Verurteilung seiner Machenschaften drohte dem ZK aus den Händen zu gleiten. Wollte man von Grund auf ehrlich sein, müßte man zugeben, daß ein Bandit ein Vierteljahrhundert lang die Partei und den Staat geleitet hatte. Was bleibt da noch vom Sozialismus? Die Menschen würden fragen: Hat er vielleicht gar nicht den Sozialismus, sondern etwas ganz anderes gebaut, dieser Stalin? Die unverantwortliche Beschimpfung des dahingegegangenen Genius (»Warum habt ihr zu seinen Lebzeiten geschwiegen?«) untergräbt die Autorität der Partei. Die Entthronung des Führers des Weltproletariats hatte in allen kommunistischen Parteien der Welt einen Gärungsprozeß ausgelöst.

All diese Argumente wurden auf der Sitzung des Politbüros vorgebracht. Es folgte der Beschluß: »Einstellen!«

Die Alternativlösung wäre gewesen, den Stalinismus vollständig zu entlarven und zu verurteilen, der ganzen Welt die Verbrechen Stalins und seiner Gehilfen bekanntzugeben – dafür hätte es Ehrlichkeit und Mut bedurft. Solche Eigenschaften gibt es dort, an der obersten Spitze, nicht – ein Ergebnis eben der Stalinschen Selektion.

Folglich endete die Entlarvungskampagne, wie es sich für eine jede politische Kampagne gehört. Es ist an der Zeit, den Vorhang herunterzulassen. Der Personenkult hat existiert, so viel ist gewiß. Das übrige lohnt nicht, aus der Erinnerung hervorgeholt zu werden, oder besser: Daran zu erinnern ist schädlich. Ssolshenizyn und die übrigen Eiferer sollten verboten werden. An den Tod der Revolutionäre soll nicht mehr erinnert werden – weder in der Presse noch im Radio oder im Film.

Unter Chruschtschow kam der Chef der Organe, Aleksandr Schelepin, fast jeden Abend um zwölf Uhr in die Parteikontrollkommission. Ihn interessierte der Fortgang der Untersuchungen über die Verbrechen

Stalins und die Rehabilitierung der Opfer, der lebenden und der toten. Schelepin stellte der Kontrollkommission die Archive des KGB zur Verfügung (natürlich auf Anweisung des ZK) und gab sich den Anschein, als sei er aus ganzer Seele für die Wiederherstellung der Wahrheit.

Doch kaum war Chruschtschow abgesetzt, wurde Schelepin wieder er selbst. Vor dem XXIII. Parteitag leitete er eine Gruppe des Zentralkomitees, die sich außerhalb der Stadt traf und jenen Abschnitt des Rechenschaftsberichts vorbereitete, der die Revision der Parteibeschlüsse über den Personenkult Stalins beinhaltete – gegen die Politik Chruschtschows. Offen auf dem Parteitag aufzutreten, wagten die Stalinisten nicht. Nicht die internen Proteste hielten sie davon ab, obwohl die Stimmen international bekannter Gelehrter, Dichter und Schriftsteller deutlich zu hören waren. Sie schreckten vor einer möglichen Spaltung des internationalen kommunistischen Lagers zurück. Gegen die sich anbahnende Rehabilitierung Stalins traten mit Vehemenz mehrere kommunistische Parteien auf. Parteien mit Autorität: die französische, die italienische, die britische. Sogar die sonst so vorbildliche bulgarische KP geriet aus dem Tritt. Die Delegation aus Sofia war mit Verspätung erschienen und informierte, sobald sie von den in Vorbereitung befindlichen Maßnahmen erfuhr, Todor Shiwkow. Der bulgarische Parteichef sprach sich kategorisch dagegen aus. »Das geht so nicht!« erklärte er den Moskauer Parteichefs.

Das Politbüro beschloß, auf dem Parteitag diesen Abschnitt des Rechenschaftsberichts auszulassen, aber praktisch die Rehabilitierung des geliebten Führers voranzutreiben. Sozusagen in der Praxis. Auf einer Versammlung des (engeren!) Parteiaktivs von Leningrad erklärte Schelepin:

»Wir werden den ruhmreichen Namen des Genossen Stalin in der Praxis wiederherstellen. Zweifelt nicht daran! Chruschtschow – er war schließlich ein regelrechter Trotzkist! – hat die parteifeindliche Politik und die Rehabilitierung aller ohne Unterschied eingeführt. Wir haben schon eine Liste von 25 000 zu Unrecht Rehabilitierten zusammengestellt. Und wir werden diese Arbeit fortsetzen.«

Was »in der Praxis« bedeutet, ist nur allzugut bekannt. Alsbald erging eine neue Direktive: verschweigen! Die Verbrechen Stalins in Schweigen hüllen, selbst die Kampagne gegen den sattsam bekannten Personenkult verschweigen. Wir haben Entlarvung gespielt, und Schluß jetzt. Dem Publikum wird ein neues Spiel geboten, das jedoch eigenartigerweise an ein altes erinnert – die Bekränzung Stalins. Dieses neu-alte Spiel mußte im Dezember 1969 beginnen. Man hatte beschlossen, den neunzigsten

Geburtstag des Vaters der Völker seinem hochheiligen Andenken gemäß zu begehen. Die »Prawda« bereitete einen Jubiläumsartikel vor. Aber die kommunistische Parteien des Westen begriffen den genialen Plan nicht und hatten es aus irgendeinem Grunde nicht eilig, sich an der Re-Stalinisierung zu beteiligen. Daher konnte der Jubiläumsartikel nicht veröffentlicht werden. Gomulka, Kádár und Husák hatten gegen eine unverhüllte Lobpreisung des Tyrannen protestiert. Moskau gab nach. In Ulan-Bator war der Befehl des ZK der KPdSU jedoch zu spät eingetroffen, und die mongolische Zeitung »Unen« druckte den Unglücksartikel ab. Mit einem Verweis... auf die »Prawda«. Auch die Thesen des Marxismus-Leninismus-Instituts, die der diensteifrige »Akademiker« Pospelow ausgearbeitet hatte, wurden nicht veröffentlicht. Sie blieben in einem roten Aktenordner mit grauen Schnüren.
Wer knotet sie auf?

Rehabilitierung?

Die Rehabilitierung der Opfer des Stalinschen Terrors begann kurz nach dem Tode des Generalsekretärs. Aber die vor dem Lagertod Geretteten konnte man damals an den Fingern abzählen. Schon die ersten Wochen brachten es an den Tag: es wird nicht gelingen, die Folgen der Willkür geräuschlos zu beseitigen. Ein Beispiel dafür war die Einstellung des »Falles der Kreml-Ärzte«. Und außerdem: Wie sollte man in kurzer Frist die Rehabilitierung von -zig Millonen illegal verfolgter »Politischer« verwirklichen?
1954 wurde eine Regierungskommission für Rehabilitierung gebildet. Alle Stadt- und Gebietsgerichte, die Militärtribunale und die Organe der Staatsanwaltschaft wurden angewiesen, die Überprüfung der Fälle aufzunehmen. Dem Obersten Gerichtshof wurde aufgegeben, die Materialien über die ungesetzlichen Handlungen der illegalen OSO, der Sonderkonferenz beim Ministerrat der UdSSR, zu überprüfen.
Als Leiter der Regierungskommission wurde der bewährte Genosse Iwan Sserow berufen, der als Vorsitzender der Kommission für Staatssicherheit vorgesehen war. General Sserow hatte *fünfzehn Jahre* lang als Stellvertreter Berijas gearbeitet. Seine Dienstakte weist den Massenmord von Katyn, die Vernichtung der Tschetschenen, der Krimtataren und weiterer »Andersvölkischer« auf. Und vieles andere.

General Sserow begriff, spürte es mit seinem feinfühligen Herzen, daß es zu nichts führen würde, wenn man die Rehabilitierung übers Knie bräche.
Als es an die Fälle der Verbannten ging, kam ans Licht, daß es im Strafgesetzbuch keinen Paragraphen gab, wonach »Feinde« des Volkes zu ewiger Verbannung verurteilt werden konnten. Das Schicksal der Eltern hatten auch die Kinder geteilt, die mit ihnen am Verbannungsort lebten. Nach Vollendung des 16. Lebensjahres hatten sie das Recht auf einen Paß, erhielten ihn aber nicht; sie waren sozusagen dem örtlichen MWD-Kommandanten leibeigen. Die Verbannten hatten Schreckliches zu leiden. Hungrig, rechtlos, fanden sie keinerlei Arbeit. General Sserow sprach sich gegen die »Begünstigung« der Verbannten aus. Trotzdem faßte das Politbüro eine Resolution, derzufolge alle Verbannten freizulassen waren – als erste diejenigen, deren Straffrist fünf Jahre betrug. Das Innenministerium wurde beauftragt, eine Instruktion auf der Grundlage des entsprechenden Ukas auszuarbeiten.
Es verging eine Woche, eine zweite, ein Monat, der Ukas war noch immer nicht veröffentlicht. Altkommunisten beschwerten sich bei Mikojan.
»So etwas gibt es nicht!« empörte sich Mikojan. »Das Politbüro übergibt seine Resolution zusammen mit dem Entwurf des Ukas an das Präsidium des Obersten Sowjet. Was denn – wissen Sie nicht, in welcher Reihenfolge die Papiere ausgefertigt werden?«
Aber die Genossen hatten schon beim Obersten Sowjet angerufen. Der Ukas war nicht da.
Da telefonierte Mikojan mit Chruschtschow.
»Das kann überhaupt nicht sein! Hören Sie auf!« unterbrach ihn der Erste Sekretär. Aber Chruschtschow mußte sich überzeugen: Zum ersten Mal in der Geschichte der Partei war eine Resolution des Politbüros nicht befolgt worden.
Am anderen Tag war der Ukas veröffentlicht. Der Sekretär des Präsidiums des Obersten Sowjet, Nikolaj Pegow, wurde seines Amtes enthoben und in den Iran geschickt, als Botschafter.
Pegow hatte auf Anweisung Malenkows gehandelt. Malenkow wiederum stand nicht allein. Aber das sind schon Details.
Der Lubjanka-Apparat hatte nur ein Rad der Karre im Griff. Das andere hielt der ZK-Apparat fest. Sie sabotierten gemeinschaftlich, stilvoll und mit Sachverstand – zwei Organismen mit gemeinsamem Blutkreislauf.
Die Kampagne zur Überprüfung der Fälle erforderte die Mobilisierung des an Zahl gewaltigen Personals der Staatsanwaltschaft und Tausender vertrauenswürdiger Juristen. In der Lubjanka erwartete sie eine Überra-

schung: Viele Ordner mit den Untersuchungsakten waren *leer.* Keine Verhörprotokolle, keine Anzeigen, keine Namen der Untersuchungsbeamten. Im Verlauf von zwei Jahren konnten knapp zehn Prozent der Fälle überprüft werden. Die anderen Verurteilten (neun Zehntel!) blieben hinter Stacheldraht.

Das höllische Förderband, das in die Kleine Zone ebenso viele Menschen transportiert hatte, wie heute in einem Lande wie Frankreich insgesamt leben, dieses Förderband wollte sich nicht rückwärts bewegen. Wozu sollte man auch überflüssige Probleme schaffen? Es werden keine fünf, sechs Jahre vergehen, und die nicht erledigten »Feinde« sterben von selbst. Dann werden wir vielleicht, wenn der Erste noch immer den Wunsch dazu hat, die Frage der postumen Rehabilitierung erörtern. Aber die überlebenden Kommunisten, die alte Garde der Partei, konnten sich mit einer solchen »Richtlinie« der Gehilfen Stalins nicht zufriedengeben. Einer der Rehabilitierten, ein früherer Mitarbeiter von Ssergo Ordshonikidse (nennen wir ihn einmal »Mitarbeiter«), empfahl dem Generalstaatsanwalt Rudenko, an alle Haftorte vom Präsidium des Obersten Sowjet bevollmächtigte Sonderkommissionen zu entsenden. Der Staatsanwalt wies den Plan zurück: »Das ist vom politischen und vom juristischen Standpunkt aus unannehmbar.«

Der Mitarbeiter war ein hartnäckiger Mensch. Einige Monate vor dem XX. Parteitag ging er mit seinem Vorschlag zu Chruschtschow. Die Genossen fertigten eine Notiz an, und in der nächsten Sitzung des Politbüros wurde beschlossen, bevollmächtigte Kommissionen in die Gefängnisse und Lager zu schicken. ZK-Sekretär Aristow erhielt den Auftrag, die Kommissionsmitglieder mit ihrer Aufgabe vertraut zu machen. Die Gesamtleitung hatte das Politbüromitglied Anastas Mikojan.

Während des XX. Parteitages berief Mikojan eine Sitzung der verantwortlichen Mitarbeiter ein (dies kam einer Sitzung der Zentralen Kommission gleich, aber offiziell existierte so eine Kommission nicht). Bei Eröffnung der Sitzung entschuldigte sich Mikojan vor den Juristen: »Leider können wir nicht immer und nicht in allem die Formalitäten beachten. Die Sache ist schließlich eilig . . .«

»Was sagen Sie da, Anastas Iwanowitsch«, ließ sich Rudenko hören, »alles ist juristisch begründet, alles ist legal . . .«

Mikojan fragte Sserow: »Wie viele Leute sitzen wegen Kritik an Stalin, die keinen Strafrechtsparagraphen verletzt haben?«

Sserow: »Ein paar wenige.«

Der *Mitarbeiter:* »Ein paar wenige? Bei mir steht eine fünfstellige Zahl.«

Mikojan: »Ich schlage vor, noch heute das Innenministerium anzuweisen, diese Gefangenen freizulassen.«
Der Vorschlag wurde angenommen. Mit der Durchführung wurde Minister Nikolaj Dudorow betraut, der kurz vor dem XX. Parteitag Kruglow als Innenminister abgelöst hatte. In jenen Tagen wurden achtzig Kommissionen gebildet, der Zahl der großen Lagerkomplexe entsprechend. Außerdem drei Kommissionen, die sich mit den Isolationsgefängnissen für politische Häftlinge zu befassen hatten. Zu jeder Kommission gehörten je ein Vertreter der Staatsanwaltschaft, des KGB (Komitee für Staatssicherheit) und ein altes rehabilitiertes Parteimitglied. Als vierter ein örtliches Parteimitglied. Für gewöhnlich entsandte die Partei einen verantwortlichen Mitarbeiter der Gebiets-Staatsanwaltschaft. Die Listen von hundert rehabilierten Kommunisten wurden dem ZK zur Bestätigung vorgelegt. Außerdem wurden noch zwanzig weitere Namen hinzugefügt. Das ZK konnte einige aussortieren.
Und das ZK sortierte aus. Als die Listen im Sekretariat eintrafen, fand sich darauf *kein einziger* rehabilitierter Kommunist. Man wandte sich eilig an Mironow, den Abteilungsleiter der Verwaltungsorgane. Mironow erklärte, die Altkommunisten hätten sich geweigert, an der Kampagne teilzunehmen.
»Haben Sie sie gesehen, haben Sie mit ihnen gesprochen?« wurde Mironow gefragt.
»Nein.«
(Mironow hatte immer noch Malenkow und die stalinistische Mehrheit des Politbüros im Rücken.)
Man wandte sich an Aristow. Der ZK-Sekretär zuckte die Achseln: Mironow hat die Listen an die oberste Spitze weitergegeben. Und die Politbüromitglieder haben die Dokumente auf dem Dienstwege, einzeln, bestätigt – »in der Praxis«.
In der Praxis.
Man mußte Chruschtschow anrufen. Erst nach seinem Eingreifen konnten die Listen wiederhergestellt werden.
April 1917. Grigorij Fjodorow war der einzige ins ZK gewählte Arbeiter. Die Petersburger Parteiorganisation hatte ihm das Mitgliedsbuch Nr. 1 ausgestellt. Fjodorow nahm aktiv am bewaffneten Aufstand und am Bürgerkrieg teil.
Warum hatte Stalin es nötig, ihn zu den Organisatoren des Mordes an Kirow zu zählen? Der »Terrorist« Fjodorow kam ums Leben, seine Frau Beti Michajlowna verbrachte 18 Jahre im Lager, und ihre fünf Töchter erlitten alles, was für Kinder »solcher« Eltern vorgeschrieben war.
1956. Molotow, Kaganowitsch und Malenkow, die im Präsidium eine

stalinistische Mehrheit zurechtgezimmert hatten, widersetzten sich der Rehabilitierung Fjodorows. Erst beim zweiten Versuch gelang es Chruschtschow, den notwendigen Beschluß durchzusetzen. Es scheint, daß auch die postume Rechtfertigung kein Geschenk des Himmels ist.
Die beginnende Rehabilitierung trug Unruhe in die geordneten Reihen der Denunzianten. Als das ZK die erlogene Beschuldigung gegen die Komsomolführer mit Aleksandr Kossarew an der Spitze kassiert hatte, ging der Stern der Provokateurin Olga Mischakowa unter. 1937 hatte sie Kossarew verleumdet. Jetzt wurde der Denunziantin nahegelegt, das ZK des Komsomol zu verlassen. Aber die Mischakowa konnte nicht einfach plötzlich ihre führende Tätigkeit aufgeben. Ein ganzes Jahr nach ihrer Entlassung kam sie weiterhin ins ZK und saß dort in ihrem leeren Büro den ganzen Arbeitstag lang, wobei sie eine Mittagspause einlegte. Eines Tages wurde ihr der Passierschein abgenommen, und der Posten ließ sie nicht mehr in das Gebäude ein. Die Mischakowa erschien trotzdem Tag für Tag. Jetzt stand sie während der Dienststunden am Eingang zum ZK. Man versetzte ihren Mann, einen General, nach Rjasanj. Aber die Mischakowa gab ihren Posten noch immer nicht auf. Jeden Morgen bestieg sie um vier Uhr den Schnellzug und fuhr von Rjasanj nach Moskau. Und stand ihre Arbeitsstunden am Eingang ab. Bis man sie in eine Heilanstalt brachte.
Bei einer anderen verdienten Provokateurin, Sserafima Gopner, kam es nicht bis zur Einweisung in eine Nervenklinik. Obwohl sie die Rehabilitierung der »Volksfeinde« als persönliche Tragödie empfand. Nachdem ihr Mann, Lenins Mitkämpfer Emmanuil Jonowitsch Kwiring, verhaftet worden war, schrieb die Altbolschewikin einen Brief an das Parteikomitee: »Ich schäme mich, daß ich mehr als zwanzig Jahre mit diesem Scheusal verbunden gewesen bin, obwohl es Signale für seine feindliche Tätigkeit gegeben hat.« (Sserafima Gopner hatte einen gewichtigen Grund zum Haß: Kurz vor seiner Verhaftung hatte Kwiring sie verlassen und eine neue Familie gegründet.)
Im Marxismus-Leninismus-Institut plante man eine Gedenkveranstaltung für Kwiring. Die Witwe geriet in Aufregung: Wenn nun womöglich plötzlich ihr verleumderischer Brief auftaucht? Sie fragte den Altkommunisten Aleksej Rudenko, der 17 Jahre im Lager verbracht hatte: »Wissen Sie nicht, wo die Anzeigen gegen die ehemaligen Feinde aufbewahrt werden?«
Rudenko beruhigte die Gopner: »Diese Papiere können sich an verschiedenen Orten befinden.«
Die Gopner rief im Institut an und bat, die Jubiläumsveranstaltung zu verschieben, da sie selber erkrankt sei. Dies wiederholte sie noch einmal.

Kwirings Sohn war eigens aus dem Ural nach Moskau gereist, konnte jedoch die Ehrung seines Vaters nicht länger abwarten. Bald beruhigte sich die Gopner: Niemand legte Hand an die Ehre und Würde der Stalinschen Provokateure. Und die Gopner wird wieder gedruckt, spricht in Versammlungen. Bei einer Veranstaltung zum Gedenken an Andrej Bubnow, die das Revolutionsmuseum 1963 abhielt, beschuldigte Sserafima Gopner den ums Leben gekommenen Revolutionär, er habe den Friedensvertrag von Brest-Litowsk negativ beurteilt. Sie selber hatte während der Verhandlungen von Brest in Jekaterinoslaw gearbeitet und auf einer Gouvernements-Plenarsitzung eine Resolution durchgesetzt, in der die Leninsche Linie verurteilt wurde: »Brest – das ist Verrat an der Revolution . . .«

Ähnliche Fälle würden eine umfangreiche Anthologie füllen. Einen Ehrenplatz darin würde Galina Sserebrjakowa einnehmen.

Leonid Sserebrjakow war ihr zweiter Mann, ihr erster war Grigorij Ssokolnikow gewesen. Beide Männer kamen im Gefängnis ums Leben. Galina Sserebrjakowa hatte zwanzig Jahre im Lager verbracht. Dort wurde sie zum Spitzel und verriet ihre Haftgenossinnen.[211] Sie hat Stalin überlebt, weigerte sich jedoch, beim ZK die Rehabilitierung ihrer liquidierten Ehemänner zu beantragen. Leonid Sserebrjakow war beschuldigt worden, ein Attentat auf Jeshow und Berija vorbereitet zu haben. Darauf hatte der Stalinsche Staatsanwalt Wyschinskij persönlich bestanden.

Das Gesuch, Sserebrjakow zu rehabilitieren, reichte Jelena Stassowa ein. Sie versuchte zu scherzen: »Wäre das wahr, was man Sserebrjakow vorgeworfen hat, so verdiente er postum den Titel eines Helden der Sowjetunion . . .«

Galina Sserebrjakowa hatte drei Töchter: eine von Ssokolnikow, eine von Sserebrjakow und eine von einem Lagerwächter.

Das Manuskript ihres zweiten Buches über Karl Marx war erhalten geblieben. Im Vorwort zu ihrer Trilogie »Prometheus« schrieb sie:

»Vor dreißig Jahren erschien mein erster Roman über Karl Marx – das Buch ›Marx' Jugend‹. Danach begann ich, Material für den nächsten Band zu sammeln, aber mein Leben änderte sich 1936 auf tragische Art. Das Jahr 1956 brachte mir die Freiheit wieder. 1960 habe ich den ›Raub des Feuers‹ vollendet und voller Dankbarkeit für den XX. Parteitag das erste Buch dieses Romans dem Menschen gewidmet, der das Leninsche ZK in den schweren Tagen des Kampfes gegen die Hohenpriester des Personenkults geführt hat – dem teuren Nikita Ssergejewitsch Chruschtschow.

Mit dem Roman ›Höhen des Lebens‹ habe ich die Trilogie über Marx

und Engels abgeschlossen und sie ›Prometheus‹ genannt. So hat sich ungeachtet aller Widrigkeiten des Schicksals mein Traum erfüllt, in künstlerischen Bildern Leben und Taten der beiden Genies darzustellen.«[212]
Kaum hatte sich die Umkehr in der Entstalinisierungspolitik angedeutet, kaum waren die »Hohenpriester des Kults« wieder obenauf, als auch die Sserebrjakowa, wie zuvor das ZK, eine wunderschöne Wendung nach rechts vollzog. Aus vollem Herzen verleumdete sie auf Versammlungen die Gegner des neuen harten Kurses. Mit den Widrigkeiten des Schicksals wurde Galina Sserebrjakowa leicht und zwanglos fertig.

Die menschliche Psyche hat einen gewichtigen »Fortschritt« aufzuweisen, wenn der Sohn des Revolutionärs Jakow Sswerdlow es fertigbringt, bei Berija zu dienen; wenn die Witwe von Mitstreitern Lenins zum Lagerspitzel wird, nach der Freilassung die Toten noch einmal verrät, und schließlich einen Roman über Marx und Engels publiziert.
In den dreißiger Jahren, als Nikita Chruschtschow die Org-Abteilung des ZK der Ukraine leitete, war Marija Schmajenok Leiterin der Propagandaabteilung. Chruschtschow schätzte sie hoch, besprach sich häufig mit ihr. Ihren Mann, den ZK-Sekretär Nikolaj Demtschenko, liquidierte Stalin. Sie wurde mit ihren Söhnen Nikolaj und Feliks ins Lager geschafft. 1948 kam Marija Schmajenok wieder in die Ukraine zurück. Nikita Chruschtschow – er war damals schon ZK-Sekretär der Ukraine – empfing sie nicht, sondern schickte sie zum MGB. Von da wurde sie als Ökonomin ins Kombinat »Saporosh-Stalj« gesandt. Dort begann man, die maskierte »Volksfeindin« mit vereinten Kräften genüßlich zu verfolgen. Man hetzte gegen sie in der Planabteilung, in den Parteikomitees, vor Versammlungen, auf Versammlungen, nach Versammlungen und bei jeder sich irgend bietenden Gelegenheit . . .«
1955. Marija Schmajenok reiste nach Moskau und schickte eine Postkarte an den Ersten Sekretär des ZK. Chruschtschow empfing sie sofort.
»Sie waren wahrscheinlich gekränkt damals, 1948, weil ich Sie nicht empfing? Aber was konnte ich denn *damals* tun?«
Und was konnte er jetzt tun, der Erste Sekretär?
Konnte er beispielsweise für alle Politischen eine Generalamnestie verkünden? Er konnte es nicht, wollte es aber.
Von den Parteibeamten wollte es keiner. Die unzulängliche Amnestie von 1953 betraf nur die Stalinsche Garde der Verbrecher sowie die »Gelegenheitskriminellen«, für die an Ort und Stelle zehn Tage Arrest genügt hätten.

Dennoch, das Lagerregime wurde weniger streng, ein kleiner Bach von Rehabilitierungen plätscherte dahin, die Lageroffiziere und die Wachmannschaften hüteten sich, eigenmächtig Häftlinge zu erschießen...
Im Frühjahr 1958 begann ein anderer Wind zu wehen, die Strafpolitik bekam einen neuen Impuls – den Befehl des Innenministeriums Nr. 380. In den Lagern fing man mit dem Bau neuer Sonderbaracken an. Die Rückkehr zum harten Kurs traf vor allem die Politischen, wenn auch das Bächlein immer noch murmelte.
An der Petschora traf ich 1944 Professor G.M. Danischewskij, einen bedeutenden Internisten. Er war 1937 im Zusammenhang mit dem Mord an Gorkij verhaftet worden, und bei dieser passenden Gelegenheit zugleich der Spionage für England, Deutschland und weitere vier Länder beschuldigt worden: denn der Professor hatte die sowjetische Medizin auf sechs internationalen Kongressen vertreten.
1955 kam die Rehabilitierungskommission des ZK auch an die Petschora. Danischewskij wurde empfohlen, einen Antrag auf Überprüfung seines Falles zu stellen. Er schrieb insgesamt 36 Seiten. Ein Mitglied der Kommission, ein alter Bekannter des Professors von der »Freiheit« her, nahm den Antrag, bat aber den Häftling, für alle Fälle ein leeres Blatt zu unterzeichnen.
Nikita Chruschtschow hat Schwierigkeiten, Danischewskijs Schreiben zu verstehen. Da zieht das wohlmeinende Kommissionsmitglied den Bogen mit der Blanko-Unterschrift aus der Mappe.
»Vielleicht können Sie dies verwenden?«
Chruschtschow stimmte zu und diktierte den folgenden Text:
»An den Ersten Sekretär des Zentralkomitees der Allunions-Kommunistischen Partei (B), N.S. Chruschtschow, von dem Parteimitglied seit 1918, dem früheren Vorsitzenden des Wissenschaftlichen Rats des Volkskommissariats für das Gesundheitswesen der UdSSR, des Direktors des Instituts für ärztliche Weiterbildung G.M. Danischewskij.

Antrag

Ich bin vollkommen unschuldig. Ich bitte um Freilassung.«
Chruschtschow genehmigte den Antrag. »Und das« – er hob dem Kommissionsmitglied den ersten Antrag hin – »können Sie sich als Andenken aufheben.«
Nach seiner Freilassung arbeitete Danischewskij im Mjasnikow-Institut für Kardiologie. 1955 erschien sein Buch »Die Akklimatisierung des Menschen im Norden«. Dieses fundamentale Werk schließt eine Studie über Gesundheitsprobleme in bezug auf das Klima ein. Auf dem Titelblatt des Buches steht:
»Dem lichten Andenken meiner unvergeßlichen Freundin und Genossin

Anna Dawydowna Danischewskaja-Rosowskaja. 21. September 1955.«

Der Antrag der illegal verfolgten Rosowskaja war ebenfalls vor Chruschtschow gelangt. Parteimitglied seit 1904, war sie eine enge Mitarbeiterin Lenins gewesen. Es hat sich eine Fotografie erhalten, auf der die Rosowskaja neben Lenin und Sswerdlow auf dem Roten Platz steht.

Sie lag nach einem Herzinfarkt im Krankenhaus, als Schwerniks Stellvertreter mit dem Parteibuch zu ihr kam. Zwei Stunden darauf starb sie.

Ihre Freilassung aus dem Lager hatte sie nur zwei Monate überlebt.

Das Prinzip, auf das sich die Rehabilitierungen aufbauten – wenn man das ein Prinzip nennen kann –, überzeugt nicht: Jeder politische Häftling muß selber die Rehabilitierung für sich beantragen (falls er noch lebt), oder aber seine Angehörigen müssen den Antrag stellen.

Die Rehabilitierung des 1937 ums Leben gekommenen Aleksandr Artemjewitsch Baksadjan hatten Genossen des früheren Volkskommissars für Auswärtige Angelegenheiten der Transkaukasischen Föderation beantragt.

Es ist unbekannt, welchen Umständen es zu verdanken ist, daß die Akte Baksadjans, eine dicke grüne Mappe, erhalten blieb. In der Mappe lag ein Notizzettel mit dem Beschluß des Generalsekretärs: »Erschießen.« Und Fotografien des Toten. Der Staatsanwalt lud die Altkommunistin F. Knunjanz vor, zeigte ihr die Fotos.

»Erkennen Sie ihn wieder?«

Wie sollte sie nicht den »Genossen Jurij« wiedererkennen ... Zusammen hatten sie im Untergrund für die Partei gearbeitet.

Die Fotografie zeigte ein verunstaltetes Gesicht, verschwollene Augen ...

Frau Knunjanz liest Baksadjans eigene Angaben: »Mein Vater, adliger Abstammung, hat das Amt eines Friedensrichters bekleidet. Die Familie war groß, wir litten Not. Mein Schulgeld mußte ich selber aufbringen. In die Partei bin ich nur eingetreten, um für das schwere Leben Rache zu nehmen. Mein Hauptziel war jedoch, der Partei zu schaden.«

»Was halten Sie von Baksadjan?« fragt der Staatsanwalt.

»Es ist ein sehr ehrlicher und sauberer Mann, ein bemerkenswerter Kommunist.«

Und wenn sich nun niemand für ihn eingesetzt hätte? Wenn sich seine Genossen von ihm abgewendet hätten?

Zurückblickend auf die kurzen Jahre des Tauwetters begreift man die Rehabilitierung als eine Art Lotterie. Es schien zunächst, als habe

Wladimir Antonow-Owssejenko hier Glück gehabt. Auf dem XX. Parteitag erwähnte Mikojan meinen Vater als Opfer postumer Verleumdung. Der Historiker Lichalat hatte ihn verleumdet.[213] Das ZK hat also Antonow als unschuldig anerkannt, dachte ich. Bald schon erhielt ich eine Bescheinigung über die posthume Rehabilitierung meines Vaters. Natürlich hat man sie mir nicht geschickt, niemand hatte mich gesucht. Ich mußte selber den Antrag stellen.

Und dann? Es verging nur eine kurze Zeitspanne, und 1963 beschuldigte der wissenschaftliche Mitarbeiter des Historischen Instituts bei der Akademie der Wissenschaften, D.W. Osnobischin, öffentlich den »trotzkistisch gesinnten« Antonow-Owssejenko der parteifeindlichen Strategie an der ukrainischen Front 1919. Zwei Jahre darauf veröffentlichte die »Iswestija« eine Glosse von Aleksandr Ssowokin, Mitarbeiter des Marxismus-Leninismus-Instituts. Dieser »Historiker« behauptete, Antonow-Owssejenko habe in Absprache mit Dybenko den Text des Code-Telegramms »Schicke Statut« verändert. Auf dieses Telegramm hin sollte im Oktober 1917 ein Schiffsverband von Helsingfors nach Petrograd auslaufen. Nun aber hätten Antonow und Dybenko aus Karrieregründen »das geschichtliche Dokument gefälscht«, indem sie das Telegramm sich selber zuschrieben.[214]

Diese Unterstellung hatte der Kandidat der historischen Wissenschaften Ssowokin zusammengeschmiert, gemeinsam mit dem Kandidaten Andrej Sswerdlow. Der Sohn von Jakow Sswerdlow hatte jahrelang fruchtbar unter der Leitung Berijas gearbeitet. Man braucht daher die Motive für das Vorgehen Andrej Sswerdlows nicht zu suchen. Was aber hatte Jurij Scharapow (ebenfalls Kandidat der historischen Wissenschaften), einen Mitarbeiter der Zeitung, dazu getrieben, an der Verleumdungsaktion teilzunehmen?

Im Gespräch mit einer verantwortlichen Person in der Redaktion bemerkte ich: »Drei Kandidaten der Wissenschaften: ist das nicht ein bißchen viel für eine ganz schlichte Gemeinheit?«

Der Redakteur lachte. Mir war nicht nach Lachen zumute. Ich beschloß, gegen Ssowokin und die Redaktion Anzeige zu erstatten, da ins Strafgesetzbuch und ins Bürgerliche Gesetzbuch mit zwar geringer – vierzigjähriger – Verspätung Paragraphen über das Recht der Bürger auf Rechtfertigung aufgenommen worden waren. Ich wandte mich an das Volksgericht – meine Anzeige wurde selbstversändlich nicht angenommen. Beim Stadtgericht – dasselbe. Erst nach der Intervention einiger Altbolschewiki und der persönlichen Anweisung des Generalstaatsanwalts nahm das Stadtgericht den Fall zur Verhandlung an und – schloß damit den Fall ab: Die »Iswestija« veröffentlichte einen Brief von Ssowokin. Nein, der

Verleumder entschuldigte sich nicht vor den Lesern und der Redaktion der Zeitung. Er zog vielmehr, sehen Sie, neue Materialien heran und mußte einräumen, daß ihm »ein Fehler unterlaufen war«.[215] Das war alles.

Von der Redaktion der »Iswestija« kein Wort.

Es gibt im Strafgesetzbuch einen Paragraphen, es gibt das Recht auf Verteidigung von Ehre und Würde. Gegebenenfalls kann man sich beschweren.

Zu dieser Zeit brachten sowohl das Marxismus-Leninismus-Institut als auch die Akademie für Gesellschaftswissenschaften und die Parteihochschule eine Serie neuer Bücher zur Parteigeschichte heraus. Jetzt war Stalin schon nicht mehr der Führer der Revolution und nicht einmal mehr der zweite Führer. Die Autoren verschwiegen seinen Namen passenderweise. Andererseits verdoppelten sich die Verdammungen Trotzkijs und der »Trotzkisten«. Ohne massive, von Herzen kommende Verdammungen kann man keine Dissertation mehr verteidigen, läßt sich kein Buch, kein Artikel veröffentlichen. Bei jedem beliebigen Anlaß und auch ohne Grund wird der »Trotzkist« Antonow-Owssejenko genannt. Während des Ersten Weltkrieges hatte Antonow in Paris eine internationale Zeitung ediert, solidarisch mit dem Leninschen »Sozialdemokrat« hatte er sich klar von Trotzkij und Martow abgegrenzt. Und Lenin hatte Antonow-Owssejenkos Position gutgeheißen. Wer aber kann sich in solchen Feinheiten auskennen? Es ist einfacher, sich an die alten, erprobten Etiketts zu halten. Und das leitende Trio beim ZK – das Marxismus-Leninismus-Institut, die Akademie für Gesellschaftswissenschaften und die Parteihochschule – läutet sämtliche antitrotzkistischen Glocken.

Ein weiterer passender Anlaß ist die Diskussion der Jahre 1923–1924. Diese Stalinsche Provokation kostete später das Leben mehrerer tausend ehrlicher Revolutionäre.

Aber laßt die Glocken läuten! Alle, die Stalin nicht unterstützt haben, sind Trotzkisten.

Und alle Dokumente gegen den Generalsekretär sind trotzkistisch.

Diese absurde Verleumdungskampagne ist gar nicht so widersinnig. Wie ließe sich sonst der Tod des Grundstocks der Leninschen Partei erklären?

Hier kann man nicht sagen, die Linke wisse nicht, was die Rechte tut. Sie weiß es sehr gut.

Den Rehabilitierten zum Trost kann man ihre Jubiläumsdaten erwähnen. Zum achtzigsten und neunzigsten Geburtstag (1963 und 1973) von Antonow-Owssejenko erschienen in ein, zwei Zeitungen Glossen über ihn, wobei sie unweigerlich seine »trotzkistische« Vergangenheit erwähnten. Seine Mitkämpfer versuchten, im Revolutionsmuseum, im Haus der Sowjetischen Armee einen Gedenkabend für ihn zu veranstalten, aber sie wurden »nicht verstanden« – weder in Moskau noch in Leningrad oder in Kiew. Im Zentralen Haus des Schriftstellerverbandes wurde der Vorschlag, den neunzigsten Geburtstag des Schriftstellers, Kritikers und Dichters Antonow-Owssejenko zu begehen, von vornherein abgelehnt:

»Das ist doch einer von diesen da, von den ›Ehemaligen‹, nicht wahr?«

»Antonow ist durch Beschluß des ZK rehabilitiert.«

»Wer garantiert mir, daß er nicht morgen re-rehabilitiert wird? Wie Fjodor Raskolnikow«, wandte eine verantwortliche Persönlichkeit ein.

Es folgte eine weitere Serie verleumderischer Artikel in der Presse.

Ich bin Mitglied im Blindenverband und habe einige Jahre lang Vorträge über den revolutionären Weg meines Vaters gehalten. Es erfolgte eine verleumderische Anzeige, und mir wurde verboten, den »Trotzkisten« zu »popularisieren«. »Sie können sich beschweren!« Und ich versuchte es. Ich schrieb eine ausführliche Eingabe an den Vorsitzenden der Kontrollkommission der Partei. Ich bat den Vorsitzenden, Arwid Pelsche, die Durchführung des ZK-Beschlusses nachzuprüfen. Und falls der Beschluß nicht zurückgezogen sei, die Hetzjagd auf meinen rehabilitierten Vater einzustellen. Zwei Wochen später teilte mir Pelsches Sekretär die Telefonnummer der Instruktorin der Kontrollkommission der Partei, Petrowa, mit. Ich wartete weitere zwei Wochen ab (die Frage wird noch geprüft). Dann rief ich an und vernahm: »N-n-n-ja!«

Ein massives, herrschaftliches »N-n-n-ja«. Wie von Macht übersättigt – und von Kaviar.

»Ich habe mich mit ihrer Eingabe beschäftigt (in der Stimme der Petrowa klingt unendlich müde Herablassung). Der Fall Ihres Vaters liegt vor mir auf dem Tisch. Ich verstehe nicht, was Sie wollen. Er ist 1917 in die Partei eingetreten, und davor . . .«

»Entschuldigen Sie, ich muß ein Wort dazu sagen, zur größeren Klarheit. In die Partei ist mein Vater 1903 eingetreten. Das ergibt sich aus den Parteitagsprotokollen, die unter Lenin erschienen sind. Ich kann Ihnen alle Materialien vorlegen. Schließlich bin ich von Beruf Historiker. Wenn Sie mich empfangen würden . . .«

»Dazu besteht überhaupt keine Notwendigkeit. Ich habe hier Ihren Fall vorliegen. Wieso sind Sie Historiker? Sie sind 1938 aus dem Institut ausgeschlossen worden . . .«

»Ich bin aber kurz darauf wiederaufgenommen worden. Ein Jahr später habe ich meine Diplomarbeit geschrieben.«

»Das kann nicht sein«, schloß die Petrowa mit dem Ton eines Würdenträgers.
»Ich bitte Sie, eine Minute zu warten: Ich sage Ihnen die Nummer des Diploms.«
»Bemühen Sie sich nicht. Ich habe es schon gesagt – der Fall liegt vor mir auf dem Tisch.«
»Bin ich Ihrer Ansicht nach ein Betrüger? Habe ich ein gefälschtes Diplom? Ist es so?«
»Ich betrachte den Gesprächsgegenstand als erschöpfend abgehandelt.«
Die Petrowa legte den Hörer auf.
Ich rief Pelsches Sekretär an.
»Ich hatte Sie gebeten, den Namen meines Vaters vor Verunglimpfungen zu schützen, aber Ihre Mitarbeiterin Petrowa bringt es fertig, gleichzeitig auch mich zu verleumden.« Der Sekretär lachte fröhlich.
Eine vielsagende Antwort. Dank sei ihnen, Pelsche und seinem Assistenten und der Petrowa, einer ehemaligen Mitarbeiterin des unvergeßlichen Schkirjatow. Sie haben mir geholfen, über fünfzig Jahre alt, das zu verstehen, was anderen seit langem klar war: der ehrliche Name eines Revolutionärs bedeutet für die Parteischranzen überhaupt nichts.
Gerade zu dieser Zeit gab die Parteihochschule die Buchreihe »Publizisten der Partei« heraus. Anfangs sollte in diese Reihe auch Antonow-Owssejenko aufgenommen werden, der Autor zahlreicher Bücher, vieler hundert Artikel und Aufsätze, Herausgeber von Zeitungen und Zeitschriften. Doch das war ein Mißverständnis: Verantwortliche Personen weigerten sich, mit dem »Ehemaligen« zu tun zu haben.
Wladimir Iwanowitsch Newskij hatte mehr als tausend Artikel verfaßt, darunter die wichtige Arbeit »Die Parteigeschichte als Wissenschaft«. Enger Mitarbeiter Lenins, war er niemals von der Parteilinie abgewichen, war nie gemeinsam mit Oppositionellen aufgetreten. Aber auch Newskij wurde die Anerkennung als »Publizist der Partei« verweigert. Ebenso wie Kedrow. Es war irgendwie ausgewogener, die Artikel von Kujbyschew, Woroschilow, Ordshonikidse neu herauszugeben. Artikel, die deren Referenten geschrieben hatten.
Nun aber erscheint ein Sammelband von Aleksandra Kollontaj. Dieselbe aufdringliche Logik zwingt zu der Frage: »Warum? Schließlich war Aleksandra Michajlowna an nicht nur einer Abweichung beteiligt...«
Langsam begann ich, eine gewisse Gesetzmäßigkeit zu begreifen: Aleksandra Kollontaj war nicht umgebracht worden, war nicht im Lager gewesen! Ebensowenig wie Olminskij, Lunatscharskij und Jaroslawskij – sie alle waren in die Buch-Reihe aufgenommen worden.
Von jetzt an existieren zwei Parteigeschichten: eine für diejenigen, die in

ihren Betten gestorben waren, eine andere – für die Opfer Stalins. Gewiß, der Marxismus-Leninismus ist nicht dazu verurteilt, auf der Stelle stehenzubleiben. Aber wir wollen dafür weder Marx noch Lenin Vorwürfe machen. Sie sind lange vor der Epoche der späten Rehabilitierungen gestorben.
Diese Epoche hatte sich offensichtlich zu lange hingezogen. Von dem »rehabilitierten« Wladimir Newskij ist bis heute kein einziges Buch neu erschienen. Sein Geburtstag wurde vom Marxismus-Leninismus-Institut und den Revolutionsmuseen in Moskau und Leningrad hartnäckig übergangen.
1933 beging der mutige Revolutionär und Mitstreiter Lenins, Nikolaj Skrypnik, Selbstmord. Er hatte vor der von Stalin gegen ihn organisierten Hetzjagd resigniert. Skrypnik wurde rehabilitiert, aber die Presse fährt fort, die Stalinschen Unterstellungen zu wiederholen. An der Hetzkampagne beteiligt sich nach Kräften auch der »Historiker« Lichalat. Derselbe. Heute verleumdet er wieder sowohl Kossior als auch Antonow-Owssejenko und Skrypnik... Wie immer es ihm befohlen wird.
Ein Jahr nach dem XX. Parteitag wurden Chruschtschow die Materialien zum Prozeß gegen Bucharin übergeben. Am nächsten Morgen rief er seinen Sekretär.
»Ich habe die ganze Nacht lang gelesen und geweint. Schließlich hatte auch ich meine Hand in dieser blutigen Geschichte...«
Die Prozesse der dreißiger Jahre überprüfte eine Sonderkommission des ZK-Präsidiums. Um die Gruppen der Partei-Untersuchungsbeamten zu leiten, wurden ehrliche Genossen berufen. 64 Bände mit Dokumenten und Aussagen der Opfer und der Zeugen Stalinscher Willkür hat die Kommission gesammelt.
1960 kam Maurice Thorez, der Generalsekretär der französischen KP, nach Moskau. Auf Chruschtschows Tisch liegt eine Mappe mit den Schlußfolgerungen der ZK-Kommission. Ein verantwortlicher Mitarbeiter ist zugegen.
Thorez: »Nikita Ssergejewitsch, ich bitte Sie, setzen Sie nicht alle Urteile sofort außer Kraft. Denn seit dem XX. Parteitag Ihrer Partei, als die Verbrechen Stalins enthüllt wurden, sind aus der französischen KP 48000 Mitglieder ausgetreten.«
Chruschtschow: »Da gibt es nichts zu bedauern, wenn sie allein wegen des ›Generalissimus‹ Stalin in der Partei waren.«
Thorez: »Ich bitte Sie dennoch, die Außerkraftsetzung aller Urteile nicht auf einmal bekanntzugeben, sondern vielleicht jeweils einen Fall monatlich.«

Chruschtschow: »Aber wieso? Alle wissen seit langem, daß diese Prozesse ›gestellt‹ waren. Damit muß man ein für allemal Schluß machen. Dadurch können wir in der öffentlichen Meinung nur gewinnen.«
Thorez: »Daß diese Prozesse fabriziert worden waren, haben die Chefs der sozialistischen Parteien schon in den zwanziger und dreißiger Jahren gewußt. Alle diese unter dem Einfluß von irgendwem zustande gekommenen geheimen Treffen sowjetischer Parteifunktionäre mit Trotzkij hat die westliche Presse mit Leichtigkeit und ziemlich beweiskräftig schon am Tag nach den erlogenen Veröffentlichungen der Moskauer Zeitungen widerlegt. Alle haben gewußt, daß Bucharin kein japanischer Spion war und daß Sinowjew Kirow nicht ermordet hat.«
Chruschtschow: »Hier sind die Materialien der Kommission, aus denen hervorgeht, daß Kirow auf Anweisung Stalins ermordet worden ist. Nein, wir setzen sämtliche Schauprozesse außer Kraft. Alle auf einmal und ohne überflüssige Verzögerungen!«
Aber Chruschtschow hatte die Stärke der stalinistischen Opposition unterschätzt. Sie hielt ihn ständig unter Druck. Alles wurde in Gang gesetzt – die Verleumdungen alter Kommunisten, Einschüchterungen und Überredung.
»Wenn die Prozesse außer Kraft gesetzt werden, kann das Volk uns falsch verstehen ... Bedenken Sie, Nikita Ssergejewitsch, wie sich das auf die internationale kommunistische Bewegung auswirken wird ... Erinnern Sie sich, was Lenin in seinem Vermächtnis gesagt hat? Halten Sie sich pietätvoll daran, Nikita Ssergejewitsch!«
Und Chruschtschow gab nach.
Nach dem XXII. Parteitag warfen Altkommunisten dem Ersten Sekretär vor: »Sie haben versprochen, alle Prozesse außer Kraft zu setzen und die Materialien zu veröffentlichen, die den wirklichen Mörder Kirows entlarven ...«
»Nein, das ist derzeit vollkommen unmöglich. Wir machen es natürlich, aber in fünfzehn Jahren.« Alle Materialien zur Erforschung der Stalinschen Verbrechen wanderten ins Archiv.
Eine irrationale Situation war entstanden: Von den insgesamt 21 im Jahre 1938 im Prozeß gegen Bucharin Verurteilten war mehr als die Hälfte rehabilitiert. Aber der Prozeß selbst war nicht für unrechtmäßig erklärt worden.
Bis heute sind Rykow, Tomskij und Bucharin nicht der postumen Rehabilitierung gewürdigt worden. Und noch heute dröhnt von den Parteitribünen die Stalinsche Verleumdung gegen die »Feinde« und »Söldner der Bourgeoisie«.

Die berühmten Parteifunktionäre Stassowa, Karpinskij und Katanjan stellten auf dem XXII. Parteitag den Antrag, vor der Partei den ehrlichen Namen Bucharins wiederherzustellen. Ihre Stimmen wurde nicht gehört. Um die Rehabilitierung Bucharins baten die Chefs zahlreicher ausländischer kommunistischer Parteien. Sie wurden nicht einmal einer Antwort für wert befunden.

Die Witwe A. G. Schljapnikows, eines Mitkämpfers von Lenin, hatte 18 Jahre im Lager verbracht, konnte jedoch ihre Rehabilitierung nicht erreichen. Mehrere Altbolschewiki wandten sich an das Mitglied des ZK-Präsidiums, Podgornyj. »Wie geht das zu? Gemäß der ›sowjetischen Linie‹, das heißt im Rahmen des Strafgesetzbuches, ist Frau Schljapnikowa gerechtfertigt worden. Aber in die Partei hat man sie nicht wieder aufgenommen. Die Kontrollkommission hat erklärt: ›Ablehnen wegen Verjährung‹.«

Podgornyj versprach, sich für eine persönliche Rente einzusetzen: In der Parteiangelegenheit riet er jedoch, sich noch einmal an die Kontrollkommission zu wenden.

»Die Frage der Wiederaufnahme in die Partei ist noch nicht reif«, wurde Frau Schljapnikowa geantwortet.

Zwei Monate später starb sie. Ihre Tochter rief die Kontrollkommission an und sagte: »Die Frage ist jetzt vollkommen reif: Gestern ist meine Mutter beerdigt worden.«

Warum lag einem so viel daran, die Wiederaufnahme in die Partei zu erreichen, wenn die Rehabilitierung keinerlei Garantie vor postumer Hetzjagd bot? Wenn diejenigen, die das Lager überlebt hatten, auch nach dem Tod noch Erniedrigungen ausgesetzt waren?

Molotow und Kaganowitsch hatten durchgesetzt, daß die rehabilitierten Kommunisten Parteibücher mit dem Vermerk über die Aussetzung ihrer Mitgliedschaft von 1937 bis 1954 erhielten. Wer dagegen zu protestieren versuchte, erhielt eine Antwort voll aufgeblasener Prinzipientreue: »Was für eine Parteiarbeit haben Sie denn im Gefängnis geleistet?« (Seiner Ehefrau Polina Shemtschushina verschaffte Molotow allerdings ein »normales« Parteibuch, ohne Aussetzung der Mitgliedschaft.)

Es soll nur niemand glauben, einer wirklichen Rehabilitierung hätten sich allein die Handlanger des entschlafenen Generalsekretärs widersetzt. Dem Kampf für die ungerechte Sache hatte sich eine breite stalinistische Öffentlichkeit angeschlossen. Der Dichter Pawel Wassiljew war im Alter von 26 Jahren liquidiert worden. Wer ihn denunziert hat, ist nicht bekannt. Sowohl Jermilow als auch Stawskij, Fadejew und

Besymenskij hatten den »Organen« häufig »Informationen« über ihre Kollegen gegeben.
Nur mit Mühe gelang es, Wassiljew zu rehabilitieren. Es fanden sich Gegner. Der erbittertste von ihnen war – der Dichter Aleksandr Besymenskij.

Michail Petrowitsch Jakubowitsch, ein Urenkel des Dekabristen Aleksandr I. Jakubowitsch, war aktiver Teilnehmer der Revolution gewesen. Von 1930 bis 1941 saß er im Gefängnis. Dann, nach einigen Monaten der »Freiheit«, wurde er wieder eingesperrt. Im Jahre 1956 wurde er rehabilitiert, aber nur in seinem zweiten Fall. Im ersten – dem sogenannten Fall des »Unionsbüros«, wurde Jakubowitsch nicht gerechtfertigt.
Von seiner Unschuld wußten alle: sowohl Krylenko, der 1931 als Ankläger im Prozeß gegen die Menschewiki aufgetreten war, als auch Mikojan, in dessen Apparat Jakubowitsch früher gearbeitet hatte. 37 Jahre später, 1967, trafen sie sich in Moskau. Mikojan hatte Jakubowitschs Antrag dem Generalstaatsanwalt übergeben. Aber Rudenko benötigte die Sanktion des Politbüros. Das Politbüro erteilte sie nicht.
»Das ZK ist der Ansicht«, sagte Mikojan zu Jakubowitsch, »jetzt sei eine unpassende Zeit für die Revision politischer Prozesse. Und für neue Rehabilitierungen.« Das ZK hatte dem alten Zwangsarbeiter eine Rente verweigert. Da vereinbarte Mikojan mit Kunajew, dem Ersten ZK-Sekretär von Kasachstan, Jakubowitsch eine Rente zu zahlen.
Der Prozeß der Rehabilitierung hat, ebenso wie der Prozeß der »Entlarvung« Stalins, seine Flut und seine Ebbe. »Unpassende Zeiten«, »Peinlich gegenüber dem Westen«, »Was werden die Leute sagen?« Passende Phrasen. Passend zu den Bürotischen, an denen sie geboren wurden.
Eine Phrase ist mir besonders in der Erinnerung geblieben: »Moskau ist nicht aus Gummi.« So hatte mir der Sekretär des Moskauer Stadtexekutivkomitees, Pegow, geantwortet, als ich, bereits rehabilitiert, untertänigst um eine Wohnung in Moskau ersucht hatte. Von ihm empfangen zu werden, war fast unmöglich. Es war noch schwieriger, als außerhalb der Reihe irgendeine Mangelware zu erhalten.
Ich bin in Moskau geboren, habe hier das Institut absolviert. In Moskau bin ich verhaftet worden. Jetzt habe ich, entsprechend dem Beschluß des Ministerrates, das Recht auf einen Wohnsitz in Moskau.
All dies legte ich Pegow dar. Und bekam eine Ablehnung aus Gummi.
Ich erinnerte mich an das Leben in der Kleinen Zone. Die Liste ist vorhanden, der Name steht auch da, und abgehakt ist er auch. Nur Zucker gibt es nicht.

An das ZK wollte ich mich nicht wenden. Nach den Lagern jenseits des Polarkreises zog ich den Süden vor, beschaffte mir eine Wohnung in Gagra und schrieb erst von dort an das ZK. Ich bat, mir wenigstens mitzuteilen, wo mein Vater begraben liegt. Denn andererseits ruht die Asche von Henkern wie Wyschinskij an der Kremlmauer.
Ich bekam die Antwort, die Umstände des Todes meines Vaters zu rekonstruieren, habe sich »als unmöglich herausgestellt«.
Und mein Lebenslauf wurde um eine weitere Absageformel bereichert.
Damals fing ich an, häufig zu träumen. Ein Traum erinnerte an das Mittelalter.
Im alten Sachsen gab es den Brauch, daß der Verbrecher als Zeichen der Wiedergutmachung den Angehörigen des von ihm Getöteten oder Beraubten ein »Wergeld« zahlte. Außerdem stellte er am Wege einen Gedenkstein auf. Sie haben sich bis heute erhalten, die »Reuesteine« mit der Darstellung von Kreuzen oder Waffen.
Ich sah im Raum einen düsteren Weg durch ödes Land, grau, mit großen Schmutzhaufen am Rande. Ich ging lange, so lange, daß ich müde zu werden begann. Aber ich mußte weitergehen – irgendein dunkles Ziel rief mich. Der Weg war endlos, ich wollte schon verzweifeln, als sich vor mir ein großes graues Haus erhob, in dem Menschen in Grau lebten. Sie führten mich schweigend nach oben, zu dem Allergrauesten von ihnen. Man sagte mir, dieser Mensch könne alles. Man dürfe ihn jedoch nur einmal um etwas bitten.
Ich bat darum, daß der Schmutz am Wege beseitigt würde und daß man ihn mit Bäumen und mit Denkmälern für die unschuldig ums Leben Gekommenen verschönerte.
»Wir haben jetzt kein Mittelalter«, antwortete das graue Wesen. Es antwortete mit Nachdruck und voll Autorität. Ich erschauerte und erwachte.

Die postumen Rehabilitierungen erfolgten ohne jeden Plan. Besonders zu Anfang. Zufällige Gönner stellten zufällige Listen der Umgekommenen und der Überlebenden auf. Ganz anders hatte der Mörder gehandelt – Stalin hatte einen Plan, er hielt eine Reihenfolge ein. Und fürchtete sich nicht vor dem Bekanntwerden. Unter ihm wurden die Namen einiger »Volksfeinde« in die Welt posaunt.
Die Rehabilitierung der Stalinschen Opfer wurde geheim durchgeführt. Wahrscheinlich der vollkommen natürliche Ausdruck der Schamhaftigkeit der Führer. Jener, die an dem Vernichtungsfeldzug teilgenommen

hatten. Die Daten der Ermordung der Mitkämpfer Lenins, der Heerführer, Gelehrten und Schriftsteller werden verschwiegen. Bei der Veröffentlichung von Materialien über die Getöteten – auch das geschieht noch – übernehmen die Verlage und Redaktionen guten Glaubens die Auskünfte des Innenministeriums. Die Gewissenhaftigkeit dieser Institution ist allgemein bekannt. Sie hat einen Befehl ausgeführt – die Todesdaten der Stalinschen Opfer gefächert auf die Jahre 1935 bis 1945 zu verteilen. Aber für jene Jahre, 1937 bis 1939, ergibt sich ein sehr ödes Bild.

Prinzipiell hatten die Parteiführer nichts gegen die Veröffentlichung. Soweit Maß und Takt eingehalten wurden. Von Rosa Luxemburg, Karl Liebknecht und von Ernst Thälmann hieß es, sie seien »von Mörderhand getötet« worden. Von den Mitkämpfern Lenins wurde mitgeteilt, die seien »Repressionen unterworfen« worden. Einfach und elegant. Und nicht so erschreckend. Die Partei, getreu der Leninschen Wahrheit (noch eine dauerhafte Phrase), rehabilitierte jene, die sie für geeignet hielt. Was, viele sind unzufrieden? Aber schließlich ist die Rehabilitierung nicht aus Gummi.

Viele Altkommunisten wollten wie früher für die Partei arbeiten. Man verstand sie nicht. Einer der Rehabilitierten, A. A. Medwedjew, war im ZK und wagte an Aleksandr Radischtschews Schicksal zu erinnern: Nach seinem Regierungsantritt holte Aleksandr I. diesen ärgsten Feind der Leibeigenschaft zu sich, nach sechs Jahren Gefängnis und Verbannung, damit dieser an der Ausarbeitung der neuen Gesetze mitwirken sollte.

Die Anspielung Medwedjews wurde ebenfalls nicht verstanden. Einige Jahre darauf starb Medwedjew. Es kamen viele, um dem Revolutionär auf seinem letzten Wege das Geleit zu geben. Nach Moskau waren die Parteiführer Udmurtiens gekommen (dort hatte der berühmte Divisionskommandeur während des Bürgerkrieges gekämpft). Die Regierung der DDR verlieh Medwedjew postum einen Orden für seine Verdienste um die Revolution. Der Sekretär jenes Rayonkomitees, in dem der Verstorbene als Mitglied geführt worden war, warnte die Altbolschewiki: »Was, Sie wollen Ihrem rehabilitierten Freundchen ein großartiges Begräbnis ausrichten? Daraus wird nichts!«

Das Rayonkomitee entsandte zu der Beisetzung eine Vertrauensperson, den Parteisekretär des Wohnungsamtes, einen der ordentlichsten Stalinisten.

Die erste Gedenkrede. Kurz, bescheiden.

»Schließt den Sarg!« befiehlt die Vertrauensperson. Aber der Sargdeckel ist in den Händen eines anständigen Menschen.

Und schon spricht der Parteisekretär der Udmurtischen Republik.
»Schließt den Sarg!«
Danach der Sekretär des Stadtkomitees von Wotkinsk.
»Schließt den Sarg!« befiehlt die Person.
Schließlich traf ein Auto der Botschaft der DDR ein. Ein riesiger Kranz mit frischen Rosen wird herbeigetragen. Ein Vertreter der Gesellschaft für Deutsch-Sowjetische Freundschaft hält eine Rede. Dann tritt der Botschafter an den Sarg und heftet dem Verstorbenen einen Orden an die Brust. Man hatte es nicht geschafft, dem Botschafter rechtzeitig Bescheid zu sagen, und er erwähnte die Opfer des Stalinschen Terrors.
»Jetzt schließt den Sarg!« kommandierte die Person zum letzten Mal.

Die Totenglocken haben ausgeläutet. Die siebziger Jahre waren gekommen. Eine hochgestellte unnennbare Persönlichkeit geruhte auszusprechen: »Ich habe die Trauerfeiern satt!«
Von diesem Tage an endeten alle Gedenkschriften für die umgekommenen Kampfgefährten Lenins, für alle bekannten Politiker mit einem dicken Sirup von Lobpreisungen der Treue gegenüber der Partei – ohne Angabe des Todestages, ohne die Todesumstände. Worte wie »Repression«, »Hinrichtung«, »Opfer«, »Willkür« waren mit einem gußeisernen Tabu belegt. So erlangten die von Stalin Ermordeten eine papierne Unsterblichkeit.
Und damit ihre Schatten die neuen Generationen nicht in Verlegenheit bringen, werden die Namen der Revolutionäre aus den Geschichtsbüchern entfernt. Die Rebellion der linken Sozialrevolutionäre hatten Einheiten unter dem Kommando von Vazetis, Muralow und Newskij niedergeworfen. Der Dramatiker Michail Schatrow wurde jedoch gezwungen, in seinem Stück »Der 6. Juli« an ihrer Stelle allein Podwojskij auftreten zu lassen. Gennadij Fisch hat die revolutionären Ereignisse in Finnland beschrieben. Die Bolschewiki von Helsingfors und in der Ostseeflotte hatte Antonow-Owssejenko geleitet. Es erging der Befehl »Weg damit!«. Und Gennadij Fisch beseitigte ihn aus seinem Buch »Im Juni Siebzehn«.
Den Besuchern der Eremitage wird die Treppe gezeigt, über die Antonow-Owssejenko die Aufständischen in die inneren Gemächer des Winterpalais geführt hatte. Nur nennt man heute statt seiner einen anderen. Einen, der in seinem eigenen Bett gestorben ist. Ähnliches geschieht heute mit den Namen vieler Revolutionäre.
Chruschtschows Machtantritt, sein Versuch, Stalin zu entlarven und die Millionen von Opfern des Stalinismus zu rehabilitieren, ist ein geschicht-

licher Zufall. Ebenso ein Zufall wie Berijas Mißerfolg. Der Stalin-Terror brauchte nicht mit Stalins Tod zu enden. Unter anderen Umständen hätte Berija die Macht ergriffen und allen ein neuerliches Blutbad angerichtet. Es war der Streit um die Macht innerhalb des Haufens der Stalinschen Spießgesellen. Der Ausgang solcher Zimmerschlachten ist schwer vorauszusagen. Die Gesetzmäßigkeiten der Geschichte erstrekken sich nicht auf eine Räuberbande. (Für einen derart zufälligen Führer wie Nikita Chruschtschow fand sich nach dem Tode kein Platz an der Kremlmauer, wo die Henker begraben sind. Zusammen mit dem Rädelsführer.)

Die Entlarvung Stalins und die Rehabilitierung seiner Opfer sind im Grunde genommen ein einheitlicher Prozeß. Dessen Teile sind dialektisch miteinander verbunden und, wie die Praxis gezeigt hat, untereinander austauschbar. Der Fall hat sich zur Rehabilitierung Stalins und zur Entlarvung der »Feinde« hin entwickelt, jener unüberlegt – oh, dieser Chruschtschow! – Rehabilitierten.

So vollendete sich die Epoche der späten »Rehabilitierung«. Die Epoche? Ist das nicht zuviel gesagt von einigen wenigen Jahren der Gnaden, die bröckchenweise gespendet wurden? Ich möchte gerne noch erzählen von . . .

»Genug! Schließt den Sarg!«

In unseren Tagen

Im Dezember 1926 hat Stalin an Filipp Ksenofontow geschrieben: »Ich habe keine Schüler.«[216] Heute gibt es mehr als genug von ihnen.

Was eint sie, die Verehrer Stalins, seine Propagandisten? Fast alle sind sie Mitglieder des Schriftstellerverbandes. Außerdem eint sie die ins Auge fallende Unbegabtheit. Von ihnen sagt man nicht »schlechte Schriftsteller«. Sie sind überhaupt keine Schriftsteller. Denn was sie veröffentlichen, kann nicht als Literatur bezeichnet werden.

Man spricht von »Personenkult« und vergißt den anderen, nicht minder schädlichen Kult, den Kult der Mittelmäßigkeit, der sich auch unter Stalin herausgebildet hatte. Voll Trauer denkt man: es hat sich herausgestellt, daß beide – Personenkult und Kult der Mittelmäßigkeit – nicht der Zeit unterworfen sind. In letzter Zeit sind überall verschiedene Sekten in Mode gekommen: die »Adventisten«, die »Kinder Gottes«, der »Volkstempel«, der »Wassermann«... Vielleicht haben all die Tschakowskijs, Stadnjuks, Aleksejews, Ssimonows und sonstigen Tschujews zusammen mit den Beamten anderer Behörden die Geheimsekte der Tyrannophilen aufgebaut? Denn die Beschlüsse des XX. und des XXII. Parteitages sind nicht außer Kraft gesetzt, sie gelten weiter. Aber die Kampagne zur Rehabilitierung Stalins gewinnt an Kraft. Alle sprechen davon, daß eine parteifeindliche Verschwörung im Lande existiere, die die Wiederherstellung der Epoche der Götzenverehrung zum Ziel habe. Teilnehmer der Verschwörung (oder Mitglieder der Geheimsekte) sind Schriftsteller, Dichter, Maler, Historiker, Beamte – sie fürchten nicht, mit der Partei in Konflikt zu geraten. Sie denken anders als das Leninsche ZK. Und sie handeln direkt der Generallinie entgegen.

Ich bestehe nicht wie einige führende Politiker auf der Verhaftung dieser Andersdenkenden. Es ist auch völlig unnötig, sie in Nervenkliniken zu sperren. Da sich aber die Arbeit an der ideologischen Front als für ihre psychische Gesundheit schädlich erweist, und die von ihnen übernommenen Verpflichtungen auf dem Gebiet von Kunst und Wissenschaft ersichtlich die Fähigkeiten der hier erwähnten (und vieler nicht erwähnten) Personen übersteigt, sollte man sie von geistiger Arbeit befreien. Geschieht das nicht, so könnten die Andersdenkenden die Oberhand über die Partei bekommen, und dann wird der Götzendienst erneut zur Norm und zum Hauptinhalt des Lebens.

Die Verschwörer lassen keine einzige Gelegenheit aus. 1967, bei den Feierlichkeiten zum fünfzigsten Geburtstag der Revolution auf dem Puschkin-Platz in Moskau, war unter den Bildern der Helden des Oktober auch das jenes Mannes, der sie hingerichtet hat. Auf Stalins Grab vor der Kremlmauer erschien zu seinem neunzigsten Geburtstag eine Marmorbüste von ihm. Dies geschah ohne eine entsprechende Anweisung des ZK. Bedeutet das, daß sich die Andersdenkenden in die höchsten Parteiorgane vorgearbeitet haben?

Im Jahre 1974 erschien ein Jubiläums-Sammelband der Akademie der Wissenschaften. Unter den Bildern der Ehrenmitglieder der Akademie war auch das Foto Stalins. Im folgenden Jahr kam ein Band mit den Befehlen des Großen Hauptquartiers im Vaterländischen Kriege (1941–1945) heraus. Im letzten Moment hatte irgend jemand das Porträt des »Generalissimus« auf dem Umschlag untergebracht.

Die Besucher der Allrussischen Kunstausstellung in der Manege im Jahre 1975 blieben vor dem riesigen Ölbild »Die Delegierten des Allunions-Rätekongresses« stehen: Kotowskij im Uniformmantel mit roten Rangabzeichen, daneben Tuchatschewskij, Jegorow, Ordshonikidse. Der lächelnde Tschubarj, und, ein wenig darüber – Antonow-

Owssejenko. Und in der linken Ecke, halb abgewandt, der Charakterkopf des Generalsekretärs.
Ein Gruppenbild des Obersten Henkers mit seinen Opfern.
Die Redaktion der satirischen Zeitschrift »Ogonjok« beeilte sich, eine Reproduktion des Bildes zu bringen. Es war an der Zeit, die Leser des Massenblattes wieder an Stalins Gesicht zu gewöhnen. Ähnliche parteifeindliche Ansichten hegen auch einige Funktionäre von Rundfunk, Fernsehen und Film. Immer häufiger stellen sie ihren Hörern und Zuschauern das geschönte Abbild des Guten Hirten vor. Andersdenkende sind in allen Propaganda- und Masseninformationsorgane eingedrungen.
Im Dezember 1979 wurde beispielsweise Stalins hundertster Geburtstag mit großen Artikeln in »Prawda« und »Kommunist« gefeiert, den offiziellen Organen des Zentralkomitees.
Ein Jahr davor, am 21. Dezember 1978, fand am Geburtstag des Tyrannen im Moskauer Zentralen Haus des Schriftstellerverbandes eine Versammlung statt. Thema der Diskussion: »Klassik und Moderne«. Im Saal saßen an die tausend Studenten und Doktoranden aus dem Gorkij-Institut für Weltliteratur. Viele hatten sich Abzeichen mit dem Porträt Stalins angesteckt. Pjotr Palijewskij, der Direktor des Instituts, pries die Stalinschen Terrorjahre als »großartige Blütezeit der Literatur«. Stanislaw Kunjajew, Sekretär des Moskauer Schriftstellerverbandes, stieß in das gleiche Horn. (Kunjajew hat sich unlängst mit Gedichten über die »Juden im Pentagon« einen Namen gemacht.)
Die Anhänger Hitlers, Mussolinis und Francos begehen ebenfalls die Jubiläen ihrer Idole. Anständige Menschen dagegen sind der Meinung, die Propaganda des blutigen Terrors beleidige das Andenken der Völker. 1886 wurde in Rußland eine Ehrung des »Generalhenkers« Michail Nikolajewitsch Murawjow vorbereitet, der Polen und Bjelorußland in Blut ertränkt hat. Der Generalgouverneur von Petersburg, Aleksandr Arkadjewitsch Ssuworow, weigerte sich, ein Grußschreiben zu unterzeichnen: »Ich feiere keine Menschenfresser«, erklärte der Enkel des berühmten Feldmarschalls. Vielleicht sind in Rußland die Ssuworows ausgestorben? In unseren Tagen verfolgt die Sowjetbürger überall das Abbild des seligen Generalsekretärs – auf den Straßen und in den Eisenbahnzügen, im Kino und zu Hause. Vielleicht will das Volk aber den Tyrannen nicht ins Angesicht schauen? Vielleicht braucht es keinen Polizeichef – weder mit einer Schnalle am Koppel noch mit Orden auf der Brust? Aber die Verschwörer, jene, die den Parteibeschlüssen entgegen Stalin durch alle Ritzen schieben, interessiert die Meinung des Volkes nicht. Sie vertrauen auf die Spießbürger, die sich ein Leben ohne Väterchen Zar im Genick nicht vorstellen können.

Also hat der Dichter recht:
Schade ist's doch, daß die Idole wie früher im Traum uns erscheinen,
und daß manchmal wir uns zu den Knechten noch zählen.*
Die Stalin-Verehrung hat sich als ätzend wie Salzsäure erwiesen – der Geist der Untertänigkeit ist bis heute selbst unter den verfolgten Parteimitgliedern nicht verdunstet.
Der Winter 1978/1979 hatte in Moskau viel Schnee gebracht, die Straßen wurden unzulänglich geräumt. Ich ging über die Kirow-Straße, glitt aus und fiel hin. Mir entgegen kam ein Altbolschewik, einer der Zurückgekehrten. »Wenn der Genosse Stalin noch lebte, wäre er *selbst* durch Moskau gegangen und dann zu Promyslow gefahren und hätte den Vorsitzenden des Exekutivkomitees für drei Tage eingesperrt. Schlagartig wären in ganz Moskau Schnee und Eis beseitigt worden.«
Heutzutage kann man hören: »Unter Stalin hat *Ordnung* geherrscht.« Welche Ur-Sehnsucht nach der Knute schwingt in diesem aufdringlichen Refrain. Warum aber mußte man dann damals die Entlarvungs-Kampagne gegen Stalin beginnen? Chruschtschow galt als treuer Schüler Lenins. Warum gedenken seiner heute die höchsten verantwortlichen Personen mit solchem Haß? Chruschtschow hatte es nicht verstanden, die Sache zu Ende zu führen. Er hat auch die Verbrechen der Handlanger des Generalsekretärs verschwiegen. Fünfzehn Jahre sind vergangen. Ist es nicht an der Zeit, Chruschtschow seine Schuld zu vergeben?
Fragen, Fragen! In letzter Zeit haben sie mich völlig um den Schlaf gebracht.
Es ist durch Gesetz verboten, Krieg und Militarismus zu verherrlichen. Die Verherrlichung der Stalin-Zeit wird gefördert. Warum? Pjotr Pospelow, der berufsmäßige Geschichtsfälscher, der Handlanger Stalins und sein offizieller Biograph, ist von Schnee und Eis gereinigt, zum Akademiker und schließlich zum Präsidenten der Akademie der Wissenschaften befördert worden. Die neugestiftete Karl-Marx-Medaille wurde als erstem ihm überreicht. Für welche Verdienste? Der Akademiker per Befehl wurde postum als »hervorragender Marxist« bezeichnet. Wieso?
Warum ist bei uns bis heute keine Biographie des wirklichen Stalin erschienen? Vielleicht, weil die Andersdenkenden, wenn sie die Wahrheit erfahren, aufhören könnten, den Verbrecher zu preisen?
Jemand, der ins Ausland fuhr, entschloß sich einmal zu einem mutigen Experiment: Er nahm zwei Porträts mit – eines von Stalin und eines von Chruschtschow. Das zweite wurde ihm an der Grenze weggenommen,

* aus: Bulat Okudžava, 65 pesen' / Bulat Okudzhava, 65 Songs / russ.-engl. / Hsg. Vladimir Frumkin, Ann Arbor / Michigan, 1980, Ardis Vlg. (Anm. d. Übers.)

das Stalin-Porträt nicht. Hat dabei der Zoll nach eigenem Gutdünken gehandelt?

Im ganzen Land verbreiten unbekannte Personen privat hergestellte Erzeugnisse – Abzeichen, Plakate, Kalender – mit Bildern von Stalin. Eine Frage an die Leiter des KGB: »Wenn ebenso Hitler-Bilder verbreitet würden – hätten Sie dann ebenfalls nichts bemerkt? Schließlich sind privater Handel und ›Samisdat‹ verboten!« Eine Frage an die Partei-Kontrollkommission: »Warum werden aus der Partei diejenigen ausgeschlossen, die in unseren Tagen versuchen, Stalin zu entlarven?«

Viele Mitkämpfer Lenins werden heutzutage totgeschwiegen. Die Handlanger Stalins dagegen werden gerühmt. Warum? Wenn es schon notwendig war, die Kremlmauer mit den Namen solcher Menschenfresser wie Schkirjatow, Mechlis und Wyschinskij zu schmücken, hätte man auch einen Platz finden können für andere – Malenkow, Jeshow und Abakumow beispielsweise. Und Berija nicht zu vergessen. Es gab eine Zeit, da sie fruchtbringend zusammengearbeitet haben, der Große Papst und der Kleine Papst. Warum ist nicht neben Stalin auch Berija begraben?

Die Kriegsinvaliden werden mit Fürsorge und Aufmerksamkeit umgeben. Warum betrachtet man die Invaliden der Stalinschen Gefängnisse als Bürger zweiter Klasse?

Zur Erinnerung an die Kriegsopfer brennt ein ewiges Feuer am Grab des Unbekannten Soldaten. Warum hat man bis heute an der Kremlmauer noch kein Feuer für die Opfer der Stalinschen Lager und Gefängnisse entzündet? Warum ist in unserem Land nicht ein einziges Mal eine Volksbefragung abgehalten worden? Oder eine Meinungsumfrage? Sie könnten zweifellos Nutzen bringen. Ich wage die Behauptung, nicht alle Bürger, nicht einmal die Parteimitglieder, würden die Fragen einheitlich beantworten. Weswegen also werden keine Volksbefragungen abgehalten?

Geschenke vom Himmel gibt es überall bei uns. Das ist allgemein bekannt. Warum hat bis heute niemand den Wolgadeutschen, den Krimtataren oder den Schwarzmeergriechen erklärt, ihre Bestrebungen, in das Land ihrer Väter zurückzukehren, seien völlig sinnlos?

Die Nachfolger Stalins treten für strenge Maßnahmen gegen all jene ein, die emigrieren wollen. »Nicht fortlassen!« Warum? Weil außer Zweifel steht, daß die Mehrzahl zurückkehren würde: Im Westen muß man mit Sicherheit *arbeiten*. Und das Kränkendste ist, daß man *gut* arbeiten muß. Sonst jagt einen der Chef davon.

Die Internationale Jury für die Einhaltung der Menschenrechte, das sogenannte Russel-Tribunal, wird nicht in die Sowjetunion gelassen.

Warum lädt man die Jury nicht hierher ein? Tag für Tag sehe ich bei meinem Spaziergang auf dem Komsomolskij Prospekt ein riesiges, dreißig Meter langes Plakat: »Die UdSSR ist das Land der echten Demokratie.« Sollen doch die Herren vom Russel-Tribunal herkommen. Warum versteckt man unsere sozialistischen Errungenschaften vor der Weltöffentlichkeit? Und zugleich die Errungenschaften der sozialistischen Ökonomie, besonders in der Landwirtschaft? Wir haben sie doch alle vor Augen.

Es waren noch keine fünfzehn Jahre seit dem Tode Lenins vergangen, als Stalin den Sozialismus für aufgebaut erklärte. Mehr als ein Vierteljahrhundert ist seit dem Tode von Jossif dem Erbauer vergangen, und während dieser Zeit gelang es dem Lande lediglich, den »entwickelten Sozialismus« zu erreichen. Aber ich habe den Verdacht: wir leben schon in der Epoche des entwickelten Kommunismus. Ich hege diesen Verdacht nicht deswegen, weil Nikita Chruschtschow vor nur zwanzig Jahren die Ankunft der glücklichen Ära binnen zwei Jahrzehnten versprochen hat. Und nicht, weil das Land einen nie gesehenen Überfluß erreicht hat.

Das Hauptmerkmal des Kommunismus ist, daß Widerspenstige nicht mehr erschossen werden. Sie werden jetzt sorglich ins Gefängnis gesteckt. Zur Aufbewahrung. Nicht einmal ZK-Mitglieder werden heutzutage erschossen. Meine Kollegen, die Historiker, bringen mit den Protokollen der Parteitage und den Beschlüssen der höchsten Parteiorgane nicht mehr Listen von ZK-Mitgliedern, die fast alle von Stalin liquidiert wurden. Das bedeutet, auch hinsichtlich der Schamhaftigkeit sind deutliche Wendungen eingetreten – noch ein deutliches, unbestreitbares Zeugnis für das Erscheinen der neuen kommunistischen Ära.

Auf dem XXV. Parteitag hat L. I. Breshnjew gesagt:

»Wir haben eine neue Gesellschaft geschaffen, eine Gesellschaft, wie sie die Menschheit bisher nicht kannte. Es ist die Gesellschaft einer krisenlosen, stetig wachsenden Wirtschaft, reifer, sozialistischer Beziehungen, echter Freiheit. Es ist die Gesellschaft, die fest an die Zukunft glaubt, an die lichten kommunistischen Perspektiven.«

Die These ist weise, wie alles, was Generalsekretäre aussprechen. Sie steht unerschütterlich fest wie der Felsen von Gibraltar. Sie unterliegt keiner Diskussion. Aber die Bescheidenheit muß ihre Grenzen haben: Warum spricht man von Perspektiven, wenn der Kommunismus – da ist er, sichtbar, fühlbar – schon erreicht ist?

In diesem Punkte stimme ich nicht mit der Partei überein. Da ich aber parteilos bin und niemals Mitglied der Partei war, kann ich erklären, daß die Partei diese Divergenz gar nicht bemerkt. Nun, ich tröste mich in dem

Bewußtsein, meine Pflicht getan zu haben. Die neue Verfassung verleiht den Bürgern das Recht, »bei den staatlichen Organen und den gesellschaftlichen Organisationen Vorschläge zur Verbesserung ihrer Tätigkeit vorzubringen und Mißstände ihrer Arbeit zu kritisieren«. (Art. 49) Ich schlage also vor, die größte Errungenschaft des Jahrhunderts nicht zu verschweigen.

Ich bin unendlich glücklich, die kommunistische Ära noch erlebt zu haben. Es ist nur schade, daß unser Kommunismus Mängel hat. Seine Vergangenheit ist amputiert. Als ob es keine Stalin-Periode gegeben hätte, als ob wir nicht Jahrzehnte der blutigen Konterrevolution durchlebt hätten.

Anton Tschechow sagt zu Recht, für ein Leben in der Gegenwart müsse man zuvor die Vergangenheit büßen. Zunächst jedoch muß man sie kennen. Die Verschwörer gegen die Partei versuchen aber, den Menschen das Recht auf die Kenntnis der Vergangenheit ihres Volkes zu nehmen.

Aleksandr Blok hat die Stalin-Ära nicht mehr erlebt. Aber auch der frühe Terror hat den Dichter erschüttert.

> In tauber, düstrer Zeit geboren
> – der eigne Weg ist unbekannt –,
> Kinder von Rußlands Schreckensjahren,
> sind zu vergessen wir nicht imstand.

Ich glaube, das devote Stimmchen eines Verschwörers zu hören: »Oh, Sie sind nicht imstande? Macht nichts, wir helfen Ihnen.«

Und sie helfen: Bam! ... Bam! ... Bam! ...

Da läuten keine Kirchenglocken. Es sind die Zeitungen, das Radio, das Fernsehen und das Kino. Sie preisen die Erbauer der BAM*, der Eisenbahn-Magistrale vom Baikalsee zum Amur. Nicht jene, die in den aus Autoreifen gefertigten Schuhen und unter Bewachung in den dreißiger Jahren die zweite Fernost-Strecke geschaffen haben. Das war das BAMlag, ewiges Gedenken seinen Opfern.

Ewiges Gedenken? Aber wozu soll der junge Erbauer der BAM von heute wissen, daß dort, wo sein Bulldozer rollt, die Gebeine seines Großvaters ruhen?

Unwissenheit kann zum Verbrechen werden. Doppelt verbrecherisch aber ist die Straflosigkeit. Es gibt keine Strafe, die der Stalinschen

* Projektiert nach 1905, 1941 v. dt., später v. japan. Kriegsgefangenen, ab 1949 von politischen Häftlingen bis Ulan-Ude gebaut. (Anm. d. Übers.)

Barbarei adäquat wäre. Aber soll man nicht Stalins Handlanger, soll man nicht die Mörder in Wohlstand und Vergessenheit lassen?
Die Henker von Ravensbrück, Auschwitz und Dachau sind bestraft worden. Fast alle. Warum sind bis heute nicht die Namen der Henker von den Ssolowki-Inseln, von Kolyma und BAMlag genannt worden? Ich bitte nicht um Bestrafung – ich bitte um einfache Veröffentlichung der Namen.
Zu Anfang des Krieges, als die deutschen Truppen die Nordgrenzen der UdSSR bedrohten, begann die Evakuierung der politischen Häftlinge aus Kandalakscha. Sie wurden aus dem Lager fortgeschafft, aber niemand hatte darüber nachgedacht, wohin man sie weiter bringen sollte. Lohnt es sich denn überhaupt, über »Volksfeinde« nachzudenken?
Die Vernichtung des viele tausend Häftlinge zählenden Transports leitete ein erfahrener Mitarbeiter der Leningrader Filiale der Lubjanka, ein gewisser Wassiljew (sein richtiger Name ist unbekannt). Er begann damit, daß er in der Schmiede mehrere eisenbeschlagene Keulen in Auftrag gab. Die erste Gruppe der Häftlinge wurde in einer Linie vor dem Kommando aufgestellt. Es folgte der Befehl: »Kehrt euch!« Wassiljew und seine Gehilfen gingen von hinten auf die Häftlinge zu und schlugen ihnen die Schädel ein. Sie gerieten dermaßen in Eifer, daß sie untereinander Wetten abschlossen, wer mit einem Hieb einen Schädel einschlagen könne und wer mehr benötige.
Binnen zwei Tagen war alles erledigt. Aber irgendeiner der Vollzugsgehilfen hatte geplaudert, hatte bei einer Flasche Schnaps angegeben. Jemand erstattete Anzeige. Wassiljew kam wegen »Befehlsüberschreitung« vor Gericht. Er bekam drei Jahre. Wassiljew hat nicht einmal die Hälfte davon verbüßt. Er bekam einen neuen Auftrag, diente sich hoch bis zum Rang eines Obersten der Staatssicherheit.
Heutzutage kann man Wassiljew auf dem Markt in Leningrad treffen. Er verkauft Blumen, die er auf seiner Datscha gezüchtet hat. Der verdiente Oberst, so stellt sich heraus, ist ein großer Blumenliebhaber. (Jossif Stalin liebte ebenfalls Blumen. Auf seiner Datscha in Kunzewo hat er eigenhändig Rosen gepflanzt, die Blüten gehegt und voll Stolz sein Rosarium Gästen vorgeführt.)
Es gibt ein Gesetz über die Verjährung von Straftaten. Aber eine Reihe von Staaten haben eine Konvention geschlossen, Kriegsverbrechen und Verbrechen gegen die Menschlichkeit als nicht verjährbar zu behandeln. Unter der Konvention steht, unter anderen, die Unterschrift des Vertreters der Sowjetunion.
Wer hat für unsere Blumenliebhaber eine Ausnahme gemacht? Offenbar sind die Verschwörer auch in die Justizorgane eingedrungen. Sie sind so

weit gegangen, daß sie alle Kritiker der Regierung zu Kriminellen erklärt haben. Nebenbei – genauso war es unter Jeshow und Berija. Deshalb möchte ich es niemandem in unseren Tagen empfehlen, sich als Dissident eintragen zu lassen. Welcher ordentliche Mensch will schon zum Verbrecher werden? Ich benutze die Gelegenheit zu erklären, daß ich persönlich prinzipiell gegen die Verletzung der Strafgesetze bin.

Tschitschiko Kekelidse hatte bereits lange vor der Revolution von 1917 den politischen Kampf aufgenommen. Außerdem hatte er den Ersten Weltkrieg mitgemacht. Unter der menschewistischen Regierung, die sich 1918 in Georgien gebildet hatte, befehligte Tschitschiko die Garnison der Stadt Poti. Als 1921 die sowjetischen Truppen nach Georgien kamen, begann die Verfolgung. Als einer der ersten wurde Chomeriko festgesetzt, ZK-Mitglied der menschewistischen Partei Georgiens und einer der Führer des bewaffneten Aufstandes gegen die Bolschewiken. Seine Genossen wollten ihn befreien, dazu mußte man den Gefangenen jedoch davon informieren. Diesen Auftrag übernahm Tschitschiko. Er entführte die achtjährige Tochter des Untersuchungsbeamten und teilte diesem mit, er erwarte ihn in einer Kneipe. Man traf sich bei einer Tasse Tee.

»Deine Tochter ist bei uns«, sagte Tschitschiko. »Sie ist gesund, und wir lassen sie auch wieder frei. Erfülle uns dafür nur eine kleine Bitte, gib Chomeriko diesen Zettel.«

Der Untersuchungsbeamte händigte dem Häftling den Zettel aus, und die Menschewiken schickten das Mädchen nach Hause.

Kekelidse setzte damit natürlich sein Leben aufs Spiel, aber daran dachte er nicht. Ihm und seinen Mitkämpfern waren Rachsucht und Grausamkeit fremd. Während des bewaffneten Aufstands der Menschewiken fiel Filipp Macharadse, der spätere Vorsitzende des georgischen Zentralexekutivkomitees, in ihre Hände. Und sie ließen ihn frei.

Die neuen Machthaber schonten niemanden. Zusammen mit anderen aktiven Menschewiken wurde auch Tschitschiko Kekelidse verhaftet.

Er geriet in die Kategorie der ewigen Häftlinge. Rein formal gab es so eine Kategorie weder in den dreißiger Jahren noch später. Aber solche Leute wie Tschitschiko wurden einfach nicht freigelassen.

Im Jahr 1937 war Tschitschiko im Lager Pesmlag in der Autonomen Komi-Republik. Im Etappenlager Nr. 11 trafen Züge mit verhafteten Parteifunktionären ein. Als Tschitschiko in einem der Ankömmlinge einen alten Bolschewiken erkannte, mit dem er auf revolutionären Versammlungen häufig aneinandergeraten war, rief er aus:

»Ich freue mich, Sie auf *diesem* Territorium begrüßen zu dürfen!«

Wie wahr. Der sowjetische Staat war in zwei Territorien unterteilt: die

Große Zone (das eigentliche Land) und die Kleine Zone (die Gefängnisse und Lager). Die sozialen Klassen waren abgeschafft, nur zwei Kategorien von Bürgern waren übriggeblieben: diejenigen, die bereits saßen, und diejenigen, die ihre Verhaftung erwarteten.
Die Jahre vergingen. Tschitschikos Haftzeit war zu Ende – das zweite Jahrzehnt in einem »Besserungslager«. Aber Tschitschiko hatte sich nicht »gebessert«. Er konnte einfach nicht glauben, daß Stalin während seiner Haftzeit den Sozialismus aufgebaut hätte.
Der Pesmog mündet in die Petschora. Pesmlag ist der jüngere Bruder von Petschorlag. Als Kekelidse Ende des Krieges freigelassen wurde, beschloß er, im Pesmlag die Stelle eines Versorgungsinspektors anzunehmen. Wozu sollte er auch in seine Heimat fahren? Sie würden ihn ja doch bloß mit einem Transport wieder vom Kaukasus zurückbringen.
Ganze vier Monate verbrachte Tschitschiko in »Freiheit«.
In der Gerichtsverhandlung brachten die eingeschüchterten Provokateure unsicher die höheren Orts verfertigten Zeugenaussagen vor. Tschitschiko Kekelidse konnte nicht an sich halten und sagte zu dem Richter: »Kazo, warum quälst du die Leute, warum zwingst du sie zu lügen? Ich will es dir selber sagen. Seit dieses System besteht, bin ich dagegen. Mit dieser Überzeugung werde ich auch ins Grab gehen. Schreib das bitte auf.« Wie schade, daß es Tschitschiko nicht mehr vergönnt war, jene humane Phase mitzuerleben, in die das System jetzt eingetreten ist.

Bei einem Frühlingsspaziergang vor der Stadt stand ich plötzlich an einem Steinbruch, wo Schotter für den Bau der Sportanlage für die Olympischen Spiele gewonnen wurde. In den dreißiger Jahren waren in den Kellern der Gefängnisse Steinbrechmaschinen aufgestellt worden. Die Maschinen lud man mit den Leichen der Hingerichteten. Binnen einer halben Stunde floß der blutige Brei in die Kanalisation.
Ich stand vor dem Steinbruch und dachte unter dem Dröhnen der Maschinen daran, in welch humaner Zeit wir doch leben: In Kürze beginnen in Moskau die Internationalen Olympischen Spiele. Die Steinbrechmaschinen zerkleinern Steine.
Eine unwiederholbare Epoche ist vor einem Vierteljahrhundert zu Ende gegangen. Manch einem wurde wehmütig ums Herz. Manch einer wünscht sich eine Wiederholung.
Nur der kommt, den man ruft. Und er wird kommen. Man ruft ihn auch allzu beharrlich.
Moskau
1977–1979

Anmerkungen

1. Eine Verwandte Gukowskijs – ich will sie lediglich als S. . . . a bezeichnen – hat bestätigt, daß das Attentat auf Sharinow wirklich von einem Parteigericht unter Vorsitz von Gukowskij untersucht worden ist. Sharinow war somit einer der ersten, die sich nicht scheuten, das banditenmäßige Vorgehen des »Genossen Koba« an die Öffentlichkeit zu bringen.
2. »Wperjod« (Vorwärts), 13. April 1918.
3. Vgl. den Sammelband N.K. Krupskaja o Lenine« (N.K.Krupskaja über Lenin), Moskau 1965, S. 24. Die Krupskaja bezeugt ferner, daß sich der todkranke Lenin im August 1922 nach Martow erkundigt hat. Die Krupskaja hielt die Nachricht von Martows Tod von ihm fern. Lenin fand jedoch anderntags in den Pariser Zeitungen einen Nachruf und, wie die Krupskaja schreibt, »wies ihn mir vorwurfsvoll vor«. (N.K.Krupskaja, »Wospominanija o Lenine« [Erinnerungen an Lenin], Moskau 1972, S. 462.)
4. W.I. Lenin, »Biografitscheskaja chronika« (Biographische Chronik), Bd. 5, Moskau 1974, SS. 436, 477, 500.
5. J.W. Stalin, »Kratkaja biografija« (Kurze Biographie), Moskau 1948, S. 72f, deutsch: »Kurze Lebensbeschreibung«, Moskau 1940.
6. »O geroitscheskoj oborone Zarizyna w 1918 godu« (Über die heldenhafte Verteidigung Zarizyns im Jahre 1918), Dokumentensammlung, Moskau 1942. Vgl. auch »Wojenno-istoritscheskij shurnal« (Militärgeschichtliche Zeitschrift), 1965, Nr. 2, S. 49.
7. W.I. Lenin, Sämtl. Werke (russ.), Bd. 50, S. 108, vgl. deutsch: Ausgewählte Werke in 6 Bdn., hgg. vom Institut für Marxismus-Leninismus beim ZK der SED, Berlin o. J. Siehe auch »Biografitscheskaja chronika W. I. Lenina« (Biographische Chronik W. I. Lenins), Bd. 5, SS. 584, 612.
8. »Direktiwy komandowanija frontow Krasnoj Armii« (Direktiven des Oberkommandos der Fronten der Roten Armee), 1917–1922, Bd. 1, Moskau 1971, S. 343ff.
9. »O geroitscheskoj oborone. . .« (Über die heldenhafte Verteidigung), Moskau 1962.
10. Ja. M. Sswerdlow, »Isbrannyje proiswedenija« (Ausgewählte Werke), Bd. 3, o. O., 1960, S. 28.
11. J. W. Stalin, »Kratkaja biografija« (Kurze Biographie), S. 73.
12. L. D. Trotzkij, »Kak woorushalasj rewoljuzija« (Wie sich die Revolution bewaffnete), Bd. 1, Moskau 1924, S. 350f.
13. K.Je. Woroschilow, »Lenin, Stalin i Krasnaja Armija« (Lenin, Stalin und die Rote Armee), Moskau 1934.
14. »Wojenno-istoritscheskij shurnal« (Militärgeschichtliche Zeitschrift), Nr. 5, Dezember 1938, S. 11.
15. »Leninskij sbornik« (Lenin-Sammelband), XXXVII, S. 107.
16. W.I. Lenin, Sämtl. Werke, Bd. 54, S. 86.
17. Schklowskij hat einen Teil des Briefes ohne Nennung des Adressaten in der

Zeitschrift »Junyj Kommunist« (Junger Kommunist), Moskau 1924, Nr. 3, S. 8, zitiert. Archivstück Slg. 2, Bl. 1, Fasz. 24562 im Zentralen Parteiarchiv beim Marxismus-Leninismus-Institut. Vgl. auch W.I. Lenin, »Biografitscheskaja chronika« (Biographische Chronik), Bd. 10, Moskau 1979, S. 517.
18. Mitteilung von G. A. Petrowskij.
19. Bezeugt von dem früheren Sekretär des Gouvernementskomitees N...w. Im Parteiarchiv befindet sich ein Exemplar des Briefes, der in Chabarowsk aufgegeben wurde.
20. W.I. Lenin, Sämtl. Werke, Bd. 45, S. 388.
21. K.G. Sswerdlowa, »Jakow Michajlowitsch Sswerdlow«, Moskau 1957, S. 266.
22. J.W. Stalin, »Kratkaja biografija« (Kurze Biographie), S. 88.
23. »XIV s'jesd. Stenografitscheskij otschot« (Der XIV. Parteitag. Stenographischer Bericht), Moskau 1926, S. 455f.
24. »Kontinent« (russ. Ausg.) 1976, Nr. 8, SS. 396–400.
25. »XIV s'jesd« (Der XIV. Parteitag), S. 506.
26. Nach den Erinnerungen der Tochter Bobrows, die Politoffizier des Arktisforschers O. Ju. Schmidt war.
27. W.I. Lenin, Sämtl. Werke, Bd. 7, S. 430.
28. »XII s'jesd« (Der XII. Parteitag), SS. 94f, 170–172, 176.
29. F.E. Dzierżyński, »Isbrannyje proiswedenija« (Ausgewählte Werke), Bd. 2, S. 233, vgl. deutsch: »Ausgewählte Artikel und Reden 1908–1926«, Berlin 1953.
30. Zentrales Parteiarchiv beim Marxismus-Leninismus-Institut.
31. »KPSS w resoljuzijach« (Die KPdSU in Resolutionen), Bd. IV, S. 418.
32. Erinnerungen von M.M. Poljak. Manuskript, S. 5.
33. E.H. Carr, »Interregnum«, London 1954, S. 332.
34. J.W. Stalin, Bd. 6, S. 43, o. O. o. J., vgl. deutsch: Gesammelte Werke, 16 Bde., hgg. vom ZK der KPD/ML, 1976[2] und Ausgewählte Werke, 2 Bde., hgg. vom ZK der KPD/ML, 1979.
35. Zentrales Parteiarchiv beim Marxismus-Leninismus-Institut, Slg. 2, Fasz. 2, Arch. Einh. 665, Bl. 12.
36. »XII s'jesd« (Der XII. Parteitag), S. 46.
37. J.W. Stalin, K.Je. Woroschilow, »M.W. Frunse«, Moskau 1938, S. 4.
38. »XIV s'jesd« (Der XIV. Parteitag), S. 165f.
39. dass. S. 244. Vgl. auch SS. 245, 248, 255, 259, 274f.
40. »Stenografitscheskij otschot XIV s'jesda« (Stenographischer Bericht des XIV. Parteitages), S. 274f.
41. J.W. Stalin, Bd. 10, SS. 34, 47, 48, 53, 54, 55, 59, 60, 81, 83, 87.
42. Nach dem Wortlaut des unveröffentlichten Stenogramms, S. 27.
43. J.W. Stalin, Bd. 11, S. 288f.
44. Nach der Darstellung Tschagins. Er hat das Lager und den Organisator der Lager überlebt.
45. J.W. Stalin, Bd. 10, S. 87.
46. J.W. Stalin, Bd. 11, S. 278.
48. J.W. Stalin, Bd. 12, S. 149.
49. J.W. Stalin, Bd. 10, S. 311.
50. »Sselskoje chosjajstwo SSSR« (Die Landwirtschaft der UdSSR), Jahrbuch 1935, Moskau 1936, S. 222.

51. »Woprossy istorii KPSS« (Fragen der Geschichte der KPdSU), 1975, Nr. 5, S. 140.
52. Erinnerungen von D.W. Romanowskij (unveröffentlicht).
53. J.W. Stalin, Bd. 13, SS. 236–247.
54. »Istorija WKP (b). Kratkij kurs« (Geschichte der Allrussischen KP[B]. Kurzer Lehrgang), Moskau 1945, SS. 304, 314f.
55. »Istorija KPSS« (Geschichte der KPdSU), Moskau 1962, S. 444f.
56. »Bjulleten opposizii« (Bulletin der Opposition), Nr. 29–30, September 1932, S. 34.
57. J.W. Stalin, »Problems of Leninism« (engl.), Moskau 1953, S. 456, deutsch: »Probleme des Leninismus«, Moskau 1931–34.
58. »Prawda«, 15. Juli 1928.
59. dass., 9. April 1964.
60. S.M. Kirow, »Stat'ji i retschi« (Aufsätze und Reden), Teilsammlung, Moskau 1934, S. 170.
61. A. Orlow, »The Secret History of Stalin's Crimes«, New York 1953, S. 29f, deutsch: »Kreml-Geheimnisse«, Würzburg 1956.
62. »Prawda«, 4. Dezember 1934.
63. Aussage von I.M. Kulagin.
64. Vgl. »Protokoly XXII s'jesda« (Die Protokolle des XXII. Parteitages), Bd. 2, S. 583f, Schlußwort N. Chruschtschows.
65. »Prawda«, 2. Dezember 1934.
66. dass., 20. Dezember 1934.
67. dass., 27. Dezember 1934, Nr. 356.
68. dass., 30. Dezember 1934.
69. dass., 22. Dezember 1934.
70. dass., 21. Dezember 1934.
71. »Ssudebnyj otschot po delu antisowjetskogo prawotrotzkistskogo bloka« (Gerichtsbericht in Sachen des antisowjetischen rechtstrotzkistischen Blokkes), Moskau 1938, S. 494.
72. »Prawda«, 24. Dezember 1934.
73. St. John Ervine, »Bernard Shaw«, London 1956, S. 518, zit. bei: Ronald Hingley, »Joseph Stalin, Man and Legend«, New York 1974, S. 224.
74. W.I. Lenin, Sämtl. Werke, Bd. 54, SS. 130f, 539. Einzelheiten finden sich in einem Manuskript von T.I. Tilj.
75. 1.Brief an die Korinther 11, 19.
76. Erinnerungen von M.A. Joffe in »Wremja i my« (Die Zeit und wir), 1977, Nr. 20, S. 186.
77. A. Jenukidse, »Bolschewistskije nelegalnyje tipografii« (Die illegalen Druckereien der Bolschewiki), Moskau 1930, SS. 11, 25, 31, 56, 82f.
78. Vgl. »Bjulleten opposizii« (Bulletin der Opposition), Nr. 73, Januar 1939, SS. 2–15.
79. »Bolschewik« (Der Bolschewik), 1937, Nr. 10, S. 19.
80. »Russkoje proschloje« (Die russische Vergangenheit), 3. Buch, 1923, S. 147f.
81. »Prawda«, 30. Januar 1937, S. 2.
82. »Iswestija«, 30. Juni 1936.
83. »Ssudebnyj otschot.« (Gerichtsbericht.), a.a.O., S. 688.
84. J.W. Stalin, Bd. 10, S. 311.

85. W.I. Lenin, Sämtl. Werke, Bd. 45, S. 20.
86. »XVII s'jesd. Stenografitscheskij otschot« (Der XVII. Parteitag. Stenographischer Bericht), Moskau 1934, S. 505.
87. Aus den Erinnerungen F. Raskolnikows (Manuskript).
88. Große Sowjetische Enzyklopädie, WKP(b), Moskau 1930, S. 541.
89. F. Raskolnikow, Brief an Stalin.
90. Vorwort des Buches von M. Sayers und A. Khan »Tajnaja wojna protiw Sowjetskoj Rossii« (Der geheime Krieg gegen Sowjetrußland), Moskau 1947, S. XVI, deutsch: »Die große Verschwörung«, Berlin 1949.
91. Mündliche Mitteilung von A.I. Mikojan.
92. Orlow, op.cit. (engl. Ausg.) S. 244.
93. »Is istorii WeTscheKa« (Aus der Geschichte der WeTscheKa), Moskau 1958.
94. »Prawda«, 21. Dezember 1937.
95. L. Nikulin, »Mjortwaja sybj« (Die Flaute), Moskau 1965, S. 356f, deutsch: »Tote Dünung«, Berlin 1968.
96. »Nowosti dnja« (Tagesnachrichten), 24. Juni 1918, Nr. 67.
97. »Partija schagajet w rewoljuziju« (Die Partei marschiert in die Revolution), Moskau 1964, S. 236.
98. Nach den Erinnerungen von A.I. Miltschakow.
99. A.I. Miltschakow, »Perwoje desjatiletije« (Das erste Jahrzehnt), Moskau 1965, S. 6.
100. A.W. Gorbatow, »Gody i wojny« (Jahre und Kriege), Moskau 1965.
101. »Tschudak« (Der Wunderliche), 1929, Nr. 6.
102. «Leningradskaja prawda« (Leningrader Prawda), 12. Februar 1929.
103. »Istorik-marksist« (Der marxistische Historiker), 1933, Nr. 2, S. 78.
104. dass., S. 79.
105. Zentrales Staatsarchiv der Oktoberrevolution der Sowjetunion, Slg. 130.2, Fasz. 1104, Bl. 50.
106. W.I. Lenin, Sämtl. Werke, Bd. 50, SS. 121, 308, 320, 327, 488.
107. »XX wjek« (Das 20. Jahrhundert), 1977, Nr. 2, S. 75.
108. F. Meshlauk, I.A. Krawalj, »Westnik statistiki« (Statistisches Informationsblatt), 1975, Nr. 3, S. 60f.
109. 279 von 100 000 Menschen. Diese Zahlen führt Heinrich Jenicke in einem Artikel in »Der Stern«, Hamburg, an. Vgl. »Sa rubeshom« (Jenseits der Grenze), 1977, Nr. 8.
110. B.Z. Urlanis, »Dinamika urownja roshdajemosti w SSSR sa gody sowjetskoj wlasti« (Die Dynamik des Geburtsniveaus in der UdSSR in den Jahren der Sowjetherrschaft). Vgl. den Sb. »Bratschnostj, roshdajemostj, smertnostj w Rossii i w SSSR« (Eheschließungs-, Geburts- und Sterbeziffern in Rußland und in der UdSSR), hgg. A.G. Wischnewskij, Moskau 1977, S. 12.
111. N. Tscherkassow, »Sapiski sowjetskogo aktjora« (Aufzeichnungen eines sowjetischen Schauspielers), Moskau 1953.
112. H. Barbusse, »Stalin. Tschelowjek, tscheres kotorogo raskrywajetsja nowyj mir« (Stalin. Der Mensch, durch den sich eine neue Welt eröffnet), Moskau 1936, SS. 117, 119.
113. Marquis de Custine, »Nikolajewskaja Rossija« (Orig.: »La Russie en 1839«, Paris 1960), 1930, S. 57.

114. »Stenografitscheskij otschot XIV s'jesda WKP(b)« (Stenographischer Bericht des XIV. Parteitages der Allr.KP [B]), SS. 8, 55, 508.
115. dass., 1935, SS. 65, 80, 311–313, 358, 367.
116. dass., 1950, SS. 7, 17, 707.
117. »Stenografitscheskij otschot XVII s'jesda WKP(b)« (Stenographischer Bericht des XVII. Parteitages der Allr.KP [B]), 1934, SS. 505, 665.
118. »Prawda«, 28. September 1934.
119. »Stenografitscheskij otschot XVIII s'jesda WKP(b)« (Stenographischer Bericht des XVIII. Parteitages der Allr.KP [B]), Ausg. Moskau 1939, S. 3.
120. Bericht von M.I.Uljanowa, wiedergegeben von G.I.Petrowskij.
121. »Kommunistitscheskij trud« (Die kommunistische Arbeit), 25. April 1920, Nr. 29.
122. »Protokoly X s'jesda« (Die Protokolle des X. Parteitages), S. 191.
123. »Iswestija«, 30. Juni 1936.
124. N. Mandelstam, »Kniga wtoraja« (Das zweite Buch), Paris 1972, S. 26.
125. »Protokoly IX s'jesda« (Die Protokolle des IX. Parteitages), Moskau 1960, S. 52.
126. »Tschastotnyj slowarj russkogo jasyka« (Häufigkeitslexikon der russischen Sprache), Moskau 1968. Auf eine Million Wortverbindungen kommt 692mal »groß«, dreimal »Menschenfresser« und nur einmal »Verbrecher«.
127. Wl. Nabokow, »Wjesna w Fialte« (Frühling in Fialta), New York 1956, deutsch: »Frühling in Fialta«, 23 Erzählungen, Reinbeck bei Hamburg 1966.
128. »Biografija I.W.Stalina« (Die Biographie J.W.Stalins), Moskau 1948, S. 5.
129. J.W.Stalin, Bd. 13, S. 113.
130. Jossif Iremaschwili, »Stalin und die Tragödie Georgiens« (Stalin i tragedija Grusii), Berlin 1932.
131. N. Shordanija, »Moja shisnj« (Mein Leben), Stanford 1968. Die Tätigkeit Dshugaschwili-Stalins in Transkaukasien ist in dem fundamentalen Werk von R. Tucker gründlich erforscht worden. Vgl. Robert C. Tucker, »Stalin as Revolutionary, 1879–1929«, New York 1973.
132. S.T.Arkomed, »Rabotscheje dwishenije i sozial-demokratija na Kawkase« (Arbeiterbewegung und Sozialdemokratie im Kaukasus), Moskau 1923. Die Tatsachen werden von drei Autoren bestätigt: Robert Payne, Edward Ellis Smith, Trotzkij. Erwähnt werden sie von Ronald Hingley und Robert C. Tucker.
133. A. Jenukidse, »Bolschewistskije nelegalnyje tipografii« (Die illegalen Druckereien der Bolschewiki), a.a.O., S. 11.
134. Arssenidse, »Is wospominanij o Staline« (Aus den Erinnerungen an Stalin). »Nowyj Mir« (Neue Welt), Nr. 72, Juni 1963, SS.218–236.
135. Erinnerungen von F. Knunjanz, Manuskript, S. 5.
136. dass., S. 8.
137. Arssenidse, a.a.O., S. 221.
138. I.D.Lewin, »Welikaja tajna Stalina« (Stalins großes Geheimnis), New York 1956; Aleksandr Orlow, »Tajnaja istorija stalinskich prestuplenij« (Die geheime Geschichte der Stalinschen Verbrechen), New York 1953.
139. Ssemjon Wereschtschak, »Stalin w tjurjme« (Stalin im Gefängnis), in: »Dni« (Die Tage), russ. Emigrantenzeitschrift, Paris, 22. Januar 1928, 24. Januar 1928.

140. Wereschtschak, a.a.O.
141. Sswetlana Allilujewa bestätigt, daß Stalin in der Verbannung in Turuchansk einen Sohn gezeugt hat. (Vgl. »Toljko odin god« (Nur ein Jahr), New York 1969, S. 381f. Von der von Stalin verübten Vergewaltigung einer Dreizehnjährigen hat Wladimir Chutulaschwili 1927 im Gebietskomitee Bajlowo-Bibiejbat von Baku berichtet.
142. I.M.Majskij, »Wospominanija sowjetskogo posla« (Erinnerungen eines sowjetischen Botschafters), »Nowyj Mir«, 1964, Nr. 12, S. 162f. Aus dem Buch Majskijs (Moskau 1965) ist diese Stelle entfernt worden. Deutsch: »Memoiren eines sowjetischen Botschafters«, Berlin 1967.
143. Zentrales Staatsarchiv der Oktoberrevolution der Sowjetunion, Slg. DO – Polizeidepartment, Sonderabteilung, Fasz. 167/1905, Bll. 4–36.
144. Aus den Erinnerungen Marschall W.I.Tschujkows (mündlicher Bericht).
145. Aussage des Schriftstellers Aleksandr Twardowskij.
146. Aus den Berichten von Stalins ältestem Sohn, Jakow.
147. Jurij Trifonow, »Otblesk kostra« (Der Widerschein des Feuers), Moskau 1966, S. 47f., deutsch: »Widerschein des Feuers«, Neuwied/Darmstadt 1979.
148. H. Barbusse, Stalin..., a.a.O., S. 360.
149. Für Hindenburg stimmten 10 Millionen, für Thälmann 5,5 Millionen und für Ebert 8 Millionen.
150. Dies hat P. Pospelow, wie zuvor andere käufliche Fälscher, nicht daran gehindert, zu behaupten, der »Judas Trotzkij [habe] direkte geheime Verbindungen zu Naziführern – Rosenberg und Heß – aufgenommen«. (M. Sayers und A. Kahn, »Tajnaja wojna...« (Der geheime Krieg...) a.a.O., S. XV.
151. »Kommunistitscheskij Internazional w dokumentach, 1919–1932 (Die Kommunistische Internationale in Dokumenten, 1919–1932), Moskau 1933, S. 946.
152. Je. Gnedin, »Is istorii otnoschenij meshdu SSSR i faschistskoj Germanii. Dokumenty i sowremennyje kommentarii« (Aus der Geschichte der Beziehungen zwischen der UdSSR und dem faschistischen Deutschland. Dokumente und zeitgenössische Kommentare), New York, 1977, S. 38f.
153. Hitlers Tischgespräche (engl. Ausg.?), London 1953.
154. Je. Nikolajew, »Faschism« (Der Faschismus), in: »Kommunist«, Zeitschrift des Gouvernementskomitees der KPR (B) von Nishnij Nowgorod, 1923, Nr. 6, SS. 16–29.
155. »WKP(b) w resoljuzijach...« (Die Allr.KP [B] in Resolutionen...), Bd. 2, 1925–1939, Moskau 1940, SS. 197, 699.
156. Gustav Hilger und Alfred G. Meyer, »The Incompatible Allies: A Memoir-History of German-Soviet Relations, 1918–1941«, New York 1953, S. 269.
157. Gnedin, a.a.O., S. 49.
158. Hilger/Meyer, a.a.O., S. 302f., zit. bei Hingley, S. 296.
159. Hingley, a.a.O., S. 300.
160. Hingley, a.a.O., S. 295.
161. »Iswestija«, 1. November 1939.
162. J.W.Stalin, »Doklad o projekte Konstituzii SSSR« (Rede über den Plan einer Verfassung der UdSSR), Moskau 1937, S. 70.
163. Hingley, a.a.O., S. 295.

164. Hingley, a.a.O., S. 299.
165. Boris Souvarine, »Stalin«, New York 1939 (engl.). Auch frz.: »Staline«, Paris 1935. Die Verweise des Autors auf Souvarine sind unvollständig. Deutsch: »Stalin, Anmerkungen zur Geschichte des Bolschewismus«, o.O. 1979.
166. Robert Conquest, »The Great Terror«, New York 1973, S. 116, deutsch: »Am Anfang starb Genosse Kirow. Säuberungen unter Stalin«, Düsseldorf 1970.
167. Souvarine.
168. Souvarine.
169. Souvarine.
170. Geheime Anweisung vom 7. Oktober und Befehl des Oberkommandos Nr. 44-1965/41.
171. »Woprossy filosofii« (Fragen der Philosophie), 1975, Nr. 3, S. 142.
172. G.K. Shukow, »Wospominanija i rasmyschlenija« (Erinnerungen und Überlegungen), Moskau 1970, SS. 318, 327, 337.
173. N.N.Woronow, »Na slushbe wojennoj« (Im Militärdienst), Moskau 1963, S. 352.
174. A.M.Wassiljewskij, »Delo wsej shisni« (Die Sache allen Lebens), Moskau 1974, S. 126f.
175. »Bolschewik«, 1947, Nr. 3, S. 6.
176. Berichtet von G...o.
177. Erinnerungen des Oberst a.D. M...w. Manuskript, S. 19.
178. Den Text des Befehls zeigte im Jahre 1957 das frühere Mitglied des Militärischen Frontrates W.M. Botschkow (er war eine Zeitlang Generalstaatsanwalt gewesen).
179. »Welikaja Otetschestwennaja wojna Sowjetskogo Sojusa 1941–45 godow. Kratkaja istorija« (Der Große Vaterländische Krieg 1941–1945. Kurze Geschichte), Moskau 1965, S. 68.
180. Aus einem Referat von Generalstaatsanwalt Rudenko in Leningrad vom 6. Mai 1954.
181. Friedrich Engels, »Anti-Dühring« (russ.), Moskau 1966, S. 99, deutsch: »Herrn Eugen Dührings Umwälzung der Wissenschaft (Anti-Dühring)«, Berlin 1971.
182. W.W.Platonow, »Eto bylo na Buge« (Das war am Bug), Moskau 1966, S. 24.
183. Erinnerungen von G.D.Salmanowskaja. Manuskript, S. 12.
184. Salmanowskaja, a.a.O., S. 2.
185. Byrnes (wohl: James F. Byrnes, »Speaking Frankly«, London/New York 1947).
186. Churchill (wohl: Winston S. Churchill, »The Second World War«), deutsch: »Memoiren – Der Zweite Weltkrieg«, 12 Bde., Bern/Stuttgart, München/ Zürich 1960.
187. Jetzt wird in offiziellen sowjetischen Ausgaben von 10 Millionen gesprochen.
188. Mitteilung von I. Ju. Pissarew, dem früheren Stellvertretenden Leiter der Statistischen Zentralverwaltung der RSFSR.
189. »Leninskij sbornik« (Lenin-Sammelband), XXXVII, S. 139.
190. Zentrales Parteiarchiv, Slg. 41, Fasz. 2, Aufbew.Art. 3.

191. »Wojenno-istoritscheskij shurnal« (Militärgeschichtliche Zeitschrift), 1963, Nr. 1, S. 4f.
192. Aus einem Brief des Altbolschewisten A.A. Medwedjew an das Politbüro.
193. Nicholas Bethell, »Poslednjaja tajna« (Das letzte Geheimnis), 1974, deutsch: »Das letzte Geheimnis. Die Auslieferung russischer Flüchtlinge an die Sowjets durch die Alliierten, 1944–47«, Frankfurt 1975.
194. Nikolaj Tolstoj, »Shertwy Jalty« (Die Opfer von Jalta), 1978, deutsch: »Die Verratenen von Jalta. Englands Schuld vor der Geschichte«. München/Wien 1978.
195. Lew Kopelew in der Sammlung »Literaturnoje nasledije sowjetskich pissatelej na frontach Welikoj otetschestwen – noj wojny« (Das literarische Erbe der Schriftsteller an den Fronten des Großen Vaterländischen Krieges), Bd. 1, S. 535.
196. N.G.Kusnezow, »Nakanune« (Am Vorabend), Moskau 1969, S. 265, deutsch: »Am Vorabend«, Berlin 1979.
197. N.N.Woronow, a.a.O., SS. 125, 132, 136, 165, 166, 167.
198. M. Nowikow, »Ognennyje trassy« (Feuertrassen), in: »Ogonjok« (Das Feuerchen), 1964, Nr. 13, S. 28f.
199. Nach Angaben des Chefs der amerikanischen Militärmission in Moskau, General Deane, zit. bei Hingley, S. 351.
200. Die Rede Gomulkas ist im Verlag »Polonia«, Warschau, 1956 erschienen, SS. 38–40.
201. Nach dem Bericht von Kruglow, 1957.
202. Der Brief wurde von W...w entdeckt. Für die genaue Wiedergabe des Textes kann keine Gewähr geleistet werden.
203. W.I. Lenin, Sämtl. Werke, Bd. 54, SS. 227–278.
204. Es ist ihm geglückt, Stalin zu überleben. Er hat Edinows Vetter, einem inzwischen verstorbenen Luftwaffengeneral, davon berichtet. Ihm sei Dank – er hat dieses Geheimnis nicht mit ins Grab genommen.
205. J.W. Stalin, Bd. 10, S. 324.
206. Milovan Djilas, »Rasgowory so Stalinym« (Gespräche mit Stalin) (russ.), S. 160f., deutsch: »Gespräche mit Stalin«, Frankfurt 1962.
207. dass. SS. 98, 100, 109, 149, 152.
208. Abdurrachman Awtorchanow, »Sagadka smerti Stalina« (Das Rätsel um Stalins Tod), Frankfurt/Main 1976.
209. Friedrich Engels, Brief an Marx vom 4. September 1870, in: Marx-Engels, Werke, 2. Aufl. Bd. 33 (russ.), Moskau 1964, S. 45.
210. W.I.Lenin, Sämtl. Werke, Bd. 36, S. 193.
211. Angaben von Aleksej Issidorowitsch Rudenko. Sie wurden von anderen Lagerhäftlingen bestätigt.
212. G. Sserebrjakowa, aus dem Vorwort zu »Prometej« (Prometheus), Bd. 1 »Junostj Marksa« (Marx' Jugend), Moskau 1963, S. 5.
213. Rede A.I.Mikojans auf dem XX. Parteitag der KPdSU. Moskau 1956, S. 35f.
214. »Iswestija«, 10. Juli 1965.
215. dass., 31. August 1965.
216. J.W.Stalin, Bd. 9, S. 152.

Personen- und Sachregister

Bitte beachten Sie
die folgenden Seiten:

Nikolaij
Sarudin

Dreißig Nächte im Weinberg

Roman

Deutsche Erstausgabe

Ullstein Buch 20487

Dieses originelle, sprachlich überaus eindrucksvolle Werk verdeutlicht die Probleme der Generation, die den Niedergang des Zarismus und den Aufbau der Sowjetmacht zu bewältigen hatte. Sarudin war führendes Mitglied der literarischen Vereinigung »Pereval« (Gebirgspaß), die ab Ende der zwanziger Jahre von Vertretern der offiziellen Kulturpolitik heftig angegriffen wurde.

ein Ullstein Buch

El Campesino

Morgen ist ein anderer Tag

Memoiren

Lebensbilder

El Campesino, mit bürgerlichem Namen Valentin Gonzales, ist in Spanien schon zu Lebzeiten fast eine Legende. Als Sohn eines Minenarbeiters geboren, kommunistisch erzogen, kämpft er im Spanischen Bürgerkrieg als einer der Führer des republikaschen Widerstandes bis zur bitteren Niederlage gegen den Faschismus. Er flieht in die UdSSR, wo er bald ein Opfer des Stalinismus wird. Auf abenteuerliche Weise gelingt ihm die Flucht aus Sibirien nach Frankreich. Dort berichtet er über seine Erlebnisse im Gulag und nimmt den Kampf gegen Franco wieder auf. Endlich, nach Francos Tod, kehrt el Campesino nach vierzigjährigem Exil mit legalem Paß nach Spanien zurück.

»Ein unglaublicher Fortsetzungsroman aus den wüstesten Dezennien des Jahrhunderts, ein Stoff für einen Dumas, wenn es heute einen gäbe.«
(H. Jaenecke, »Die Zeit«)

Jewgenia Ginsburg

Marschroute eines Lebens

Aus dem Russischen von Swetlana Geier. 1986.
383 Seiten. Serie Piper 462

»›Die Marschroute‹ – das ist der Anfang eines neuen Kapitels unseres gesellschaftlichen Denkens und unserer Literatur«, schrieb Lew Kopelew über dieses erschütternde Dokument, den ersten Bericht, in dem eine russische Frau – »ein weiblicher Hiob« (Heinrich Böll) – Zeugnis über ihren Leidensweg während der Stalinzeit ablegt. Jewgenia Ginsburg schildert die zwei Jahre dauernde sadistische Tortur des Parteiverfahrens, den Ausschluß aus der Partei, die Verurteilung zu zehn Jahren Haft (insgesamt wird sie 18 Jahre im Gefängnis und im Lager verbringen). Nach langer Einzelhaft wird sie 1940 in die Eiswüste von Kolyma verschickt. Hier schließt »Gratwanderung« an.

Gratwanderung

Aus dem Russischen von Nena Schawina. Vorwort von Heinrich Böll.
Nachwort von Lew Kopelew und Raissa Orlowa. 3. Aufl., 21. Tsd. 1984.
512 Seiten. Serie Piper 293

»Ich tauche auf aus meiner Lektüre, die mich für Tage in einen weit entfernten Archipel entführt hat, in den Archipel Gulag von Kolyma, am Ochotskischen Meer im nordöstlichen Sibirien gelegen, eine Strafkolonie, furchtbarer noch als sie ein Kafka beschreiben konnte, in der zeitweilig mehrere hunderttausend politische Häftlinge gelebt, geschuftet, gelitten haben und Zehntausende umgekommen sind, hauptsächlich bei der Arbeit in Goldbergwerken. Tauche auf aus dem Kreis der Hölle, der hier in Prosa und in seiner ganzen Furchtbarkeit beschworen wird, begleitet von den Bildern des Schreckens, aber auch angerührt von den Gesten der Menschlichkeit, des Trostes, des Überlebens. Das ist kein Buch, das man einfach liest, sondern ein Stück Geschichte, in die man hineingezogen wird.«

Horst Bienek, Die Zeit

PIPER